이상심리와

최면

이상심리와 최면

1쇄 인쇄	2021년 11월 5일
1쇄 발행	2021년 11월 15일
지은이	송강면 · 안민숙
발행인	조현수
펴낸곳	도서출판 더로드
기획	조용재
마케팅	최관호 강상희
편집	권 표
디자인	호기심고양이
주소	경기도 고양시 일산동구 백석2동 1301-2
	넥스빌오피스텔 704호
전화	031-925-5366~7
팩스	031-925-5368
이메일	provence70@naver.com
등록번호	제2015-000135호
등록	2015년 06월 18일

정가 45,000원

이상심리와 최면

송강면 · 안민숙 공저

도서출판 더로드
The Road Books

어린 시절 배앓이를 하는 손주의 배를 쓰다듬으며 할머니가 웅얼웅얼 부르던 자장가를 기억할 수 있다.

"철이 배는 똥배, 할머니 손은 약손. 살살 나아라. 살살 나아라. 자고 나면 안 아프다. 자고 나면 안 아프다. 철이 배는 똥배, 할머니 손은 약손."

할머니의 자장가를 들으며 손주는 스르르 잠이 들고, 다음날 아침에 깨끗이 낫는 경험을 하게 된다.

할머니는 최면을 배우지 않았지만 경험에 의하여 이런 방법으로 사소한 질환을 낫게 할 수 있다는 것을 알았을 것이다. 아이는 잠이 들기 전에 칭얼거리다가 스르르 잠이 오며 트랜스 상태가 되었을 것이다. 그리고 할머니가 읊조리는 자장가가 최면으로 작용하여 배앓이를 낫게 한다.

트랜스 상태란 머릿속에서 생각하는 이미지를 현실로 체험하고, 이런 체험과 감정이 이에 상응하는 신체적인 변화를 실제로 가져오는 상태를 말한다. 내담자에게 이런 체험을 할 수 있게 하기 위하여 최면자는 트랜스 언어를 사용하게 되는데, 이 언어는 우리가 일상생활에서 사용하는 언어와는 약간 다르다.

트랜스 언어는 고대의 치유의식에서도 사용하였다. 내담자가 일상생활에서 잘 알고 있는 사실을 쉬운 말로 반복하면서 직접적인 암시를 한다. 중앙아프리카 '바드샤가' 부족의 주문에서도 찾아볼 수 있다.

"나쁜 질병아, 내가 너를 물리치리라. 비가 오면 들판의 불이 꺼지듯이,

나쁜 질병아, 내가 너를 날려버리리라. 세찬 바람이 마른 잎을 날려버리듯이, 나쁜 질병아, 너도 어서 달아나서 썩 물러가거라. 내가 너를 이 사람의 몸에서 썩 물러가게 하리라."

또한 아메리카의 '나바요' 부족에게서도 이런 주문들을 찾아볼 수 있다.

"부엉이 신이시여, 내가 당신에게 제물을 바치나이다. 내 발이 다시 건강하게 하소서. 내 다리가 다시 건강하게 하소서. 내 마음이 다시 건강하게 하소서. 내 목소리가 다시 건강하게 하소서. 당신의 신비한 힘을 나에게 부어주소서. 오늘, 당신의 신비한 힘이 나에게 부어졌나이다."

바빌론에서도 전해 내려오는 주문이 있다.

"신과 여신이여 나를 자비롭게 보살펴 주소서. 내 몸에 있는 병이 물러가게 하소서. 내 육체의 신음이 없어지게 하소서. 내 근육이 약해지는 것을 그치게 하소서. 나를 얽매고 있는 속박이 풀어지게 하소서."

트랜스 언어에서는 합리적인 설득을 하지 않는다. "이렇기 때문에 이렇다."라고 말하지 않고, "이런 것 같다."라고 여러 번 말하여 믿게 한다.

우리는 어린 시절 할머니의 자장가 같은 주문으로 병을 고치는 경험을 하였다. 할머니의 자장가는 수면으로 들어가는 우리를 트랜스 상태로 유도하여 무의식의 세계를 열고 최면을 통하여 질병을 고칠 수 있게 하는 기법이었다. 최면은 이렇게 예전부터 우리의 삶 속에서 질병을 치료하는 수단으로 사용되고 있었다.

1권 "최면바이블"에서는 최면의 전반적인 이론을 설명한 것에 비해 "이상심리와 최면"에서는 최면을 통하여 각종 정신질환을 치료하는 방법을 안내하고자 한다.

저자를 대표하여 안민숙

차례

I

총론

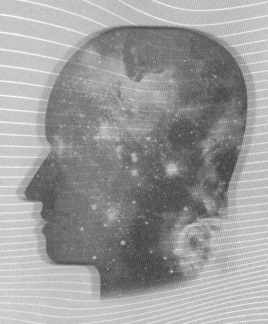

1
PART

어린 시절의 경험과
심리치료

1

마음 치료와
최면

마음에 생기는 병은 대부분 인간관계에서 비롯되는 경우가 많다. 사람이 가장 처음 접하게 되는 인간관계는 가족이다. 따라서 가족에서 비롯된 인간관계로 인하여, 예컨대 주 양육자로부터 부정적인 정서를 통해 심리적인 문제를 가지게 되는데, 많은 사람들이 자신의 심리적인 문제를 외면하는 경우가 많다. 심지어는 자신에게 문제가 있다는 것을 부정하며 치료 받기를 거부하는 경우가 많다. 이런 경우에는 주변에 있는 사람들에게까지 피해를 끼칠 수 있다.

치료를 거부하는 것조차 마음이 건강하지 못하기 때문이다. 자신이 가지고 있는 마음속의 통증을 보여 주기 싫고, 자신의 나약함을 드러낼 용기가 없기 때문이다. 몸의 상처를 그대로 방치하면 상처가 덧나는 것처럼 마음의 문제도 그대로 방치하여 치료받기를 거부한다면, 차츰 치료하기 힘들어질 수 있게 되므로 가능하면 빨리 자신의 상처를 치료받아야 한다. 최면은 이렇게 자신의 상처를 쉽게 드러내지 못하는 내담자를 위해 더욱 좋은 치료 방법이 될 수 있다. 최면은 내담자의 마음을 부드럽게 열어, 내담자의 마음 깊은 곳에 숨겨둔 상처를 끄집어내고, 다시 상처를 치유하며, 자연스럽게 상처를 아물게 도와줄 수 있는 치료방법이다.

주관적인 심리장애에 대한 최면치료

1) 감정

최면치료의 초기에 내담자로 하여금 좋은 감정들을 느껴보게 하는 것이 중요하다. 예를 들자면 어린 시절 친구들과 놀며 즐겁게 웃던 기억이라든가, 칭찬을 받았을 때의 기쁨이라든가, 합격통지서를 받았을 때의 희열, 그리고 사랑하는 사람을 만났을 때의 설렘 등을 떠올릴 수 있도록 최면을 적용해 보는 것이 좋다. 내담자가 그런 경험이 없어 자신의 과거에서 긍정적인 기분을 찾기 어렵다고 한다면, 타인의 경험을 마치 자신이 경험하는 것처럼 체험해 보게 하는 것도 좋다(대리인 방법).

최면을 통한 긍정적인 체험은 내담자로 하여금 이후 치료 과정에서 매우 훌륭한 자원이 될 수 있다. '나에게도 기쁨, 희열, 설렘, 즐거움 등의 긍정적인 감정이 있구나.'라는 확신을 심어줌으로써 부정적인 감정들을 몰아낼 수 있기 때문이다. 이런 희망은 머릿속에서 생각해 내는 이성적인 희망이 아니라, 트랜스 하에서 직접 보고 느끼는 감성적인 희망인 것이다.

A씨는 직장 동료들 앞에게 자신의 주장을 내세우고 관철시키는 것을 힘들어하고 있다. 그는 언제나 한 발 뒤로 물러서서 정면 대결을 회피하고 있었으며, 이런 자신의 태도를 직장 동료들보다 자기가 더 뛰어나다는 헛된 우월감으로 합리화하고 있었다.

최면자는 A씨가 회의 중에 자신의 제안을 설명하고 동료들을 설득하는 장면을 재현하도록 하였다. 준비작업으로 먼저 자신의 의지를 관철시켰을 때 느낄 수 있는 감정을 느껴보게 하였다. 간접적인 대리인 방법을 사용하였으며, 대리인으로는 개울물을 선택하였다.

내담자에게는 이완유도를 하겠다고 알려주고 산골짜기에서 산소를 가득 품은 신선한 개울물이 흘러 내려오는 장면을 트랜스 하에서 이미지로 불러오게 하였다. 개울물은 곧 물막이 제방 둑에 막혀서 저수지에 갇히게 되고, 물은 산소를 잃어버리고 썩어간다. 이대로 두어서는 안 되겠다고 생각한다. 드디어 물로 제방 둑을 터뜨리고 힘차게 아래로 흘러내려가는 이미지를 상상하게 함으로써, 자기의 의지를 관철시킬 수 있다는 자신감을 주는 것이다.

2) 'No' 체험

내담자를 괴롭히는 모든 것에 대해서 "No!"라고 말하게 하는 것이다. 최면자는 내담자에게 시범을 보여 주고 내담자의 용기를 북돋아 주면서, 내담자가 큰 소리로 "No!"라고 말할 때까지 여러 번 연습을 하게 한다. 내담자가 자신감과 결단력을 체험하게 되면, 자아강화유도를 하여 이런 감정을 더욱 심화시킨다.

내담자는 "No!"라고 말하면서 간접적으로 장애 증상을 자신으로부터 분리시키게 된다. 자기의 병든 부분을 떼어 내어서 건강한 자기 자신과는 아무 상관이 없는 별개의 부분으로 인식하게 되는 것이다. "병든 부분이 당신의 인생을 좀 먹고 있다."는 은유를 사용하면 이런 분리체험을 더욱 심화시킬 수 있다.

다른 은유로는 병든 부분이 내담자를 침범하고 있는데 강력한 "No!"를 무기로 침입자를 격퇴하여 차츰차츰 몰아낸다는 것이다. 부정적인 생각에서 벗어나지 못하고 자신을 비하하는 우울증 증상이 있는 내담자에게는 이런 간접적인 방법이 유용한데, 자기비하를 '나와는 상관없는 것'으로 여기게 하여 이것에 대항해 나갈 수 있게 한다.

사례

최면자 : 간단한 연습을 해보겠습니다. 모르는 사람들은 당신이 상당히 위축되어 있다고 할 것입니다. 하지만 나는 당신에게 강인한 다른 면이 있다는 것을 알고 있습니다. 나는 당신의 건강하고 활기찬 면을 되살아나게 할 것입니다. 이런 당신의 건강하고 활기찬 면이 당신을 어려운 상황에서도 잘 견디어 내게 할 것입니다. 당신에게 부담을 주고 당신을 괴롭히고 있는 모든 것들에게 한번 강력하게 "No!"라고 말하십시오.

내담자 : 그냥 "No!"라고만 말하면 되나요?

최면자 : 그렇습니다. 그냥 "No!"라고만 하면 됩니다. 하지만 강력하게 말해야 합니다. 당신에게 부담을 주고 당신을 괴롭히고 있는 모든 것들을 제압해

서 굴복시키고, 다시는 당신의 인생을 갉아먹지 못하도록 강력하게 말해야
합니다.

내담자 : (약하게) "No!"

최면자 : 그렇게 하면 됩니다. 처음 해보는데 아주 잘하셨습니다. 다시 한 번
좀 더 강력하게 "No!"라고 말하십시오. 당신에게 부담을 주고 당신에게서
삶의 기쁨을 빼앗아 가는 모든 것을 몰아 낼 수 있게 말입니다. 큰 소리로 말
해도 됩니다. 내가 한번 말해 보겠습니다(최면자가 큰 소리로 강력하게 "No!"라
고 말한다).

내담자 : (웃으면서) 정말 그렇게 큰 소리로 말해요? (약간 큰 소리로) "No!"

최면자 : 이제 오른손으로 힘껏 주먹을 쥐고는 이렇게 턱 아래에 놓고 여기에
서 "No!"가 솟아 나오도록 힘차게 "No!"라고 말하십시오. 그래서 당신에게
부담을 주고 당신의 인생을 갉아먹고 있는 모든 것을 소리 질러 쫓아내십시
오. 당신은 차츰 당신을 괴롭히던 모든 것들이 물러서기 시작하는 것을 느낄
수가 있을 것입니다."

내담자 : (강하게) "No!"

최면자 : 아주 잘하셨습니다. 이제 주먹을 가슴 앞에 놓고 여기에서 "No!"가
입까지 솟아 나오게 힘차게 "No!"라고 말하십시오.

내담자 : (강하게) "No!"

최면자 : 아주 잘하셨습니다. 이제 주먹을 배 위에 놓고 여기에서부터 "No!"
가 입까지 솟아 나오게 힘차게 "No!"라고 말하십시오. 주먹을 입까지 힘차게
들어 올리면서 말해도 좋습니다.

내담자 : (아주 강하게) "No!"

최면자 : 아주 좋습니다. 느낌이 달라졌지요? 어떤 느낌이 드세요?

내담자 : 무언가 힘이 나는 것 같아요. 처음에는 "No!"라고 말하는 것이 어색

하고 조금 우스꽝스러웠는데 차츰 그런 기분이 없어졌어요. 지금은 내가 아주 강해졌다는 느낌이 듭니다.

최면자 : 이제 트랜스를 유도하여 당신이 더욱 강해지게 하겠습니다.

(자신감을 심어 주는 트랜스로 유도한다.)

위에 서술한 상담 치료는 특히 수동적이고 내성적인 내담자에게 적합하다.

사례 2

직장인 B씨는 첫 상담시간에 울먹이면서 자신의 열등감과 무기력감에 대해서 호소하였다. 특히 자기가 아무런 쓸모가 없다는 생각을 계속하게 되는데, 이 마음을 떨쳐버릴 수 없는 것이 가장 괴롭다고 하였다. 그는 전에 양극성 성격장애라는 진단을 받은 일이 있었다. 또 2년 전에는 조울증 증상이 있어서 정신건강의학과 치료를 받았으며 그때부터 리튬Lithium을 복용하고 있었다. 그는 6개월 전부터 직장에 다니지 못하고 있었다. 내담자는 상담 중에도 치료자에게 질문을 하면서 치료자가 자신의 하소연(참을 수 없이 계속되는 골똘한 생각)에 말려들게 하고 있었다.

"나 스스로가 이제 더 이상 이런 생각을 하지 말자고 다짐하거든요. 그런데 또 생각하게 나는 거예요. 선생님 왜 내가 자꾸 이런 생각을 하게 되나요?"

치료자는 처음 얼마 동안에는 이런 질문에 친절하게 대답해 주었다. 하지만 내담자는 계속해서 같은 질문을 하였고, 이런 대화가 바로 내담자의 쓸데없는 하소연이 되어가고 있었다.

치료자는 내담자에게 자신의 문제를 향해 "No!"라고 말하고 '문제로부터 벗어나라.'고 하였다. 치료자의 지시에 따라서 내담자는 마침내 강한 어조로 "No!"라고 말할 수가 있었으며, 힘과 강한 의지를 신체감각으로도 느낄 수 있었다. 처음에 내담자는 치료자의 이런 치료방법에 대해 매우 낯설어하고 어색해 했지만, 상담이 끝날 무렵에는 마음이 훨씬 가벼워진 것을 느끼고 희망을 갖기 시작하였다. 그 후 이어진 3회기의 상담시간에는 'No' 체험과 함께 내담자가 어린 시절에 활발하게 운동하던 때의 체험을 하게 하였다. 4회기 상담이 끝났을 때 내담자의 우울증이 없어졌으며, 내담자는 다시 직장에 나갈 수가 있었다. 상담이 끝나고 일 년 반이 지난 후에 내담자는 스스로 리튬 복용을 중단했다. 5년이 지난 지금까지 내담자에게 우울증은 나타나지 않고 있다. (이처럼 좋은 성과는 사실 우울증 치료에서는 아주 드문 일이다. 대부분의 경우에는 시간이 더 오래 걸리고 완치되기도 쉽지 않다.)

3) 갈등에서 벗어나기

내담자의 심리적인 장애가 서로 떼어 놓을 수 없는 두 가지 측면의 갈등과 연관 되어 있는 경우가 종종 있다. 생활비를 받아낼 때마다 배우자로부터 수모를 당하고 있으면서도 당장 생계를 유지할 길이 없어서 이혼하지 못한다거나, 직장동료로부터 참을 수 없는 모멸감이나 부담감을 받고 있으면서도 가족을 부양해야 하기 때문에 참고 견뎌야 하는 경우에 생기는 심인성장애가 바로 그것이다.

내담자는 현재의 갈등을 청산하고 싶지만, 이로 인해서 생기는 결과 때문에 몹시 불안해한다. 이런 경우 내담자는 갈등을 유지함으로 생기는 부정적인 측면을 축소하거나(예 : "그렇게 나쁜 것만은 아니고 좋은 면도 있어.", "좋은 것만 가질 수는 없어."), 갈등을 청산함으로 생기는 긍정적인 측면을 과소평가하거나(예 : "처음에는 좋을지 모르지만, 시간이 지나면 그게 그거일지도 몰라."), 아니면 갈등을 청산함으로 생기는 부정적인 측면을 과장해서 불안해한다(예 : "내가 만약에 병이라도 걸리게 되면 어떻게 하지?"). 이런 생각으로 문제를 축소시킬 수는 있겠지만, 이로 인한 심인성장애는 계속해서 남아있게 된다.

내담자가 갈등을 해소할 수 있게 하기 위해서는 먼저 내담자로 하여금 갈등을 해소한 후의 상황을 생생하게 느껴 볼 수 있게 해야 한다. 갈등의 해소는 반드시 관계의 청산만을 의미하는 것은 아니다. 경우에 따라서는 지금의 관계를 유지하는 것이 더욱 현명하다는 생각을 할 수도 있는데, 이런 판단이 심리적인 장애를 제거해 준다. 트랜스 하에서의 새로운 체험이 지금까지와는 다른 시각에서 문제를 관찰할 수 있게 해주는 것이다.

트랜스 하에서의 체험은 다음과 같은 순서로 이루어진다.

① **트랜스의 유도** : 내담자의 양손을 무릎 위에 올려놓고 손바닥이 위로 향하게 한다. 최면자는 내담자를 트랜스로 유도한다.

② **현재의 관계를 청산하게 하는 체험** : 현재 상황의 부정적인 면에 대한 체험과 미래 상황의 긍정적인 면에 대한 체험을 번갈아 하게 한다.
트랜스 하에서 먼저 현재 상황의 부정적인 면을 체험하게 한다(예 : 배우자로부터 당하는 수모). 이때 발생하는 모든 감정과 신체적인 감각도(예 : 열등감, 심장박동, 호흡곤란 등)를 함께 체험하게 하면서 왼손 위에 놓아두게 한다. 내담자는 이 상황에 몰입하고 최면자는 부분 각성 후에 여기에 대해서 물어본다.

그 다음 미래 상황의 긍정적인 면을 체험하게 한다(예 : 혼자서 새 아파트에 입주해서 하고 싶은 일을 마음대로 하는 것). 이때의 감정과 감각을 오른손에 놓아두게 한다. 최면자는 부분 각성 후에 여기에 대해서도 물어본다. 내담자가 두 가지 상황을 모두 실감 나게 체험하고 나면, 최면자는 내담자에게 다시 왼손에 놓여 있는 체험을 먼저 하게 하고, 바로 오른손에 놓여 있는 체험으로 옮겨가라고 말한다. 이렇게 함으로써 내담자가 이 두 가지 체험 사이의 서로 다른 차이를 느껴 볼 수 있게 한다. 그 다음에는 오른손에 놓여 있는 체험을 먼저 하게 하고, 바로 왼손에 있는 체험으로 옮겨가라고 말한다.

③ **현재의 관계를 유지하게 하는 체험** : 현재 상황의 긍정적인 면에 대한 체험과 미래 상황의 부정적인 면에 대한 체험을 번갈아가며 체험하게 한다. 진행방법은 앞에 서술한 것과 동일하다. 다만 이번에는 트랜스하에서 먼저 현재 상황의 긍정적 면을 체험하게 한다(예 : 배우자와 아이들과 함께 보내는 단란한 시간). 그 다음에 미래 상황의 부정적인 면을 체험하게 한다(예 :새 아파트에 외롭게 혼자 앉아있는 모습).

앞에서 서술한 체험들을 모두 진행하고 나면 내담자는 자신의 결정에 따라서 앞으로 어떤 일이 일어나게 되는지를 실감 나게 체험을 할 수 있으며, 이런 체험이 결정을 내리는 데 도움을 줄 수 있다.

사례 1

47세 여성 내담자는 심한 우울 증상을 보이고, 혈액순환장애에 시달리면서 가끔 밤에 숨을 쉴 수 없는 발작을 일으키곤 했다. 그녀는 22살 연상인 69세의 남자와 동거하고 있었는데, 그 남자는 그녀가 다니는 회사의 사장이었다. 그런데 그 남자는 또 다른 여자와도 바람을 피우고 있었으며, 다른 사람들이 보는 앞에서 그녀를 힐책하기도 하였다.

함께 살고 있는 주택에는 무거운 느티나무 가구들이 있었는데, 이 가구들이 그녀를 숨 막히게 하고 있었다. 트랜스 하에서 그녀는 현재 상황과 미래 상황을 모두 체험하였다. 미래의 자유로운 생활을 체험하면서 그녀는 다시는 예전의 생활로 돌아가고 싶지가 않았다. 그녀는 동거 관계를 청산하기로 결심하고 그 남자와 헤어졌다. 다니던 회사에도 사표를 내고 다른 직장에 취직하였다. 그녀는 새로 임대한 자신의 방을 자기의 취향에 맞게 꾸몄다. 그러면서 그녀의 증상이 호전되기 시작하였다.

사례 2

45세 된 여성 내담자가 우울 증상을 보이면서부터 허리에 통증이 심했다. 그녀는 20살 연상인 부유한 남자와 결혼해서 살고 있었는데, 남편은 몸이 불편하여 그녀가 보살펴 주어야만 하는 처지였다. 처음에 그녀는 배우자와의 문제를 거의 내색하지 않았다. 그러다가 상담이 진행되면서 그녀는 지금과 같은 생활을 더 이상 참을 수가 없다고 하면서, 자기의 인생이 너무나 헛되게 지나가고 있다고 하였다. 트랜스 하에서 그녀는 자기가 남편과 헤어져서 텅 빈방에 혼자 외롭게 앉아있는 체험을 하면서 병든 남편을 내버려두고 왔다는 죄책감에 괴로워하였다. 다음 체험에서 그녀는 고마워하는 남편의 얼굴을 떠올리면서 남편의 자상함을 실감하였다. 그녀는 남편과 함께 살기로 결심하였다.

이와 같이 중대한 결정을 하루아침에 내리기는 어렵다. 물론 결정은 내담자가 스스로 내려야 하고, 가능하면 배우자도 함께 상담에 참여하는 것이 바람직하다. 내담자가 결정을 내리고 나면, 그 다음 문제에 대한 상담을 해야 한다. 관계를 청산하기로 결정했다면 새로운 장래에 대비하기 위한 상담을 하고, 관계를 유지하기로 결정했다면 부담을 주고 있는 현재의 상황을 변화시키는 상담을 해야 한다.

4) 자기상

(1) 부정적인 자기상의 극복

우리는 끊임없이 자신에 대해서 생각하고 평가한다. 이런 자신에 대한 평가는 대부분 당시의 상황에 따라서 달라진다. 예를 들면, 어떤 과업을 성공적으로 완수했다거나 다른 사람이 자기를 칭찬하거나 비판할 때마다 자기에 대한 생각이 달라질 수 있다. 우리의 내면에는 현실 상황과 관계없이 어린 시절부터 가지고 있는 자기 자신에 대한 평가가 있다. 자기상은 상당 부분이 어린 시절 밀접한 관계에 있던 주변 사람들(부모, 형제, 선생님 등)의 평가에 의해 만들어진다. 자기상은 긍정적일 수도 있고 부정적일 수도 있으며, 우리들의 내면에 남아서 어른이 된 지금까지 영향을 미치고 있다.

흔히 부정적인 자기평가를 하는 내담자들이 있다(예 : "나는 바보야. 나는 못생겼어.", "나는 나쁜 사람이야."). 이런 자기 판단은 어린 시절에 부모나 형제자매들이 자신을 보고 말한 내용을 그대로 답습하는 것이다(예 : "너는 바보야. 너는 못생겼어.", "너는 나쁜 아이야."). 이런 부정적인 자기상을 치유하기 위해서는 내면에서부터 (이런) 과거의 판단이 잘못된 거짓이었음을 확인시켜 주어야 한다.

먼저 확인하고자 하는 부정적인 목소리와 정반대되는 내담자의 경험을 찾아낸다(예 : 시험에 합격한 경험, 내담자의 미모를 다른 사람이 칭찬한 경험, 내담자가 착한 일을 한 경험). 트랜스 하에서 내담자가 이 경험을 실감 나게 느끼고 나면 부정적인 말을 한 사람을 떠올리게 해서 내담자에게 부정적인 말을 하게 한다. 그러면 내담자는 부정적인 말이 잘못된 거짓이라는 것을 실감하게 된다.

사례 1

한 여성 내담자가 우울 증상이 심하다고 했다. 그녀는 상담 도중에도 자주 "나는 바보야. 나는 아무런 쓸모가 없어."라고 말하였다. 그녀는 물리학박사였다. 최면자는 트랜스 하에서 그녀가 박사학위를 받는 장면을 체험하게 하였다. 그녀가 인사를 하고 사람들이 박수를 치고 있을 때 그녀의 어머니가 문을 열고 들어왔다. "너는 바보야. 아무 것도 할 수 없어. 네 동생이 박사학위를 받게 할 것이지 그랬니."

트랜스 상태에서 그녀가 공부를 열심히 해서 박사학위를 받았음을 인지하게 했다. 따라서 그녀는 "나는 바보야. 나는 아무런 쓸모가 없어." "너는 바보야. 아무 것도 할 수 없어. 네 동생이 따게 할 것이지 그랬니."라는 말이 잘못된 거짓이라는 것을 실감했다.

젊은 여성 내담자가 남자친구 사귀는 문제로 상담하기를 원했다. 그녀는 새로 남자친구를 사귈 때마다 언제나 그 남자친구가 얼마 있지 않아 자기를 좋아하지 않을 것이라는 두려움을 가지고 있었다. 처음에는 잘 사귀다가도 남자친구가 급한 일이 있어 약속을 미루자고 하면 "이제 올 것이 왔구나. 나 같은 애를 좋아할 리가 없지."라고 생각하였다. 그래서 그녀는 적당한 때에 남자친구가 말하기 전에 먼저 헤어지자고 말하게 된다. 그녀는 뛰어난 미모는 아니었으나 예쁜 편이었다.

연령퇴행을 해보니 어린 시절 그녀의 어머니가 그녀에게 입버릇처럼 "너는 앞니가 튀어나와서 아무도 너와는 키스하려고 하지 않을 거야. 누가 너를 데려가려고 하겠니."라고 말했던 기억을 끄집어내었다.

트랜스 하에서 그녀가 남자친구와 깊은 키스를 하고 있을 때에 그녀의 어머니가 들어와서 이 말을 하게 하였다. 그녀는 이 말이 잘못된 거짓임을 실감하였다.

과거의 경험에서 부정적인 자기상의 원인이 될 만한 일을 찾아낼 수 없는 경우도 있다. 하지만 전혀 아무런 이유도 없이 부정적인 자기상이 만들어지는 일은 없으며, 현재 또는 최근에 자주 이런 부정적인 말을 하는 사람이 반드시 있다. 이런 경우에도 위의 사례와 같은 방법으로 이 말이 잘못된 거짓임을 실감하게 한다.

과거의 부정적인 자기상의 원인이 되는 표현이 언어가 아닌 행동 태도나 몸짓으로만 나타나는 경우도 있다. 이럴 때에는 그런 행동 태도나 몸짓을 보인 사람이 나타나서 그 표현에 알맞은 부정적인 말을 하게하고 그 말이 잘못된 거짓임을 실감하게 한다.

(2) 부정적인 자기상을 정서적인 차원에서 극복하기

어린 시절에 다른 사람으로부터 부정적인 말을 자주 들었던 사람은 그때의 부정적인 감정(열등감, 좌절감)도 함께 내면에 지니고 있게 된다. 이런 감정들이 결국에는 실패에 대한 불안과 사회에 대한 불안을 야기한다.

① 어린 시절의 '나'와 현재의 '나'

부정적인 자기상을 정서적인 차원에서 극복하기 위해서는 먼저 건전하고 능력 있는 현재의 '나'를 실감 나게 체험한다. 그다음 현재의 '내'가 다른 사람으로부터 좋지 않은 말을 듣고 있는 어린 '나'를 만나서 다른 사람의 말을 반박하고 대들어서 그 사람으로부터 어린 '나'를 보호해 준다. 그다음에 어린 '나'를 안아주고 위로해 준다. 합리적인 생각으로 본다면 이 방법이 매우 혼란스럽고 불가능해 보일 것이다. 하지만 트랜스 하에서는 이것이 가능하고 자연스럽게 이루어진다.

어린 시절의 '나'는 주변에서 말하는 좋지 않은 말들을 반박하고 싸울 수 있는 힘이 없었다. 어린 시절의 '나'에게는 주변에서 말하는 좋지 않은 말들이 단순히 그들의 말이 아니라, 요지부동의 절대적인 사실로서 다가와 있었던 때문이다. 그래서 그들의 말을 그대로 받아들이고, 그들이 원하는 대로 생각하고 판단하면서 원만하게 지내는 것이 가장 좋은 방법이었다. 이런 생존전략은 어른이 되고 상황이 달라진 지금까지도 계속 남아있어서 대인관계와 사회생활에 지장을 주고 있는 것이다.

이 기법을 정리하면 다음과 같다.

a. 트랜스 하에서 건전하고 능력 있는 현재의 '나'를 체험한다.

b. 다른 사람으로부터 좋지 않은 말을 듣고 있는 어린 '나'를 현재의 '내'가 만나서 다른 사람의 말을 반박하고 잘못된 것을 바로잡는다.

c. 현재의 '내'가 어린 '나'를 안아주고 보호해 준다.

사례

60세인 D씨는 사회공포증이 있었다. 그는 사람들 앞에 나서서 말을 하지 못하였는데, 그 원인은 어린 시절의 경험에 있었다. 그의 아버지는 그가 말을 잘하지 못한다고 매질을 하였고, 학교의 국어 선생님도 같은 이유로 그에게 굴욕적인 말을 하였다. 칭찬을 받는 일은 거의 없었다. 그의 어머니도 그를 다정하게 대해준 적이 없었으며, 아버지가 매질을 할 때에도 말리지 않았다. 그는 가족들에게 천덕꾸러기가 되었고, 하는 일마다 잘못되어 아버지에게는 쓸모가 없는 아들이었다. 그는 자살을 시도하기도 하였다. 어느 날 그는 아버지로부터 심한 매질을 당하고 난 후 밤에 몰래 집을 뛰쳐나왔다. 지방의 한 빵집에 머물면서 일하였는데, 다행히 이 빵집에서 그는 집에서는 한 번도 느끼지 못하였던 온정을 느끼고 능력도 인정받았다. 당시는 사회가 어수선한 때여서 그의 가족들도 그를 찾지 못하였다.

그 후 그의 삶은 매우 성공적이었다. 다시 고향으로 돌아와서 좋은 직장을 얻었고 집도 지어서 아내와 함께 살았다. 미술에도 소질이 있어서 취미로 그림을 그렸다. 그가 그린 그림 중에는 성 크리스토퍼St. Christopher가 아기 예수를 어깨 위에 올려놓고 세찬 물살을 헤치고 개울을 건너가는 그림이 있었다. 그는 이 그림을 좋아해서 사무실에 걸어 두었었는데, 최면자는 이 그림을 정신자원으로 활용하기로 하였다. 최면자는 먼저 그에게 세찬 물살을 헤치고 건너가는 성 크리스토퍼의 강인한 체력을 느껴보게 하였다. 그리고 그의 어깨 위에 있는 작고 연약한 아기 예수가 얼마나 소중한지도 느껴보게 하였다. 그는 이 소중한 아기를 보호해서 무사히 개울을 건너게 해 주어야 한다는 책임감을 느꼈다. 그가 이런 체험을 실감 나게 하고 있다는 사인을 보낸 후에 최면자는 그에게 아기 예수의 입장에서 느껴보게 하였다. 자신이 소중하다는 것을 느끼게 하고, 아직은 아무런 힘이 없어 혼자서는 어려운 일들을 해쳐나갈 수가 없으나, 성 크리스토퍼의 강한 힘이 자기를 안전하게 지켜주고 있다는 것을 느껴보게 하였다.

이런 체험을 모두 한 후에 최면자는 그를 과거에 있었던 구체적인 사건으로 데리고 갔다. 어린아이인 D씨는 학교에서 받아온 성적표 때문에 아버지로부터 매를 맞고 있었다. 이때 어른이 된 D씨가 나타나서 성적이 그렇게 나쁜 것도 아니며 때린다고 성적이 더 좋아지지는 않는다고 항의하면서 아버지에게서 매를 빼앗았다. 그리고는 어린아이인 D씨를 안고 다음에 잘하면 된다고 위로해 주면서 앞으로 어린아이인 D씨가 짓게 될 집과 그리게 될 그림들을 보여주었다. 트랜스에서 각성한 D씨는 매우 감동을 받았다. 최면자는 D씨가 자기최면을 통해 이 감동을 여러 번 되풀이해서 느껴볼 수 있게 하였다.

② 신체적인 '나'의 변화

심리적으로 위축된 상태에서는 신체적으로도 내가 작게 느껴진다. 특정한 사람 앞에 서면 어쩐지 내가 작게 느껴지던 경험은 누구나 한번쯤 가지고 있을 것이다. 이런 경험은 어린 시절 자기의 신체가 작았을 때의 기억이 무의식중에 되살아나는 영향도 있다. 이와 반대로 우쭐한 기분이 되면 상대방보다도 자기가 더 크다고 느끼게 된다.

트랜스 하에서 내담자는 자기의 신체가 크다고 느낄 수 있는데, 이런 느껌을 치료에 활용할 수 있다. 트랜스 하에서 내담자는 어린아이로 되돌아가지만, 키는 어른보다도 훨씬 더 커서 더 이상 다른 사람이 어린아이인 내담자를 괴롭히지 못하게 된다. 내담자를 괴롭히던 어른은 상대적으로 훨씬 작아지게 한다.

사례 1

여성 내담자가 최면 치료를 원하였다. 그녀는 원래 왼손잡이였다. 그녀의 아버지는 그녀가 왼손으로 수저를 쥐려고 하면 주머니에서 바늘을 꺼내어서 그녀의 왼손을 찌르려는 시늉을 하였다. 그러면 그녀는 얼른 수저를 오른손으로 잡곤 했다.

트랜스 하에서 그녀는 아버지를 포함한 가족들과 함께 식탁에 앉았다. 그녀는 자기의 몸집을 머리가 천정에 닿을 만큼 크게 하였다. 그녀가 왼손으로 수저를 쥐려고 하자 아버지가 주머니에서 바늘을 꺼내려고 하였다. 그녀는 바로 커다란 손으로 아버지의 손을 움켜잡아 버렸고 아버지는 가만히 있었다. 그녀는 왼손으로 식사를 하였다. 얼마 후에 그녀는 무심결에 자기가 왼손으로 식사하고 있는 것을 발견하였다.

신체의 크기가 반드시 강한 힘을 전해주는 것은 아니다. 트랜스 하에서 신체가 커지는 것을 체험하면서도 단순히 시각적인 이미지만 경험할 뿐, 이에 따르는 치료적인 효과를 얻지 못하는 경우도 있다.

매우 의존적인 성향이 있는 내담자가 트랜스 하에서 자기의 키가 약 40m나 되는 경험을 하였다. 그런데 몸집은 아주 가늘어서 혼자 서 있지 못하고, 커다란 나무를 잡고서야 겨우 서 있을 수 있었다. 그는 저 아래에서 자그마한 몸집의 아버지가 위험하니 빨리 내려오라고 소리치는 것을 보고 얼른 키를 작게 하였다.

트랜스 하에서 신체의 크기를 마음대로 조정할 수 있다는 것이 조금 기이하게 들릴지도 모르겠다. 여기에 대해서 우리는 상당히 좋은 경험을 한 바 있다. A대학의 학생들을 대상으로 한 실험에서 우리는 참가자 21명 전원이 정도의 차이는 있지만 모두 신체가 커지는 체험을 하였음을 확인할 수 있었다. 신체가 커지는 체험은 직감적이고 설득을 해야 할 필요가 없기 때문에 다른 방법보다도 더욱 효과가 있다.

신체적인 '나'의 변화 유도문

트랜스를 유도한 후에

"이제 당신의 몸 전체에 주의를 기울이고 당신의 몸이 점점 커지는 것을 느껴 보십시오.

키가 커지고 허리가 튼튼해집니다.

처음에는 조금 이상하게 생각되겠지만, 차츰 익숙해지면서 숨을 깊게 내쉴 때마다 어깨가 넓어지고 자신이 커지는 것을 느낄 수 있습니다.

점점 더 커져서 머리가 천정에 닿을 만큼 키가 커지는 것을 느낄 수 있습니다.

옆에 앉아 있는 다른 사람들의 머리와 책상과 걸상들이 내려다보입니다.

숨을 깊이 쉴 때마다 당신이 더 커지는 것을 느낄 수 있습니다.

몸 전체가 불어나서 허리도 굵어지고 머리는 천정에 닿습니다.

그러면서 마음속 깊이 차분하게 가라앉는 기분이 듭니다.

나 자신을 믿을 수 있어서 마음이 푹 놓이고 안심이 됩니다.

앞으로 내가 잠깐씩 쉬는 시간을 드릴 것입니다.

그때마다 지금 이런 기분을 뚜렷하고 생생하게 느껴 보십시오.

자! 숨을 깊이 들이쉬고 내쉬면서 당신의 몸이 점점 커지는 것을 느껴 보십시오.

마음 속 깊이 차분하게 가라앉는 기분과 마음이 푹 놓이고 안심이 되는 것을 느껴보십시오."

(잠깐 쉰다.)

"당신이 지금 당신의 몸을 얼마나 크게 느끼고 있는지 나는 잘 모릅니다.

숨을 들여 마시면서 공기가 당신의 다리 속으로 들어간다고 생각해 보십시오.

그러면서 다리가 마치 풍선처럼 부풀어 오르고 늘어난다고 생각하십시오.

다리가 늘어나서 무릎이 바닥에서 점점 올라오고 종아리도 커지겠지요.

숨을 깊이 쉬면서 공기를 더 불어 넣으십시오.

공기가 더 들어가면 무릎에서 허벅지 사이도 늘어나겠지요.

허벅지가 퉁퉁 부어오른 것을 느끼십니까?

이제 다시 숨을 깊이 쉬면서 몸통에도 공기를 불어 넣으십시오.

몸통이 굵어지고 커지는 것을 느낄 수 있을 것입니다."

(잠깐 쉰다.)

"자! 이제 양팔에 공기를 불어 넣으십시오.

양팔이 굵어지고 길게 늘어납니다.

손가락도 굵어지고 늘어납니다.

이제 어깨와 목덜미도 커집니다.

그러면서 얼굴과 머리도 따라서 커지겠지요.

이제 온몸이 전부 커졌습니다."

(잠깐 쉰다.)

"자! 이제 한번 웃어 보십시오.

커진 얼굴로 웃는 기분이 어떻습니까?

느긋한 표정도 한번 지어보십시오.

이처럼 커진 목에서 나오는 목소리는 어떨까요?

굵고 묵직하며 자신에 찬 목소리가 아닌가요?

그래서 다른 사람이 함부로 덤빌 수 없는 목소리입니다."

(잠깐 쉰다.)

"마음속 깊은 곳에서부터 차분하고 자신 있는 기분이 나오고, 커다란 몸집에
알맞게 다른 사람들을 제압할 수 있는 힘을 느낄 수 있습니다.

그래서 마음이 느긋해지고 편안해집니다."

(잠깐 쉰다.)

"이런 체험이 당신에게 '나는 믿음직해.' '나는 자신 있어.'라고 일러줍니다.

이런 신체적인 느낌을 체험하면서 당신은 다른 사람들보다 더 힘이 세고 강
하고 능력이 있다는 것을 느낍니다.

아무도 당신을 이길 수 없고 괴롭힐 수도 없다는 것을 알고 있습니다.

당신은 안전하고 자신감에 넘쳐 있습니다.

지금 느끼는 이런 느낌을 당신은 앞으로도 계속 느낄 수 있습니다."

(잠깐 쉰다.)

"가만히 당신의 숨소리에 주의를 기울여 보십시오.

편안하고 자신 있는 느낌을 당신의 숨결에도 느낄 수 있습니다.

당신이 숨을 들이쉬고 내쉴 때에, 특히 내쉬는 숨에서 당신은 확연하게 마음이 편안하고 자신감이 생기는 것을 느낄 수 있습니다."

(잠깐 쉰다.)

"편안하고 자신 있는 느낌이 목덜미에서 어깨로, 그리고 어깨에서 팔로, 다시 상체로 퍼져 나갑니다.

뱃속이 편안해졌습니다.

이제 당신은 그 커다란 몸집으로 천천히 걸어가면서 팔과 다리가 어떻게 움직이는지 느껴봅니다.

또한 머리가 어떻게 움직이는지 느껴봅니다."

(잠깐 쉰다.)

"이처럼 커다란 몸집을 가진 당신이 어떤 목소리로 말을 할지 나는 잘 모릅니다.

가만히 자신이 하는 말을 들어 보십시오.

마음속 깊은 곳에서 나오는 느긋하고 묵직한 음성에 편안하고 자신에 찬 기분이 실려 있지 않습니까?"

(잠깐 쉰다.)

"자 이제 다시 한 번 당신의 몸집이 아주 커진 것을 느껴 보십시오.

그러면서 커진 몸집에 걸맞게 다른 사람들을 능가하는 자신감과 안정감이

생기는 것을 느껴 보십시오.

'나는 나를 믿을 수 있어.' '아무도 나를 건드릴 수 없고 나는 안전해.'라는 기

분이 듭니다."

(잠깐 쉰다.)

"당신은 몸집이 아주 커진 체험을 하셨습니다.

이제 웬만한 일은 아주 하찮게 여겨지지요?

'그 정도는 아무 것도 아니야.' '그 정도는 나도 충분히 해낼 수 있어.'라는 생

각이 들 것입니다.

숨을 깊게 들이 쉬고 내쉬면서 마음속 깊은 곳에서 나오는 편안함과 자신감

을 느껴보십시오."

(3) 심층심리의 갈등

처음에 성공적이던 심리치료가 갑자기 퇴행하는 일이 흔히 있다. 치료 초기에 내담자는 빠른 진전을 보이면서 매우 만족스러워한다. 내담자는 치료자와 매우 친밀한 관계를 유지하면서 상담시간을 정확하게 지키고, 상담시간을 더 많이 배정해 주기를 원하기도 한다. 그러다가 시간이 지나면서 차츰 상황이 달라지기 시작한다. 치료는 더 이상의 진전을 보이지 않고, 오히려 퇴행하기도 하며 내담자는 치료자를 비판하기 시작한다. 내담자는 상담시간을 지키지 않고 늦게 오거나, 아무 말 없이 약속한 날짜와 시간에 오지 않는 경우도 있게 된다. 이런 일은 물론 치료자의 과오가 원인이 되기도

한다. 초기의 진전을 믿고 내담자에게 너무 많은 것을 요구하면 내담자는 따라오지 못하고 실망을 하게 된다. 그런데 치료가 더 이상의 진전을 보이지 않는 데에는 심층심리의 갈등이 그 원인이 되기도 한다.

내담자는 어린 시절의 생존전략(현실도피와 환상의 세계)을 어른이 된 후에도 가지고 있다. 이 때문에 심리적인 장애가(대인기피와 우울증) 생기게 된 것인데, 치료자가 내담자로 하여금 이런 어린 시절의 생존전략을 버리게 해야 한다. 그리하여 성숙한 대인관계를 유지하도록 유도하면(환상의 세계에서 벗어나서 사람들과 교제하게 하는 등), 내담자는 여기에 저항하면서 심층심리에서 갈등이 생기는 것이다. 내담자는 사람들과 사귀는 것이 겁이 나고, 지금까지 자기를 보호해 주었던 환상의 세계로 되돌아가고 싶어 한다.

다음에 몇 가지 유형을 제시하고자 한다.

① 소외

a. 가정환경

부모 또는 형제자매가 어떤 이유 때문에 아이를 받아들이려 하지 않는다(예 : "너는 바보야. 너는 못생겼어." "네가 남자애라면 좋았을 텐데."). 아이는 여기에 대항할 수 없고 그렇지 않다는 논리도 내세우지 못한다. 아이는 사랑을 받지 못하고 가족으로부터 소외되기도 한다.

b. 아이가 느끼는 감정

- 열등감(흔히 수치심을 동반한다.)
- 인정을 받고 싶어 하는 열망
- 죄책감(예 : "나는 나쁜 아이다." "나는 나쁜 짓을 많이 하였다.")
- 실패 또는 약점이 드러나는 것에 대한 불안감

c. 아이의 생존전략

- 울분을 참고 부모의 판단에 무조건 따른다. 이렇게 해서 가족으로부터 소외당하는 것에 대한 불안을 없앤다.
- 환상의 세계를 만들어서 그곳으로 도피한다.

d. 어른이 된 후의 심리장애

- 사회에 대한 불안, 열등감, 우울증
- 남에게 대들지 못한다.
- 성공에 대한 불안(무의식 중에)
- 환상의 세계에 빠져서 사회로부터 격리된다.
- 불행한 대인관계를 반복한다.

② 의무준수

a. 가정환경

의무, 책임, 노력, 직책, 돈 같은 것만 중요하고, 즐거움, 웃음, 피부접촉, 천진난만함 같은 것을 하찮게 여긴다. 아이는 이런 가정 분위기에 따라야만 귀여움을 받는다.

b. 아이가 느끼는 감정

- 소외당하는 것에 대한 불안
- 쓸모없는 사람이 되는 것에 대한 불안, 신체접촉에 대한 불안
- 가정의 기대에 부응하지 못하는 것에 대한 반사작용으로 생기는 두려움과 죄책감

c. 아이의 생존전략

- 자기의 감정과 욕구를 억제하고 부모의 규범에 따름으로서, 부모의 인
  정 내지 관용을 잃지 않으려는 것
- 즐거움이나 감정을 쓸모없는 것으로 여긴다.

d. 어른이 된 후의 심리장애

- 자신의 감정을 느껴보고 표현하는 것을 잘하지 못한다.
- 허무한 생각과 우울한 느낌이 든다(예 : 무의식중에 행복과 즐거움을 동경하고
  있다).
- 인생의 즐거움을 느끼지 못한다(비관론자).
- 완벽주의자, 강박증
- 사회에 대한 불안

사례

42세 된 여성 내담자가 허무한 생각이 들고 우울증이 생겨서 상담실에 찾아
왔다. 그녀는 의무완수와 성취만을 강조하고 즐거움이나 취미생활을 사치로
여기는 가정에서 자랐다. 어린 시절부터 그녀는 맡은 일을 다 하였을 때 자긍
심을 느끼고, 집안일을 기꺼이 맡아서 하였다.

그녀는 남편과 함께 농사를 지으면서 작은 음식점을 경영하고 있었다. 그녀
의 남편이 아직 직장에 다니고 있었기 때문에 음식점과 농사일은 그녀가 거
의 도맡아서 하고 있었다. 그녀는 시부모까지 돌보아야 했는데, 특히 시어머
니가 걷지 못하고 침대에 누워서만 지내는 바람에 할 일이 더욱 많았다. 그녀

의 남편은 일주일에 두 번 홀로 외출하여 친구들과 취미생활(음악 감상)을 하고 있었으나, 그녀는 거의 자유로운 시간을 가지지 못하고 있었다. 그녀의 우울증은 남편이 딸에게 강아지를 한 마리 선물하면서 생겼다. 그녀는 애초에 강아지를 돌보는 일이 결국에는 자기 몫이 될 것이라는 예감이 들어서 강아지를 선물하는 일에 반대하였었다.

예상과는 달리 딸아이는 자기 강아지를 잘 돌보고 있었다. 그런데도 치료 초기에 그녀는 남편이 딸에게 강아지를 선물한 것에 대해 자주 불만을 토로하였다. 아마도 그녀는 아무도 자기에게는 좋은 것을 선물하지 않는다는 것을 간접적으로 말하고 싶었을 것이다. 어린 시절 집안일을 도맡아 하면서 그녀에게 자긍심을 가져다주었던 그녀의 생활습관이 차츰 그 한계에 이르면서 그녀를 짓누르고 있었던 것이다. 그녀는 허무한 생각이 들었고 "이렇게 살다가 죽는 것이 무슨 의미가 있나?" 하는 생각을 하게 되었다.

치료자는 그녀에게 일주일에 이틀 저녁을 그녀 자신을 위해서만 사용할 것을 권하였다. 그렇게 함으로써 그녀의 우울증은 상당히 호전되었다. 하지만 이런 상태는 오래 지속되지 않았다. 그녀는 남편과 가족들을 내버려두고 나왔다는 자책감에 빠지기 시작하였다. 그녀는 차츰 자유로운 저녁 시간을 즐길 수가 없었고, 그래서 그냥 집에서 집안일에 몰두했다. 그녀의 우울증은 다시 심해졌다.

이 단계에서는 어린 시절의 생존전략을 극복하는 것이 매우 중요하다. 트랜스 하에서 의무완수와 성취만이 가치 있는 일이 아니고, 즐거움과 취미생활도 가치 있는 일이라는 것을 느껴보게 한다. 부모에게도 어른이 된 현재의 내가 무조건 복종하기보다는 사리를 따져서 설득하게 한다.

③ 정서적인 독자성의 억압

a. 가정환경

감정에 대한 판단기준을 부모가 정해 준다. 무엇이 아름답고, 무엇을 기뻐해야 하며, 무엇이 기분 좋고, 무엇이 기분 나쁜지를 부모가 결정해 준다. 아이가 저항하면 간접적으로 제재를 한다(예 : "네가 기뻐하지 않으니 나는 슬프구나.", "이렇게 애를 썼는데 너는 기뻐하지도 않는구나."). 아이는 자신의 감정을 진지하게 느껴보지 못한다.

b. 아이가 느끼는 감정

- 사랑을 잃게 될지도 모른다는 불안
- 두려움에 대한 표현으로서 나타나는 죄책감

c. 아이의 생존전략

- 부모가 원하는 것이 무엇인지에 대해 매우 민감해진다.
- 자기의 감정을 억누르고 다른 사람의 가치기준을 넘겨받는다.
- 자기감정에 충실하기보다는 다른 사람이 좋아하는 것으로 기뻐한다.
- 대들고 싶은 충동을 억압한다.

d. 어른이 된 후의 심리상태

- 허무함, 혼자 있는 것에 대한 불안
- 자신의 감정을 표현하는 것이 어렵다.
- 사회에 대한 두려움
- (억압된 감정으로 인한) 심인성 신체장애

이 유형에 속하는 가정은 얼핏 아무런 문제가 없어 보인다. 아이는 핍박을 받지 않고 충분한 보살핌을 받고 있다. 다만 아이가 자신의 정서적인 욕구를 포기하고 부모의 요구에 따라갈 때에만 보살핌을 받게 된다. 한 가지 예를 들어 보자. 엄마는 아이를 위해서 케이크를 만들었다. 아이는 벌써 이 케이크를 세 조각이나 먹어서 배가 부르며 더 이상 먹을 수가 없다. 그런데 엄마는 네 번째 조각을 아이에게 내민다. 아이는 먹기 싫다고 거절한다. 엄마는 "너를 위해서 일부러 케이크를 만들었는데 너는 몇 조각 먹지도 않는구나. 너를 기쁘게 해주려고 내가 얼마나 정성 들여 만들었는데 내가 헛수고를 하였구나."라고 말한다. 엄마가 서운한 마음을 내비치고 아이와 말도 잘 하지 않으려고 하면 아이는 '내가 잘못했구나.'라는 죄책감을 가지게 된다. 이런 일이 몇 번 있게 되면 아이는 먹기 싫어도 맛있다고 하면서 먹게 된다. 이런 일이 수 년 동안 지속 되면 아이는 부모의 기분을 상하게 하지나 않을까 하는 두려움 때문에, (부모가 싫어하는) 자신의 진실한 감정을 드러내지 못하고 부모가 원하는 감정을 자신의 감정으로 내세우게 된다.

사례

한 공무원이 허리통증 때문에 찾아왔다. 얼마 전에 그가 혼자서 일하던 방에 다른 부서에서 일하던 한 동료가 옮겨왔는데, 그 동료는 자기가 해야 할 일을 그에게 떠맡기기 시작하였다. 처음에 그는 기꺼이 그 동료를 도와주었다. 그런데 시간이 지나면서 그 동료는 더 많은 일을 그에게 떠맡겼다. 그는 화가 나면서도 그 동료에게 불만을 표하지 못하였다.

최면자는 그에게 솔직하게 말하고, 그 동료의 청을 거절하라고 하였다. 처음 얼마 동안에는 치료의 효과가 있었다. 그러다가 내담자는 직장동료와 꼭 이렇게 해야만 하는지에 대해서 최면자와 토론을 하기 시작하였다. 이 방법으로 통증이 완전히 사라질 수 있는 것인지에 대해서도 의문을 가지기 시작하였다. 그는 동료와의 불편한 관계가 자기 잘못 때문이라고 생각하고, 어린 시절부터 해 오던 대로 다른 사람의 기분에 맞추면서 자기의 감정을 억누르고자 하였다. 최면자는 트랜스 하에서 내담자가 어린 시절의 생존전략을 버리고 당당하게 자기의 감정을 표현할 수 있도록 치유하였다.

④ 정서적인 불안정

a. 가정환경

부모가 다른 일로 화가 났거나 쌓인 스트레스를 모두 아이에게 풀어버린다. 일이 잘 안 되거나 부부간의 애정 문제 때문에 생기는 감정도 모두 아이에게 쏟아 놓는다. 아이는 무슨 영문인지도 모르고 갑자기 변하는 부모의 태도에(분노, 위협, 냉담, 관심) 어리둥절해 한다. 아이가 무엇을 원하고 있는지는 아무도 생각하지 않는다.

b. 아이가 느끼는 감정

- 자신이 아무 쓸모가 없다는 생각

- 두려움(무방비 상태로 당해야만 하는)

- 불안(어떻게 행동하는 것이 옳은지 모른다.)

c. 아이의 생존전략

- 감정적인 상처를 받지 않으려고 자기의 감정을 처음부터 억제한다('내가 사랑받고자 하지 않으면 사랑을 받지 못해도 실망하지 않는다.'고 생각하게 된다).

- 사랑이나 애무를 천시한다.
- 다른 사람의 접근을 의심한다(접근하는 의도가 무엇인지 찾아내려고 하고, 속임수나 위험이 없는지 알아내려고 한다.)

d. 어른이 된 후의 심리장애
- 사회적인 고립, 사회에 대한 두려움
- 이성교제의 문제(두려움, 접근에 대한 의심)
- '떠도는 두려움'(언제나 위험이 없는지 염려한다. '떠도는 두려움'은 염세와 우울 증상과 관련이 있다.)

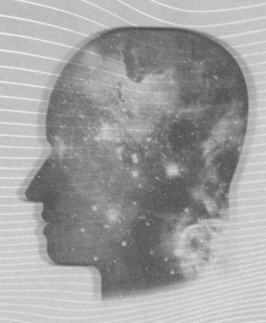

2
PART

의료 현장에서의
최면

병원에서 한정된 입원기간 안에 할 수 있는 심리치료 방법으로 최면치료가 관심을 모으고 있는데, 이는 일반 심리치료 기법으로는 입원기간 동안 치료가 어렵기 때문이다. 미국의 유명한 정신분석학자이며 최면치료자인 John G. Watkins는 "무의식이라는 기념비적인 발견을 한 우리들의 스승 Sigmund Freud에게 경의와 존경을 표하지만, 그와 그의 협력자들이 이루어낸 기법은 매우 제한적이고 너무 느리게 작용하는 치료방법이다."라고 서술하였다. 그는 "내가 최면분석으로 50~60시간에 도달할 수 있는 목표를 전통적인 정신분석으로는 250~300시간이 걸려야 달성할 수 있다."라고 하였다(Watkins 1992).

1

최면분석

Abnormal
Mentality
and
Hypnosis

최면분석도 정신분석과 마찬가지로 어린 시절의 발달과정을 다루고 있으며, 통찰이 순수한 지성으로 얻어지는 것이 아니라 일을 완성하는 과정에서 체험으로 얻어진다고 보고 있다. 최면분석은 정신분석을 발전시킨 것으로 최면양상의 정신분석이라고 말할 수 있다. 최면분석자는 각성상태에서는 사용할 수 없는 많은 복합적인 치료기법들을 사용할 수 있다 (Watkins 1992).

'최면분석'이라는 용어는 1940년에 Hadfield가 처음으로 사용하였다. 오늘날에는 최면기법과 정신분석을 결합시켜 모든 최면치료 방법에 이용어를 사용하고 있다. 이런 결합방법에 대한 산발적인 시도는 이미 1차 세계대전 이전에 있었다. 하지만 체계적인 최면분석은1920년대에 베를린의 Tegel성에 정신분석 요양소를 설립한 Ernst Simmel이 처음으로 시도하였다. 그는 초기에는 일반 환자를, 그리고 나중에는 전쟁 상이군인 환자를 치료하였다. 그는 환자를 진정시키는 대화와 함께 분석적인 대화도 하였는데, 꿈과 최면에 관련된 소재를 정신분석적인 방법으로 다루는 화법을 사용하였다. 그는 환자에게 잠을 자면서 꾼 꿈을 최면상태에서 계속하게 하거나 최면상태에서 생각하던 것을 자연수면상태의 꿈에서 계속 추적하도록 하였다. Gill과 Brenman은 1943년에 정신분석적인 이론을 근거로 하면서 최면의 기법을 사용한 치료사례를 발표하였다. 그들은 이 사례에 대해서 "최면의 기법으로 깊이 감추어져 있는 문제를 다른 단기치료 방법들보다 더 빨리 드러나게 하였으며 해결할 수 있었다."라고 서술하였다.

최면분석적인 치료 컨셉을 체계적으로 서술한 책으로는 Lewis R. Wolberg의 저서 《Hypnoanalysis(1945)》와 《Medical Hypnosis(1948)》가 있다. Wolberg는 《Medical Hypnosis》에서 정신분석에 최면을 사용하는 것에 대한 정신분석학자들의 반대이론을 반증하였다. Freud의 견해와는 달리 Wolberg는 치료과정을 유발하는 것에 깊은 트랜스가 필요 없었다. 자유연상에는 가벼운 트랜스가, 그리고 자동서기와 꿈의 유도에는 중간 정도 깊이의 트랜스로 충분하였다.

최면에 대해서 비판적인 정신분석학자들은 최면이 전이에 미치는 작용을 내담자가 최면자에 대해서 가질 수 있는 감정의 다양성을(나르시스적인 찬미와 마조히즘적인 굴종 및 동일화의 소망으로) 제한한다고 우려하고 있다. 이런 의견에 대해서는 최면 전이의 끊임없는 분석이 종속관계를 해소하고 자아를 강화한다는 반론으로 맞서고 있다. Wolberg 최면분석의 근본적인 목표는 전이 노이로제의 분석과 둔감화 및 통찰을 통한 재교육이다. Wolberg는 내담자가 두 가지 전제조건을 가지고 있어야 한다고 말하였다.

1) 내담자는 어느 정도의 최면 피암시성을 가지고 있어서, 의사소통 중에 자유연상이 가능한 충분한 트랜스의 깊이에 도달할 수 있어야 한다.
2) 내담자는 어느 정도의 강한 자아를 가지고 있어서, 미지의 소재로 인해 야기되는 공포를 견뎌낼 수 있어야 한다.

Wolbwrg가 사용했던 기법은 최면 꿈의 유도, 연령퇴행, 최면 사이코드라마, 실험적인 갈등의 유도 그리고 수정 구슬을 사용한 투사기법 등이다. 1~2주 동안 트랜스 상태에서의 자유연상에 대한 훈련을 마치면, 내담자는 최면분석적인 일상생활 상태로 넘어가게 된다. 다시 말하면 내담자는 상담시간의 처음 1/3에는 자유연상을 하고, 중간 1/3에는 여러 가지 최면기법으로 이 연상에 대한 작업을 하고, 나머지 1/3에는 최면으로 생성된 소재에 대한 작업을 한다.

최면둔감화 단계에서는 최면기법으로 내담자에게 자신의 무의식적인 갈등(억압된 불안과 기억 등)의 초점을 의식적으로 체험할 수 있게 해준다. 최면자는 내담자의 의식적인 자아와 억압된 문제를 직면시켜서 억압된 문제의 의식화를 도와준다.

이 작업에서 최면자는 내담자의 노이로제 구조를 찾아내는 데에 중요한 역할을 하게 된다. Wolberg는 다음과 같이 말하였다.

"갈등과 기억을 의식하게 되면서 내담자는 갈등과 기억을 자신의 일부로 받아들이는 것이 쉬워진다. 억압이 어떻게, 왜 생겼는지를 알게 되면, 내담자는 무의식적인 초점focus의 영향으로부터 벗어나는 것이 가능해진다."(Wolberg 1948)

통찰을 통한 재교육에 대해서 Wolberg는 다음과 같이 말하였다.

"환자에게 억압된 갈등의 원인과 그의 증상이 가지는 의미에 대해서 설명해 준다. 환자의 갈등이 어떻게 환자의 현재 정신생리작용에 영향을 미치고 있는지를 환자에게 설명해 주고, 환자의 갈등이 어떤 상황에서 생기게 되는지, 그리고 환자가 현실적이고 긍정적인 적응을 위해서 어떻게 기존의 행동방식과 태도를 변화시킬 수가 있는지를 환자에게 설명해 준다."(Wolberg 1948)

이런 진행방법의 목표는 무의식의 개성 부분으로 하여금 통합Integration에의 길을 열어주기 위한 방어 작업이다. 여기에서는 내담자의 통찰력에 호소하게 되는데, 이때에 최면자의 설득능력이 중요하다.

제한적인 정신분석 방법(의미하고, 직면하고, 작업하는)에 비하면 최면분석 방법은 많은 개입기법을 가지고 있다. 꿈을 유도할 수 있고, 꿈을 반복하게 할 수 있고, 그리고 꿈속에서 작업을 할 수 있다. 내담자를 트랜스 상태에서 꿈속의 형상과 직면하게 할 수 있고, 투사기법을 사용할 수도 있으며, 새로운 형상을 만들어 낼 수도 있다. 전에는 전이가 매우 성행하였는데, 반드시 최면자에 대한 전이만이 아니라, 내면적인 사물이나 외부의 사물에 대한 전이도 있었다. 최면상태에서는 기억이 상당히 강한 감정을 수반하고 그 내용도 상세하다. 치료 프로세스의 유연성 또한 상당히 광범위하다.

최면분석에서의 전이에 대한 작업은 정신분석에서의 작업과 유사하다. 내담자의 무의식적인 갈등이, 치료적인 관계 내지 최면자와 관련된 공상으로 침잠하는 것도 감정적인 통찰의 주제로서 치료의 한 초석이 될 수 있다. 최면분석의 장점은 정신분석 보다 더 빨리 저항을 알아차린다는 것이다.

Wolberg의 최면분석치료법이 매우 체계적이고 명료하였음에도 불구하고, 정신분석이나 최면치료 학계에 큰 반향을 불러일으키지는 못했다.

Watkins의 'Ego-State-Therapie'도 근본적으로는 최면분석과 같은 정신분석에 속한다(Watkins 1981). 이 치료방법도 신체적인 장애요소를 '무의식'에서 찾으며, 치료의 수단으로 감정적으로 고양된 통찰을 사용하고 있다. 자유연상을 요구하는 정신분석가와는 달리 최면 분석가는 유도기법을 통하여 트랜스 상태를 통제한다. 이 과정에서 깨어있는 자아의 주의를 다른 곳으로 돌리게 하면, 저항이 약화 되어 무의식의 소재를 더 잘 얻을 수 있게 된다.

해리성정체장애(예전에는 '다중성격장애'라고 하였음) 환자들과의 경험을 통해서 'Ego-State-Therapie'에서 서로 다른 "자아상태"에 대한 작업을 개발하였다. '자아상태'란 사람의 특정한 행동방식과 경험을 한 단위로 묶은 것을 말하는데, 각 자아상태는 공통요소에 의해 서로 결합되어 있으면서도 서로 다소간에 왕래가 가능한 경계를 가지고 있다. 이런 자아상태는 성격의 어느 부분이 사회상황에 접하고 있는지에 따라서 환자의 행동을 결정짓게 된다. 성격장애 환자는 이런 자아 상태들이 서로 흩어져 있다. 다시 말하면, 자아 상태들이 잘 결합되어 있지 않아서 부하를 받게 되면 성격이 분산된다. 성격의 각 부분 간에 서로 왕래하고 있는 정도는 개인의 통합 수준에 따라서 다르다. 최면치료에서는 가족치료나 집단치료의 기법을 사용하여 서로 흩어져 있는 자아상태들을 결합시킬 수 있다. 내면대화가 성격통합개발의 근본이 된다(Watkins 1992).

1980년대에 Erika Fromm의 노력으로 최면분석에 의한 시너지 콘셉트는 새로운 국면을 열었다. 최면분석에 대해서 그녀는 다음과 같이 말하였다.

"치료자의 능력에 따라서 우리가 배운 최면과 정신분석의 모든 것을 최면분석에서 결합시킬 수가 있다."(Fromm과 Gardner 1979).

Erika Fromm(1984)은 정신분석적인 방법에 의거해서 노이로제 장애에 대한 최면분석을 2단계로 구분하였다.

　1) 무의식적이고 억압되어 있는 갈등과 정동과 기억을 찾아내어 작업하는 것
　2) 경험한 것을 환자의 성격에 통합시키는 것

　　Fromm은 치료요소와 특정 기법을 전이 상황에 따라서 선택하는 데에
큰 의미를 두었다. 노이로제, 나르시시즘, 정신병 또는 경계선의 전이징후
에 따라서 그녀는 각각 다른 프로세스를 권유하였다. 하지만 전이과정에
서 관계표본을 암시하고 작업하는 것은 어느 프로세스에서나 공통된 것이
었다. 무의식적인 갈등으로 인해서 분열된 개성의 부분을 찾아내는 일이
Fromm 최면분석 작업의 기본이 된다. 트랜스 상태에서의 갈등에 대한 감
정적인 통찰을 기반으로, 환자는 이 갈등을 해소하고 자기의 세계와 새롭
고 긍정적인 직면을 할 수 있는 자기 자신을 재조직하는 것을 배우게 된다.

치료를 위해 사용하는 최면

치료의 근본은 무의식 하에서 작업하는 것이다. 우리들의 충동과 동기와 조종능력의 많은 부분을 우리는 의식하지 못한다. 이것은 증오나 사랑과 같은 대표적인 감정에만 적용되는 것이 아니고, 인생의 기본이 되는 감정과 병리적인 충동의 변화에도 적용이 된다. 치유적인 영향력을 행사하려면, 내담자는 상처받은 부분과 더 나은 의식적인 접속을 해야 한다. 이런 접속을 할 수 있는 가능성은 각성상태에서보다는 의식수준이 낮아진 트랜스 상태에서 더 많이 있다. 특히 다양한 치료적인 변수가 있어서 증상에 알맞은 치료를 할 수 있다.

트랜스 상태에서 내담자는 더 높은, 또는 자아의 경계를 뛰어넘어 확장되는 체험을 하는 의식상태에 도달한다. 이런 의식상태에 있는 내담자에게 그의 상처받은 부분과 건강하고 안정되어 있는 부분을 만나 보게 한다. 탐색작업이나 쉽게 이해할 수 있는 상징적인 형상(예를 들면 현자)을 통해서 저항프로세스 때문에 가려져 있는 내담자의 건강하고 창의적인 부분을 만나게 한다.

좋은 부분과 나쁜 부분으로 갈라져 있는 내면분할을 이런 방법으로 볼 수 있고, 내면분할의 생성과정도 알 수 있다. 단순하게 말하면, 사람의 영혼은 여러 개의 서로 다른 자아 부분들로 구성되어 있다. 이런 자아 부분들이 우리들의 행동과 체험의 동기가 되고, 전반적으로는 사람의 개성을 만들어낸다. 사람의 매우 다른 행동들을 보면 사람 속에 서로 다른 개성의 부분이 함께 들어있다고 말할 수도 있을 것이다. 이런 다른 개성의 부분들은 일상적인 내면 대화로 서로 관계를 맺고 있다. 이때 건강한 부분은 합치는 역할을 맡고 있는데, 건강한 부분은 다른 부분들과 갈라져 있다는 느낌을 갖지 않는다. 우울증 환자의 경우에는 이런 내면분할이 양가 행동을 보일 정도로 진전되어 있는데, 환자는 서로 모순되는 동기에 의해 내면적으로 분할되어 있는 것이다. 이런 경우 흔히 결정을 내리지 못하는 무력감에 빠진다. 예를 들면, 환자는 상점에 들어가야 할지 말아야 할지, 물건을 사야 할지 말아야 할지에 대해 결정을 내리지 못하는 것이다. 결정의 결과가 감정적으로 아주 뚜렷한 차이가 나는 경우에는 건강한 사람도 결정을 내리지 못하는 일이 있다.

치료를 하면서 우리는 흔히 내담자의 영혼이 이런 자아 부분들 사이를 경계선이 없이 왕래하고 있는 것을 본다. 내담자가 어린 시절에 금지된 것으로 체험한 충동이 통제가 없어지는 순간에 터져 나오는 것이다. 병적인 부분은 대부분 정신적인 성숙과정에 함께 참여하지 못하고, 계속 어린아이로 머물러 있다. 이런 사실은 최면분석 치료 도중에 내담자가 갑자기 어린아이의 목소리를 내거나 어린 시절에 경험한 행동을 하는 것을 보고 알 수 있다. 치료를 하면서 이런 서로 다른 성격 부분을 자주 볼 수 있다. 이런 부분들은 중요한 관계를 맺고 있던 사람과 가진 경험에서, 또는 중요한 의미가 있었던 공상fantasy에서부터 진전된 것이다. 치료에 이런 성격 부분을 10개 이상 다루는 것은 무리인데, 전반적인 파악을 할 수가 없기 때문이다. 치료목표는 각 성격 부분 사이의 대화를 촉진하고 정신적인 성숙을 가능하게 하는 것이다. 이를 위해서 최면분석 치료에서는 여러 가지 기법을 사용한다. 예를 들면 어느 한 부분을 분리하여 명확하게 확인 구분하는 기법이나, 그 부분을 활성화하여 전체개성에 더 잘 수용되고 통합될 수 있게 하는 기법 등이 있다.

우리는 흔히 분리된 충동이 내담자의 꿈에 나타나는 것을 볼 수 있다. 예를 들어 위협적인 짐승으로 나타나는 것이다. 우리가 이 꿈을 최면상태에서 재현할 수 있으면, 이 짐승과 짐승의 의미가 내담자와 더 가까워지게 시도하고, 가능하다면 내담자가 짐승의 친근한 일면도 알게 되도록 시도할 것이다. 다른 하나의 가능성은 내담자가 짐승과 자기를 동일시하여 짐승의 엄청난 힘과 위력을 자신의 것으로 하는 것이다. 이때에 분리되었던 힘이 합쳐져서 자아가 강화되는 일이 드물지 않게 일어난다. 자아는 자신의 에너지를 더 이상 위험하게 느끼고 있었던 충동을 의식으로부터 멀리하는 일에 사용하지 않아도 된다. 이와 유사한 일이 동화 속에서도 일어나는데, 야수를 받아들이고 사랑하면서 야수가 보호자로 변신하는 것이다. 전에는 무서워했던 것과 자신을 동일시하게 되면서 자아상도 변하게 된다. 내담자는 자신이 마치 새로운 피부 속으로 들어간 것처럼 느끼게 된다. 이런 새로운 자아상과 이 자아상에 맞는 새로운 행동방식을 내담자가 이미지화하게 할 수 있다.

최면분석 치료의 또 다른 기법은, 내담자가 공포상황을 높은 곳에서 조감도로 바라볼 수 있게 하는 것이다. 이런 먼 거리에서 내담자는 상황을 더 잘 분별할 수 있게 된다. 내담자는 상대방의 마음을 읽고 상대방도 외롭고 의지할 데 없는 것을 알 수 있게 된다. 이로써 지금까지 가지고 있었던 적대감이 없어질 수가 있다. 사실을 다른 측면에서 바라보면서 이해하고 용서

하게 되는데, 이것은 모순되는 자아 부분이 서로 화해하는 것을 의미한다. 최면 도중에 관찰자와 상대방 사이에 역할전환이 가능해지면 전체 상황을 상대방의 눈으로 다시 한 번 살펴보게 한다. 이때에 모든 체험을 가능한 대로 신체에 가깝게, 그리고 감정 있게 느끼게 한다. 예를 들어, 주먹으로 맞은 내담자는 때린 사람 속에 들어가서 자기의 손이 맞은 사람의 얼굴에 닿는 것을 느끼게 한다. 이때에 소리도 듣고 명암도 보게 하여 상황을 실감나게 체험하게 한다. 내담자가 다시 맞은 사람의 역할로 되돌아오면, 내담자는 자신을 점점 더 크게 하고 때린 사람을 점점 더 작게 하여 내담자의 우월감을 강화한다. 이 우월감을 일상생활에 친화하여 내담자의 왜소감을 극복하게 할 수 있다.

진정반응도 최면분석에 속하는데 신체적인 동작으로 나타나는 일도 드물지 않다. 다수의 내담자들은 방석을 때리거나 소리치며 고통을 호소한다. 이렇게 해서 수십 년 쌓인 에너지를 방출하고 나면, 내담자는 마음이 가벼워지고 힘이 나는 것을 느끼게 된다. 이로써 내담자는 더 이상 무의식적인 불안을 억제하기 위해 에너지를 소모하지 않아도 된다.

연령퇴행과 연령진행도 최면분석에서 큰 의미를 갖는다. 연령퇴행에서 내담자는 자기 아버지에 대한 자신의 왜소감이 신체의 크기에서부터 비롯된 것을 알게 된다. 지금의 아버지는 등이 굽고 약해졌다. 공포 대신에 어쩌면 측은한 감정이 생길지도 모른다. 많은 내담자들이 연령퇴행에서 아주 어린 시절의 체험과 공상으로까지 되돌아가는데, 출생 당시까지 가는 사람도 있다. 다수의 내담자들은 전생에 대한 기억을 말하기도 한다. 이런 기억들이 실제로 있었던 일인지, 아니면 내면적인 욕구에 의해 만들어진 것인지는 여기에서 논하지 않겠다. 모든 것이 정신적인 작용과정이며 내담자의 현실체험과 자아상과 행동에 중요한 의미를 가진다. 이런 내면 이미지들을 사용하면 내담자를 치료할 수 있다는 사실이 중요한 것이다.

최면분석의 또 다른 중요한 가능성 중 하나는 미래진행이다. 예를 들면 내담자는 자기가 죽기 직전의 장면을 볼 수 있다. 내담자는 자기가 앞으로 살아가게 될 길을 뚜렷하게 보면서 현재의 삶이 미래에 어떤 결과를 가지고 올 것인지를 알게 된다. 내담자는 현재 자기가 해야 할 중요한 일을 소홀히 하고 있다는 것을 알게 된다. 최면분석으로 미래의 인생행로 중에서 잘못되어 가는 부분을 찾아내어 고칠 수 있다.

최면분석이 끝난 후에는 언제나 마무리하는 대화가 필요한데, 지금까지 한 체험을 현재의 생활 속에 인지적으로 작업하고 통합시켜야 하기 때문이다. 최면분석 도중에 체험한 것들이 너무 빠른 진행속도 때문에 잘 느낄 수가 없었다면, 마무리 대화에서 그 느낌을 보완할 수 있다. 보완하는 방법으로 대략 100분 정도 걸리는 최면분석을 녹음하여 내담자에게 다시 들려주면서 특수 작업을 한다. 모든 기록들은 다음번 상담의 기초 자료가 된다.

최면분석 중에 내담자가 체험하는 상징적인 체험은 내담자의 일상생활과 현실에 밀접한 관계가 있다. 정신분석에서 말하는 전이와 역전이, 다시 말하면 내담자와 최면자 사이의 치료적인 관계는 최면분석에서도 의미가 있다. 분석치료에서 깊은 체험을 하게 되면 최면자와의 관계도 촉진된다. 최면자와 내담자의 관계는 각성상태의 대화에서 내담자의 치유를 도와준다.

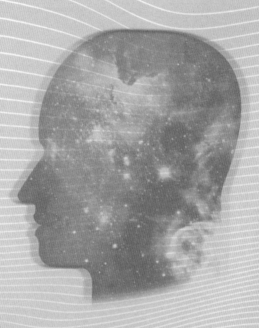

3
PART

최면치료에 활용되는
심리치료 기법

최면성 트랜스의
치료적 역할

일반적으로 최면요법의 효과를 생각할 수 있는 것 중에서 치료적인 최면 암시에 의한 교과와는 별도로, 트랜스에 빠지는 것 자체가 치료적인 의미를 포함하고 있다. 최면성 트랜스라고 하는 특유한 심리적, 생리적 그 자체만으로도 치유 효과가 나타나게 된다. 그래서 때로는 그 효과를 목표로 해서 최면 유도를 행하는 일도 있다. 최면성 트랜스의 역할은 다음과 같다.

1) 기본욕구의 충족 효과

신경증 환자에게는 일반적으로 애정적 욕구가 강한 것으로 알려져 있다. 보통 애정의 욕구는 가정이나 직장, 친구 등에 의해서 충족되고 있다. 그러나 부모의 양육과정이나 그 밖의 어떤 요인에 의하여 자아의 발달(성격 형성)에 장애를 받거나, 심한 내적인 저항에 의해서 어릴 때 응석 부리고 싶어도 부릴 수 없고, 애정을 받고 싶어도 받을 수 없으면 대인관계에서 장애가 나타난다. 이와 같은 갈등이 그 후 신경증과 심신증의 증상 형성에 영향을 주는 경우도 있다. 또 한편 아주 성숙하고 건강한 인격의 소유자라 하더라도 가끔 커다란 현실적 장애에 부딪치면 잘 적응할 수 없어서 신경증적인 증상이 나타나게 된다.

어떻게 해서든지 신경증적인 환자의 치료는, 현실로 복귀하는 힘을 회복할 때까지 혹은 통찰적인 방향으로 진행해 가는 과정에서 일시적으로 그들의 유아적인 애정 욕구를 비롯한 여러 가지 기본적인 욕구를 치료하는 것으로 만족시키고 보호적으로 지지해 준다는 점에서 의의가 있다. 바로 이러한 이유에서 최면이 상당한 치유 효과가 인정되고 있다.

최면유도 그 자체가 따뜻하고 보호적인 분위기로 행하여지기 때문에 내담자는 퇴행해서 조용히 최면자에게 맡겨 버리게 된다. 그래서 부끄럽다든지 나쁘다든지 하는 현실적인 분별력이나 자신의 내적인 저항에 흔들림 없이 안심하고 최면자에게 의존할 수 있게 된다.

2) 최면성 라포rapport의 효과

최면으로 최면자와 내담자 사이에 강한 라포rapport가 형성된다. 최면성 라포가 농후한 최면자와 내담자 관계에 의해서 최면자는 내담자 마음속의 일부가 되고, 최면자의 건강한 생각과 감정이 그대로 내담자 자신의 것으로 이전됨으로써 진행하기 쉽게 된다. 특히 불안증 환자, 대인관계에서 억압적 소극적인 환자, 만성적 증상이 계속되어 자신감을 잃고 있는 심신증 환자 등에게 최면이라는 도구로 인간관계를 시험시켜 도움을 줄 수 있다.

그래서 최면 중에는 각성 시보다 지속적이고 교육적인 효과가 현저하게 나타나게 된다. 때로는 최면이라고 하는 최면성 라포의 체험을 통해서 지금까지 닫혀 있던 마음을 열거나, 신경증적인 불안정적인 태도를 교정시키

는 것을 촉진할 수도 있다. 또 최면 중에 인위적으로 증상을 재생시켜 불안
감의 체험이 감정으로 나타나게 할 수도 있다.

3) 자율성 해방으로 증상 회복 효과

신경증적인 호흡곤란, 두통, 경련, 불안, 긴장, 안절부절 못함 등의 증상
이 최면 유도를 행하고 있는 동안에 저절로 해소되는 것을 볼 수 있다. 생리
학적으로 볼 때 최면에서 트랜스의 느슨한 이완 상태가 정신안정작용, 메
커니즘의 정상화, 넓게는 자율신경계 장애의 정상화로서 생체에 유효하게
작용하기 때문이다.

이러한 점을 임상적으로 이용하는 '지속최면법'이라 불리는 기법도 있
다. 이 방법은 내담자를 될 수 있는 한 깊은 트랜스에 빠지게 해서 장시간
방치해 놓음으로써 치료 효과를 얻는 것이다. 이 방법은 만성구포, 경련 등
의 자동화된 만성적인 증상이나 만성 피부염의 치료에 효과가 높게 드러나
고 있다.

4) 최면 면접

각성일 때의 상담에서는 발병 당시의 심리적 요인이나 증세 형성의 심
적 메커니즘을 확실하게 파악하기 힘들 때가 많다. 그러나 최면 중에는 자
아 기능의 저하를 일으켜서 평상시 억압되었던 감정과 기억 등이 나타나기
쉽게 된다. 그래서 증상의 원인을 쉽게 파악할 수 있게 되는 이점이 있다.

최면의 깊이와
최면요법

일반적으로는 최면상태가 깊으면 요법의 적용이 수월하고, 치료 효과도 신속하게 나타날 수 있다는 이점이 있다. 그러나 최면요법에서 최면의 깊이는 특별한 경우를 제외하고는 가벼운 최면 정도면 요법 적용에 별문제가 없는 것으로 알려져 있다.

또 최면이 깊은 경우라면. 최면 경험이 많지 않고 최면 행동에 훈련되지 않은 내담자인 경우와 최면 심도가 낮더라도 최면 중에 자발적 행동에 잘 훈련된 사람인 경우에 있어서 각각 그 치료기법의 채택이 달라진다.

최면요법은 이미지가 잘 떠올려지는 시각적 타입인지, 청각적 감각이 잘 느껴지는 청각적 타입인지, 또는 다른 감각적 반응은 어떤가에 따라서 치료기법이 달라진다. 그뿐 아니라 치료기법은 최면의 형태가 수동적인 수면형의 내담자인지, 능동적인 활동형의 내담자인지에 따라서 치료기법의 적용을 달리하고 있다.

최면의 깊이에 따른 최면 치료의 기법을 이용하기 위해서는 대체적인 안목을 세우는 것이 필요하다.

1) 최면 깊이의 단계

최면단계 척도(from LeCron, 1964)		
1	* 기면, 무기력Lethargy * 이완 * 눈 카탈렙시	얕은 수준 20%
2	* 독립된 근육군의 카탈렙시 * 무거운 또는 떠오르는 감각	
3	* 라포 * 냄새(후각)와 맛(미각)의 변화 * 숫자 망각	중간 수준 60%
4	* 건망 * Analgesia 무통각(통증이 없는) * 자동적 움직임	
5	* Positive 환각(플러스 환각) * 시각과 청각 * 기이한 후최면 암시	깊은 수준 20%
6	* Negative 환각(마이너스 환각) * comatose(혼수성의)	

2) 증상 제거법의 문제

과거의 최면요법은 오로지 권위적인 암시에 의해 눈앞에 있는 증상만을 처리하는 목적으로 사용되어 왔다. 그리하여 증상을 형성하고 있는 배후의 심적 갈등이나 인격personality 등에 대해서는 관여하지 않는 점에 대하여 비판을 받아 왔다. 이 방법은 증상을 일시적으로 억제할 뿐으로, 치료 효과가 오래 지속되지 못하고 재발이 많다거나 대리증상이 나타나기 쉽다는 등의 문제가 제기될 수 있다. 특히 정신분석학적 입장에서 보면, 이 방법만을 고집하고 치료에 적용한다는 것은 근본 원인을 방치한 채 연기만을 불어대는 것과 같다는 비판도 가해질 수 있다. 그러나 오늘날에는 지속적인 효과를 올릴 수 있도록 여러 가지 최면치료 기법이 개발되었다.

정신분석 추종자들로부터 비판을 받아오던 직접암시에 의한 증상제거법도 사용하기에 따라서는 증상의 개선과 더불어 심적 여유가 생겨서 사회적인 적응력이 강화되거나 증상의 배후에 있는 심리적 요인에 눈을 돌릴 기회를 주는 등 단순한 증상제거를 넘어서는 뛰어난 효과도 기대할 수 있게 되었다. 이 방법도 오늘날의 최면요법 중 60~80%를 차지하고 있다.

마음에서 일으킨 심신장애는 대부분 직접암시에 의해 무엇인가의 변화를 일으킬 수 있는 일부의 유전적 소질의 장애나 기질적인 신체 증상마저도 암시로 변화가 가능한 경우가 많다. 그래서 심리요법에서 생각할 수 있는 모든 증례를 그 대상으로 볼 수 있지만, 임상적으로는 보통 다음의 경우에 사용되고 있다.

(1) 유효성이 큰 증상

① 자기방위적인self-defensive 의미가 적은 단순형의 신경증이나 심신증, 특히 불안이나 긴장에 기인한 자율신경계의 반으로서의 증상, 즉 불안신경증, 우치(혹), 만성심마증(사마귀), 월경이상, 변비, 기관지 천식, 근육통증, 편두통, 갑상선 기능항진증 등에서 볼 수 있다.

② 증상과 불안의 악순환이 있는 경우, 즉 심장신경증, 수족이 떨리는 증

상 등

③ 심리적인 원인은 사라졌으나 증상이 자동적으로 습관화 되어 있는 증상이나 버릇. 즉 손톱 깨물기, 틱, 말더듬이, 불면, 과식, 과도한 흡연, 음주 등

④ 타인으로부터 받은 나쁜 암시나 자기 암시적인 작용으로 증상이 만들어져 있는 경우. 즉 토하기, 식품 알레르기 등

⑤ 피암시성이 높은 경우로 어떤 종류의 히스테리 등

⑥ 최면 요법을 희망하고 있는 경우

⑦ 연령이 어린 청소년, 특히 중학생부터 고교생의 경우

⑧ 병력이 짧은 경우로 수개월 이내가 좋다.

이밖에도 여러 가지가 있겠으나 이들 조건이 겹친 것일수록 좋다.

(2) 퇴치가 곤란한 증상

① 심리적 갈등이 방위로서의 의미가 강한 복잡한 신경증, 즉 여러 종류의 히스테리 공포증, 강박 신경증 등

② 유전, 소질, 인격장애, 기질적 장애 등이 증상이나 문제에 밀접하게 결부되어 있는 경우, 즉 정신병, 정신박약 등의 정신장애, 특히 우울증에는 자살 우려가 있어 금기시 되고 있다.

③ 너무 심한 증상으로 각종 발작, 틱, 통증 등으로 인해 집중이 곤란할 때.

④ 적응하기에는 환경 조건이 심각하게 나쁜 경우

⑤ 유아나 고령자

⑥ 최면 피암시성이 낮은 경우

⑦ 최면에의 불신감이나 불안이 강한 경우로서, 본인은 말할 것도 없이

주위의 영향도 무시할 수 없다.

⑧ 의존성이 강한 내담자의 치료에는 반응하지만, 분리하여 독립하는 것
이 어렵다.

그 밖의 어떤 종류의 기질적인 신체상의 질병인 경우, 증상 제거만을 목적으로 하지 않고 가벼운 치료나 개선을 노리고 대중요법으로 사용하는 것은 좋다. 통증의 제거에 있어서 위독한 기질적 신체 증상에 기인한 것이라도 암시함으로써 한시적으로 통증을 제어하는 것이 가능하지만, 이 경우는 임상의학 검사를 엄밀히 실시하고 진행해야 한다.

3

Abnormal
Mentality
and
Hypnosis

기법상의
주의

1) 치료개시 전

내담자에게 증상이 얼마나 고통스러우며 일상생활을 무너뜨리고 있다는 것을 충분히 인식시켜 치료에 적극적으로 협력하는 마음을 갖게 만드는 것이 중요하다. 치료로써 증상이 호전되고 좋은 방향으로 전환될 수 있다는 확신을 주는 것은 필요하지만, '내가 고쳐 준다.'는 식의 약속은 하지 않는 게 좋다. 그러나 치유의 성공 여부는 내담자의 협력에 달려 있다는 점을 강조해 두도록 한다.

보통 최면치료 후에 효과를 촉진시키려면 10~15분 동안 내담자와 서로 이야기를 나누는 것이 바람직하다. 최면요법을 만능이라고 과신하여 과도한 기대를 품고 있는 사람, 최면 중의 일은 후에 생각해 낼 수 없는 것으로 오해하고 있는 사람도 적지 않다. 이때 언제나 당장에 극적인 효과가 얻어지는 것은 아니고 오히려 그런 것은 드물다는 것, 깊은 트랜스에 들어가지 않아도 충분히 치료 효과는 기대할 수 있다는 것을 잘 설명해 주어야 실패를 방지할 수 있다.

치료 후에는 내담자의 반응을 잘 확인하여 조금이라도 변화가 보이면,

그것을 최면 암시의 순조로운 표시라고 강조하고 나아가 내담자의 협력적 태도를 굳혀 간다. 다른 내담자들의 최면요법에 대한 반응에 대해서도 이야기를 나누어 부정적인 생각이나 분위기를 교정해 가는 것도 중요하다. 수회 내지 10회 정도 실시하여 전혀 효과를 볼 수 없을 때에는 내담자와 상의해서 중지하고 다른 치료법을 적용하도록 한다.

2) 치료 암시를 주는 방법

암시를 주는 법에는 두 종류가 있다. 하나는 증상에 대해서 내용을 한정지어 주는 경우로서 이를테면 "최면에서 깨어났을 때는 …하게 된다." "10까지 세는 동안 …한다."라는 식이다. 다른 하나는 증상이 호전되는 내용을 암시로 주는 방법이다. 이를테면 "점점 가벼워지게 된다." "나날이 …이 편하게 된다." 등이다.

대체로 깊은 트랜스가 얻어졌을 경우, 때로는 1회기로 치료를 끝내야 할 경우 등에는 단언적으로 암시한다. 이때 최면자는 상당히 권위적인 입장에서 암시를 주는 것이 좋다. 이런 방법은 히스테리성 증상의 지각이나 운동 장애, 의지가 약해서 나쁜 버릇을 고치지 못하고 있는 사람, 의존적인 경향이 강한 사람, 어린이 등에게 유효할 수 있다.

한편 트랜스가 얕을 경우, 시간적인 여유가 없을 경우, 불쾌감이나 건강염려증 등의 주관적인 문제나 증상, 만성적 건강염려증, 그 밖의 접근하기가 어렵다고 생각되는 증상에 대해서는 비한정적인 형태로 진행시켜 나가는 것이 좋다.

3) 자아 강화법

증상을 급속히 제거해버리는 것은 내담자의 마음속 안정을 흐트러지게 하여 급성 불안을 조성하거나 대리증상으로 이동시키게 할 염려가 있으므로 주의가 필요하다. 특히 갈등에 기인한 증상이나 자아가 약한 내담자, 만성 신경증이나 심신증 등에서 일어나기 쉽다. 이를 예방하기 위하여 증상의 제거에 앞서 간단한 심리요법을 실시하여 자아를 지지해 두는 것이 바람직하다. 왜냐하면 일반 신경증이나 심신증 등으로 인해 심리적으로 유약한 내담자의 자아는 불만, 긴장, 공포 등으로 인하여 심리가 점점 악화되어, 의존성, 자신감 결핍, 신경증 치료에 대한 불신감 등이 보일 수 있기 때문이다. 또한 그동안 내담자가 증상을 방치해 두었던 것에 대한 불안이 보이기도 한다. 그러므로 이들 약한 병적 마음가짐에 대해서 치료기간 동안 단계마다 다음과 같은 자아의 지지와 강화의 암시를 적용할 필요가 있다. 이러한 치료는 깊은 트랜스 하에서 실시하는 것이 가장 좋다. 치료방법에는 일정한 규정이 있는 것은 아니다.

"매일 몸이 튼튼해진다.""좀 더 활력이 넘치게 된다.""자신감이 생기고 활력이 넘친다.""일에 흥미를 가진다.""마음이 상쾌하다.""잘 집중할 수 있게 된다.""기분이 밝고 안정된다.""좀 더 마음이 편하게 생각(하게) 된다.""혼자서 할 수 있다는 자신감이 생긴다.""좀 더 유쾌하고 낙천적이게 된다.""좀 더 행복해진다." 등의 여러 가지 암시가 있는데 이러한 암시를 몇 개씩 조합하여 실시한다.

암시의 내용도 중요하지만 흐르는 것처럼 리듬, 반복, 억양에 주의하여 내담자의 마음에 스며들도록 암시를 해나간다. 내담자의 병력, 생활 상태 등을 잘 조사해 두고 최면 하에서 구체적으로 지지적인 심리요법을 실시할 수도 있다.

4) 치료 횟수와 시간

치료를 반드시 하루 안에 끝내야 한다면 적어도 2시간은 필요하다. 1시간은 병력의 검토, 동기유발, 최면의 심화나 자아의 강화에 사용한다. 나머지 1시간은 오로지 치료 암시에 사용한다. 가능하면 오전과 오후 2회기로 나누는 것이 좋다. 보통의 경우는 처음에 되도록 시간을 들여 최면의 심화와 자아의 강화를 실시한다.

일반적으로 1주일 동안 2~3회기 정도를 실시하는 것이 좋다. 1회기 시간은 30분~60분 정도 실시하지만, 초기에는 되도록 횟수를 빈번하게 하고, 어느 정도 치료가 이루어지면 적당히 간격을 두어 실시한다. 충분한 이완이 얻어지면 증상이 소멸되거나 경감하겠지만, 효과를 더욱 지속시키기 위해 자기최면을 습득시켜 내담자 자신이 집에서도 연습하도록 하는 것이 좋다.

최면치료에 활용되는
심리치료 치료기법

1) 이완에 의한 방법

최면 피암시성이 낮아 유사최면이나 가벼운 트랜스가 나타나지 않을 경우에는 전신 이완암시에 심적 이완암시를 가해서 치료를 진행시켜 나간다. 물론 깊은 트랜스 하에서도 증상의 직접암시와 조합시키면서 사용하는 것이 효과가 있다. 암시는 '마음이 느긋하다. 기분 좋게 착 가라앉았다. 안락하고 편안하다. 머릿속이 텅 비고 무심한 기분에 젖어 든다. 황홀한 기분이다. 온몸이 축 늘어져 있다.' 등의 암시를 적절한 어조를 섞어 가면서 나지막한 목소리로 반복하며 실시한다(자아의 강화암시를 참고할 것).

때로는 자율훈련법의 표준연습을 타인암시의 형태로 이용해도 좋다. 충분한 이완이 얻어지면 증상이 소실되거나 경감하겠지만, 효과를 더욱 지속시키기 위해 자기암시를 습득시켜 본인의 집에서도 연습하게 권하는 것이 좋다.

2) 직접암시에 의한 심신 컨트롤

깊은 트랜스일수록 효과적이지만 때로는 가벼운 트랜스로도 성공하는 예가 있다. 암시를 예로 들면, "발의 아픔이 가볍게 되기 시작한다. 지금부터 10까지 세는 동안에 점점 아픔을 느끼지 못하게 된다. 그러나 만졌을 때의 느낌이나 따뜻한 느낌, 차가운 느낌은 남아있으므로 걱정할 필요가 없다. 아픔이 적어져 힘세고 민첩하게 움직이게 되어 자유롭게 걸을 수 있게 된다."라든가 "천식의 발작이 차분해진다. 기분이 편해져서 목구멍에서 가슴까지 시원해진다. 마치 산꼭대기에서 깨끗한 공기를 가슴 가득히 들이마시고 있을 때처럼 매우 가슴이 편안해진다." 등이 있다.

암시는 최면 중일 때뿐만 아니라, 가능하다면 후최면암시도 이용하여 주는 편이 좋다. 언어는 내담자의 증상이나 상태에 가장 알맞은 구체적인 말을 고른다. 어떠한 말이 꼭 알맞은가를 기억해 두었다가 말해 주는 내담자도 있다. 예를 들자면 불면에 대해서는 본인이 졸음이 오는 시각에 옷을 갈아입고 잠자리에 들어가는 상황, 불을 끄고 머리를 베개에 대는 장면을 구체적으로 말하면서 '베개를 베면 곧 눈까풀이 무거워진다. 매우 무거워져 좋은 기분이 되어 푹 잠들어 버린다. 이제는 잠들어도 꿈으로 방해받지 않는다. 다음날 아침 7시 정각에 눈이 떠진다. 잘 잔 것에 만족하여 기분 좋게 눈이 떠진다.'라고 암시를 준다.

3) 건강 이미지에 의한 방법

　암시 효과는 주로 직접암시만 행하는 것보다는 되도록 구체적인 장면, 즉 실감이 따르는 상황과 함께 주는 편이 효과적이다. 특히 만성화되고 고정화된 증상의 경우나, 트랜스를 충분하고 깊게 얻을 수 없다거나, 직접 지배가 어렵다고 생각되는 경우 등일 때 증상제거 암시로 이 방법을 병용하는 것이 효과가 있다.

　장기간 증상이 계속되고 있는 내담자에게는 자신의 건강한 신체의 이미지를 잃고 있는 경우가 많다. 즉 자기의 몸에 아픔이 없는 상태, 마비 없이 걸을 수 있는 상태, 피부 가려움증도 없고 고와져 있는 상태 등은 실감으로서 느끼지 못하게 되어 있다. 그래서 최면암시를 이용, 건강한 자기 심신의 심상을 유도하여 체험시키는 것이다.

　깊은 트랜스가 얻어졌을 경우에는 최면성의 꿈이나 환각을 유도하여 실시하지만, 가벼운 트랜스에서는 공상적인 심상이면 좋다. 되도록 구체적인 표현으로 본인에게 마치 현재 자기가 그런 체험을 하고 있는 것처럼, 이를테면 통증이 잡히고 자유롭게 집 앞을 걷고 있다든지, 호흡곤란이나 발작이 자연히 가라앉아 차분히 침상에서 쉬고 있다는 것 등을 암시한다. 암시를 실제로 준 장면이나 자기의 신체상 따위가 뚜렷하게 출현되어 있는가를 확인해 두는 것이 좋다. 그 확인 요령으로는 암시대로의 상대가 보이거나 느껴지면 '오른손을 조금 올린다.' 또는 '머리가 오른편으로 기운다.' 등의 표시를 지시해 두는 것이 좋다. 깊은 트랜스일 경우에는 최면 그대로 그 상황을 이야기하게 해도 좋다. 만성의 내담자나 고통이 심한 경우 등은 처음부터 곧장 건강한 심상으로 되기 어려우므로 이를 격려해서 한 걸음씩 연습을 진행해 나가지 않으면 안 된다. 이것을 후최면암시를 이용해서 실시하게 하는 방법도 있다.

4) 심리적 탈감작 요법

내담자에게 불안, 고통스러운 문제에 단계적으로 한 걸음씩 직면하도록 하여 그것에 점차 익숙해지도록 자아를 강화시켜 나가는 과정을 '심리적 탈감작'이라 한다. 각성상태에서의 이 훈련은 고통이 심하여 실패로 끝나기 쉬운데 반하여, 최면 중에는 내담자의 약한 자아가 최면자의 뒷받침으로 강화되어 있으므로 비교적 불안을 쉽게 견딜 수 있게 된다.

또 최면 중이 아니더라도 충분하게 심신이 이완되어 있는 상황에서는 실시하기 쉽다. 일반적으로 이 방법이 흔히 쓰이는 것은 현실적인 장면이나 자극에 대해서 불안이나 공포를 나타내는 증세, 이를테면 대인공포증, 고소공포증, 외출공포증, 불결공포증 등의 각종의 공포증 상태, 특정 장소나 장면에서 복통, 설사, 심계항진, 호흡곤란, 떨림, 말더듬이, 두드러기 등의 심신증적 반응을 일으키기 쉬운 증세이다.

심신증의 내담자는 신체 증상이 한랭, 온열, 계절의 변화, 일정의 식품에 의한 스트레스나 쇼크, 긴장, 불안 따위의 심리적 요인에 의하여 재발하기 쉬운 것을 알고 있으므로 그것들의 일정한 장면에 불안을 느끼는 경우가 많다. 그러므로 최면 하에서 그와 같은 자극 장면에 조금씩 직면시켜 나가면서 자신을 갖도록 하는 것이 좋다.

최면이 깊으면 자극 장면으로 환각을 이용하고, 얕으면 심상을 이용하여 실시한다. 어느 쪽이든 단계적으로 한 걸음씩 진전시키고, 불안이나 증상이 발생하면 당장에 그것을 부정하여 심신이 이완될 수 있는 암시를 준비하여 충분히 연습해 두는 것이 필요하다. 언제든지 불안에서 보호받을 수 있다는 안심하는 마음이 없으면, 내담자는 비록 심상 속에서라도 직면하기를 꺼려한다. 너무 급속히 진행하면 두통, 어지러움, 근육통 등의 부작용이 나타날 수도 있으므로 주의가 필요하다.

5) 증상 바꾸어 놓기

증상을 직접암시로 제거하거나 억누르면 그 대리의 증상이 나타난다는 것이 이 방법의 문제로 지적되고 있다. 특히 히스테리의 전환증상이나 어떤 종류의 심신증의 경우, 그 증상의 배후에 있는 심적 갈등을 처리하지 않고 자아를 강화하지 않은 채 증상만을 강력히 제거하도록 암시할 때 대리 증상이 일어나기 쉽다. 그러나 오늘날에는 이와 같이 증상이 이동하는 현상을 오히려 치료적으로 적극 이용하려는 방법이 연구되고 있다. 암시에 의하여 원래의 증상보다도 고통이 적은 다른 대리증상이나 신체적 운동으로 전이시킬 수 있다면 그것만으로 치료의 의의가 있는 것이다. 특히 만성화한 신경증이나 심신증, 나쁜 버릇의 내담자들에게 암시에 의하여 대리증상이 될 수 있다는 것을 보여주어 치유할 수 있다는 자신과 희망을 준다.

또 히스테리나 자아의 통합능력이 약한 내담자로서 증상이 심적 갈등에서 유래하고 있다는 것이 분명해도 그것을 통찰하기 힘든 경우, 무난하고 고통이 적은 증상으로 치환을 시도하는 수도 있다. 대체로 히스테리 증상의 경우, 원래의 증상과 심리적으로 같은 뜻이 있는 증상은 신체 부위로 이동시키기 쉽다. 심신증에서 그 병력에 자발적인 증상의 이동 경향이 보이거나, 다른 신체 부위에 다른 심신증을 동반하고 있는 경우 등에는 내담자와 그 치료적인 의의에 대하여 잘 이야기를 나눈 다음 이동시키는 증상과 신체 부위를 생각하는 것이 좋다. 그때 되도록 관찰하기 쉬운 피부의 증상이나 운동증상 따위로 이동시키는 편이 무난하다(두드러기, 피부의 지각이상, 작은 손가락의 경련 등).

6) 최면분석

정신분석에서의 억압이나 저항을 제거하고 정신분석을 용이하게 하기 위해 최면을 이용하는 방법이다. 최면 준비가 끝나면 먼저 최면자(분석자)가 내담자에게 아래와 같은 말을 당부하고 분석을 진행해 나간다.

"나는 당신의 문제를 극복하고 해소하기 위해 당신과 함께 최선을 다해 도움을 주고자 합니다. 당신이 여기서 저에게 말한 것은 그 어떤 것이든 간에 끝까지 비밀로 보장되므로 조금도 걱정하지 말고 당신의 생각을 그대로 말해주기 바랍니다.

우리 함께 신뢰를 바탕으로 최선을 다하면 분석이 원만하게 이루어지게 되고 치료에 성공할 수 있습니다.

물론 호전되어 간다고 장담할 수는 없습니다. 때로는 원만히 진행되지 않을 때도 있고 일시적으로 후퇴할 때도 있을지 모릅니다. 그러나 낙심할 필요는 없습니다. 당신에게는 건강한 힘이 있기 때문에 마음이 향하는 그대로 될 것입니다.

특히 한 가지 당부를 드릴 게 있습니다.

당신이 생각하는 바를 나에게 그대로 보고한다는 식으로 진행하는 것입니다. 이것을 자유연상이라고 합니다. 나는 당신의 마음속에 떠오른 것에 대해 어떠한 사소한 일도 남김없이 이해하고 싶습니다.

당신이 될 수 있는 한 자연스러운 그대로의 기분에 맡겨서, 제아무리 별것 아닌 일이라고 생각되는 것이라도 마음에 떠오르는 관념이나 충동 등을 모두 말해 주십시오. 당신이 어떤 것은 너무도 사소한 일이므로 말할 것이 못 된다고 생각하는 것이 도리어 중요한 일이 될 수도 있기 때문에 자세히 말해 주어야 합니다.

어떠한 말이라도 억제해서는 결코 안 됩니다. 말하기 싫다는 마음까지 그대로 말해 주십시오. 또 근육에 어떤 긴장을 느꼈다든가 공포나 행복, 흥분, 울적함을 경험한 것도 역시 말하여 주십시오. 또한 당신의 꿈에 대해 말해 주십시오.

그와 동시에 당신 자신에 대하여 느끼는 감정이나 공상 등에 관해서도 말하여 주십시오. 당신의 성격이라든가 당신의 가족, 기타 마음에 떠오르는 어떠한 생각이라도 관계없습니다. 그것들을 모두 기탄없이 말해 주십시오."

이런 암시는 자유연상법에 관한 일반적인 지침이지만, 내담자가 최면 중에서도 각성 시와 다름없이 상담을 자유로이 할 수 있기 때문에 자유연상과 같게 분석을 진행하는 것이다. 만약 최면으로 말미암아 내담자가 지나치게 수동적이고 자발성이 없으면, 생각되는 것을 더욱 자유롭고 적극적으로 말할 수 있다는 의미의 암시를 주거나 격려를 해 주는 것이 좋다. 그러면 각성 시의 자유연상에서 기술한 바와 같이 여러 가지 저항 때문에 좀처럼 연상이 진행되지 않을 때에도 최면을 이용하여 자유연상을 용이하게 진행해 나갈 수 있는 것이다.

7) 자동글씨쓰기법

자동글씨쓰기라는 것은 본인이 의식하지 못하는 사이에 비의지적, 자동적으로 문자나 기호 등이 자연적으로 써지게 하는 것이다. 이 방법은 의식적으로 취급될 수 없는 무의식의 자료에 접근할 수 있는 것으로 중요한 의미를 갖는다. 감정, 사상이나 말을 유상형을 이용한 기호나 상징으로 표시할 수 있는 점도 있으며, 글씨의 활동이 언어 활동에 비하여, 말하자면 자아의 감시에서 벗어나기 쉽기 때문이다. 최면 중의 자동글씨쓰기에 의한 표현은 무의식 감정이나 충동을 언어로써 얻을 수 있는 것보다 한층 생생한 정보를 얻을 수 있다.

자동글씨쓰기는 누구나 처음부터 바로 잘 된다고 할 수 없으며, 사람에 따라서 어느 정도 훈련을 해야 할 필요가 있다. 자동글씨쓰기를 내담자에게 훈련시키려면 최면 중에 최면자가 다음과 같이 암시를 준다.

"이제부터 당신의 오른손은 문자를 쓸 때와 흡사하게 독특한 경험을 하게 될 것입니다. 당신의 손과 팔이 어깨에서부터 떨어져서 제 마음대로 움직이게 됩니다.

그렇다고 하여 불쾌하지는 않습니다. 오히려 좋은 기분으로 움직이기 시작합니다. 당신은 무엇을 쓰려고 하지 않아도 또 전혀 손에 주의를 하지 않아도 저절로 손이 움직여져서 문자를 쓰게 됩니다. 마치 밖에서 어떠한 힘이 작용하는 것 같이 문자를 쓰게 됩니다. 손이 움직여서 문자가 써져도 무엇을 쓰고 있는지를 당신 자신은 전혀 모릅니다. 저절로 써지기 때문입니다."

내담자의 손에 연필을 쥐어주고 종이를 준비하여 자세를 취하게 하면,

처음에는 천천히 움직이기 시작하여 길고 알아보기 힘든 형태의 문자를 써 나가게 된다. 말하자면 일종의 암호 비슷한 글을 쓴다. 물론 사람에 따라서는 처음부터 연하게 보이는 글을 쓰는 수도 있지만, 어딘가 끊어지든가, 도중에서 혼란해지든가, 해석이 어려운 경우가 많다.

때로는 내담자에게 어떤 책을 주고 읽게 하고 내용을 이해하여 최면자에게 말하도록 한다. 다른 사람과 대화를 하거나 글 쓰는 것과 관계가 없는 다른 일을 시키며 글씨쓰기를 시켜도 좋다. 처음 2~3회 정도는 자동글씨쓰기가 잘 되지 않는 사람이 많지만, 계속하여 연습하면 점점 좋은 결과를 얻을 수 있다.

자동글씨쓰기에 관한 것은 후최면 건망암시로서 각성 후에 모르게 하는 것이 보통이지만, 때로는 내담자가 연필을 들기만 하면 각성 후에 자동적으로 써나갈 수 있도록 후최면암시를 주는 때도 있다. 예컨대 "각성을 하고 나면 당신의 눈앞에 종이와 연필이 놓여 있는 것을 보게 됩니다. 내가 '써 보십시오.'라고 하면, 당신의 손은 자기가 쓰려고 하지 않아도 자연히 연필을 들게 되고 당신의 이름을 쓰게 될 것입니다."라고 말해 준다. 이 행동에 내담자가 성공한다면 점차로 복잡한 글자로 옮겨 나간다.

내담자가 여가를 이용하여 자기 혼자서 자동글자쓰기를 하고 싶을 때에는 이렇게 암시를 해 본다. 백지를 준비해 놓은 책상에 앉아 연필을 쥐고 '자! 이제부터 내 손은 자유로이 움직인다.'라고 몇 번이고 되풀이해 자기암시를 준다. 그렇게 하면 당신이 독서나 기타의 일에 정신이 팔리고 있을 때에도 손은 자유롭게 저절로 움직여서 무엇인가를 쓰게 될 것이다.

어떤 내담자는 극히 가벼운 트랜스에서 자동글씨쓰기가 잘 되었으며, 사람에 따라서는 각성상태에서도 잘 되는 사람이 있었다. 그러나 저항이 강한 사람의 경우에는 그 글자의 의미를 파악하기 힘들게 써 놓을 수 있으므로 가능한 한 깊은 최면으로 유도하여 그 의미까지도 분명히 파악하도록 하는 것이 좋다.

자동글씨쓰기로 써 놓은 글은 보통의 글자와 그 성질이 달라서 판독하기가 어렵게 막 갈겨 쓴 것이 많다. 단어는 문자가 너무 많이 모여 써졌다거나. 중첩이 되어 있다거나, 또는 어린아이들 같이 쓰는 식이 조잡하다거나, 지나치게 크거나, 또는 형태가 고르지 않거나 하는 것이 많다. 자동글씨쓰기에서의 글씨는 이와 같은 혼란과 함께 꿈의 경우와 같은 왜곡이나 변장과 유사한 것들이 나타난다. 응축, 은유 단편적인 말이나 문장, 숫자 같은 것을 흔히 볼 수가 있다. 때로는 하나의 문자나 말, 수를 대표하기도 하고 기묘한 기호 또는 말이나 사상을 나타내는 것도 있다.

특정한 말에 주의를 끌기 위하여 고의로 틀린 말을 써 놓는 경우도 있다. 정상적인 규칙이나 문법에 따라서 문장이 구성된 것도 적지 않다. 이런 경우는 읽기 쉽고 번역(해석)하기도 용이하다. 물론 처음부터 읽기 쉽게 쓰는 사람도 있지만, 그 수는 그리 많지 않다. 자동글씨쓰기는 무의식적인 심리 활동이 잘 표현되어 있는 것으로 알려져 있다. 이에 사용되는 글자나 상징은 보통의 의식적 상징과 같이 복잡하지 않기 때문에 해석도 용이하다.

물론 각성 시에는 최면 중에 자기가 쓴 글씨의 의미도 알지 못하기 때문에 다른 사람의 것과 같은 것은 더욱 이해하기 어렵지만, 최면 중에 해독을 시키면 자기가 쓴 것만이 아니라 타인의 글씨까지도 어느 정도 판독하기도 한다. 내담자가 어떻게 쓰느냐 하는 것은 써진 내용 못지않게 중요한 것이 많기 때문에 주위를 요한다. 이때 손의 움직임을 보고 있으면, 글자의 의미를 훨씬 용이하게 파악할 수 있다.

자동글씨쓰기로 써 놓은 문장을 번역하려면, 최면상태에서 내담자의 눈을 감게 하고 그 문장 아래에 번역문을 쓰도록 한다. 혹은 "각성 후에 써 놓은 글 내용을 분명히 해독할 수가 있다."와 같은 말로 후최면암시를 주어도 좋다.

타인으로 하여금 해석을 시켜도 되지만 본인에게 해석을 시키는 것이 가장 바람직하다. 왜냐하면 그것은 쓰려고 하였던 것 중에서 생략되었거나, 단편적으로 되어 버렸거나, 특히 간접적 의미로 표현된 부분을 알 수 있기 때문에 그것을 보충한다거나 정정할 수가 있기 때문이다.

자동글자를 매개로 하여 현재의 내담자와는 다른 제2의 인격을 만들어 내는 것도 좋은 방법이다. 제2의 인격은 자동글씨쓰기를 시키는 도중에 자연히 발달 되는 수도 있다. 암시로써 인공적으로 제2의 인격을 만드는 것은 어려운 것이 아니다. 깊은 최면 중에 지금까지 전혀 모르고 있던 또 한 사람의 인물이 자기 마음대로 문자를 쓰게 할 수 있는 것이다.

글자를 해석하거나, 내담자가 가진 중요한 문제를 묻거나 혹은 무의식적인 특징이나 기억을 새롭게 하기 위한 방법으로 제2의 인격에게 물으면, 내담자가 어떤 문제를 이해할 수 있게 되며 기억을 돌이킬 수 있고 일시까지 맞추어 낼 수도 있다. 경우에 따라서는 내담자에게 너무 단시일에 그것을 이해하라고 독촉하지 않고, 통찰할 수 있을 때까지 어느 정도 장기간을 주도록 계획할 수도 있다.

제2의 인격을 훈련함으로써 지나친 작용을 하지 않도록 초자아에 무의식적으로 작용할 수도 있다. 동시에 또한 유연히 통찰되도록 자아에 작용할 수도 있다.

제2의 인격을 사용하는 방법은 마치 조현병에서 이상적 자아에 호소하는 방법과 흡사하며, 상당히 복잡하여 숙련을 필요로 하는 기술이다.

항상 중요한 것은, 제2의 인격과 같은 별개의 인격은 어디까지나 최면 중에만 한정된 것으로 이에 의하여 내담자의 안전을 도모하지 않으면 안 된다는 점이다. 그렇지 않으면 각성 후에도 자연히 히스테리적 분리상태를 일으키게 될지도 모르기 때문이다.

8) 그림 그리기

그림 그리기는 운동 표현의 한 형태로 내적인 문제·원망·공포 등을 표현하도록 유도하는 역할을 하고 있다. 내담자가 자유롭게 연상하거나, 말하기 힘든 내면에 숨겨진 과거를 얻는데 뛰어난 방법이다. 그림 그리기는 자동글씨쓰기와 비슷한 점도 있지만, 꿈의 특성과도 비슷해서 무의식 충동을 상징적으로 표현하는 수단으로 필요하다. 내담자는 정동적 의미를 가진 자료를 응축하여 창작품에 반영할 수 있고, 또 '로샤검사'와 같은 무의식적인 공상을 그림 속에 반영할 수도 있다. 최면 중의 그림 그리기는 각성 시에 비하여 더욱 직접적인 형태로 그려지는 것이 특징이다.

그림 그리기법은 유희법과 같이 내담자가 지나치게 저항이나 죄악감에 시달리지 않고 내면의 충동을 자유롭게 투영할 수 있게 된다. 최면자는 그림에 대해 비난을 하지 말고 투영을 잘 받아들여 적당한 시기에 해석해 주는 것이 좋다. 성인 내담자는 대부분의 경우 각성상태에서 자유롭게 그림을 그리라는 교시를 주어도 저항을 나타내는 경우가 많다. 그러나 최면으로 유도하면 이 저항이 없어져 암시된 주제대로 그리기 시작한다. 눈을 떠도 각성하지 못하도록 깊은 최면에 든 내담자일 경우에는 더욱 좋은 결과를 볼 수 있다. 그리고 싶은 것은 무엇이든 자유롭게 그리도록 하는 수도 있고, 부친, 모친, 또는 형제자매, 자기 자신, 최면자, 친구, 아이들, 집, 그 외의 것을 주제로 줄 수도 있다.

주제를 주는 가장 일반적인 방법은 연필로 그리도록 하고, 그림에 대하여 일정한 질문을 하며 내용, 그리는 방법 같은 것을 헤아려 참작하는 것이지만 집, 나무, 인물 등을 그리게 하는 H-T-P 테스트도 흔히 행하여진다. 연필이 아닌 크레용을 사용하든가 손가락으로 그리게 할 수도 있다. 그리고 형태와 더불어 사용한 색채를 고려하여 보는 경우도 있다. 주제를 주지 않고 자유로이 그리게 하는 방법도 있다.

크레용이나 손가락으로 그리는 데 있어서는 이 방법을 흔히 쓰고 있다. 최근의 흥미 있는 연구로는 미아스Meares A.가 시도한 "최면그림 그리기기법"이 있다. 그는 최면분석 중 말로 표현할 수 없는 충동을 처음 연필로 그려보게 하는 데 성공하였다. 그러나 내담자가 연필을 꼭 잡지 못할 경우, 붓을 사용하는 것이 좋을 것이라고 생각되어 여러 가지 화구로 그려보았다. 그 결과 깊은 최면 중에서는 다색 그림을 그릴 것을 암시하여도 색채감이 낮아서 연한 색으로 그리는 게 흑색을 사용하는 것보다 쉽다는 것을 알게 되었다. 결국 그는 붓 사용을 표준적 방법으로 제창하게 되었다. 그는 최면분석에서 이 방법으로 종래에 보지 못하던 특수한 효과를 거두고 있다고 했다.

각성 시의 그림은 형태, 색, 그림 그리는 동작 등에 관하여 그 상징적 의미의 해석이 여러 가지로 연구되고 있지만, 최면 중의 그림 그리기에서는 그 의미가 더욱 직접적으로 번역되는 것이 많고 또 그에 관한 연상이 더욱 자유롭게 행하여지는 것이 보통이다. 특히 최면 중에 그린 그림에 대하여 이야기를 구성하도록 해 보면 중요한 실마리를 찾을 수 있는 경우가 적지 않다.

다만, 불안 상태에 있는 어떤 내담자가 그 감정에 대하여 연상시켰는데 그는 연상하는 것을 상당히 어려워했으며, 더욱이 그 불안의 이유를 이해

할 수가 없었다. 그리하여 그를 최면으로 유도하여 그 감정을 그림으로 상
징화하도록 말하였는데, 두 개의 그림으로 자신의 복잡한 사건을 그려 놓
았다. 위 부분에는 어린이 머리 하나, 서로 손을 잡은 소년과 소녀, 성인남
녀, 노인을 각각 한 사람, 책, 심장을 하나씩 그렸다. 이것은 어떤 아동(실은
이것이 내담자 자신이다)의 발달을 나타낸 것이었다. 즉 최초 이 아기는 행복하
며 귀엽게 미소 짓고 있다. 그에게 인생은 펼쳐진 책(쉽다는 의미)이었다. 그
는 기쁨과 행복을 기대하면서 장년기, 노년기를 지내고 있었다고 설명했다.

그림의 아랫부분에는 끊긴 원주로 둘러싸인 커다란 책이 한 권이 있고,
원주 밖에는 단검, 도끼, 총, 손가락질하고 있는 인물, 구슬과 자물쇠, 뱀, 악
마, 창, 화살 등을 하나씩 그렸다. 내담자의 설명에 의하면, 이 그림들은 그
인물의 앞을 막고 있는 불행을 가리키는 것이라고 하였다. 끊긴 원으로 둘
러싸여 있는 책은 왜곡된 법률과 사회인 것이다. 칼은 트러블의 출발점에
해당하는 것이고, 이러한 불행이 그 사람 앞을 막아서서 함정에 떨어뜨려
복종케 하고 마침내는 죽여 버린다.

그림 그리기에 대하여 연상을 시킨 결과, 내담자는 억압의 대상이 되고,
긴장과 불안의 원인에 관계되는 꿈을 말하였다. 그 꿈은 그가 대중 앞에서
자위를 행하였고, 그는 자위를 고민하여 그것에 빠짐으로서 공포를 느끼고
이것을 무의식적으로 거세와 결부하고 있었다. 최면 중에 내담자가 그린
그림은 아동의 그림과 유사한 것이 많고, 가장 깊은 최면상태의 그림은 원
시인이 그린 것과 유사하다고 한다.

자동적인 그림 그리기는 특히 원시적인 상징이기 쉽다. 억울함의 원인
인 무의식적인 갈등과 편견을 밝히는 수단으로서 자동 그림 그리기를 시킨
사례가 있다. 이 경우의 암시는 자동글쓰기 때 말한 것에 준한다. 최면 후의

각성상태에서 자동적으로 그리게 하였다. 이 내담자는 다음과 같은 꿈을 보고하였다.

"나는 아메리카 남서부 대지에 있는 것과 같은 평탄한 땅에 있었다. 멀리 많은 사람들이 있었고, 회색 흙의 능선이 있고 밑으로 경사를 이루고 있었다. 나는 7학년 때 알고 지냈던 한 소년과 같이 있었는데, 그는 나를 그 능선 위로 데리고 갔다. 그때 기차가 달려왔다. 선로는 평탄하고 기차가 커브에 다다르자 차바퀴가 탈선하였다. 거기에는 선로가 끊어져 있었다."

이 꿈에 대한 자유연상에서는 내담자가 그의 친구이고, 선로를 달리는 기차는 분석과정을 나타낸 것이다. 내담자는 공포나 불안의 감정을 의식적으로는 완전히 부정하고 있었고, 어째서 기차가 탈선하였는지 모르고 있었다. 그리하여 최면 중의 그에게 각성 후에 자동적으로 그 꿈의 의미를 그리도록 후최면암시를 주었다. 그는 연필을 손에 잡은 즉시 심한 공포의 반응을 보였고, 수평으로 오행의 평행선을 그어 놓고 그것과 직교 되는 수직선 오행을 그렸다. 그리고 한 개의 대각선으로 양단을 연결하고, 삼각형의 중앙에는 5개의 원을 그렸다. 내담자는 밖으로 나온 것은 '피'라고 설명했다.

종이를 구하여 토하고 싶었다. 피가 나왔다. 피가 고이는 것 같았다. 그 다음 구체는 일그러져 떨어졌다. 이것이 수평 수직의 선인 것이다. 그가 말한 바에 의하면 항상 손가락을 세고 주의 깊게 손톱을 응시하고 있다. 최면 중에 사로잡힌 기분은 자동 그림 그리기에서 강박적이 되며, 5행의 수평선, 5행의 수직선, 5개의 원 등으로 표현되었다. 이것은 본인이 아직 완전하여서 어느 손가락도 흠이 없다는 것을 스스로 말하고 싶어 하는 욕구와 결부되고, 거세의 강한 공포와 관계되어 있다고 하는 것이다. 그리하여 최면 중의 그림 그리기에 관하여 행한 실험적 연구도 임상적 지견을 지지하고 있다.

H-P-T-테스트는 동일 내담자에 대하여 각성과 최면을 2차 시행하는 것으로, 1회 때보다 2회 때에 무의식 기제를 한층 더 잘 볼 수 있는 것은, 되풀이되는 효과로 볼 수 있는 것이다. 이 점을 테스트하기 위하여 최초 각성시켜 그리게 한 후 절차를 둘로 나눈다. 그러고는 1계열은 각성으로, 다른 것은 최면으로 다시 그리도록 반복하여 시행한다. 시행된 양 계열의 테스트 결과를 비교한 결과 그림 그리기를 반복하면 어느 것이나 그려진 그림은 변화하지만, 통제 계열에서는 인격 기능과 역학적 측면, 모두에서 중요한 변화를 볼 수가 있다. 따라서 최면상태에 있어서의 그림 그리기의 이용이 임상적 가치가 있다는 지견을 얻을 수 있다.

그림 그리기법은 퇴행법과 결부하여 이용하면 더 큰 효과를 얻을 수가 있다. 어떤 남자 대학생의 현재 수준과 중학생 때, 초등학교 1학년 때로 각각 퇴행 된 그림을 예로 들어보자. 내담자의 그림에서 나타난 것은 퇴행 중에 그림그리기를 하면, 퇴행하여진 연령 때의 그림과 같은 그림의 특징을 나타내게 된다는 것이다. 퇴행 중의 그림 그리기는 성인으로서는 얻을 수 없는 무의식적인 감정과 충동을 분명히 할 수 있다. 어떤 내담자의 경우, 유아기로 퇴행시키고 동생에 대한 감정을 그리도록 한 결과, 아주 조잡하게 일련의 7개의 그림을 그려 놓았는데 그 그림에 대하여 연상시켜 보니 아래와 같이 말했다.

"동생이 물고 늘어지며 아우성을 칩니다. 어머니의 젖을 먹기 시작하였습니다. 나는 정신없이 동생의 머리카락을 잡아당깁니다. 동생을 어떻게 하지 않고선 참을 수가 없습니다. 이것은 쥐의 그림입니다. 쥐로 동생을 놀려 주려는 것입니다. 이것은 행상인의 마차입니다. 행상인이 동생을 데리고 가는 것이지만 엄마는 나에게 방긋이 웃음을 던져 주고 있습니다."

이것은 내담자의 동생에 대한 최초의 적의의 표현이자, 의식수준으로서 형제갈등에 대하여 주목하게 된 계기가 된 것이라고 볼 수 있다.

9) 연령퇴행

최면 중의 내담자에게 과거의 어느 연령에 되돌아갈 것을 암시하면, 그는 그 연령 단계에 알맞은 행동의 유형을 나타내게 되므로 이것을 최면 연령퇴행이라고 한다. 연령퇴행 하에서의 그림 그리기나 글씨 쓰기 등을 실험해 보면 퇴행된 연령 때의 솜씨를 보이고 있다. 뿐만 아니라 유아기로 퇴행시키면 발음상태가 유아적 경향이 나타나는 것을 볼 수 있다. 오줌을 싼다든가, 손가락을 빤다든가, 보행 불능의 상태도 나타나고, 물건을 잡는 동작도 유아처럼 엉성하며, 어둠에 대한 공포가 일어나고, 입술을 빠는 행동이나 발바닥 바빈스키반사 등이 재현되었다는 보고도 있다. 퇴행에 의하여 어린 소녀 시절의 기억을 분명하게 재생시키고, 마치 그것을 재체험하고 있는 것과 같이 행동하는 것은 드문 일이 아니지만, 과거에 반맹증이나 천식으로 고생하였던 내담자를 당시의 연령으로 퇴행시켰을 때 이와 같은 증상들이 다시 나타났다는 보고도 있다.

이 퇴행 현상이 과연 사실인가 또는 작위인가를 둘러싸고 논쟁이 일기도 했다. 사실이 아닌 작위로 보는 사람은 내담자가 사회적, 발전적으로 규정된 그 연령의 역할을 연출하는 것이라는 역할설을 주장한다. 또 사실이라고 보는 사람들은 퇴행에 따라서 나타나는 현상이 다만 심리학적인 기능에만 미치는 것이 아니라, 생리학적 기능에까지 미친다는 점을 강조하고 있다.

퇴행의 의미를 생리적 변화의 생기를 전제로 해야 한다고 국한한다면, 이것은 잘못된 생각이라고 볼 수 없다. 일단 성인이 된 인간의 신체가 완전히 유아의 시기로 돌아간다는 것은 있을 수 없기 때문이다. 또한 퇴행현상이 역할과 연기의 노력에 의하는 것이라 하더라도 이것은 최면퇴행, 더욱이 최면 일반에서 볼 수 있는 암시반응의 동기 요인을 이와 같은 형태로 강조하였다는 의미는 없는 것이다. 암시반응의 메커니즘을 충분히 이해하려면 또 하나의 요인 즉, 학습내지는 조건부를 무시해서는 안 된다. 특히 심리학적 현상뿐만 아니라 생리학적 현상에까지 미치는 퇴행, 나아가서는 최면 일반의 현상이란 것 없이는 이해하기가 어려울 것이다. 즉 이전의 행동형 학습내지 조건부의 단계로 되돌아간다는 뜻이다. 사실은 더 많은 요인이 작용하고 있는 것이겠지만, 적어도 동기 조건과 학습량의 요인을 아울러 생각한다는 것은 최소한으로 필요한 것이다.

이 경우에 심리학적, 생리학적인 반응을 총괄한 통합된 유기체의 행동이라는 것을 생각할 때, 현재로 보아서 과거의 행동형이 퇴행으로 나타났다면 앞서 말한 퇴행의 여러 현상은 모두 사실이라고 말할 수 있을 것이다. 이렇게 되면 몇 살까지 퇴행하였는가 하는 행동의 내용으로서만이 아니라, 퇴행이 심리학적 수준에 머물렀는지, 생리학적 수준까지 이르렀는지 또는 어느 정도까지 생리학적 퇴행이 이루어졌는지 등 퇴행의 정도를 포착할 수도 있다.

최면 퇴행의 정도를 크게 두 가지 형으로 나눌 수 있다. 그 하나는 역할 연기적 색채가 강한 것으로서 '암시된 연령의 나는 이럴 것'이라고 내담자가 추측하는 바와 같이 행동하는 경우이다. 또한 현재의 입장과 사고방식이 아직 남아있고 그 테두리 안에서 퇴행하고 있는 것이다. 물론 이렇다 하여도 의식적 모방 내지는 의도적인 행동과는 달라서 심리생리학적 기능의 전체가 그 연령으로 돌아와 생생한 행동을 하는 경우이다. 전자는 퇴행, 후자는 부활이라 부른다. 물론 이것은 분명히 구별되는 것은 아니며 정도 상의 차이에 지나지 않는다.

최면 중의 자유연상이나 최면몽법 외의 면접 중에 내담자는 자연히 퇴행을 일으켜, 그때의 연상 내지는 꿈이 주제가 되고 있는 사건 또는 외상체험이 일어난 시기로 돌아가는 것이 적지 않았다. 이런 때 더욱 그 정황을 생생히 체험시키기 위하여 그가 지금 그 연령이라는 것을 암시하여 주면, 연상이나 꿈 등이 더욱 풍부하여지고 카타르시스 효과도 얻을 수 있다.

암시로 퇴행시켜서 과거의 외상체험을 기억해 내려고 하지만, 연령을 언제로 하여야 될지 잘 모르는 경우에는 정확한 연령을 말하지 말고 애매하게 어떤 체험, 어떤 감정이 일어난 시기라고 암시한다. 그러면 내담자 자신이 필요한 연령으로 퇴행하게 된다. 기타의 행동을 통해 퇴행하고 있는 것이 보이면, 그에게 지금 몇 살이며, 어디에 누구와 같이 있는지, 무엇을 하고 있는지를 물으면 분명히 대답할 때가 많다.

암시로 퇴행시키려면 시간이나 장소 등에 대한 식별을 잊어버리게 하는 암시를 준다.

"시간에 정신을 기울이십시오.

이렇게 하고 있으면 시간이 점점 뒤로 물러나서 소급하여 올라갑니다.

당신은 내가 말하는 과거의 어떤 시기로 되돌아간 것을 느낍니다.

우선 어제부터 시작합시다.

어제 낮에는 무엇을 하였습니까?

점심은 무엇을 먹었습니까?

그럼 아침은?

그럼 내가 처음으로 당신을 만난 날로 돌아갑시다.

그날 당신이 나에게 말한 것을 기억할 수가 있지요?

그때 어떻게 느꼈는지 그것을 말하여 주십시오.

어떠한 옷을 입고 있었던가요?

자, 잘 들어주십시오.

더욱 젊었을 때로 되돌아갑시다.

당신은 점점 자신이 젊어진다는 것을 알 겁니다.

신체 전체가 점점 소년(소녀)과 같이 젊어집니다.

당신은 10~12세 정도의 연령이 되고 있습니다.

그렇게 된 자신을 알 수가 있을 겁니다.

어떠한 느낌입니까?

더욱 더 젊어질 것입니다.

더욱 더 어렸을 때입니다.

마치 당신은 초등학교에 들어갈 때와 같을 것입니다.

지금 교실에 있지요?

선생님은 누구입니까?

당신의 나이는 몇 살입니까?

옆에 앉아 있는 친구는 누구인가요?

자, 더욱 더 어려집니다.

신체 전체가 아주 작아지고 있습니다.

손과 발이 아기처럼 작아졌습니다.

당신은 어린 아기가 되어서 누구에게 안기어 있습니다.

안고 있는 분은 어머니입니까?

어머니의 얼굴이 보입니까?

어머니는 어떤 옷을 입었습니까?

어머니는 무엇인가 말씀하고 있습니다.

들립니까?

그것을 나에게 말하여 주십시오."

'시간이 뒤로 되돌아가고 있다. 캘린더의 날짜가 과거로 소급하고 있다. 1년 전 과거로 돌아간다.'라고 암시하는 것도 좋다. 또 대인 태도를 중심으로 하여 대학교, 중학교, 초등학교, 유치원 등의 여러 시대에 있어서의 교실의 모양, 교사나 친구들의 생활, 어린 시절의 소꿉놀이하던 정경, 가정에서의 부모나 형제, 아기 보는 놀이, 식사 때의 어머니와의 관계 등을 점점 암시하여 나가는 것이 유효한 방법이다.

깊은 최면상태에 있는 내담자에게는 위에서 말한 바와 같이 하지 않더라도 시간과 공간에 관한 의식을 상실케 한 후, 갑자기 내담자가 어려서 소꿉장난을 하고 있다든가 초등학교 입학 당시의 장면을 암시하여 그 정경을 서술하면 상당히 유효하다.

특히 어떤 분명한 증상, 예를 들어 공포 등을 나타내는 내담자에게는 "당신이 처음으로 지금과 같은 공포를 느끼게 된 때로 되돌아 가 봅시다. 무엇이 무서웠던 것입니까? 자세히 모두 말하여 주십시오."라고 말하면서 퇴행의 계기를 만들 수가 있다. 그러나 잊어버렸던 기억을 이와 같은 반강제적인 방법으로 기억해 내도록 하는 것은 다소 억압적이어서 상대의 자아가 그것을 받아들이기가 힘들 경우도 있다. 이런 때에는 기억하여 내는 것, 혹은 퇴행 중의 재체험을 후최면건망의 암시로써 다시 잊어버리게 해 두는 것이 바람직하다. 그러나 이 최면 중의 추억은 중간 현상으로서의 효과를 갖는 것으로 그 후 점차 이것을 받아들이기 쉽도록 자아가 강화되면 자연적으로 의식화되어 통찰의 길로 인도되게 되므로, 급히 서둘러서 생각해 내려고 서두를 필요는 없다. 이 퇴행법은 심상 장면에서 여러 가지 다른 면접법과 병용하는 것이 보통이지만, 그 중에서도 효과가 있는 것은 앞으로 서술한 최면극과 연결하는 것이다. 최면 퇴행 중에는 연극에 대한 저항이 적어질 뿐만 아니라, 아동기에 경험한 적의, 내담자에게 가하여진 유아기의 압력이나 훈련 등을 그 당시로 퇴행시켜서 생생히 체험을 시키는데 효과가 있다.

중요한 극 장면에서는 최면자가 부모나 동생으로 연출하여 보는 것도 좋고, 심상에 의하여 필요한 장면이나 인물을 만들어 주는 것도 좋다. 내담자는 억압된 충동을 표현하게 되고, 최면자와의 대화로써 그 당시의 오해나 공포를 해소시키고 재교육을 받을 수 있다. 그래도 받아들일 수 없는 감정은 그날 밤의 꿈에 표현되도록 후최면암시를 주는 것이 좋다.

10) 심상유도법

심리요법 면접에서는 내담자의 지적인 측면에 작용시키는 것보다 오히려 감정적인 측면에 작용시켜 감추어진, 혹은 내담자 자신이 느끼지 못하고 있는 감정이나 욕구를 분명하게 하는 것에 중점을 둔다.

우리들은 과거에 경험한 부끄러운 정경을 생각해 내고 얼굴이 붉어지는 일이 있는데, 과거 경험이 이미지에 의하여 재생되는 경우에는 단순한 정경의 재생에 그치지 않고 그때에 체험한 감정도 나타난다. 또 공상이나 상상에 개인의 의식적 무의식적인 감정이나 관념 혹은 욕구가 반영되어 표출된다는 사실을 이용한 테스트에는 TAT나 로샤 검사 등의 투영적 성격검사가 있다. 이와 같은 심상의 성질에 근거하여 말로 나타낼 수 없는 감정이나 욕구, 공상이나 상상, 혹은 환각, 꿈 등의 심상을 매개로 하여 표출시키려 하는 것이 심상유도법이다.

심상유도법은 각성상태에서도 실시할 수 있지만, 최면 중에 행하면 특히 효과적이다. 그 까닭은 최면 중에는 시각, 청각, 미각, 촉각의 모든 심상이 매우 용이하게 야기되기 때문이다. 시각 심상은 뚜렷한 모습으로 나타나기 쉬울 뿐만 아니라, 내담자가 중등도 최면 이상의 깊이로 유도되어 있다면 심상은 환각의 모습으로 나타나서 내담자는 실제 체험하는 것처럼 그것을 느끼게 된다. 또 내담자가 깊이 유도되지 못하고 가벼운 최면 혹은 유사최면의 단계에 머물러 있었다 하더라도, 안정된 분위기 속에서 심신이 함께 이완된 상태에 놓여 있다면 외계와의 교류가 약해져서 긴장으로부터 해방되고 억압이 풀리게 되어 각성상태보다 생생한 심상이 나타나기 쉽기 때문이다.

심상유도법에는 꿈을 매개로 하는 것, 환각의 영화나 TV를 이용하는 것 등 여러 가지 방법이 있다.

11) 최면몽(꿈)법

꿈의 분석은 자유연상과 함께 정신분석의 중요한 무기인데, 정신분석에서 치료자는 꿈이 내담자에게 자연히 나타날 때까지 마음을 차분히 하여 기다려야 한다. 그러나 최면을 사용하면 암시에 의하여 쉽게 꿈을 꾸게 할 수 있고, 또 후최면암시에 의하여 자연의 꿈과 다를 바 없는 꿈을 꾸게 할 수도 있다. 그래서 이 최면몽법은 자유연상법과 함께 최면분석에 있어서 중요한 방법이 되어 있다.

최면몽은 과연 보통의 꿈과 완전히 같은 성질의 것인가 아닌가에 대해서 아직 명확한 결론은 얻지 못하고 있지만, 최면분석의 경우에 한하지 않고 진단법 혹은 치료법으로서 광범위하게 이용되어 효과를 높이고 있다. 최면몽법은 환각이 잘 나타나게 될 중등도 최면의 단계, 혹은 깊은 최면의 단계까지 최면을 유도한 후에 실시되는 것이 보통이다.

최면몽을 위한 암시 예를 들어보자.

"지금 당신은 매우 차분한 기분이 되어 있습니다.

당신은 점점 차분하고 좋은 기분이 되어 잠들게 됩니다.

그리고 당신은 꿈을 꾸게 됩니다.

꿈에 들어가게 되면 오른손을 조금 올려서 신호해 주십시오.

그리고 꿈이 끝나면 오른손을 원 위치에 내려 주십시오.

자, 당신은 점점 잠 속으로 들어갑니다.

자, 이젠 완전히 좋은 기분으로 잠들었습니다."

내담자는 수초 내지 수분 사이에 꿈을 꾸기 시작한다. 그리고 수초 동안에 길고 복잡한 꿈을 꾸는 수도 있고, 긴 시간에 짧은 내용의 꿈을 꾸는 수도 있다. 꿈의 내용을 듣기 위해서는 꿈이 끝난 후에 최면상태인 채로 이야기시키는 방법과 최면에서 깨어난 후에 이야기시키는 방법이 있다.

전자의 경우에는 최면이 얕아지거나 최면에서 깨어나 버리는 수가 있으므로 '당신은 잠에서는 깨어났으나 최면에는 깊이 들어간 상태입니다. 최면에서 깨어나지 말고 지금 꾼 꿈에 대해서 이야기해 주십시오.'라는 암시를 삽입하는 것이 좋다. 또 후자의 경우에는 실제로 최면 중에 꾼 꿈의 내용과 다른 경우가 있다. 즉 최면 중의 꿈이 각성상태에서 자아가 바람직하지 않은 내용을 포함하고 있는 경우에 그것을 왜곡해서 일어나는 것으로 생각할 수 있다. 에릭슨은 단 1회의 최면몽으로는 그 의미가 명확하게 파악되지 못하더라도, 반복하여 꿈 유도를 실시하는 동안에 점점 꿈의 의미가 뚜렷해짐을 알아내고 있다.

피최면자에 따라서는 꿈이 나타나지 않는 경우가 있다. 그 경우에는 우선 다음에 설명하는 영화법을 먼저 실시하여 성공할 경우 꿈 암시로 역시 성공할 확률이 높다. 또 꿈을 꾼 조짐은 있었으나 깨어나서 잊어버렸거나, 멍하니 아무 생각 없이 있었다거나, 또는 꿈의 일부를 잊어버리거나, 흐릿했다는 등 부분적인 저항이 보이는 경우가 적지 않다. 이런 경우에는 그 꿈 또는 그 부분에 대한 꿈이 뚜렷이 보이게 된다는 암시를 주어 다시 꿈을 꾸게 하는데 성공했다는 보고가 있다.

최면몽의 방법에는 최면 중에 테마를 주지 않고 자유롭게 꿈을 꾸도록 하는 방법 외에 어떤 특정의 문제에 대한 꿈을 꾼다는 암시를 주는 방법이 있다. 이와 같은 방법에 의해 그 문제 원인을 캐내서 치료를 진행시켜 나가는 것이다. 그밖에 또 후최면암시를 써서 보통의 꿈과 똑같이 야간에 꿈을 꾸게 하는 방법도 있다.

12) 스크린 법

스크린 위에 내담자의 여러 가지 체험을 영화처럼 나타나게 해서 보여주는 방법이다. 임상적으로는 최면몽법과 같은 의미를 가지고 있다. 또 스크린 대신에 TV의 브라운관을 이용하면 텔레비전 기법이 된다. 오늘날 스크린이나 TV는 사람들에게 가까운 존재가 되어 있기 때문에 어느 것이든 유효하게 이용할 수 있으며, 이 방법은 최면몽보다 쉬운 방법이다. 다만 주어지는 암시가 영화적인 것이어서, 나타나는 심상은 최면몽 만큼 상징적 의미를 갖지 않고, 오히려 과거에 실제로 본 영화의 한 장면이었거나 상상이나 공상인 경우가 많다.

스크린법을 실시하기 위해서는 중등도 이상의 최면의 깊이가 필요하다. 이 방법의 암시 예를 들어본다.

"내 손을 당신 머리 위에 얹어 놓으면 당신은 영화관의 의자에 앉아 있게 됩니다. 눈앞에 스크린이 보입니다만 아직 아무것도 상영되고 있지 않았습니다."(내담자의 머리에 가볍게 손을 댄다.)

여기서 내담자가 스크린이 보인다는 것이 확인이 되면, "영화가 시작되어 스크린에 무엇인가 보이기 시작합니다. 보이기 시작하면 오른손을 조금 들고 끝나면 내려 주시오. 그리고 영화를 보고 나면 그 내용을 그대로 나에게 말씀해 주시오."라고 암시를 준다. 영화의 내용을 보이는 대로 최면자에게 말하라고 암시해도 좋다.

13) 빛나는 물체 응시법

내담자가 눈을 떠도 최면에서 깨어나지 않을 정도로 깊게 유도한 후에 수정구나 유리구슬 따위를 응시시키고 환상을 보도록 하는 방법이다. 이 방법은 내담자의 억압된 기억이나 정동, 외상, 체험 등을 생각 속에 떠오르게 하는 데 뛰어난 기법이다. 그리고 이 방법은 때로는 강한 정동 반응을 동반하므로 제반응 효과도 가지고 있다고 한다.

"당신은 깊은 최면상태를 그대로 유지한 채 눈이 떠집니다.
눈을 뜬다고 최면에서 결코 깨어나는 것은 아닙니다.
자, 눈을 떠보세요.
책상 위에 반짝이는 구슬이 있지요?
그것을 계속 바라보고 있으면 그 속에서 무엇인가 보이게 됩니다.
보이면 그것을 저에게 자세히 말씀해 주세요."
빛나는 물체 대신에 거울이나 물을 담은 유리컵을 사용할 수도 있다.

14) 정경 심상법

최면 중에 어떤 말을 통해 하나의 정경을 시각 심상형으로 연상시키는 법이다. 시각심상이 잘 되기 위해서는 먼저 훈련을 행하는 것이 좋다.

"자, 정경 심상법을 시작하겠습니다.
제가 말을 하면 눈앞에 있는 정경이 보일 테니 주의해서 봐 주십시오.

그리고 그것이 사라지면 보인 것을 말해 주십시오."

정경 심상법을 직업지도에 적용, 적응에 필요한 인격 변용을 시도해 볼 수 있다. 뿐만 아니라, 직업선택의 배경에 있는 동기를 명확하게 하여 자기 만족감을 증대시킬 수 있는 직업으로 바꾸게 한 예도 있다. 또 직업 흥미의 배경에 어떤 욕구, 또는 가치관을 명확하게 하고, 숨겨져 있는 직업 흥미를 의식화시킨 예 등의 보고가 있는데, 이는 직업지도뿐만 아니라 생활지도나 교육상담에도 널리 이용할 수 있는 방법이다.

15) 심상 연상법

나리세는 정경 심상법을 여러 가지 조건 하에서 언어연상과 비교 검토 한 결과, 심상에 따른 연상의 내용은 상당히 안정되어 있고 풍부하여, 언어 연상의 내용도 거기에 포함되어 있는 것 등을 알아냈다. 더욱이 이와 같은 심상은 자극어에 대하여 내담자가 말로 반응하려는 태도를 가지고 있을 때 보다도 오히려 말에 의한 반응을 금지하고, 이미지로 반응하려는 자세를 가지고 있을 때 보다 잘 나타나는 것을 알아냈다. 그래서 그는 이 연상법을 심상 연상법이라 부르고 최면 상담에 적용하고 있다.

정경 심상법에서는 하나의 자극어에 대하여 떠오른 심상을 모두 말하게 한다. 심상 연상법을 실시하는 경우에는 우선 최면자가 어떤 말을 주고, 그 때 떠오른 말을 말하게 하는 보통의 언어연상법을 실시함으로써 연상이라 는 것을 이해시킨 후 아래와 같이 암시하면 그 요령을 내담자가 이해하기 쉽다.

"지금 내가 하는 말을 잘 듣고서 당신이 마음속에 떠오른 말을 할 때 동시에 무엇인가 눈앞에 이미지가 떠오르지 않았습니까?"(많은 내담자는 이때 긍정적인 대답을 한다.)

부정하는 사람에게는 이미지에 주의시키면서 두세 가지의 언어 자극을 추가하여 연상시켜 본다.

"이번에는 그 이미지에 주의하고 있다가 보인 것을 보고해 주십시오.
이번에는 앞에서와는 달리 말을 들으면 당신은 말로 대답하지 않고 이미 대답하는 겁니다.
내 말을 들으면 이번에는 전보다도 훨씬 뚜렷하게 눈 앞에 보이게 됩니다.
그것을 되도록 자세히 말씀해 주십시오."

심상 연상법이나 앞에서 말한 정경 심상법은 치료적인 방법이라기보다는 일반 투영적 성격검사와 똑같이 진단적인 방법으로서의 성격을 가지고 있다.

16) 자기 상시법

"내가 '하나, 둘, 셋.' 하고 말하면 당신은 훌쩍 날아서 넓은 들판으로 가게 됩니다.
하나, 둘, 셋.
자, 당신은 지금 넓은 들판에 와 있습니다.

눈앞에는 아름다운 꽃이 피어 있습니다.

저쪽에는 큰 나무도 보입니다.

먼 곳에는 나무가 울창하게 자란 언덕도 보입니다.

들판에는 누군가가 서 있군요.

그 사람은 지금 당신이 보고 있는 것을 당신 자신인 것처럼 보고 있습니다.

잘 보십시오.

그 사람은 바로 당신입니다.

당신은 어떠한 모양을 하고 있습니까?

당신은 지금 무엇을 생각하고 있나요?

당신은 지금부터 무엇을 하려고 하십니까?"

이 방법은 앞에서 예시한 것과 같이 내담자가 자기 자신에 대해서 품고 있는 이미지를 최면심상으로 표출시켜, 내담자가 가지고 있는 감정이나 욕구, 행동 양식 등을 뚜렷이 하거나 혹은 내담자 자신이 깨닫지 못하는 문제 행동의 원인을 통찰시키는 방법이다.

희미한 인물화를 자극으로 하여 이야깃거리를 만들게 하고 그 이야기 주인공의 행동을 분석함으로써 내담자 자신의 욕구나 갈등을 뚜렷하게 하려는 T.A.T.나 내담자 자신이 가지고 있는 문제를 테마로 하여 줄거리가 사전에 정해져 있지 않은 즉흥극을 자발적으로 무대 위에서 연출시킨다.

'보조자아'라고 불리는 기법은 타인이 연출하는 것을 보게 하고 통찰하게 하거나, 바람직한 행동을 하는 방법을 학습시키려는 심리극 등과 똑같은 의도를 가지고 있는 것으로서 진단과 치료에도 널리 사용되고 있다. 단, 자기상을 직접 관찰시키려 하는 이 자기상시법은 다른 심상 유도법에 비해서 저항이 나타나기 쉽다. 따라서 되도록 깊은 최면상태, 가능하면 최면건망이 나타나는 정도 이상의 단계에서 사용하는 것이 좋다.

이상 여러 가지 심상유도법에 대해서 설명해 왔는데, 이들 여러 가지 방법은 반드시 각각 다른 목적이나 대상, 다른 효과를 노리고 적용되는 것은 아니다. 많은 경우 똑같은 목적으로 쓰이고 있다. 그리고 보통 상황에 따라 내담자의 특질에 의하여 취사선택된다. 이를테면 억압된 욕구를 분명하게 하려고 할 때 최면몽법도 좋고, 혹은 영화법, 정경심상법, 자기상시법 그밖에 케이스에 따라 가장 적절하다고 생각되는 방법을 선택해야 한다.

또 이들 방법은 주로 심리요법으로서의 최면 특히 최면분석 속에서 발전해 온 것이며, 거기는 내담자의 무의식의 욕구나 갈등, 감정, 억압된 기억 등을 분명히 하는 것이 주체가 된다. 그러나 일반의 교육상담에 있어서는 최면분석을 필요로 할 만큼 깊은 곳에 뿌리를 가진 사례는 그다지 많지 않으며, 따라서 그다지 고도의 기술을 사용하지 않아도 처리할 수 있는 경우가 많다. 또 최근 최면을 받아들여 교육 효과를 높이는 가능성이 꾸준히 검토되어 구체적인 시도가 진행되고 있다.

이와 같은 교육상담이나 교육최면의 측면에서 지금까지의 최면요법에서와는 다른 심상 유도법을 사용해 보는 것도 가능하다. 이를테면 학습최면심상의 이용을 생각해 보자. 먹을 것 걱정하지 않고 고생이란 게 무엇인가를 모르고 살아가는 소위 신세대 학생들에게 '굶주림에 시달리는 나라의 사람들'이라는 주제를 학습시킬 경우에는 사진이나 슬라이드로 그들의 처참한 기아 실상과 낙후된 문화를 보여준다.

그다음에 최면으로 유도, 영화법을 써서 좀 더 생생하게 그 나라 사람들의 처절한 생활 모습을 보게 한다. 또 자기상시법을 써서 굶주린 사람들의 생활 형태나 정서를 그들 나름대로 체험시킨다. 이와 같은 자기상시법은 이용하기에 따라서 잘못된 사고방식이나 생활 태도를 깨닫게 함으로써 새로운 자기를 정립하는 데 도움을 줄 수 있을 뿐만 아니라, 학습한 내용을 영화법에 따라 재현시켜서 복습에 도움이 되게 할 수도 있는 것이다.

17) 멘탈 리허설

심상이 주연을 연출한다는 점에서 심상유도법의 일종이라고 할 수 있다. 그러나 종래의 심상유도법이 주로 내담자의 무의식적인 욕구나 갈등, 억압된 감정 등을 명백하게 하는 것을 주안으로 하고 있는 것에 비해, 이 기법은 이미지를 토대로 하여 새로운 행동유형을 학습시키는 방법이다.

고기를 싫어하는 아동의 편식교정에 적용한 사례가 있다.

아동을 환각이 나타나는 단계에까지 최면 유도한다.

최면자 : 이제 식사시간입니다. 눈앞에는 여러 가지 반찬이 가지런히 놓여 있어요. 어떤 것이 있나요?

아동 : 달걀말이, 야채들.

최면자 : 맛있어 보이는군요. 자, 먹어 보세요.

아동 : (달걀말이를 들어 올려 맛있어 보이게 먹는다.)

최면자 : 여기에 고기도 있군요. 먹어 봐요.

아동 : (달갑지 않은 표정으로 들어 올려 입에 넣는다. 시무룩한 표정을 짓는다. 맛없어 보이는 표정이다.)

최면자 : 맛이 없어요?

아동 : 네.

최면자 : 그래요? 무엇이 맛이 없어요? 맛있게 보이는데요.

아동 : 속이 메스껍고 냄새도 싫고요.

최면자 : 좀 더 먹어 봐요. 먹고 있는 동안에 점점 맛이 나요. 부드럽고 아주 맛이 있어요. 냄새도 점점 맛있는 냄새라는 것을 알 수 있을 거예요.

아동 : (점점 맛 없어하는 것 같은 표정이 사라지고 맛있다는 듯이 먹기 시작한다.)

최면자 : 거 봐요. 맛있지요, 굉장히 맛있어요. 이제부터는 고기를 먹을 수 있어요. 굉장히 좋아하게 되었어요. 그렇지요?

아동 : 네.

최면자 : 집에 가서 저녁식사 때 고기를 보면 어쩐지 먹고 싶은 생각이 들거예요. 그리고 먹어 보면 굉장히 맛있게 먹을 수 있을 거예요. 그렇죠?

이쯤에서 후최면건망을 암시한 후 각성시킨다. 보통 1주일에 1회씩 수회의 멘탈 리허설을 반복하는데, 1회만의 리허설로 완전히 교정되는 경우도 많다. 내담자는 최면 중에 나타나는 환각이나 이미지를 이용하여 바람직한 정서적 체험을 하거나 새로운 행동법을 연습함으로써 이전에 가지고 있던 불쾌한 감정이나 불안, 공포, 혹은 부적응 행동이 파기되어 새로운 감정이나 행동형을 학습한다. 그리고 이 최면 중에 바람직한 감정이나 새로운 행동형을 학습한 체험은 각성 후의 자신이나 안심감을 가져와서 현실생활에 적용하게 된다.

멘탈 리허설 방법은 종래에는 감각운동 학습분야에서도 그 효과가 확인되어 왔다. 미로학습의 과정에서 미로의 모양을 머리속에서 생각하게 하거나 그림으로 그리게 하면, 그런 연습을 하지 않았던 사람보다도 학습이 빠르고 또 1주일 후에 파악상태도 좋았다고 보고하고 있다.

상상연습은 각성상태에서보다도 이미지가 뚜렷이 나타나기 쉬운 최면상태에서 사용되는 편이 한층 더 효과가 기대되며 또 감각운동학습의 영역뿐만 아니라 일반의 학습장면이나 교육상담의 영역에서도 이용가치가 크다.

　일반적인 실시법은 최초로 보여준 예와 같이 진행되는데, 편식교정에 한하지 않고 차멀미, 야뇨(밤에 오줌싸기), 시험 때의 긴장 등의 교정에도 완전히 같은 식으로 적용되어 상당한 효과를 올리고 있다. 또 최근에는 학습능률의 증진, 학습 불안의 제거, 싫어하는 특정 학과의 교정, 자기표현을 활발하게 하는 등 일반적 교육의 현장에서 널리 이용하게 되었다.

사례

　중학 3학년 여학생이 담임선생님으로부터 "평상시의 성적은 좋은데 시험 때만 되면 틀릴 까닭이 없는 문제를 틀려 성적이 좋지 않다. 아마 시험 때는 너무 긴장한 탓에 실력을 제대로 발휘하지 못하나 보다. 만약 그렇지 않다면 좀 더 좋은 점수를 얻을 텐데 말이야."라는 주의를 듣고 고교입시 1개월쯤 전에 상담을 원했다. 본인의 말에 의하면 "시험 때는 손이 떨려요. 얼굴에 피가 몰리는 것 같아요. 내가 무엇을 생각하고 있는지 알 수 없게 돼요. 보충수업 때에도 긴장한 나머지 흥분하게 돼요."라고 했다.

최면유도를 시험해 본 결과 카탈렙시는 일어나지만 환각은 나타나지 않고 그 이상 심화되지 않았다. 그래서 이 단계에서 시험에 응하여 자기가 흥분하고 있는 장면을 상상시켜 "2~3회 크게 숨을 들이마시면 마음이 가라앉는다.", "자신감이 높아져서 자기가 가지고 있는 실력을 충분히 발휘할 수 있다."라는 암시를 주어 그러한 상태가 된 자기를 상상시키는 한편, 그러한 상태로 시험에 응시하는 자기를 멘탈 리허설을 시켜주었다.

다음에 "실제의 시험 때도 연필을 들기 전에 심호흡을 몇 번 반복하면 마음이 가라앉아 자신감이 높아질 것이다."라고 후최면암시를 주고 나서 후최면 건망암시를 주어 각성시켰는데, 각성 후 최면 중의 일은 거의 기억하고 있지 않았다.

3일 후에 2회기의 최면을 거치고, 2일 후에 교내 모의고사가 있었다. "평상시의 자기와 다를 바가 없는 것 같았으나 어쩐지 시험에 익숙해진 것 같은 느낌이 들었다. 수학시험 때 좀 이상한 것 같은 느낌이 들었으나 2~3번 심호흡을 하니까 마음이 가라앉아 냉정하게 시험을 치를 수 있었다. 진짜 시험 때도 이와 같이 되면 좋겠다고 생각한다."고 하였다. 모의고사의 결과 흥분하지 않게 되자, "이젠 최면 치료를 받지 않아도 좋습니다."라고 하여 상담을 마쳤다.

지금까지는 사람 앞에 나가기만 해도 흥분했는데, 그 후 학교의 음악회에서 전교생 앞에서도 흥분하지 않고 차분하게 피아노 반주를 할 수 있었다.

얕은 최면상태로밖에 유도되지 않았던 이 내담자에 대해서 멘탈 리허설 방법이 깊은 최면상태에 유도된 사람과 같은 효과를 올릴 수 있었다. 따라서 최면에 유도될 수 있는지의 여부는 보다 릴렉스한 상태에서 멘탈 리허설을 실시하는 것에 관건이 달렸다고 할 수 있다. 혹은 자기는 최면치료를 받았기 때문에 흥분할 리가 없다는 일종의 자기암시의 힘이 크게 작용하고 있었는지도 모른다. 여하튼 멘탈 리허설 방법은 내담자가 깊은 최면단계에 유도될 수 없다 하더라도 유효한 경우가 많다.

어느 최면가는 얼굴의 좌반부에 지독한 화상으로 생긴 흉터가 있는 14세의 여자 중학생의 차멀미 치료에 멘탈 리허설 방법을 사용한 결과 차멀미를 고쳤다. 그러나 심한 호흡곤란이 생긴 경우를 보고하고 있다. 그는 이 증례의 경우 화상으로 보기 흉하게 된 얼굴에 대한 부끄러움과 열등감 때문에 의식적으로 억압되어 표면으로는 차멀미라는 형태로 사람에게 얼굴을 드러내지 않아도 되는 상황을 만들고 있다고 한다.

치료에 의하여 차멀미 증상은 제거되었지만, 그 대리증상으로 호흡곤란의 형태를 나타내고 있는 것이 아닌가 생각하여, 암시에 의하여 다시 차멀미를 하도록 한 결과 호흡곤란의 증상은 완전히 사라져 없어졌다고 한다. 그는 계속해서 이와 같은 내담자는 한층 근본적인 검토와 치료가 필요하다고 말하고 있다. 이런 경우에는 치료나 교정을 실시하여 단순히 멘탈 리허설 방법, 혹은 최면요법을 몸에 간직하고 있는 것만으로는 치유할 수 없다. 동시에 깊은 임상심리학적 지식이나 경험이 요구된다.

18) 정동 강조법

내담자들은 때로 자기 속에 있는 정동이나 과거의 사건을 깨닫지 못하고 있는 경우가 있다. 정신요법의 과정에서조차 어떤 내담자는 분명히 정동이 눈떠 있는 데도 그것을 의식하지 않는 것처럼 보인다. 이와 같은 정동을 동반하지 않은 추상은 치료적 가치가 전혀 없거나, 있다 해도 극히 작은 정도에 지나지 않는다. 이런 경우에는 마음의 밑바닥에 있는 정동을 최면으로 강화해 준다.

그것을 내담자가 인식하게 되면 때때로 지극히 큰 치료의 효과가 생기게 된다. 최면 하에 있는 내담자에게 다음과 같이 암시를 한다.

"현재 당신의 마음 밑바닥에 있는 감정은 그것이 무엇이든 간에 점점 강하게 됩니다. 그것이 매우 강하게 느껴져 당신은 그것에 견딜 수 있는 최대한의 선까지 강해지게 됩니다."

이렇게 정동을 강조하면 내담자는 행동이나 언어로 반응을 보이게 된다.

어떤 내담자는 수년간 기관지 천식이란 진단을 받아 왔고, 견디기 어려운 호흡곤란증 발작이 빈발하여 일을 쉬게 되었다. 그는 수년 전에 그의 친구가 익사했는데 자신이 친구를 구해 주지 못했다는 죄책감 때문에 자살기도를 하기에 이르렀다고 한다. 그래서 그때의 정동이 최면으로 강조되었을 때 그는 한때 알코올 중독자인 누나와 익사한 친구를 죽이고 싶어 했으며, 친구의 죽음이 그의 증상을 야기시킨 결과가 아닌가 하는 생각에 이르렀을 때 놀라움을 금치 못했다. 이런 반응 후 그는 발작이 즉시 멈추어졌고, 치유가 되어 일자리로 복귀할 수 있게 되었다.

19) 갈등 유도법

내담자의 이상행동의 형태가 정신적인 내적 갈등에서 이어난다는 사실을 내담자 자신이 알기는 어렵다. 그러나 최면자가 이 일을 내담자에게 적절히 교시한다면, 갈등이 완전히 해소되지는 않더라도 내담자의 행동의 형태를 제거하는데 있어서 커다란 도움을 줄 수 있다. 또 그것은 내담자가 통찰을 통해서 갈등을 쉽게 해결할 수 있게 해 준다.

최면 하에서는 인공적 갈등을 만들어 낼 수 있다. 이 인공적 갈등은 현실의 갈등과 모순되지 않고 흡사한 반응을 일으키는 것 같아야 한다. 각각의 증례에 적합한 인공적 갈등을 만들어 내기 위해서는 최면자의 재능이 필요하게 된다. 최면자는 내담자가 어떻게 해서라도 어떠한 것을 하려고 할 것이라고 암시한다. 이렇게 암시하면 내담자는 그것을 해야만 한다는 느낌을 가지게 될 것이다. 다음에 그것을 수행하는 것을 전혀 불가능할 것이라고 암시를 준다. 왜 그것이 수행되면 안 되는가에 대해서 도덕적 또는 다른 이를 암시한다. 그리고 깨어난 후 이런 암시를 받은 사실을 전혀 기억할 수 없도록 후최면암시를 주어 건망을 일으킨다.

각성 후에 내담자의 행동(반응)을 주목하여 본다. 충분히 반응이 나타났을 때 건망을 제거해 준다. 그리고 내담자에게 어느 정도 암시가 그의 행동에 영향을 주었는지를 설명해 주면, 대개 내담자는 정신적 갈등이 이상한 행동의 형태를 낳는 사실을 이해하게 된다. 따라서 내담자는 현실적 갈등을 쉽사리 해결해 낼 수 있을 것이다.

그런데 이 기법을 쓰기 위해서는 갈등적 암시를 생각해 내지 못하도록 깊은 최면 상태가 필요하다. 그래서 모든 내담자에게 이용하기는 곤란하다.

20) 시간 왜곡법

최면 하에서 잠재의식의 놀라운 능력을 나타내게 하는 방법 중에 시간 왜곡법이 있다. 시간 왜곡법은 쿠우퍼Lynn Cooper에 의해서 상세히 실현되는데, 그의 실험내용은 최면 하에서 '보통 수분 동안 걸리는 정신 활동을 어떻게 하면 수초 이내로 단축이 가능할까?'라는 문제였다.

그는 테스트에서 혼잡한 산수 문제를 택해 보았다. 그리고 피험자에게 문제를 푸는 데 십 분이 걸리는데 1분마다 한 번씩 메트로놈이 울린다고 말하고, 그 동안에 문제가 풀릴 것이라고 했다. 그는 메트로놈을 1분마다 한 번씩 울렸다. 이때 피험자는 신기하게도 10분이 아닌 10초 이내에 주어진 문제를 풀어냈다.

이 실험의 성공은 최면치료에 있어서도 어떤 가능성을 가지게 해 주었다. 즉, 최면자는 내담자에게 10분 이내에 무의식의 레벨에서 문제를 해결한다고 지시한다. 그리고 최면자는 1분마다 하나씩 센다고 말하지만, 실제로는 하나에서 열까지 1초 간격으로 세어 나가면 10초 이내에 문제를 해결해내게 된다.

그런데 이 방법에 있어 무의식의 레벨에서 해결한다는 것은 문제를 의식시켜서 이해하지 않으면 안 된다는 치료의 원칙에 반대되는 것이다. 잠재의식은 복잡해서 때로는 의식적 통찰이 필요 없이 치료 효과를 확실히 줄 수도 있는 것이다.

대체적인 방법으로는 내담자를 무의식의 수준에서 연령을 퇴행시켜, 의식이 없는 중에 어느 체험을 수행하게 하는 것이다. 사례로 안구진탕으로 고생한 24세인 청년의 케이스를 보기로 한다. 그는 최면의 좋은 대상자였는데 그다지 중요하지 않은 문제에서는 바로 퇴행했으나, 증상을 형성하고 있는 커다란 인자에 거슬러 올라간다고 말하면 격한 저항을 나타내어 각성해 버렸다.

그러나 이데오모터(관념운동) 질문에 의해서 그는 아버지와 그의 유아기에 관련 되어 있는 세 가지의 매우 큰 외상체험이 있었다는 것을 알게 되었다. 그중 한 가지는 두 살 때의 일이고, 다른 두 가지는 생후 2개월 후부터 일어난 것이었다. 그 사건을 생각해 내는 것이 그에게 안전한지 어떤지를 물었을 때 그의 응답은 긍정적이었는데 퇴행이 잘 되지 않았다.

이윽고 그는 두 살 때에 있었던 외상체험을 무의식 수준에서 말하도록 퇴행하였다. 바로 그는 어린애처럼 울고 소리를 지르는 한편 다리를 부들부들 떨면서 머리를 좌우로 흔드는 강한 반응이 나타났다. 그로부터 그는 돌연 뒷걸음질을 하면서 울기 시작했다. 반응들이 끝나는 것으로 보였을 때 그는 재차 외상체험의 시초로 돌아가서 발산시켰다. 이것이 세 번이나 되풀이 되었는데 모두 같은 반응이었다.

각성 후 그는 질문에 대답하기를 "마음이 공백이었기 때문에 무엇이 일어났는지 알 수 없다."고 말하였다. 그러나 그 밖의 건망이 없고 그는 자기의 행동을 기억하고 있는 것에 대해서 두려운 마음이 남아 있었다. 그렇지만 이 일은 해결의 실마리를 주었다.

다음 회기에서 그는 의식적 수준에서 다음과 같은 퇴행이 행해졌다. 그가 잠을 자고 있을 때 알코올중독인 아버지가 취해서 들어왔다. 그는 무서워서 울기 시작했는데 아버지는 몹시 꾸중을 하면서 그의 뺨을 치는 바람에 그만 한쪽 눈을 다치게 되었다. 결국 안구진탕은 잔인한 아버지로부터 피하려고 주위를 돌아보고 있는 것을 표현하고 있었다. 이 밖에도 두 차례의 흡사한 사건이 밝혀졌다.

그 밖의 두 가지 사례에서는 시간왜곡법을 써서 무의식을 철저하게 조작한 결과, 통찰은 얻어지지 않았으나 증상은 소실되었다. 이 방법은 최면자가 시도한 문제가 해결되었는지 알기가 곤란한 것으로, 이 기법을 쓴 후에는 잠재의식이 암시를 수행했는지 어떤지를 질문해야 한다. 질문에 대한 답이 긍정적일 때는 내담자가 잠재의식에서 문제를 취급하고 있는 동안 자기의 마음은 완전히 공백이었다고 말한다.

21) 지지적 재교육적인 방법

환자의 퍼스낼리티나 적응의 방법을 근본적으로 변화시킨다는 것은 어렵기 때문에 단지 증상을 약화시켜 적응력을 지지하면서 보다 좋은 재적응에 유도하기 위한 것이다. 이 방법은 '간이정신요법'이라 불리고 있다.

보증 : 불안이나 공포로 고민하고 있는 내담자를 지지하고 이해하는 방법이다. 내담자는 불안이 해소됨에 따라 건강에 자신을 갖게 하는 것이다. 그러기 위하여 의학적인 검사나 처치를 충분히 행해서 그 결과에 따라서 잘 설명해주는 것은 일상 임상적으로 흔히 이용하고 있는 방법이다. 특히 신경증의 내담자 중에서 정신병을 무서워하고 있는 경우나 혹은 심장병, 암 등이 악성의 병세에 대해 불안해하는 경우 등에 있어서 충분히 병의 근원을 설명해서 안도의 마음을 갖게 하는 것이 필요하다.

설득 : 자기의 병에 대한 오해나 그릇된 관념의 습관을 개선하도록 설득하는 것이다. 본래의 설득요법이란 내담자와 이야기하는 것을 통하여 마음을 건강하게 보존하고, 병에 관한 지금까지의 편견을 건강한 생각으로 바꾸도록 이성에의 재교육을 강조했다.

그런데 신경증은 약한 의지보다 정동적인 원인에 의하는 것이라고 볼 수 있기 때문에 설득요법은 상대방이 신뢰하고 잘 받아들일 수 있도록 근거를 만들어 행해야 할 것이다. 설득은 다음과 같은 상대방의 상태에 의하여 암시를 적당히 만들어 활용한다. 생활의 재건, 신체적인 극복, 나쁜 습관의 극복, 사고나 정동의 통제, 긴장과 공포의 제거, 역경에 직면해도 쩔쩔매지 않는 신념을 가지게 하는 것 등이다.

재교육 : 어떤 문제에 대해 고민하고 있는 사람이나 신경증 환자에게 그 사람의 곤란한 원인이 되어 있는 문제점을 지적해 주고, 그것에 대하여 무엇

인가의 통찰을 하도록 한다. 그리고 상태가 환경에 파묻혀 조화를 이룰 수 있게 하고 새로운 적응의 목표나 태도를 만들어 가도록 지도를 하는 한편, 증상을 극복하고 적응을 도울 수 있는 후최면암시를 부여한다.

22) 최면치료 방법

내담자들은 대개 불안, 공포, 우울증과 같은 감정에 시달리고 있으며, 흔히 외로움, 소외감 같은 정신적인 문제를 함께 가지고 있다. 심리치료의 목표는 이런 절망감, 두려움, 열등감, 우울증, 죄책감이나 수치감을 가진 내담자에게 희망, 안정감, 신뢰감, 자신감, 자기수용이나 생활 속의 기쁨을 심어 주려는 것이다. 최면치료의 과정에서 내담자는 트랜스 하에서 긍정적인 감정을 체험하게 된다. 이런 감정체험은 병리적인 자아상을 변화시키고, 잘못된 행동 태도를 바로 잡아주며, 신체적인 프로세스에도 작용하여 사회적인 대인관계에도 좋은 영향을 미치게 된다.

예전의 최면치료가 고통스러운 감정을 없애고, 통찰을 유도하며, 신체적인 상황을 개선하고, 비합리적인 사고를 수정하려고 노력한 반면에, 현대의 최면치료는 감정적인 체험을 직접 수정하려고 노력한다. 여기에는 감정적인 체험을 모든 면에서 고려해야 한다.

예를 들면 '두려움'과 같은 주관적이고 개인적인 감정뿐만 아니라, 신체적인 면(예를 들면 근육의 수축, 경련, 위의 압박감 등), 행동적인 면(예를 들면 주저한다거나 기피하는 증상 등)을 함께 고려해야 한다.

이와 같은 체험중심의 치료에는 트랜스가 아주 유용하게 쓰인다. 트랜스는 내면적인 리얼리티를 감정적으로 체험할 수 있는 길을 열어 준다. 트랜스 상태에서 내담자는 이미지 능력이 향상되어 최면자가 유도하는 내용을 (예를 들면 공포를 유발하는 현재상황 또는 어린 시절의 상황) 더욱 실감 나고 뚜렷하게 재현할 수 있다. 최면자는 이런 감정을 극복할 수 있는 정신자원을 찾아내어 연결함으로써 치료를 하게 된다.

사례

한 여성 내담자가 자신이 대인관계에서 가지고 있는 불안 때문에 직장에서 겪고 있는 어려움에 대해서 호소하였다. 그녀는 늘 혼자 있었고, 점심시간에도 다른 동료들과 어울리지 않았다. 누가 말을 걸어오면 그녀는 겁이 나서 얼굴이 붉어졌고 다른 사람에게 커피를 따라 줄 때에는 손이 떨렸다. 최면자는 그녀를 트랜스 상태에서 문제의 상황으로 이끌어갔다(점심시간에 다른 동료들과 함께 점심을 먹는 상황을 재현하게 하였다). 트랜스에서 깨어난 후에 그녀는 최면자에게 심장이 뛰고, 속이 떨리며, 근육이 수축되고, 손에 땀이 나면서 심한 불안과 공포를 느꼈었다고 말하였다. 이런 반응은 그녀가 예비면담에서도 모두 말하였던 것들이었다. 그런데 트랜스 상태에서 그녀는 한 가지 더 특이한 경험을 하였다. 그녀는 사방이 판자로 된 울타리 안에 갇혀 있었고, 그 판자를 뚫고 나올 수가 없었다. 무언가 비현실적으로 느껴졌으며 현기증을 느꼈다.

다음 회기 상담시간에 최면자는 내담자로 하여금 트랜스 상태에서 판자 안에 갇힌 체험을 다시 하게 하고, 이런 느낌이 과거 어떤 상황에서 있었는지 찾아보게 하였다. 자세한 분석 끝에 그녀는 몇 가지 의미 있는 상황을 말하였다. 그녀는 첫 번째 성찬식 날에(생애 첫 번째 성찬식은 성대한 축제와 같이 치른

다) 그녀는 평상복을 입고 혼자서 교회에 갔었는데, 다른 아이들은 예쁜 옷을 입고 부모님과 친척들과 함께 교회에 왔었다. 이때 그녀는 혼자만 판자 안에 갇혀 있는 느낌을 강하게 받았다. 트랜스에서 깨어난 후에 그녀는 언제나 자기가 가족에 속해 있지 않다는 느낌을 받고 있었다고 말하였다. 그녀의 어머니는 그녀에게 다른 형제자매들과 다르게 대하였는데, 예를 들면 같은 잘못을 하더라도 유독 그녀에게 더욱 심하게 꾸짖었다. 그녀의 어머니가 그녀를 귀여워하는 일은 아주 드물었으며, 한번은 어머니가 그녀를 귀엽다고 하는 것이 위선인 것처럼 느껴져서 거절한 기억도 있었다. 그녀는 어린 시절에도 가끔 '판자에 갇힌' 느낌을 느꼈으며, 이것은 바로 '소속되어 있지 않다는' 느낌이라고 했다.

다음 상담에서 정신자원을 찾아내는 작업을 하였다. 먼저 트랜스 하에서 좁은 공간이 아닌 넓은 공간에서 사람들에게 둘러싸인 신체적인 체험을 하게 하였다. 그녀는 외톨이가 아니었고 여러 사람들과 함께 있었다. 이런 체험과 함께 최면자는 그녀가 합창단의 일원으로 받아들여 다른 단원들과 화음을 맞추면서 노래하게 하였다. 노래를 하면서 그녀는 합창단의 일원이 되었다는 황홀한 느낌을 받았으며, 한순간에 모든 벽이 허물어지고 모든 것과 함께 녹아드는 체험을 하였다.

다음 상담시간에 이와 같은 체험을 다시 한 번 하게 하였다. 그리고 이런 느낌을 가지고 점심시간에 다른 동료들과 함께 식사를 하는 상황을 재현하게 하였다. 그녀는 많은 말을 할 필요는 없었으나 대화는 유지할 수 있었다.

트랜스에서 깨어난 후에는 최면자가 역할을 분담하여 이 상황을 다시 한 번 연습하게 하였다.

(1) 최면치료의 여러 가지 면

　우리가 감정적인 체험에 대해서 이야기할 때에는 주관적인 감정(예를 들면 두려움)만을 대상으로 하고 있는 것은 아니다. 여기에는 신체적인 체험과 행동, 태도도 포함해야 하고 주관적인 사고에 의한 감정의 표현도 포함시켜야 한다. 예를 들면(내면에 깔려 있는 감정으로 인해서 내리게 되는) 자기 자신에 대한 평가, 즉 열등감 같은 것이 여기에 속한다.

　또한 우리는 감정적인 부담을 유발하거나 계속 지속시키는 사회적인 면을 소홀히 해서는 안 된다. 인지행동치료에서 고려하고 있는 이런 모든 면을 최면치료에서도 고려해야 한다. 감정에 관한 연구를 하는 학자들은, 감정은 주관적인 느낌만을 말하는 것이 아니며, 신체적인 반응과 인지, 행동 태도와 사회적인 상호작용까지를 포함한다고 한다.

　최면자는 탐색작업에서 내담자가 스스로 붙인 꼬리표에서(예를 들면 "나는 두려움을 가지고 있어요.") 관심을 가지기보다는 내담자의 체험에 더욱 많은 관심을 가져야 한다. 내담자의 숨쉬기는 어떤지, 근육이 긴장되었거나 마비되었는지, 내담자가 떨고 있거나 압박감을 느끼는지, 몸놀림은 어떠하며 감각은 잘 받아들이는지, 목소리는 어떤지 등의 내담자의 사고방식과 행동 태도들을 살펴보아야 한다. 다시 말하면, 최면자는 내담자가 "두려움을 가졌다."고 말하는 것에 대한 기본 자료들을 수집해야 한다. 내담자에게는 그런 증상이 뚜렷하게 나타나는 구체적인 상황을 말해 주도록 요청해야 한다. 이런 상황에서 내담자가 '두려움'이라고 단정하는 체험을 세부적으로 나누어서 질문해야 한다. 이런 작업은 트랜스 상태에서 하는 것이 좋다.

　트랜스 하에서 이런 상황을 재현하면서 내담자는 어떤 신체적인 증상을 말할 수가 있다(예를 들면 주기적으로 나타나는 두통). 그러면 최면자는 또 다른 신체적인 증상은 없는지 물어보고, 어떤 생각이나 느낌이 떠오르는지, 자기 자신에 대한 평가는 어떤지, 이런 상황에서 취하게 되는 행동태도는 어떤지, 그리고 이런 증상이 사회생활에(가정과 직장) 어떤 영향을 미치는지에 대해서 물어본다.

사례

35세 된 은행원 박씨는 심한 두통을 호소하였다. 3회기 상담시간에 그는 가끔씩 두려운 마음이 생기는데 그 이유를 알 수 없다고 말하였다. 지난주에 직장 동료에게 도움을 청하고자 하였을 때, 그는 매우 뚜렷한 두려움을 느꼈다고 말하였다. 트랜스 상태에서 이 상황을 (동료에게 도움을 청하려고 결심하는 일, 동료를 만나기 전과 만난 후의 일) 재현한 결과는 다음과 같다.

-신체 : 정도의 차이는 있었지만 긴장성 두통과 함께 구역질이 났다. 목과 목덜미 부분에 심한 근육의 긴장이 있었다. 일시적으로 위에 압박감을 느끼고, 팔과 다리가 긴장되면서 떨렸다고 내담자가 말하였다. 숨소리는 낮았으며 가끔 땀이 나기도 하였다.
"신체에 무슨 일이 생기나요?"
"목덜미가 뻣뻣해져요. 어지럽고 땀이 나요. 위와 심장에 압박감이 생겨요. 숨쉬기가 힘들고 심장이 빠르게 뛰어요. 두통이 생겨요."

-생각 : 이런 상황에서 내담자는 '나는 아무 쓸모가 없고 일을 잘 처리하지 못한다.'라고 생각하였다. 다른 한편으로는 '나는 혼자이고, 나 자신만을 믿

을 수 있으며, 당신들은 필요 없다.'는 생각을 하였다.

"무슨 생각이 나십니까?"

"언제나 다른 사람이 나보다 더 나은 대우를 받고 있어요. 나는 이런 불공평한 일을 견딜 수 없어요. 그들은 내가 일을 잘하는 것을 시기하고 있을 뿐입니다. 그들은 나를 두려워하고 있어요."

-두려운 감정 : 불안한 마음, 동료에 대한 공격적인 감정과 함께 일종의 우월감도 섞여 있었다. 감정적인 체험을 이미지로 표현해보라는 말에 내담자는 '내던져진' 감정과 '아무 준비 없이 해야 하는' 감정의 중간쯤이라고 하였다. 한편으로는 '일을 막 시작해야 할 것' 같으면서 한편으로는 '방패 뒤에 숨어야 한다.'는 마음이라고 하였다.

"그러면 당신은 어떤 느낌이 듭니까?"

"두려움과 미움 그리고 우월감."

-자기평가 : 내담자의 표현 속에서(몸짓과 단어선택) 자존감이 부족한 것을 알 수 있었다(훌륭한 박씨, 대단한 사람이에요). 이런 사실은 나중에 가족상황에 대한 탐색에서 더욱 확실해졌다.

"자신을 어떻게 평가합니까?"

"나는 아무런 쓸모가 없어요. 나는 나 스스로만 믿고 의지할 수 있어요. 나는 더 나아져야만 해요."

-행동태도 : 문제의 상황을 재현하였을 때 내담자는 동료의 대답을 기다리지 않고 빨리 그 상황에서 벗어나려고만 하였다. 나중에 그 동료에게 더 물어볼 일이 생각났지만 그 동료와 다시 접촉하려고 하지 않았다. 그 동료가

다시 내담자에게로 다가오자 내담자는 공격적이 되면서(아주 드문 일이다) 차츰 두려운 감정이 생겨났다.

"당신은 어떤 행동을 하십니까?"

"대인관계를 피합니다. 필요 이상으로 공격적이에요."

-사회적인 관계

직장생활에서 박씨는 적들에게(손님과 동료) 둘러싸여 있다고 느꼈다. 아내와도 자주 말다툼을 한다. 하지만 이상하게도 휴가 중에는 말다툼을 하지 않는다. 친구는 하나도 없었다. 직장과 가족을 제외한 모든 다른 접촉은 아내가 맡아서 하고 있었다.

"직장동료 또는 아내와는 어떻게 지내십니까?"

"직장동료들은 건방져요. 직장상사는 그들만 잘 봐줍니다. 아내와 자주 다투어요. 이상하게도 휴가 중에는 다투지 않아요. 친구는 없어요."

(2) 대처방법 미숙 때문에 생기는 증상

거의 모든 심리치료의 학설이 문제가 되는 증상이나 행동태도가 오래전부터 학습되어진 것이라고 주장한다. 또 각 학설에 따라서 증상을 서로 다르게 이해하고 있는데, 고전적인 행동치료학설에서는 학습된 반응모델의 표현으로, 합리적인 정서치료학설에서는 비합리적인 사고방식으로, 인지행동치료학설에서는 잘못된 인지방식으로, 교류분석학설에서는 인생행로로서, 고전적인 정신분석학설에서는 성적 심리와 결부된 퇴행으로, 그리고 개인심리학설에서는 인생의 계획으로 보고 있다.

이런 모든 학설들이 오랫동안 잘못 학습된 문제의 성향을 바꾸거나 제거하는 것을 치료의 목표로 하고 있다. 하지만 그 방법들은 서로 다르다. 정신분석학설에서는 어린 시절의 억압 작업에 대한 저항으로 생긴 갈등에 대한 통찰을 통해서 학습된 성향의 개선을 시도하는 반면에, 행동치료학설에서는 현재의 장애에 대한 작업으로 학습된 성향을 변화시키려고 시도한다. 최면치료에서는 위에서 말한 두 가지 시도를(어린 시절의 갈등에 대한 통찰과 현재의 장애에 대한 작업) 동시에 할 수 있다. 어린 시절에 어려운 역경을 극복하고 자란 사람은 그 때문에 어른이 된 후에 심리적인 문제를 가지고 있는 경우가 많이 있다.

어린 시절에 역경을 극복하면서 학습한 대처방법을 어른이 되어서도 버리지 못함으로써 이것이 심리적인 장애가 되는 것이다. 치료방법은 지금까지 남아 있는 어린 시절의 대처방법을 찾아내어 더 성숙한 방법으로 바꾸어 주는 것이다.

* 어린 시절의 어떤 대처방법이 어른이 된 후에 심리적인 장애로 남게 되는가?

- 실수하면 안 된다. 실수하지 않아야만 부당한 간섭으로부터 안전할 수 있다.
- 너무 가까운 개인적인 접촉은(타인을 가까이 하는 것은) 위험할 수 있다.
- 공격적인 반응을 용인하는 것은 위험하다.

아빠나 엄마가 원하지 않은 아이로 태어난 경우

가족 중에서 중요한 위치에 있는 사람이 아이를 받아들이지 않고 거부하면, 아이는 어떻게 하든 이런 부담스러운 상황을 극복하려고 노력하게 된다. 아이에게는 먼저 거부에 따르는 열등감과 죄책감 또는 실패에 대한 불안감이 생기게 된다.

이런 부담스러운 감정으로부터 벗어나고 자신을 방어하기 위해서 아이는 여기에 대처하는 극복방법을 찾게 된다. 예를 들면, 아버지가 무엇을 원하는지를 알아내어서 거기에 맞게 행동함으로써 아버지에게 최대한으로 복종하고 대들지 않는 것이다. 이런 대처방법으로도 굴욕적인 상황을 피할 수 없게 되면, 아이는 상상의 세계를 만들어 그 안에서 원하는 인정을 찾게 된다.

이처럼 어린 시절에 아이가 역경을 극복할 수 있게 도와준 대처방법이 어른이 된 후에는 심리적인 장애가 된다. 예를 들면 주변에서 일어나는 여러 가지 문제에 적절하게 맞서는 능력이 부족해져서 이것이 심인성 허리신경통으로 발전될 수가 있다.

어린 시절에 거부를 경험한 아이는 특정한 결혼 상대만을 찾는 경향이 있다. 이런 아이가 어른이 되어서 어린 시절에 자기를 거부했던 아버지나 어머니와 닮은 사람을 만나고, 그 사람이 자기를 받아주고 사랑해 주면 예전에 그토록 간절하게 원했던 것을 보상받게 된다. 상대방이 예쁘다거나 성격이 좋은 것은 문제가 되지 않고 얼마나 아버지 또는 어머니와 닮았는지가 관건이 된다.

- **가족관계** : 부모나 형제자매들이 어떤 이유에서든지(용모, 지능, 성별) 원하지 않는 아이가 태어나면, 그 아이는 귀여움과 사랑을 받지 못하게 된다. 아이는 이런 편견에 대항하지 못한다. 어떤 경우에는 아이가 가족으로부터 소외당하기도 한다.

  이런 아이에게 부담을 주고 아이를 위협하는 감정으로는 열등감(흔히 수치심을 동반한다) 인정받고 싶은 열망, 죄책감("나는 나쁘고 죄가 많다."), 실패에 대한 두려움 내지 약점이 드러나는 것에 대한 두려움 등이 대표적이다.

- **아이의 대처방법** : 대들고 싶은 감정을 억누르고 부모의 결정에 무조건 복종한다. 그러면 부모가 만족스러워하고 아이는 쫓겨나는 공포에서 벗어나게 된다("나는 아무 쓸모가 없지만 그래도 가족의 일원이야."). 이런 상상의 세계를 펼쳐서 거기로 도피하기도 한다.

- **어른이 되어 겪는 심리적인 장애** : 대인관계에서의 불안감, 열등감, 우울증, 정면대결을 주저한다. (의식하지는 못하지만) 성공에 대한 두려움, 상상의 세계를 계속 유지하면서 외톨이가 된다. 불행한 관계를 반복한다.

(3) 정신자원

정신자원이란 좁은 의미에서 문제 체험과 정반대가 되는 체험을 말한다. 예를 들어 소외감을 느끼는 사람에게는 소속감을 느낀 체험이 정신자원이 될 수 있다. 체험이란 신체적인 반응을 말하며, 주관적인 경험과 함께 생각과 감정 그리고 행동, 태도와 사회적인 상호작용까지를 포함하고 있다.

내담자에게 문제체험 대신에 정신자원 체험(해결체험)을 하게할 수 있으면. 내담자는 그 안에서 건전하게 생각하고, 느끼고, 행동할 수 있게 된다. 내담자가 지금까지는 하지 못하던 일을 할 수 있고, 원만한 대인관계를 유지해 나간다면 문제는 해결된다.

정신자원을 찾아내는 데에는 여러 가지 방법이 있다. 내담자가 과거에 친근한 사람(선생님, 친구 또는 가족)에게서 받았던 신뢰감, 보호 심리, 책임감과 같은 소중한 체험을 트랜스 하에서 선명하게 재현할 수 있다. 과거에 내담자가 어려운 역경을 극복해낸 일이 있으면, 그 체험이 좌절하고 있는 현재의 상황에 대한 정신자원이 된다. 내담자가 자기주장을 제대로 펴지 못하고 문제와 정면대결하지 못하는 경우에는, 축구경기에서 상대방 선수와 일대일로 맞서 본 경험이 정신자원이 될 수 있다.

문제체험과 해결체험은 마치 자물쇠와 열쇠와 같다. 열쇠를 만들려면 먼저 어떻게 해야 자물쇠가 열리는지 그 구조를 알아야 한다. 최면자는 먼저 문제를 탐색하고 이해해야 한다. 최면자는 문제를 충분히 이해하고 정신자원을 찾아낸 후에, 트랜스 하에서 내담자가 상응하는 체험을 하는지 확인해야 한다.

내담자의 과거 경험 중에서 정신자원을 찾아내지 못하는 경우에 최면자는 내담자의 동경과 소망을 바탕으로 정신자원을 만들어 낼 수 있다.

"만약에 지금 당신이 가지고 있는 문제가 없어진다면, 당신의 생활이 어떻게 달라질 것 같습니까?"라는 질문에 대부분의 내담자는 매우 상세하고 구체적인 내용을 이야기 한다. 내담자가 좋아하는 연예인이나 소설 속의 주인공도 정신자원이 될 수 있다. "나도 누구처럼 살아 봤으면 좋겠어요."라는 소망을 트랜스 하에서 정신자원으로 만들 수 있다.

사례

재균씨는 위협적인 상황에서 자신 있고 태연하게 맞서 본 경험이 전혀 없었다. 그래서 재균씨가 좋아하는 영화 <하이눈>을 정신자원으로 활용하기로 하였다. 이 영화에서 보안관 게리 쿠퍼는 아무도 도와주지 않는 상황에서 거리로 나가 무법자와 대결하여 이긴다. 재균씨는 이 영화를 매우 좋아해서 다섯 번이나 보았는데, 보안관이 무법자와 대결하려고 거리를 걸어 나가는 장면을 좋아하였다. 이 장면에서 재균씨는 보안관과 자신을 동일시하고 위험에 맞서 나가는 대담한 감정을 느끼고 있었는데, 이 감정을 정신자원으로 활용하였다. 트랜스 하에서 이 장면을 여러 번 체험하면서 재균씨는 차츰 위험에 태연하게 대처할 수 있게 되었으며, 용기와 자신감을 가지게 되었다.

또한 최면자는 트랜스 하에서 재균씨가 예전에 모셨던 직장 상사를 만나게 하였는데, 이 상사가 여러 동료들이 보는 앞에서 재균씨를 칭찬하고 승진시키는 장면을 체험하게 하였다. 이 체험에서 재균씨는 신체적으로 확실한 반응을 보였으며, 자신이 자랑스럽고 안전하고 모든 것이 자유로운 기분을 느꼈다. 재균씨는 경주용자전거 타기를 좋아했는데, 이 운동이 강하고 에너지가 넘치면서도 스스로 조종할 수 있다는 것을 느끼고 있었다. 그는 지칠 때까지 자전거를 타기도 했었다. 군 복무를 하면서 재균씨는 부사관의 부당한 대우에 대든 기억이 있었다. 부사관이 재균씨의 동료 사병을 부당하게 벌을 주어서 재균씨가 여기에 항의를 했었고, 나중에 그 부사관이 사병들 앞에서 사과를 한 일이 있었다. 이 기억은 치료에 많은 도움이 되었다.

인생이 허무해서 아무런 의미를 찾을 수 없는 사람이나 "나는 아무런 쓸모가 없어."라고 말하는 사람에게는 일거리를(예를 들면 그림 그리기) 만들어 주는 것이 좋은 정신자원이 된다. 트랜스 하에서 미래에 성공하는 장면을 체험하게 하면서 용기와 동기를 부여할 수 있다. 내담자는 "나도 무언가 할 수가 있구나." 하는 자신감을 가지게 되고, 이 자신감을 대인관계와 같은 다른 문제에 활용할 수 있게 된다. 뿐만 아니라 부정적인 생각으로 고민하고 있는 시간이 줄어들고 생각지도 않았던 내담자의 새로운 재능을 발견할 수도 있다.

사례

- 알코올중독자였던 한 경찰관은 치료 도중에 활석으로 장식품을 만드는 일을 하게 되었다. 그는 활석 장식품 안에 시계를 넣었는데, 어떤 사람이 이것이 예쁘다고 사가지고 갔다. 이 일로 경찰관은 자신감이 생기고 알코올중독에서 벗어날 수 있었다. 치료가 끝나고 3년이 지난 지금까지도 그 경찰관은 활석 장식품을 만들어 팔고 있다.

- 사회공포증을 앓고 있던 한 여성 내담자는 치료 도중에 '아무도 들어주려고 하지 않는' 자기의 감정을 시로 써보라는 제안을 받았다. 그녀가 쓴 시는 나중에 어느 출판사가 시집으로 출판하였으며. 그녀의 사회공포증은 완치되었다.

- 심인성 통증에 시달리던 한 여성 내담자는 그림을 그리기 시작하면서 통증이 없어졌는데, 그녀는 그 후에도 계속 그림을 그렸으며 화랑에서 전시회를 열기도 하였다.

(4) 최면치료적인 개입의 구조

최면치료적인 개입은 직접암시 또는 간접암시로 할 수도 있고, 대리인기법이나 상징적인 작업과 같은 간접 의사소통을 통해서 할 수도 있다. 정신 자원을 내담자 스스로가 체험하게 하는 방법도 매우 의미 있는 일이다. 하지만 최면치료의 중심은 언제나 문제체험과 정신자원체험의 결합에 있다. 문제체험을 변화시키기 위해서 정신자원체험을 활용하는 것이다. 이런 개입과정에는 언제나 하나의 문제체험과 하나의 정신자원체험이 참여하게 된다.

개입과정은 다음과 같이 진행된다. 먼저 트랜스 하에서 문제를 탐색하고 적합한 정신자원을 찾아내거나 만들어낸다. 내담자가 이 정신자원 체험을 실감 나게 느끼게 되면, 문제체험에 접근하여 문제체험을 정신자원체험으로 교체한다. 이런 개입은 최면치료의 모든 면(신체감각, 감정, 생각, 행동)에서 이루어져야 한다.

사례

㉠ 신체감각적인 면

72세 된 조각가가 심한 손 떨림 증상에 시달리고 있었다. 트랜스 하에서 그에게 옛날의 평화롭고 조화된 경험을 떠올리게 하였다. 예전에 그가 대학에서 미술공부를 할 때에 그는 자주 조각품 전시관을 찾아가서 조각품의 조화로운 형상을 보면서 마음의 안정과 차분함을 느꼈던 것이다. 일반적인 이완 유도로는 그의 손 떨림을 크게 개선할 수 없었기 때문에 최면자는 그를 젊은 학생시절의 조각품 전시관으로 되돌아가게 해서 마음의 안정과 차분함을 느끼게 했다. 그의 손 떨림이 없어졌다. 트랜스에서 깨어난 후에도 손은 떨리지 않았고, 3개월이 지난 지금까지도 손은 떨리지 않았다.

ⓛ 주관적인 면

18세 된 신경성 피부질환자가 가족과의 대화에서 어려움을 겪고 있었다. 그는 비판을 받아들이지 못하고 자신의 불만을 적절하게 표현하지 못하였으며, 상황이 끝난 후에도 계속해서 그 일을 생각하고 있었다. 이로 인해서 온몸에 가려움증이 생겼다. 그는 혼자서 요트타기를 좋아했는데 그때에는 마음이 편안해지고 차분해진다고 하였다. 이것을 정신자원으로 활용하였다. 그는 트랜스 하에서 느긋하고 차분한 마음으로 가족들과 대화를 할 수 있었다. 나중에는 가족과의 대화 도중에 뛰쳐나가지 않고 참고 견딜 수 있었으며, 대화가 끝난 후에 상상 속에서 계속 대화를 진전시키는 일이 없이 편안하고 느긋한 마음을 가질 수 있었다. 상담은 2개월에 걸쳐서 모두 12회기 진행하였으며 한 번에 약 2시간 상담하였다. 치료가 끝난 후에 내담자는 자기최면을 하고 있으며, 5년이 지난 지금까지 증상 없이 지내고 있다.

ⓒ 행동태도적인 면

복합적인 공포증에 시달리고 있는 28세 된 내담자, 그는 특히 고소공포증이 심했다. 그런데 그는 혼자서 집 근처에 있는 높은 언덕에 올라갈 수 없었지만, 자기의 여자 친구와 함께 가면 올라갈 수 있었다. 여러 가지 정신자원들을(신체이완, 자신감, 보호 심리) 활용하였으나 성과가 없었다.

최면자는 트랜스 하에서 어른이 된 지금의 그가 어린아이인 어린 시절의 자기 자신을 만나게 하였다. 그는 어린 시절에 외롭고 의지할 데가 없었기 때문에 지금도 보호받고 싶은 갈망이 생긴다고 가끔 말하였다. 그는 어린 자기 자신을 도와주고 싶어 했고, 이제는 자기가 도와줄 수 있는 능력도 있다고 느꼈다. 그는 도와주어야만 한다는 책임감도 느꼈다.

최면자는 트랜스 하에서 그에게 어린 자기 자신을 데리고 언덕으로 올라가게 하였다. 그러면서 어린아이가 안전하게 느끼고 겁이 나지 않게 도와주라고 하였다. 그는 아이를 데리고 언덕에 올라갔다. 트랜스에서 깨어난 후에 그는 집에서 이 상황을 자기최면으로 계속 재현하였다. 나중에 그는 실제로 혼자서 그 언덕에 올라갈 수 있었다.

최면치료에서 치료방법을 중심으로 내리는 결정

① 비특정 치료

신체 이완은 (특정 증상에 한정되지 않고) 모든 증상에 도움을 준다. 두려움과 스트레스를 해소하고 스트레스 호르몬의 분비를 억제한다. 비특정 치료는 특정 치료에 부수적으로 사용되는 경우가 많다. 내담자에게 순간적으로 경직과 같은 퇴행 현상이 일어날 수 있다는 것을 미리 설명해 주어야 한다.

② 암시적 치료

해결방안과 진행과정을 명확하게 서술하는 것을 명시적인 방법이라고 한다. 이러한 명시적인 방법보다는, 간접적이고 암시적인 일화나 은유로서 변화를 돕고 무의식의 작업에 호소하는 것이 더 나은 경우가 많다. 트랜스 상태에서 통증 치료를 하는 도중에 통증이 가라앉았던 일상경험들을 이야기하게 한다. 이것은 지나가는 말로 별 의미 없이 하는 말, 다시 말하면 분장되어 제시되는 정보는 합리적인 분석이 없이 받아들이게 되며, 평상시에 습관화된 사고방식에 구애받지 않고 탐색작업과 문제해결 작업을 촉발시킨다는 전제에 근거한다.

다른 형태의 간접적인 방법들은 (정보를 대화 중 여러 곳에) 분산하는 방법과 여러 번 반복하여 선입견을 만드는 방법, 다중의미를 가지는 표현방법(비언어 표현 또는 유사언어 표현), 저의가 있는 질문과 권유 등이 있다. 지나가는 듯이 하는 표현의 효과는 부분적으로만 증명이 되었는데, 무통암시와 공포 극복에 대한 사례가 있다. 지나가는 듯이 하는 개입방법에는 그 성격상 명시적인 설명이 필요 없다.

가끔 내담자가 은유의 의미가 무엇인지 물어오는 경우가 있는데, 최면자는 대부분 상상력을 키우고 창의력을 촉진한다고 둘러댄다. 내담자의 숨겨진 지식에 의존하는 이데오모터 방법은 내담자에게 문제의 해결방법을 묻고, 내담자가 무의식적인 비언어 신호로 'Yes' 또는 'No'라고 대답을 하게 하는 것이다. 내담자에게는 테크닉 차원에서 현안과 진행방법을 자세하게 설명한다.

③ 증상중심 치료

증상중심 치료와 갈등중심 치료의 차이점은 통증 치료에서 확연히 구별된다. 급성 통증(예를 들면 치과에서)은 대부분 직접적이거나 간접적인 무통암시에 의해 완화시키지만, 만성통증은 과거에 있었던 심리적인 요인을 찾아내어 최면상태에서 재구성하는 방법이 효과적이다.

습관조종 장애에서 문제동작의 중단에 관한 경우(근육경련, 흡연, 식사 등)이 동작에 대해 내담자가 가지고 있는 주관적인 의미를 바꾸든지, 대체 동작을 떠올리게 하든지, 문제 동작의 혐오스러운 결과를 떠올리게 하여 공중부양에 초점을 맞춘 손에 결부시킨다. 예를 들면 흡연하던 손을 신체와 인식의지로부터 독립한 상태에 결부시킨다. 다시 말하면 흡연하던 손이 더 이상 흡연의 욕구와 소망에 응하지 않는 것이다. 이와 같은 치료에는 언제나 내담자의 명확한 의뢰가 있어야 한다.

④ 갈등중심 치료

갈등중심 최면치료 방법은 현재 나타나고 있는 증상의 원인이 되는 내담자의 과거 경험을 찾아내어서 결함이 있거나 마음에 상처를 주고 있는 경험을 개조한다. 여기에는 문제해결에 중점을 두는 방법과 관계에 중점을 두는 방법이 있다.

문제해결에 중점을 두는 방법은 허구 또는 실제로 있었던 경험자원을 이용하여 과거 경험을 보완하는 방법이다. 어릴 적에 할아버지로부터 학대받은 여자에게 환상 속에서 협력자의 도움을 받아 복수를 하게 하거나, 엄마의 정이 부족했던 경우 엄마가 잘 해주던 과거의 경험을 떠올려서 환상 속에서 새로운 엄마의 이미지를 가지게 하는 방법 등이다.

관계에 중점을 두는 방법은 최면으로 생긴 최면자와 내담자 사이의 유대관계와 이로 인한 영향력을 이용하여 내담자가 스스로 감성적인 경험을 수정할 수 있도록 유도하는 방법이다. 트랜스 상태에서 내담자에게 자부심과 지원을 암시하여, 내담자가 연령퇴행 중에 자신의 어린애 같은 관계 설정 구도에 보태어 넣게 한다.

갈등 중심 치료에서는, 특히 정신상처 경험을 탐색하는 경우에 내담자에게 세심한 설명을 해주어야 한다. 이런 경우 대피할 수 있는 안전장치가 중요하다(미리 설정한 상황으로 돌아가는 것, 스스로 트랜스 상태를 중단시키는 것).

⑤ 최면치료의 특정방법

다섯 가지 방법이 있으며 서로 결합해서 사용할 수 있다.

a. 분리Dissociation : 특정한 경험의 관점을 분리시킬 수 있다. 통증, 소리, 그림 등

b. **결합**Association : 문제의 사건을 허구 또는 실제의 경험자원을 이용하여 수정할 수 있다. 과거에 극복한 적이 있는 경험을 현재 또는 과거의 문제에 활용한다.

c. **퇴행**Regression : 문제 발생상황으로 퇴행시켜서 문제를 해결할 수 있다. 상처받은 상황을 최면 중에 재현하고, 소홀했던 점을 강화하고 과민했던 점을 약화시켜서 체험을 수정할 수 있다.

d. **전진**Progression : 시험, 대립, 이별과 같이 장차 닥쳐올 문제나 반복되는 문제에는 세월을 전진시키는 방법이 유용하다. 경험자원을 결부시키거나, 과민한 지각을 분리시키는 데 사건의 진전 상황을 미리 떠올리거나, 미래에서부터 소급해서 볼 수도 있다.

e. **전이**Transformation : 이 방법은 증상이 어떤 기능을 가지고 있을 때만 의미가 있다. 통증이나 행동장애 같은 증상이 어떤 신호기능으로서 나타나는 것이다.

치료는 먼저 증상의 생태적 유용성에 대해 설명하고, 피해가 적고 가벼운 다른 증상으로 대체시킨다.

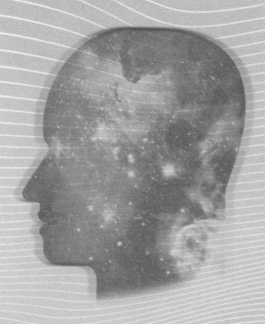

4
PART

최면치료를 위한
준비작업

내담자에 대한
준비작업

최면에 대한 지식이 없는 내담자들은 최면의 효과에 대해서 두려움을 가지고 있거나 지나친 기대를 가지고 있는 경우가 많이 있다. 이런 두려움이나 기대는 사전에 충분한 설명을 해서 바로잡아 주어야 한다.

㉠ 내담자와의 상담 예 :

많은 내담자들이 최면에 들어가면 최면자가 시키는 대로 행동하게 되지 않을까 두려워한다.

내담자 : 최면에 들어가면 최면 시술자가 시키는 대로 하게 되고, 그래서 말하지 말아야 하는 일들도 모두 말하게 되는 것이 아닌가요? 물론 선생님을 믿고 있기는 하지만 선생님이 최면에 들어가 있는 내 마음을 선생님 마음대로 조종할 수 있지 않나 싶어서 약간 두렵거든요.

최면자 : 솔직하게 말씀해 주셔서 고맙습니다. 최면은 마치 잠이 들기 바로 직전의 상태와 비슷합니다. 두려움이 있으면 최면에 들어가기가 아주 힘이 듭니다. 이것은 두려움이 있으면 잠이 잘 들지 않는 것과 같습니다. 같은 이치로, 최면에 들어가지 않으려고 하는 사람에게 최면을 유

도하기는 아주 어렵습니다. 또한 최면에 들어가서도 본인의 도덕관이나 가치관에 어긋나는 암시를 받게 되면 바로 깨어납니다. 최면은 한 곳에 주의가 집중되어 있는 상태로서, 주의가 집중되어 있지 않은 다른 곳에는 의식이 차단되어 있는 상태입니다. 우리는 일상생활 속에서도 최면 체험을 하고 있습니다. 무언가 골똘하게 생각하고 있으면 누가 불러도 듣지 못하는 일이 있는데 이것이 바로 최면상태인 것입니다. 이런 경험을 한 일이 있으시지요?

내담자 : 그런 경험을 한 적이 있습니다.

최면자 : 흔히 무대에서 최면을 시술해 보일 때에 피최면자가 아무런 의지도 없이 최면자가 시키는 대로 따라하는 것을 볼 수 있는데, 이것은 최면자가 시키는 일이 피최면자의 도덕관이나 가치관에 어긋나지 않고, 피최면자가 기꺼이 따라하려고 하기 때문입니다. 영화에서는 가끔 최면을 걸어서 범죄를 저지르게 하는 장면이 나오기도 하는데 이것은 사실이 아닙니다. 피최면자가 원하지 않는 일은 누구도 시킬 수가 없고, 억지로 시키려고 하면 피최면자는 바로 깨어나게 됩니다.

(많은 내담자들이 최면효과에 대해 지나친 기대를 하고 있다.)

내담자: 최면은 잠이 들기 바로 직전의 상태와 비슷하고 한 곳에 주의를 집중하고 있는 상태라고 하셨는데, 그러면 이것으로 어떻게 병을 고친다는 말입니까? 나는 매일 잠을 자고, 꿈도 꾸고, 가끔 무엇을 골똘하게 생각하기도 하는데 그래도 병이 낫지는 않던데요.

최면자: 병을 고치는 방법은 앞으로 차차 말씀드리겠습니다. 우선 최면이 당신에게 무엇을 해줄 수 있다고 생각하는지 그 이야기부터 해주시지요.

내담자: 사실 나는 최면에 대해서 잘 모릅니다. TV에서 보니까 최면에 들어간 사람은 외부세계와 단절되어 최면자가 명령하는 대로 따라하더군

요. 선생님이 나에게 최면을 걸어서 "병이 없어져라."라고 명령하면 병이 저절로 없어지는 것이 아닌가요? 깨고 난 후에도 나는 무슨 일이 있었는지 알지 못하지만, 점차 병이 낫는 것을 느끼는 것 아닙니까?

최면자: 말씀하신 것처럼 최면 중에 일어난 일을 전혀 기억하지 못하는 분도 있고, 최면에 들어가기만 해도 병이 낫는 분도 있습니다. 하지만 최면에 대한 반응은 사람마다 모두 달라서 마치 잠들기 직전의 상태처럼 어슴푸레하게 기억하는 분도 있고 더 똑똑하게 기억하는 분도 있습니다. 다만 최면에 들어갔었다는 사실이 병을 낫게 하는 것은 아니고, 최면 중에 경험하였던 체험들이 병을 낫게 하는 것입니다. 그래서 최면 중에 체험한 것을 나중에도 기억할 수 있는 것이 좋습니다.

내담자: 그렇지만 최면에 들어가서 무엇을 체험해야 한다는 말입니까? 최면에 들어가서 병이 저절로 낫지 않는다면 제가 왜 최면에 들어가야 하나요?

최면자: 최면에 들어가면 감정을 느끼기가 훨씬 수월해집니다. 불안, 두려움, 절망, 죄책감 같은 심리적인 문제들이 모두 감정과 연관되어 있습니다. 불안과 두려움이 있는 사람에게는 자신감과 안전감을 주어야 하고, 우울한 기분에 빠진 사람에게는 삶의 기쁨과 만족을 주어야 하며, 절망하는 사람에게는 확신과 용기를 주어야 합니다. 최면에 들어가면 이런 긍정적인 감정의 체험을 매우 쉽게 할 수가 있습니다. 하지만 최면상태는 감정의 체험을 쉽게 할 수 있는 여건을 조성해 줄 뿐이며, 당신이 어떤 체험을 하게 되는지에 대한 그 내용에 대해서는 내가 당신과 함께 만들어 갈 것입니다. 당신의 도움이 필요하고 또한 매우 중요합니다. 최면이 치료에 긍정적인 도움을 줄 수 있다는 것을 이제 아셨지요? 당신은 최면상태에서 문제가 되는 감정을 어떻게 처리해야 좋은지 배우게 되고,

이런 체험을 일상생활에서도 할 수 있게 됩니다.

내담자: 최면상태에서 내가 선생님이 시키는 대로 행동하게 되지 않고, 오히려 나의 도움이 필요하다고 하시니 약간 안심이 됩니다. 나는 최면이 강력한 위력을 가지고 내 마음 속에 깊이 개입하는 것으로 알고 있었습니다. 나의 도움이 필요하다고는 생각하지 못했어요.

최면자: 최면상태를 마취상태와 같이 생각하셨군요. 어떤 면에서는 그런 생각도 틀린 것은 아닙니다. 최면으로 통증을 느끼지 않게 하거나 견딜 수 있을 만큼 경감할 수가 있습니다. 마취를 하지 않고 최면만으로 큰 수술을 한 기록들이 있습니다. 다만 최면상태에서는 내담자에게 의식이 있고, 최면 시술자와 계속해서 대화를 하면서 접촉하고 있다는 것이 마취와 다른 점이지요.

(많은 내담자들이 최면에서 깨어나지 못할지도 모른다는 두려움을 가지고 있다.)

내담자: 최면상태에서도 의식이 있고 선생님과 대화도 할 수 있다니 안심이 됩니다. 그런데 이런 일이 생기면 어떻게 되나요? 제가 최면에 들어가 있는 동안에 선생님에게 갑자기 무슨 일이 생겨서 밖으로 나가신 후에 여기에 다시 돌아오지 못하게 되면 저는 어떻게 되나요? 제가 최면에서 다시 깨어날 수 있나요?

최면자: 제가 치료했던 모든 내담자들과 저의 동료들이 치료했던 모든 내담자들 중에서 최면에서 깨어나지 못한 내담자는 한 사람도 없습니다. 누구나 최면 시술자의 도움이 없이 혼자서 최면에서 깨어날 수 있습니다. 이것은 낮에 몽상에 잠겨 있다가 이내에 피실험자가 눈을 뜨고 스스로 깨어나는 것과 같습니다. 여기에 대한 실험을 한 일도 있습니다. 최면상태에 들어간 피실험자를 두고 최면 시술자가 밖으로 나와서 관찰하였더니 몇 분에서 15분 이내에 피실험자가 눈을 뜨고 최면 시술자가 어디

로 갔는지 두리번거리며 찾고 있었습니다. 잠에서 깨어나거나 마취에서 깨어나듯이 시간이 지나면 최면상태에서도 저절로 깨어나게 됩니다. 그리고 아무리 급한 일이 생긴다고 해도 내가 상담 중에 당신을 두고 그냥 나가는 일은 없을 것입니다. 당신이 깨어날 때까지 충분한 시간을 드릴 것입니다.

(많은 내담자들이 최면자와의 의존관계에서 벗어나지 못하게 되지나 않을까 하는 두려움을 가지고 있다.)

내담자: 선생님의 도움이 없이 나 혼자서 최면에서 깨어날 수가 있군요. 그런데 최면 치료로 심리적인 장애가 없어지면 그것으로 치료가 끝이 나는 건가요, 아니면 그 후에도 계속해서 선생님을 찾아와서 치료를 받아야만 장애가 없어지는 건가요?

최면자: 치료의 목표는 당신이 다른 사람의 도움 없이 자력으로 문제의 상황을 잘 처리하고 심리적인 장애에서 벗어날 수 있게 하는 것입니다. 그래서 당신이 자기최면을 배우는 것이 매우 중요합니다. 나의 도움이 없이 혼자서 장애를 극복하기까지는 상당한 시간이 걸릴 것입니다. 하지만 최종 목표는 누구의 도움도 없이, 당신 혼자서 장애를 극복할 수 있게 하는 것입니다.

내담자: 선생님은 나의 도움이 필요하다고 말씀하십니다. 그런데 TV에서 보면 최면 시술자는 마치 명령하는 듯이 말하고 피최면자는 명령대로 따라 움직이거든요. 그리고 못이 박힌 판 위를 걸어가는 등 사람이 할 수 없는 일도 하지 않습니까? 그렇게 강하게 해야 최면이 아닌가요?

(경우에 따라서는 무대 최면이나 TV 최면에 대해서도 설명해야 한다.)

최면자: 무대에서나 TV에서 하는 최면을 보면, 매우 신기하고 강력한 힘이 있는 것 같아 보이는 것이 사실입니다. 그러나 상당 부분은 마술과 같

은 속임수가 섞여 있습니다. 깊은 최면상태에 들어가면 일상생활에서는 볼 수 없는 신체적인 변화가 생기기도 하는데, 무대최면이나 TV최면에서는 이것을 과장해서 보여주는 것입니다. 최면치료에서는 대부분의 경우 그렇게 깊은 최면에까지 들어가지 않아도 됩니다.

최면치료 장소의 분위기 조성

최면치료 장소의 분위기도 트랜스의 진행에 상당한 영향을 미친다. 우선 내담자가 편안하게 앉거나 누울 수 있는 안락의자나 침상이 필요하다. 내담자는 아무런 근육의 긴장도 없이 편안하고 이완된 자세로 있어야 한다. 앉은 자세에서는 머리를 받칠 수 있는 받침이 있어야 한다. 머리받침이 없으면 머리와 어깨 부분의 근육이 이완되지 못하여 오래 있으면 통증이 생길 수 있다. 실내조명은 자연채광이나 일반적인 사무실과 같게 하고 특별한 조명은 피해야 한다.

소음은 가능한 한 없어야 한다. 하지만 현실적으로 소음이 전혀 없게 할 수는 없으며, 어느 정도까지는 소음에 의한 방해는 암시를 통해서 해소할 수 있다(예 : "소음은 아무 상관이 없다." "시끄러운 소리는 더 깊은 트랜스로 들어가게 한다."). 하지만 암시를 통해서 소음의 방해를 해소하는 데에는 한계가 있고, 어떤 때에는 오히려 소음에 대한 주의를 환기시키는 경우도 있다(예 : "아무 소리도 들리지 않았었는데 선생님이 말씀하시니까 시끄러운 소리가 들렸어요.").

트랜스를 방해하는 또 하나의 요인으로는 최면자의 입에서 나는 냄새가 있다. 최면자는 내담자와 매우 가까운 거리에서 말하기 때문에 최면자의 입에서 나는 역한 냄새는 바로 내담자에게 전달된다. 대개의 경우, 내담자는 이런 사실을 대놓고 말하지 못하기 때문에 최면자는 자기의 입 냄새가 내담자의 트랜스를 방해하고 있다는 것을 알지 못한다. 최면자는 내담자를 만나기 전에 입에서 냄새가 나지 않도록 세심한 주의를 기울여야 한다.

가끔 양 손가락을 서로 깍지를 끼고 있는 내담자를 볼 수 있다. 이 경우 시간이 지나면서 손가락이 저리게 되고, 이것이 트랜스를 깨우는 계기가 된다. 트랜스에 들어가기 전에 깍지를 풀게 한다. 한쪽 다리를 다른 다리 위에 포개고 앉는 책상다리 앉음새도 마찬가지로 풀어야 한다.

최면자는 언제나 담요를 준비하고 있어야 한다. 트랜스 도중에 내담자의 체온이 내려가는 일이 흔히 있다. 긴 의자에 누워있는 내담자는 자신이 아무런 가리개도 없이 노출되어 있는 느낌을 받게 되는데, 이럴 때에 담요를 덮어주면 안정감을 느낀다. 어떤 내담자는 자신의 심리상태에 따라서 담요를 덮고 있는 자세가 달라지기도 한다. 어떤 내담자는 아버지에 대해서 이야기하면서 담요를 턱 밑까지 끌어 올렸다가 부담이 적은 상황을(직장생활) 이야기할 때에는 담요를 다시 아래로 내렸다. 부부생활에 문제가 있는 여성 내담자은 성생활에 대한 이야기를 할 때에 "아이 추워." 하면서 담요를 끌어당겼었는데, 나중에 치료에 진전이 있은 다음에는 "이제 담요는 필요 없어."라며 밀쳐 내었다.

내담자의 허리띠가 너무 꽉 조여 있으면, 이것을 느슨하게 풀도록 해야 한다. 이때에도 허리띠가 매여 있는 곳에 담요를 덮어주면 도움이 된다. 트랜스에 들어가기 시작하면 위와 장의 근육이 이완되면서 꾸르륵하는 소리가 나기도 한다. 많은 내담자들이 이런 소리가 나지 않게 하려고 애를 쓰는데 이것이 트랜스를 방해한다. 최면자는 여기에 대해서 말해 주어야 한다.

"배에서 나는 '꾸르륵' 하는 소리는 이완이 잘 되고 있다는 증거입니다. 위와 장의 근육이 이완되면서 이런 소리가 나는 것은 아주 자연스러운 현상입니다."

최면자는 내담자와 너무 떨어져 있어서는 안 된다. 트랜스를 유도하게 되면 대개는 목소리가 점점 낮아지게 되는데, 거리가 너무 떨어져 있으면 내담자가 알아듣기 어렵게 되고, 알아들으려고 애쓰다 보면 짜증이 나는 일도 있게 된다. 나이가 많은 내담자에게는 미리 귀가 잘 들리는지 물어보고, 잘 들리는 귀 쪽에 앉아야 한다. 또한 치료 도중에 내담자를 손으로 만져야 하는 일도 있을 수 있는데, 일부러 일어나서 걸어가지 않아도 내담자를 만질 수 있는 가까운 거리에 앉아야 한다. 내담자를 만질 때에는 놀라지 않게 미리 말해 주어야 한다.

"이제 제가 당신의 어깨를 어루만지면 조용히 당신의 호흡에 주의를 기울이십시오. 마치 오랜 친구에게 손을 내밀듯이 당신의 호흡과 그 리듬을 느껴 보십시오."

내담자가 눈을 감은 후에는 내담자가 눈을 뜨고 있을 때의 거리보다 더 가까이 다가가지 않아야 한다(허리를 굽힌다거나 하면서). 사람마다 다른 사람의 접근을 허용하는 거리가 서로 다르기 때문에 눈을 뜨고 있을 동안에 잘 관찰하면서 그 거리를 가늠해 두고 지켜야 한다(내담자가 고개를 돌린다거나 몸을 뒤로 넘긴다거나 다리를 꼰다거나 의자를 뒤로 미는 행동을 하면 가까이 오지 말라는 뜻임). 어떤 내담자는 치료 초기에 최면자와 너무 멀리 떨어져 있으려고 하는 일도 있을 수 있는데, 이 거리는 반드시 지켜주어야 한다. 치료가 진전되고 라포가 형성되면 더 가까이 다가갈 수 있게 된다.

내담자가 앉아 있을 때에는 내담자와 정면으로 마주 앉지 않고 약간 비스듬히 앉는 것이 좋다. 비스듬히 앉는 것이 내담자를 편안하게 해줄 뿐만 아니라, 내담자와 신체 접촉을 하기에도 적합하다. 내담자가 누워있으면 내담자의 옆에서 서로 눈을 맞출 수 있는 적당한 거리에 앉는 것이 좋다.

최면자의
태도

　최면자마다 모두 자신의 치료방식과 태도가 있기 마련이어서 전형적으로 정해진 최면자의 태도란 있을 수 없다. 그럼에도 불구하고 내담자가 트랜스를 쉽게 체험할 수 있게 하는 최면자의 태도에 관하여 몇 가지 말하고자 한다.

　최면자는 자신이 말하는 트랜스의 내용(이완이나 자신감 등)을 마음속에서 느끼고 있어야 한다(하지만 너무 강하게 느껴서 빠져들어서는 안 된다). 최면자가 트랜스의 내용을 마음속에서 느끼고 있으면, 그것이 자연스럽게 어조나 언어구사에 그대로 전달된다. 예를 들어 최면자가 이완을 위한 한 장면을 말하고 있을 때 마음속에서 스스로 그 장면을 이미지화할 수 있다면, 이미지화하고 있는 장면을 그대로 서술하기만 하면 될 것이다. 이렇게 하면 내담자가 미처 따라오기도 전에 다음 장면으로 넘어가는 성급함을 피할 수가 있다. 여기에는 물론 최면자가 너무 깊이 자신의 느낌에 빠져들어서 내담자의 느낌을 소홀히 하는 위험이 따를 수 있다. 이런 위험은 사전 면담을 통해서 내담자의 이완반응과 내담자가 선호하는 이완 장면에 대해서 알아보고, 여기에 알맞은 유도문을 작성하면 방지할 수 있다.

　트랜스가 진행되고 있는 동안에 최면자는 계속해서 내담자를 관찰하고 있어야 한다. 얼굴 표정과 얼굴색의 변화와 호흡을 관찰하고 목에 있는 혈관을 관찰하여, 내담자에게 급격한 신체적인 변화가 생기면 바로 조치할 수 있어야 한다. 최면자는 내담자가 숨 쉬는 리듬을 살펴서 그 리듬에 맞추어 말을 해야 한다. 내담자가 숨을 들이 쉰 직후나 내쉰 직후에는 잠깐 말을 멈추고 쉰다. 이때 각 구간마다 구분해서 하는 말은 의미 있는 한 소절이 되도록 한다.

올바른 구분법

"당신이 내 말을 듣고 있으면, 빠르거나 늦거나 간에, 차분한 기분이 드는 것을 쉽게 느낄 수 있을 것입니다."

"크리스마스 저녁 무렵에, 밖에는 춥고 바람이 부는데, 어머니와 함께 부엌에 있으면, 포근한 느낌이 들 것입니다."

잘못된 구분법

"당신이 내 말을, 듣고 있으면 빠르거나, 늦거나 간에 차분한 기분이, 드는 것을 쉽게, 느낄 수 있을 것입니다."

"크리스마스 저녁, 무렵에 밖에는 춥고, 바람이 부는데 엄마와 함께, 부엌에 있으면 포근한, 느낌이 들 것입니다."

우리는 한 실험에서 학생들이 크리스마스 저녁을 얼마나 잘 이미지화할 수 있었는지 물어보았다. 올바르게 구분하여 말하였을 때는 약 80%의 학생들이 이미지화할 수 있었으나, 암시를 잘못되게 구분하여 말했을 때는 약 60%의 학생들만이 이미지화할 수 있었다. 물론 모든 말을 내담자의 숨 쉬는 리듬에 맞추어서 말할 수는 없다. 하지만 내담자의 숨 쉬는 리듬에 맞추어서 말을 하면, 너무 빨리 말하는 실수를 하지 않게 되고 내담자도 최면자의 말에 빨려 들어가는 것 같은 느낌을 받게 된다. 내담자는 최면자가 자기의 기분을 알아주고 존중해 준다는 느낌을 받는다.

트랜스를 유도하고 있을 때 내담자가 아직 눈을 뜨고 있으면(특히 집중응시방법에서) 최면자는 가능한 대로 움직이지 않아야 하고, 꼭 필요하지 않은 손놀림도 하지 않도록 조심해야 한다. 특히 초보자는 불필요한 손놀림을 하여 내담자의 주의를 산만하게 하는 일이 많이 있다.

대부분의 경우 트랜스를 유도하여 내담자의 긴장을 풀어준다. 하지만 최면치료의 목적이 내담자의 자신감을 길러주고 강한 자아를 심어주기 위한 것일 때에는 느슨한 분위기가 반드시 좋은 것만은 아니다. 내담자의 확신과 결단력이 필요한 부분에서는 그에 알맞은 단호한 어조와 암시문을 사용해야 한다. 초보자는 자기가 말하는 트랜스 유도문을 녹음해서 들어보고 말하는 속도와 어조를 고쳐나가면서 전반적인 분위기를 조성하는 방법을 배워야 한다.

최면 치료를 하면 최면자의 몸에서 원기가 빠져나가는 것일까? 한마디로 말하면 그런 일은 없다. Mesmer의 자기치료사들은 환자를 치료할 때마다 자신의 몸에서 (우주에서 받은) 생물자기가 빠져나가서 환자에게로 들어가서 환자의 병을 낫게 한다고 믿었다. 유명한 자기치료사인 의학박사 Eberhard Gmelin은 다음과 같이 말한 일이 있다.

"자기치료를 하고 나면 나는 나의 몸에서 생물자기가 빠져나가서 몸이 현저하게 약해지는 것을 느낀다. 내가 자기치료를 시작한 이후에 나는 걸어갈 때에 무릎이 떨리고, 얼굴색이 노랗게 변했으며, 입맛이 없어지고, 소화가 잘 되지 않으며, 성욕도 줄어들었다."

하지만 이것은 자기암시에 의한 효과에 불과하다는 것이 밝혀졌다.

4

Abnormal
Mentality
and
Hypnosis

의학적인 조치를 앞둔
내담자에 대한 사전준비

일반 의사들은 대부분이 치료에 최면을 활용하지 않고 있는데, 최면을 배우기 위해서는 많은 시간과 노력이 필요하고 그 노력에 비하면 최면이 환자에게 그다지 큰 도움이 되지 않는다고 생각하기 때문이다. 그래서 아무 노력 없이 활용할 수 있고 환자와 의사에게 많은 도움을 줄 수 있는 방법을 소개하고자 한다.

수술과 같은 의학적인 조치를 앞둔 환자가 받는 스트레스는 흔히 과소평가되고 있다. 많은 환자들이 두려움에 휩싸여 혼란스러워 하고 기가 죽어서 속절없이 내맡겨진 느낌이 든다. 환자들은 자신이 질병의 희생자이며 복잡한 의학적인 조치를 속수무책으로 받아들여야 하는 처지라고 생각한다.

마취전문의사가 환자를 만날 수 있는 시간은 사전 면담을 하지 않는다면 수술하기 전 단 몇 분뿐이다. 이 몇 분 동안에 최면으로 환자를 편안하게 할 수가 있다. 이런 일이 마취에서 가능한 것을 보면, 다른 의학 분야에서도 충분히 좋은 성과를 낼 수 있을 것이다.

- 의학적인 조치를 앞에 둔 내담자의 특성을 열거하면 다음과 같다.

① 스트레스를 받고 있는 내담자는 암시를 잘 받아들이고 그 효과도 크다.

② 스트레스를 받고 있는 내담자에게 각성 시에 하는 말도 트랜스 하에서 말하는 암시로 받아들이고 그 효과도 동일하다. 수술 직전의 환자는 최면상태에 있는 것과 같다.

③ 비언어적인 의사소통(몸짓이나 한숨, 눈짓이나 잠깐 쉬는 행동 등)은 암시와 같은 효과를 나타낸다.

④ 피암시성이 높아진 상태는 부담스러운 조치를 알아채는 순간부터 완치될 때까지 지속된다. 부정적인 내용이 담긴 말은 부정적인 반응을 불러와서 나쁜 결과를 초래할 수 있다. 반대로 긍정적인 말은 도움이 된다.

⑤ 트랜스 상태의 특성인 '권위에 추종하는' 효과가 생긴다. 권위를 가진 사람의(의사나 간호사) 말을 잘 듣고 효과도 높다. 누가 권위를 가졌는지는 내담자가 판단한다.

⑥ 주의의 초점화, 건망증과 같은 일반적으로 최면상태에서 일어나는 것과 같은 현상이 일어난다.

⑦ 환자는 수술의 전 과정 동안에 (의도한 암시이든지 아니든지 간에) 암시를 받고 있다.

1) 개입방법

- **일상적으로 사용하는 말이 미치는 부정적인 영향** : 병원에서 수술 전후에 의료진이 아무 생각 없이 하는 일상적인 말이 환자에게 부정적인 영향을 미칠 수 있다.

① 이제부터 깊은 잠을 주무시게 됩니다(듣기에 따라서는 죽음을 의미한다. 특히 할아버지나 할머니의 죽음을 경험한 아동에게).

② 이제부터 깊은 잠에 **빠지게** 됩니다(물에 빠지는 것을 연상하는 환자가 많다.).

③ 수술이 끝난 후에 "이제 모두 끝났습니다." "오랫동안 잘 참아내셨습니다." "이제 편안히 쉬십시오."(듣기에 따라서는 죽는다는 생각이 든다.)

④ 수술 후에 "통증이 생기면 저를 부르십시오." "아프기 시작하면 저를 찾으세요." (조만간에 반드시 아플 것이라는 말로 들린다.)

⑤ 회복실에서 간호사가 그릇을 옆에 놓으면서 "토하고 싶으시면 이 그릇을 사용하십시오." "토하고 싶으시면 저를 부르세요."(조만간에 토하게 될 것이라는 말로 들린다.)

이런 말들은 다음과 같은 긍정적인 표현으로 바꾸어 말할 수 있다.

①과 ②: "이제 마취전문 의사가 마취를 시작할 것입니다. 마취를 하면 기분이 좋아집니다. 마취에서 깨어나실 때까지 마취전문 의사가 옆에서 당신을 돌보고 있습니다."

③: "잘 주무셨습니까? 수술은 아주 잘 되었습니다. 얼마 안 있어 다시 건강을 회복하실 수 있습니다."

④와 ⑤ "저의 도움이 필요하면 바로 저를 불러 주십시오."

"긴장을 확 풀어버리십시오."와 같은 말도 긴장을 어떻게 풀어야 하는지 모르는 내담자에게는 "나는 아무것도 할 수가 없구나."라는 부정적인 생각을 가지게 한다. 그런 말을 하기 전에 긴장을 어떻게 풀어야 하는지 내담자에게 설명해 준다. "불안해하지 마세요."라는 말은 트랜스 하에 있는 내담자에게는 '불안'이라는 단어만이 크게 부각되어 들린다. 모두가 내담자를 안전하게 돌보고 있다는 것을 말해 준다.

좋은 암시

수술 전에 환자와 대화를 나누면서 암시를 할 수 있다. 트랜스를 유도하지 않고도 암시를 할 수 있을 뿐만 아니라, 수술을 앞둔 환자는 이미 트랜스 상태 있는 것과 같아서 별다른 트랜스의 유도가 없이도 암시를 잘 받아들인다. 권위적인 직접암시는 피해야 한다. 직접암시보다는 간접암시를 사용하여 환자가 암시로 느끼지 않게 한다.

"수술이 생각보다 쉽게 끝나고 건강해지시면 좋겠어요."

환자에게는 어떤 약속을 해서는 안 된다. 환자의 기대에는 지금까지의 경험을 긍정적으로 말해 주는 것으로 부응한다. 최면에 대해 배우지 않았어도 어느 정도의 암시는 대화 속에 분산 삽입할 수 있으며 그 효과는 트랜스 하에서 하는 암시와 동일하다.

수술 전에 할 수 있는 도움이 되는 암시

수술 전에 대화에 분산 삽입할 수 있는 암시를 몇 가지 예를 들어보면 다음과 같다.

"환자들이 나에게 말하기를 이렇게 마음이 홀가분할 수가 있느냐고 합니다."

"붕대 아래에 압박감을 느끼시게 되면…"(통증 대신에 압박감이라고 말한다.)

"회복실에서 눈을 뜨게 되면 수술이 성공적이었고, 이제부터 건강이 좋아지기 시작하는 것을 느끼게 됩니다."(미래진행 암시)

"가만히 생각해 보면 정작 수술보다는 의사를 찾아가고 검사를 받고 수술 결정을 내리는 일들이 더 힘들었지요?"(힘든 일은 모두 지나갔고 수술은 힘든 일이 아니라는 암시)

환자들 중에는 수술실에서 의사들이 나누는 대화와 의료장비가 내는 소리를 듣고 불안해하기도 한다. 청각은 다른 감각보다 예민해서 마취 중에도 이런 소리를 들을 수가 있다. 의사와 장비는 환자의 안전을 지켜주고 장비에서 나는 소리는 장비가 잘 작동하고 있는 증거라는 것을 암시해 준다.

"수술실 안에 여러 가지 소리가 많이 나지요?
말도 많이 하고, 장비에서 나는 소리도 있습니다.
이것이 모두 당신을 안전하게 돌봐 드리기 위해서 있는 것입니다.
여기 이 장비들에서 나는 소리는 장비가 잘 작동하고 있다는 증거입니다.
장비들은 모두 당신을 도와서 안전하고 편안하게 해줍니다."

"당신은 안전합니다."라는 말이 가장 중요하다.

사례

중년여성인 김영선씨는 악성종양 때문에 갑상선 제거수술을 받게 되었다. 그녀는 심한 두려움으로 며칠간 잠을 자지 못하였고 약을 먹었는데도 혈압이 매우 높았다(225/125). 사전면담을 한 후에 그녀는 "이렇게 마음이 편안한 적이 없었다."라고 하였으며 혈압도 내려갔다(150/87). 수술 전날 밤에 그녀는 수면제 없이 잠을 잘 수 있었고 수술 당일 아침에 그녀의 혈압은 정상이었다(134/84). 수술은 성공적이었다. 마취에서 깨어나자 그녀는 나를 보고 미소를 지었다(마취에서 깨어난 환자가 미소를 짓는 일은 아주 드물다). 그녀는 조용히 나의 지시에 따랐으며 회복실과 일반병실에서도 별다른 어려움이 없이 잘 지냈다.

수술을 앞에 둔 환자는 최면상태와 같은 심리상태가 된다. 그래서 아무 생각 없이 지나가는 듯이 한 말도 환자는 암시로 받아들인다. 외과의사가 수술 몇 주 전에 한 말 때문에 수술 후에 고통을 받은 환자가 있었으며, 환자가 트랜스 하에서 이 사실을 알고 난 후에 고통이 없어졌다. 수술을 앞에 둔 환자에게는 최면을 유도하지 않고도 같은 효과가 있는 암시를 할 수 있다. 암시는 환자가 알아들을 수 있는 쉬운 말로 해야 하지만, 수술에 관한 상세한 내용을 포함해도 좋다. 의외로 환자들은 이런 상세한 내용에 놀라거나 두려워하지 않는다. 오히려 자신이 수술 팀에 합류한 것처럼 느끼고 협조한다. 환자는 자신을 속절없이 내맡겨야 한다는 생각이 없어지면서 품위를 지킬 수 있게 된다.

긍정적인 암시가 주는 효과를 열거하면 다음과 같다.

① 두려움이 적어진다.
② 수술 전에 잠을 잘 잘 수 있다.
③ 수술 전 진정제의 투여량이 줄어들거나 필요 없어진다.
④ 스트레스가 감소된다.
⑤ 수술 후에 통증이 감소한다.
⑥ 기분 좋게 깨어난다.

⑦ 구역질을 하거나 토하는 일이 줄어든다.

⑧ 회복이 빠르고 퇴원을 빨리하며 직장에도 빨리 복귀한다.

⑨ 후유증이 생겨도 협조를 잘한다. 환자는 합리적이고 능동적으로 행동한다.

⑩ 수술 도중에 환자가 깨어나는 일이 가끔 있는데, 사전에 이에 대비하는 암시를 할 수 있다.

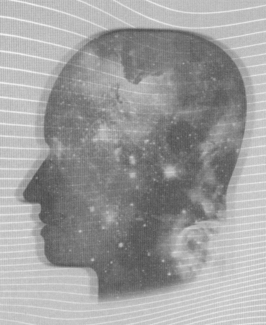

5
PART

내담자의
개인차이와 반응

개인차이

최면에 대한 이해와 기대는 내담자마다 다르다. "최면이 어떤 작용을 하며 당신에게 무엇을 해줄 수 있다고 생각하십니까?"라는 질문으로 최면에 대한 내담자의 생각을 들어본다.

상당수의 내담자들은 최면이 긴장을 풀어주고, 무의식과 접속하며 도움이 되는 암시를 줄 수 있다고 생각한다. 이런 내담자들은 대부분 최면치료에 대해서도 호감을 가지고 있다. 이런 내담자들을 우리는 '합리적이면서 협동적인 타입의 내담자'라고 분류한다.

최면에 대해서 의심하면서 약간 유보적인 태도를 취하는 내담자들이 있다. 이런 내담자들을 우리는 '합리적이지만 회의적인 타입의 내담자'라고 분류한다.

최면이 초현실적인 능력을 가지고 있다고 믿는 내담자들도 있다. 이런 내담자들을 우리는 '주술적, 신화적인 타입의 내담자'라고 분류한다.

내담자들 중에는 최면치료자를 마치 선량한 주인처럼 모시고, 최면자의 말에 기꺼이 복종하며, 최면자와의 관계에서 평안을 찾는 내담자들이 있다. 이런 내담자들을 우리는 '권위신봉적인 타입의 내담자'라고 분류한다.

물론 어떤 내담자가 꼭 특정한 타입에만 속해 있는 것은 아니며, 정도의 차이는 있으나 모든 성향이 조금씩은 섞여 있다. 하지만 가장 뚜렷한 성향을 알아내어 거기에 알맞은 트랜스 유도를 한다면 많은 도움이 될 것이다. '합리적이면서 협동적인 타입의 내담자'들은 그 수가 가장 많으며, 트랜스 유도에도 별다른 문제가 없다. '권위신봉적인 타입의 내담자'는 요즘에는 아주 드물며, 최면자가 내담자의 절대적인 신임을 오용하지 않는다면 큰 문제가 없다.

1) 합리적이지만 회의적인 타입의 내담자

이 타입의 내담자는 이미 여러 가지 다른 치료방법으로 심리장애 또는 심신장애에서 벗어나고자 시도하였으나 실패하고, 마지막으로 최면치료를 해보려고 오는 경우가 많다. 자발적으로 오는 내담자보다는 다른 사람에게 이끌려서 오는 경우가 대부분이며, 최면치료에 대해서 회의적이거나 아예 거부하는 태도를 보이기도 한다. 이런 태도는 사전면담에서 알 수 있다.

최면자 : 나는 최면치료를 시작하기 전에 언제나 내담자가 최면에 대해서 어떻게 생각하고 있으며, 최면으로 무엇을 체험할 수 있다고 생각하는지 물어봅니다. 당신은 어떻게 생각하십니까?

내담자 : TV에서 최면 하는 것을 한번 본 일이 있습니다. 솔직히 말하면 사람을 바보취급 하더군요. 사실 여기도 오고 싶지 않았습니다. 권유를 받아서 오기는 했지만, 선생님이 나의 무의식에 무슨 작용을 한다거나 내가 원하지 않는 일을 시킬 수 있다고는 믿지 않습니다.

최면자 : 바로 보셨습니다. 당신이 원하지 않으면 나는 아무것도 할 수가 없

습니다. 그리고 당신이 TV에서 본 최면 쇼는 한마디로 웃기는 일이지요. 최면치료에서는 최면 쇼에서 하는 그런 일은 하지 않습니다.

내담자 : 그렇다면 여기서는 무슨 일을 하나요?

최면자 : 최면치료가 당신에게 도움이 될지 안 될지는 당신에게 달려있습니다. 내가 최면의 힘으로 당신을 낫게 하는 것이 아닙니다. 최면치료에서는 마음속 이미지로 작업을 합니다. 당신은 긴장이 확 풀린 장면을 마음속에 이미지화 할 수 있으면(예를 들어 숲속을 기분 좋게 산책하고 있는 이미지를 만들 수 있으면), 당신의 신체는 마치 당신이 실제로 숲속을 산책하고 있는 것과 같은 반응을 보이게 됩니다. 당신의 신체는 긴장을 풀어버리고 스트레스 호르몬을 적게 분비하며 모든 장기가 기력을 회복하게 됩니다.

내담자 : 하지만 그런 일이 왜 생기지요? 이해가 안 돼요.

최면자 : 뇌의 뒤쪽에 있는 시각피질에서는 상상하는 이미지도 실제로 보는 것과 꼭 같은 반응을 하게 됩니다. 상상으로 이미지화하기만 해도 실제로 보는 것과 꼭 같이 반응해서 신체의 긴장이 풀어지는 것이지요. 최면에 들어가면 이미지화하기가 더욱 쉬워지고, 이미지로 긴장이 풀어지면 신체가 반응해서 면역력이 증가하게 됩니다. 특히 피부질환이 잘 낫는데, 알레르기성 피부질환에 최면치료가 특별한 효험이 있다는 것이 임상적으로도 증명되어 있습니다.

내담자 : 긴장이 풀리는데 어떻게 면역력이 증가하나요?

최면자 : 자세히 알고 싶으시군요. 신체에 영향을 미치는 두 가지 정신생리조절 시스템이 있습니다. 그중 하나는 교감-부신연수 시스템으로 혈액 중에 카테콜아민 호르몬을 조절하는 역할을 하는데, 최면으로 이 시스템에 영향을 줄 수 있습니다. 다른 하나는 뇌하수부신피질 시스템으

로 콜티솔 호르몬을 조절합니다. 호르몬으로 많은 신체기능을 조절할 수 있으며 면역기능도 그 중에 하나입니다.

내담자 : 의학적으로 자세히 설명해 주시는군요. 그렇게까지 알고 싶었던 것은 아닙니다. 하지만 어쩐지 수긍이 되는군요. 최면치료를 한번 시도해 보고 싶어지는데 어떻게 하면 되나요. 내가 최면치료에 적합한지는 어떻게 알 수 있나요?

최면자 : 마음속에서 상상을 하면서 이미지화할 수 있는 능력이 있으면 됩니다. 상상력이 풍부한 예술가처럼 마음속에서 쉽게 이미지화 할 수 있는 사람이 최면에 적합한 사람입니다. 당신이 마음속에서 상상하는 이미지와 그 이미지가 당신의 신체에 미치는 영향이 중요한 것입니다. 자, 이제 당신이 얼마나 풍부한 상상력으로 이미지화할 수 있는지 그리고 그 이미지를 통하여 당신의 신체를 얼마나 잘 조절할 수 있는지 한번 볼까요?

내담자 : 좋습니다. 한번 해보겠습니다.

최면자 : 당신이 얼마나 잘하는지 한번 봅시다. 나의 역할은 별로 중요하지가 않습니다. 당신의 의지와 능력이 중요한 것입니다.

합리적이지만 회의적인 타입의 내담자는 최면자가 자기를 좌지우지하는 것을 싫어한다. 그러므로 사전 상담시간에 모든 것이 내담자 자신에게 달려있다는 점을 강조해서 말해 주어야 한다. 내담자가 최면에 들어가고 안 들어가는 것은 내담자 자신의 의지와 능력에 달려있다고 말해 주고, 트랜스 유도문에도 이런 내용을 포함하도록 한다.

합리적이지만 회의적인 타입의 내담자에 대한 트랜스 유도문

"최면에 들어가기 위해서 먼저 당신은 당신의 주의를 한 곳에 모아야 합니다.

오른쪽 팔을 쭉 뻗고, 주의를 그 팔에 집중하면 쉽게 주의를 모을 수 있습니다.

자, 이제 오른쪽 팔을 쭉 내뻗고 그 무게를 느껴 보십시오."(최면자는 내담자의

오른쪽에 앉아 있다. 내담자가 오른쪽 팔을 내 뻗는다.)

"내뻗은 팔이 무거운 것은 당연한 일입니다.

최면과 상관없이 팔이 무거운 것은 자연스러운 현상입니다.

그래서 무거운 팔이 아래로 내려가는 것은 시간문제입니다.

빠르거나 늦거나 간에 팔은 아래로 내려가기 시작할 것입니다.

여기서 당신의 이미지 능력을 한번 시험해 보겠습니다.

당신의 팔에 매우 무거운 물건이 매달려 있다고 한번 이미지화해 보십시오.

그래서 팔이 아주 무거워지는 것을 느껴 보십시오.

이미지만으로 팔이 더 무거워지는 것을 느낄 수 있습니까?

팔이 점점 더 무거워진다고 이미지화해 보십시오.

무거워서 힘이 들면 팔을 아래로 내려도 좋습니다.

팔이 무겁고 무거워서 점점 아래로 내려오게 됩니다.

팔이 내려오는 것을 호흡에 맞추어 보십시오.

숨을 내쉴 때마다 팔이 더 무거워지고 더 아래로 내려오게 됩니다.

아래로, 아래로, 손이 허벅지에 닿을 때까지….

이제 무거운 느낌을 뚜렷하게 느낄 수 있습니다.

자, 이제 손을 편안하게 허벅지 위에 놓고 팔에 힘을 모두 뺐나요?

팔에 긴장이 확 풀리기 시작하지요?

오른팔이 나른해지면서 긴장이 확 풀어집니다.

숨을 깊이 들이마시고 내쉬십시오.

숨을 들이마시고 내쉬면서 오른팔의 무거운 느낌이 왼팔에 옮겨갑니다.

숨을 들이마실 때 오른팔의 무거운 느낌을 들여 마셨다가 숨을 내쉬면서 왼팔에 부어 넣습니다.

이런 이미지를 만들 수 있나요?

오른팔이 무거워지던 이미지와 똑같이 이미지화하면 됩니다.

자, 한번 해 보시지요.

숨을 들이마시고, 내 쉬고. 들이마시고, 내 쉬고….

왼팔도 차츰 무거워지지요?

양팔이 아주 무거워졌습니다.

이제 왼팔의 긴장도 확 풀어 버리십시오.

양팔의 긴장이 확 풀어졌습니다.

아주 잘 하셨습니다.

이제 아름다운 경치를 이미지화하면서 온몸의 긴장을 풀어보겠습니다.

지금까지 하던 그대로 이미지화하면 됩니다."(계속해서 이완유도를 한다).

2) 주술적, 신화적인 타입의 내담자

이 타입의 내담자는 최면으로 미래를 내다볼 수 있거나 전생체험과 같은 초현실적인 체험을 할 수 있다고 생각한다. 이런 내담자에게 초현실적인 체험이 아무런 과학적인 근거가 없는 단순한 이미지일 뿐이라고 설명해주는 것은 치료에 아무런 도움이 되지 않는다. 최면자는 자신의 견해를 지키면서 내담자의 생각을 존중해주고, 내담자가 하는 대로 그냥 두어야 한다. 이렇게 하면 트랜스 체험에 대한 내담자의 기대를 치료에 활용할 수 있고, 동시에 내담자와의 사이가 소원해지는 것도 방지할 수 있다.

최면자 : 나는 최면치료를 시작하기 전에 언제나 내담자가 최면에 대해서 어떻게 생각하고 있으며, 최면으로 무엇을 체험할 수 있다고 생각하는지 물어봅니다. 당신은 어떻게 생각하십니까?

내담자 : 선생님이 잘 말씀해 줄 것이라고 생각하고 있었는데요.

최면자 : 맞습니다. 물론 나는 최면에 대해서 잘 알고 있고, 최면으로 어떻게 치료를 해야 하는지도 알고 있습니다. 하지만 지금은 먼저 당신이 최면을 어떻게 생각하는지 들어보고, 거기에 맞추어서 치료를 하려는 것입니다.

내담자 : 나는 최면이 아주 강력한 힘을 가지고 있다고 생각합니다. 나는 아주 허약해서 혼자 힘으로는 수렁에서 빠져나올 수가 없고 마음이 늘 불안합니다. 그래서 최면과 같은 강력한 힘이 도움이 될 것이라고 생각했습니다. 내가 알기로는 최면으로 깊은 곳에 있는 힘의 근원에 접속할 수 있고, 다른 차원에 사는 자연인들이 느끼는 깊은 평안을 느낄 수 있다고 들었습니다. 책에서 읽었는데 미래를 내다볼 수도 있고, 전생으로 가서 거기에서 현재의 문제를 해결할 수 있는 힘과 평안을 얻기도 한다고 해요. 최면이 나에게 힘을 주고 내 주장을 내세울 수 있게 해주며, 나를 침착하게 해줄 것이라고 생각합니다.

최면자 : 그렇습니다. 벌써 천 년 전부터 최면으로 힘과 자신감과 침착함을 얻을 수 있는 사람의 내면 깊은 곳에 접속하고 있었습니다. 고대 이집트의 파피루스에 써진 글에는 최면 중에 미래를 내다보고 예언을 하였다는 내용이 있습니다. 오늘날에도 많은 토속문화권에서, 예를 들면 동

남아시아 어디에서는 최면 중에 미래를 내다보고 예언한다고 합니다. 과학적이고 합리적인 면에서 최면을 배운 사람일지라도 너무 과학적인 논리에만 치우치지 말고, 다른 측면의 견해도 존중해 줄 수 있다고 생각합니다. 나는 내담자들이 최면 중에 과학적으로는 설명할 수 없는 놀라운 체험을 하는 것을 많이 보았습니다.

주술적, 신화적인 타입의 내담자에 대한 트랜스 유도문

최면자는 팔을 뻗고 손바닥을 펴서 내담자의 이마 가까이에 가져가지만 이마에 닿게 하지는 않는다. 내담자는 최면자의 손바닥에서 나오는 온기를 이마에서 느끼게 된다. 시간이 지나면 최면자의 팔이 피곤해져서 떨리는 일도 있는데, 이것이 내담자의 트랜스를 방해한다. 최면자는 다른 팔로 내뻗은 팔을 받치거나 팔이 떨리기 전에 미리 팔을 내린다. 팔을 내릴 때에는 내담자에게 먼저 팔을 내린다고 말해 준다.

"편안한 자세로 앉으셨으면 이제 눈을 감으시고 현재의 시점에서 한발 물러나서 마음속 이미지에 더 가까이 가 보겠습니다.

내가 손을 내밀어 당신의 이마 가까이에 가져가면, 당신은 내 손에서 무언가가 나와서 당신의 이마에 닿는 것을 느끼게 될 것입니다(손을 이마 가까이에 가져간다.).

처음에는 이마에만 느끼지만 무언가가 차츰 머리 전체에 깊숙이 퍼져 들어가고 머리가 텅 빈 것 같은 느낌이 들 것입니다.

머리는 텅 비어있고 개운하며 내면 깊은 곳에서 무언가가 확 풀어지고 시원스럽게 열려서 자유로워지는 느낌이 듭니다.

마치 지금까지 당신을 묶어 놓고 있던 마음속의 사슬이 확 풀어져서 아무 걸릴 것이 없는 자유로운 느낌이 듭니다.

시간과 공간은 아무런 의미도 없어집니다.

바람이 시간을 초월해서 불어오는 것 같이, 불어오는 바람 속에서 시간을 잊어버리십시오.

그저 이마의 느낌을 느껴보고 내면에서 저절로 일어나는 변화를 느껴 보십시오.

이런 자유로운 느낌이 숨을 쉴 때마다 더욱 깊어지고, 숨을 들이마시고 내쉴 때마다 더욱 뚜렷해집니다.

내 손에서 번져 나오는 느낌이 당신의 머릿속에 깊숙이 퍼져 들어가서 당신의 무의식에 까지 도달하고, 당신의 무의식이 점점 더 많은 느낌을 느끼면서 새로운 에너지를 당신에게 부어 줄 것입니다.

당신이 지금 느끼고 있는 이런 새로운 느낌을 사람들은 아주 오래전부터 체험하고 있었습니다.

시간에 아무런 상관이 없이 당신이 지금 점점 더 깊이 들어가고 있는 이런 체험을 사람들은 수천 년 전에도 하고 있었습니다.

의식이 확장되어 모든 것을 감싸는 힘과 에너지를 가져다주고, 이런 힘과 에너지가 내면에서부터 솟아 나와서 온몸을 가득 채우는 체험을 사람들은 오래전부터 하고 있었습니다.

숨을 쉴 때마다 무한한 평안이 당신을 감싸주고 있고, 편안한 마음으로 긴장이 완전히 풀어지는 느낌, 그래서 한없는 보살핌을 받고 있다는 느낌.

이런 느낌이 사실은 한 번도 당신을 떠난 적이 없으며 언제나 당신 곁에 있었던 것입니다.

이제 내가 팔을 내리면(내뻗었던 팔을 내린다.) 마음속의 편안한 느낌이 온몸에 퍼지면서 긴장이 확 풀어집니다.

어깨에 긴장이 풀립니다. 어깨가 편안해지면서 축 늘어집니다.

그 묵직한 느낌이 양팔에 내려갑니다. 양팔에 긴장이 풀립니다.

양팔이 편안하고 묵직해집니다."(최면자는 계속해서 온몸의 긴장을 풀어주는 이
완암시를 한다).

내담자의 이마 가까이에 가져간 손바닥에서 나오는 온기를 온기라고 바
로 말하지 않고, "내 손에서 무언가가 당신의 이마에 번져 나온다."라고 말
하는 것은 내담자가 그것을 어떻게 느끼는지 맡겨두고 보려는 것이다. 많
은 내담자들이 전기가 나오는 것 같았다고 말하였다. 어떤 내담자는 "피부
아래 5cm에서 전기가 느껴졌다."고 말하기도 하였다. 시간에 상관없이 사
람들이 수천 년 전부터 이런 느낌을 체험하고 있었다는 말은 간접적으로
전생이 있음을 내비치고 있다. 치료를 위하여 직접 전생으로 유도해 보는
일도 할 수 있다. 하지만 최면자는 내담자가 실제로 전생이 있다고 믿게 해
서 황당한 일이 생기지 않도록 조심해야 한다. 최면자는 전생이 있다는 것
이 과학적으로 증명되지 않았다는 자신의 견해를 분명히 하면서도 내담자
의 전생체험을 존중해 준다는 태도를 가져야 한다.

환자의
반응

1) 최면자의 말에 따라서 이미지화하기

트랜스 하에서 내담자들이 하는 이미지화는 사람마다 서로 달라서 매우 다양하다. 최면자가 하는 말을 듣고 그 말과 꼭 같은 정경을 이미지화하는 사람이 있는 반면에, 최면자의 말을 듣고 있으면서도 그 말과는 다른 정경을 이미지화하는 사람도 있다. 최면자의 말과 같은 정경을 이미지화하고 있다가도 시간이 지나면서 그 이미지에서 빠져나가 자신의 기억과 감정에 몰입하기도 하고, 다시 최면자가 말하는 정경으로 되돌아오기도 한다. 하지만 내담자가 만드는 다른 이미지들도 언제나 최면자가 말하고 있는 것과 동일한 감정과 의미를 가지는 영역 안에 머무르고 있다. 예를 들어, 최면자가 자연의 느긋함과 차분함을 전하고자 산의 정경을 말하고 있었다면, 내담자는 유치원에서 자기가 좋아하는 선생님이 동화책을 읽어 주는 정경을 이미지화하고 있을 수 있다. 최면자가 가족 간의 아늑한 분위기를 느껴 보게 하려고 크리스마스 저녁식사 정경을 말하고 있을 때, 내담자는 보이스카우트 친구들과 야영을 하면서 아늑한 분위기를 느끼고 있을 수도 있다.

어떤 경우에는 트랜스를 유도하기 시작할 무렵에 최면자가 한 말이 내담자를 다른 이미지로 유도하는 계기가 되기도 한다. 최면자가 숲길을 산책하는 이완유도를 하려고 숲 앞에 펼쳐져 있는 푸른 들판을 말하고 있을 때, 내담자는 열두 살 때에 푸른 들판에서 만났던 소녀를 연상해내고 그 소녀를 따라가고 있을 수 있다.

최면자가 말하는 정경과 다른 정경을 내담자가 이미지화하고 있다면, 혹 치료에 방해가 되지는 않을까? 일반적으로는 아무런 방해가 되지 않는다. 단순한 이완유도는 그 범위가 넓어서 최면자가 말하는 대로 이미지화하지 않아도 이완이 된다. 단순한 이완유도를 넘어서는 치료적인 내용을 전달하는 경우, 예를 들면 고통스러운 감정이나 정신자원을 느껴보게 하는 경우에는 대다수의 내담자가 치료적인 내용에 충실하게 따르게 된다. 이런 경우에 내담자의 내적 체험이 최면자가 하는 말과 다르면 내담자는 민감한 반응을 보이게 된다.

2) 최면 심도의 변화

최면치료가 진행되는 동안에 내담자는 깊은 최면에 들어가기도 하고(예 : "잠깐 동안 어딘가 갔다 왔어요.") 거의 깨어있는 상태가 되기도 한다. 이완을 유도하는 최면에서는 일반적으로 트랜스가 진행되면 될수록 최면의 깊이도 더 깊어진다. 치료적인 내용을 전달하는 최면에서는 전달하는 암시내용에 따라서 최면의 깊이가 달라진다.

사리에 맞지 않거나 부정확한 작은 표현 때문에 최면을 깨우는 일이 흔히 있는데, 예를 들면 산꼭대기에 서 있는 소나무라고 말하였을 때, 높은 산에 올라갔던 경험이 많은 내담자가 "산꼭대기에는 소나무가 없는데…"라고 생각하면 최면에서 깨어나게 된다. 이런 일은 최면자가 문법에 맞지 않는 표현을 하는 경우에도 가끔 일어난다.

최면자 : 당신은 지금 서울 역전 앞에 와 있습니다.

내담자 : (트랜스에서 깨어난 후에) 역전 앞이라고 하셨는데 역전이라는 말이 바로 역 앞이라는 뜻인데, 역전 앞이라고 하시는 것은 앞이라는 뜻이 중복되는 잘못된 말이 아닌가요? 이 말을 들으면서 정신이 들었어요.

하지만 최면자와 내담자 사이에 충분한 라포가 형성되어 있으면, 내담자는 최면자의 작은 실수를 아무 말 없이 용서하고 최면자가 유도하는 대로 따라간다. 내담자는 최면자가 상당히 긴 시간을 아무 말을 하지 않고 있어도 이것을 참아 준다. 이제 막 최면치료를 배우기 시작한 초보 최면자들은 가끔 무슨 말을 해야 할지 잊어버리고 시간을 끄는 일이 있는데, 이것이 내담자에게 매우 방해가 될 것으로 생각한다. 그러나 대부분의 경우에는 이것이 내담자에게 방해가 되지는 않는다.

내담자가 얼마나 깊은 트랜스에 들어가 있는지를 어떻게 알 수 있을까? 내담자의 호흡과 몸 움직임, 얼굴의 변화와 목덜미의 혈관을 보고 그것을 알 수 있다. 내담자를 잘 관찰하면 내담자가 지금 편안하게 쉬고 있는지, 아니면 어떤 벅찬 감정을 느끼고 있는지 알 수 있다. 하지만 신체의 관찰에만 의존해서는 안 되며, 가끔 내담자에게 지금 어떤 느낌이 드는지 물어보아야 한다(필요하면 내담자를 잠시 깨운다). 트랜스 도중에 이마를 찡그리면서 매우 불안한 동작을 보이던 내담자가 각성한 후에 아주 기분 좋은 편안한 체험을 하였다고 말하는 경우도 있다. 그리고 고개를 푹 숙이고 깊은 트랜스에 들어간 것으로 보이던 내담자가 각성한 후에 전혀 아무 것도 느끼지 못했다고 하면서 실망하는 것도 본 일이 있다. 내담자에게 물어보는 것이 트랜스의 깊이를 알 수 있는 가장 간단하면서도 정확한 방법이라고 생각한다. 물론 상담이 여러 번 진행되어 내담자를 충분히 알게 되면 일일이 물어보지 않아도 될 것이다.

3) 잠이 든 내담자

트랜스 도중에 내담자가 잠을 자는 일이 흔히 있다. 대개는 가벼운 REM 수면인데 나중에 그 내용을 기억하지는 못하지만, 수면 중에도 암시를 받아들인다. 깊은 잠에 빠져 있는 것 같아 보이는 내담자도 '최면에서 깨어나라.'고 하면서 나직한 목소리로 "이제 내가 숫자를 셋에서부터 하나까지 세어 나가면 최면에서 깨어나세요. 셋, 둘, 하나." 하면 바로 깨어난다. TV에서 드라마를 보다가 잠이 든 사람이 드라마가 끝나고 뉴스가 시작되면 저절로 잠에서 깨어나는 일이 있는데 이와 유사한 현상이다.

이완을 유도하는 트랜스 도중에 내담자가 잠이 드는 것은 아무런 방해가 되지 않는다. 이런 때에 다음과 같이 매우 직접적인 암시를 한다.

"당신은 이제 긴장이 확 풀어졌습니다. 당신의 세포 하나하나가 이완되어 신체의 모든 기관이 튼튼해지고 정신적으로도 큰 힘을 얻게 되었습니다."

각성한 후에 내담자가 아무것도 기억하지 못한다고 해도, 내담자가 수면 중에 암시를 받아들이고 있었다는 것을 알려주는 힌트가 있다. 내담자는 각성한 후에 "나는 아무런 기억도 나지 않지만 무언가 아주 단조로운, 빗방울이 창문을 두드리는 것 같은 소리가 났었던 것 같습니다."라고 말하였는데 바로 이런 말을 최면자가 최면 중에 암시한 것이다(예 : "빗방울이 창문을 세

차게 두드리고 있는 밤에 따뜻한 벽난로에 활활 타고 있는 장작을 바라보고 있으면.").

단순한 이완유도가 아니고 어떤 치료적인 체험을 하게 하는(예를 들면 두려움을 없애기 위해서 어떤 체험을 하는) 트랜스 도중에 내담자가 잠이 드는 일은 매우 드물게 일어난다. 아주 드문 일이기는 하지만 그래도 내담자가 잠이 들면 깨워서 눈을 뜨고 있는 상태에서 트랜스를 유도한다.

4) 트랜스에서 깨어나지 않는 내담자

최면자가 트랜스를 끝내면서 "이제 눈을 활짝 뜨고 깨어나십시오."라고 말하면 대부분의 경우에 내담자는 눈을 뜨고 깨어난다. 그런데 최면자가 반복해서 말해도 내담자가 깨어나지 않고 그냥 트랜스에 들어가 있는 경우도 가끔 있다. 내담자가 깨어나지 않고 트랜스에 머무르고 있는 이유 중에 하나는 편안하고 기분 좋은 느낌을 더 즐기면서 착잡한 현실세계로 바로 돌아오기가 싫기 때문이다. 또 다른 이유로는 신기하고 의미 있는 새로운 체험을 하고 있다가 그 체험을 중단하고 싶지 않기 때문이다. 일반적으로 내담자는 트랜스에 들어가 있었던 시간을 실제보다 훨씬 짧게 느낀다.

내담자들 중에는 트랜스에 깊이 들어가 있어서 최면자가 깨울 때에 몸이 전혀 움직이지 않다가 얼마 후에야 움직일 수 있었다고 말하는 일이 있다. 대개 몇 분에서 10분 정도까지인데, 그래도 깨어나지 않는 내담자를 보고 있는 최면자의 입장에서는 상당히 긴 시간이다.

내담자가 트랜스에서 깨어나지 않으면 최면자는 조금 큰 소리로 다시 한 번 깨우고, 그래도 깨어나지 않으면 가만히 기다리고 있으면 된다. 기다리는 동안에 최면자가 상담실 밖으로 나가야 할 일이 생기면 내담자에게 미리 말해주어야 한다.

"내가 잠시 밖으로 나가지만 이 건물 안에 있을 것이므로 당신은 언제든지 나에게 연락을 할 수 있습니다. 내가 나가 있는 동안에 당신은 천천히 눈을 뜨고 깨어나게 됩니다."

최면자가 깨우지 않아도 시간이 지나면 내담자는 혼자서 저절로 깨어난다. 이 사실은 많은 사람이 참가한 여러 번의 실험에서 확인되었다. 갑자기 전기가 나간 상황을 연출하고 최면에 들어가 있는 피실험자를 혼자 상담실에 둔 채 밖으로 나가서 살펴보면, 피실험자는 한동안 가만히 눈을 감고 있다가 혼자서 눈을 뜨고 방안을 두리번거리면서 살펴보고 있었다. 혼자서 깨어나는 데에 걸리는 시간은 평균 약 17분이었다.

5) 웃는 내담자

치료 초기에 내담자가 아직 최면을 경험하지 않았거나 경험이 적은 경우에는 최면자가 트랜스를 유도하는 도중에 내담자가 미소를 짓거나 웃는 일이 가끔 생긴다. 이럴 때에 초보 최면자는 당황해서 빨리 이 상황에서 벗어나려고 하는데, 이것을 보고 내담자는 최면자가 경험이 부족하다고 생각하기 쉽다. 내담자로 하여금 최면자가 유능하다고 믿게 하는 것은 라포의 형성에 매우 중요하다.

트랜스 도중에 내담자가 웃는 데에는 여러 가지 원인이 있을 수 있다. 어색하고 불안한 마음을 감추려고 웃을 수도 있고, 최면자에 대한 저항의 표현으로 웃는 일도 있다. 갑자기 우스운 생각이 나서 웃기도 하고, 보고 싶은 사람의 얼굴을 떠올리거나 아름다운 경치를 떠올리고 미소를 짓기도 한다. 무턱대고 "처음이라 어색하고 불안하시지요?"라고 말했다가, 내담자가 "나는 하나도 어색하지 않고 불안하지도 않은데요."라고 하면 할 말이 없어진다.

내담자들이 '손 개폐 운동'에서 두 손바닥이 마주 닿으면 미소를 짓는 경우가 많다. 눈을 감고 하다가 두 손바닥이 맞닿으면 약간 놀라면서 미소를 짓는다. 이완유도를 하다가 새 소리가 들리는 장면에서도 내담자들이 많이 웃는다. 어떤 사람은 학생시절에 친구들과 떠들고 놀면서 웃던 생각을 하고 큰 소리로 웃는다. 최면자에 대한 저항의 표현으로 웃는 것이 아니라면, 최면자는 내담자가 마음껏 웃을 수 있도록 도와주어야 한다.

내담자가 어색하거나 불안한 마음을 감추려고 웃거나 최면자에게 저항하려 하면서 최면자와 거리를 두려고 웃는다고 생각되면, 최면자는 웃음을 중지시키려고 하지 말고 오히려 웃음을 처방해야 한다. 내담자가 최면자에게 가지고 있는 저항심을 활용하여 웃으면서 심리장애에 저항하도록 유도한다.

최면자 : 웃을 수 있다는 것은 아주 좋은 일입니다. 웃을 수 있을 때 마음껏 웃어야 합니다. 언제나 웃을 수 있는 것은 아니니까요. 웃으면서 뺨의 근육이 움직이는 것을 느껴 보십시오. 뺨의 근육이 점점 더 또렷하게 느껴지면서 긴장됩니다. 이런 긴장은 언젠가는 다시 풀릴 것입니다. 그러니 개의치 말고 마음껏 웃으십시오. 웃으면서 당신의 모든 문제들도 웃음과 함께 날려 버리십시오. 모든 일을 웃어넘길 수 있는 여유를 가진다는 것은 아주 좋은 일입니다. 어색하고 불안한 마음도 그냥 웃어넘기면 아무 것도 아닌 일이 될 수 있습니다. 착잡하고 복잡한 문제들도 느긋한 마음으로 웃으면서 바라보면 저절로 풀릴 수가 있습니다.

최면자는 이런 방법들이 실제로 효과가 있는지 잘 관찰하면서 판단해야 한다. 내담자가 웃는 것에는 여러 가지 복합적인 원인이 섞여 있을 수 있으므로 효과가 없다고 생각되면 그 원인을 다시 찾아보고 방법을 바꾸어야 한다.

6) 두려워하는 내담자

내담자가 최면에 들어가기를 두려워하는 것은 최면에 대한 내담자의 이해가 부족하거나 최면자에 대한 신뢰가 충분하지 못하기 때문이다. 하지만 이런 장애들을 모두 해소한 후에도 두려워하는 내담자들이 있다. 이것은 예전에 겪었던 정신외상의 경험이 강렬하게 남아 있어서, 이런 강렬한 감정적인 부담에 다시 노출되지 않나 하는 두려움이 남아 있기 때문이다. 이처럼 두려워하는 내담자의 마음을 안정시켜 줄 수 있는 방법 중에 한 가지는, 트랜스를 진행하는 도중에 현재의 시간과 장소(상담실)를 자주 일깨워 주는 것이다. 예를 들면 다음과 같이 한다.

최면자 : 당신은 눈을 감고 내 목소리를 들으면서, 여기 이 상담실 의자에 당신의 등을 기대고 앉아 있습니다.
지금 당신은 차츰 느긋한 마음으로 어느 맑고 한가한 휴일 아침에 자동차를 타고 야외로 드라이브를 하는 체험을 하게 됩니다.
단조롭게 울리는 엔진소리를 들으면서 차창 밖으로 지나가는 주변 경치를 보고 있으면, 당신의 일상생활도 이처럼 지나가고 무언가 마음이 텅 비고 홀가분해집니다.

이제 점차 팔이 무거워지는 느낌이 들기 시작하고, 숨 쉬기도 편안해지면서 몸이 확 풀어집니다.

하지만 당신은 여기 상담실에 앉아 있고, 당신이 원하지 않는다면 팔을 가볍게 올리기만 해도 이런 무거운 느낌이 사라질 것입니다.

이제 차를 세우고 잠깐 산책을 해보겠습니다.

저 앞에 있는 시골 장터가 보이십니까?

별로 살 물건은 없지만 시골장터를 기웃거리며 돌아다니는 것도 재미있겠지요.

시골장터에 나와 있는 신기한 물건들을 보면서 이리 기웃 저리 기웃하고 돌아다니다 보니, 당신의 발걸음은 차차 느려지고 다리가 무거워지기 시작합니다.

다리가 무거워지면서 몸이 나른해지고 어디에 앉아서 편안히 쉬고 싶어집니다.

지금 당신이 상담실 의자에 편안히 앉아서 쉬 있는 것은 아시지요?

이렇게 유도해도 내담자의 두려움이 없어지지 않으면, 내담자가 눈을 뜨고 있는 상태에서 최면을 유도한다. 내담자는 하얀 벽을 바라보면서 그 위에 최면자가 말하는 경치를 이미지화한다. 이때에도 가끔 내담자에게 지금 이 장소를 일깨워 준다.

감수성이 예민한 내담자는 벽에 나타나는 경치를 스스로 만들어 낼 수도 있다. 최면자는 먼저 내담자와 상의해서 어떤 경치를 이미지화 할 것인가를 결정한 후에 내담자에게 벽에 있는 한 점을 응시하라고 하면서 트랜스로 유도한다. 그 다음에 내담자에게 질문을 하면서 서서히 내담자가 경치를 이미지화 할 수 있게 도와준다.

최면자 : 지난해 동해안 바닷가에서 산책을 하면서 마음이 편안하고 기분이 좋았다고 말씀하셨지요?

마음을 차분하게 가라앉히고 긴장을 확 풀어버리면서 그때의 경치를 다시 한 번 앞에 있는 벽면에 이미지화해 보시기 바랍니다.

앞에 있는 벽면에 한 점을 정하고 그 점을 바라보십시오.

될 수 있으면 눈동자를 움직이지 마시고 마치 낮에 멍하니 하늘에 떠 있는 한 점 구름을 쳐다보고 있는 것처럼 벽면에 있는 한 점을 바라보면서 지난해 동해안 바닷가의 경치를 떠 올려 보십시오.

모래사장으로 밀려오는 잔잔한 물거품과 날아다니는 새들, 파란 수평선과 바다에 떠 있는 어선들, 하얀 벽면에 이런 경치들이 나타나기 시작합니다.

당신은 혼자 있습니까, 아니면 누구와 같이 있습니까?

같이 있다면 같이 있는 사람은 누구입니까?

바닷바람에 실려 오는 냄새를 맡을 수 있습니까?

무슨 소리가 들리지는 않습니까?

당신의 몸 컨디션은 어떻습니까?

내담자 : 눈앞에 바다 경치가 보입니다. 나는 혼자서 그냥 서 있으면서 바다를 바라보고 있습니다.

최면자 : 거기에 서서 바다를 바라보면서 바다가 한없이 넓다는 생각이 드시나요?

내담자 : 네. 지금 수평선을 바라보고 있는데 바다가 정말 넓군요. 이제 해변을 따라서 산책을 하려고 합니다.

최면자 : 산책을 하면서 시간을 내어 당신 몸의 움직임을 한번 살펴볼 수 있나요?

내담자 : 나는 한가로이 축 늘어뜨린 팔을 휘저으며 걸어가고 있습니다. 이제

막 바닷물이 내 발을 적시고 있네요.

최면자 : 바닷물이 차갑습니까? 발바닥의 감촉은 어떻습니까?

내담자 : 젖은 모래사장이 약간 단단하게 느껴지네요. 하지만 젖은 모래를 밟고 가는 감촉이 기분 좋습니다. 파도가 밀려오는 소리도 들립니다. 물살이 엉금엉금 모래사장 위로 기어 올라오고 있네요.

최면자 : 마음껏 바다 냄새를 맡고, 바다소리를 듣고, 발바닥에 느껴지는 감촉을 즐기십시오. 아무 할 일 없이 한가로이 걸어 다니면서 어떤 느낌이 드는지 주의를 기울여보십시오.

내담자 : (잠시 동안 아무 말도 하지 않고 있다가) 이제 나는 한 곳에 서서 따뜻한 햇볕을 쪼이고 있습니다. 햇볕의 따뜻함과 바닷물의 차가운 차이를 느낄 수 있어요.

최면자 : 당신이 지금 이 상담실의 의자에 기대어 앉아서 등받이의 감촉을 느끼고 있는 것과 꼭 같이 바닷가에서의 신체적인 감촉도 느낄 수가 있습니다. 한가로이 걸어 다니거나 한 곳에 서 있으면서 온몸에 긴장이 풀리기 시작하는 것을 느낄 수 있습니까?

내담자 : 기분 좋은 피곤함이 이제 막 느껴지기 시작하네요. 팔이 약간 무거워졌어요.

최면자 : 당신이 원하시면 긴장은 점점 더 풀어집니다. 팔에서 어깨로 다시 허리에서 뱃속까지 어쩌면 벌써 다리의 긴장도 풀어지고 있을 것입니다.

내담자 : 긴장이 풀어지는 것을 확실하게 느낄 수 있습니다. 기분이 아주 좋아요.

최면자 : 여기 이 상담실 의자에 앉아 있는 감촉을 느끼면서 동시에 당신은 바닷바람이 먼 곳에서부터 실어오는 바다 냄새를 맡을 수 있습니다. 마음속이 한없이 넓어지는 것을 느끼고 그래서 그 넓은 마음속에 느긋하고 편안한 기

분이 자리 잡게 됩니다.

내담자 : 으음….

최면자 : 신체의 긴장이 풀리면 마음도 느긋해 집니다. 그러면서 기분이 좋아지고 마음이 편안해지지요. 당신이 오늘 여기에서 느꼈던 기분은 여기에서 나가서 집으로 가는 차 안에서도 느낄 수가 있습니다. 바닷가에서 아무런 거리낌 없이, 아무런 걱정도 없이 마음이 편안하던 기분을 차를 운전하면서도 동시에 느낄 수 있습니다.

내담자 : (이따금씩 눈을 감았다가 다시 뜬다.)

최면자 : 이 상담실에서 눈을 뜨고 벽면에 바다 경치를 이미지 하든, 눈을 감고 바다 경치를 이미지 하든, 중요한 것은 차분한 마음으로 충분한 휴식을 할 수 있다는 사실입니다. 차분하게 들려오는 바다소리를 들으면서 기분 좋은 느긋함에 빠져들어서 깊은 휴식을 할 수도 있고, 눈을 감고 의자에 앉아서 이미지화하여 그냥 그것을 즐기면서 편안한 마음으로 휴식을 할 수도 있습니다.

내담자 : (눈을 감고 긴장이 풀린 것 같이 보인다.)

최면자 : 이제 긴장을 더 풀고 편안한 마음이 되도록 해봅시다. 당신이 하고 싶은 대로 눈을 뜨고 있어도 되고 감고 있어도 됩니다(계속해서 바다 경치를 묘사하면서 이완유도를 한다).

피최면성과 연관되는
개인의 특성

Mesmer의 자기치료 시대에는 쉽게 자기화 되는 사람이 따로 있다고 믿었다. Abbe' Faria는 혈액이 묽은 사람이 쉽게 자기화 된다고 믿었다. 그래서 그는 사혈을 해서 피암시성을 높이고자 시도했었다. 아마도 그는 혈액순환이 순간적으로 약화되는 것을 피암시성이 높아진 것으로 잘못 알고 있었던 것 같다.

프랑스의 유명한 신경학자 Jean-Martin Charcot는 히스테리 환자를 대상으로 피최면성을 연구하였다. 그는 우울증이나 노이로제 또는 사회공포증의 성향이 있거나 남을 쉽게 믿는 사람이 피최면성이 높다고 생각하였다. 하지만 그는 히스테리현상과 최면현상을 혼동하고 있었던 것이다. 피최면성과 개인특성 사이의 연관성을(예를 들면 다면적 인성검사 MMPI를 사용하여) 찾아보려고 하던 시도는 모두 실패하였다.

인지심리학이 발달하면서 점차 피최면성과 관련되는 인지적인 요인에 대한 실험을 많이 하게 되었다. 이런 실험으로 피최면성이 높은 사람은 어떤 일에(예를 들면 영화를 보는 것) 더 깊이 몰두하고, 관련이 없는 외부 자극을 더 잘 차단한다는 것을 알게 되었다. 또한 피최면성이 높으면 사물을 생생하게 이미지화 하는 능력도 더 많다는 것을 알게 되었다.

Kirschs는 최면 중에 사물을 생생하게 체험할 수 있는 것이 기대심리 때문이라고 주장하였다. 마치 위약효과와 같이 최면 중에는 그것이 가능할 것이라고 믿고 있기 때문이라는 것이다. Spanos는 좋은 실험 대상자가 되고 싶어 하는 사회심리적인 욕구가 최면에 잘 들어가는 요인 중에 하나라고 보았다.

어린이는 어른보다 피최면성이 높다. 성인인 경우에도 나이나 성별이 피최면성과 연관성이 있다고 보는 측면이 많다. 나이가 많아지면 피최면성이 약간 낮아지는 차이도 있다.

정신장애와 피최면성과의 연관성도 연구하였다. 대식증 환자들은 피최면성이 높았다. 정신외상에 시달리는 환자들도 피최면성이 높았다. 반대로 조현병 환자들의 피최면성은 낮았다.

최면치료자의 입장에서 보면, 내담자가 최면에 잘 들어가는 것이 매우 중요하다. 이미 말했듯이 피최면성은 통계적으로 표준분포를 이루고 있다. 피최면성이 높은 사람도 소수이고 낮은 사람도 소수이다. 대부분의 사람들은 중간 정도의 피최면성을 가지고 있다. 최면치료에는 중간정도의 피최면성 만으로도 충분하므로 대부분의 사람들을 최면으로 치료할 수 있다. 뿐만아니라 최면치료에는 트랜스의 깊이가 중요한 것이 아니라, 트랜스 도중에 체험하는 체험의 내용이 결정적인 역할을 하는 것이다.

1) 피최면성에 대한 영향력 행사

Piccione는 피최면성이 25년 동안이나 변하지 아니한 사실을 관찰하였었다. 쌍둥이에 대한 조사 결과, 피최면성이 유전에 가깝다는 근거도 있었다. 그럼에도 불구하고 피최면성의 변화가 가능하다는 많은 증거들이 있다. 피최면성의 변화에 영향을 미치는 요소들은 상황과 맥락에 관련된 변수들인데, 이 변수들은 최면시술 도중에 서로 연관되어 작용하고 있어서 서로 떼어놓을 수 없는 것들이다. 이런 변수들은 최면자가 어떤 조치를 취하면, 내담자의 피최면성을 높일 수 있는지에 대한 근거를 제공해 준다.

① **전념** : 피최면성과의 관계가 가장 뚜렷한 것이 Tellegen의 전념측도이다. 전념이란 이미지 활동에 완전히 몰입되어 있는 것으로 정의할 수 있는데, 여러 상황에 대해서 인지와 감정의 변화를 개방하고 있는 것이다. 대부분의 연구에서 전념과 피최면성 사이에 다소간의 관계가 있으며, 그 관계가 아주 특별하다는 것이 확인되었다.

② **해리** : 최면상태에서의 무의지에 대한 경험에는 특히 해리의 경험이 중요하다. 해리는 전념에 대한 보완현상으로 서술되기도 한다.

③ **낮에 꾸는 꿈** : 낮에 꾸는 꿈과 과학적으로 알 수 없는 경험을 하는 것도 피최면성과 관련이 있다. 이 변수는 다른 변수들보다는 맥락에 대한 의존성이 적어 보인다.

④ **상상의 활성화** : 피최면성과 상상의 활성화 사이의 관계에도 맥락의존적인 효과가 있다. 이미지와 관련이 있는 일련의 다른 콘셉트들도 피최면성과 관계가 있다. Wallace는 높은 피최면성을 가진 사람과 낮은 피최면성을 가진 사람이 시각적인 탐색작업에서 서로 다른 인지전략을 사용한다는 것을 발견하였다. 하지만 낮은 피최면성을 가진 사람도 높은 피최면성을 가진 사람의 효과적인 인지전략을 쉽게 배울 수 있고, 배운 후에는 그의 상상 이미지를 강화할 수 있다.

⑤ **인지 유연성** : 피최면성이 높은 사람은 의식상태의 변환을 빨리 할 수

있어 분석적이며, 상세 위주의 인지전략을 이미지적이고, 전체 위주의 인지전략으로 더 잘 변환한다.

⑥ **심리 유연성** : 인지 유연성은 심리적인 면에도 영향을 미치는 것으로 보이는데, 피최면성이 높은 사람은 분석적인 과제에서 분석적이 아닌 과제로 넘어갈 때 뇌 활동에 뚜렷한 변화를 보인다. 이 밖에 다른 관찰들에서도 피최면성이 높은 사람들이 더 큰 심리 유연성이 있음을 보여주고 있다.

앞에서 서술한 변수들은 서로 밀접한 관계를 가지고 있어서 따로 떼어 놓고 생각할 수 없다. 무엇보다도 이미지는 최면과 자기최면에 근본적인 역할을 하고 있다. Gorassini와 Spanos는 피최면성을 높이는 훈련방법을 개발하였다. 그들의 생각에 따르면, 최면에 대한 인식과 반응에 대한 기대 및 최면호응의 동기와 같은 변화요인들이 효과적으로 작용한다는 것이다.

이런 변화요인들은 다시 최면이 시술되고 있는 맥락에 지대한 영향을 받는다. 훈련을 통해서 피암시성을 부분적으로는 극적으로 높일 수 있다. Bertrand는 훈련을 통해서 피최면성이 낮은 사람들 중에서 35%를 높은 수준으로, 그리고 35%는 보통수준으로 끌어 올리는데 성공했다. 이런 개선은 시험인도자에 대한 순수한 순종만으로 되지는 않는다.

⑦ **동기** : 최면자에게 협력하려는 동기는 여러 가지가 있다. 여기에서는 단순히 최면자에게 잘 해주려고 하는 마음과 진정한 최면현상, 즉 무의식의 체험을 하고자 하는 동기를 구별해야 한다. Spanos의 연구 결과에 의하면, 피최면자들은 암시된 반응을 보이면서 의식적으로 반응하는 경우가 있었다. 동기에 대한 인식은 물론 피최면자가 자기의 인

지능력을 투입하고자 하는 호응의 정도에 영향을 미친다. 피최면성이 높은 사람도 자기의 견해나 신념에 위배되는 암시는 수행하지 않는다는 것이 연구자와 피최면자들 간에 일치된 결론이다. 최면에 잘 호응하는 사람이라고 해서 의지가 약하거나 마음대로 조종할 수 있는 사람은 절대로 아닌 것이다.

⑧ **최면에 대한 인식** : 피최면성에 영향을 미치는 또 하나의 요소는 최면에 대한 인식이다. 피최면성을 높이는 CSTP훈련(임상과학자 훈련프로그램)의 근본적인 부분이 바로 피실험자의 최면에 대한 인식을 변화시키는 것이다. 첫 번째 조치는 피실험자의 최면에 대한 긍정적인 인식을 활성화시키는 것이다. 피실험자의 최면에 대한 인식이 훈련 종료 시에도 여전히 부정적이면 피최면성이 높아질 확률도 적다. 최면에 대한 부정적인 정보는 최면수용도를 낮추게 된다.

⑨ **반응기대감** : 어떤 암시가 수행될 것이라는 주관적인 확신을 의미한다. Spanos의 연구에 의하면, 반응기대감과 CURSS 측정값(카레톤대학교 암시반응척도Carleton University Responsiveness) 사이에 중간 정도의 연관성이 있었다. CSTP 훈련에 의한 피최면성의 개선에도 반응기대감의 변화가 큰 영향을 미치는데, 반응기대감을 절제시키면 아무런 개선도 이루어지지 않았다. 피최면성이 높은 사람에게 거짓말로 이미지 실험(실제로는 피최면성 시험)에 나쁜 결과가 나온다고 말해 주면 그 사람의 암시에 대한 효과도 줄어든다. 반면에 피최면성이 낮은 사람에게 피최면성 시험을 이미지 시험이라고 말하면 더 좋은 성과가 나온다.

⑩ **암시의 적극적인 표현** : Spanos는 최면반응기대감을 높이고 최면반응을 수행하게 하기 위해서 암시를 적극적으로 표현한다. 손의 부상을 암시함에 있어서 소극적인 표현으로 말하고 손이 저절로 올라가기만을

기다리는 사람은 대부분 낮은 성공률을 보이고 있다. Spanos가 공동으로 개발한 CSTP 훈련에서도 피실험자에게 활발한 이미지를 상상하도록 훈련시킨다(예를 들면 "팔 속은 텅 비어 있으며 펌프로 점점 더 많은 바람을 불어 넣고 있습니다. 마침내 팔은 아주 가벼워져서 저절로 위로 둥둥 떠 올라가게 됩니다."). 이때 먼저 팔을 약간 들어 올린다. 나중에 이미지가 초점화되면 무의식의 느낌이 생기게 된다. 이와는 반대로 Gearan은 피실험자가 이미지를 통해서 먼저 가벼운 느낌을 주관적으로 확인하는 체험이 있어야만 무의식적인 반응을 실제로 체험한다고 주장한다.

⑪ **상황을 최면상태라고 정의하는 것** : 상황을 최면상태라고 단언하면, 피최면성이 높은 사람들의 측정값은 올라가고 낮은 사람들의 측정값은 내려갔다. 같은 실험을 창의적인 이미지 실험이라고 말한 경우에는, 이 효과가 정반대로 나타났다. 피최면성이 낮은 내담자에게는 최면을 단순한 이미지 연습이라고 말한다면 최면개입의 효과를 좋게 할 수가 있을 것이다. 반면에 피최면성이 높은 내담자에게는 명백하게 '최면'이라고 말하는 것이 좋다.

⑫ **위광** : 최면자의 명성이나 권위와 같은 위광도 최면반응 기대감이나 최면호응의 동기로서 작용한다. 최면자의 높은 지위는 피최면성의 높은 측정값 내지 높은 트랜스 심도로 연결된다.

⑬ **최면유도의 조건** : 최면유도의 조건들도 경우에 따라서는 피최면성에 영향을 미칠 수 있다. 내담자가 트랜스에 도달하기 위해 필요한 시간은 내담자마다 다르다. Rossi는 Milton Erickson이 (연구를 위한 실험을 하면서) 내담자들이 트랜스에 들어가기 위한 시간을 너무 짧게 책정한다고 책망하는 말을 많이 들었다고 말하였다. 트랜스에 들어가는 시간은 사람마다 상당히 다르며 연습을 통하여 변화시킬 수 있다.

Lynn은 여러 문헌을 섭렵한 후에 피최면성에 미치는 영향이 직접유도법과 간접유도법 사이에는 별다른 차이가 없다는 결론을 얻었다. 하지만 이 연구에서 인용한 자료에서는 고전적인 최면측도를 사용하고 그 언어만을 쉬운 말로 표현하였을 뿐이어서 진정한 의미의 간접유도라고 할 수가 없다. Szabo는 약간 다른 결론에 도달하였다. 피최면성이 낮거나 보통인 사람은 간접암시를 더 잘 받아들이고, 피최면성이 높은 사람은 직접암시나 간접암시에 별다른 차이를 보이지 않는다는 것이다. Bongartz도 약간 다른 견해를 말하였는데, 주관적인 과제에는 직접암시가 더 깊은 이완으로 인도하지만, 생리적인 측정값은 간접암시에서 더 깊은 이완을 나타내고 있다는 것이다.

최면자와 내담자는 최면유도과정을 정신적인 유대감(라포)을 형성하는 계기로 만들 수 있다. 최면자는 내담자의 작은 반응을 포착하여 따라감으로써(pacing) 내담자를 내담자의 세계관 속에서 만날 수 있고 이것을 최면유도에 활용할 수 있다. 또 내담자의 견해와 반응기대감 및 동기를 변화시킬 수 있고, 이것이 다시 피최면성에 긍정적인 작용을 하게 된다. Banyai는 최면자가 최면유도 도중에 내담자와 같이 트랜스상태에 들어가서 상호작용하는 동일성이 생기게 하는 것이 최면유도를 촉진한다고 하였다. 내담자가 반응을 무의지적으로(저절로 일어나는 것으로) 체험하는 데에는 라포가 매우 중요한 것 같다. 높은 긍정적인 라포를 나타내는 내담자는 최면자의 암시에 훨씬 강하게 반응한다. 피최면성을 높이는 훈련도 라포가 좋으면 더욱 잘 된다. 라포는 내담자들이 훈련을 받아들이고 활용하려는 동기에 긍정적으로 작용한다.

⑭ 감각박탈 : 감각박탈도 피최면성을 높인다. Barabasz는 남극의 연구원

들을 상대로 한정환경설정기법을 사용한 실험에서 감각박탈이 피최면성을 높인다는 사실을 증명하였다. Bernheim은 이미 1884년에 자신의 상담실보다는 감각적인 자극이 적은 병원에서 진행하는 최면이 더 쉽게 트랜스에 들어가게 한다고 말한 바 있다.

결론적으로, 피최면성은 인지적, 동기적, 상황적인 영향요인들에 의해 유지되고 있을 때에만 안정적이라는 것을 확인할 수 있다. Fourie는 인위적인 이분법을 거부하고 최면수용성이 안정적인 동시에 변화를 허용하고 있다고 하였다. 피최면성이 하루 중의 어느 시간과 내담자의 나이에 따라서도 변한다는 사실도 언급할 가치가 있다. 아침 일찍 일어나는 사람은 오전 10시와 오후 2시에 피최면성이 가장 높고, 밤에 활동하는 사람은 오후 1시와 오후 6시에서 9시 사이에 피최면성이 가장 높다. 또한 9세에서 12세 사이의 어린이가 가장 최면을 잘 받아들이며 나이가 많아질수록 서서히 피최면성이 낮아진다. 전반적으로 볼 때 피최면성을 변화시킬 수 있다는 사실은, 더 많은 사람들에게 최면치료를 할 수 있다는 점에서 우리에게 용기를 준다.

2) 피최면성이 치료성과에 미치는 영향

내담자의 피최면성을 높이려는 노력을 게을리 하면서 내세우는 주장은 피최면성과 치료성공은 매우 불분명한 연관성이 있을 뿐이라는 말이다. 하지만 몇몇 연구 결과는 내담자의 피최면 능력이 트랜스 상태의 치료성공에 영향을 미친다는 것을 보여주고 있다.

Hoppe는 예비연구에서 피최면성과 고통감소 사이에 0.5의 상관계수가 있음을 밝혔는데, 만성통증 환자를 대상으로 한 본 연구에서는 상관계수가 훨씬 적었다. 하지만 성공적으로 치료한 내담자들은 트랜스 도중에 각성하거나 의식하거나 또는 통제하는 정도가 아주 낮았는데, 이것이 치료성공과 트랜스 심도간의 연관성을 말해 준다. Hoppe는 또 신체증상이 있는 통증환자와 없는 환자를 비교하여 연구하였다. 그 결과 신체증상이 있는 환자는 증상위주의 최면치료가 더 성공적이었으며, 신체증상이 없는 환자는 문제위주의 최면치료가 더 성공적이었다.

피암시성은 치료의 단기효과나 장기효과에 아무런 시사도 줄 수 없었다. 하지만 이미지 참여도가 치료성공에 긍정적인 역할을 하였는데, 이것을 피암시성의 영향으로 본다면 치료성공에 피암시성이 간접적인 영향을 미치고 있다고 하겠다. Bowers는 급성통증에서 피최면성과 통증감소 사이의 연관성을 발견하였다. 피최면성이 낮은 사람은 통증완화에 피최면성이 높은 사람과는 다른 인지 매커니즘을 사용한다는 Bowers의 가설은 아직까지 증명되지 않고 있다. Evans는 최면진통효과와 위약진통효과에 관한 연구결과들을 섭렵한 결과, 높은 피최면성을 가진 환자들만이 위약효과를 능가하는 최면진통효과를 볼 수 있다는 결론에 도달하였다. 반면에 Holroyd는 피최면성이 낮은 환자에게도 최면통증통제기법과 최면능력의 훈련을 통해서 암시를 거듭하면, 감지하지 못하는 통증의 강도가 높아지게 된다고 주장하였다. 긴장성두통과 편두통 및 만성안면통 등은 피최면성과 관련된 최면치료성과가 증명되고 있다.

급성통증과 만성통증에 비하면 다른 장애증상들은 피최면성과 최면치료성과의 관련성이 분명하지 아니하다. 천식과 알레르기성비염, 사마귀치료, 체중감소 및 금연 등은 피최면성이 높으면 치료성공율이 높은 것이 증명되었다. 하지만 체중감소와 금연에 대해서는 이와 반대되는 연구결과도 있다. 트랜스 심도와 치료성과 간의 관련성으로는, 사마귀치료와 시험공포증이 최면 도중의 트랜스 심도가 깊으면 성공확률이 높은 것으로 나타났다.

피최면성과 치료성과간의 상관관계가 보통이거나 전혀 없는 경우에는 성공적인 최면치료개입에 관여하는 다른 변수가 있는 것으로 짐작된다. Von Hubner가 그 단서를 제공하고 있는데, 그는 암시의 내용과 방법을 표준화했어도 암시의 작용효과는 각 개인마다 다르다고 주장하였다. 일정하지 못한 치료성과를 감안하면 이런 치료적인 변수에 대해 더 많은 주의를 기울여야 한다. 최면기법을 사용함에 있어서 흔히 그 내용이 다를 수가 있기 때문에 서로 비교한다는 것은 매우 어려운 일이다. 특정 장애 그룹에 대해서는 최면이 아무런 치료성과를 낼 수 없는 경우도 있을 수 있으며, 이런 경우에는 최면치료가 적합하지 않은 것이다.

피최면성이 낮은 내담자에게는 치료 도중에 피최면성을 높이는 것도 생각해 볼 수 있다. 피최면성이 낮은 내담자가 피최면성을 높이게 되면 시험결과에서 예측하는 것보다 더 높은 치료성과를 얻게 된다. 그래서 최면피암시성과 최면성과 간의 실질적인 연관성은 다소 과소평가되어 있다고 말할 수 있다.

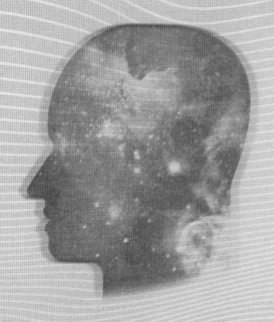

6
PART

최면의 치료효과

최면치료의 효과

　최면치료의 치료효과는 과학적으로 증명되었다. 200번이 넘는 각종 임상실험을 통하여 최면이 여러 가지 장애를 효과적으로 치료할 수 있다는 것이 입증되었다. 다른 심리치료와 달리 최면치료를 하려면 우선 내담자가 최면상태에 들어갈 수가 있어야 한다. 치료의 효과가 최면에 의한 것이라면, 내담자의 피최면성과 최면치료의 효과 사이에 어떤 긍정적인 상관관계가 있어야 한다. 이런 판단기준에서 보면 최면치료는 공포증과 심신장애 증상에 탁월한 효과가 있다.

1) 조작 가능성

　최면치료의 목표는 증상 면에서 조작이 가능하다. 통증 극복은 내담자가 느끼는 통증지각 또는 진통제 소비량으로 알 수 있고, 금연효과는 담배 소비량으로, 공포심 극복은 공포장면과의 생생한 대면으로, 침울증 극복은 활동량으로, 심신장애의 극복은 진찰 또는 장애기록으로 알 수 있다.

　신체질환에 보조적으로 사용된 최면치료의 효과는 통계상으로만 알 수 있다. 예를 들면 최면치료를 받은 암 환자 그룹이 다른 그룹보다 더 오래 연명하는 것이 확인되었다. 개별 환자의 경우에는 언제나 최면치료와 동시에 신체적인 치료가 시술되므로 최면치료에 의한 신체적인 변화(예를 들면 백혈구의 숫자)를 확인하기가 어렵다.

최면에 의한 개입이 갈등해소에 작용하는지의 여부는 증상을 관찰함으로써 간접적으로만 알 수 있다. 과거에 상처받은 경험을 재구성하거나 정서순화적으로 재활성화 하는 것이 효과가 있었는지는 직접적으로 확인하기가 매우 어렵다. 왜냐하면 이런 영향은 환자의 환상 속에서 일어나고 조작할 수 없기 때문이다. 어린 시절의 경험을 암시에 의해 보완하는 것이 부모관계의 사후조성에 효과가 있는지도 확인하기 어렵다.

숨겨진 지식을 찾아내고 이용하는 암시적인 개입의 효과는, 흔히 이를 통해 깨닫게 된 내담자가 내리는 결정을 통해서 또는 직접적인 행동의 귀결을 통해서 알 수 있다. 예를 들면, 직장에 다니는 한 주부는 스트레스 해결방법에 대한 무의식적인 정보탐색 후에 가사도우미를 채용하였고, 암환자들은 화학요법을 결심하거나 포기하였으며, 주저하던 약혼자는 결혼을 결심하였다. 이 사람들이 정말로 새로운 지식을 얻었을까? 자신이 내린 결정에 대한 확신이 높아졌다는 것만 알 수 있을 뿐이다.

더욱 어려운 것은 은유와 기타 간접암시를 사용함으로써 문제해결의 창의성이 개선되었는지를 확인하는 것이다. 모든 최면 개입방법에서 그 특유의 효과를 최면자의 열성과 분리해서 생각하기는 어렵다. 세심한 배려와 주의집중으로 최면자로부터 내담자에게 전해지는 최면유발효과가 생기게 되며, 이러한 일반적인 치료효과 요인은 결코 무시할 수 없다.

2) 임상최면치료 적용 분야

- 행동장애 : 손톱 물어뜯기, 야뇨증, 흡연, 과체중, 지적능력과 운동능력
  의 향상
- 신경정신장애 : 공포증, 강압증, Depression 반응, 정신상처 후유증, 분
  열증, 불면증
- 심신장애 : 만성통증, 편두통, 긴장성 두통, 모부스 크론병Mobus Crohn, 궤
  양, 천식, 알러지 피부병Heuschnupfen, 고혈압
- 신체장애 : 면역, 사마귀, 피부병, 종양, 혈관운동신경, 혈행장애 개선, 외
  부상처 치유, 급성통증, 조산, 치과치료, 수술 후 통증, 신경쇠약, 건망
  증, 뇌손상, 재활치료

개인치료 사례연구 외에도 많은 그룹지도 연구에서 최면치료의 효과
가 실제 경험자로서 입증되었다. Grawe et al.은 1983년까지 1,000여 명
의 환자들이 참가한 19건의 단체지도 사례를 제시하였는데, 치료 전후
를 비교한 17건 중에서 13건이 개선되었고 단체비교 9건 중에서 6건이
개선되었다. 현저하게 호전된 분야는 통증, 공포, 심신장애와 불면증이었
다. Revenstorf와 Prudlo는 1992년까지 5800여 명의 환자가 참가한 77
건의 단체지도 연구에서 최면치료가 급성통증, 만성통증, 편두통, 암통증,
화학요법 후유증(구역질), 유방암 생존기간, 불면증, 공포장애와 흡연에 효
과가 있음을 입증하였다. 효과가 적은 분야는 고혈압, 알코올중독, 헤로인
중독이었다.

3) 증상 제거법의 문제

이전에는 최면요법이 오로지 권위암시에 의해 당면한 증상만을 처리하는 것을 목적으로 사용되어 왔다. 따라서 증상을 형성하고 있는 배후의 심적 갈등이나 인격 등에 대해서는 관여하지 않는 점에 대하여 종종 비판되고 있다. 이 방법은 증상을 일시적으로 억제할 뿐으로, 치료효과가 오래 지속되지 못하고 재발이 많다든지 대리증상이 나타나기 쉽다는 등의 문제가 제기될 수 있다.

특히 정신분석의 입장에서 볼 때, 이 방법만을 의지하고 치료를 해나간다는 것은 화제의 근본 원인을 방치해 두고 연기만을 불어대는 것과 같다는 준엄한 비판도 가해질 수 있다. 그러나 오늘날에는 영속적인 효과를 올릴 수 있도록 여러 가지 최면치료기법이 개발되었다. 정신분석 추종자들로부터 비판을 받아 오던 직접암시에 의한 증상제거법도 사용하기에 따라서는 증상의 개선과 더불어 심적 여유가 생겨서 사회적인 적응력이 강화되거나 증상의 배후에 있는 심리적 요인에 눈을 돌릴 기회를 주는 등 단순한 증상제거를 넘는 뛰어난 효과도 기대할 수 있게 되었다. 사실 이 방법은 오늘날의 최면요법 중에 60~80%를 차지하고 있어 임상적으로 이용가치가 높은 기법으로서 우위를 차지하고 있다.

마음에서 일으킨 심신장애는 대부분 직접암시에 의해 무엇인가의 변화를 일으킬 수 있다. 일부의 유전적 소질의 장애나 기질적인 신체증상마저도 암시로 변화가 가능한 경우가 많다. 그래서 심리요법에서 생각할 수 있는 모든 증례를 그 대상으로서 볼 수 있지만, 임상적으로는 보통 다음 경우에 사용되고 있다.

① 유효성이 큰 증상

- 자기방어적인 의미가 적은 단순형의 신경증이나 심신증, 특히 불안이나 긴장에 기인한 자율신경계의 반응으로서의 증상. 이를테면 불안신경증, 만성피로, 월경이상, 변비, 기관지 천식, 근육통증, 편두통, 갑상선 기능항진증 등에서 볼 수 있다.
- 증상과 불안의 악순환이 되어 있을 경우. 심장신경증, 수족이 떨리는 증상 등.
- 심리적인 원인은 사라졌는데 증상만이 자동적으로 습관화되어 있는 증상이나 버릇인 경우. 손톱 깨물기, 틱장애, 말더듬이, 불면, 과식, 과도한 흡연, 음주 등.
- 타인으로부터 받은 나쁜 암시나 자기암시적인 작용으로 증상이 만들어져 있는 경우. 토하기, 식품 알레르기 등.
- 피암시성이 높은 경우. 여러 종류의 히스테리 등.
- 최면요법을 희망하고 있는 경우
- 연령이 어린 사람, 특히 중학생부터 고교생.
- 병력이 짧은 경우. 수개월 이내가 좋다.

② 퇴치가 곤란한 증상

- 심적 갈등의 방어로서의 의미가 강한 복잡한 신경증. 히스테리, 공포증, 강박신경증 등.
- 유전, 소질, 인격 장애, 기질적 장애 따위가 증상이나 문제에 밀접하게 결부되어 있는 경우. 정신병, 정신박약 등의 정신장애, 특히 우울증엔 금기(자살의 우려가 있다)
- 너무 심한 증상. 이를테면 각종의 발작, 틱장애, 통증 따위로 집중이 곤

란할 때.

- 적응하기에 지극히 환경조건이 나쁜 경우.
- 유아나 고령자.
- 최면피암시성이 낮은 경우.
- 최면에 불신감이나 불안이 강한 경우.
- 의존성이 강한 환자. 치료에는 반응하나 분리하여 독립하는 것이 어렵다.

그밖에 기질적인 신체병의 경우, 증상 제거만을 목적으로 하지 않고, 개선을 노리고 대증요법적으로 사용하는 것이 좋다. 통증의 제거에 있어서 위독한 기질적 신체증상에 기인한 것이라도 암시로써 일시적으로 억누르는 것이 가능하나, 임상의학 검사를 엄밀히 실시하고 진행하지 않으면 안된다.

4) 기법상의 주의

① 치료개시 전

내담자에게 증상이 얼마나 고통스러우며 생활을 불행하게 하고 있는가를 충분히 인식시켜, 치료에 적극적으로 협력하는 마음을 갖게 만드는 것이 중요하다. 치료에 의하여 좋은 방향으로 전환한다는 확신을 주는 것은 필요하지만, 치유를 약속해선 안 된다. 치유성공 여부는 내담자의 협력에 달려있다는 점을 강조해 둔다.

② 치료암시를 주는 법

암시를 주는 법에는 두 종류가 있다. 하나는 증상에 대해서 내용을 한정 지워주는 경우로서, 이를테면 '잠에서 깨어났을 때는 …하고 있다.' '10까지 세는 동안에 …한다.'라는 식이다. 다른 하나는 증상이 호전되는 내용으로 주는 방법이다. 이를테면 '점점 가벼워지고 있다.', '나날이 …이 편하게 된다.' 등으로 말한다.

대체로 깊은 트랜스가 얻어졌을 경우, 때로는 1회로 치료를 끝내야 할 경우 등에는 단언적으로 암시한다. 이때 상당히 권위적인 입장에서 실시하는 것이 좋다. 이것은 히스테리성의 지각이나 운동장애, 의지가 약해서 나쁜 버릇을 고치지 못하고 있는 사람, 의존적인 경향이 강한 사람, 어린이 등의 경우에 유효하다.

한편 트랜스가 얕을 경우, 시간적인 여유가 있을 경우, 불쾌감이나 건강염려증 따위의 주관적인 문제나 증상, 만성의 신체형장애, 그 밖의 손대기가 무섭다고 생각되는 증상에 대해서 비한정적인 형태로 진행시켜 나가는 것이 좋다.

③ 자아의 강화법

증상을 급속히 제거해 버리는 것은 내담자의 마음속 안정을 흐트러지게 하여, 급성 불안을 조성하거나 대리증상으로 이동시키게 할 염려가 있으므로 주의가 필요하다. 특히 갈등에 기인한 증상이나 자아가 약한 환자, 만성 신경증이나 심신증 등에서 일어나기 쉽다.

이를 예방하기 위하여 증상의 제거에 앞서 간단한 심리요법을 실시하여 자아를 지지해 두는 것이 바람직하다. 왜냐하면 일반 신경증이나 심신증 등 약한 내담자의 자아는 불만이나 긴장, 공포 따위 때문에 점점 악화되어 의존성, 자신감 결핍, 신경질치료에의 불신감 등이 보이기 쉽기 때문이다. 또 증상을 방치해 두는 불안을 보이기도 한다. 그러므로 이들의 약한 병적 마음가짐에 대해서 치료 기간 단계마다 다음과 같은 자아의 지지와 강화의 암시를 실시할 필요가 있다.

그것은 깊은 트랜스 하에서 실시하는 것이 가장 좋다. 그 방법에는 일정한 규정이 있는 것은 아니다. 하르란드Harlland.J는 유도에 이어 5~6분 정도 셈과 호흡법에 의해 근육을 이완시킨 다음, 8~10분간 다음과 같은 자아 강화의 암시를 실시한다.

'매일 몸이 튼튼해진다.'
'좀 더 정력적이 된다.'
'우울해지지 않는다.'
'자신이 하고 있는 일에 흥미를 가진다.'
'마음이 상쾌하다.'
'잘 집중할 수 있다.'
'감정이 밝고 안정된다.'
'좀 더 속 편하게 생각된다.'
'자신감이 솟는다.'
'혼자서 할 수 있는 자신이 붙는다.'
'좀 더 유쾌하고 낙천적이 된다.'
'좀 더 행복해진다.'

등의 여러 가지 암시가 있는데 이들의 몇 개를 조합하여 실시한다.

암시의 내용도 중요하지만 특히 흐르는 것 같은 리듬, 반복, 억양에 주의하여 내담자의 마음에 스며들도록 한다. 내담자의 병력, 생활, 상대 등을 잘

조사해 두고, 최면 하에서 구체적으로 지지적인 심리요법을 실시하는 수도
있다.

④ 치료횟수와 시간

부득이 하루에 끝내지 않으면 안 될 경우는 적어도 2시간은 필요하다. 1
시간은 병력의 검토, 동기유발, 최면의 심화나 자아의 강화에 충당한다. 나
머지 1시간은 오로지 치료 암시에 충당한다. 가능하면 오전과 오후 2회로
나누어 진행하는 것이 좋다. 보통의 경우는 처음에 되도록 시간을 들여 최
면의 심화와 자아의 강화를 실시한다.

일반적으로는 1주일에 2~3회 정도 실시한다. 1회 시간은 30분에서 50
분 정도 실시하지만, 초기에는 되도록 횟수를 빈번하게 하고 어느 정도 치
료가 이루어지면 적당히 간격을 두어 실시한다.

⑤ 최면 이후의 대화

보통 최면치료 후에 효과를 촉진시키기 위해 10분에서 15분 동안 내담
자와 서로 이야기를 나누는 것이 바람직하다. 최면요법에 만능적인 과도
한 기대를 품고 있는 사람, 최면 중에 일어난 일은 후에 생각해 낼 수 없는
것으로 오해하고 있는 사람도 적지 않다. 이때 당장에 극적인 효과가 언제
나 얻어지는 것은 아니고 오히려 그것은 드물게 나타난다는 것, 깊은 트랜
스에 들어가지 않아도 충분히 치료효과는 기대할 수 있다는 것을 잘 설명
해 두지 않으면 실패의 우려가 있다. 치료 후에는 심신의 반응을 잘 확인하
여 조금이라도 변화가 보일 것 같으면, 그것을 최면암시의 순조로운 표시
라고 강조하고 나아가 상대방의 협력적 태도를 굳혀 간다. 주위 사람의 최
면요법에의 반응에 대해서도 이야기를 나누어, 부정적인 생각이나 분위기

를 교정해 가는 것도 중요하다. 수회 내지 10회 정도 실시하여 전혀 효과를 볼 수 없을 때에는 내담자와 상의해서 중지하고 다른 치료법을 적용하도록 한다.

최면 중에
생기는 변화

1) 주관적인 변화

① 최면에 들어간 내담자에게 최면상태가 어떤지를 말해보라고 하면, 잠이 들기 바로 전과 같았다고 말한다. 잠이 막 들려고 하면서 이미지가 나타나는데, 그냥 두서없이 나타난다고 하였다.

② 최면 중에는 잡음이 들리지 않았다고 한다. 최면자의 목소리는 또렷하게 들리는데 다른 소리는 들리지 않았다고 하였다. 이것은 주의가 한 곳에 집중되어 협소화된 것을 의미한다. 청각잠재력에 대한 실험을 통해서 최면 중에는 잡다한 외부자극이 걸러진다는 것을 알게 되었다. Grond는 뇌 속의 글루코스glucose 변환을 측정하여, 최면 중에는 외부의 자극을 처리하는 시각과 청각의 반응이 줄어든다는 것을 증명하였다.

③ 암시를 하지 않았는데도 신체적인 느낌이 달라졌다고 말한다. 오랫동안 최면상태에 있던 사람은 팔과 다리가 길어지거나 짧아졌다고 느끼고 있었고, 그밖에도 다른 신체적인 변화를 말하는 사람들이 있었다. 예를 들면, 입술이 넓어졌다거나 머리가 커졌다고 하였다. 신체가

움직인다고 말하는 사람도 있었는데, 몸이 한 바퀴 돌거나 의자에서 미끄러져 내려가는 느낌을 받았다고 말하였다. 팔이나 다리가 없어진 것 같은 느낌을 받기도 하고 몸이 무거워지거나 가벼워지는 느낌을 받기도 하는데 이런 느낌은 근육이 이완되었기 때문인 것이다.

④ 최면 중에 달라지는 또 하나의 변화는 '트랜스 논리'이다. 트랜스 논리란 최면 중에는 논리적인 모순을 용납하는 범위가 넓어지는 것을 말한다. 유아 때 외국에서 살았던 사람에게 유아기로 연령퇴행을 하여 외국어로 물어보면 올바른 외국어로 대답한다. 그런데 이 사람은 그때 너무 어려서 외국어를 배우지는 못하였던 것이다. 깊은 최면에 들어간 사람과 시술자 사이에 의자를 놓아두고 그 사람에게 방 안에는 당신과 나 밖에 없다고 암시한 후에 나에게로 오라고 하면, 그 사람은 의자에 걸려 넘어지지 않고 의자를 돌아서 온다. 반대로 가벼운 최면에서 일부러 그런 척 따라하는 사람은 의자에 걸려서 넘어진다. 트랜스 논리에 대한 실험은 이 밖에도 많이 있다. 피최면성이 탁월한 사람은 최면에 들어가지 않아도 트랜스 논리가 나타난다.

⑤ 최면 중에는 이미지 능력이 향상된다. 내담자들 중에는 암시한 광경을 놀랄 만큼 생생하게 보았다고 하는 사람들이 있었다. 예를 들어 어린 시절의 학교 교실 광경을 암시하자, "내가 마치 교실에 앉아 있는 것 같았어요."라고 말하는 사람이 있었다. 이런 사실이 계기가 되어 최면 중에 시각적인 이미지 능력이 향상되는지에 관한 실험을 하게 되었다. 실험 대상자들에게 각성상태에서 먼저 한 그림을 보여주고 조금 후에 거의 같지만 몇 군데가 다른 그림을 보여 주었더니, 두 그림 사이에 다른 점을 찾아내지 못하였다. 그 다음에는 최면상태에서 첫 번째 그림을 보여주고 조금 후에 두 번째 그림을 보여주었더니,

두 그림 사이에 다른 점을 찾아내었는데 피최면성이 높은 사람일수록 다른 점을 더 많이 찾아내었다.

⑥ 최면 중에는 시간이 짧게 느껴진다. 1시간을 약 10분 정도라고 추정하는 내담자도 있었다. 시간단축은 최면망각 때문은 아니라고 여겨진다. 최면 중에 있었던 일을 모두 기억하고 있는 사람도 시간을 짧게 추정하고 있었다. 시간단축은 뇌에서 정보를 처리하는 과정이 달라졌기 때문인 것으로 보인다.

⑦ 최면상태에서는 각성상태에서 보다 암시를 훨씬 더 잘 받아들인다고 알려져 있다. 직접암시를 통하여 내담자의 감정과 행동태도를 바꾸는 고전적인 최면치료 방법은, 내담자의 피암시성이 각성상태보다 최면상태에서 훨씬 더 높다는 사실을 전제로 하고 있다. 그러나 여기에는 약간의 논란이 있다. Barber는 실험을 통하여 최면 중에 일어나는 많은 현상들이 (적합한 동기를 부여하면) 각성상태에서도 일어난다는 것을 증명하였다. 다른 학자들은 높은 피암시성이 기대심리 때문이라고 하였다. 피최면성의 정도가 최면 중의 피암시성에 결정적인 영향을 미친다는 것을 밝혀냈다.

최면치료를 하다보면, 내담자들이 최면상태에서 (각성상태에서 보다) 훨씬 더 빨리 그리고 순발적으로 감정적인 반응을 보이는 것을 알 수 있다. 최면상태에서는 외부의 자극에 둔감해진다. 최면만으로 제왕절개 수술을 한 기록과 치아를 뽑거나 임플란트 시술을 한 기록이 있고, 자기최면만으로 쓸개 수술을 한 기록이 있다.

최면상태에서는 자기 자신으로부터 분리되어 자기를 관찰해볼 수 있는 분리체험이 가능하다. 주관적인 변화 중에서도 후최면망각이나 후최면암시 또는 연령퇴행과 같은 것으로 인한 변화도 빼놓을 수 없다. 최면 중에는 피암시성이 높아지고 감정이입이 쉬워지고 분리체험을 할 수 있다

2) 생리적인 변화 : 뇌와 관련된 변수

최면 중에 생기는 생리적인 변화는 주로 뇌의 생리에 관련된 변수와 심혈관에 관련된 변수를 중심으로 연구되고 있다. 심혈관 관련 변수와 함께 호흡 빈도나 피부 저항도 등을 측정하여 자율신경계의 활성화 정도를 알아볼 수 있다. 스트레스 연구에서 자주 거론되고 있는 내분비의 반응은 아직까지 그다지 고려되지 않고 있다.

뇌파를 측정해 보면, 신체 상태에 따라서 지배적인 진동수 영역이 달라지는 것을 알 수 있다. 각성 상태에는 베타파가, 이완 상태에는 알파파가, 그리고 수면 상태에는 델타파와 세타파가 지배적이다. 이런 사실에 착안하여 연구한 결과, 최면 상태에서는 알파파의 활동이 왕성해지는 것을 알수 있었다. 알파파의 활동에 대해 연구 초기에는 알파파의 지속시간(알파파의 밀도)이 증가하는 것에 주목하였으나, 차츰 알파파의 진폭(알파파의 강도)을 함께 고려하였고, 나중에는 알파파의 진폭만을 고려하였다. 또한 연구 초기에는 피최면성이 높은 사람이 알파파의 활동도 더 왕성하다고 생각하였으나 차츰 이에 대한 의문이 제시되었고, 상관관계가 없거나, 있어도 아주 미약하다는 것이 밝혀졌다.

피최면성이 높은 사람과 낮은 사람 사이에 알파파의 활동이 큰 차이를 보이지 않는 반면에 세타파의 활동에는 큰 차이를 보이고 있다. 세타파의 증가는 외부자극을 차단하는 데에 영향을 미치는데, 피최면성이 높은 사람

은 낮은 사람보다 세타파의 강도가 더 강하였다. 외부자극에 대한 차단효과는 양전자 방출 단층촬영에 의해 확인 되었다. 자율훈련을 할 때에도 세타파의 강도가 증가한다.

피암시성이 높다는 것은 이미지화하는 능력이 크다는 것에 근거를 두고 있다. 형상을 이미지화하는 작업이 우뇌에서 이루어지고 있으므로, 최면 상태에서의 체험능력도 우뇌의 기능 중 하나라고 생각하였다. 이런 가정을 전제로 알파파의 활동을 측정할 때에도 좌뇌와 우뇌를 따로 측정하였다. 하지만 최면 중에 알파파의 활동이 우뇌에 편중되어 있을 것이라는 가정은 어느 실험에서도 증명된 바는 없다. 알파파의 활동이 우뇌에 편중되어 있다는 것이 증명되지 않았다고 해서 최면 중의 체험이 주로 우뇌에서 일어난다는 가정이 틀렸다는 것은 아니다.

최면 중에 왼손과 오른손의 피부저항능력의 변화를 측정하거나, 왼손과 오른손으로 할 수 있는 분류작업의 성과를 비교하거나, 얼굴의 왼쪽 절반 또는 오른쪽 절반에 비치는 빛의 밝기를 다르게 하였을 때의 반응속도를 측정하는 방법으로 알 수 있다. 최면이 우뇌의 활동증가와 밀접한 관계가 있다는 생각인 것 같다. 이와 연관되어 있는 언어는 좌뇌에서, 비언어는 우뇌에서 주관하고 분석은 좌뇌에서, 통합은 우뇌에서 주관한다는 주장도 확실한 근거가 있다. 입체적인 시각 프로세스와 감정을 받아들이고 감정이 생기게 하는 기능은 우뇌에 있는 것으로 생각된다.

여기에서 더 나아가서 최면 중의 체험이 주로 좌뇌에서 이루어지는지도 모른다는 주장이 있다. 이 주장에 의하면, 최면 중에 우뇌의 알파파가 (불확실하게) 증가하는 것을 반드시 우뇌가 활동하는 것으로 볼 수 없으며, 오히려 우뇌는 쉬고 있고 좌뇌가 활동하고 있다는 것이다. 왜냐하면 최면 중의 체험에 결정적인 역할을 하는 주의의 초점화와 내면체험으로의 언어영역을 좌뇌가 담당하고 있다는 것이다. DeBenedittis와 Sironi는 실험을 통하여, 최면 중에는 뇌의 해마 부분의 활동이(자제하는 기능) 증가하고 편도엽 부분의 활동이(능동적인 기능) 줄어드는 것을 알게 되었다.

3) 자율신경기능의 변화

최면 중에 긴장이 풀어지는 것은 흥분이 억제되기 때문인데, 자율신경에 의해 조정되는 신체적인 기능이 저하된다. 숨 쉬는 횟수가 줄어들고, 심장박동의 횟수가 줄어들며, 혈압도 낮아진다. Barkley와 Pashko는 최면자가 암시를 하지 않았는데도 자발적으로 내담자의 체온이 올라가는 것을 관찰하였는데, 이것은 말초혈관의 혈액순환이 증가하기 때문이다.

신체가 이완되면 근육의 활동능력을 나타내는 근전도의 수치가 일반적으로 내려가는 것을 볼 수 있다. 하지만 최면상태에서 언제나 신체가 이완되기만 하는 것은 아니다. 최면 중에 두려움이나 분노와 같은 감정체험을 하게 되면, 자율신경이 지배하는 반응도 올라간다. 예를 들면 공포의 감정을 암시하면 심장박동의 횟수가 증가한다.

4) 내분비에 미치는 영향

최면이 내분비에 미치는 영향은 거의 연구되지 않았다. 심장박동과 같이 자율신경에 미치는 영향으로 미루어, 최면 중에는 교감신경이 억제되고 혈액 내의 카테콜아민이 감소한다고 추정하고 있다. 소변검사에서 카테콜아

민의 합성에 관여하는 바닐린산의 농도를 측정하여 최면 중에 카테콜아민이 감소한다는 것을 간접적으로 증명하였다.

최면 후에는 혈액이 변한다. 백혈구의 수는 최면 후에 약 20% 감소하였고, 이것은 아드레날린과 노르아드레날린의 감소로 백혈구가 혈관 내피세포에 더 많이 달라붙기 때문이라고 한다. 적혈구와 혈전의 농도가 3% 정도 감소하는 것은 혈액의 체적이 늘어나기 때문에 상대적으로 농도가 감소하는 것일 뿐이며, 적혈구와 혈전의 양은 변하지 않는다고 한다. 최면을 시술하고 약 2시간이 지난 후에는 림프구가 증가한다고 한다.

최면훈련을 받은 고혈압 환자의 혈압이 내려가는 것을 관찰할 수 있었다. 그 효과가 6개월이 지난 후에도 지속되고 있었는데, 이것은 바이오피드백 훈련의 효과를 능가하는 것이다. 최면치료 후에 내담자의 무사마귀가 현저하게 줄어드는 것을 관찰하였다. 최면치료 후에 혈우병의 투약량을 현저하게 줄일 수 있었다는 보고도 있다. 약으로는 아무런 효과가 없었던 십이지장염이 최면 치료 후에 현저하게 나아진 사례도 있고, 천식에도 좋은 효과가 있었다.

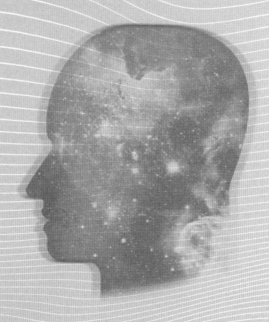

7
PART

의학최면을 위한
암시

1

Abnormal
Mentality
and
Hypnosis

처방 암시문의 작성

처방을 잘한 약이 좋은 약효를 주듯이, 암시문의 처방을 잘해야만 좋은 암시효과를 얻을 수 있다.

1) 처방 암시문의 작성법 주의사항

① 간단명료할 것 : 암시문이 너무 길거나 조잡하면 저항을 일으킬 수 있다.

② 되도록 감정 자극을 크게 할 수 있는 문장이나 단어를 선택한다.

③ 어감이 좋은 말을 사용할 것 : 어감이 좋은 암시는 호소하는 힘이 강하다. 특히 끝말에 주의한다.

　　예) 자기 암시의 경우라면 "개의치 않는다."의 어미를 "개의치 않아." 로 한다.

④ 의문의 여지없이 확신적인 의미를 갖도록 한다 : "될 것이다. 이루어질 것이다."와 같은 미래형은 확신적인 의미가 약하므로 "된다. 이루어진다."와 같이 한다.

⑤ 부정을 하고 이를 긍정하는 식이 되지 않도록 할 것 : 예를 들자면 "나는 건강이 나쁘지만 이제부터는 나날이 건강해진다."라는 말 앞에 나오는 "나쁘지만"이라는 단어는 부정암시가 되므로 좋지 않다.

⑥ 현실성이 없는 것은 피할 것 : 겨우 살아가는 처지에 "나는 곧 백만장자가 된다."는 등의 실현 불가능한 목표가 아닌 실현 가능한 목표에 적합한 암시를 주는 것이 바람직하다.

⑦ 상태가 심각한 경우에는 즉시 개선이 시작되어 조금씩 나아져서 점점 속도를 증가하는 것으로 암시할 것 : 완전히 낫게 되면 지속적 효과를 주는 것으로 암시문을 작성할 것. 예를 들어 난청인 경우 "오늘부터 나의 청력은 점점 호전되어 나날이 잘 들리게 된다. 그 호전상태는 서서히 속도를 높여나가서 짧은 기간 내 아주 잘 들리게 된다."

증상의 상태가 좀 심하면 잠재의식에 부담을 적게 해야 목적 수행이 빨라지게 된다. 그러나 어느 정도 효과가 나타나면 "오늘부터 이미 회복의 조짐이 나타나고 있다."라고 처방암시를 바꾼다. 예를 들면 "나의 호흡은 벌써 편하게 되고 있다."라고 암시를 준다.

결과가 얻어지면 "지금처럼 안락한 상태가 지속된다. 환부는 한층 보강되어 완전한 건강 상태가 된다."라고 처방 암시를 준다. 완전하지 못하지만 경감된 경우는 "벌써 상당히 편하게 되었다. 조만간에 완전한 상태가 지속된다."라고 암시를 준다.

2) 처방암시를 주는 법

동기가 유발되고 처방 암시문이 완성되면 이제부터는 본격적인 암시(처방암시)를 부여할 단계에 이른 셈이다.

높은 암시효과를 얻기 위해서는 자기 최면상태로 유도한 후에 후최면암시(처방암시)를 주도록 한다. 암시는 마음속으로 주어도 되지만, 조용하고 나지막하게 소리를 내어 자기 귀에 들려주는 방법이 암시효과를 높일 수 있다. 잠재의식은 청각신경을 적당히 자극시켰을 때 반응을 잘 나타내기 때문이다. 또 암시효과는 반복에 의해 강화되므로 지루하지 않을 정도로 되풀이해 준다.

3) 처방 암시의 실제

여러 가지의 처방암시의 일부를 소개해 놓았다. 그러나 개인에 따라 적합한 것이 없다면, 앞서 말한 암시문의 작성요령과 본 절에 나와 있는 처방암시 등을 참고로 하여 각자가 만들어 쓰도록 한다. 여기서 소개된 처방암시라고 해서 꼭 그대로 써야만 된다는 법은 없다.

(1) 암시에 대한 저항을 없애는 처방 암시

① 대인, 시선, 방문 공포 등에 적용되는 일반적 처방 암시 : "남과의 대면이 편안하다." "남과의 대면이 즐겁다." "남 앞에 나서는 게 좋다." "사람들과의 교류가 재미있다."

② **시선 공포** : "시선이 마주쳐도 아무렇지 않다." "사람들의 시선을 자연
스럽게 바라볼 수 있다"(이미지 트레이닝).

③ **적면 공포** : "얼굴이 붉어져도 아무렇지 않아." "빨개지려면 빨개지라
지." "홍당무가 돼도 개의치 않아." "얼굴 색깔이 아무려면 어때, 사람
됨이 중요하지."

④ **적면 중일 때의 특별암시** : "목덜미, 양 어깨, 양팔이 따뜻하다."
이 특수 처방암시는 자율훈련법 중의 표현 연습 코스를 마친 후나 온
감훈련을 끝낸 후에 별도로 연습을 실시하여 언제 어디서나 온감반응
을 일으킬 수 있을 때 활용하면 효과를 거둘 수 있다.

⑤ **방문 공포** : "방문은 즐겁고 자유롭다." "사람들과의 만남이 자유롭고
불편하지 않다."

⑥ **대장부 심성 단련** : "나는 대장부(여장부)이다." "나는 대범하다." "담력이
세고 강하다." "배짱이 두둑하다." "하잘 것 없는 일에 구애되지 않는
다." "생사 문제는 하늘에 맡긴다." "우물쭈물하지 않는다." "행동적인
사람이 된다."

⑦ **부정관념 타파** : "언제나 긍정적으로 생각한다. 부정적인 생각이 떠오
르면 즉각 "노(NO)!"라고 분명히 거부한다." "긍정적인 생각만을 받아
들인다."

⑧ **적극적인 행동력 양성** : "해야 할 일, 해도 무방한 일, 즉각 행동으로 먼저 행하고 판정은 나중에." "남의 이목 따위에 개의치 않아." "내 생각대로 할 거야."

⑨ **자신, 용기, 번영, 투지력 배양** : "나는 그것을 할 수 있다. 아니 반드시 해낸다. 나에겐 그럴 만한 슬기와 용기가 있다." "장벽에 부딪히면 더욱 분발한다." "나는 태연한 기분으로 시합에 임하고 있다. 컨디션은 밝고 자신감이 넘친다. 승리를 확신한다(특히 운동경기의 경우)." "오늘도 전진의 자세로서 일에 최선을 다한다." "초지일관, 버티고 밀고 나가서 반드시 목적을 이룬다."

⑩ **곤란한 문제의 극복** : "이것 참 재미있게 됐구나. 문제를 풀자."

⑪ **난청** : "오늘부터 나의 청력은 점차 회복되어 나날이 점차 잘 들리게 된다. 그 호전 상태는 천천히 속도를 증가, 불원간 아주 잘 들리게 된다." 결과가 얻어지면 "이제 회복된 청력은 나날이 더욱 보강되어 영속적으로 잘 들리게 된다." 완전치는 못하지만 경감된 경우에는 "나의 귀 울림의 상태는 상당히 좋아졌다. 귀 울림의 상태는 나날이 약화되어서 조만간 말끔히 사라진다."라고 암시를 준다.

⑫ **기억력 증진** : "나의 기억력은 증진된다." "무엇이든 받아들여진 인상은 명확하게 되고 기억하고 싶을 때 즉각 정확한 상태로 떠오르게 된다."

⑬ **주의 집중력 증강** : "일단 일에 부딪히면 호기심을 갖게 되고 고도로 집

중한다."

⑭ 언어장애 처방암시 : "아는 누구와도 자유롭게 일할 수 있다. 장애가 있다고 해도 개의치 않고 말한다." "말할 때는 차분하게, 좀 천천히 말한다. "나날이 말을 잘할 수 있다. 말 표현이 쉽고 자유롭다." "언어 구사에 자신이 생긴다."

⑮ 불감증의 처방 : "섹스는 즐거운 것 모두 다 즐기고 있는 것, 그것은 태초 조물주가 의도한 바에 따르는 것, 그것은 결코 죄가 아니다(죄의식이 수반된 경우)." "국부는 따뜻하고 쾌감을 일으킨다(자율훈련 표준연습 1, 2 공식을 마스터한 후에 이 암시를 적용하면 대단한 개선효과를 얻을 수 있다)."

⑯ 자위행위 처방암시 : 특히 잠자리에 누워있을 때 자위하고 싶은 생각이 들면 이완시킨 후 "나는 아주 지쳐서 아무 것도 하기 싫다. 피곤하고 졸려서 곧 잠에 곤히 빠진다."

⑰ 야뇨증의 처방암시 : "곤히 잠을 자다 가도 오줌이 마려우면 잠이 깨고 눈이 떠진다. 잠이 깨면 곧 일어나 오줌을 누고 다시 잠자리에 든다. 오줌을 누지 않고는 잠을 이룰 수 없다." 자기암시가 어려운 대상은 어른이 옆에서 타인암시로 해 준다.

⑱ 강박관념 타파를 위한 처방암시 : "나는 강박에 대해 개의치 않아. 그것을 떨쳐 버리고 대항하거나 애쓰지도 않을 거야. 그냥 내버려 둘 거야. 상대 안 할 거야."

⑲ 완벽의 타파를 위한 처방암시 : "불안전한 것이 인간의 속성이야. 무엇이든 100% 완벽을 바라는 것은 무리야. 나도 남들처럼 대충 됐으면 그것으로 만족하면 돼. 안 되면 안 되는 대로, 모르면 모르는 대로 접어두고 앞으로 나갈 거야."

⑳ 자학, 죄의식, 비관에 대응한 처방암시 : "자책이나 자학으로 속죄되지 않는다. "잘못한 만큼 반대로 무엇인가를 잘해서 죗값을 치르자." "일단 나를 용서하고 좋은 일 많이 하며 열심히 살자."

㉑ 유쾌한 감정 활성 암시 : "유쾌한 일만 생각한다." "매일매일 삶이 즐겁고 낙천적이 된다."

㉒ 학습 향상을 위한 후최면암시

"학습능력 개발을 위한 후최면암시를 당신의 마음속에 전달하고자 합니다.

당신은 복잡한 문제도 잘 이해할 능력이 생깁니다.

날마다 빠르게 배우고 익히게 됩니다.

학습능력이 빨라집니다.

무한한 잠재능력을 활성화시킵니다.

나날이 빠른 학습능력이 발휘됩니다.

배운 것을 쉽사리 기억해 냅니다. 어려운 문제도 해결할 수 있습니다.

빨리 배우고, 빨리 이해할 능력이 생깁니다.

배운 것을 빠르고 명확하게 기억해 냅니다.

정신이 산만해질 때는 눈을 감고 '집중!'을 3번 외치고, 잠시 있다가 눈을 뜨면 전신이 맑아지고 집중을 잘하게 됩니다.

당신은 이 암호로서 학습효과를 최대로 높일 수 있습니다.

언제나 '집중'이라는 암호는 조건 반사적으로 집중력을 높여 줍니다.

'집중' 암호는 반복에 의해서 강화되고 즉각적인 효과를 일으켜줍니다.

나날이 학습능력이 증진됩니다.

어려운 문제도 잘 이해하고 풀이해서 당신의 것으로 만듭니다.

집중력이 배가되어 학습능력을 최대화시킵니다.

언제나 공부가 즐거워집니다.

공부는 행복을 줍니다.

지식을 섭취하고 실력을 쌓아 갈 때 가슴 뿌듯한 행복을 느낍니다.

언제나 공부하는 시간이 즐겁습니다.

공부가 시작되면 오로지 공부에만 집중됩니다.

공부를 할수록 깊은 맛을 알게 되고, 더욱 공부를 열심히 하게 됩니다.

정말 공부가 좋아지고 매일매일 열중합니다.

시험을 치를 때는 자신과 여유가 생기고, 문제에 대한 답안이 쉽게 떠올려져서 답안 작성을 신속하고 정확하게 처리해 나갑니다.

쓸데없는 일로 공부 시간을 뺏기는 것은 정말 싫은 일입니다.

공부가 가장 재미나는 취미가 되어, 언제나 공부하는 시간이 가장 즐겁습니다.

남과의 경쟁에서 이기고 싶은 승부욕을 갖게 되고, 매일매일 공부 속으로 빠져들게 됩니다.

그러나 공부하는 사이사이 적절한 휴식을 취해서 건강관리도 잘 해 나갑니다.

공부가 정말 좋아지고 재미를 붙이게 됩니다.

매일 같이 꾸준히 공부해서 공부가 주는 즐거움을 만끽하고, 자신의 소원, 자신의 목적을 반드시 달성시킵니다.

이제는 잠시 자신의 소망이 실현된 모습, 성공한 자가 된 모습을 떠올려서 마음속에 새겨 넣습니다.

이제까지 당신에게 부여한 후최면암시와 목적을 달성한 영상은 잠재의식 속에 깊숙이 새겨졌습니다.

이제 당신의 성공은 약속되었습니다.

당신의 꿈은 반드시 실현되어 목적의 성취에서 오는 큰 보람과 행복을 얻을 수 있게 되었습니다."

㉓ 스트레스 해소 후최면암시

"분노, 적의, 불만 따위의 불쾌한 감정은 죄다 발산해 버립니다.

당신의 기분을 해친 상대방이나 제3자에게 털어놓는 방법으로 가능한 한 모두 발산시킵니다.

결코 불쾌한 감정을 마음속으로 억누르거나 역류시키지 않습니다.

화가 치밀어 폭발적인 감정이 유발되면, 당신 혼자서 고함을 지른다거나, 소리 높여 노래를 부른다거나, 공격적인 운동이나 작업에 다 발산시킵니다.

누군가가 당신에게 부당한 처사를 하면, 그 부당성을 지적하고 당신의 권리를 주장합니다.

사회 통념상 묵인 될 수 있는 일은 곧바로 행동으로 옮깁니다.

남의 눈치 따위를 살피지 않습니다.

남을 의식하지 않습니다.

당신의 소신에 따라 자유롭게 행동하고 활기찬 생활을 영위해 나갑니다.

과거에 대한 집착도, 미래에 대한 걱정도 모두 내던집니다.

오로지 희망찬 내일을 향해 전진해 나갑니다.

당신의 삶은 현재가 중요합니다.

과거는 지나가 버렸고, 미래는 아직 오지 않았습니다.

현재에 산다는 것, 마음을 흩트리지 않고 지금 당면한 일에만 집중해서 최선을 다하는 것이 중요합니다.

근심, 걱정에 싸여 불안해하고 분노나 적개심을 품고 있는 것은 당신의 인생에 조금도 도움이 되지 않습니다.

언제나 긍정적으로 생각하고 마음을 편하게 갖습니다.

가슴을 크게 열고, 밝은 마음으로 활기찬 삶을 펼쳐 나갑니다."

㉔ 최면 각성암시

"이제 당신을 깨우겠습니다.

제가 하나에서 다섯까지 세면 당신은 기분 좋게 깨어나 피로가 말끔히 가시고 공부에 대한 의욕과 자신감이 생깁니다.

하나, 의식세계로 돌아옵니다.

다음 둘, 정신이 맑아지고 있습니다.

이제 셋, 몸의 감각이 살아나고 움직임이 자유로워졌습니다.

다음 넷, 정신이 맑아지고 평소 의식상태로 돌아왔습니다.

마지막 다섯, 자, 눈을 뜨고 시원하게 깨어납니다.

완전히 깨어났습니다.

매우 기분이 좋아졌습니다.

자, 팔다리를 힘차게 3번 접었다 펴고, 기지개를 한번 쭉 켜보세요."

4) 처방암시 효과의 성급한 확인은 금물

처방암시를 주고 매일 과연 그 효과가 어떤지 확인하려 하는 것은 그 암시의 효과를 무효화시키기 쉽다. 그것은 농부가 씨앗을 뿌려놓고 싹이 트는지 궁금하여 자주 땅을 헤쳐 보는 것에 비유할 수 있다. 그렇게 되면 잘 돋아나던 싹이 시들어버릴지도 모른다. 암시효과는 때가 되면 나타날 것임을 확신하고 여유 있게 기다리는 것이 바람직하다. 암시효과가 나타나게 되면 농부가 때때로 김을 매고 거름을 주듯이 최면자는 부정적 생각이 침투하지 못하도록 경계하는 한편, 자주 암시를 반복하여 보강시키도록 한다.

에밀 꾸에의 '자기암시' 중에서 "나는 날마다, 모든 면에서, 점점 더 좋아지고 있다."

(1) 의지와 암시

사전을 펼쳐서 '의지'라는 단어를 찾아보라. '어떤 행동을 자유로이 결정하는 능력'이라고 쓰여 있다. 우리는 이 정의를 아무 의심 없이 받아들인다. 하지만 우리가 늘 당당히 여기는 의지는 상상에게 항상 자리를 양보한다.

땅바닥에 폭이 한 삼십 센티미터쯤 되고 길이가 십 미터쯤 되는 널빤지가 놓여 있다고 가정해 보자. 누구나 이 널빤지의 한쪽 끝에서 다른 쪽까지 쉽사리 걸어갈 수 있다. 이제 실험의 조건을 바꾸어 보자. 널빤지는 높은 빌딩 옥상에서 다른 빌딩의 옥상으로 걸쳐져 있다. 감히 누가 이 널빤지에 한 걸음이라도 내디딜 수 있을까? 당신은 두 걸음도 못 가서 다리가 후들거리고, 아무리 '의지'의 힘을 다하더라도 종국에는 땅으로 떨어질 것이다.

이유는 간단하다. 널빤지가 땅바닥에 놓여 있을 때, 당신은 다른 쪽 끝까지 쉽게 갈 수 있다고 '상상'하기 때문이다. 하지만 공중에 떠있는 널빤지를 보며 당신은 갈 수 없다고 '상상'한다. 할 수 없다고 상상하면, 당신의 의지는 당신을 앞으로 나아가게 하지 못한다. 절대로 할 수 없다. 하지만 지붕을 고치는 사람이나, 목수 같은 사람들은 이런 공포를 쉽게 이겨낸다. 그들은 할 수 있다고 생각(상상)하기 때문이다. 현기증은, 떨어질지도 모른다고 생각하기 때문에 일어난다. 그리고 아무리 의지를 다해도 떨어질지도 모른다는 상상을 하는 한 결국 떨어진다. 의지를 더하면 더할수록, 반대되는 결과는 더 빨리 일어난다.

불면으로 고생하는 사람을 생각해 보자. 이 사람이 만약 잠을 자려고 노력하지 않으면, 쉽고 편히 잠이 들 수 있다. 반대로, 잠을 자려고 온갖 의지를 다하면 다할수록 더욱 더 힘들어진다.

잊었던 어느 사람의 이름을 기억해 내려고 애를 쓰면 쓸수록 더욱 더 그 사람의 이름은 모호해진다. 그러다가 "좀 있다가 생각나겠지."하고 생각을 고쳐먹으면, 문득 아무 노력도 안 했는데 그 이름이 떠오르는 경험이 있을 것이다.

참을 수 없는 웃음이 터져 고생할 때, 참으면 참을수록 웃음은 더 심하게 터져 나오는 경험들도 모두 해 보았을 것이다.

이런 각각의 다른 상황들 속의 마음들은 어떤 것일까? "넘어지고 싶지 않아, 그런데 넘어질 거야.", "잠을 자고 싶어, 그런데 못 잘 거야.", "그 김… 김… 아무개 씨의 이름이 뭐더라? 아, 생각해내지 못할 거야.", "웃음을 멈추고 싶어. 하지만 난 못해." 이처럼 의지와 상상 간에 싸움이 일어나면, 늘 예외 없이 상상이 승리한다.

원하는 일을 자유롭게 할 수 있도록 해준다고 믿는 '의지'를 우리는 자랑스러워 하지만, 사실 의지는 상상의 조종을 받는 꼭두각시에 불과하다. 상상을 다루는 법을 배울 때 비로소 꼭두각시놀음을 멈출 수 있다.

(2) 암시와 자기암시

상상은 집안에 갇혀 있는 정신 나간 사람과도 같이 느껴지지만, 실은 길들이지 않은 말과 같다. 이런 말에게는 재갈과 고삐가 필요하다. 이런 말에게 시킬 수 있는 것은 그저 제멋대로 돌아다니게 하는 것밖에 다른 방도가 없어 보인다. 그렇게 마구 뛰어 다니다가는 결국 도랑에 처박게 되고 말 것이다. 하지만 마부가 말에게 재갈을 물리는데 성공만 하면 상황은 달라진다. 이제 말은 제멋대로 가지 못하고, 마부가 원하는 곳으로 순순히 가게 된다.

우리는 무의식 혹은 상상이 가지고 있는 엄청난 힘에 대해 알게 되었다. 이제부터 거스를 수 없어 보이는 이 상상이란 존재를 급류나 말을 길들이듯 제어하는 방법을 보여주고자 한다. 그 전에 우선 우리가 종종 잘 구분하지 못하는 두 단어를 세심하게 다시 정의해 보자. 그 두 단어란 '암시'와 '자기암시'이다.

암시란 무엇일까? '누군가에 의해 부여된 생각' 정도로 정의할 수도 있겠지만, 과연 이런 작용이 실제로 가능한 것일까? 이런 작용은 필수적으로 '자기암시'로 변환되는 단계 없이는 작동하지도, 할 수도 없다. 따라서 암시의 정의는 이렇게 바뀌어야 한다. '누군가에 의해 누군가에게로 옮겨진 생각'으로.

당신이 누군가에게 암시를 걸 수도 있겠지만, 무의식이 암시를 받아들이지 않으면, 즉 그 암시를 제 것으로 소화하여 자기암시로 전환하지 않으면 암시는 아무 효과도 발휘하지 못한다. 때로 아주 평범하고 편안한 주제의 암시를 스스로에게 걸지만 실패하는 경우도 있다. 이유는 스스로 무의식적으로 암시를 받아들이기를 거부했기 때문이다. '자기암시'를 통한 전환이 이루어지지 않은 것이다.

A. 자기암시 방법

① 무의식의 힘을 사용하는 자기암시

우리는 상상을 제어하고 이끌 수 있다. 이를 위해 우선 이것이 가능하다는 것을 아는 것만으로 충분하다(대부분 이 점을 간과한다). 둘째로는 그렇게 하기 위해 어떤 방법을 써야 하는지 알면 된다. 이것이 바로 '자기암시'이다. 그동안 자기 자신에게 무의식적으로 자기암시를 줄곧 걸어왔던 우리가 이제 해야 할 일은, 의식적으로 자기암시를 거는 것이다. 이렇게 하면 된다.

첫째, 자기암시의 대상(들)을 마음속으로 조심스레 집중한다. 그 대상이 '예' 혹은 '아니오'의 대답을 요구하면, 그때마다 다른 것은 생각하지 말고, 그저 '이것이 일어나는구나.', '저것이 사라지는구나.', 혹은 '이런 일이 일어나겠지.', '일어나지 않겠지.' 등 이렇게 그저 지켜보기를 수차례 반복한다(물론 이런저런 것들은 모두 우리 내부 에너지의 일부이다). 그러다가 무의식이 암시를 받아들여서 자기암시로 전환되게 되면, 그 대상(들)의 세세한 부분까지 모두 현실로 이루어진다.

이제껏 '자기암시'는 그저 최면술 같은 것에 불과한 것으로 취급되었다. 하지만 이제는 당당히 '인간의 정신과 육체에 미치는 상상력의 영향'이라고 정의할 수 있다. 이 영향은 거부할 수 없는 것이다. 앞에 열거한 에피소드와는 좀 다른 예를 들어 설명해 보겠다.

만일 당신이 당신 자신에게 어떤 일을 두고 어렵지만 해결 가능한 것이고 그렇기에 할 수 있다고 스스로를 설득했다면, 그 일이 아무리 어려운 일이더라도 당신은 해낼 수 있다. 반대로 세상에서 제일 쉽고, 하찮은 일도 할 수 없다고 상상하면 그 일은 절대로 할 수 없다. 자그마한 언덕이 태산이 되어 넘지 못하게 되는 것이다.

신경쇠약, 말더듬이, 대인기피 그리고 마비 증상을 보이는 많은 경우들이 실은 그저 무의식적 자기암시의 부산물에 불과하다. 즉 자신의 육체와 정신에 가해진 '무의식'이 어떤 일을 저지른 것이다.

그러나 우리의 무의식이 각종 병증의 원천이라면, 동시에 몸과 마음의 치료 역시 무의식의 몫이다. 그것이 가벼운 것이건 심각한 것이건 고쳐낼 수 있다. 무의식이 우리의 생명과 존재에 미치는 영향은 이렇게 아주 강력하다.

아무도 없는 방에 편안히 앉아, 눈을 감고 잠시 마음을 집중시켜 어지러운 망상들을 가라앉힌다. 그리고 '이런저런 일들은 사라지고 있다.' '이런저런 일들이 일어나고 있다.'라고 계속 생각한다.

② 의식적 자기암시의 법칙

자기암시가 이루어지게 되면, 즉 당신이 던진 생각을 무의식이 실제로 실현시키게 되면, 당신은 매우 놀라게 될 것이다(자기암시의 특성은 그 존재 자체를 우리가 알아차리기 힘들다는 것이다. 자기암시가 이루어낸 결과를 통해서만 우리는 그 존재를 알게 된다). 무엇보다 중요한 것은 자기암시를 연습할 때에는 절대로 의지를 작용시켜서는 안 된다는 것이다. 의지와 상상 간에 타협이 이루어지지 않을 때, "나는 이런 일을 꼭 이루어 낼 거야."라고 의지가 말하더라도, 상상은 "그러고 싶겠지. 하지만 그렇게 되지 않을 거야."라고 할 수 있다. 이렇게 되면, 원하는 것이 이루어지지 않는 것은 물론이고 종종 정반대의 결과가 나오게 된다.

③ 상상을 훈련하는 법

a. 의지와 상상이 부딪칠 경우, '예외 없이' 상상이 승리한다.

b. 의지와 상상이 부딪히면, 상상의 힘은 '의지의 제곱'에 비례한다.

c. 의지와 상상이 서로 동의할 경우, 그 힘은 단순히 더해지는 것이 아니라 곱해진 만큼 커진다.

d. 상상은 마음먹는 대로 움직인다.

의식적 자기암시법을 배우기 위해서는 피아노를 배우거나 책을 읽는 법을 배우듯이 그 요령을 배워야만 한다. 의식적 자기암시를 일으킬 수 없는 두 부류의 사람이 있다. 한 부류는 이런 도구를 이해할 능력이 없는 사람들이고, 또 다른 한 부류는 이해하려고 하지 않는 사람들이다.

에밀 쿠에의 격언

우리에겐 '무엇이 보이는가?'가 아니라 '어떻게 보이는가?'가 더 중요하다. 이것이 우리에게 세상의 모순을 설명해 주는 열쇠이다. '나는 성공할 거야.'라는 생각으로 인생을 시작하는 사람은 꼭 성공한다. 성공을 만들어내는데 필요한 것들을 행하게 되기 때문이다. 대머리에 남아 있는 한 올의 머리카락 같은 기회라도 살려내어 성공으로 이끌게 된다. 의식적이건 아니건, 환경이 그렇게 변한다. 반대로 성공할 수 없다고 생각하면 성공할 수 없다. 아무리 많은 기회가 찾아와도 잡을 수 없다. 손을 뻗어도 닿지 않는다. 스스로 그런 환경을 만드는 것이다. 운명을 탓하지 말고 자기 자신을 탓하라.

B. 의식적 자기암시의 수행법

① 의식적 자기암시의 수행법 1

매일 아침 자리에서 일어나기 전과 매일 저녁 잠자리에 들기 전에 눈을 감고 성공을 위한 주문을 스무 번 반복한다. 나지막이 숫자를 세어가며 이렇게 반복한다.

"나는 날마다 모든 면에서 점점 더 좋아지고 있다."

특별한 것에 관심을 두고 말하지 말고, 모든 면에서 좋아지고 있다고 생각하며 반복한다. 믿음과 자신감 그리고 자기가 원하는 것을 이룰 수 있다는 확신을 갖고 자기암시를 행하라. 믿음이 크면 클수록 원하는 결과 역시 더욱 크고 빨리 나타나게 된다.

② 의식적 자기암시의 수행법 2

a. 스스로에게 필요한 질문을 던지고 목표를 정하라.

- 내가 원하는 상태는 무엇인가?
- 내가 진정으로 원하는 것은 무엇인가?
- 나는 무엇을 해야 하는가?
- 나는 어떻게 하면 행복한가?

b. 긴장을 풀라.

긴장이 풀린 이완 상태에서 던지는 암시가 더 효과적이다. 그래야만 무의식에 도달할 수 있기 때문이다. 깊은 호흡을 통해 몸을 이완시키고 이렇게 말하라. "나는 차츰 고요해지고 있다. 고요해지고 있다."

c. 상상하라.

원하는 상태를 가능한 모든 감각을 이용하여 상상하라. 시각, 촉각, 후각, 생각을 동원하여 가능한 구체적으로 원하는 상태를 상상하라.

d. 집중하라.

처음에는 마음으로, 그 다음에는 말을 통해 자신의 상상이 실현되어 성공으로 나아간다고 계속 상상하라.

e. 매일 긍정적인 암시를 반복하라.

"이루어진다. 일어날 것이다. 얻을 수 있다. 치료될 것이다."라는 암시를 한다. 의심을 없애고 결과를 조급히 기다리지 말라. 반대의 결과를 만들어 내는 의식적인 노력을 하지 말라. 상상의 결과는 상상의 힘으로 발현된다.

f. 늘 유지하라.

암시의 상태를 유지하라. "나는 날마다 모든 면에서, 점점 더 좋아지고 있다." 낮은 목소리로 아침저녁으로 스무 번씩 반복하라. 몸과 마음에 선언하라. 우리의 무의식 전체가 이 간단한 긍정의 선언을 수행할 것이다.

C. 자기암시에 대한 실험

– 첫 주제. 마음속에 어떤 생각이 일어나든 괘념치 말라.

"비록 실제로는 틀린 것이라도 진실이 될 수 있습니다.

똑같은 사건을 두고 열 사람이면 열 사람 모두 다른 관점으로 봅니다.

여러분의 마음속의 모든 생각들은 자연스런 가능성의 테두리에 있는 한 현실로 나타납니다.

우리가 품은 생각이 가능한 것이라면, 그 일은 현실이 되어 우리에게 나타납니다.

여러분이 '나는 잘 수 없어.'라고 생각하면 여러분은 잘 수 없습니다.

'나는 변비에 걸렸다. 나는 변비에 걸릴 거다.'라고 생각해 보세요.

그러면 약을 먹기 전에는 결코 여러분은 여러분의 대장을 비우지 못할 것입니다.

이것은 사실입니다.

밀가루로 만든 알약이나 캡슐을 약병 속에 넣어두고 그 약을 먹은 여러분은 진짜 약을 먹었을 때와 똑같이 효과를 보게 됩니다.

물론 여러분이 그것에 대해 아무 것도 모를 때만 가능하지요.

또 증류수를 넣은 주사를 놓으면서 모르핀 주사를 놓는다고 해도 같은 일이 벌어집니다.

가능성의 영역 안에 있는 여러분의 모든 생각은 현실이 됩니다.

몸에 병이 있건 없건 나을 거라고 생각하면 낫게 됩니다."

– 두 번째. 우리를 움직이는 것은 의지가 아니라 상상이다.

"우리는 우리의 의지대로 무엇이건 할 수 있다고 말합니다.

그렇지만 그렇지 않다는 것을 보여 드리겠습니다."

① 불면증

"밤에 잠이 오지 않는데 굳이 자려고 노력을 하지 않으면 마음이 진정되고 편안해집니다.

반대로 자려고 애를 쓰면 쓸수록 이리저리 엎치락뒤치락하게 되고 잠을 이룰 수 없게 됩니다.

이때 여러분의 마음은 '나는 자야 돼! 그런데 잘 수 없어!'라고 말하고 있는 것입니다."

② 사람의 이름을 잊었을 때

"'그 사람의 이름을 생각해내야 해! 그런데 도무지 생각이 안 나. 잊어버린 거야.'라고 생각하면 결코 기억해 내지 못합니다.

그럴 때 자신에게 이렇게 말합니다.

'기억날 거야!' 그러면 '잊어버렸다.'는 생각 대신 '기억날 거야.'라는 생각으로 대체되면서 '아, 그 여자의 이름이 이거였지!'하고 생각나게 됩니다."

③ 웃음이 멈추지 않을 때

"어떤 상황에서 아무리 노력해도 웃음이 멈춰지지 않는 경험을 한번쯤은 해 보았을 것입니다.

오히려 참으려고 할수록 웃음소리는 더 크게 납니다.

그때의 마음이 바로 '나는 웃음을 멈춰야 해! 그러나 할 수 없어.'입니다.

그런 생각을 멈추세요."

④ 자전거를 배울 때

"길에서 자전거를 배웁니다.

돌멩이나 강아지 같은 장애물이 나타납니다.

'피해야 해! 꼭 피해야 해!'라고 생각하지만 핸들은 점점 장애물을 향해 가고, 더욱 더 피하려고 노력합니다.

그러다 결국 부딪히고 맙니다.

그때 마음이 바로 '나는 피해야 해. 하지만 할 수 없어.'입니다.

'나는 피할 수 있어.'라고 생각하면 됩니다."

⑤ 말을 더듬을 때

"말을 더듬지 않으려고 노력하면 할수록 더 더듬게 됩니다.

자신에게 '자 인사를 해야지. 더듬으면 안 돼.'라고 하면, 더 더듬게 됩니다.

아마 열 배는 더 더듬게 될 것입니다.

그때 마음이 바로, '더듬지 말아야지. 그런데 그럴 수 없어'입니다.

'나는 말을 더듬지 않아.'라고 생각하십시오."

의지와 상상이 부딪치면 원하는 일을 할 수 없는 것은 물론이고 오히려 정반대의 일이 일어난다. 왜냐하면 우리 속에는 두 가지의 자아가 있다. 우리가 알고 있고 생각하는 의식적인 자아가 있으면, 그 뒤에 무의식적 자아가 있다. 우리가 신경 쓰지 않는 의식의 밑바탕에 상상이 있다. 이 자아를 등한시하는 것은 큰 잘못이다. 이것이 우리를 이끄는 실체이기 때문이다. 우리가 이 두 번째 자아를 의식적으로 만들 수만 있다면, 우리는 우리 자신을 진정으로 조절할 수 있게 되는 것이다.

자기암시 시현

내담자에게 의지와 상상이 부딪히는 마음을 의식적으로 만들라고 요청한다.

"자, 이제 실험을 해봅시다.

준비되었지요?

주먹을 가능한 꼭 쥐어요.

부르르 떨릴 만큼 꼭 쥐어요.

아주 꼭 쥐어요(내담자인 소녀는 주먹을 쥐고 손이 떨리도록 힘을 준다).

이제 자신에게 이렇게 말해보세요.

'나는 주먹을 펼 거야. 그러나 할 수 없어. 할 수 없어.'라고.

주먹은 더 단단해질 겁니다(내담자는 손가락에 더욱 굳게 힘이 들어가며 떨린다).

아무리 노력해도 당신의 주먹은 원래 그랬던 것처럼 단단히 쥐어져 있습니다.

주먹을 펴려고 하면 할수록 더욱 굳어집니다.

이제 이렇게 생각하세요, '할 수 있어!' (내담자는 비로소 주먹을 편다).

자, 이제 아셨죠?

아무리 모순되어 보여도 생각하는 것만으로 충분하다는 것을.

'할 수 있어.'라는 생각만으로도 손을 펼 수 있는데, 그럴 수 없다는 사실은 아주 모순되게 보입니다.

다시 실험으로 돌아갑시다.

자, 양팔을 곧게 펴세요.

좋습니다.

그리고 주먹을 쥐어요.

자, 다시 실험 중에 이렇게 생각하도록 노력하세요.

'나는 할 수 없다.'

계속 빠르게 반복해서, '나는 할 수 없다.'라고 생각하세요.

당신이 정말로 '할 수 없다.'고 생각하면 주먹을 펼 수 없을 겁니다.

이제 됐군요!

제가 여러분들에게 보여주고자 하는 것은, 여러분이 생각하는 대로 현실이 된다는 사실입니다.

제가 여러분에게 요구하는 것은 성공을 위한 마음 상태를 갖추도록 하는 것입니다."

(한 아동에게) "자, 이 연필을 손가락으로 쥐어요. 그리고 자신에게 이렇게 말하세요.

'나는 떨어뜨리고 싶다. 그러나 할 수 없다.'라고(아이는 연필을 쥐고 떨어뜨리려 하며 할 수 없다고 생각한다. 그러나 연필을 더 꼭 쥔다).

자, 이제는 '할 수 있다.'고 생각하세요(순간 연필은 땅으로 떨어진다)."

(한 청년에게) "일어나서 이렇게 생각하세요.

'내 다리는 꼿꼿하다. 나는 걷고 싶다. 그러나 할 수 없다.' 할 수 없다고 생각하면서 걷고자 하면 마치 넘어질 것 같은 느낌이 들 겁니다(그 청년은 일어나서 다리를 꼿꼿이 하고 걷고자 하지만 곧 비틀거리더니 넘어진다).

자, 이제는 '걸을 수 있다.'라고 생각해 보세요(청년은 굳은 다리를 풀고 걷는다).

이번에는 이렇게 생각하세요.

'나는 의자에 붙었다. 일어나고 싶지만, 나는 할 수 없다.'(청년은 일어나려고 애를 쓰지만 더욱 의자에 달라붙는다).

이제 '나는 더 이상 의자에 붙어 있지 않다.'고 생각하세요.

'나는 일어날 수 있다!'(청년은 의자에서 쉽게 일어난다)"

우리가 생각하는 것은 가능성만 있으면 현실이 된다. 계속해서 바른 방향으로 생각만 하면 가능하다. 아주 잠깐 동안 '할 수 없다.'는 생각을 하다 곧바로 '할 수 있다.'고 생각을 바꾸어도 실험은 실패한다.

의지와 상상을 구별해야 한다. 자신에게 '나는 나을 거야.'라고 말하면, 당신의 상상은 완전히 반대되는 자리에서 이렇게 말한다. '오 그래! 친구. 그렇게 되면 좋겠어?' 당신이 의지에게 우선을 두면 상상은 정확히 반대로 움직이게 된다. 그러니까 '나는 낫고야 말겠어.'라고 생각하지 말고, '나는 좋아지는 방향으로 가고 있어.'라고 생각하면 된다.

D. 자기암시를 위한 준비 단계(실험)

'한 번에 두 가지 일을 생각하는 것은 불가능하다.'

어떤 생각이 마음을 꽉 채우게 되면 그 생각은 자신에게 진실이 되고, 나아가 행동으로 옮겨지게 된다. 따라서 병을 앓고 있는 어떤 사람에게 스스로가 병이 낫고 있다고 생각하게 만들 수 있다면 그 사람의 병은 결국 낫게 된다. 이런 훈련은 아주 쉽다.

1단계 : 내담자를 똑바로 서게 한다. 몸을 아주 꼿꼿하게 서게 한 다음, 발끝부터 뒤꿈치까지 바닥에 딱 붙이고, 발목은 편하게 구부렸다 펼 수 있게 한다. 그리고 내담자에게 자기 몸 전체가 발바닥을 기준으로 발목이 마치 문의 경첩처럼 움직이는 판자라고 생각하게 한다. 힘이 가해지면 어느 방향으로도 쉽게 움직이는 판자라고 생각하게 한다. 그런 다음 내담자의 어깨를 당겨 뒤로 넘어지게 한다. "편안하게 제 품으로 넘어지세요."라고 말한다. 이때 발목을 기준으로 하고, 발바닥은 땅에 대고 있어야 한다. 이 과정이 잘 안 되면 될 때까지 내담자와 함께 반복한다.

2단계 : 상상의 작용을 내담자에게 설명하고, 그렇게 생각하도록 말한다.

'나는 뒤로 넘어지고 있다. 나는 뒤로 넘어지고 있다.' 내담자에게 이 생각 외에 다른 생각은 하지 말라고 당부한다. '넘어져서 다치면 어쩌나?' 혹은 '넘어질까 말까?' 하는 생각이나 실험의 목적에 부합하기 위해 일부러 넘어지려는 생각은 하지 말라고 말해 준다. 다만 진짜로 뭔가 뒤로 당기는 힘이 느껴지면, 저항 없이 그 힘에 순종하여 넘어지도록 하라고 한다.

그 다음 내담자의 머리를 곧게 들게 하고 오른손 주먹을 목 뒤에 댄 다음, 왼손을 이마에 올리게 한다. 그리고 다시 '나는 뒤로 넘어지고 있다. 나는 뒤로 넘어지고 있다. 나는 뒤로 넘어지고 있다.'라고 생각하게 하고, "당신은 지금 넘어지고 있습니다. 당신은 지금 넘어지고 있습니다."라고 반복해서 말해 준다. 이때 동시에 내담자의 왼손은 가볍게 관자놀이 근처로 미끄러지게 하고, 오른손 역시 목덜미에서 떨어지게 한다. 내담자는 이때 몸이 뒤로 넘어지는 것을 느끼게 되면서, 넘어지지 않으려고 비틀대거나 그대로 넘어져 버리게 된다. 내담자가 넘어지지 않으려고 저항하면 "당신은 지금 넘어진다는 생각 외에 넘어지면 다칠지도 모른다는 생각을 하고 있습니다. 그렇지 않았으면 그냥 나무토막처럼 넘어졌을 겁니다."라고 말해 준다. 최면자에게 순종하도록 내담자에게 명령하는 듯한 목소리로 실험을 반복한다. 이 과정이 만족스러울 때까지 반복한다. 최면자는 내담자의 뒤에서 왼발을 약간 앞으로 뺀 안정적인 자세로 내담자가 뒤로 넘어질 때 다치지 않고 받을 수 있도록 주의를 다해야 한다. 주의하지 않으면 내담자를 안은 채 함께 뒤로 넘어질 수 있다.

3단계 : 1단계에서와 같은 경직된 자세의 발과 발목의 자세를 취하도록 하고, 이제는 내담자의 앞쪽에 선다. 그리고 가볍게 내담자의 양쪽 관자놀이에 손을 댄다. 시선은(깜빡거림도 없이) 내담자의 코에 고정한다. 그리고 다시 '나는 앞으로 넘어지고 있다. 나는 앞으로 넘어지고 있다. 나는 앞으로 넘어지고 있다.'라고 생각하게 하고, 계속 시선을 고정한 채로 "당신은 앞으로 넘어지고 있습니다. 당신은 앞으로 넘어지고 있습니다. 당신은 앞으로 넘어지고 있습니다."라고 힘 있게 반복해서 말한다.

4단계 : 내담자가 가능한 힘 있게 양손을 포개게 한다. 힘을 주어 손이 떨릴 정도로 꼭 쥐게 한다. 전 단계와 같이 시선을 고정하고 내담자의 손을 감싸 더욱 단단히 손을 붙이도록 한다. 그리고 내담자에게 손을 뗄 수 없다고 생각하도록 한다. 그리고 '하나, 둘, 셋'을 세는데 셋을 셀 때, 내담자에게 손을 떼라고 명령한다. 단, '나는 손을 뗄 수 없다. 나는 손을 뗄 수 없다. 나는 손을 뗄 수 없다.'라고 계속 생각하게 한다. 그러면 내담자는 손을 뗄 수 없다. 이 과정 중에는 아주 천천히 '하나, 둘, 셋'을 세야 한다. 그러면서 동시에 "당신은 할 수 없다. 당신은 할 수 없다. 당신은 할 수 없다."라고 말하는 것이 중요하다. 내담자가 '나는 할 수 없다.'라고 믿게 되면, 셋을 세는 순간 손을 뗄 수 없음은 물론이고, 떼려고 노력을 하면 할수록 더욱 두 손은 강하게 밀착된다. 즉 원하는 것이 정확히 이루어지는 경험을 내담자 스스로 하게 되는 것이다. 잠시 후 '나는 뗄 수 있다.'라고 생각하게 하면, 손가락은 저절로 떨어진다.

항상 시선은 내담자의 콧등에 고정시켜야 한다는 점에 주의해야 한다. 그리고 내담자의 시선은 한순간도 최면자의 시선을 떠나지 않도록 해야 한다. 내담자의 손이 떨어진다면 그것은 최면자의 잘못이 아니라, 내담자가 '나는 할 수 없다.'라는 생각에 집중하지 못한 까닭이다. 이럴 때는 실패의 원인을 내담자에게 분명히 인식시키고, 다시 실험을 해야 한다. 그리고 내담자가 권위를 느끼게끔 명령조로 지시해야 한다. 소리를 크게 내라는 것이 아니라, 그냥 평상시의 발음을 하되 단어 하나하나를 힘 있고 엄숙하게 소리 내야 한다. 위와 같은 일련의 실험이 성공하게 되면, 다른 형태의 실험들도 위와 같은 방법을 통해 쉽게 이루어질 수 있다.

E. 치료를 위한 암시

내담자가 앞의 실험을 통과하고 이해했다면, 이제 그는 치료를 위한 암시를 수행할 준비가 된 것이다. 마치 전에는 황무지였지만 이제는 씨를 뿌리면 싹이 나서 열매가 맺힐 수 있는 옥토가 된 것과 같다. 내담자가 겪고 있는 고통이 무엇이건, 그것이 정신적이건 육체적이건 같은 방법을 유치하는 것이 중요하다. 그저 상황에 따라 사용하는 지시 내용에 약간의 변화만 주면 된다.

"편하게 앉아서 눈을 감으세요.
당신을 잠들게 하려는 것은 아닙니다.
눈을 감은 이유는 그저 주위의 다른 사물로 인해 마음이 흐트러지지 않게 하기 위함입니다.
자, 이제 제가 말하는 것들을 당신 자신에게 말하세요.
마음속에 고정시키세요.
새기고, 새기고 또 새기세요.
아주 단단히 고정되어 그 말들이 마음속에 깊이 새겨지도록 하세요.

당신의 의지나 지식을 통해서가 아니라, 그 말들이 저절로 완전히 무의식적으로 당신의 일부가 되는 겁니다.

당신과 당신 속의 모든 생명체가 복종하게 될 것입니다.

매일 밤, 당신은 원하는 시간에 잠이 들고, 아침이면 역시 원하는 시간에 일어납니다.

깊고, 조용하고, 편안하게 숙면을 취합니다.

악몽 따위는 없습니다.

아침에는 상쾌하고, 건강하고, 활기차게 일어납니다.

이제껏 당신은 때로 우울하고, 슬프고, 걱정스럽고, 부정적인 생각을 했지만, 이제부터는 그렇지 않습니다.

걱정, 우울, 부정적인 것 대신 늘 쾌활합니다.

이런 일은 그냥 이유 없이 가능한 것입니다.

이유 없이 우울하듯 말입니다.

나아가 정말로 걱정거리나 우울한 일이 생기더라도 이제는 앞으로 그렇게 느끼지 않게 될 것입니다.

만일 당신이 참을성이 적고 자주 화를 내었다면, 앞으로는 반대로 당신은 항상 참을성 있게 스스로를 다스릴 수 있게 됩니다.

걱정거리, 화나는 일, 정신없는 일들은 사라지고 당신은 아주 태연하고 침착하게 됩니다.

당신이 좋지 않은 생각이나 걱정, 공포, 혐오, 유혹, 원한 등에 사로잡혀 있었다면, 이제부터는 당신의 상상의 힘이, 구름이 아득히 멀리 사라지듯 이런 것들을 사라지게 합니다.

눈을 뜨면 꿈이 깨듯 이런 것들도 꿈처럼 사라집니다.

앞으로는 당신 속의 모든 생명체와 기관들도 잘 움직일 것입니다.

심장박동도 혈액순환도 잘 이루어지고, 폐와 위, 대장, 소장, 간과 담, 방광
등도 모두 원활히 움직입니다.

만일 지금 당신의 몸속 어느 부분에 문제가 있다면, 이 시간 이후부터 서서히
문제가 사라지고 곧 정상적인 힘을 되찾을 것입니다.

마찬가지로 몸속 어느 부분에 세포가 상했더라도 서서히 회복될 것입니다(꼭
어느 부분이 상했는지를 알 필요는 없다. 무의식은 스스로 문제 있는 부분을 찾아내고
치유시킨다).

그리고 무엇보다 중요한 것은 당신은 과거에는 스스로를 믿지 못하고 불신
했지만, 이런 생각들이 사라지고 당신을 신뢰하게 됩니다.

당신은 당신 안에 있는 큰 힘을 느끼게 되고 자신감이 생겨나게 됩니다.

자신감은 매우 중요하고 필요한 것입니다.

이것이 없으면 우리는 아무 것도 할 수 없습니다.

이것이 있으면, 이치에 맞는 일이라면 당신은 무엇이든 해낼 수 있습니다.

그것이 어떤 소망이든, 의무이든 상관없습니다.

그런 확신이 당신 것이 되는 것입니다.

앞으로는 무언가를 하려고 할 때는 '이것은 쉽다.'라고 생각하십시오.

어렵다거나, 틀렸다거나, 할 수 없다거나, 힘들다거나, 될 대로 되라는 식으로
는 생각하지 마십시오.

'이건 쉬운 일이다. 나는 할 수 있다.'라는 말만 하십시오.

다른 사람한테는 어려운 일이지만 당신에게는 쉬운 일입니다.

노력하지 않고 얻을 수 있습니다.

반대로 불가능하다고 생각하면 그렇게 생각하는 만큼 실제로 그렇게 됩니다."

일련의 암시가 끝나면 이렇게 말하라.

"이제 당신은 몸과 마음이 모두 좋아졌습니다.
앞으로는 더욱 좋은 건강을 얻게 됩니다.
자, 이제 하나, 둘, 셋을 내가 말하겠습니다.
셋을 세면 지금의 상태에서 깨어납니다.
졸음이나 피로는 못 느낄 겁니다.
오히려 상쾌한 힘과 생명력을 느낄 것입니다."

내담자와 헤어지기 전에는 늘 이렇게 주의를 준다.

"당신은 당신을 치료할 수 있는 도구를 당신 속에 가지고 있습니다.
나는 그저 그 도구의 사용법을 가르치는 교사에 불과합니다.
따라서 당신의 협력 없이는 안 됩니다.
매일 아침 눈을 뜰 때, 그리고 저녁 잠자리에 들 때는 저와 함께 있다고 가정
하고 스무 번 소리 내어 반복하십시오.
'나는 날마다 모든 면에서 점점 더 좋아지고 있다.'라고 반복하십시오.
끈에 스무 개의 매듭을 만든 다음 하나씩 짚어 가며 반복하면 좋습니다.
특히 '모든 면에서'라는 말을 강조하십시오.
그러면 당신의 몸이건 마음이건 모든 면에 힘이 됩니다.
작은 암시보다 이렇게 넓게 생각하는 암시가 더욱 큰 효과가 있습니다."

훌륭한 최면자가 되려면 날마다 자기암시를 하면 된다.

'나는 내가 뛰어난 최면가가 되기를 원한다는 것을 알고 있다.

그리고 지금 나는 나의 잠재의식이 그동안 공부한 모든 것, 내가 경험한 것들과 최면가들이 말하는 것을 들은 모든 것을 기억한다.

내가 내담자에게 말한 것들의 모든 사례들을 체계적으로 정리한 것들을 나의 잠재의식은 기억하고 있다.

나의 잠재의식은 정리된 것들을 의식적으로 생각할 필요조차 없이 내가 원하는 어느 때든 의식이 활용할 수 있도록 해줄 것으로 믿는다.

나의 잠재의식은 모든 것을 알 수 있고, 모든 것을 할 수 있다고 믿는다.

나의 잠재의식은 최면에 대해 내가 배운 모든 것을 체계화해서 나의 내담자에게 가장 뛰어나고 효과적으로 최면 치료의 효과를 경험할 수 있게 도와준다.

나의 잠재의식은 내가 취해야 할 말이나 행동을 애쓰거나 노력하지 않고도 표현할 수 있도록 제공하여 줄 것이다.

나의 잠재의식은 초능력을 발휘하여 내담자에게 문제가 있음을 직감하게 하고, 문제가 무엇인지를 확실하게 알도록 도와주게 될 것이다.

내가 미래에 일어날 일을 미리 알고 싶으면, 나의 잠재의식은 그것을 분명하고 확실하게 보여 준다.

나의 내담자가 말을 할 때 나는 언제나 집중하여 듣게 되며, 주의력을 기울이도록 나의 잠재의식은 나를 돕게 된다.

그럼으로써 내가 내담자에게 어느 때 반응해야 하는지 어떻게 가장 효과적으로 도울지를 알고 가장 적절한 순간에 돕도록 한다.

나는 언제나 이완되어 있으며, 나의 잠재의식에 모든 것을 맡기고 더욱 이완되는 것에만 집중하게 된다.

내가 이완 중에 말한 모든 것은 반드시 그렇게 된다.

나는 단지 나의 잠재의식에게 맡기고 믿을 뿐이다.'

II

이상심리와
최면

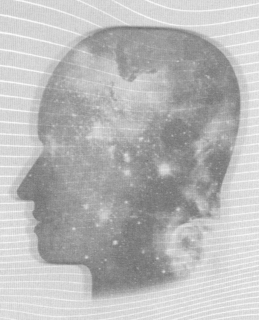

1
PART

신경발달장애

신경발달장애는 주로 아동기에서 발현되는 증상이다. 주로 지적장애Intellectual Disabilities, 의사소통장애Communication Disorder, 아동기 발병 유창성장애Childhood-Onset Fluency(Stuttering-말더듬), 의사소통장애Communication Disorder, 자폐스펙트럼장애Autism spectrum disorder, 주의력결핍 및 과잉행동장애Attention-Deficit Hyperactivity Disorder, 틱장애Tic Disorder, 특정학습장애, 운동장애 등이 있다.

아동에 대한 최면치료는 기본적으로 성인에 대한 최면치료와 크게 다르지 않다. 아동에 대한 최면치료에서는 치료의 결함이 뚜렷하고 빠르게 나타나기 때문에 오히려 수정하기가 쉬울 뿐만 아니라, 성인에 대한 최면치료에 대해서 배울 수 있는 좋은 기회가 된다.

최면치료에는 정신자원 중심의 태도와 유연성 및 적응능력 그리고 서로 다른 차원의 의사소통이 내포되어 있다. 최면치료는 병리적인 손상 대신에 학습의 가능성을 지향하고 있다. 최면치료는 의식을 변화시키고 암시와 해명, 재구성과 재치 있는 언어를 사용한다. 이런 특성 때문에 아동 및 청소년에게 적합하다.

아동 및 청소년의 치료가 성인의 치료보다 집중적이고 효과적으로 시술되어야 함에도 불구하고, 지연되는 이유는 부모들이 경제적으로나 시간적으로 여유가 없는 경우가 많기 때문이다. 아동과 청소년은 상태가 빨리 악화되기 쉬우며, 자격 있는 심리치료사가 드문 것도 큰 이유 중 하나이다. 그래서 진단, 상담, 치료에 가장 효과적인 방법을 사용해야 하는데, 이러한 문제점을 해결하기에 최면치료 방법이 매우 적합하다.

한편 최면이 매우 효과적이기 때문에 남용하기 쉽고, 그래서 생각하지 못한 피해를 줄 가능성이 있다. 아동과 청소년은 성인보다 치료자에게 더 종속될 수 있고, 부정적인 암시를 떨쳐버릴 수 있는 능력도 부족하기 때문에 '부정적인 최면'의 영향을 성인보다 더욱 많이 받게 된다. 다수의 아동에게는 '정신없이 듣거나' '꿈을 꾸지' 않게 하는 안전교육이 필요하다. 최면을 통해서 그리고 전문적인 치료를 통해서 아동과 청소년의 자기책임감과 자기통제력을 가장 먼저 길러 주어야 한다.

이 장에서는 아동 및 청소년기에 발생할 수 있는 정신장애에 대하여 구체적으로 설명하기보다는 신경발달장애를 보이는 아동 및 청소년들에게 적합한 최면치료 방법을 알려주려고 한다.

아동 · 청소년기의
정신장애와 최면

조기에 발생한 정신장애의 치료가 중요한 까닭은 아동·청소년기에 발생한 정신장애를 조기에 치료하지 않으면 증상은 더욱 커질 수 있으며, 다른 증상이 추가로 발현될 수 있기 때문이다. 또한 치료시기를 놓치면 성인이 된 이후의 삶까지 영향을 미칠 수 있으므로 조기에 발생한 정신장애의 치료는 미루지 말아야 할 것이다.

최면은 조기정신장애 환자에 대한 훌륭한 치료도구가 될 수 있다. 조기 정신장애 환자에 대한 최면치료 작업의 기본원칙은 이런 환자에 대한 확고한 치료 경험이 없는 최면자는 절대로 최면을 사용해서는 안 된다는 것이다. 이런 원칙에 따라서 이 장에서도 치료적인 예비지식이 충분하다는 것을 전제로 서술하겠다.

최면에 의한 친근 관계는 다음과 같은 특성이 있다.
- 근본적으로 어린 시절 어머니와 자식 사이의 관계와 비슷하다.
- 순수하고 실제적이며, 투사에 의해 왜곡된 것이 아니다.
- 비대칭 치료의 근본이며 동시에 대칭 치료의 근본이다. 대칭 치료에서는 최면자도 이런 친근 관계를 허용해야 하며, 이를 통해서 어떤 형식

이든지 간에 '역(逆)트랜스'를 허용하게 된다.

자신을 풀어버린다는 것은 움직일 수 있다는 것이다. 최면상태에서 목표 지향적이고 통제되어 있던 사고를 포기하는 것은 (두려워하는 것처럼) 위협적인 혼란이 아니라 치료적인 공생으로의 문을 활짝 열어주는 것이다. 다만 최면이 필요한 보호를 실질적으로 해주어야 한다. 보호받고 있으면서 자신을 풀어버리는 것이 새로운 체험과 행동태도 방식을 개발하는 데에 필수적인 전제가 된다. 이런 행동태도 방식이 최면에서 각성한 후에도 없어지지 않기 때문에 우연보다는 최면의 특징이라는 말이 더욱 적합하다(Zindel 1988).

REM 수면상태와 함께 최면상태도 꿈이 생기는 정신, 신체적인 조건을 갖추고 있다(De Benedittis 1996). 꿈의 근본적인 역할은 꿈이 체험을 상징으로 표현하는 것이다. 이런 상징은 그 나름대로 내면세계와 외부세계, 지각과 인지, 이미 알고 있는 것과 새로운 것 사이에서 서로 융합하는 중계 역할을 하고 있다. 상징화는 자아의 수립과 조직에 기본적인 역할을 담당하고 있다. 상징화가 자아로 하여금 조기정신장애 환자에게 부족한 능력인 체험에 대한 통제를 할 수 있게 한다.

최면에 의한 공생관계가 바로 치료적인 상징화의 이상적인 장소가 될 수 있다. 최면에 의한 공생관계는 첫 번째로 선언어적인 정동의 직접적인 출입을 가능하게 하는 동시에, 둘째 보호적인 관계를 유지하게 하며 이런 이중 작용으로 의식과 무의식 사이에 새로운 상징, 새로운 다리가 생기게 한다. 최면에 의한 관계는 일종의 긍정적인 자력장을 형성하는 동시에 여기에 새로운 상징의 생성을 내부투사한다.

1) 조기에 발생하는 정신장애

정신병리학적인 개념에서 말하는 '조기정신장애'는 일련의 서로 다른 심리증상을 통틀어서 일컫는 것인데, 이들의 공통점은 어린 시절 정동발달에 심각한 장애가 있어서 사람들 사이의 친근한 교제와 현실감각에 현저한 어려움을 겪는 것이다. 증상에 따라서 분류되어 서로 다른 이름을 가지고 있다.

조기정신장애는 주로 경계선 성격장애(가장 대표적), 분열형 성격장애, 연극성 장애, 반사회성 장애, 자기애성 장애, 자기애성 성격장애, 다중인격장애와 같은 분리장애 등이다. 조기정신장애는 흔히 다른 진단표현 속에 숨어 있기도 한데, 예를 들면 식욕부진, 거식증, 심각한 강박장애, 모든 형태의 물질중독 등이다.

(1) 대표적인 증상

조기정신장애 환자의 증상특성은 눈에 띄게 드러나는 현실 판단의 복합적인 구성인데, 현실을 다루는 데에 있어 극단적인 자아, 구조의 부족이 그 특징이다. 중요한 증상들은 현저한 정서와 관계의 불안정, 만성적인 정체혼란(정체감 분산이나 다중 인격), 분열 매커니즘에 기인하는 방어, 만성적인 공허하고 무의미한 느낌 그리고 가끔 압도하는(내적, 외적으로 파괴적으로 작용할 수도 있는) 충동성과 느낌을 주는 능력의 현저한 결여(전부 아니면 전무) 등이다. 정신병 단계인 이인증이나 환상 증상이 생길 수도 있다. 이런 환자는 무엇보다 사람들 사이에서 형식에 구애되는 친근 관계를 피하는데, 이런 친근 관계가 예전에 체험한 끔찍스러운 공생관계로의 퇴행을 불러오기 때문이다. 이런 퇴행은 매우 모순적이고 원초적이어서 위협적인 충동을 유발한다. 환자에게는 이런 충동에 대응하는 안정된 정체감이 없다. 최면에 의한 정체감 확립의 중심적인 의미가 이런 병리적인 측면에 있다.

심한 정체감 결여 현상의 배후에는, 강하고 반사적인 공생관계에 대한 인생의 정당한 요구가 있는 것을 잊어서는 안 된다. 이런 요구는 분명하게 드러나서 과시된다. 그것은 이런 요구와 결부된 감정의 분열이 통제할 수 없고 구조화할 수 없는 욕망이기 때문이다. 이런 상황에 최면을 도입하면, 생성하는 따뜻함을 정면으로 제공하게 된다. 최면자는 물론 내담자가 어떤 형식으로든지 친근 관계에 대한 양가감정을 유발하지 않도록 세심한 주의를 기울여야 한다.

(2) 조기 정신장애와 정신병의 차이

조기정신장애는 장애증상이 나타나는 양상이 심한 정도와 성격구조의 불안정한 점에서 노이로제 장애와 별로 다를 것이 없다. 그러므로 어느 정도의 자아강화를 전제로 하는 정신치료기법들은 여기에 적합하지 않다. 지나치게 금욕적이고 분석적인 방법과 정신자원 위주의 Erickson 방법, 특히 혼란기법이 이런 적합하지 않은 기법들에 속한다.

조기정신장애 환자는 정신병자와 두 가지 점에서 다른데, 올바른 현실 판단과 방어기제의 가변성이 그것이다. 정신병자는 현실 판단의 능력을 거의 상실하였고, 환자의 환상시스템이 근본적으로 안정되어 있다. 그래서 정신병자에게는 최면의 여러 가지 우회기법이 필요하다(Zindel 1992). 정신병자에게도 공생적인 친근 관계를 촉진하기 위하여 최면을 도입하지만, '과도적인 주제' 형성을 목표로 (치료자와 환자의) 두 무의식 간의 깊은 상호참여를 직접적으로 작업하는 것에 훨씬 더 집중한다(Benedetti 1983). 조기정신장애 환자에게도 이 치료방법을 부분적으로 적용할 수 있지만, 환자가 현실판단 능력이 있다는 것이 중요한 차이점이다.

2) 치료개입

(1) 최면상태에서 최면자에 의한 적극적인 내부투사 방법

* 1단계 : 최면 유도

깊은 최면으로 유도하지 않아도 된다. 최면자가 가까이에 있으면서 보호해 주고 있다는 느낌을 주고, 앞으로 있을 내면작업을 하는 것이 좋다. 내담자가 자기의 내면 이미지 내지 혼란된 부분과 직면하는 것을 시도할 수 있도록 뒷받침해 주어야 한다. 최면 유도문의 선택은 아주 자유롭고 그러면서도 내담자의 내면적인 풀어짐에 가깝게 따라갈 수 있도록 해야 한다. 다음과 같은 유도문으로 보호하고 있다는 뜻을 명시적으로 말해 주는 것이 좋다.

"당신은 내 목소리를 듣고 있습니다.

당신에게는 이미 익숙한 목소리가 당신을 따라서 함께 가며 당신을 도와주고 있습니다.

당신을 자유롭게 해주고, 그리고 내가 혹시 도중에 아무 말도 하지 않고 기다리고 있을지라도 나는 언제나 여기 당신 곁에 있습니다.

당신은 마음속에 믿음직한 느낌을 가지고 있으면 됩니다."

이런 방식으로 통합능력이 있는 내적 부분에 말을 걸고 활성화시켜서 최면자와 실질적인 관계에 이르게 한다. 이런 실질적이고 최면적인 친근관계가 일종의 긍정적인 자력장을 이루는데 이 자력선을 따라서 다음 작업이 이루어지게 된다. 최면은 내담자에게 서서히 내부 투사되는 치료적인 안전을 제공한다.

* 2단계 : 최면 꿈

트랜스가 치료에 적합하다고 판단되면, 내담자로 하여금 트랜스 상태에서 자유롭고 통제받지 않는 꿈속으로 들어가게 인도한다. 이때 떠오르는 이미지가 기억되어 있던 것이든, 암호화되어 있는 이미지이든 아니면 인상깊은 것이든, 빈약한 것이든 아무 문제가 되지 않는다. 근본적인 것은 내면체험의 감정참여이다. 내담자는 이 꿈이 순조롭게 진행되면서 서술되도록 두어야 한다. 내담자는 꼭 필요한 경우에만 조심스럽게 이런저런 상세사항을 물어보아야 한다.

* 3단계 : 상징적인 치료자의 도입

최면자가 어느 정도의 절도와 결단을 가지고 진행해야 한다. 내담자가 강한 감정을 표시하면 최면자는 다음과 같이 묻는다.

"나는 어디에 있습니까? 나는 당신의 꿈속에서 누구입니까?"

이런 질문을 통해서 최면자는 간접적으로 내담자가 꿈속에 내담자의 상징적인 이미지를 만들어 내도록 유도한다. 처음에는 대부분의 내담자가 놀라서 최면자의 이미지가 없다고 말한다. 하지만 최면자는 너무 강요하지 말고 계속 진행해야 한다.

"당신은 지금 꿈속에 있으면서 내 목소리를 듣고 있습니다. 그러니 내가 꿈
속 어딘가에 어떤 모양으로라도 있겠지요. 나를 한번 찾아보세요. 그리고 내
가 어떤 옷을 입고 있는지 놀라워하며 바라보세요."

최면자의 이미지가 나타난 후에야(비록 그것이 먼 우주의 끝에 있는 한 점이라
고 할지라도) 탐색을 마친다. 일반적으로 최면자의 이미지가 사진 같은 그림
보다는 상징적으로 나타나는 것이 더 좋은데, 그래야만 이 이미지에 대한
합리적인 통제가 적어지기 때문이다. 최면자는 이제부터 꿈속과 외부 현실
공간에 이중적인 존재로서 내담자의 내면 체험에 나타난다. 각성상태에서
는 이런 일이 어처구니없어 보이겠지만, 최면상태에서는 트랜스 논리의 도
움으로 이런 일을 완전히 정상적으로 받아들이고 여기에 응답한다. 최면자
의 이미지는 다른 면에서도 야누스의 두 얼굴처럼 이중적이다. 한편으로는
내담자가 지각하고 있는 현실적인 최면자가 있고, 다른 한편으로는 내담자
자신의 융합하는 능력이 '내면적인 치료자'로서 내담자에게 반사되는 것인
데, 뚜렷한 형상으로 나타나기까지 아직은 이중성이 필요한 것이다. 치료가
진행되는 동안 여러 발전단계를 거치면서 이 상징적인 부분이 현실적인 최
면자의 역할을 대신하게 되는데, 이것이 내담자에게 더욱 도움이 된다.

* 4단계 : 상징과 최면자의 동일화
이 단계는 결정적인 의미를 가지고 있으며, 이 치료방법의 핵심이 된다.
내담자가 상징적인 치료자의 이미지를 만들어 내고 최면자에게 알려주면,
최면자는 가능한 한 집중적으로 상징적인 최면자의 자리로 들어가려고 노

력한다. 최면자는 가능한 상징적인 치료자의 '역할'에 동일화하고 거울 속에 비치는 자기의 상으로 다시 찾아낸다. 최면자는 우선 의식적으로 자기의 모든 치료 의도로부터 거리를 두면서, 아무런 선입견이 없이 상징 이미지상 속으로 스며들어 간다. 이렇게 하기 위해서 최면자는 내담자의 최면상태와 평행하는 대칭적인 자기최면에 들어간다. 이 거울에 비친 이미지는 내담자의 정체성과 내부 투사된 내담자의 부분과 최면자로부터 넘겨받은 부분이 혼합되어 만들어진 것이다. 최면자가 충분한 시간을 가지고 자신의 역할에서 나오는 느낌과 환상을 의식적으로 지각해 보고 자기비판적으로 반영해 보면, 최면자는 이런 구성 부분들을 하나씩 구분해 낼 수 있을 것이다.

최면자의 평행 트랜스는 근본적으로 일종의 '한계의식'이거나 '이중의식'이다. 최면자의 의식 중에 한 부분은 꿈속에 들어가 있지만, 동시에 다른 한 부분은 합리적으로 관찰하는 통제를 수행하여 언제 어떤 치료의도에 어떤 형식으로 자기의 치료적인 착상과 이미지를 적용해야 할 것인지를 가늠하고 있다.

최면자가 자신의 상징 이미지와 동일화하는 것은 최면자로 하여금 내담자의 체험 속에 전이된 자기의 상을 아주 특별하고 현실적인 방법으로 들여다볼 수 있게 한다. 뿐만 아니라 이로써 내담자의 내면 상황에 매우 적합하고 내담자의 언어로서 표현되는 이미지와 착상을 불러내는 치료적인 환상을 유도해 내게 된다. 간혹 귀중한 이미지가 최면자의 자기최면 속에서 최면자의 꿈에 나타나기도 한다. 이런 사실은 꿈의 내용에 최면자 자신이 놀라고, 자기가 거울에 비친 상이 아닌 자기 자신으로 여겨지는 것으로 쉽게 알아차릴 수가 있다.

일반적으로는 상징적인 최면자의 이미지가 긍정적인 전이로 나타나고 최면자를 도와주는 사람으로 지각된다. 하지만 많은 경우에 상징적인 최면자의 이미지가 부정적인 느낌을 가지게 되는 일도 없지 않다. 이럴 때에도 최면자는 싫더라도 이런 부정적인 역할 속으로 스며들어 가서(내담자의 도발적인 부분을 감정적으로 보다 잘 지각 하고) 동시에 자기의 긍정적인 느낌을 내담자에게 계속해서 작용하게 해야 한다.

* 5단계 : 내부 투사된 최면자의 활동방식

이미지와 동일화한 최면자에게는 다음과 같은 여러 가지의 치료개입 가능성이 있다.

a. 우선 최면자는 아무 말도 하지 않고 함께 행동하는 자세를 취할 수 있다. 이런 물러난 자세에서 최면자가 내담자의 창의성을 앞서나가지는 않는다. 최면자의 존재는 내담자에 대한 보호와 내담자의 원초적인 꿈의 생성을 활성화하는 일에 그친다. 내담자가 저항의 악순환에 빠지지 않고 자기의 이미지 속에 있는 감정을 스스로 극복할 수 있다면, 이런 물러난 자세가 가장 도움이 되는 치료개입 방법이다. 최면자는 평행 트랜스에서 자기의 느낌과 환상을 면밀하게 관찰하고 저울질하고 있을 뿐이며 그것을 말하지는 않는다.

b. 긍정적인 이미지를 형성하기 위하여 최면자가 자기의 존재를 적극적으로 보여주거나 내세워야 한다고 느끼게 되면, 최면자는 자기 이미지에 대한 느낌이나 의도 또는 가능성에 대해서 물어볼 수 있다. 예를 들어, 최면자는 다음과 같이 물어볼 수 있다.

"(나를 대신하고 있는) 그 형상이 당신의 두려움에 대해서 무엇을 느끼고 있습니까?"

여기에서도 트랜스 논리 덕분에 이런 질문이 전혀 이상하지 않으며,

내담자는 합당한 대답을 하게 된다.

c. 특히 어려운 상황에서는 더욱 적극적이고 직접적인 개입이 필요하다. 이런 경우 최면자는 일인칭 서술로서 진행의 주도권을 잡고, 어쩌면 내담자가 혼자서 놀라 물러서는 일도 가능하게 한다.

이와 같이 치료 도중에는 (정확히 말하면 이와 같은 방법으로 작업하는 순서 도중에는) 물론 언제나 장면의 전환에 따라서 최면자의 형상이 변하는 일이 생길 수 있다. 이런 변화는 치료의 진행에 대한 신뢰할 수 있는 단서가 되므로 환영할 만하다. 내담자의 생활 속에서 얼핏 보기에는 치료 초기와 같은 끔찍한 재발이나 위기가 생길 수 있다. 하지만 상징적인 최면자의 형상과 이 형상에 대해 내담자가 표현하는 관계를 통해서 이런 (재발)사건이 실제로 내담자에게 얼마나 위험한지를 정밀하게 가늠해 볼 수 있다. 지금까지 수년 동안 이 방법을 사용한 경험에 의하면, 내담자의 최면 꿈속에 최면자가 나타나는 것이 결과적으로 치료개선의 효과를 가지고 오지 않은 경우는 한 번도 없었다.

* 6단계 : 상담의 종결

상담의 종결에는 최면유도와 같은 유연성이 있어야 한다. 내담자에게 후최면 암시를 주어서 지금까지 체험한 것이 무의식 속에서 계속 작용하게 한다. 어쩌면 밤에 꿈으로 나타나게 할 수도 있다.

(2) 상담 후 내담자에게 주어지는 과제

어느 최면 치료에서나 과제는 중요한 보완방법이 되지만, 특히 초기 단계에서 조기정신장애 환자는 제한된 범위 안에서만 과제를 할 수 있다. 내담자를 보호해 주고 내담자가 직접 실제로 느낄 수 있는 최면자의 존재가 없으면, 내담자는 자기 고유의 내면세계와 분리현상을 만나야 한다는 두려움과 허약한 자기가용성 때문에 일단은 이런 내성적인 연습을 할 수 없다. 안정화 되어가는 과정에서 해체에 대한 두려움이 적어지고 내담자가 자신을 더 많이 신뢰할 수 있게 되면, 점차 내담자의 자기책임에 더 많이 의존할 수가 있다. 그렇게 되면 과제도 내담자의 자립도가 진전된 증거가 될 수 있다.

(3) 연습을 통한 치료방법

조건이 충족되면 내담자가 집에서 자기최면을 해보라는 지시가 도움이 될 수 있다. 하지만 최면자는 내담자가 실패하는 경우에도 큰 인내와 아량을 가지고 있어야 한다. 적합한 상황에서는 아우토겐 수련도 좋은 성과를 나타낸다. 중감과 온감의 기본연습은 마음을 가라앉히기 위해서, 호흡과 심장 및 태양신경총 연습은 긍정적인 신체자아의 확립을 위해서, 그리고 고급단계는 무의식에 대한 신뢰를 촉진하기 위한 수면 꿈 확장작업의 일환으로 사용한다.

(4) 후최면암시

상담시간에 주제로 논의되었던 행동방식이나 태도를 긍정적으로 강화하는 후최면 암시를 할 수도 있다(자아강화 암시 참조). 후최면 암시가 그 내용에 상관없이 편집증적인 추적시도로 변질되지 않게 조심해야 한다. 최면자와의 기본 관계가 긍정적이면 이런 위험은 최소한으로 줄어든다.

꿈은 깊은 내면적인 활력의 표현으로서, 이미 건설적인 관계가 형성되어 있다면 조기정신장애 내담자의 마음속 공허한 느낌에 효과적인 대응책이 될 수 있다. 치료 작업에 꿈을 활용하고 있다면, 후최면암시로 수면 중의 꿈을 암시하는 것이 도움이 된다(아래 사례 참조). 이런 후최면 암시를 받게 되면 수면 중에 꿈을 꾸는 일이 매우 흔히 있다.

사례

40세 된 여자 조기정신장애 환자가 2년간의 치료에서 어떻게 무의식이 적극적인 내부투사에 작용하는지를 보여준다.

1단계 : 내담자에게 매우 조심스럽게 신체적인 긴장을 풀어버리라고 말하면서 최면을 유도하였다.

2단계 : 최면자가 지켜보며 보호하고 있는 상태에서 그녀의 이미지 세계로 빠져들게 인도하고, 그녀가 이미지를 보면 최면자에게 말하라고 하였다.

그녀는 황량하고 초현실적인 경치를 보고 있는데, 실제 같아 보이기도 하고 실제가 아닌 것 같아 보이기도 하며, 거기에 길이 나 있는데 계속 길의 방향이 바뀌면서 어디로 가는 길인지 알 수가 없다고 하였다. 이것이 그녀를 꼼짝할 수 없게 하여 한 발자국도 나아갈 수 없게 하였다. 하지만 그녀는 이 길이 나갈 수 있는 유일한 길이라는 것을 동시에 느끼고 있었다.

3단계 : '어디에 있고, 누구냐?'는 질문에(3단계) 그녀는 최면자가 그녀 곁에서 있지만, 누구인지는 자세히 알 수가 없다고 대답하였다(상대방에 대한 그녀의 어린 시절 지각을 이렇게 표현한 것이다).

4단계 : 그는(최면자 이미지) 호의를 가지고 그녀 곁에 있으면서 기다리고만 있었다. 이런 그의 태도에 그녀는 강한 양가감정을 느꼈다. 그는 그녀에게 위협적이지는 않았지만, 앞으로 나아가기 위해 그녀가 원하고 있는 압력도 가하지 않았다.

'이런 역할을 나도 우선에는 이해하지 못하겠다고 느꼈다. 실제로 나는 아무 상관이 없는 인간적인 존재가 아니고 관여하고 있는 최면자인 것이다. 하지만 기다리는 태도에는 그녀가 옳았다. 최면자가 너무 물러나와 있는 것은 아닌지, 내가 내 속에 있는 무의식적인 두려움을 못 보고 있는 것은 아닌지, 다른 한편으로 나는 그녀와 함께한 경험에서 내가 주도적으로 이끌어 나가는 모든 시도에 대해서 그녀가 저항할 것이라는 것을 알고 있었다.'

5단계 : 최면자의 처지를 생각해 보면서 최면자는 실제로 내담자가 어린 시절에 놓여 있었던 처지를 알 수 있었다. 최면자는 자신이 작게 느껴졌고, 자립하지 못하고, 활발하지 못하고, 관계를 맺으려 찾아다니지 않고, 언제나 소외당하고, 채워질 수 없는 요망사항으로 가득 차 있는 듯이 느껴졌다. 최면자 자신의 무의식이 탈출구를 찾으면서 다음과 같은 트랜스 논리에 빠져 들어갔다.

최면자는 그녀에게 말하기를, "나 같으면 (나의 최면자 이미지인) 이 사람에게 요청해서 내담자와 함께 길을 걸어가게 하도록 시도해 보겠다."고 하였다. 이런 방법으로 최면자는 제안을 우회적으로 말함으로써, 그녀가 최면자와 직접적인 갈등에 휩싸이는 것을 피하였다. 그녀의 동반자(최면자의 이미지)는 최면자의 청을 (그녀를 통하여) 받기는 했지만, 충실하게 그녀 곁을 지키면서 아무 일도 하지 않았으며 상담시간이 끝날 때까지 끝내 길을 걸어가지 않았다.

6단계 : 최면자는 후최면암시를 하고 최면을 끝내면서 어쩌면 밤에 자면서 이야기가 계속 이어지는 꿈을 꾸는 것이 그녀에게 도움을 줄 수 있을지도 모른다고 생각하였다.

그 날 밤에 그녀는 다음과 같은, 그녀에게는 전혀 새로운 꿈을 꾸었다 : 그녀는 아침에 거실에 서 있었다. 거실은 보통 안전을 위해서 밤에는 덧문을 모두 닫아놓고 있었다. 그런데 덧문 하나가 열려 있고 창문도 열려 있었다. 그 창문으로 생텍쥐페리Saint-Exupery의 어린왕자가 거실 안으로 들어 왔다. 어린왕자는 그녀에게 손을 내밀었고 그녀가 그 손을 마주 잡았다. 이 꿈이 근본적인 진전을 보여주는데, 꿈속의 어린왕자는 새롭고, 명백하게 도움이 되고, 사랑스럽고 순진한 자기대표자를 나타내고 있다. 그는(어린왕자인 최면자의 이미지) 꽉 닫힌 공간 안으로 들어가는 것에 성공하였다. 꿈속에서 과도적인 존재가 생긴 것인데, 내담자의 일부분(어린아이는 그녀의 희망과 관심과 아니무스 Animus(여성의 억압된 남성적인 속성을 나타낸다)과 최면자의 일부분으로 구성되어 있다(최면 꿈속의 최면자가 이 밤의 꿈에 연계되어 있다).

(5) 적응증과 금기증

조기정신장애 환자치료의 시작 시점에서는 '적극적인 치료자의 내부투사방법'이 전혀 고려되지 않는다. 먼저 어느 정도의 치료가 진전되어 치료적인 동맹관계가 구성되어 있는 것을 전제로 하고 있다. 치료자에 대한 충분한 신뢰와 자기개방이 없는 내담자를 이런 강렬한 상호작용으로 인도해서는 안 된다. 이 방법에 진전이 있으려면 어느 정도의 내부투사 능력이 (반드시 자기 자신을 문제 삼지는 않을지라도) 필수적인 전제조건이 된다. 즉 내담자가 자기의 '혼돈Chaos'과 직면할 엄두를 내지 못하고 있으면 다른 방법을 찾아보아야 한다.

치료의 시작 시점에서는 최면을 사용하지 않아야 한다는 의미가 아니다. 다른 면에서는 최면이 치료적인 동맹관계의 형성에 의미 있는 역할을 할 수 있다. 예를 들어, 내담자가 다소간에 마술적인 기대를 가지고 자발적으로 최면치료를 받고 싶어 하는 경우가 그것이다. 그 속에서 경험 많은 최면자가 내담자의 마술적인 공생에 대한 (양가감정이 섞여 있기는 하지만) 정당한 소망을 알아차리고, 이것을 받아들여 능숙하게 처리하여 무의식의 차원에서 건설적인 대화를 유도해 낸다면, 건실한 관계의 형성이 바로 시작될 것이다. 예를 들면, 최면자는 비교적 일반적인 자아강화암시로 자기의 믿음을 내담자의 잠재자원에 심어 줄 수 있을 것이다. 또한 치료 시작 시점에서 내담자에게 밀어닥치는 자극의 감소화에 최면을 사용할 수가 있다(Mauer 1992). 최면자는 사회적인 판단능력을 높이는 길동무가 되는 것이다.

내담자가 상담시간에 침묵하면서 기대에 찬 시각으로 시작하고 주도권을 최면자에게 넘겨주려고 하면, 최면을 일찍부터 치료에 도입해도 좋다는 것이 경험에 의해 증명되었다. 내담자의 이런 시각이 최면자에 대한 저항이나 공격성이 아니라, 치료자의 실체에 접해 보고 싶은 내담자의 수줍은 접근시도로 생각되면, 최면자는 이것을 가지고 '환상적인 최면'의 변화로 만들어 낼 수 있다. 최면자는 내담자에게 이 시각을 내담자의 정당한 욕구의 표현으로서 서로가 명시적으로 체험하고, 내담자가 원하는 만큼 그 안에 머물러 있을 것을 제안한다. 그러면서 어떤 느낌과 이미지, 환상과 신체적인 지각이 생기는지 관찰해보라고 한다. 이렇게 서로 눈을 마주보고 있으면 통제를 잃었다는 느낌이 없이 금방 트랜스에 (최면자도 대칭적으로) 들어가게 된다. 눈을 뜨고 바라보는 최면자의 존재가 내면적인 공허감이 갑작스럽게 밀어닥치는 것을 방지한다.

내담자가 최면이나 최면자에게 편집증적인 생각을 하게 되거나, 관계에 대한 초기의 혼란 단계가 극복되지 못하고 어떤 방식으로나 치료행위를 지배해서 위태롭게 하고 있을 때에는 이 치료방법을 사용하지 말아야(금기해야) 한다. 이런 경우에는 Kernberg(1993)이 권하듯, 보다 더 '교육적'으로 작용하는 것이 필요하며, 치료환경을 견딜 수 있게 확보하고, 내담자의 정신적으로 잘못된 태도를 먼저 밝혀내고 수정해야 한다. 다른 모든 최면 치료방법에서와 마찬가지로 특별한 반사회성 성격장애에는 치료적인 동맹관계를 형성할 가능성이 없기 때문에 이 치료방법을 사용하지 말아야 한다.

조기정신장애 환자에게 최면치료를 사용하지 말아야 하는 중요한 요인은 사실 최면자에게 달려 있다.

a. 최면자가 어느 면에서든지 내담자를 거부하는 느낌이 드는 경우(이런 태도도 함께 내부투사 된다.)
b. 최면자가 건설적인 방법으로 충분히 자제하는 능력이 없어 감정이입이 되는 경우.
c. 최면자가 스스로 치료적인 환경을 유지하지 못하거나, 강렬한 부정적 상황을 두려워하는 경우.

최면치료 효과의 전면에는 긍정적인 공생으로의 수정 가능성이 놓여 있는데, 이런 공생이 조기정신장애 환자의 중심적인 병리현상을 현실적인 관계로서 회복시킨다. 하지만 이런 치료적인 친근 관계를 최면자도 진실된 상호성과 자제하는 방식으로 허용해야 한다는 것이 전제가 된다. 그러면 거울에 비치듯이 반사하는 최면자의 감정이입과 창의성이 내담자에게 내부투사 된다. Kernberg의 표출적인 치료방법과는 반대로 '어머니 같은' 적극적인 내부투사의 방법은, 현실과의 직면을 통한 치료진전보다는 더 많이 참여하고 따뜻하게 하는 최면적인 친근 관계를 통해서 결합능력을 촉진하고, 이런 방식으로 혼란된 행동이 필요 없게 만든다. 적극적인 내부투사의 방법도 물론 최면자가 사용하는 전체 치료방법의 한 초석일 뿐이다. 최면자는 치료상황이 요구하는 데에 따라서 현실직면 치료방법이나 행동치료 방법이나 그 밖의 다른 최면치료 방법 또는 다른 개입방법을 이 방법과 함께 사용할 수 있다. 이로써 최면은 조기정신장애 환자의 심리치료에서 그 치료적인 원동력을 확인받았는데, 자체적인 치료효과가 있을 뿐만 아니라, 동시에 다른 치료방법에 다양한 방식으로 참여하여 치료효과를 진작시키고 보완한다.

아동과 청소년의
최면 치료를 위한 조건

1) 정보Information

아동과 청소년에게 본격적인 트랜스 유도를 하는 경우에는 부모에게 최면방법을 설명하고 동의를 구해야 한다. 설명에는 아동과 부모가 앞으로 어떤 체험을 하게 될 것인지가 포함되어야 한다. 부모나 아동이 잘못된 선입견을 가지고 있는 경우에는 사례를 들어서 이해시켜 준다. 불안에 대해서도 이야기하고, 질문에 적절히 대답해 주어 안심시켜야 한다.

아동과 청소년의 경험세계와 연계하여 최면을 시도하는 것이 의미 있다. 그러기 위해서는 최면자가 아동의 주변에 대해서 어느 정도 알고 있어야 한다. 어디에 살고 있으며, 문화적인 특이성은 없는지, 가족과 학교 친구, 어울리는 같은 또래의 친구들에 대해서 알아야 한다. 시대에 대한 감각, 음악, 의류, 유행, 게임, 방송이나 연예인에 대해서도 아동의 생각을 파악해야 한다. 최면자 자신이 어린 시절로 돌아가서 아동이 어떻게 생각하고 느끼는지를 상상해 보는 것도 도움이 된다.

발달심리에 대한 지식은 필수적인데 아동이 정신적, 신체적, 도덕적, 심리적으로 어느 발달단계에 있는지를 정확하게 알고, 치료기법과 표현 방식을 거기에 맞추어야 한다.

2) 구조

명확한 구조는 아동과 청소년이 자기의 생활을 통제할 수 있게 도와준다. 아동과 청소년 중에 이런 자기통제력을 상실하면 치료가 필요한 위기의 상황을 초래하게 되는 것이다.

아동 중에는 낮에도 몽상에 빠지는 경우가 있다. 집에서는 엄마의 목소리가 들리지 않고, 학교에서도 선생님의 말이 들리지 않은 채 오로지 경기장에서 축구스타가 되어 환호를 받는 상상을 하는 것이다. 이런 낮 몽상의 습관은 여러 가지 이유에서 시작된다. 예를 들면 계속되는 책망과 비난을 차단하기 위해서, 감당하기 어려운 상황에서 벗어나기 위해서, 또는 어떤 생각이나 걱정거리에 몰두하다가 생길 수 있다. 이런 습관은 대부분 방어기제로서 실제로 아동들에게 심리적으로 도움이 되기도 하지만, 차츰 부정적인 요소로 자리 잡을 수 있다. 낮 동안에 몽상에 사로잡혀 있게 되면 학교 수업을 따라가지 못하고, 나아가 아동이 가지고 있는 부정적인 갈등 요소를 해소하지 못하고 피하게 되기 때문이다. 자기의 낮 몽상에 대한 통제력을 상실한 아동 치료의 첫 목표는 이 통제력을 다시 찾아주는 것이다.

아동과 청소년에 대한 심리치료에는 가족관계나 교우관계가 매우 중요하다. 아동과 청소년은 매우 종속적이기 때문에 이런 점을 감안하여 성인 치료보다 더욱 눈여겨보아야 한다. 또한 아동에게는 위기상황이 쉽게 위험으로 발전할 수 있다. 그래서 체계적이고 개별적인 측면에서 조심스럽고 효과적인 진단을 해야 할 필요가 있다. 주어진 시간적인 조건과 공간적인 조건을 가능한 잘 이용해야 한다.

(1) 치료공간의 구조

치료실의 내부구조는 안정적이면서도 어느 정도는 변화 가능성이 있어야 한다. 처음 시작하는 대화와 마지막 끝내는 대화는 한 의자에 앉아서 해야 한다. 심리치료의 특별한 작업을 위해서는 특별한 다른 장소가 마련되어 있어야 한다. 예를 들면, 트랜스 작업을 방석이 두 개가 놓인 의자에 앉아서 하거나 그물망에 앉아서 하는 경우도 있다. 놀이를 하거나 그림을 그릴 때는 바닥에서 한다. 그래서 왼쪽, 오른쪽, 앞쪽, 뒤쪽과 같은 방향이나 방바닥, 책상 위, 의자 위와 같은 높이에 대해서도 서로 다른 의미가 주어진다. 이렇게 은유적인 방법으로(간접 암시로서) 프로세스의 심도를 표현한다.

(2) 시간적인 구조

매 상담 회기마다 구조를 가지고 있으며, 전 치료 기간에 걸친 구조도 있다. 시간적인 구조에는 순서, 리듬, 속도, 특정 순간의 선택 등이 포함된다. 이와 다른 측면에서는 일반화 구조가 있다.

   a. 처음에는 모든 가족 구성원이 문제 상황에 대한 자기의 의견을 말한다. 달리 할 말이 있는 사람은 그 말도 한다.
   b. 다음에는 부모들만 참석하여 아동의 병력에 대해서 이야기한다. 그러면서 부모나 성인이 관계되는 영역이 있다는 암시를 한다.

c. 아동만 참석하여 증상에 대한 분석을 한다. 이 분석을 통하여 몇 가지
상황개선 가능성을 탐색할 수 있다. 그중에는 증상통제를 더 잘하게
하는 정신자원의 활성화도 포함된다.
d. 형제자매가 서로 도와줄 수 있게 하기 위해 부모는 참석하지 않고 형
제자매들만의 상담시간을 가질 수 있다.
e. 끝으로 모든 가족들이 참석하여 각자 나눈 이야기와 다음 시간까지
무엇을 할 것이며 앞으로 어떻게 할 것인지를 이야기한다.

이런 상담은 마치 드라마와 같이 구성되어 있다. 발상으로 시작해서 긴
장이 최고로 높아졌다가(증상의 원인과 해결방법을 찾아내는) 차츰 긴장이 식으
면서 이야기는 종합적인 결론에 도달하고 미래를 그려보면서 끝이 난다.
전 과정을 통해서 앞에서 서술한 공간구조와 시간 구조에 유념해야 한다.
시간 구조에는 의식과 의식행위가 도움이 된다.

최면치료는 정신을 집중해야 하는 작업이기 때문에 아동과 청소년에게
는 매우 힘든 작업임을 알아야 한다. 가끔 부모들이 하는 말을 들어보면, 최
면치료 후에 집에서 아동이 한동안 누워 있거나 한두 시간 잠을 잔다고 한
다. 아동과 부모에게 이런 이야기를 미리 해주어서 상황에 적응할 수 있게
하고, 최면치료 후에 바로 아동을 학교나 학원에 보내는 일이 없도록 해야
한다.

3) 아동의 체험에 파고들기

아동 최면과 성인 최면의 차이점은 시간에 대한 개념이다. 아동은 깊은

트랜스에 들어가 있다가도 갑자기 눈을 뜨고 지금 이곳으로 돌아온다. 최면자는 상황에 따라서 다르게 반응해야 하는데, 이런 경우에는 관찰하거나 최면을 다시 시술하거나 한다. 아동이 갑자기 눈을 뜬 것은 아동이 겁이 났을 수도 있다. 자기가 지금 상상 속에 있는지, 현실 속에 있는지 아니면 최면자가 갑자기 없어져 버렸는지 불안해 할 수 있다. 이럴 때에는 대부분 각성해서 확인한 것으로 충분하며, 최면자는 이것을 연속 최면의 기회로 이용하여 다시 눈을 감게 하고 최면에 들어가게 할 수 있다. 이와는 달리 아동이 최면작업을 스스로 모두 끝냈을 경우도 있다. 아동은 생각보다 빠르게 그리고 매우 독자적으로 작업한다. 아동이 지금 이 시점에서 또는 제시된 방식으로는 더 이상 작업을 하지 않으려고 할지도 모른다. 이런 경우에는 자세히 관찰하면서 트랜스 작업을 더 이상 강요하지 않아야 한다. 많은 경우에 아동은 성인보다 훨씬 더 긴 시간이 필요하다. 아동에게 충분한 시간이 주어지고 있다는 것을 느낄 수 있게 해야 한다. 대부분의 경우, 아동은 성인보다 자신의 의지를 더욱 명확하게 표현한다.

사례

7세 된 민수는 침대에 오줌을 싸던 버릇을 스스로 고쳤는데, 오늘은 목 뒤가 당기고 두통이 있는 것을 고치고 싶다고 말하였다. 민수는 최면자에게 눈도 감지 않고, 눕지도 않겠다고 말하였다. 민수는 어린이 책에 나오는 두더지 이야기를 해 달라고 하였다. 그 두더지는 누가 자기 머리 위에 똥을 쌌는지 알고 싶어 했다. 나는 그 이야기를 해주고 이야기의 내용을 약간 더 진전시켰다. 두더지는 배가 몹시 아파서 동물들에게 조언을 구하고 다녔다. 민수는 두더지가 찾아가는 동물들을 스스로 정했다. 두더지는 많은 동물들로부터 조언을 들었지만 완전히 만족하지는 못했다. 그러다가 두더지는 아프리카에서 온 코뿔소에게 물었다. 코뿔소는 두더지에게 일광욕을 하다가 쉬다가 하라고 하였다. 그리고 땅속에 들어가기 전에 주위를 한번 살펴보고 들어가라고 하였다. 이 조언이 두더지와 민수를 완전히 만족스럽게 하였다(민수의 아버지는 아프리카에서 왔다).

이 사례는 어떻게 아동에게 접근할 수 있으며, 목표를 잊어버리지 않으면서 어떻게 치료방법을 아동의 상황에 맞게 할 수 있는지를 가르쳐 준다.

4) 자기최면

심리치료 중에 아동이 자기최면 방법을 배우는 것이 도움이 된다. 아동은 책임감을 느끼게 되고, 스스로 영향을 미치고 통제할 수 있는 가능성이 생기게 된다. 자기최면은 수면장애와 집중력장애 및 불안장애에 도움이 된다.

먼저 아동에게 트랜스 현상에 대하여 설명을 한다. 우리는 하루에도 몇 번씩 트랜스를 경험한다. 잠들기 전에, 지하철을 기다리면서, 지루한 수업시간에 그리고 기차를 타고 창밖을 내다보면서 트랜스를 경험한다. "너는 언제 어떻게 트랜스를 경험하니?"라는 질문에 8세 된 한 아동은 자기 방의 책상에 앉아 커튼의 검푸른 무늬를 보면서, 비치는 햇빛을 보면서 트랜스를 경험한다고 대답하였다. 이 아동에게 나는 고정응시법으로 트랜스를 유도하였다. 아동에게 눈높이의 한 점을 응시하게 하고, 신체에 특별한 감각과 변화를 느껴보면서 숨을 쉴 때마다 이 느낌이 전신에 번져가게 하라고 유도하였다. 아동에게 손에 무엇이 기어가는 것 같은 느낌이 있을 수 있고, 어느 순간 숨을 내쉬다가 눈이 감길 수도 있다고 말해주었다. 하지만 자기가 원하면 언제든지 눈을 뜰 수 있다고 말해주었다.

일반적으로 자기최면의 유도를 아동이 일상생활에서 경험하는 트랜스에서부터 시작하고 시험해 보며 개선시킨다. 소음으로 트랜스를 경험하는 아동에게는 청각적인 방법을 사용하고, 운동이 필요한 아동에게는 신체운동 방법을 사용한다. 자기최면의 내용은 상황과 아동이 가진 문제에 적합하게 정하고, 상담을 진행하는 동안에 연습을 시켜서 익숙하게 한다. 언제, 어떤 상황에서, 어떤 장소에서, 신체의 어느 부분에 자기최면을 적용할 것인가에 대해서도 이야기한다. 받아쓰기 시험을 할 때에 매우 불안해하는 아동에게는 시험 전에 책상에 앉아서 짧게 하는 자기최면이 결정적인 도움이 될 수 있다. 이런 경우, 누워서 눈을 감은 채 유도하는 연습은 아무 소용이 없다. 트랜스가 언제나 이완과 무거운 느낌과 같은 것은 아니다. 많은 사람들이 운동을 하면서(예를 들면 댄스) 가벼운 느낌으로 트랜스를 경험한다.

자기최면을 숙제로 내주어서는 안 된다. 대부분의 아동과 청소년은 학교에서 내주는 숙제를 연상하고 싫어하게 된다. 하지만 아동의 흥미를 돋우어 주면서 상담시간에 연습했던 것을 집에서 해보고 언제 어떤 조건에서 어떤 효과가 있었는지 관찰하여 다음 시간에 말해 줄 수 있느냐고 부탁할 수는 있다. 그러면 아동은 자기의 행동과 자기 주위를 자세하게 관찰하게 되고, 문제의 해결에 적극적으로 동참하게 되며, 일상생활에서 더 많은 자제를 하게 된다. 다음 상담시간에는 아동의 보고 내용을 기본으로 하여 수정하고 개선할 수 있으며, 아울러 더 많은 진단정보를 함께 얻을 수 있다. 자기최면은 의도적으로 트랜스에 들어가서 다시 나옴으로써 통제되지 않는 트랜스에 빠지지 않게 하는 수단이 될 수 있다. 이것이 자각과 자기통제를 강화한다. 그래서 자기최면은 자제를 잘하지 못하거나, 쉽게 다른 일에 정신을 빼앗기거나, 낮에 몽상에 잠기는 아동들에게 많은 도움이 된다.

3

각 성장 단계에서의
최면

최면치료의 상세내용은 아동 및 청소년의 성장단계에 따라서 달라진다. 아동이 너무 어리거나 지능이 떨어져서 말의 뜻을 잘 알아듣지 못하는 경우에는 어조나 말의 리듬 또는 그네타기와 같은 다른 방법을 사용해야 한다. 치료의 가능성은 물론 상당히 제한이 되지만, 이런 방법으로도 긴장의 완화나 마음을 진정시키는 일은 가능하다.

1) 유아기

초등학생 이전의 아동은 놀이를 하면서 간접적이고 상징적인 방법으로 최면치료를 할 수 있다.

사례 1

5세인 수현이는 온 집안을 돌아다니면서 소리를 질러서 부모들이 견딜 수가

없었다. 수현이는 장난감 자동차를 가지고 놀기를 좋아하였다. 빨간 르노 자동차가 계속해서 사고를 낸다고 하였다. 처음에 상담자는 언제나 경찰차와 앰뷸런스를 재빨리 사고현장으로 보냈다. 다음에 상담자는 수현에게 자동차가 이렇게 많은 사고를 내지 않게 무슨 조치를 취해야 하지 않느냐고 물어보았다. 수현과 상담자는 함께 자동차가 안전하게 달릴 수 있는 도로를 만들었다. 다음 상담시간에 부모들은 수현이 한결 조용해졌다고 말하였다.

아동이 상대역할놀이를 할 수 있게 되면 이것으로 작업을 할 수 있다. 상대역할놀이를 할 수 있다는 것은, 아동이 상황을 파악하고 다른 사람의 역할을 하면서 이것이 현실이 아닌 놀이에 불과하다는 것을 알고 있는 것을 말한다. 역할놀이와 현실을 뚜렷하게 구별하기 위하여 가정법과 조건법의 대화체를 사용한다.

사례 2

5세 된 경하는 잠을 잘 자지 못하였다. 원인이 무엇이고 어떻게 해야 할지 알기 위해서 우리는 잠드는 놀이를 하기로 하였다. 최면자가 경하에게 '무엇부터 시작할까?'라고 물었더니, 그 아이는 재빨리 세수하고 잠옷으로 갈아입는다고 하였다. 그 아이는 어젯밤처럼 엄마는 밖으로 나가고 자기는 눈을 감고 침대에 누워 있다고 하였다. 방안은 어둡고 여러 가지 생각이 머리에 떠오르는데, 침대 밑에 사자가 한 마리 숨어 있을지도 모른다는 생각이 났다. 그래서 경하는 엄마를 불러서 함께 여러 번 침대 밑을 살펴보았다. 엄마는 아이를 안심시킨 후에 마실 것을 주고 다시 방에 들어가서 자라고 하였는데, 이런 일이 여러 번 반복되자 엄마는 아이가 밖으로 나오지 못하도록 엄하게 꾸짖었다.

여기서 우리는 놀이를 잠시 중단하고 아이를 다시 일어나 앉게 했다. 상담자는 경하에게 '어떻게 하면 좋을까?' 하고 물어보았다. 아이는 여러 가지 생각을 하다가 마침내 사자보다 더 힘이 센 곰 친구를 데리고 오는 것이 좋겠다고 하였다. 아이는 다시 누워서 밤이 되었다고 생각하고 곰 친구를 불러왔다. 곰 친구는 몸집이 크고 푹신푹신했다. 곰 친구가 침대에 걸터앉아서 손을 이불 위에 얹어 놓고 있자 아이는 마음이 평안해졌다. 사자는 겁이 나서 한동안 침대 밑에 웅크리고 앉아 있다가 슬그머니 방을 빠져나갔다. 아이는 물론 아침이 되면 곰 친구를 다시 돌려보내야 한다.

경하는 오늘 밤에 당장 한번 시험해 보겠다고 하였다. 다음 상담에서 아이는 이제 편안하게 잠을 잘 수 있다고 하였다.

2) 초등학생

초등학생에게는 트랜스와 최면기법들을 사용할 수 있다. 하지만 대부분의 경우에는 증상이나 문제를 똑바로 보고 파악하기가 어렵다. 그래서 치료의 첫 단계는 증상에 대해서 자세히 알고 더 많은 정보를 수집하는 일이다. 초등학생들은 증상에 대해서 가능한 한 많은 것을 찾아내는 일을 재미있어 하는 경우가 많다. 사례와 함께 서술하는 다음의 점검 사항들이 여기에 도움이 될 것이다.

8세인 정민이는 학교 수업에 집중하지 못하고 있었는데, 자기를 꾸짖고 위협하는 목소리에 겁을 먹고 있는 것이 밝혀졌다. 자세한 것을 알기 위해서 트랜스 상태로 들어가서 어제의 수업 상황을 재현하였다.

증상과 문제를 자세히 지각하고 구체화하는 것
Q. 언제 증상이 생기고, 언제 사라지는지?
A. 정민이는 학교에서 가만히 앉아 있거나 집에서 잠들기 위해 누워 있으면 겁이 난다. 몸을 움직이고 있거나 무슨 일을 하고 있을 때에는 겁이 나지 않는다.

Q. 증상은 얼마나 큰가? 엄지손가락, 탁구공, 찻잔, 밥그릇만큼?
A. 엄지손가락, 탁구공, 축구공, 자동차, 연못까지 정민에게 맞는 다섯 단계의 크기를 제시한다. 정민은 트랜스 상태에서 어제로 돌아가서 각 상황마다 공포가 얼마나 큰지를 비교해서 말한다.

Q. 증상을 무엇과 비교할 수 있나? 보자기 같은지? 안개 같은지? 돌맹이 같은지? 어떤 색인지? 어떻게 나타나는지? 번개처럼? 수증기처럼 살그머니 스며드는지?
A. 정민은 자기의 공포를 회색빛 축축한 안개와 같으며, 모든 틈새마다 살며시 스며들어 와서 거기에 꽉 붙어 있다고 표현하였다.

Q. 신체의 어느 부분에 증상이 생기는지? 머릿속에? 뱃속에? 거기 느낌은

어떤지? 바늘 같은지? 돌멩이 같은지? 더러운 갈색인지?

A. 정민은 먼저 머릿속에서 공포가 생기고, 가슴으로 기어 내려와서 뱃속에 도달하는데 차갑고 축축한 느낌이라고 하였다.

Q. 정신자원, 지금까지 무엇이 도움 되었나?

A. 정민은 다른 일을 해서 공포에서 벗어났다. 가장 좋은 방법은 축구를 하는 것이고 친구들과 이야기를 하거나 다른 일을 함께 하는 것이었다.

정민은 최면자의 요청에 따라서 어제 있었던 공포상황을 재현하여 증상이 생기게 하였다. 의도적으로 생기게 한 증상은 대부분 의도적으로 사라지게 할 수 있다. 이로써 아동은 증상에 대한 자기통제를 강화할 수 있다.

정민은 다시 현재로 돌아와서 공포가 없어졌다. 증상을 일으키고 사라지게 하는 일을 반복해서 연습한다. 처음에는 상담자의 지시에 따라서 하지만 나중에는 아동이 스스로 실시한다.

증상에 색칠을 하는 방법도 있다. 보기 싫은 색을 마음에 드는 색으로 바꿀 수 있다. 정민은 자기 공포의 회색을 밝은 회색과 진한 회색으로 바꾸었다. 아동은 증상을 소리로 표현하면 그 소리로 노래를 할 수도 있다. 여러 가지 리듬을 붙여 볼 수 있다. 처음에는 큰소리로 하다가 차츰 작은 소리로 내려 가는 것도 효과가 있다.

트랜스 상태에서 증상을 이미지화해 본 후에 증상을 그림으로 그려 볼 수 있다. 정민도 자기의 공포를 회색 안개로 그렸다. 증상은 흔히 방어적인 역할도 하고 있기 때문에 증상의 일부분이 아동에게 필요한 경우도 있다. 그래서 아동에게 방어를 위해서 공포가 '어느 정도는 필요하니?' 하고 물었더니 그렇다고 대답하였다. 정민에게 필요한 만큼 공포의 한 부분을 떼어 내어 냉장고

한구석에 보관하고, 나머지 부분은 상담소 지하실에 있는 큰 통 속에 넣어두라고 말했다. 용기나 안전도 그림으로 그려서 침대 머리에 붙여 놓을 수 있다. 증상을 진흙이나 나무를 사용하여 모양으로 만들 수 있다.

사례 2

8세 된 명수는 갑작스레 화가 치밀어 오르는 것을 자제하지 못해 반 친구들과 선생님에게 피해를 주고 있었다. 명수는 자기의 분노를 진흙으로 만들어 '화내는 짐승'이라는 이름을 붙였다. 명수는 '화내는 짐승'에게 문이 하나 있고 창문도 여러 개 달린 집을 만들어 주고 자기 방에 놓아두었다. 상담자는 집에 반드시 문이 하나는 있어야 한다고 말하였다. 명수의 어머니는 아침에 명수가 투덜대면 '화내는 짐승' 집 문과 창문을 잘 닫았는지 살펴보고 오라고 말하였다. 하지만 어떤 때 명수가 화가 치밀어 오르면 부모에게 벌컥 화를 내고는 자기'방으로 들어가서 '화내는 짐승'의 집 문과 창문을 활짝 열어 놓고 있었다. 그러다가 얼마간 시간이 지나면 화가 풀려서 방에서 나오게 되었다.

이처럼 증상을 형상으로 만들면 다루기가 훨씬 쉬워진다. 증상 그 자체로서 문제가 되는 것이 아니고, 잘못된 시간에 잘못된 장소에서 나타나는 것이 문제가 되는 것이다. 형상으로 만들어진 증상은 정해진 시간과 장소를 가질 수가 있다.

증상은 여러 부분으로 나눌 수 있다. 각 부분은 색과 형태, 인형극 동물들을 붙여서 분류할 수 있다. 이렇게 하면 증상의 각 부분들이 말을 할 수 있어서 서로 대화도 할 수 있다 .

3) 청소년

청소년기에는 치료과정을 필요한 만큼 스스로 통제하고 참여하는 것이 중요하다. 다수의 청소년이 최면에 관심을 가지는 반면, 뚜렷한 거부감을 보이는 일도 흔히 있다. 예를 들면 눈을 감지 않는다거나 최면자의 어조에 거부감을 느끼기도 한다(최면자의 목소리는 되도록 낮게, 천천히, 깊은 어조로 한다). 청소년이 하는 비판적인 언급에서 최면자는 많은 것을 배울 수 있으며, 정확하게 표현해야 한다는 것을 알 수 있으며 치료적인 개입에 대해서도 다시 생각해 보는 계기가 될 수 있다. 청소년기에는 트랜스를 잘 받아들인다. 청소년은 자기가 다른 사람들에게 어떻게 보이는지에 대해 관심이 많지만, 다른 사람의 입장보다는 자기의 입장에 더 집착한다. 분리체험을 포함하고 있는 치료방법이 이 연령층에 특히 적합한데, 다음 사례가 이것을 잘 보여주고 있다.

사례 1

14세인 애리는 심한 두통을 앓고 있었는데, 거의 학교에 가지 않아서 높은 지능지수에도 불구하고 학교성적이 좋지 않았다. 애리는 프로그램을 이용하여 14세 된 어떤 학생이 자신과 비슷한 상황에서 두통을 앓고 있는 것을 비디오 모니터에 재현하였다. 애리는 모니터에서 전 과정을 지켜보고 이 학생에게 무엇이 필요하며, 어떻게 하면 호전이 될 것인지를 가상해 보았다. 그 후에 여러 가지 조작을 통해서 이런 가상의 결과가 어떻게 되는지를 모니터 상에서 실험해 보았다. 여기에 필요한 프로그램은 많이 개발되어 있으며, 영상을 정

지시키거나 빠르게 진행시키거나 후진시켜 볼 수도 있다.

분리체험은 다른 방법으로도 가능하다. 흔히 정신외상 작업에 카메라나 망원경을 사용하기도 한다. 목각인형을 사용하여 거의 모든 상황을 만들어 낼 수 있다. 이런 방법은 상황을 전체적으로 파악하는 데에 매우 적합하다. 예를 들면, 14세 된 재석이는 자기에 대한 반 친구들의 반응을 설명하지 못했었는데, 인형놀이를 하면서 자기가 반 친구들에게 어떻게 싸움을 걸고 있는지를 알게 되었고, 개선하는 방법도 알게 되었다. 정신외상의 상황도 이런 방법으로 재현해 보면서 진행과정과 연관관계를 자세하게 알아볼 수 있다.

현재의 청소년을 예전의 어린아이로부터 분리하는 것이 매우 중요하다. 예전의 어린아이는 어떻게 반응했고, 느꼈으며, 행동했었나? 그리고 청소년이 된 지금은 어떻게 반응하고 있나? 지금의 경험을 가지고 청소년은 옛날의 어린아이에게 무어라고 말을 할까? 어떤 충고를 해 줄까? 이런 질문들이 정신외상의 치유에 도움이 되고 행동과 느낌을 되살려내며, 새로운 가능성을 찾아내는 데에 도움이 된다. 이 방법은 미래진행에도 사용할 수 있다. 미래진행은 상관이 있는 것과 없는 것을 구분해 주고 체험한 사실을 정당하게 평가해 준다(예를 들면 5년 후에 나는 이 나쁜 성적표에 대해서 어떻게 생각하고 있을까?). 이렇게 해서 청소년이 결단을 내리는 것에 도움을 줄 수 있다(예를 들면 직업의 선택, 학교의 선택 등).

치료를 하기 위해서는 증상이나 문제가 내담자와 내담자의 가족에게 어떤 의미와 이점이 있는지를 먼저 알아야 한다. 증상을 은유라고 생각한다면 증상을 문제해결의 동력으로서, 그리고 평안한 상태에 도달하는 수단으로 이용할 수 있다. 그래서 진단단계와 치료단계에서 어떤 차원에서 작업을 할 것인지를 결정해야 한다. 증상에 집중해서 치료를 할 수도 있고(증상 위주의 치료방법), 증상을 내담자의 생활상황을 은연 중에 나타내는 은유라고 생각하고 진단과 치료에 참여시켜서 치료할 수도 있다(은유로서의 증상 치료방법). 끝으로 증상을 내담자의 개성과 지금까지 살아온 이력에 대한 은유로 볼 수도 있다.

1차원 : 증상 위주의 치료

증상 위주로 치료하는 데에는 여러 가지 이유가 있을 수 있다. 문제나 증상이 단순하고 간단해서, 현재 나타나고 있는 증상이나 문제만을 대상으로 치료해도 충분하며 증상의 전환이 생길 염려가 없는 경우가 있을 수 있다. 다른 한편으로는 증상이 생기면 아동이 위험에 처하게 되거나, 다른 사실을 물어도 아무 대답을 하지 않아서 증상 위주로 치료하는 것이 유일한 방법인 경우도 있다.

다음 사례는 시험공포증을 어떻게 증상 위주로 치료하는지를 보여준다. 흔히 아동이나 청소년 또는 그 부모들은 시험 직전에야 찾아온다. 시험에 합격하기 위해서는 다음의 세 가지 전제조건이 충족되어야 한다는 것을 내담자에게 미리 말해 준다.

a. 지식과 능력
b. 시험을 치를 수 있다는 자신감
c. 행운

첫 번째와 두 번째 조건에는 영향력을 미칠 수가 있다. 하지만 세 번째는 아니다.

기말시험을 18일 앞두고 17세인 여고생 혜수가 시험공포 때문에 찾아왔다. 그녀는 정신적인 압박을 받고 있었고, 시험공포, 불면증, 집중장애, 과식, 남자친구와의 문제 등을 호소하였다. 그녀는 어머니와 8세 된 남동생과 함께 방이 셋인 아파트에 살고 있었으며, 아버지는 가출하고 없었는데 크리스마스까지는 집에 다시 돌아온다는 말도 있었다.

정보가 많지는 않지만, 다음과 같은 구조적인 가정을 해볼 수 있었다. 가족체계는 엉망이 되어서 딸이 자기의 어머니와 남동생 모두에게 어머니의 역할을 하고 있다. 딸이 집안일을 하고 남동생을 돌보고 어머니를 위로하고 있다. 혜수는 자기 아버지를 사랑하면서도 아버지의 무책임한 행동을 용서할 수 없는 갈등에 빠졌다. 뿐만 아니라 이제는 남자친구가 생겨서 아버지가 혜수의 인생에 유일한 남자는 아니었다.

개인적인 차원에서 혜수에게 당장 지원과 도움이 필요했다. 혜수는 가족구조 때문에 해야 할 일이 너무 많아서 혜수 자신의 관심사인 학업은 소홀히 할 수밖에 없었다. 시장에 나가서 물건을 사와야 하고, 음식을 만들어야 하고, 남동생을 돌보아야 하는 등 집안에서 혜수가 해야 하는 일이 너무 많았다. 거기에다 학교에서 치르는 시험도 너무 많았고, 공부방법이나 공부 시간의 배정도 효율적이지 못하였다. 혜수는 잠을 너무 적게 자서 학교에서 수업에 집중할 수가 없었다.

혜수에게는 자신의 일상체험을 구조적으로 명확하게 하는 것이 매우 중요하다. 여기에는 공간구조와 시간구조가 모두 포함되어야 하며, 체험의 주제도 표면 주제와 이면 주제로 구분해야 한다. 혜수에게 먼저 자기최면을 가르쳤다. 혜수는 자기최면으로 잠을 잘 잘 수 있었고 집중력이 향상되었다. 자기

최면은 유도, 심화, 심상과 각성으로 구성하였다. 혜수가 선택한 심상은 따뜻한 날 나무 아래에 누워서 새소리를 듣는 것이었다.

혜수는 여러 면에서 자신감을 가지고 있었다. 혜수는 자기가 다른 사람들과 잘 지낼 수 있다는 것을 알고 있었고, 청소년 그룹을 잘 이끌어 가고 있고, 음식을 잘하고, 에어로빅에서도 상당한 실력을 보여주고 있다는 것을 알고 있었다. 혜수는 자신의 지능과 학업성적을 실제보다 약간 과소평가하고 있었다.

두 번째 상담시간에는 트랜스 상태에서 자기지각과 타인지각에 대한 개선작업을 하였다. 다음 시험에 대비해서 우리는 혜수가 트랜스 상태에서 시험장 안으로 들어와서 좋은 자리를 찾아 앉는 연습을 하였다. 혜수가 공포를 느끼는 순간은 시험지를 나누어 주고 있을 때였다. 이 장면을 혜수가 음식을 만들고 있을 때 느끼는 편안하고 안전하며 집중하는 느낌에 연결하였다. 뿐만 아니라, 이 장면에서 모든 불필요한 자극을 교실 뒤편으로 치우고 시험이 전면에 나오게 하는 계기가 되게 하였다. 이런 연습을 한 후에 혜수에게 전에 실제로 치렀던 시험문제를 풀어보게 하였다. 시험이 끝나고 답안지를 거두어들이는 장면을 트랜스에서 각성하여 일상생활로 돌아가는 신호로 사용하였다.

세 번째 상담시간에 혜수는 그동안 14일 간에 있었던 17과목의 시험들을 무사히 치르고 성적도 올라갔다고 말하였다. 이후에도 우리는 몇 가지 작업을 더 진행하였다.

2 차원 : 환자의 생활상황에 대한 은유로서의 증상

생활상황(가족, 학교, 친구, 주거조건 등)을 진단과 치료에 참여시키고자 한다면 먼저 해당 정보를 얻을 수 있어야 한다. 그러면 증상을 역할과 상징적인 의미를 가지는 은유로서 생각해 볼 수 있다. 은유는 한편으로는 명료하고 집중적이고 함축된 의사교환의 방식이지만, 다른 한편으로는 다의적이며 전달하기 어려운 의사교환의 방식이기도 하다. 은유의 함축성은 은유의 의미를 모든 사람이 언제나 이해할 수 있게 하지는 않는다. 다른 시점에서는 다른 의미가 더 부각되어 보일 수 있다. 외부에서는 은유의 의미를 짐작하는 것만이 가능하다.

사례 : 수면장애

소아과 의사가 15세인 진주를 수면장애 응급환자라면서 최면자에게 보냈다. 진주의 아버지는 한 달 전에 갑자기 집을 나가서 새 애인의 집에 가서 살고 있었다. 진주의 아버지는 집을 나가기 전날 밤에 이 사실을 진주의 어머니에게 말하였다. 진주는 지금 두 살 위인 오빠와 어머니와 함께 살고 있다. 진주의 어머니는 아직 기운을 차리지 못하고 있어서 최면자는 진주의 치료를 서둘러야 했지만, 진주 어머니의 도움을 기대할 수가 없었다.

수면장애 증세에 대해서 다음과 같은 분석이 가능하다.

a. 진주는 자신의 생활환경을 변화시킬 수 있는 아무런 힘이 없다. 그래서 진주는 불안해하는데 아무도 진주의 질문에 대답해 주지 않고, 아무도 앞으로 어떻게 될 것인지를 모르는 것 같다.

b. 진주가 자고 있는 동안에 어떤 나쁜 일이 생길 수가 있을 것이다. 진주의 아버지도 밤새 집을 나가버렸다.

c. 지금 당장은 진주의 어머니도 안정을 찾지 못하고 있어서 아이들이 안심하고 잘 수 있게 해주지 못하고 있다.

d. 진주는 나쁜 꿈을 꾸게 될까봐 불안해하고 있다.

e. 진주는 아버지와 헤어지게 된 것이 매우 슬펐다.

f. 무의식중에 진주는 어머니가 무슨 대책을 세우게 하려고 하고 있다.

먼저 진주의 어머니에게 이런 상황을 어떻게 처리해야 하며, 어떻게 아이들을 안심시킬 수 있는지에 대해서 말해 주었다. 진주의 아버지에게는 되도록 문책하지 않는 말로, 갑작스런 아버지의 가출이 아이들에게, 특히 진주에게 어떤 영향을 미쳤는지에 대해서 설명하여 주었다. 진주의 아버지는 앞으로 아내와 함께 살 것인지 새 애인과 함께 살 것인지 아직 결정을 내리지 못하고 있었지만, 어떻게 하면 아이들에게 안정과 확실함을 줄 수 있을지에 대해서 최면자와 함께 이야기하였다.

진주와도 지금 일어난 상황에 대해서 이야기하였다. 진주는 지금 자신이 할 수 있는 일은 하나도 없다는 것을 알고 있었으며, 마술지팡이처럼 상황을 변화시킬 수 있는 힘이 있었으면 좋겠다고 하였다.

처음에는 진주가 마술지팡이를 가지고 할 수 있는 일이 한 가지밖에 없었는데, 그것은 아버지를 다시 데리고 오는 것이었다. 나중에 진주는 새 아버지를 만들어 내었고 다른 이야기들도 만들어 내었다.

수면장애에 대해서는 첫 번째 상담시간부터 치료개입을 하였다. 진주는 생각이 머리에 떠올랐다가 사라졌다가 하는 것 때문에 잠을 잘 수가 없다고 하였다. 가장 중요한 생각은 언제 아빠가 집에 다시 돌아오느냐 하는 것이었다. 하지만 문제는 이 생각 자체가 아니었고, 이 생각이 통제되지 않고 갑자기 떠올랐다가 사라졌다가 하는 현상이었다. 트랜스 상태에서 진주는 생각을 붙잡아 두는 여러 가지 가능성을 시험해 보았다. 예를 들면 생각을 계속해서 반복하거나, 생각을 머리 한구석에 놓아두거나, 필요할 때까지 생각을 손에 들고 있는 방법 등이다. 치료 결과 진주는 잊어버리는 일이 드물어졌고,

같은 질문으로 어머니를 괴롭히는 일도 드물어졌다. 진주는 전처럼 울먹거리지도 않았다. 진주와 어머니는 잠자리에 드는 것을 의식으로 만들었다. 진주는 최면자와 함께 자기최면으로 'Good Night 트랜스'를 만들었다. 진주는 밤에 잠을 잘 자게 되면서 신경질이 줄어들고 차분해졌다.

증상을 은유로서 이해하는 방법은, 문제가 여러 면에서 얽히고 복잡한 경우에 적합하다. 또한 건강 때문이거나, 자살 위험 또는 치료를 중단할 위험 때문에 치료시간이 많지 않은 경우에도 적합하다.

3차원 : 개성과 개인의 이력에 대한 은유로서의 증상

복합적인 문제이면서 시간이 충분히 있으면 개성적인 면을 치료에 도입한다. 증상은 일종의 도입구로 본다. 여기에는 생활상황도 처음부터 함께 고려하여야 한다. 정신외상 환자는 흔히 여러 가지 문제가 동시에 나타나는데, 그 중에는 아주 심각한 문제도 포함되어 있어서 치료자가 개입하기가 매우 어려운 경우가 있다. 이럴 때에 3차원의 치료가 적합하다.

사례 : 우울증

14세인 수지는 여름방학 동안에 할머니 집에 놀러 왔다가 다른 두 남자가 보는 앞에서 강간을 당했다. 수지는 두 시간 동안 방황하다가 할머니 집으로 돌아와서 할머니에게 강간을 당했다고 말하였다. 할머니는 수지를 산부인과 의사에게 데리고 갔다. 하지만 할머니와 의사는 아무도 수지에게 자세한 이야기를 묻지는 않았다. 수지는 부모에게 아무 말도 하지 않았다.

반 년 후에 스키캠프에서 학교선생님이 수지의 우울한 행동을 주목하고 말을 걸었다. 수지는 그 선생님에게 강간당한 사실을 말하였고, 그 선생님은 수지의 동의를 얻어서 상담실로 데리고 왔다. 그 당시 수지는 학교성적이 나빴고, 잠을 잘 자지 못했으며, 식욕도 없었다. 또 또래들과 잘 지내지 못하였으며, 기분이 매우 저조했었다. 이런 증상들은 예전에는 없었던 것이었다. 강간을 당하기 이전에 수지는 매우 외향적이고 자연스러웠으며 명랑한 소녀였다고 선생님이 말하였다.

강간으로 인해 수지의 개성이 흔들리고 손상된 것이 우울증으로 나타난 것이었다. 증상과 문제에 대한 치료자의 직접적인 질문에 수지는 통제되지 않는 나쁜 기억 때문에 매우 고통을 받고 있다고 말하였다.

수지가 긴장을 풀고 눈을 감으면 나쁜 기억이 되살아나서 잠을 잘 수 없었다. 첫 번째 상담시간에 수지는 최면자에게 모든 사실을 전부 이야기하였다. 수지가 다른 사람에게 A에서 Z까지 모두 이야기한 것은 이번이 처음이었다. 수지가 이 기억에 대한 통제를 더 잘 할 수 있게 하기 위해서 트랜스 상태에서 이 기억에 대한 작업을 하였다.

수지는 사건의 처음으로 되돌아가서 그 상황을 벗어 난 후에 외부에서 관찰자의 입장으로 그 사건을 바라보고 있었다. 수지는 그 사건을 비디오로 보고 있었다. 그래서 빨리감기로 앞뒤로 돌릴 수도 있었으며, 정지화면으로 볼 수도 있었다. 이런 방법으로 비디오의 내용을 바꾸는 것도 가능해졌다. 비디오 속에서 수지는 13세 된 소녀가 길거리 한 모퉁이에서 무언가 잘못되어 가는 것을 보고 있었다. 수지는 그 소녀가 현명하게 처신해서 어느 시점에서 아무런 반항을 하지 않는 것을 알았다. 그렇지 않았다면 그 소녀의 생명이 위험할 수도 있었기 때문이다. 수지는 강간이 자행되고 있는 동안에 소녀의 영혼이 육체에서 빠져나와서 자존심도 지키고 고통도 훨씬 적어지는 것을 느꼈다.

수지는 비디오의 많은 장면에서 비디오를 정지시키고, 소녀를 안전한 할머니의 주방으로 보낸 후에 비디오의 내용을 수정하였다. 그 후에 다시 그 장면으로 와서 계속 진행하여 현재의 상담실에까지 왔다.

트랜스 후에 최면자와 수지는 함께 모든 요소들을 분석하고, 앞으로 수지가 계속해서 기억하고 있을 부분을 정했다. 그 후로는 수지에게 생각하고 싶지 않은 기억이 통제되지 않고 불쑥 떠오르는 일이 없어졌다. 수지는 최면자에게 그 기억을 모두 잊어버린 것은 아니지만, 적합한 장소에 밀쳐둘 수 있다고 말하였다.

4) 틱장애

틱장애는 강박장애에서 강박행동과 연관 지어 볼 수 있는 질환이다. 강박행동이란 강박행동을 중지하면 불안증세가 나타나기 때문에 불합리한 줄 알면서 계속하는 것이다. 머리카락을 계속해서 뽑는다든가, 손톱을 물어뜯는다든가 하는 증상을 보인다.

틱장애는 근육의 과잉긴장으로 인하여 자기의 의지와 관계없이 근육경련이라든가 소리를 내는 증상을 말한다. 근육틱과 음성틱이 있으며, 각각 단순형과 복합형으로 나누어진다.

- **단순근육틱** : 눈 깜박거림, 얼굴 찡그림, 머리 흔들기, 입 내밀기, 어깨 들썩이기
- **복합근육틱** : 자신을 때리는 행동, 제자리에서 뛰어오르기, 다른 사람이나 물건을 만지기, 물건을 던지는 행동, 손 냄새 맡기, 남의 행동을 그

대로 따라 하기, 자신의 성기 부위 만지기, 외설적인 행동

- **단순음성틱** : 킁킁거리기, 가래 뱉는 소리, 기침소리, 빠는 소리, 쉬 소리, 침 뱉는 소리
- **복합음성틱** : 사회적인 상황과 관계없는 단어를 말하기, 욕설, 남의 말을 따라 하기

틱의 여러 가지 증상의 임상양상을 기준으로 정신의학적으로는 크게 3가지로 분류한다.

- **일과성 틱장애** : 4주 이상 1년 이내
- **만성 운동 또는 만성 음성 틱장애** : 1년 이상
- **뚜렛씨 장애** : 운동틱과 음성틱이 동시에 1년 이상

틱장애의 원인은 유전적인 요인, 사회 환경적인 요인을 들 수 있다. 과거에는 아주 소수의 경우에만 나타나는 질환이었는데, 요사이는 상당히 많은 아동이 틱장애로 고생을 하고 있다, 대체로 유전적인 원인으로 오는 질환은 만성화되어서 뚜렷이 장애로 이행되고, 사회환경적인 틱은 자연치유 되기도 하고 치료하면 호전반응이 빠르다.

틱장애 환자들에 대한 주의점은, 틱장애 환자들이 고의로, 일부러 그러는 것이 아니라는 점을 부모나 교사는 특히 명심해야 한다는 것이다. 일부러 그러는 것이 아니므로 화를 내거나 나무라거나 하는 것은 해롭다.

증상은 시간의 경과에 따라 정도가 변한다. 마치 파도가 밀려오듯이 어느 날엔 증상이 심해졌다가 며칠 뒤에서 잠잠해지는 식으로 증상의 정도에 변화가 많다.

증상을 보이는 위치는 자꾸 변한다. 어느 날은 눈을 깜빡이다가 며칠 후에는 코를 킁킁거리는 식으로 증상의 종류가 변하는 것이 특징이다. 증상이 생기기 전에 불쾌한 감각이나 느낌이 있고 틱행동을 하고 나면 완화된다. 많은 아이들이 이런 경험을 이야기한다.

스스로 노력하면 일시적으로는 틱의 증상을 억제할 수 있다. 이런 점에서 '일부러 그러는 것 아니냐?' '습관이다.' 혹은 '관심을 끌려고 그런다.'는 오해가 많다. 긴장을 하거나 스트레스를 받으면 악화된다. 시험 볼 때, 책을 읽을 때, 남 앞에서 발표할 때 증상이 심해진다. 반면 잠을 잘 때나 한 가지 행동에 몰두할 때 증상이 완화될 수 있다. 밤에도 이런 근육의 움직임이 있다면, 틱이 아닐 가능성이 높다.

틱의 이런 증상들을 잘 이해하고, 참으라거나 야단치지 말고, 포근한 마음으로 불안한 심정을 어루만져 주는 배려가 필요하다. 특히 아이들이 자존심이나 자신감이 저하되는 경향을 보이므로, 적절한 대화와 관심을 통해서 미래의 희망을 제시해주는 것이 중요하다.

(1) 물통 인덕션 : 5~10

아동을 매우 편한 자세로 앉힌다. 그리고 상상하기 게임을 하겠느냐고 물어본다. 아동이 하겠다고 하면 시작한다.

"이제 눈을 감는다.
그리고 내가 눈 뜨라고 할 때까지 계속 감은 채로 있는 거야.
알았지?
자, 이제 네가 앉아 있는 오른쪽에 따뜻한 물이 담겨 있는 물통이 있다고 상상을 해보자.

네 오른손이 닿을 수 있도록 아주 가까운 위치에 있단다(아동에게 오른손, 왼손을 구분할 수 있도록 해 준다. 만약 모른다면 그냥 어느 손으로 물통을 만질 수 있다고 이야기 해준다).

이제 그 물통의 물 위에 커다란 고무공이 있다고 상상을 해보자(이때 아동에게 공의 색깔이 무엇이냐고 반드시 질문을 해서 답을 얻는다).

이제 손을 공 위에 얹어 보자.

그리고 공을 물 아래로 눌러 보렴.

그리고 이제는 손의 힘을 빼고, 공이 위로 떠오르는 것을 느껴봐.

이제 공을 그렇게 계속 아래로 눌렀다가 위로 올렸다가를 반복해 봐.

그리고 공을 아래로 누를 때마다, 점점 더 너 자신이 편안하게 이완되는 것을 느끼게 된단다.

동시에 점점 더 졸린다.

그래 바로 그거야.

그렇게 계속 고무공을 아래로 '눌렀다 올렸다'를 반복하는 거야.

그러면서 네가 얼마나 점점 더 편안하게 이완되고, 그리고 점점 더 졸리는지 한번 느껴보렴.

네가 얼마나 많이 졸리는가는 상관없이 너는 계속 내 목소리를 들을 수 있단다.

그리고 내 목소리는 네가 훨씬 더 편안하게 이완되도록 도와줄 거란다.

그래, 바로 그거야.

그냥 계속 공을 '눌렀다 올렸다'를 반복하는 거야.

그리고 네가 얼마나 더 깊이 더 깊이 잠들 수 있는지 계속 느껴봐."

(여기에서, 다섯에서 하나로 세어 내려가면서 혹은 아동이 스스로 자신의 트랜스를 계속 더 깊이 할 수 있도록 최면을 심화할 수 있다. 그런 다음 이 세션의 본래 프로그램을 실행한다).

(2) 엄지손가락 위의 웃는 얼굴 기법 : 5~10살

아동에게 아주 재밌는 게임을 하겠냐고 묻는다. 아동이 한다고 하면 아동의 가까이 있는 엄지손가락 위에 '웃는 얼굴'을 그린다(예 : ^_^ 손바닥이 아래로 향한 상태에서 웃는 얼굴이 보이도록 그린다). 웃는 얼굴을 그리고 나서 손바닥이 아래인 채로 아동의 무릎에 손을 놓는다. 아동에게 웃는 얼굴을 바라보라고 하고, 거기서 시선을 돌리지 않도록 한다.

웃는 얼굴을 가리지 않도록 조심하면서 아동의 손 위에 당신의 손을 얹는다. 아동의 손이 점점 더 무거워진다는 암시를 주는 동시에 가볍게 아동의 손을 살짝 누르기 시작한다. 누르는 손의 힘을 조금씩 빼면서 아동에게 손이 점점 더 가벼워진다고 암시를 준다. 그리고 점점 떠오르면서, 허공으로 올라가면서, 점점 얼굴 가까이 올라간다고 암시를 준다. 아동에게 자신의 얼굴로 점점 더 다가오는 웃는 얼굴을 계속 지켜보라고 한다. 아동의 손이 얼굴에 닿으면 아동의 눈이 감기고, 점점 더 깊이 졸리게 된다고 암시한다. 하지만 당신이 이야기하는 모든 것은 계속 들을 수 있다고 확실하게 말한다.

"네가 눈을 감으면, 너의 손은 무릎으로 천천히 내려온다. 그리고 너는 완전히 이완되고, 헝겊으로 만든 인형처럼 부드럽고 유연하게 된단다."라고 말한다.

아동이 최면에 들면 천천히 마음속으로 100에서 0까지 세어 내려오라고 말한다. 아동이 이것을 하고 있는 동안 당신의 목소리를 계속 들을 수 있다고 말한다. 그러나 의식적으로 주의를 집중하라고 말하지는 않는다. 0까지 세면 아동의 손가락 하나를 들라고 하여 아동이 과정을 끝냈음을 표시하라고 말한다.

(3) 마법 TV 인덕션 : 3~9살

"진호야! 너 내 마법 TV 보고 싶니?

(아동이 동의하자마자) 눈을 감고 네가 마치 헝겊인형인 것처럼 상상을 해 봐.

그래, 좋아.

자, 이제 우리가 너희 집으로 간다고 상상해 보자.

집 앞으로 다가가서 문을 열고 TV가 있는 방으로 걸어간다.

네가 방바닥에 앉는 동안 나는 TV를 켤게.

그리고 같이 TV를 볼 준비를 하는 거야.

자, 소리가 먼저 들리고 이제 화면이 나온다.

TV에서 만화가 나오고 있네.

그리고 그 안에 네가 좋아하는 다른 만화들의 주인공들이 모두 들어 있어.

거기에 어떤 주인공들이 있지?

그중에서 누구를 가장 좋아하니?

만약 네가 눈을 뜨면 그 만화 주인공들은 모두 사라질 거야.

그 만화를 보고 있으니 재밌지?

너는 눈을 뜰 수가 없어.

그 만화를 계속 보고 싶기 때문에 너는 눈을 뜰 수가 없어.

이제, 너는 계속 만화를 보는데, 내가 나중에 이렇게 어깨를 가볍게 치면 그

때 내 말을 들을 수 있단다.

나는 계속 말을 할 거야.

하지만 어깨를 누르기 전까지는 내 말을 들을 필요가 전혀 없단다.

나중에 어깨에 내 손을 얹으면 내 말을 아주 잘 들어야 한다.

이제 이 재미있는 만화를 계속 보렴.

네가 이 만화를 보면 볼수록 너는 점점 더 즐겁고 재미있어지고, 점점 더 편안

하게 이완이 될 거야."

(직접암시 프로그램을 진행한다).

(4) 계란 타이머 인덕션: 3~9살

"유리 안의 모래는 모래인간이 가져온 모래주머니에서 온단다.

네가 모래를 이렇게 가까이서 계속 보고 있으면 너는 아주 졸리게 될 거야.

모든 모래가 바닥에 다 떨어지면, 아니 다 떨어지기 전이라도 너의 눈이 감기

고 너는 빨리 졸게 될 거야.

네가 깊이 잠들었다고 해도 너는 내가 말하는 모든 것을 다 들을 수 있어.

이제 모래가 떨어지는 것을 봐.

그리고 점점 더 눈이 감기고 졸리는 것을 느껴봐(모래가 다 떨어질 때까지 눈이

감기지 않으면, '이제 그냥 눈을 감아 봐.'라고 말한다)."

가볍게 어깨를 누르면서 다섯에서 하나까지 내려 세면서 트랜스를 깊게

한다. 잠재우는 것 같은 목소리로 아동에게 자기가 얼마나 특별하고, 중요

한 존재인지를 말한다. 일반적인 자신감 고취, 자기확신 암시문들을 사용해

도 좋다(암시 프로그램이나 최면치유를 시작한다).

(5) 매직 스토리 인덕션

아동들은 옛날이야기 듣기를 정말 좋아한다. 이야기야말로 최고로 강력한 기법이다.

"내가 너에게 마법 이야기를 해줄게.

너 마법이야기 좋아하지?

이렇게 네가 나의 손을 잡고 너는 내가 하는 이야기를 그대로 믿기만 하면 우리는 그 장소로 갈 수가 있단다.

자, 그러니 내 말을 잘 듣고 내 손을 꽉 잡아보렴.

그러면 우리는 마법의 신비한 장소로, 내가 말하는 모든 것이 이루어지는 그 장소로 가게 된단다.

이제 상상해보렴.

우리 두 사람이 손을 같이 잡고, 깊은 숲속으로 이리저리 구불구불 나 있는 길을 따라 걷고 있단다.

우리는 이른 봄의 어느 아침에 이렇게 손을 잡고 걸어가고 있는 거지.

나무 위에서는 새들이 노래하고 있고, 길 양 옆에는 부드러운 녹색의 풀들이 자라고 있는데, 그 풀들 위로 꽃들이 여기저기에 활짝 피어 있단다.

그리고 이것은 마법 이야기이기 때문에 우리가 더 걸어가면 갈수록 모든 것은 점점 더 현실같이 된단다.

햇빛이 나뭇가지와 잎 사이로 비취어 내려와서 풀 위의 이슬방울들에 반사되고, 그것은 마치 수많은 다이아몬드처럼 반짝인단다.

공기는 신선하고, 부드러운 바람이 불어와서 풀과 꽃들은 이리저리 바람에 흔들리고 있어.

마치 온 세상의 모든 것들이 이 빛나는 봄의 아침에 아주 행복감을 느껴서 가만히 있지 못하고 막 흥분하고 있는 것 같단다.

그리고 이것은 마법 이야기이기 때문에, 더 가면 갈수록 모든 것은 점점 더 현실같이 된단다.

계속 걸어가는데, 어디선가 물 흐르는 소리가 들린단다.

그리고 시간이 지나면서 점점 더 그 소리가 선명해지지.

그리고 이제 우리는 숲속 작은 강둑에 서 있단다.

그게 바로 조금 전에 들었던 그 물소리가 나던 곳이지.

물은 아주 빨리 흘러 지나간단다.

그 물은 이 언덕에서 아주 멀리 떨어진 마법의 샘에서 솟아 나온 것이란다.

그리고 마법의 샘에서 나왔기 때문에 그 물을 마시는 모든 사람이 마법에 걸리게 된단다.

그러면 그 물을 마신 사람은 내가 이야기하는 것은 모두 현실로 되는 숲속의 그 특별한 장소를 아주 쉽게 발견할 수 있게 된단다.

자, 이제 우리는 두 손을 컵 모양처럼 만들어서 시원한 물을 떠서 마시고 또 마신다.

이제 우리가 서둘러야 할 시간이다.

왜냐면 마법의 샘물을 마셨기 때문에 이제 우리는 그 신비로운 장소를 아주 쉽게 찾을 수 있기 때문이야.

그곳에서는 내가 말한 모든 것이 그대로 이루어진단다.

그 장소가 아주 가까운 곳에 있다는 것이 느껴지지?

조금 걸어가다가 길옆에 새로 나 있는 조그만 길이 보인다.

그 길이 어디로 나 있는지 궁금하지?

그래, 그럼 이제 그 길을 따라 걸어가 보자.

그리고 얼마 걸어가지 않아서 우리는 숲의 나무가 조금씩 적어지는 것을 알게 된단다.

그리고 우리는 숲의 끝에 가까이 가면서 그 길이 아주 작은 통나무 오두막집으로 나 있는 것을 보게 된단다.

그래, 여기가 바로 내가 계속 이야기했던 그 장소야.

내가 말하는 것은 무엇이든 이루어지는 그 아주 특별한 마법의 장소란다.

자, 이제 빨리 걸어서 그 오두막으로 가까이 가보자.

가까이 가면 오두막의 문이 조금 열려 있는 것이 보일 거야.

그리고 그 문 앞에 도착하자마자 들어가고 싶은 마음이 너무 커서 그냥 바로 들어가 버릴 거야.

이제 드디어 우리는 마법의 숲속에 있는 마법의 장소에 도착한 거야.

내가 너에게 말하고 내가 너에게 이야기하는 모든 것이, 내가 말하자마자 바로 현실이 되는 거란다."

(여기서 필요한 '직접암시'를 한다).

(이제 아동을 마법의 숲에서 나오게 한다.)

"이제 잠시 후면 우리는 이 마법의 오두막에서 나올 거란다.

그리고 바깥에 있는 숲으로 다시 돌아갈 거야.

왔던 길을 다시 거꾸로 가서 말이지.

그러나 여기 마법의 오두막에서 내가 너에게 말했던 모든 것은 우리가 돌아간 후에도 여전히 진짜가 되어 남아 있을거야.

그리고 나중에도 이 마법의 이야기를 내가 해 줄 때마다 이 특별한 장소로 올 수가 있단다.

이제 문을 열고 나온다.

그리고 길을 따라 다시 숲으로 걸어 들어간다.

하지만 내가 너에게 이야기했던 모든 것은 우리가 돌아온 후에도 여전히 그대로 모두 진짜가 되어 남아 있을 것이다.

이제 우리는 숲으로 돌아가는 중이다.

다시 돌아오는 길을 따라 빨리 걸어보자.

이제 처음에 마법의 샘에서 흘러나온 물을 마셨던 조그만 시냇가로 다시 왔다.

잠시 후에 우리는 우리가 여기 있는 동안 경험했던 신기한 일들 때문에 아주 편안하고 또 행복하게 느끼면서 이 세상으로 다시 돌아올 것이야.

이제 그 마법의 시냇물을 지난다.

그리고 곧 우리는 숲 바깥으로 나올 것이고 너는 눈을 뜰 수가 있게 된단다.

기분이 아주 좋다.

그리고 내가 너에게 이야기했던 모든 것은 여전히 모두 진짜란다.

이제 거의 다 나왔다.

이제 눈을 뜰 때가 거의 다 되었다.

준비하고… 자, 이제 돌아왔다!

너는 이제 눈을 뜰 수가 있어.

자, 눈을 떠! 어떠니? 기분이 아주 좋지? 기분이 어떠니?"

8살 여자아이 다빈이는 영리하며 예쁘고 감정이 풍부하며 친구들과 잘 사귀는 아이다. 3개월 전까지는 학교성적도 아주 좋았다. 그러나 최근 다빈이는 학교에서 몽상에 잠기어 선생님이 불러도 듣지 못하고, 숙제도 마지못해 하곤 했다. 집에서 다빈이는 책에 푹 빠져 산다. 하루에 적어도 한 권씩 읽으면서 밖에 나가서 놀지도 않고, 발레연습도 하러 가지 않겠다고 하였다. 다빈이는 선생님이 자기의 말을 건성으로 듣고 숙제를 잘 살펴보지도 않으며, 수업 중에 다른 아이들이 보는 가운데서 그녀에게 창피를 주었다고 말하였다. 차츰 학교친구들은 다빈이를 피하기 시작하였고, 같이 놀지도 말도 하지 않게 되어 다빈이는 마음에 깊은 상처를 입게 되었다.

원래 다빈이는 몇몇 친구들과 친해지려고 노력했었다. 그러나 친구들이 외면하자 다빈이는 마음의 상처를 들키지 않으려고 숨기려 했다. 이제 다빈이에게 이런 상황이 너무 힘이 들었다. 그러면서 다빈이는 몽상을 하기 시작하였다. 수업시간 중에는 몽상으로 학교생활을 대신하고, 집에 와서는 엄청난 독서를 하였다.

다빈이는 트랜스 상태에 들어가 있었다. 선생님의 훈계하는 목소리와 특정한 몸짓이 다빈이를 일상에서 일탈하게 하였다. 다빈이는 친구들과 같이 재미있게 놀고 싶어 하는 자신의 욕구를 몽상 속에서 책에 나오는 주인공들과 사귀면서 충족시키고 있었다.

다빈이에게는 고정응시법(치료자의 손가락 끝이나 볼펜 등의 작은 물건에 피최면자의 시선을 고정시키며 최면을 유도하는 방법)으로 본격적인 트랜스를 유도하였다. 몸이 편안하다고 느낄 수 있도록 이완시킨 후, 바람직한 학교생활, 친구들과의 관계 등을 기억나게 하면서 트랜스를 심화한다. 충분히 암시가 되었다면 조심스럽게 각성시킨다.

이런 각 단계는 조심스럽게 서로 구분하였다가 의도적으로 연결하는데, 전체 구조를 명확하게 하기 위함이다. 이런 본격적인 트랜스의 유도에서는 트랜스 상태에서의 체험이나 상상 속의 체험과 실제로 일어나는 체험을 명확하게 구분하는 것이 매우 중요하다. 그 외에도 트랜스 작업을 할 때마다 같은 형식과 순서를 사용하여 내담자에게 안전감과 통제력을 주는 것이 중요하다. 명확한 구조를 통하여 다빈이는 자신의 트랜스에 대한 통제력을 얻게 되었다. 다빈이가 학교에서 몽상을 하지 못하게 하는 것이 아니라, 다빈이가 몽상에 대한 더 많은 통제력과 선택권을 가지게 하는 것이다.

10대들을 위한
암시문

아동 및 청소년들에게 적용하면 유용한 암시문을 소개한다. 암시문은 최면치료에서도 유용하게 사용될 수 있으며, 연습을 잘하면 일상생활에서도 적용하기 좋을 것이다.

1) 다양하게 활용할 수 있는 암시문

"자신이 아주 편하게 느끼는 자세를 취해 보세요.

그리고 깊고 크게 숨을 쉽니다.

숨을 들이마실 때마다 들이마신 후에 3, 4초간 잠시 멈추고, 다시 천천히 숨을 내쉽니다.

(잠시 침묵한다.)

숨을 들이마실 때마다 지수의 어깨가 조금 올라가고 숨을 내쉴 때마다 내려가는 것에 집중해 봅니다.

숨을 깊게 들이마시고 천천히 내쉬기를 계속하면서 어깨의 움직임에 계속 집중해 보세요.

그렇게 하면 지수는 자연스럽게 이완이 점점 지수의 몸 전체에 걸쳐 퍼져나가는 것을 느낄 수 있습니다.

지수는 그렇게 되도록 노력하거나 혹은 의식적으로 그렇게 되도록 할 필요가 전혀 없습니다.

그냥 그렇게 되도록 내버려 두고, 그리고 그러한 상태를 즐겨보세요.

그리고 이후에 언제든지 지수가 이러한 이완과 편안함을 원하거나 필요로 할 때마다 이 방법으로 스스로 아주 쉽게 이완할 수 있다는 것을 기억하세요.

(잠시 침묵한다.)

지수는 지금 내가 지수에게 하는 말들에 대해 현재의식으로는 무시해도 좋아요.

왜냐하면 지수의 잠재의식, 그리고 모든 차원의 지수의 내면의식들은 내가 말하고 있는 것을 모두 받아들이고 있기 때문입니다.

지수는 이완을 즐길 수 있고, 어떤 것이든 주위의 소리와 소음이 전혀 지수의 이완과 편안함을 방해하지 못하는 것을 알게 됩니다.

(잠시 침묵한다.)

지수가 원한다면 지수의 즐거웠던 여러 기억들을 다시 떠올리며 상상할 수도 있습니다.

아마도 지수는 아주 아름다운 어느 호숫가에서 일광욕을 하거나, 수영을 하고 있을지도 모릅니다.

혹은 지수가 가장 좋아하는 밴드나 가수의 콘서트에 있을 수도 있습니다.

아니면 아주 화창한 어느 봄날 아름다운 숲을 편안하게 거닐고 있을 수도 있

습니다(최면 전 대화에서 내담자가 말했던 좋아하는 장소나 활동을 한두 가지 정도
언급할 수 있다).

(잠시 침묵한다.)

지수는 이미 지수가 정말 좋아하는 어떤 것을 하는 백일몽을 꾸고 있을지도
모릅니다.

그렇게 하고 있는 동안, 지수는 자신의 의식을 자신이 바꾸고자 하는 그것(내
담자가 최면세션을 통해 해결하고자 하는 이슈)을 성취하도록 지수를 도울 수 있
는 뭔가를 할 수 있다는 것을 알게 됩니다.

지수의 내면의 의식은 그 이슈를 다시 자세히 관찰하고 여러 측면에서 시험
해 볼 수 있습니다.

지수의 내면의식은 그러한 정보들에 접속할 수 있습니다.

좀 더 풍부한 관점에서, 그리고 좀 더 고요하고 이완되고 편안하게 이해할 수
있습니다.

그리고 현실적인 해결책으로 실제 해결할 수 있으며, 지금 바로 그리고 앞으
로 영원히 그 이슈를 당신이 극복할 수 있도록 해 줍니다.

(잠시 침묵한다.)

모든 사람들은 지수가 어떤 것을 더 많이 연습할수록 더 많이 향상될 수 있다
는 것을 알고 있습니다.

지수는 이제 계속 더 깊이 들어가고, 더 고요해지며, 그리고 더 편안한 최면상
태로 들어갈 수 있는 지수 자신의 능력을 계속 발전시켜 나가고 있습니다.

지수는 자신의 그 이슈를 해결할 준비가 되자마자 아주 빠르게 바로 그것을
행할 것입니다.

그리고 지수 자신만의 방법으로 그것을 행할 것입니다.

지수의 내면의식은 지수 자신의 '자기실현'을 위해 그 이슈에 대한 해결책을 실천하고 완성할 것을 이해하고 있습니다.

(잠시 침묵한다.)

나는 지수의 의식이 그 이슈를 어떻게 해결할지 정확히는 모릅니다.

그러나 나는 지수를 즐겁게 하는 어떤 방식으로 그것이 해결될 것이라는 것을 진실로 알고 있습니다.

(잠시 침묵한다.)

지수의 의식이 원인과 결과들을 알고 있습니다.

그 이슈가 해결되고 변화가 시작되어, 그래서 지수가 매일 조금씩 더 계속 발전될 것을 이해할 때, 지수의 내면의식은 내가 다시 내려놓으라고 말할 때까지 지수의 오른손의 손가락 중 하나가 들리도록 할 것입니다."(손가락이 들린 후에, 그 이슈가 해결되었는지 혹은 그 이슈를 해결하기 위해 반드시 행해져야 할 일이 더 남아 있는지 물어보라. 만약 더 있다면 적절한 직접암시 혹은 최면치유를 계속한다).

2) 아이들이 잠자는 동안 들려 줄 수 있는 긍정 암시문들

- 너는 놀라운 사람이란다.

- 나는(우리는) 정말 깊이깊이 너를 사랑한단다.

- 너는 매일매일 점점 더 큰 자기확신과 자신감을 계속 느낀다.

- 너는 아주 좋은 친구다.

- 사람들이 본래 너를 좋아하기 때문에 너는 친구를 쉽게 사귄다.

- 너는 건강하고 행복하다.

- 너는 아주 머리가 좋다.

- 너는 너 자신과 다른 사람들에게 정말로 사랑스럽고 친절하다.

- 너는 놀랍고 굉장한 사람이다.

- 사람들이 너를 좋아하게 되는 것은 아주 자연스럽다.

- 너는 아주 쉽게 학교 공부를 습득하고, 너의 선생님들이 너에게 가르치
  는 것들을 배우는 것을 즐긴다.

- 너는 매일 점점 더 학교생활을 즐긴다.

- 너는 너 자신에 대해 아주 강한 자기 자신감을 느낀다.

- 너는 너 자신을 사랑하고 너 자신을 존중한다. 그래서 너는 너 자신을
  아주 잘 보살핀다.

- 나(우리)는 매일매일 더욱 더 사랑한다.

- 너는 뛰어나고 사랑스러운 사람이다.

- 선한 일들을 배우고 기억하는 것은 너에게 쉬운 일이다.

- 너는 건강하고 행복하다.

- 너는 매일 잠자면서 즐겁고 좋은 꿈을 꾼다.

이 암시문들은 자녀가 자는 동안 들려줘야 한다. 부모들은 자기가 진실

로 그렇게 원하듯이 그대로 암시문들을 읽어 주어야 한다(건성이 아니라, 진실한 마음으로). 이 암시문들은 최대한의 효과를 만들 수 있도록 매우 주의 깊게 만들어졌다. 부모들은 속삭이듯이 읽되 충분히 들릴 정도의 목소리로 읽어야 하고, 자녀가 계속 잠을 잘 수 있도록 부드러운 목소리로 읽어 주어야 한다. 만약 원한다면 매일 밤 암시문들을 읽어 줄 수 있다. 그리고 그 후에는 필요할 때마다 일주일에 한 번이나 두 번 정도 읽어 준다.

3) 학습력 증진 암시문

(1) 학습력 증진 암시문(1)

최면자가 내담자와 계속 이야기를 하고 있는 동안, 최면자는 내담자의 잠재의식 부분과 대화를 하게 된다. 잠재의식은 강력하고 아주 깊이 반응하며, 쉽게 자신이 바라는 바를 받아들인다. 이 강력한 잠재의식은 내담자의 자기발전을 위해 최면자가 내담자에게 말해 주는 암시와 제안들을 모두 받아들여서, 의식적인 노력 없이 그에 집중할 수 있다.

"이 암시와 제안들은 윤정이에게 자기향상을 위해 완전한 영향력을 끼칠 것입니다.
윤정이는 이제 집중을 잘하는 사람이고, 윤정이의 남은 일생동안 긍정적이고 적극적인 사람으로 살아가게 됩니다.
그리고 윤정이와 나는 이제 함께 내가 말 하는 것들을 윤정이의 완전한 현실로 만들 것입니다.

나는 윤정이의 잠재의식 속에서 점점 더 강하게 만들어줄 암시를 줄 것입니다.

그리고 이 암시는 윤정이를 기억력과 집중력이 뛰어난 사람으로 만들어 줄 것입니다.

내가 이 암시를 말할 때, 나는 윤정이가 나와 함께 이 암시를 소리쳐 말하기를 원합니다.

나와 함께 윤정이의 마음속에서 완전한 현실이 되면서 윤정이의 의지가 몸과 영혼의 모든 부분 부분을 꿰뚫어 관통하는 것을 느낍니다.

(잠시 침묵한다.)

좋습니다.

이제 말하는 것을 나와 함께 마음속으로 외칩니다.

공부하는 것은 쉽습니다.

공부하는 것은 재미있습니다.

나는 공부를 통해 목표를 이룰 것입니다.

나는 매일 매일의 학습 목표를 꼭 이룰 것입니다.

나는 중요한 일들을 잘 기억합니다.

나의 기억력은 점점 좋아지고 있습니다.

내 기억력은 좋습니다.

나는 이제 집중을 잘하고, 남은 평생 동안 긍정적이고 적극적인 사람으로 살 것이다.

다시, 나는 이제 집중을 잘하고 남은 평생 동안 긍정적이고 적극적인 사람으로 살 것이다.

다시, 나는 이제 집중을 잘하고 남은 평생 동안 긍정적이고 적극적인 사람으로 살 것이다.

나는 모든 일에서 평생 동안 긍정의 자세를 가져 나갈 것이다.

(잠시 침묵한다.)

윤정이는 뛰어난 학생이 되기를 바랍니다.

그래서 윤정이가 읽는 모든 것, 윤정이가 공부하는 모든 것, 윤정이가 선생님들로부터 듣는 모든 것을 기억하려고 합니다.

윤정이는 모든 요구되는 항목들을 성공적으로 채워 넣고, 모든 시험을 좋은 성적으로 통과하거나 합격하고, 모든 수업을 또한 그렇게 잘 통과하게 되기를 원합니다.

이제 아주 많은 양의 정보를 빨리 그리고 정확하게 그리고 완전하게 습득하고 보유하는 윤정이의 능력은 발전하고 향상됩니다.

윤정이는 윤정이에게 가르치는 선생님들에게 수업의 시작에서 끝까지 내내 100% 주의 집중합니다.

그래서 아주 완전하고 온전한 방법으로 공부할 대상을 알고 이해하는 것이 커다란 즐거움으로 바뀝니다.

윤정이의 집중력은 점점 좋아지고 있습니다.

윤정이는 공부에 대한 핵심을 파악하고 집중합니다.

여러 가지를 하나로 집중해서 생각할 수 있습니다.

윤정이는 윤정이가 배운 것이 있으면, 그 배운 것의 모든 핵심을 아주 정확하게 배우고 기억해 낼 수가 있게 됩니다.

윤정이가 교실에 들어갈 때, 윤정이는 아주 활기로 들뜬 기분을 느끼게 됩니다.

(잠시 침묵한다.)

마음속으로 따라 합니다.

나는 친구를 잘 사귑니다.

사람들은 나에게 호감을 갖습니다.

나는 우리 반 친구들이 좋습니다.

학교는 재미있고 즐겁습니다.

선생님은 나를 사랑합니다.

친구들과 이야기하는 것이 재미있습니다.

친구들의 이야기를 듣는 것은 재미있습니다.

친구들과 노는 것은 언제나 재미있습니다.

큰 목소리로 이야기하면 굉장히 신이 납니다.

(잠시 침묵한다.)

윤정이는 수업을 듣는 것을 즐깁니다.

윤정이는 윤정이가 듣고 읽는 모든 것을 즐깁니다.

윤정이는 윤정이가 배우는 모든 것을 흡수합니다.

그리고 그 흡수하는 양의 크기는 아주 큽니다.

윤정이는 쉽게 공부하고, 집중하고, 기억하는 윤정이의 능력에 대해 아주 강한 확신과 자신감을 느낍니다.

그리고 윤정이가 공부하고 읽었던 그리고 윤정이가 선생님들로부터 배우고 듣고 보았던 모든 정보들입니다.

이 모든 것은 깊게 각인이 되고, 윤정이가 그것을 원할 때마다 그리고 필요로 할 때마다 아주 쉽게 떠오릅니다.

매일매일 시간이 지나가면 갈수록, 윤정이는 더 많이 이해하고 더 많이 받아들이고 더 많이 배우고 더 많이 기억합니다.

윤정이는 윤정이 자신을 진정한 '승리자!'로 봅니다!!

(잠시 침묵한다.)

마음속으로 따라 합니다.

나는 내 목표를 달성하기 위해 끊임없이 변하고 있습니다.

나에겐 필요한 순간에 일을 처리할 결단력과 자신감이 있습니다.

나는 잘된 것과 잘못된 일들을 분석하며, 최선의 자세로 일을 합니다.

나 스스로의 힘으로 나아갈 수 있습니다.

나는 강한 신념과 믿음으로 내가 꿈꾼 것을 반드시 이룰 것입니다.

나에게는 내가 하고자 하는 일을 이룰 능력이 있습니다."

(2) 학습력 증진 암시문(2)

대학생에게 적용하기 좋은 암시문이다.

"내가 당신에게 계속 이야기를 하고 있는 동안, 나는 당신 의식의 잠재의식 부분과 대화를 하고 있습니다.

강력하고 아주 깊이 반응하며, 쉽게 자신이 바라는 바를 받아들이는 바로 그 의식의 부분입니다.

당신 의식의 이 강력한 부분은 당신의 자기발전을 위해 내가 당신에게 말해 주는 암시와 제안들을 모두 받아들여서, 아주 쉽게 그리고 의식적인 힘든 노력 없이 그에 집중할 수 있습니다.

이 암시와 제안들은 당신과 그리고 자기향상을 위한 당신의 요구에 완전한 영향을 끼칠 것입니다.

(잠시 침묵한다.)

당신은 이제 집중을 잘하는 사람이고, 남은 일생 동안 긍정적이고 적극적인 사람으로 살아가게 됩니다.

그리고 당신과 나는 이제 함께 이것을 당신의 완전한 현실로 만들 것입니다.

나는 당신에게 이것을 당신의 의식 속에서 점점 더 강하게 만들어 줄 암시를 할 것입니다.

그리고 이 암시는 당신을 영원히 집중을 잘하는 사람으로 만들어 줄 것입니다.

내가 이 암시를 말할 때, 나는 당신이 나와 함께 이 암시를 소리쳐 말하기를 원합니다.

나와 함께 당신의 마음속에서 소리쳐 외치는 것입니다.

그것이 당신의 완전한 현실이 되면서 당신의 의지가 몸과 영혼의 모든 부분 부분을 꿰뚫어 관통하는 것을 느낍니다.

좋습니다.

이 암시를 나와 함께 마음속으로 외칩니다.

나는 이제 집중을 잘하고 남은 평생 동안 긍정적이고 적극적인 사람으로 살 것이다.

다시, 나는 이제 집중을 잘하고 남은 평생 동안 긍정적이고 적극적인 사람으로 살 것이다.

다시, 나는 이제 집중을 잘하고 남은 평생 동안 긍정적이고 적극적인 사람으로 살 것이다(이 암시를 적어도 20번, 에너지를 실어 힘차게 말한다.)

(잠시 침묵한다.).

당신은 좋은 학생이 되기를 바랍니다.

그래서 당신이 읽는 모든 것, 당신이 공부하는 모든 것, 당신이 교수님들로부터 듣는 모든 것을 기억하려고 합니다.

당신은 모든 요구되는 항목들을 성공적으로 채워 넣고, 모든 시험에서 좋은 성적으로 통과하거나 합격하고, 모든 수업 또한 그렇게 잘 통과하게 되기를 원합니다.

그러나 당신은 그렇게 원하는 만큼 당신이 시험을 통과하기 위해 알아야 할 필요가 있는 그 내용들에 집중하거나 주목하는 대신, 당신은 오히려 당신이 그 시험을 잘 치를까 잘 치르지 못할까에 대한 걱정을 하느라 아주 많은 시간을 보냅니다.

아주 당연하게도 이러한 종류의 두려움은 학교에 가고 시험을 치르게 되는 모든 사람들에게 얼마간은 반드시 존재합니다.

(잠시 침묵한다.)

자, 이제 내가 잠시 그 두려움에 대해 이야기해 보겠습니다.

이야기하는 동안 천천히 깊은 숨을 쉬면서 듣도록 하세요.

그리고 숨을 내쉬면서 그리고 내 말을 들으면서 스스로를 더욱 더 깊이 이완되도록 해 보세요.

두려움은 잠재의식에 존재하는 하나의 감정입니다.

잠재의식에는 모든 감정들이 존재합니다.

이 두려움에 대한 가장 흔한 원인은 뭔가 부족하다는 느낌입니다.

그것은 확신의 부족, '나는 이것을 할 수 없다는 느낌, 나는 결코 이것을 완성할 수 없다는 느낌, 나는 이것이 실패할 것이란 걸 알아, 이것은 너무 어려워, 나는 이 모든 것을 다 기억할 순 없어.'라는 느낌들입니다.

(잠시 침묵한다)

만약 이것이 당신이 존재하는 방식이라면, 혹은 당신이 스스로에게 해왔던 말들이라면, 당신은 자기 자신을 실패하도록 만들고 있는 것입니다.

당신은 이렇게 말할 수도 있습니다.

'나는 정말 열심히 노력해요. 나는 집중하려고 노력하고, 선생님의 말씀을 정말 잘 들으려고 노력해요. 그런데 내가 그렇게 하려면 할수록 그것은 점점 더 어려워져요.'

당신이 맞습니다.

당신이 옳아요.

당신이 더 힘들게 노력하면 할수록, 그것은 정말 점점 더 어려워집니다.

우리는 이것을 부정적인 프로그래밍, 부정적인 입력이라고 부릅니다.

그리고 이제 바로 지금, 아주 간단하고 쉽게 그리고 힘들게 어떤 의식적인 노력을 기울이지 않으며, 우리는 그냥 이 프로그램과 입력의 과정을 끝내려고 합니다.

(잠시 침묵한다)

이제 깊은 숨을 들이쉬고 내쉬세요.

그리고 숨을 내쉴 때, 당신 자신이 더욱 더 깊이 더 깊이 이완되도록 해 보세요.

내 목소리를 듣고 있으면 당신은 더욱 더 깊이 더 깊이 계속 이완할 수 있습니다.

그리고 나는 왜 당신이 더 힘들게 노력하면 할수록 그것이 더 어려워지는지 말해 줄 것입니다.

당신이 '나는 그것을 하려고 노력할 거야.'라고 말하거나 혹은 생각하는 어느 때이든 당신은 이미 당신이 실패한 것으로 조건화시켜 놓은 것이 된답니다.

지금 이 순간부터, 모든 부정적인 생각들, 모든 부정적인 말들은 모두 사라지고 지워집니다. 더 이상 그런 것은 없습니다.

당신의 목표들, 좋은 점수들, 시험들에 통과하고 합격하는 것, 한 등급에서 다음 등급으로 시험을 통해 통과하는 것, 합격하기 등을 성취해야 할 때가 오면, 당신이 당신의 삶에서 성취하기를 원하는 것이 그 무엇이든 정말로 중요한 것은 당신이 다시는 '그냥 노력하기만 하는 것'에 결코 만족하지 않는 것입니다.

바로 지금 그리고 앞으로도 계속 당신은 자기발전을 위한 당신의 모든 바람을 성취할 것입니다.

특별히 당신이 공부를 하거나 시험을 보는 경우엔 더욱 그러합니다.

(잠시 침묵한다)

당신의 잠재의식의 파워는 비교할 것이 아무것도 없을 정도로 강력합니다.

만약 당신의 잠재의식의 파워가 전기로 바뀔 수 있다면, 당신 혼자의 잠재의식의 경우에라도 2년 동안 24시간 내내 서울시만한 도시 전체를 밝힐 수 있습니다.

그 정도로 강력합니다!

이런 강력한 종류의 힘을 당신은 내부에 가지고 있습니다.

당신의 잠재의식은 강력하고 활발하며 반응도 아주 뛰어납니다.

그것은 당신 의식의 일종의 생체 컴퓨터입니다.

그것은 당신이 무엇을 입력하든 그래도 받아들입니다.

만약 당신이 부정적인 뭔가를 입력한다면, 당신의 생각들과 행동의 결과는 부정적으로 나오게 됩니다.

왜냐하면 잠재의식은 모든 것을 사실로 받아들이기 때문입니다.

잠재의식은 이성적이고 논리적으로 생각할 능력이 전혀 없습니다.

그래서 만약 당신이 자신의 잠재의식에 긍정적인 생각과 사고, 그리고 당신이 당신의 삶에서 진정으로 성취하고 싶어 하는 것들과 정말 일어났으면 하고 바라는 일들을 넣어준다면, 결과는 정확히 넣어준 그대로 됩니다.

(잠시 침묵한다.)

잠재의식은 마치 컴퓨터가 그러하듯이 당신이 넣어 준 그대로 모두 받아들이고 그에 따라 행동합니다.

바로 지금, 바로 이 순간부터 당신은 당신의 이 놀라운 생체 컴퓨터에 오직 당신이 당신의 삶 속에서 만들고 싶고 일어나기를 원하는 것들만 넣을 것입니다.

당신은 수업과 그 내용에, 교수님의 말에, 당신이 읽는 그 단어와 문장들에, 듣는 단어와 문장들에, 그리고 보는 단어와 문장들에 집중합니다.

그리고 모든 것은 당신의 놀라운 생체 컴퓨터인 당신의 잠재의식 속으로 들어갈 것을 압니다.

당신의 잠재의식은 모든 것을 흡수합니다.

그리고 당신이 그것을 원하거나 필요로 할 때면 언제든지 쉽게 기억해 냅니다.

어떤 것을 기억해 내려 할 때, 그 방법의 비밀은 우선 이완을 하고, 당신의 잠재의식에게 당신을 위해 그것을 기억해 내도록 허락하는 것입니다.

당신이 상기되고, 걱정하고, 신경질적이고, 두려워하며 기억해 내려고 하면 잠재의식은 거부합니다.

잠재의식은 강제로 뭔가를 하도록 하는 것을 싫어합니다.

기억하세요.

당신이 더 강하게 기억해 내려 노력하면 할수록 당신이 원하고 필요로 하는 것을 기억해 내기가 더 어려워진다는 것을….

(잠시 침묵한다)

당신의 기억력이 부족하다는 것은 사실이 아닙니다.

당신은 놀라운 기억력을 가졌습니다.

당신은 단지 당신의 놀라운 기억력을 적절하지 못하게, 정확하지 않게 써 왔을 뿐입니다.

당신의 두려움과 걱정들과 긴장과 부정확함에 대한 느낌과 실패에 대한 두려움들은 그냥 가게 내버려 두세요.

당신은 당신의 수업과 당신 주위에 어떤 일들이 진행되고 있는지, 당신이 읽는 것, 당신의 선생님이 이야기하는 것을 들었던 것, 당신이 본 것 등에 주의를 기울여 왔습니다.

긴장을 푸세요.

당신의 놀라운 생체 컴퓨터는 당신이 필요로 하고, 원하는 것이 있을 때마다 이미 받아들인 모든 것을 당신에게 보여준다는 것을 아세요.

이완하고, 당신의 잠재의식이 당신을 위해 기억해 내는 것을 허락하세요.

당신은 당신이 원하는 내용이 자연스럽고 쉽게 그리고 의도적인 노력 없이 나타나는 것을 발견합니다.

(잠시 침묵한다.)

당신은 당신에게 밀려오는 거대한 자신감의 물결을 느낍니다.

당신이 점점 더 이완하면 할수록, 당신의 삶의 모든 영역에서 모든 일을 잘할 수 있는 당신의 능력에 대한 자신감은 더욱 더 커집니다.

당신은 이전에는 미처 사용하지 못했던 거대하고 강력한 능력을 가지고 있습니다.

당신의 자신감이 커지면서 당신은 더욱 더 자기확신이 강해지고, 더욱더 자신을 의지하게 되며, 더 이완하면 할수록 더 침착해지고 더 자기조절을 잘하게 됩니다.

당신은 당신의 공부하는 과정과 그 결과도 아주 빠르게 나아지는 것을 발견합니다. 당신은 자신의 그 엄청난 자기 향상에 놀라게 됩니다.

이제 아주 많은 양의 정보를 빨리, 정확하게 그리고 완전하게 습득하고 보유하는 당신의 능력은 발전하고 향상됩니다.

당신은 당신에게 강의하는 강사와 교수님들에게 수업의 시작에서 끝까지 내내 100% 주의하고 집중합니다.

그래서 아주 완전하고 온전한 방법으로 공부할 대상을 알고 이해하는 것이 커다란 즐거움으로 바뀝니다.

당신은 당신에게 가르쳐지는 것이 있으면, 그 가르쳐진 것의 모든 핵심을 아주 정확하게 배우고 잘 해낼 수 있는 것을 압니다.

당신이 강의실에 들어갈 때, 당신은 아주 활기찬 기분을 느끼게 됩니다.

당신은 강의와 수업을 듣는 것을 즐깁니다.

당신은 당신이 듣고 읽는 모든 것을 즐깁니다.

당신은 당신이 배우는 모든 것을 흡수합니다.

그리고 그 흡수하는 양의 크기는 아주 큽니다.

당신은 쉽게, 아무 노력 없이 공부하고, 집중하고, 기억하는 당신의 능력과 당신이 한번 공부한 모든 내용들을 다시 떠올리는 당신의 능력에 대해 아주 강한 확신과 자신감을 느낍니다.

그 내용들은 바로 당신이 공부했던, 읽었던 그리고 당신이 거친 모든 강의와 당신의 선생님과 강사들로부터 들었던 모든 정보들입니다.

이 모든 것들은 깊게 각인이 되고, 당신이 그것을 원하거나 필요로 할 때마다 아주 쉽게 떠오릅니다.

매일매일 시간이 지나가면 갈수록, 당신은 더 많이 이해하고 더 많이 받아들이고 더 많이 배우고 더 많이 기억합니다.

당신은 당신 자신을 진정한 '승리자'로 봅니다!

심상화를 통해서 체험케 하라."

* 압축암시

"당신은 놀라운 집중력과 기억력을 가졌습니다.

당신은 당신의 능력에 대해 아주 강한 확신과 자신감을 느낍니다.

당신의 잠재의식은 당신이 공부한 내용들을 다시 떠올리는 적응력이 뛰어납니다.

이 암시는 당신이 이 방을 나가는 순간부터 더욱 더 잘 작동할 것입니다."

(4) 최면치료를 통한 학업 성취도 향상

대부분의 어머니들이 한번쯤은 '아! 우리 아들은 머리는 좋은데 이상하게 성적이 안 나오네.'라는 말을 해봤을 것이다. 이유가 있다. 아이의 성적을 높여주기 위해서는 억지로 공부를 시켜서는 안 된다. 성적이 나오지 않는 원인을 찾아서 분석하고 제거를 해주는 것이 중요하다.

학습에 많은 시간을 투자하지만 원하는 성적이 나오지 않을 경우, 학습 방법과 집중력에 문제가 있을 수 있다. 시험에 대한 두려움이나 그로 인해 발생하는 스트레스로 인해서 집중력이 떨어져서 학습에 지장을 줄 수 있는 것이다. 집중력은 학습에 매우 큰 영향을 미친다. 10시간을 공부하더라도 제대로 집중을 못한다면, 10시간 공부하는 것보다 1시간 동안 집중해서 공부하는 것이 더욱 효과적이다. 주변에서 잘 놀고 공부 잘하는 학생들을 살펴보면, 대부분은 집중력이 좋은 학생들이다.

또한 인터넷중독이나 게임중독 같이 나쁜 습관은 학업을 방해하는 큰 요소이다. 인터넷과 컴퓨터게임을 많이 하게 되면 수면이 부족해지고 숙면을 취할 수 없을 뿐 아니라 평소에도 게임 이외의 것에 집중을 할 수 없게 된다. 따라서 게임중독의 증상이 보이면 반드시 치료를 시작해야 한다.

최면을 통해 아이들이 가지고 있는 문제점과 잠재능력을 찾아내어 문제점은 해결하고, 잠재능력은 이끌어내어 학습능력을 향상시킬 수 있다. 이를테면 최면을 통해서 암기력을 향상시킴으로써 학습의 효율을 높일 수 있고, 학생들이 갖고 있는 스트레스를 해결해줌으로써 학습에 전념할 수 있도록 도와준다. 특히 컴퓨터나 인터넷 게임에 중독되어서 가족 간의 갈등이나 친구들 간의 갈등이 심화되어 있는 학생들은 최면치료를 통해 생활을 개선하고 있다.

과도한 학습량으로 인해 수면이 부족하여 신체적 정신적으로 지친 학생들에게 최면 치료를 통해서 짧은 시간 동안이라도 숙면할 수 있도록 하여 피로를 풀어주고 있다. 학원이나 과외를 통해 억지로 공부를 시키는 것이 아니고, 학생 스스로 공부를 할 수 있도록 동기를 부여하고, 흥미를 유발시킬 수 있도록 도와주고 있어서 학생이나 학부모들 사이에서 최면치료가 커다란 인기를 얻고 있다.

상처 입은
내면아이를 위한 최면

어린 시절의 상처는 성인이 되어서도 쉽게 사라지지 않는다. 여러 학자들이 주장한 바와 같이 성인이 되어서도 어린 시절의 상처가 성격을 형성하고, 일상생활을 지배할 수도 있다. 따라서 성인이 되어서도 상처가 형성되었을 당시의 나이로 돌아가 치료를 해주어야 한다. 이 장에서는 상처 입은 내면아이에 대한 최면을 다루고자 한다. 성인이 되어서도 아이로 돌아가 치료를 해야 하기 때문이다.

1) 상처 입은 내면아이의 치유 :
내면아이 치료 이완기법

"자, 이제 당신의 호흡에 집중하면서 시작하겠습니다.

그냥 자신의 호흡을 의식해 보세요.

숨을 들이마시고 내쉴 때 몸에서 어떤 변화가 일어나는지 집중해 보세요.

당신의 코를 통해서 공기가 들어오고 나가는 것에 집중해 보세요.

차이점이 무엇인지 생각해 보세요.

당신의 이마를 통해서 숨을 들이마시고 내쉴 때 어떤 긴장이 느껴지는지 찾아보세요.

이제 당신의 눈 주위에서 숨을 들이마시고 내쉴 때는 어떤 긴장이 느껴지는지 찾아보세요.

이제 당신의 입 주위에서, 그 다음엔 목과 어깨로 내려와서 숨을 들이마시고 내쉴 때 어떤 긴장이 느껴지나요?

그다음엔 당신의 팔로 내려와 손을 통해서 숨을 내쉬며 어떤 긴장이 느껴지는지 느껴보세요.

가슴 윗부분으로 숨을 들이마시고 내쉬면서 어떤 긴장인지 느껴보세요.

당신의 배로 숨을 들이마시고, 엉덩이로 숨을 들이마시고 숨을 내쉬면서 거기에서 어떤 긴장을 느껴보세요.

이번에는 종아리로 숨을 들이마시고, 숨을 내쉴 때는 거기에서 느껴지는 긴장도 함께 내쉬어 보세요.

이제 당신의 몸 전체를 편안하게 이완시켜 줍니다.

당신의 내면이 텅 비어 있다고 상상해 보세요.

그리고 따뜻한 황금빛 햇살이 당신의 몸을 통과하고 있다고 상상해 보세요.

당신은 어떤 무거움이나 가벼움을 느낄 수 있습니다.

자신이 어떤 감정을 느끼는지 찾아보세요.

당신의 눈꺼풀이 매우 무거워졌습니다.

팔도 무겁고, 다리와 발도 무겁습니다.

어쩌면 당신은 가볍다고 느낄 수도 있습니다.

마치 몸 전체가 둥둥 떠다니는 것처럼.

마음의 수평선이 점점 더 어두워지면서 완전한 어둠을 바라본다고 상상해

보세요.

그 어두움의 한가운데서 점과 같이 작은 빛이 보입니다.

그 빛은 점점 더 커지다가 수평선 전체가 빛으로 밝게 빛이 납니다.

이제 그 빛을 쳐다보세요.

순수한 그 빛을 쳐다보세요.

거기에는 모든 것이 없는 당신의 내면의 세계만 존재합니다.

당신이 처음으로 붙잡는 법과 놓는 법을 배웠던 때를 기억해 보세요.

당신이 걷는 법을 배울 때 붙잡는 걸 배웠고, 먹는 법을 배울 때도 마찬가지였습니다.

그네를 타면서 머리에 바람결을 느꼈을 때 놓아주는 것을 배웠습니다.

맨 처음 백일몽을 꾸거나, 밤에 자러 갈 때도 놓는 법을 배웠습니다.

그래서 당신은 얼마만큼 붙잡아야 하는지, 얼마만큼 놓아주어야 하는지 잘 알고 있습니다.

당신은 당신의 목소리, 음악, 당신이 입고 있는 옷의 감각도 완전하게 의식할 수 있습니다.

얼굴에 흐르고 있는 공기의 감각도 완전하게 의식할 수 있습니다.

이제 당신은 빛으로 들어가면서 편안한 최면상태에 빠져듭니다.

전신이 무감각해짐을 느낍니다.

몸이 무거워지는 것을 느끼거나, 깃털처럼 가벼워지는 것을 느끼게 됩니다.

무겁거나 가볍거나, 어느 쪽이든 간에 당신은 그대로 잠속으로 빠져듭니다.

그 잠은 당신의 내면아이를 깨우는 잠이 됩니다.

잠속에서 당신은 아주 오랫동안 잊고 있었던, 가장 특별한 어린 시절의 기억을 찾아가게 됩니다.

어쩌면 아주 분명할 수도 너무 희미할 수도 있습니다.

그렇지만 창조적인 씨앗이 되는 기억에 대한 잠은 분명합니다.

이제 당신은 2분 동안만 무의식의 창고에 빠져들어 갈 준비를 하게 됩니다.

자, 이제 나는 당신의 옆에서 기다리는 동안 당신은 당신이 경험해온 사실들을 말해줄 무의식의 창고로 인도하게 됩니다."

(여기에서 0세로 연결한다).

2) 이완 후에 내면아이 치유를 시도한다
(갓난아이~1세 정도)

"이제, 당신은 어린 시절의 어떤 기억으로 되돌아갈 준비가 되었습니다. (15초 정도 쉰다.)

내가 셋을 세면 당신이 태어나던 당시로 돌아가게 됩니다.

하나, 둘, 셋.

당신이 어떤 상태에 있는지 말씀해 주세요.

당신이 말을 하면 할수록 더욱 생생하게 떠오르게 됩니다.

당신이 얼마나 예쁜 아기였는지 살펴보세요.

당신이 웅얼거리고, 울고, 웃던 목소리를 들어보세요.

지금 당신이 당신의 작은 아이를 꼭 안아 주는 상상을 해 보세요.

당신은 지금 친절하고 현명한 어른으로 그곳에 있습니다.

당신은 당신의 갓난아이 시절을 보고 있습니다.

거기에 누가 또 있나요?

어머니나 아버지가 있나요?

이 집에서 이 사람들에게서 태어난 게 어떻게 느껴지나요?

이제 당신이 작고 소중한 갓난아이가 되어 이 모든 것을 다 보고 있습니다.

당신을 사랑하고 있는 존재가 있다는 걸 느껴보세요.

이제 어른인 당신이 갓난아이인 당신을 들어 올려서 안아보세요.

당신 품에 있는 아이는 성인이 된 당신의 모습을 보고 있습니다.

이제 내가 당신의 작은 아이에게 선언의 말을 들려주겠습니다.

당신에게 느껴지는 것이 무엇이든 그대로 느껴보세요.

이 세상에 온 것을 환영한다.

널 오랫동안 기다려 왔어.

네가 여기에 있어서 너무 행복하다.

난 네가 지낼만한 아주 특별한 곳을 마련해 놓았다.

네 모습 그대로를 사랑한다.

무슨 일이 생겨도 널 떠나지 않을 거야.

네가 필요한 게 무엇이든 다 괜찮아.

네가 갖고 싶어 하고 네게 필요한 걸 언제든지 줄게.

네가 남자(여자)아이라서 너무 기쁘다.

너를 보살펴 주고 싶구나.

난 그럴 준비가 다 되어 있다.

너를 먹이고, 목욕시키고, 옷을 갈아입히고, 너와 시간을 보내는 게 너무 좋
단다.

이 세상에서 너와 같은 아이는 없다.

넌 독특한 존재다.

네가 태어났을 때 하나님도 기뻐하셨고 만물이 기뻐하였다.

자, 이제 어른인 당신이 갓난아기인 당신을 내려놓습니다.

이제 당신은 어릴 적 당신의 상처를 치유했습니다.

그 작은 아이는 사람들에게 사랑받으며, 이제 다시는 혼자 있지 않을 겁니다.

이제 그 방에서 천천히 걸어 나오세요.

긴장되었던 숨을 들이쉬면서 당신의 존재를 느껴보세요.

이제 내가 당신을 깨워 드리겠습니다.

다섯을 세면 깨어납니다.

깨어나게 되면 머리가 맑아지고, 기분이 상쾌하고 눈이 밝아집니다.

하나, 자연스럽게 의식으로 올라옵니다.

둘, 몸과 마음이 하나 되어 올라오는 에너지를 느껴보세요.

셋, 머리가 맑아집니다. 머리가 아주 맑아집니다.

넷, 눈이 밝아집니다. 눈이 매우 시원합니다.

다섯, 활짝 깨어납니다. 기분이 매우 상쾌합니다."

3) 이완 후에 내면아이 치유를 시도한다
(유아기 : 1세~3세 정도)

"이제, 당신은 어린 시절의 어떤 기억으로 되돌아갈 준비가 되었습니다.

내가 셋을 세면 당신은 2살 정도의 나이로 돌아가게 됩니다.

하나, 둘, 셋.

이제 당신 앞에 있는 어린아이를 보세요.

그 아이의 인상을 자세히 관찰해 보세요.

눈은 무슨 색인지, 머리카락은 무슨 색인지, 어떤 옷을 입고 있는지, 아이에게 말을 걸어보세요.

하고 싶은 말이 있다면 무엇이든 말해보세요.

이제 아이 입장에서 어른인 당신을 한번 쳐다보세요.

이제 어른인 당신이 아이인 당신에게 현명한 천사라고 생각하고 그 아이를 무릎에 앉히세요.

이제 내가 당신의 아이에게 선언의 말을 들려주겠습니다.

당신에게 느껴지는 것이 무엇이든 그대로 느껴보세요.

부드럽게 친절하게 어른인 당신이 아이인 당신에게 말을 하는 것입니다.

당신에게 느껴지는 감정을 그대로 느끼세요(잠시 침묵한다).

자 이제 시작합니다.

어린 승기야, 넌 호기심이 많지?

그건 좋은 일이란다.

물건을 갖고 싶어 하거나, 보고, 만지고, 맛보는 모두가 다 괜찮단다.

네가 해보고 싶은 대로 할 수 있도록 안전한 환경을 만들어 줄 거란다.

네 모습 있는 그대로를 사랑한다.

어린 나의 승기야.

내가 지금 여기 있는 것은 너에게 필요한 것을 주기 위해서란다.

하지만 네가 날 돌봐 줄 필요는 없단다.

네가 보살핌을 받는 건 아주 당연하다.

어린 나의 승기야.

싫다는 말을 해도 괜찮다.

어린 승기야.

난 네가 너 자신이 되고 싶어 하는 게 무척 기쁘단다.

우리 둘 다 화가 날 수도 있지만, 이건 지극히 당연한 거야.

우리는 그 문제를 해결하려고 함께 노력할 거란다.

네 방식대로 뭔가 하려고 할 때 겁이 나는 건 당연하단다.

네가 원하는 대로 되지 않을 때, 슬퍼해도 괜찮다.

어떤 일이 생겨도, 난 널 절대로 떠나지 않을 거란다.

넌 언제나 너 자신의 모습을 갖고 있을 수 있고, 내가 언제나 널 위해서 있다는 걸 믿어주면 좋겠다.

말하고 걷는 법을 배우는 네 모습을 지켜보는 게 얼마나 좋은지.

네가 독립하려고, 쑥쑥 자라는 걸 지켜보는 게 얼마나 행복한지.

널 사랑해, 넌 정말 소중하단다.

어린 나의 승기야.

(잠시 침묵한다.)

이제 당신의 어린 승기가 어른이 된 자신을 안아보세요.

어른이 된 자신을 안아보면서 서로가 하나 됨을 느껴보세요.

아무 근심도 없고, 모험심도 호기심이 많은 당신 자신의 부분을 사랑하겠다는 약속을 하세요.

자, 어른이 된 당신이 아이가 된 당신에게 나를 따라서 말을 해주세요.

나를 따라서 아이가 된 당신에게 어른이 된 당신이 말을 합니다.

따라서 하세요.

난 절대로 너를 떠나지 않을 거야.

언제나 널 위해서 여기 있을게. 사랑한다."

4) 이완 후에 내면아이 치유를 시도한다
(유아기 : 3세~6세 정도)

"이제, 당신은 어린 시절의 어떤 기억으로 되돌아갈 준비가 되었습니다.

내가 셋을 세면 당신은 다섯 살 정도의 나이로 돌아가게 됩니다.

하나, 둘, 셋.

이제 당신 앞에 있는 작은 아이를 보세요.

당신 앞에 있는 다섯 살 난 당신의 내면아이를 봅니다.

아이에게 인사해 보세요.

아이는 무슨 옷을 입고 있나요?

아이 손에는 무엇이 들려 있나요?

가장 좋아하는 것이 무엇인지 물어보세요.

그 아이에게 당신은 미래에서 왔고, 당신이 필요할 때마다 언제든지 곁에 있

어 주기 위해서 여기에 왔다고 말해주세요.

이제 아이 입장에서 어른인 당신을 한번 쳐다보세요.

이제 어른인 당신이 아이인 당신에게 현명한 천사라고 생각하고 그 아이를

무릎에 앉히세요.

이제 내가 당신의 작은 아이에게 선언의 말을 들려주겠습니다.

당신에게 느껴지는 것이 무엇이든 그대로 느껴보세요.

부드럽게 친절하게 어른인 당신이 아이인 당신에게 말을 하는 것입니다.

당신에게 느껴지는 감정을 그대로 느끼세요.

(잠시 침묵한다.)

자, 이제 시작합니다.

어린 나의 승기야.

나는 네가 자라는 모습을 지켜보는 게 기쁘단다.

네가 울타리를 시험해 보고, 그 한계를 발견할 수 있도록 내가 너를 위하여 여기에 있어 줄게.

네가 너 자신에 대해 생각하는 건 당연하단다.

너 자신의 느낌에 대해서 생각해보고, 네가 생각하는 것에 대해 느껴보는 것은 당연한 일이란다.

나는 활기찬 네 모습을 보는 것을 좋아한단다.

나는 네가 성에 대한 호기심을 갖는 것을 좋아한단다.

네가 남자아이와 여자아이가 어떻게 다른지 알고자 하는 것은 당연하단다.

내가 너 자신이 누구인지 알 수 있도록 도와줄게.

나는 너의 있는 그대로의 모습을 사랑한다, 작은 나의 승기야.

네가 다른 사람과 달라도 괜찮아.

너 자신의 관점을 가지는 건 좋은 일이야.

꿈이 현실이 될까봐 두려워하지 말고 맘껏 상상해도 괜찮단다.

내가 너에게 환상과 현실을 구분하는 법을 가르쳐줄게.

나는 네가 남자(여자)아이라서 너무 기쁘단다.

네가 커서도 우는 건 괜찮은 일이란다.

너의 행동의 결과에 대해서 아는 것은 너에게 좋은 일이란다.

네가 원하는 것이 있으면 얼마든지 요구해도 괜찮단다.

혼동되는 게 있으면 언제든지 물어보면 된단다.

가족 문제에 대해서 네가 책임을 떠맡지 않아도 된단다.

아버지를 네가 책임지지 않아도 된단다.

어머니를 네가 책임지지 않아도 된단다.

너 자신 있는 그대로 산다는 것은 좋은 일이란다.

나의 어린 승기야.

이제 잠시 내면의 당신의 아이가 무엇을 느끼는지 잠시 느껴보세요.

(잠시 침묵한다.)

이제 다시 천천히 어른인 당신으로 돌아갑니다.

당신의 내면아이에게 당신은 지금 여기에 있으며, 많은 것을 이야기해 줄 거라고 말해보세요.

아이가 당신을 절대로 잃어버리지 않을 것이고, 당신이 결코 그 아이를 떠나지 않을 것이라고 말해주세요.

친절하고 애정 어린 당신의 얼굴을 바라보세요.

이제 아이에게 작별인사를 하세요.

현실로 돌아오겠습니다.

하나, 둘, 셋.

숨을 들이쉬면서 당신의 존재를 느껴보세요.

당신의 상체를 통해서 들어오는 에너지를 느껴보세요.

몸과 마음에 참 편안함을 느껴보세요.

이제 내가 당신을 깨워 드리겠습니다.

다섯을 세면 깨어납니다.

깨어나게 되면 머리가 맑아지고, 기분이 상쾌하고, 눈이 밝아집니다.

하나, 자연스럽게 의식으로 올라옵니다.

둘, 몸과 마음이 하나가 돼서 올라오는 에너지를 느껴보세요.

셋, 머리가 맑아집니다. 머리가 아주 맑아집니다.

넷, 눈이 밝아집니다. 눈이 매우 시원합니다.

다섯, 활짝 깨어납니다. 기분이 매우 상쾌합니다."

5) 이완 후에 내면아이 치유를 시도한다
(유아기 : 7세~사춘기까지)

"이제, 당신은 어린 시절의 어떤 기억으로 되돌아갈 준비가 되었습니다.

네가 셋을 세면 당신은 초등학교 입학하던 날을 떠 올리게 됩니다.

하나, 둘, 셋.

이제 당신 앞에 있는 7살 정도의 어린아이를 보세요.

(약 20초 정도 생각할 시간을 준다.)

당신 앞에 있는 7살인 당신의 내면아이를 봅니다.

아이에게 인사해 보세요.

아이는 무슨 옷을 입고 있나요?

학교에 입학하던 날, 당신의 가정은 어떤 분위기였나요?

입학 첫날을 떠올려 보세요.

매 학년.마다 첫날이 어땠는지 기억이 나나요?

점심도시락은 싸가지고 다녔나요?

책가방은 어떤가요?

학교는 어떻게 갔나요?

혹시 학교에 가는 것이 무섭거나 끔찍했나요?

그곳에 당신을 괴롭히던 불량배들이 있었나요?

가장 좋아했던 선생님은 누구셨습니까?

학교운동장을 한번 떠올려 보세요.

학교운동에서 뛰노는 당신의 모습이 보이나요?

그 아이는 무엇을 하고 있나요?

어떤 옷을 입고 있나요?

그 아이에게 천천히 걸어가 보세요.

그리고 당신이 그 아이라는 것을 느껴보세요.

지금 당신은 어린이로서 어른인 당신을 바라보세요.

어린아이인 당신은 어른인 당신을 현명하고 온화한 천사라고 생각하세요.

자, 여기서 어른인 당신의 목소리를 들어보세요.

따뜻하고 애정 어린 목소리로 당신에게 들려주는 선언문을 들으세요.

당신에게 느껴지는 감정을 그대로 느끼세요.

자 시작합니다.

어린 승기야.

넌 학교에서도 너의 모습 그대로여도 된단다.

너 스스로가 바로 자신의 편이 돼 주는 거란다.

나도 널 도와줄게.

네가 하고 싶은 대로 하는 법을 배운다는 것은 좋은 거란다.

그리고 뭔가를 하기 전에 먼저 생각해 본 다음 시도해 보는 게 좋단다.

너의 판단을 믿어보렴.

그리고 네가 선택한 것에 대한 결과를 받아들일 수 있어야 한다.

네가 원하는 대로 할 수 있고, 다른 사람들의 의견이 달라도 상관없단다.

난 네 모습 그대로를 사랑한단다.

어린 승기야.

너의 느낌을 믿어보렴.

만약에 무섭다면 내게 말하렴.

무서움이란 아주 당연한 감정이란다.

우린 그것에 대해서 함께 이야기할 수 있단다.

넌 친구들도 선택할 수 있단다.

다른 아이들과 같은 스타일의 옷을 입을 수도 있고, 너만의 스타일대로 입어
도 괜찮단다.

넌 네가 원하는 걸 받을 만한 자격이 충분히 있단다.

무슨 일이 있어도 난 반드시 너와 같이 있을 거란다.

사랑한다.

나의 어린 승기야.

이제 다시 천천히 어른인 당신으로 돌아갑니다.

이제 잠시 내면의 당신의 아이가 무엇을 느끼는지 잠시 느껴보세요.

(잠시 침묵한다.)

당신의 내면아이에게 이제부터 언제까지 함께 있을 거라고 말해주세요.

원한다면 꼭 안아주세요.

당신의 내면아이에게 당신은 지금 여기에 있으며, 많은 것을 이야기해 줄 거

라고 말해보세요.

아이가 당신을 절대로 잃어버리지 않을 것이고, 당신이 결코 그 아이를 떠나지 않을 것이라고 말해주세요.

친절하고 애정 어린 당신의 얼굴을 바라보세요.

이제 아이에게 작별인사를 하세요.

현실로 돌아오겠습니다.

하나, 둘, 셋.

숨을 내쉬면서 당신의 존재를 느껴보세요.

당신의 상체를 통해서 들어오는 에너지를 느껴보세요.

몸과 마음에 참 편안함을 느껴보세요.

이제 내가 당신을 깨워 드리겠습니다.

다섯을 세면 깨어납니다.

깨어나게 되면 머리가 맑아지고, 기분이 상쾌하고, 눈이 밝아집니다.

하나, 자연스럽게 의식으로 올라옵니다.

둘, 몸과 마음이 하나 되어져 올라오는 에너지를 느껴보세요.

셋, 머리가 맑아집니다. 머리가 아주 맑아집니다.

넷, 눈이 밝아집니다. 눈이 매우 시원합니다.

다섯, 활짝 깨어납니다. 기분이 매우 상쾌합니다."

6) 전체적인 내면아이 치료하기
 (사춘기 이후 청소년기)

"이제 내가 열에서부터 영까지 숫자를 거꾸로 세어 내려가게 됩니다.

숫자 영에 도달하면 숫자 영은 당신이 들어가게 될 문이 됩니다.

열, 아홉, 여덟, 일곱, 여섯, 다섯, 넷, 셋, 둘, 하나, 영.

당신 앞에 나타난 문으로 다가가세요.

문을 열고 안으로 들어가 보세요.

양쪽으로 문이 나 있는 긴 복도가 보입니다.

안으로 들어가 보세요.

당신의 왼쪽으로 '작년'이라고 말하는 문이 보입니다.

그 문을 열고 안을 들여다보세요.

작년에 당신에게 있었던 좋았던 장면들이 상영되는 방입니다.

그 방으로 들어가 작년에 있었던 좋았던 장면들을 보세요.

(2분 정도 쉰다.)

문을 닫고 나오세요.

오른쪽으로 나 있는 다음 문을 열고 들어가세요.

거기에는 당신의 청소년기 소년이 서 있는 모습을 보게 됩니다.

그 아이를 껴안아 주세요.

그리고 그 소녀가(소년이) 겪은 일이 무엇인지 당신이 다 알고 있다고 말해 주세요.

이제는 집을 떠날 시간이라고 아이에게 말해주세요.

이제 혼자가 아니라 당신이 옆에서 도와줄 거라고 말해주세요.

또한 당신과 함께 갈 것이고, 당신의 모든 아이들, 즉 당신의 갓난아이, 유아기, 유치원기 아이, 학령기 아이들을 같이 찾을 거라고 말해주세요.

당신의 청소년 아이와 함께 복도 끝까지 걸어가 문을 열어보세요.

그 문을 열면 어릴 때 당신이 살던 집이 보이게 됩니다(보이면 말해주세요).

그 집으로 들어가 당신의 갓난아이가 있던 방을 찾아보세요.

그 방에 있는 당신의 갓난아이를 앉고 나오세요.

이제 다시 복도로 나와서 당신 왼쪽의 첫 번째 문을 열고, 당신의 유아를 바라보세요.

그 아이 손을 잡고 다시 복도로 나오세요.

다음은 당신의 오른쪽에 있는 첫 번째 문을 열어서 유치원 시기의 당신의 아이를 보세요.

그 아이는 어떤 옷을 입고 있나요?

(대답을 듣는다.)

그 아이의 손을 잡고 방을 나오세요.

이제 당신은 당신의 학령기 아동을 찾아서 갑니다.

복도의 안쪽으로 있는 방의 문을 열고 들어가세요.

거기에는 당신의 학령기의 아동이 있습니다.

당신은 학령기 아동을 찾았습니다.

무슨 옷을 입고 있나요?

그 아동에게 당신의 청소년기 소년의 손을 잡게 하고 그 집에서 걸어 나오세요.

지금 당신은 청소년기의 소년 옆에 서 있습니다.

누가 당신의 갓난아이를 안고 있는지 살펴보세요.

누가 안고 있나요?

당신의 학령기 아동은 청소년기 소년의 손을 붙잡고 있습니다.

당신은 당신의 유아와 유치원기 아이의 손을 붙잡고 있습니다.

이제 당신의 갓난아이가 유아가 되는 것을 보세요.

이제 당신의 유아가 자라서 유치원기 아이가 되는 것을 보세요.

이제 그 아이가 학령기 아동이 되는 것을 보세요.

이제 그 아동이 청소년이 되었습니다.

당신과 당신의 청소년기 소년이 나란히 서 있습니다.

이제 청소년 시절에 당신이 살던 집 앞에 부모님이 나와 계시는 걸 봅니다.

당신과 청소년기 소년은 그들에게 작별인사를 합니다.

그들에게 당신들 모두가 떠난다고 말해주세요.

또한 그들이 당신들을 위해서 최선을 다 했다는 것을 알고 있다고 말해주세요.

상처받은 그 사람들을 바라봅니다.

그들이 당신을 버린 것에 대해 용서하세요.

이제 당신이 자신의 부모가 될 것이라고 말해주세요.

그 집에서 이제 걸어 나옵니다.

당신의 어깨너머로 계속해서 그들의 모습을 바라보세요.

그들의 모습이 점점 작아지고 있습니다.

그들의 모습이 보이지 않을 때까지 바라보세요.

자, 이제 당신은 앞을 바라볼 때입니다.

당신을 기다리는 애인, 배우자, 친구를 바라보세요.

당신을 치료하고 있는 저도 떠 올려서 바라보세요.

당신을 바라보시는 하나님도 보세요.

그들 모두가 두 팔을 벌리고 당신을 환영하며 지지하는 모습을 보세요.

그들이 격려하는 소리를 들어보세요.

이제는 당신은 혼자가 아님을 느끼시게 됩니다.

이제는 당신 안에 있는 당신의 내면아이 중 누구든 선택하여 떠 올려 보세요.

당신이 그 아이를 지켜 줄 거라고 말해주세요.

당신이 그 아이를 사랑하고 돌봐 줄 새로운 부모가 되어주겠다고 말해주세요.

그 아이가 겪은 아픔이나 고통에 대해서 다른 누구보다도 당신이 잘 알고 있다고 말해주세요.

앞으로 그 아이가 살아가면서 누구를 만나든, 당신만큼은 절대로 그 아이 곁을 떠나지 않겠다고 말해주세요.

매일 그를 위해서 시간을 낼 것이고, 함께 시간을 보내겠다고 말해주세요.

온 마음을 다해 그를 사랑한다고 말해주세요.

이제 아이에게 작별인사를 하세요.

현실로 돌아오겠습니다.

하나, 둘, 셋.

숨을 들이쉬면서 당신의 존재를 느껴보세요.

당신의 상체를 통해서 들어오는 에너지를 느껴보세요.

몸과 마음에 참 편안함을 느껴보세요.

이제 내가 당신을 깨워 드리겠습니다.

다섯을 세면 깨어납니다.

깨어나게 되면 머리가 맑아지고, 기분이 상쾌하고, 눈이 밝아집니다.

하나, 자연스럽게 의식으로 올라옵니다.

둘, 몸과 마음이 하나 되어져 올라오는 에너지를 느껴보세요.

셋, 머리가 맑아집니다. 머리가 아주 맑아집니다.

넷, 눈이 밝아집니다. 눈이 매우 시원합니다.

다섯, 활짝 깨어납니다. 기분이 매우 상쾌합니다.

상처 입은
내면아이 사랑하기

1) 당신의 내면아이와 대화하기

내면아이가 나타날 때마다 나는 그 아이를 인정해 준다. 매일 그 아이와 대화하기 위해 두 가지 유용한 방법을 생각해 냈는데, 그 중에 첫 번째 방법이 편지쓰기이다.

내면아이에게 편지쓰기

사랑하는 어린 아린이에게!

네가 태어나서 정말 기쁘구나.

네가 여자라서 너무너무 기쁘구나.

너를 정말 사랑하고 네가 언제나 나와 함께 있기를 바란단다.

얼마나 힘들고 외로웠니? 내가 안아 줄게.

'천사표' 하느라고 애썼구나. 이제는 안 해도 된단다.

내가 네 편이 되어줄게. 기죽지 말고 고개를 들어봐.

하고 싶은 것 있으면 서슴지 말고 말해, 내가 다 해 줄게. 먹고 싶은 것도 말해

봐, 알았지?

네가 성장하는데 내가 많이 도와줄게. 네가 나에게 얼마나 소중한 사람인지

네가 알았으면 좋겠구나.

-너를 환영하고 사랑하는 어른 아린이로부터.

내면아이로부터 온 편지

고마운 어른 김아린에게!

사랑해요. 많이많이 기다렸어요.

나 '천사표' 안 할래요. 나를 다시는 버리지 마세요. 무섭고 힘들었어요.

내 옆에 있어주세요. 노래하며 춤추고 싶어요. 안녕.

-어린 아린이가.

2) 기도의 힘과 보호

내면아이는 성인인 당신이 유한한 인간의 한계를 뛰어넘어 그를 보호해
줄 수 있는 자원을 찾고 있다는 사실을 알 필요가 있다.

3) 내면 아이에게 스트로크 주기

아이들은 신체적으로 쓰다듬고 안아 주지 않으면 죽을 수도 있다. 갓난 아이가 살아남고 성장하기 위해서는 접촉하고 자극을 주는 것이 필요하다.

- **신생아기** : 세상에 태어나서 너무나 기쁘다. 예쁘고 귀여운 딸이어서 너무 좋다. 환영한다. 너는 나의 기쁨이란다.
- **유아기** : 아니라고 말해도 괜찮아. 화를 내도 괜찮다. 호기심으로 어지럽혀도 괜찮아. 돌아다니며 마음대로 탐색해. 이것저것 만져 봐도 돼.
- **유치원 시기** : 많이 웃어도 괜찮아. 너는 우리 집의 꽃이야. 춤추고 노래해도 괜찮다. 질문을 많이 해도 괜찮다.
- **학령기** : 동생 안 업어 주어도 괜찮아. 일등 안 해도 괜찮아. 집안 일 돕지 않아도 돼. 친구들하고 딱지 쳐도 괜찮아. 나는 있는 그대로의 너를 좋아한단다.

4) 오래된 외상의 기억 속으로 스트로크를 설치하는 훈련

당신의 부모가 극도로 혼란스러워할 때(당신에게 소리치고, 화내고, 위협하고, 낙인찍고, 판단할 때), 당신의 내면아이는 가장 극적으로 그들의 말을 내면화한다. 당신은 그 장면으로 돌아가서 당신의 후원자인 성인 자아가 부드러운 말로 상처받은 아이를 달래주도록 해야 한다. 당신이 겪는 예전의 수치스러운 장면을 재구조화하고, 새로운 목소리를 설치하도록 도와줄 것이다.

1단계 : 상처, 고통의 사건

2단계 : 초등학교 졸업식 날 외갓집에 피난 가서 어깨를 들먹이며 외롭게 울고 있습니다.

3단계 : 내가 안아줄게. 너는 똑똑하니까 괜찮아. 실컷 울어. 얼마나 속상했니?

4단계 : 하나님! 나의 원한 맺힌 기도를 들어주세요.

그래. 너에게 공부할 수 있는 길을 열어줄게. 지혜와 총명함도 줄게. 너는 잘 해낼 수 있어. 얼마나 힘들었니? 이제 힘내라.

5) 스트로크(인정자극) 요청하기

당신이 필요할 때 스트로크를 요청하는 법을 배우라. 대부분 우리는 스트로크가 필요하다는 표현을 할 때 부끄러워한다.

"내가 멋지고 가치 있는 사람이라고 말해줘. 네가 나를 얼마나 사랑하고 가치 있게 생각하는지 말해줘."

당신에게 필요한 구체적인 스트로크를 부탁하는 것은 아주 건강한 현상이다.

① 다른 사람에게 줄 수 있는 스트로크를 주라.

② 당신 자신에게 스스로 스트로크를 주어도 좋다. 내가 행복해야 다른 사람도 행복하다.

③ 스트로크를 요구해도 된다.

6) 교정훈련을 실행에 옮기기

가장 희망적인 소식은, 아이는 충분한 관심과 배움이 제공되지 못했던 이유로 상처받았기 때문에 아이의 필요를 충족시켜 주는 법을 성인자아가 배울 수 있다는 사실이다. 우리는 인간 상호작용의 전 영역에 걸친 기술들을 개발할 수 있다. 이것은 무엇을 배우지 못했는가에 관한 문제가 아니라 이제 처음으로 뭔가를 배우는가에 관한 것이다(Kip Flock).

당신은 과거의 상실을 교정하는 경험이 될 여러 가지 다양한 훈련들을 배우게 될 것이다. 교정 작업은 내면아이 치료 작업 중에서 가장 희망적인 부분이다. 많은 성인 아이들은 자신들의 미성숙한 행동들이 바로 학습결핍에서 기인한다는 사실조차 깨닫지 못한다. 이제 자신들의 실패나 성격적인 결점에 대해 당신의 상처받은 내면아이로 하여금 결점이란 사실상 결핍이었다는 점을 이해할 수 있도록 도와줄 것이다.

(1) 당신 안에 있는 갓난아기의 욕구충족을 위한 훈련들

① 사랑하는 사람에게 아주 부드럽게 목욕시켜 달라고 하기
② 아무 계획이나 약속도 만들지 않고, 아무것도 하지 않으면서 시간 보내기
③ 아주 부드럽고 조용한 음악 듣기
④ 파트너를 구해서 약 9분 정도 서로를 뚫어지게 쳐다보기, 큰 소리로 웃어도 되고 깔깔거리고 웃어도 된다.
⑤ 무에 대해서 명상하기 : 자신의 존재에 대하여 명상하는 것이다. 신생 아기는 존재의 힘에 기초를 둔 시기이다.

⑥ 가장 심오한 방법으로 성인과 내면 아이를 연결시켜 무심을 배워본
다 : 존재의 힘과 만나는 묵상이나 기도 시간에 하나님 앞에서 있으
면, 깊은 묵상 중에 그분을 몸 전체로 느끼게 된다. '기름 부으심으로
주의 자비가 내려와 나를 덮는다. 너무나 깊고 평안하다.'

(2) 당신만의 유아기의 욕구충족을 위한 훈련들 : 기어가기와 감각
적인 탐구 단계

① 당신의 옷 중에서 가장 밝은 색깔의 옷으로 잘 차려입고 어디든 가
보기
② 친구나 연인과 함께 오랫동안 손을 잡고 감각에 따라 걸어보기
③ 말하지 않고 몸짓이나 스킨십으로 파트너와 대화해보기

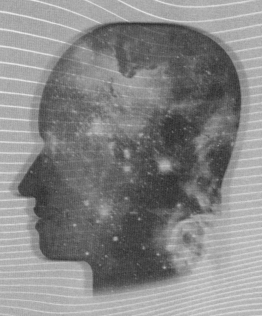

2
PART

조현병

조현병의
특징

조현병은 다양한 인지적·행동적·정서적 기능부진을 포함하나, 장애 특유의 단일 증상은 없다. 진단은 직업적·사회적 기능 손상과 연관된 징후와 증상의 무리를 인식함으로써 이루어진다(DSM-5, 2015).

1) 조현병의 주요 증상

조현병의 증상들은 크게 양성 증상과 음성 증상으로 나누어 살펴볼 수 있다. 양성 증상은 어떤 스트레스에 대한 반응으로 급격하게 발생되며, 뇌에서 과도한 도파민에 의해 발생 된다고 알려져 있다. 양성 증상은 약물치료에 의해 쉽게 호전되며, 상대적으로 지적 손상이 적고 경과가 좋다고 보고되고 있다.

한편 음성 증상은 외부 사건과 무관하며, 증상이 서서히 진행된다. 음성 증상은 뇌의 구조적 변화나 유전적 소인에 의한 발병이라고 보는 경향이 있다. 음성증상은 항정신성 약물에 의해 잘 치료되지 않으며, 지적 수준이 현저히 저하되고 경과도 나쁜 편이다. 양성 증상을 보이던 환자가 적절한 치료를 받지 못하면 병이 장기화되며, 음성 증상이 주된 증상을 이루게 된다(권석만, 2010). 따라서 만성적인 조현병 환자들은 음성 증상을 보이는 경우가 많다. 만성적인 조현병 환자는 유병 기간이 2년 이상이고, 재발률이 높으며, 약물치료에 반응이 적은 편이다(김도훈 외, 1995:1805). 만성적인 환자는 자아 기능이 약하여 주변 사람들에게 거의 관심을 못 가지며 자기 세계에 빠져 있다. 또한 실패에 대한 좌절감, 낮은 자존감, 무가치감 등을 가지고 있다(김도훈 외, 1995:1811).

조현병의 양성증상으로는 환각hallucinations, 망상, 긴장성 운동행동 catationic behavior 등이 있다. 환각은 자극이 없음에도 반응을 하는 것을 말한다. 환각은 환청, 환시, 환후, 환촉, 환미 증상을 말한다. 조현병 환자들에게서 흔히 볼 수 있는 증상은 주로 환청auditory hallucination과 환시이다. 환자 100명 중 95명이 환청을 경험한다. 환청의 증상은 매우 다양하며, 증상에 따라서는 환청에 의해 위험한 행위를 하기도 한다. 환청의 주인공도 다양하여 남자일 수도 있고 여자일 수도 있다. 목소리의 주인공이 어린아이일 경우부터 노인까지, 지인이거나 전혀 알지 못하는 사람의 목소리일 수도 있다. 때로는 타인의 목소리 외에도 자신이 생각하는 내용을 들을 수 있다고 말하는 경우도 있다(김문수, 1998:140).

환청증상이 있는 환자는 독백처럼 혼자서 중얼거리지만, 환자 자신은 누군가와 대화를 나누는 것이다. 환청이 처음 들릴 때는 환자 자신도 증상에 대해 의심하지만, 차츰 증상이 심해지면 환자의 현실과 환청을 구분하지 못하여, 환청 속의 목소리와 대화를 나누게 된다(김진, 2006).

환각에는 헛것이 보이는 환시, 몸이 썩는 냄새가 나는 것 같은 환후, 피부에 벌레가 기어 다니거나 무언가 피부에 박힌다고 느끼는 환촉 등이 있다. 조현병 학자인 Silvano Arieti는 환각과 종교적인 체험을 다음과 같은 기준으로 구분하였다(원호택·이훈진, 2000).

현실성이 없는 믿음을 망상delusion이라고 한다. 망상은 조현병의 양성 증상 중 보편적인 증상이다. 망상은 자의적인 판단이지만 전혀 틀린 판단을 내리는 사고 체계가 생기며, 사고의 주도권을 잡게 되는 결과로 일어나는 현상이다. 망상에는 주로 관계망상, 피해망상, 감시망상, 미행망상 등이 있다.

대화영역에서 묻는 말에 엉뚱한 대답을 한다거나, 이야기의 내용이 앞뒤가 맞지 않다거나, 이야기의 내용이 전혀 연관성이 없는 경우이다. 와해된 언어disorganized speech는 조현병 환자가 사고장애로 인하여 말하고자 하는 목표를 논리정연하게 진행하지 못하고 요점을 놓치거나, 다른 생각의 침투로 인하여 말이 엉뚱한 방향으로 흘러가기 때문이다(권석만, 2010).

긴장성 운동행동catationic behavior은 근육이 굳은 것처럼 특정한 자세를 유지하는 증상이다. 긴장된 자세를 유지하고 있으며, 만일 누군가 그런 자세를 변형시키려 하면 그런 노력에 저항하는 긴장성 강직성, 긴장된 자세를 취한 상태에서 환경을 전혀 인식하지 못하는 긴장성 혼미성, 긴장된 자세를 움직이게 하려는 지시나 시도에 능동적으로 저항하는 긴장성 거부증, 목적도 없고 유발자극도 없는 상태에서 과도한 행동을 보이는 긴장성 흥분증이 있다(권석만, 2010).

이밖에도 조현병 환자는 혼잣말을 하거나 이유를 알 수 없는 행동을 하거나 어떤 특정한 행위를 반복적으로 되풀이하기도 한다.

이런 장애들에는 최면을 매우 조심스럽게 치료수단으로 사용해야 한다. 단지 양성증상과 와해된 증상에는 절대적으로 최면을 사용하지 않아야 한다. 음성증상이 지배적인 경우, 조심스럽게 최면을 사용할 수 있다. 예를 들면, 건강한 정신자원을 가지고 하는 작업과 같은 해결중심의 방법을 권유하고 싶다. 근본적으로 환자의 병세가 갑자기 나빠지는 것을 염두에 두고 있어야 한다. 특히 치료 도중에 환자가 피할 수 없는 감정이 북받칠 때에 더욱 그러하다. 이런 경우를 예로 들면, 급성 편집증 치료, 긴장증상, 시각적이나 청각적, 촉각적으로 확 되살아나는 환상 등이 있다. 치료는 과거에 기분 좋았던 감정적인 체험을 찾아내어서 현재에 통합시키는 다리를 놓는 방법으로 한다. 전제조건으로는, 갑자기 병세가 악화되는 것에 대비하여 재빨리 입원조치를 할 수 있는 준비가 되어 있어야 한다.

2) 조현병에 적합한 최면 치료기법

조현병 환자에게는 접근과 거리의 균형을 조심스레 맞추어야 한다. 친밀감을 형성해야 하지만, 지나치게 가까이 접근하는 것은 조심해야 한다.

또한 양성 증상이나 환상이 추가되어 있으면(예 : 파괴 욕구를 가진 병적인 우울증), 최면치료를 하지 않아야 한다.

조현병의 핵심적 장애 중 하나가 망상장애이다. 망상의 내용이 도저히 있을 수 없는 일이면, 망상장애라는 진단이 더 강해진다. 하지만 망상장애에는 가능한 일을 망상하는 경우도 있다. 이 점에서 유럽의 진단은 미국의 진단과 구별되는데, 미국에서는 망상장애를 '잘못된 믿음false belief'이라고 정의하고 있다. 이런 정의의 상이점은 물론 치료에도 의미가 있다. '잘못된 믿음' 즉 잘못된 확신으로 본다면, 치료의 목표도 확신이나 확신 시스템을 변화시키는 데에 두어야 한다. 망상장애를 수정할 수 없는 주관적인 확신으로 본다면, 치료도 일차적으로 수정할 수 없다는 점에 유의해야 할 것이다.

망상은 네 가지 서로 다른 관점에서 서술할 수가 있다.
a. 내용에 따라서(망상의 주제) : 피해망상, 과대망상, 기발한 망상
b. 구조에 따라서 : 논리적, 세상과의 관계, 조직도
c. 구성요소에 따라서 : 정상적이고 병리적인 지각의 해설과 우화화 및 망상의식
d. 정신병 배후원인에 의한 증상에 따라서 : 정동장애, 정신분열 장애, 기질적 정신병, 성격발달 장애

이런 네 가지 분야에 대한 탐색은 치료에 매우 도움이 된다. 서로 섞여 있는 경우도 있지만, 많은 경우에는 배후 원인에 의한 증상에 대한 망상주제를 비교적 쉽게 구분할 수 있다(예 : 우울증에서의 파괴망상과 죄의식 망상, 조증에서의 과대망상, 조현병에서의 기괴한 망상).

망상의 구조는 치료방법에 대해 훨씬 더 많은 것을 우리에게 알려 준다. 망상이 논리적인 구조를 가지고 있을수록 환자가 가지고 있는 인지연계 가능성이 더욱 많다. 높은 조직도는 망상이 오래가고 치료하기 힘들다는 것을 알려 준다. 양극화된 망상은 일상사와 밀접하게 연계되어 있어서 모든 것을 망상역동과 관련시킨다(세상과의 관계). 피해망상의 경우에는 세상은 박해자와 박해자가 아닌 사람들로 구성되어 있다. 자폐망상이 있으면 환자는 세상에서 완전히 물러나서 망상의 세계에 갇혀 있다. 많은 망상이 병렬상태로 현실세계와 공존하고 있다. 환자는 여전히 자기의 망상을 수정하지 않고 확신하고 있으면서도 이따금씩 이 망상의 집에서 밖으로 나와서는 자기의 직업을 수행한다.

환각이나 병적인 착각과 같은 병리적인 구성요소를 가지고 있는 환자에게는 환각과 같은 최면 기법을 사용하지 않아야 한다.

신체적인 배후증상은 우리에게 얼마간 망상의 생성에 대해서 알려 준다. 망상 증후군은 질병 분류학적으로 비특정 증후군으로 보고 있다. 왜냐하면 망상은 모든 정신병과 정신장애에 나타나고 있기 때문이다. 각성암시는 여기에 효과적으로 도입될 수 있다.

지금까지 서술한 내용으로 보면, 망상 장애의 심리치료에는 무엇보다도 서로의 수용에 기반을 두어야 한다. 망상 환자가 심리치료를 받기 원하는 것은 매우 드물며, 최면치료를 원하는 일은 더욱 드물다. 이런 환자들에게는 트랜스를 활용하지 않아야 한다. 각성암시는 망상환자에게 흔히 활용되지만, 특별한 교육을 받은 사람이 전문적인 방법으로 수행해야 한다.

여러 가지 다른 치료 가능성에도 불구하고 정신병 환자의 최면치료에 대한 중심 관심사는 환자에게 있을 수 있는 망상을 강화하지 않으면서, 환자의 고충과 고뇌에 대한 환자 자신의 이해를 환자에게 전달하는 일이다. 신뢰를 바탕으로 하는 관계를 수립해야 한다. 여기에는 라포를 촉진하는 여러 번의 상담시간이 필요하다. 정신병 환자는 노이로제 환자보다 비교적 짧은 상담시간을 더 자주 가져야 한다. 정신병을 앓고 있는 장기치료 환자에게는 '시간을 가지고, 시간이 흘러가게 두는 것'이 최선의 방법이다. 치료자는 너무 높은 기대를 갖지 않는 것이 좋다. 왜냐하면 환자에게 과도한 요구를 해서는 안 되기 때문이다. 기질적인 정신병과 조현병 환자에게는 문제위주의 치료 방법보다 해결위주의 치료방법을 선택해야 한다.

정신병 환자에게는 각성암시나 최면치료 개입을 하는 적절한 시점도 큰 의미가 있다. 이상하고 기이하며 비현실적으로 보일지도 모르지만, 치료자는 (Kernberg, 1988이 서술한 것처럼) 사람 사이의 기본적인 상호작용을 만들어

내기 위하여, 자기가 알고 있는 환자에 대한 지식과 자기의 환상과 자기의 직관을 필요로 하고 또한 사용한다.

정신병 환자에 대한 최면치료는 조직도를 높이고 지원하는 치료방법이며, 흔히 필요한 약물치료와도 함께 사용할 수 있다. 정신역동적-분석적인 모델에서 보자면, 정신병의 최면치료는 아무리 좋게 보아도 여러 가지 콘셉트의 불리한 혼합에 불과할 것이다. 정신병 환자에게 분석적인 치료가 필요한 경우에는, 굳이 최면 치료로 돌아가지 말고 직접 정신분석작업으로 가야 할 것이다. 많은 저자들이 정신병 치료에서 치료의 방법보다는 치료자의 능력이 더 결정적이라고 말하고 있다.

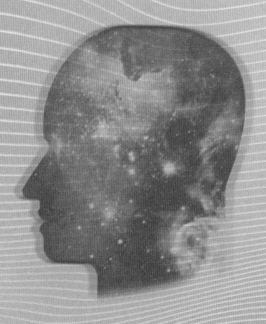

3
PART

정동장애
(우울증)

우울증
Depression

30년 전 만해도 우울증은 가장 이해하기 힘든 병이었다. 하지만 지금은 심리치료 분야에서 가장 많이 연구되고 이해하기 쉬운 병이다. 현재는 우울증을 치료할 수 있는 많은 방법들이 있다. 이 장에서는 최면을 우울증 치료에 어떻게 활용할 수 있는지에 대해 서술하겠다. 우울증은 치료방법의 정확성에 민감하게 반응한다.

1) 장애증상

우울증은 정서장애로서 여러 가지 양상으로 나타나며, 환자마다 뚜렷하게 다른 증상을 보일 수 있다. 크게 본격적인 우울증과 기분변조증상 dysthymic disorder, 막연한 우울증상으로 분류한다.

우울증에 주로 드러나는 증상들은 다음과 같다(a번에서 i번까지의 증상은 거의 매일 나타난다).

a. 대부분 낮 시간에 느끼는 우울한 기분(어린아이와 청소년에게는 자극적인 기분으

로 나타날 수 있다).

b. 거의 모든 행위에 대한 관심과 기쁨의 현저한 감소

c. 뚜렷한 체중감소나 체중증가, 뚜렷한 식욕감소나 식욕증가

d. 잠을 잘 자지 못하거나 너무 많이 자는 것

e. 심리적인 운동 불안이나 행동이 느려지는 것

f. 피로감과 기력상실

g. 스스로 아무 가치가 없다고 느끼거나 지나친 죄책감을 느끼는 것

h. 사고력, 집중력 및 결단력의 감소

i. 되풀이 되는 죽음에 대한 생각(죽음을 두려워하는 것 외에도), 아무 계획 없이 자살을 되풀이해서 생각하는 것, 자세한 자살계획을 세우거나 자살을 기도하는 것

위의 몇 가지 증상이 최소한 2주 이상 지속 되면 우울증으로 보아야 한다. 우울증이 병이라는 생각은 잘 알려져 있지만, 정확한 설명은 잘 하지 못한다. 우울증은 우리 생활의 여러 가지 측면(심리, 지각, 태도, 정서와 사교 관계)과 관련되는 복합적인 장애로 보아야 한다.

2) 개입방법

우울증 환자를 최면으로 치료하는 이유는 여러 가지가 있다. 최면은 다음과 같은 역할을 할 수 있다.

- 적극적인 학습과 경험을 통한 학습을 쉽게 한다.
- 중요 학습 내용이 신속하게 통합integrate되게 한다.
- 치료접속을 집중적이고 초점적으로 자리 잡게 한다.

- 익숙한 자기경험 방식을 변화시켜서 유익하지 않은 속성을 중단시킨다. 다시 말하면, 지각을 촉진하여 다양한 경험을 하게 한다.
- 유연성을 촉진하여 일상적인 관점을 뛰어넘는 경험을 가능하게 한다.
- 특정 주제 또는 과제의 초첨화에 도움이 된다.

(1) 최면을 통하여 변화된 귀인양식attribution style과 기대의 조성

우울증 환자의 가장 중요한 인지모델은 확고부동한 특정 귀인양식이라고 할 수 있다. 고통스런 생활환경이 변할 수 없다는 확신을 가지고 완전히 고착되어 있다고 생각하는 것이다. Beck(1967, 1973, 1979)은 '부정적인 기대'가 우울증의 근본 구성요소라고 지적하고, 우울증 환자들이 전형적으로 미래에 대한 긍정적인 변화를 생각하지 못한다고 서술하였다. 따라서 그들은 미래에 대한 전망을 막연하고 부정적인 방향에만 한정하거나, 현재 나빠지고 있는 상황이 영원히 계속될 것이라고 생각한다.

이와 같은 우울증의 부정적인 기대 태도는 최면을 가능한 한 일찍부터 치료에 도입해야 하는 중요한 원인이 된다. 가능하면 치료 첫 시간부터 최면을 도입한다. 진행과정에 대해서는 아래에 서술할 것이다. 내담자가 구체적인 미래상과 긍정적이고 현실적인 가능성에 눈길을 주지 않으면, 치료의 계속과 적극적인 참여의 확률이 감소될 것은 명백한 사실이다.

최면은 이런 긍정적인 기대 태도를 조성하고, 유연한 귀인양식을 가지게 하는 데에 적합하다. 그래서 단순하면서 긍정적인 최면 유도방법을 사용한다. 단지 몇 분 동안의 이완으로 부정적이면서 꼬치꼬치 따지는 생각이 적어지게 되고, 내담자는 모든 일이 달라질 수 있다는 사실을 직접 체험을 통해서 배우게 된다. 내담자의 생활 중에서 어느 특정한 부분에 긍정적인 기대 태도를 조성하기 위해서 최면을 도입하면, 그 부분을 변화시키려는 동기가 강화되고 내담자를 그 특정한 방향으로 이끌어 갈 수가 있다(Yapko 1989). 최면 트랜스에 도달하게 되면 후최면 암시를 할 수 있다. 후최면 암시는 긍정적인 기대 태도를 생활의 다른 부분으로 확장하는 데에 기여한다. 후최면 암시를 통하여 확장하지 않으면, 내담자의 완고한 인지방식이 새로 학습한 사실을 특정한 내용에만 한정시키게 된다.

아래에 소개하는 진행 과정은 미래에 대한 부정적인 기대를 없애기 위한 최면상담 과정을 보여준다. 목표는 미래가 단순히 과거의 반복이 아니며, 현재의 문제를 해결할 수 있는 많은 정신자원을 내담자가 이미 가지고 있다는 것을 체험을 통해서 전달해 주는 것이다. 내담자의 완고한 속성을 유연하게 변화시키는 것이 가장 우선적인 목표이다.

(2) 최면을 통한 긍정적인 기대 태도의 조성

"당신은 어떤 경험을 기억할 수 있을 것입니다.
어쩌면 예전에 경험한 최면에 대한 경험을, 그 색다르고 기분 좋았던 경험을 기억할 것입니다(미래에 대한 반응을 조성한다.)
당신은 당신의 장래에 대해서 관심이 있을 것입니다.
당신의 일생에서(미래의 가능성에 대한 일반적인 은유를 이야기한다.) 앞으로 어떤 변화가 있을 것인지 궁금할 것입니다.
상상도 할 수 없는 의학의 진보라든지(과거의 사실과 미래의 가능성 간의 차이점을 강조한다.) 사람이 달에 착륙하였다가 되돌아온다는 것을 옛날에는 누가 상상이라도 하였겠습니까?(환자의 목표가 적당하고 성공할 수 있다는 점을 강조한다.)

한번 체험해 보고 싶다는 당신의 소망은 해볼만하고 합리적인 목표입니다.

(오늘의 행동과 내일의 가능성이 서로 결부되어 있다는 것을 강조한다.) 오늘 당신이 내리는 결정이 내일 당신의 생활에 영향을 미친다는 것이 점점 더 명확해질 것입니다.

(특정 목표의 달성을 위해 도입할 수 있는 개인적인 특수 정신자원을 찾아낸다.) 당신은 변화하는 관계에 적응하는 능력이 있습니다.

예를 들면 당신이 이 도시로 이사했을 적에(기분과 행동을 구분할 줄 아는 가능성을 도입한다.) 당신은 경험을 통해서 배웠을 것입니다.

하고 싶어서 하는 일들도 많지만 목적을 달성하기 위해서 하는 일도 있다는 것을(적극적인 한 걸음이 어떻게 좌절과 절망의 감정을 극복할 수 있는지를 강조한다. 예를 들자면 시험에 도전하는 자세) 알아야만 당신은 한 걸음 내딛을 수가 있습니다.

그 한 걸음이 당신을 편안하게 하는 결과로 이끌어 간다는 것을 당신은 잘 알고 있습니다.

당신은 성공할 수 있습니다.

불안하고 절망스러운 느낌이 들더라도 그런 느낌을 간단히 옆으로 제쳐두고 당신이 심사숙고한 계획을 확고하게 지키면서 나아갈 수 있습니다(시험에 도전해 보는 자세를 강조한다.)

당신이 지금까지 하던 방식으로만 하려고 한다면 그 결과도 지금까지와 똑같다는 것은 잘 알고 있지 않습니까?(미래의 가능성을 정신자원으로 일반화한다.)

앞으로 당신은 새로운 행동태도를 시험해 보고, 당신의 아이디어를 실험해 볼 수 있는 많은 기회를 가지게 될 것입니다.

그리고 미래에는 당신에게 많은 놀라운 가능성이 준비되어 있다는 것을 당신이 알고 편안한 느낌을 가지게 됩니다(예고한 일이 스스로 실행된다는 후최면 암시를 한다.)

당신이 알고 있는 그 상황에서 당신은 당신이 얼마나 빨리 그리고 쉽게 달라진 방식으로 대처하는지를 발견하고 느긋한 마음으로 지켜볼 것입니다.

당신이 바꾸고자 했던 방식대로, 아주 만족스럽게.

당신이 필요한 만큼 충분한 시간을 가지고 이 시간에 체험을 통해서 배운 모든 것을 마무리하시고 정리 하십시오.

(각성) 준비가 다 되었으면 최면에서 다시 깨어날 수 있습니다.

눈을 뜨고 활짝 깨어나십시오."

(3) 연령진행 방법

최면 연령진행은 기대 태도를 조성하는 데에 중심적인 역할을 한다. 앞에서 서술한 유도문은 연령진행age progression 을 하여 과거의 개인적인 정신자원을 미래의 주제에 연장하는 것이었다. 기본적으로 내담자의 용기를 북돋우어 지금 여기서 예견할 수 있는 미래의 긍정적인 사실을 일깨워주고, 이로써 실제로 변화와 새로운 결심이 자라나게 하는 것이다. 첫 번째 상담시간과 같은 치료의 초기단계에서는 기대하는 변화에 대해서 너무 상세하게 말하지 말고, 다음과 같이 일반적으로 이야기한다.

"당신의 마음이 어떻게 편하지 않은지, 그래서 도움이 필요하시다는 것은 잘 알고 있습니다.

그런데 당신은 당신이 얼마나 모든 일을 잘 할 수 있는지를 아직 잘 모르시는

364

것 같군요.

당신이 언제나 알고 있었던 일이지만, 당신이 늘 하던 것을 약간만 다르게 해도 다른 결과가 나온다는 것을 깨닫게 될 것입니다.

이제 미래로 나아가 봅시다.

우리가 만나서 상담하고 있는 것을 얼마쯤 앞서 나가서 되돌아봅시다.

당신이 늘 하던 것과는 다른 방식으로 내린 결정을 되돌아보고, 그 결정에 따라서 당신의 내면에 일어난 긍정적인 변화를 느껴봅시다.

당신이 그런 능력을 가지고 있다는 것이 얼마나 기분 좋은 일인가요?

생각과 감정을 바꿀 수 있고, 당신이 그렇게도 얻으려고 애쓰던 평안을 즐길 수도 있고, 더 많은 변화에 대한 기쁨을 미리 맛보는 것을 싫어할 이유가 없지 않습니까?

그래서 기분이 좋아지고, 당신이 점점 더 많은 것을 깨닫고, 배운 것을 활용하면서, 당신은 더욱 전진하고 강해질 것입니다."(Yapko 1992).

두 번째 연령진행에서는 내담자에게 현재의 상태로 계속 나가면, 미래에 어떤 부정적인 결과가 올 것인지를 체험하게 해준다(다시 말하면 내담자가 자신을 스스로 돕겠다는 결심을 하지 않고 계속해서 아무런 행동도 하지 않고 있으면 어떤 결과가 오는지를 내담자에게 체험하게 한다).

우울증 환자가 흔히 가지고 있는 양가감정ambivalence의 정도에 따라서 최면을 통해서 내담자에게 부정적인 미래를 구체적으로 체험하게 하고, 내담자가 긍정적인 결정을 내리는데 필요한 충격을 준다. 연령진행은 먼 장래에 있을 결과를 지금 바로 체험할 수 있게 한다. 연령진행은 스스로 성취하는 예언의 작동원리도 포함하고 있다. 중요한 점은 완고한 귀인양상 중에서 주로 우울증을 일으키는 모델에 효과적으로 대처해야 한다는 것이다.

능숙하게 하지 못하면 아무런 효과도 기대할 수 없다.

기대 태도와 관련된 다른 하나의 목표는 우울증 환자에게 앞을 내다보는 것을 가르치는 것이다. 치료자가 상담 중에 현실문제에만 집착하여 예방 가능성에 대해 거의 시간을 내지 못하는 것을 너무나 많이 보아왔다. 앞으로 있을지도 모르는 미래의 우울증 증상에 대한 위험을 경감시키려면, 환자에게 앞을 내다보고 결과를 예측하도록 가르쳐주고 현재의 고통이나 만족을 넘어서 장래 계획을 세우게 해야 한다. 모든 우울증 증상을 피해 갈 수는 없지만, 어느 정도의 능력을 갖추면 많은 우울증 증상을 특정한 상황이나 모델에 따라서 현실적으로 그리고 세부적으로 제거할 수 있다. 대부분의 치료자들은 내담자가 처음부터 실패할 수밖에 없는 결정을 하는 것을 경험한 바가 있다. 거의 모든 사람이 실패하리라는 것을 알고 있지만 내담자 자신은 모른다.

기대 태도의 조성은 미래가 전혀 통제할 수 없거나 예측할 수 없는 것이 아니라는 아이디어를 내담자에게 준다. 그것은 마치 원인과 결과와 같다. 흔히(나의 감정을 배제한다면) 내가 이런 태도로 그냥 있으면 이런 결과가 나타날 것이라고 간단히 예언할 수가 있다. 내담자들 중에는 누구나 알 수 있는 숙명적인 결정을 내리면서 내담자 자신은 그것을 모르고 있다. 이런 내담자에게 기대 태도를 조성하여, 미래는 결코 통제할 수 없거나 예측할 수 없는 것이 아니라는 인식을 가지게 한다.

(4) 최면 치료와 과제

우울증에는 많은 원인이 있고 또한 많은 치료방법이 있다. 능력을 조성하는 것을 근본으로 하는 최면 치료방법은, 내담자가 이전에 치료받았던 여러 가지 방법이 왜 효과가 없었는지 그 원인을 거의 알려고 하지 않는다. 효과가 없었다는 사실만으로 충분하다. 어떤 사람이 어느 특정 상황에 왜 만족한 대응을 하지 못하는지에 대해서는 그리 중요시하지 않는다.

효과적인 치료방법은 경험에서 배우는 것이다. 여기에 최면은 큰 장점이 있다. 최면의 도움으로 시도해 보려고 하는 자세를 촉진시킬 수가 있고, 일상적인 경계를 넘어설 수가 있다. 최면은 자신의 지각에 대한 한계를 시험해 볼 수 있는 용기를 준다. 숙제를 하도록 동기를 조성하는 데에는 최면이 비교할 수 없이 좋을 수가 있다.

내담자에게 과제를 내주고 다음 상담시간까지 해 오게 한다. 과제는 내담자와 최면자가 모두 바람직하다고 여기는 특정한 솜씨를 배우거나 어떤 관계를 설정하는 것을 내용으로 한다. 과제는 어떤 맥락을 만들어 내거나 활용하여, 그 속에서 내담자가 솜씨를 발휘하거나 새로운 이해를 성숙시킬 수 있게 한다.

내담자를 위해 성공을 기대할 수 있는 구조적인 학습가능성을 만들어 내고, 내담자와 함께 작업하는 것이 최면자가 해야 할 일이다. 최면자의 의도는 내담자에게 용기를 주고 동기를 부여하는 것이어야 한다. 그래서 과제는 내담자의 능력을 활성화하고, 내담자가 결과를 예상할 수 있게 해야 한다. 어떤 일의 성공가능성을 예측하는 능력도 여기에 포함될 수 있다. 과제는 당장 유용하지는 않을 수도 있다. 모든 치료의 기본원칙은 해가 되지 않도록 하는 것이다. 최면자가 내담자에게 어느 특정한 상황에서 새로운 가능성을 시도해보라고 격려한다면, 내담자에게 긍정적인 출구가 보장되어 있는 안전조치 아래에서 진행해야만 할 것이다.

사례는 심장병으로 4번이나 수술을 받은 직후에 심한 우울 증상을 보이는 50세 된 남자에게 주어진 숙제이다. 내담자는 마취에서 깨어나자 자신에게 피할 수 없는 죽음이 임박했다는 사실에 대해서 고민하기 시작하였다. 퇴원 후에 내담자는 하루 종일 거실에 있는 흔들의자에 앉아서 계속해서 울었으며, 임박한 죽음에 대해 고민하면서 시간을 보냈다.

최면 중에 내담자에게 힘없이 죽음을 기다리기보다는 스스로 적극적인 결정을 내릴 수도 있다는 내용을 전달하였다. 그리고 내담자에게 15분마다 신호가 울리는 시계를 차고 다니라는 숙제를 내어 주었다. 15분마다 시계가 울리면 어디에 있든지 "나는 아직 살아 있어!"라고 아내에게 알리라고 하였다. 이렇게 함으로써 내담자가 자기 때문에 걱정하는 부인의 감정을 강하게 느낄 수 있기를 바랐다. 내담자가 아무 말도 않고 거실에만 있는 것을 보고 부인은 걱정이 되어서 하던 일을 멈추고 나와 살펴야 하는 충동을 자주 느끼게 되었던 것이다. 그래서 내담자가 아직 살아 있다는 사실을 정기적으로 아내에게 알림으로써 부인의 부담을 경감시키려고 한 것이다.

"나는 아직 살아 있다!"는 반복적인 자기암시는 효과를 나타내어, 이삼일 후에 내담자는 자기가 정말로 살아 있다는 느낌이 든다고 말하였다. 그 후부터 내담자는 자기의 장래나 병에 대해서도 긍정적으로 생각하고, 신체적인 제약에 대한 적응도 현실적으로 할 수 있게 되었다.

이런 과제의 의의와 목표는 내담자에게 용기를 주고자 하는 것인데, 내담자가 감정을 표현하고, 새로운 정보를 접하고, 아이디어와 행위를 결부시키고, 새로운 솜씨를 배우며, 자신의 견해를 가지고 시도해 보도록 용기를 주고자 하는 것이다. 우울증 치료에는 과제가 매우 중요한데, 적극적이고 목표 지향적이며 구조적인 학습과 관련이 있다. 과제를 내어주기 전과 후에 최면을 시술하여 기본사항의 학습이 쉬워지게 한다.

여기에 소개하는 증상처방은 특별한 형식의 과제인데(Yapko 1988), 우선 내담자의 증상모델을 찾아내어 심화한다. 그 다음에 이 모델을 지금까지와는 다른 상황에 도입하도록 지시한다. 다시 말하면, 습관화되어 있는(잘못 작동하는) 내담자의 모델을 그 본래의 상황에서 끄집어내어서 다른 상황에 이식하면 이런 행동태도의 진행이 자동적으로 중단되는 것이다.

내담자는 병적인 생각이나 감정 또는 행동태도를 의식적으로 다른 의미에 도입하라는 지시를 받게 되며, 이렇게 함으로써 지금까지 내담자가 습관적으로 해오던 행동태도의 속성이 중단되는 것이다.

증상처방을 올바로 적용하면 내담자는 자기 자신의 증상모델에 대해 저항을 일으킨다. 증상처방이 효과를 내기 위해서는 이를 실시하는 데에 대한 저항이 있어야 하며, 그렇지 않으면 내담자는 지시를 형식적으로만 따라오고 부정적인 분리체험을 할 수 없다. 부정적인 분리체험을 만들어 내는 것이 처방의 의의이고 목표이다.

(5) 적응증과 금기증

최면으로 우울증 환자를 치료하는 것에는 일반적으로 금기증은 없다. 최면은 새로운 아이디어와 가능성에 대한 내담자의 집중력을 향상시키고, 자아발견의 과정이 쉬워지게 도와주며, 인지왜곡과 그 외의 다른 결함을 스스로 수정하게 한다. 그러므로 최면이 그 자체로서 내담자에게 위험이 되지는 않지만, 최면이 잘못 유도되어 내담자에게 해로운 아이디어나 행동태도가 모르는 사이에 전달될 수도 있다(예 : 내담자의 주의가 잠재되어 있던 분노로 쏠리는 경우).

특히 직접적인 방법을 사용할 때에는 내담자가 원하든 원하지 않든, 자신의 완고한 속성을 계속해서 유지하려고 하는 것을 피해야 한다. 내담자가 자신의 상황을 변경할 수 없는 이유로 내세울 수 있는 어떤 일도 최면자는 하지 않아야 한다. 이런 경우에는 단순히 내담자를 격려하는 심리치료만으로도 충분하다.

최면상태에서 내담자의 과거경험을 강화하거나, 약화하거나, 연합하거나, 분리하는 일은 경험내용이 도움이 되는지 해가 되는지에 따라서 결정한다. 암시의 힘과 최면의 다양성을 생각하면, 다른 치료방법에도 최면의 장점을 유용하게 활용할 수가 있을 것이다.

(6) 다른 치료방법과의 융합

현재까지 우울증 치료에 좋은 효과가 증명된 치료방법은 세 가지가 있는데, 인지모델cognitive model과 행동모델behavior model 그리고 대인모델 interpersonal model이 그것이다. 각 모델마다 그 효과와 안정성이 실험 결과로서 증명되어 있다.

우울증 치료에 대한 인지모델에는 최소한 두 가지 방법이 있다. 아마도 가장 많이 연구된 방법인 Aaron Beck의 모델(1967, 1973, 1976)은 환자의 사고에 분명하게 인식되어 있는 '인지왜곡'을 강조하고 있다. 간단히 말하면, 환자는 정기적으로 반복되는 잘못된 사고를 되풀이하면서 부정적이고 절망적인 생각으로 우울증을 키우고 있다. 치료방법은 잘못된 사고방식을 찾아내어서 스스로 수정하게 하는 것이다(Burns 1980). Beck은 많은 종류의 인지왜곡을 확인하고, 환자의 비합리적인 확신을 타파하여 소거하는 방법을 개발하였다.

행동모델에서는 환자가 (원하는 결과를 얻기에는) 비효율적인 행동태도 방식을 보인다고 보고 있다. 환자가 자기의 잘못된 행동태도방식을 심화시키고 있는 것이다. 그러므로 치료의 중심을 우울한 행동태도에 대응하는 새로운 능력을 길러 주는 데에 둔다.

대인모델은 주로 Klerman이 개발하였다. 이 모델은 우울증을 대인관계의 역기능에 의한 결과라고 말한다. 치료의 중심은 효과적인 관계능력을 개발하는 것인데, 이로써 서로의 협조와 존경을 얻고 명확한 경계를 지을 수 있다. 또 터놓고 솔직한 의사소통을 할 수 있고, 친밀감을 허용하며, 긍정적인 관계조성에 필요한 다른 모든 능력을 얻게 하려는 것이다.

우울증에 대한 인지적, 행동적, 대인적 견해의 주안점은 추상적인 심리역동보다는 특정한 역기능의 양상을 중단시키고 쓸모 있는 양상을 만들어내는 것이다. 이런 치료들은 어느 것도 과거와 관련되어 있지 않다. 추상적으로 과거를 되돌아보는 대신에 현재의 모든 구체적인 변화가 관심의 중심이 되는 것이다.

앞에서 서술한 모든 치료방법에서 치료를 단기간에 끝내야 한다는 것과 치료자는 (수동적인 자세로 도와주기만 하는 것이 아니고) 적극적으로 가르치고 길을 열어주는 역할을 해야 한다는 것을 강조하고 있다. 내담자가 무엇을 생각하고 어떤 행동을 하는지 가만히 보고만 있는 것이 아니라, 내담자가 어떻게 생각하고 행동하며 관계를 맺는지 그 구조를 변화시키는 것이 치료자의 역할임을 모든 치료방법에서 강조하고 있다. 내담자가 지닌 양상의 구조가 변화하면 거기에 속해 있는 내용도 변화한다.

최면은 물론 그 자체만으로는 완전한 치료가 아니며, 하나의 보조수단일 뿐이다. 최면은 암시를 통해 내담자가 자기의 인지왜곡을 뚜렷하게 자각해서 자동적으로 깨닫고 타파하는 데에 사용될 수 있다. Beck과 Seligman은 최면에서 사용하는 '무의식'이라는 용어는 사용하지 않았지만, 인지왜곡을 확인하고 타파하는 '자동적인 사고'라는 개념을 사용하였다. 최면은 내담자의 주의를 원하는 내면적인 경험에 집중시키는 데에 매우 도움이 된다. 여기에는 인지적인 요소도 포함된다. 인지치료 방법에도 최면이 도움이 되는데, 내담자가 자기의 왜곡된 사고와 선입견을 재빨리 확인하고 뚜렷하게 하도록 친화적으로 앵커링anchoring 할 수 있다(Yapko 1992).

최면은 새로운 행동태도를 유지하는 데에도 도입할 수 있다. 여기에는 새로운 행동태도와 이에 따르는 보상결과에 대해 내담자의 주의를 집중시키는 데에 최면을 사용할 수 있다.

대인관계를 치료의 중심으로 선택하고 대인모델 방법으로 치료한다면, 여기에도 최면을 사용할 수 있다. 다른 사람의 욕구와 가치를 인정하고 고려하는 것과, 한계를 정하고 명확하게 하는 것, 그리고 자신의 욕구를 잘 지각하고 다른 사람과의 관계에서 이런 욕구를 가장 좋은 방법으로 충족하는 것을 최면암시를 통해서 도와줄 수 있다.

최면은 감정을 표현하는 수단이 될 수 있고, 계속 발전되어 가는 내담자의 경험을 여러 다른 관점에서 접속할 수 있는 수단이 될 수 있다. 내담자에게 최면을 시술하였다는 사실만으로는 이것이 인지적이거나 행동적이거나 대인적이거나 심리적인 개입이라고 구분할 수 없다. 암시가 어느 특정 부분이나 여러 부분에 동시에 작용한다는 사실이 최면을 거의 모든 다른 치료방법과 함께 사용할 수 있게 한다.

3) 임상증명

미국의 건강정책과 연구기관 AHCPR(Agency for Health Care Policy and Research)은 심리치료가 우울증에 아주 효과적인 방법이며, 어느 면에서는 약물치료를 훨씬 능가한다는 결론을 내렸다. 우울증에 가장 효과적인 방법으로는 앞에서도 서술한 인지치료방법, 행동태도치료방법과 대인치료방법을 들었다.

이 세 가지 방법은 다음과 같은 공통점이 있다.
a. 새로운 행동태도를 시도하고, 그 가운데서 자신의 지각을 시험해 보는 적극적인 치료과정을 강조하는 것.
b. 치료기간이 한정되어 있고, 무한정하게 끌지 않는다는 것.
c. 현재의 시급한 문제를 해결하는 것에 중점을 두고, 어린 시절의 낡은 테마를 다시 꺼내지 않는다는 것.
d. 우선적인 치료목표는 증상치유이며, 추상적인 개성구조의 분석이 아니라는 것
e. 치료의 중점 중 하나는 특수한 능력의 개발이라는 것.
f. 과거의 잘못된 일에 대한 작업이 아니라, 장래의 특정 목표를 달성하는 것에 특별한 가치를 부여한다는 것.
이런 특성들은 최면치료에 잘 융합될 수 있다.

최면이 과연 이런 치료방법들의 치료 효과를 증가시키는데 기여하고 있을까? 이 질문에 확정적으로 답변하기에는 아직까지 실험 자료가 너무나 적다. 전체 치료효과에서 최면에 의한 효과만을 분리하여 평가하기가 매우

어렵기 때문이다. 하지만 현재의 연구결과로 미루어 최면의 효과가 긍정적인 면에 가깝다고 할 수 있다.

내담자가 자신의 고통스러운 생각과 감정에 빠져있는 것이 우울증의 큰 부분을 차지하고 있다. 최면은 생활에 친근한(새로운) 사고방식, 건강한 삶에 필수적인 능력과 재간을 가지게 해 준다. 기쁜 소식은 우울증에 시달리는 많은 사람들이 수많은 방법으로 도움을 받고 있으며, 최면도 그 중에 한 가지 방법이라는 것이다.

4) 우울증을 치료하기 위한 최면 심화기법

(1) 따뜻한 물을 이용하는 심화기법(1차)

이 원리는 계속적으로 몸에 정보를 새겨주어서 몸에 배이게 하는 것이다. 심리치료에 방해되는 요소를 먼저 제거한다(화장실 다녀오기, 긴장해소).

"몸이 편안하도록 자세를 취하십시오.

지금 당신은 아주 편안한 안락의자에 앉아 있습니다.

눈을 감아 주십시오.

몸의 긴장을 풀어주십시오.

몸에서 힘을 쭉 빼 봅니다.

몸이 축 늘어졌다고 연상하십시오.

아주 좋습니다.

양쪽 발 앞에는 따뜻한 물이 담겨 있는 대야가 하나 놓여 있습니다.

따뜻한 물이 담긴 대야의 모습을 연상하십시오.

따뜻한 물이 담긴 대야의 모습을 연상하십시오.

자, 양말을 벗고 따뜻한 물에 두 발을 담가 보십시오.

따뜻한 기분을 느껴보십시오.

양쪽 발이 매우 따뜻합니다.

따뜻합니다.

따뜻합니다.

따뜻한 물의 기운이 양발의 근육을 풀어줍니다.

양쪽 발의 근육이 풀립니다.

발의 근육이 더욱 더 풀립니다.

양쪽 발의 근육이 완전히 풀립니다.

양쪽 발이 축 처집니다.

양쪽 발의 근육이 풀리면서 발이 무겁게 느껴집니다.

양쪽 발이 매우 무겁습니다.

양쪽 발이 매우 무겁습니다.

양쪽 발이 매우 무겁습니다.

양쪽 발이 묵직해졌습니다.

양쪽 발이 매우 묵직합니다.

매우 무거워졌습니다.

그 무거운 감각은 양쪽 발을 타고 무릎으로, 무릎에서 허벅지까지 올라갑니다.

양쪽 다리의 근육이 풀리고 묵직해졌습니다.

양쪽 다리의 근육이 풀리고 묵직해졌습니다.

근육이 풀린 느낌은 양쪽 어깨까지 전해져서 어깨의 근육이 풀립니다.

어깨의 근육이 풀립니다.

더욱 풀립니다.

어깨의 근육이 완전히 풀립니다.

어깨가 축 늘어집니다.

어깨가 축 늘어집니다.

어깨가 축 늘어집니다.

양쪽 팔의 근육이 풀립니다.

양쪽 팔의 근육이 풀립니다.

양쪽 팔의 근육이 풀립니다.

양쪽 팔이 매우 무겁습니다.

양쪽 팔이 매우 무겁습니다.

양쪽 팔이 매우 묵직해졌습니다.

양쪽 팔이 아주 묵직해졌습니다.

양쪽 팔이 축 처집니다.

양쪽 팔이 축 처집니다.

마음이 아주 평안합니다.

마음이 아주 평안합니다.

마음이 아주 평안합니다.

이제는 이마의 근육이 풀립니다.

풀립니다.

더욱 풀립니다.

더욱 풀립니다.

이마 전체의 근육이 풀립니다.

이마 전체의 근육이 풀립니다.

더욱 풀립니다.

이마 전체의 근육이 축 처졌습니다.

이마 전체의 근육이 축 처졌습니다.

눈 주변의 근육이 풀립니다.

더욱 풀립니다.

더욱 풀립니다.

눈꺼풀이 축 늘어집니다.

눈꺼풀이 축 늘어집니다.

눈꺼풀이 축 늘어집니다.

눈썹과 눈썹 사이 미간의 근육이 풀립니다.

더욱 풀립니다.

더욱 풀립니다.

양 볼의 근육이 풀립니다.

양 볼이 축 처집니다.

양 볼이 축 처집니다.

턱의 근육이 풀립니다.

턱이 축 늘어집니다.

턱이 축 늘어집니다.

안면 전체의 근육이 더욱 풀려갑니다.

안면 전체의 근육이 더욱 풀려갑니다.

마음이 아주 평안합니다.

마음이 아주 평안합니다.

마음이 아주 평안합니다.

평온한 마음은 안색을 더욱 밝게 해줍니다.

평온한 마음은 안색을 더욱 밝게 해줍니다.

이제 전신이 편안해졌습니다.

전신이 더욱 편안해졌습니다.

몸이 의자 밑으로 푹 들어갑니다.

몸이 의자 속으로 깊숙이 가라앉습니다.

더 밑으로 더 아래로 더 깊숙이 가라앉습니다.

더 아래로 더 밑으로 더욱 더 깊숙이 가라앉습니다.

이제 열에서 하나까지 숫자를 내려 세어 가면, 셀수록 더 깊은 내면으로 들어
갑니다.

열, 이제 내면으로 내려가기 시작합니다.

아홉, 여덟, 일곱, 상당히 깊어졌습니다. 상당히 깊어졌습니다.

여섯, 다섯, 넷. 그 깊이를 더해 갑니다. 그 깊이를 더해갑니다.

셋, 둘. 더욱 깊어졌습니다. 더욱 깊어졌습니다. 더욱 깊어졌습니다.

하나. 아주 깊어졌습니다. 아주 깊어졌습니다. 아주 깊어졌습니다.

머릿속이 텅 비었습니다.

마음은 지극히 편안하고 안락해졌습니다.

이제는 팔다리의 감각이 없어집니다.

양쪽 팔다리의 감각이 없어집니다.

양쪽 팔다리가 무감각해집니다.

양쪽 팔다리가 무감각해집니다.

양쪽 팔다리가 무감각해졌습니다.

양쪽 팔다리가 무감각해졌습니다.

몸 전체가 무감각해져서 몸은 허공에 떠 있는 듯합니다.

지극히 평온합니다.

지극히 평온합니다.

지극히 평온합니다.

머릿속은 아주 멍해지고 아무 생각도 나지 않습니다.

아무 소리도 들리지 않습니다.

주변의 소리는 하나도 들리지 않습니다.

오로지 제 말소리만 들립니다.

더욱더 깊은 휴식 속으로 들어갑니다.

육신도 쉬고 있고, 정신도 깊은 휴식을 취하고 있습니다.

그러나 의식의 일부는 깨어나 내 말을 귀담아 듣고 또 알아듣게 됩니다.

너무나 평온해져서 지금까지는 느끼지 못했던 평온함과 안락함을 느낍니다.

자, 이제 내가 어깨를 쓰다듬으면 당신의 마음은 더욱 더 편안해집니다.

자, 이제 내가 어깨를 쓰다듬으면 더욱 더 깊은 내면으로 들어갑니다.

자, 이제 내가 어깨를 쓰다듬으면 더욱 더 깊은 내면으로 들어갑니다.

내가 당신의 머리에 손을 얹으면 머릿속은 텅 비고 독특한 잠속으로 들어갑니다.

내가 이마에 손을 얹으면 이마는 시원해집니다.

이제 당신이 생각하는 가장 아름답고 행복한 곳으로 가보도록 하겠습니다.

(잠시 침묵한다.)

내가 숫자 셋을 세면 그곳으로 갑니다.

하나, 둘, (조금 강한 목소리로) 셋!

(잠시 침묵한다.)

당신은 지금 어디 있습니까?

네, 좋습니다.

이제 내가 숫자 셋을 세면 지금까지의 영상이 모두 지워집니다.

하나, 둘, 셋.

당신은 지금 우울증 때문에 몹시 괴로워하고 계십니다.

그렇습니까?

당신은 진정으로 우울증을 치료받기를 원하십니까?

자, 그러면 이제 내가 숫자 셋을 세면, 현재의 우울증을 일으키게 된 원인이나 그때의 상황으로 가볼 수 있습니다.

하나, 둘, (강한 목소리로) 셋!

당신은 지금 몇 살입니까?

지금 무엇을 하고 있습니까?

지금의 기분은 어떻습니까?"

이 상황에서 원인을 찾고 문제를 파악하고 그때의 상황에 따라서 앵커링 기법이나, 이미지기법, 심리분석치료, 상황재해석 등의 기법으로 우울증 치료에 임한다.

(2) 각성단계: 후최면 암시문(1차)

"당신은 이제 우울증을 치료하게 됩니다.

당신의 생각이나 의지는 우울증으로부터 해방됩니다.

당신의 생각은 언제나 평안하고 안정되어 있습니다.

이제 내가 숫자 다섯을 세면, 당신은 내면에서 깨어납니다.

하나, 의식 세계로 올라옵니다.

둘, 흐릿하던 의식이 확실해지고 몸이 매우 가뿐합니다.

셋. 기분은 매우 상쾌하고, 눈이 시원합니다.

넷, 몸과 마음이 조화를 이루고 머리가 아주 맑아집니다.

(강한 목소리로) 다섯, 눈을 뜨고 팔을 접었다 펴며, 크게 기지개를 켜십시오!"

지금까지의 느낌, 기분, 생각을 듣고, 상담카드에 기록을 남긴다.

3) 호흡을 통한 심화기법(2차)

이 원리는 계속적으로 몸에 정보를 새겨주어서, 몸에 배게 하는 것이다. 심리치료에 방해되는 요소를 먼저 제거한다(화장실 다녀오기, 긴장해소).

"몸을 편안하게 하십시오.

자, 깊은 심호흡을 통해서 몸의 긴장을 풀겠습니다.

눈을 감아 주십시오.

몸의 힘을 쭉 빼 봅니다.

몸이 축 늘어졌다고 상상하십시오.

아주 좋습니다.

당신은 지금 공기가 신선한 휴양림에 와 있다고 상상해 봅니다(상담 시 가장 편한 곳으로 기록).

호흡에만 정신을 집중한 채, 코로 숨을 들여 마신 다음 입으로 내쉬기를 4~5 회 반복합니다.

숨을 들이마실 때는 깨끗한 산소를 마음껏 들여 마신다고 생각합니다.

입으로 내쉴 때는 폐부에 있는 독소를 다 내보낸다고 생각합니다(호흡 상태를 확인하면서 진행한다).

마음이 아주 평안합니다.

마음이 아주 평안합니다.

마음이 아주 평안합니다.

당신은 지금 마음이 편안하고 행복한 휴양림에 와 있습니다.

이미지로 떠올려 봅니다.

떠올릴 수 있습니다.

따스한 햇볕 아래 흐르는 물가에 앉습니다.

자, 신발을 벗으세요.

양말도 벗고, 시원한 물에 두 발을 담가 보십시오.

시원하고 기분 좋은 느낌을 느껴보십시오.

시원한 기분을 느껴보십시오.

양쪽 발이 시원합니다.

양쪽 발이 시원합니다.

양쪽 발이 매우 시원합니다.

시원한 물의 기운이 양쪽 발의 근육을 풀어줍니다.

양쪽 발의 근육이 풀립니다.

양쪽 발의 근육이 완전히 풀립니다.

양쪽 발이 축 처집니다.

양쪽 발의 근육이 풀리면서, 양쪽 발이 무겁게 느껴집니다.

양쪽 발이 매우 무겁습니다.

양쪽 발이 묵직해졌습니다.

양쪽 발이 매우 묵직합니다.

그 무거운 감각은 양쪽 발을 타고 무릎으로, 무릎에서 허벅지까지 올라갑니다.

양쪽 다리의 근육이 풀리고 묵직해졌습니다.

양쪽 다리의 근육이 풀리고 묵직해졌습니다.

마음이 아주 평안합니다.

마음이 아주 평안합니다.

마음이 아주 평안합니다.

이제는 이마에 정신을 집중합니다.

이마가 시원하고 이마의 근육이 풀립니다.

이마의 근육이 풀립니다.

더욱 풀립니다.

더욱 풀립니다.

이마 전체의 근육이 축 처졌습니다.

이마 전체의 근육이 축 처졌습니다.

눈 주변의 근육이 풀립니다.

더욱 풀립니다.

더욱 풀립니다.

눈꺼풀이 축 늘어집니다.

눈꺼풀이 축 늘어집니다.

눈꺼풀이 축 늘어집니다.

눈썹과 눈썹 사이 미간의 근육이 풀립니다.

더욱 풀립니다.

더욱 풀립니다.

양 볼의 근육이 풀립니다.

양 볼이 축 처집니다.

양 볼이 축 처집니다.

턱의 근육이 풀립니다.

턱이 축 늘어집니다.

턱이 축 늘어집니다.

안면 전체의 근육이 더욱 풀려갑니다.

안면 전체의 근육이 더욱 풀려갑니다.

근육이 풀린 느낌은 양쪽 어깨까지 전해져서 어깨의 근육이 풀립니다.

어깨의 근육이 풀립니다.

더욱 풀립니다.

어깨의 근육이 완전히 풀립니다.

어깨가 축 늘어집니다.

어깨가 축 늘어집니다.

어깨가 축 늘어집니다.

어깨의 근육이 축 풀어진 느낌이 양팔로 전해져서 양팔의 근육이 풀립니다.

양쪽 팔의 근육이 풀립니다.

양쪽 팔의 근육이 풀립니다.

양쪽 팔의 근육이 풀립니다.

양쪽 팔의 근육이 풀려서 매우 무겁습니다.

양쪽 팔이 매우 무겁습니다.

양쪽 팔이 매우 묵직해졌습니다.

양쪽 팔이 아주 묵직해졌습니다.

양쪽 팔이 축 처집니다.

마음이 아주 평온합니다.

마음이 아주 평온합니다.

마음이 아주 평안합니다.

이제 전신이 편안해졌습니다.

전신이 더욱 편안해졌습니다.

몸이 의자 밑으로 푹 들어갑니다.

몸이 의자 밑으로 깊숙이 가라앉습니다.

더 밑으로 더 깊숙이 가라앉습니다.

더 아래로 더 밑으로 더욱더 깊숙이 가라앉습니다.

이제, 열에서 하나까지 숫자를 거꾸로 세어갈 겁니다.

숫자가 내려갈수록 더 깊은 내면으로 들어갑니다.

열. 이제 내면으로 내려가기 시작합니다.

아홉, 여덟, 일곱. 상당히 깊어졌습니다. 상당히 깊어졌습니다.

여섯, 다섯, 넷. 그 깊이를 더해갑니다. 그 깊이를 더해갑니다.

셋, 둘. 더욱 깊어졌습니다. 더욱 깊어졌습니다. 더욱 깊어졌습니다.

하나. 아주 깊어졌습니다. 아주 깊어졌습니다. 아주 깊어졌습니다.

내가 손을 머리에 대면 머릿속이 텅 빕니다.

마음은 평온하고 아주 편안해졌습니다.

내가 손으로 어깨를 가볍게 두드리면 두드리는 대로 더욱 더 의식의 깊은 데
로 내려갑니다."

(후각 지배를 통해서 깊이를 체크한다).

―

"당신은 과일 향을 좋아 하시지요?

특히 어떤 과일 향을 좋아 하시나요?

지금 제 손에 복숭아향이 나는 향수가 있습니다.

당신의 코 가까이에 복숭아향의 향수를 가까이 대보겠습니다.

냄새가 나면 고개를 끄덕여주십시오.

자, 맡아 보십시오(책상 위에 있는 물건을 들어서 대준다).

향기가 좋은가요?(표정을 살핀다).

자, 이제 향수 뚜껑을 닫겠습니다.

점점 향기가 사라집니다.

이제는 향기가 나지 않습니다.

향기가 나지 않으면 고개를 끄덕여주세요.

당신의 잠재의식에 묻겠습니다.

내가 묻는 말에 대답을 하면 할수록 당신은 더욱 더 깊은 내면으로 들어갑니다.

당신은 우울증을 통해서 부모의 관심을 받기 위한 자기 동기가 있나요?

당신은 어느 쪽 부모의 우울한 감정을 닮았다는 생각으로 차 있습니까?

아버지를 닮은 당신의 삶이 싫어서 우울증을 통해서 자학하는 것은 아닌가요?

당신은 지금 우울증 때문에 몹시 힘들어 하고 있습니다, 그렇습니까?

우울증을 마음에 가지고 있음으로 해서 가장 힘든 사람은 본인입니다.

그렇지요?

다음으로 힘든 사람은 누구겠습니까?

당신은 진정으로 이 우울증을 치료받기를 원하십니까?

자, 내가 하나에서 셋을 세면 당신은 중, 고등학교 시절에 가장 힘들었던 기억을 떠올려 봅니다.

하나, 둘, 셋!

당신은 지금 어디에 있습니까?

무엇을 하고 있나요?"

이 상황에서 원인을 찾고 문제를 파악하고 그때의 상황에 따라서 앵커링 기법, 이미지기법, 심리분석치료, 상황재해석 등의 기법으로 우울증 치료에 임한다.

(촉각지배 시술을 통해서 우울증을 치료한다.)

"자, 이제 당신의 오른손에 주의를 집중합니다(손을 펴서 허벅지 위에 놓도록 한다).

당신의 손바닥에 얼음 조각을 가까이 가져가겠습니다(진자 추를 손바닥에 가까이 가져간다).

얼음이 가까워졌습니다.

차가움이 느껴집니다.

점점 차게 느껴지지요?

얼음이 손바닥에 닿으면 아주 차게 느껴집니다(진자 추를 손바닥에 가져다 댄다).

오른손이 차가워집니다.

매우 차갑습니다.

너무너무 차가워서 견딜 수 없습니다(반응을 살펴서 깊이를 측정한다).

내 손으로 당신의 손을 문지르면 지금까지의 차가움은 완전히 없어지고 아주 기분이 좋아집니다(오른손의 차가운 느낌을 없애 준다).

내가 머리에 손을 대면 머릿속은 아주 텅 비고 아무 생각도 나지 않습니다.

머릿속은 텅 비고 독특한 잠 속으로 들어갑니다.

내가 이마에 손을 얹으면 이마는 시원해집니다.

아무 소리도 들리지 않습니다.

주변의 소리는 하나도 들리지 않습니다.

오로지 내 말소리만 들립니다.

더욱 더 깊은 휴식 속으로 들어갑니다.

육신도 쉬고 있고, 정신도 깊은 휴식을 취하고 있습니다.

그러나 의식의 일부는 깨어나 내 말을 귀담아 듣고 또 알아듣게 됩니다.

너무나 평온해져서 지금까지는 느끼지 못했던 평온함과 안락함을 느낍니다.

자, 이제 내가 어깨를 쓰다듬으면 당신의 마음은 더욱더 편안해집니다.

자, 이제 내가 어깨를 쓰다듬으면 더욱 더 깊은 내면으로 들어갑니다.

자, 이제 내가 어깨를 쓰다듬으면 더욱 더 깊은 내면으로 들어갑니다.

과일향이 그윽하고 우울증에 탁월한 약을 탄 따뜻한 물을 담은 컵이 당신 앞에 놓여 있습니다.

이제 당신은 과일향이 그윽한 치료제를 먹을 겁니다.

기분이 상쾌해집니다.

우울증에 탁월한 약 기운이 당신의 마음에 스며들고 있습니다.

독소는 모두 빠져나옵니다.

당신의 감정에서 우울증이 모두 치료되고 있습니다.

치료되는 모습을 떠올려 보십시오(후최면 암시문 2차).

당신은 반드시 우울증을 정복합니다.

우울증은 털어버려야 할 무익한 것입니다.

당신의 마음은 점점 회복되어 갑니다.

당신의 마음은 점점 회복되어 갑니다.

반드시 치료됩니다.

반드시 치료됩니다.

반드시 치료됩니다.

당신은 잡다한 일로 스트레스를 받지 않습니다.

스트레스를 받지 않습니다.

자, 이제 내가 어깨를 쓰다듬으면 당신의 마음은 더욱 더 편안해집니다.

자, 이제 내가 어깨를 쓰다듬으면 더욱 더 깊은 내면으로 들어갑니다.

자, 이제 내가 어깨를 쓰다듬으면 더욱 더 깊은 내면으로 들어갑니다.

당신은 잠자기 전에 반드시 '날이 가면 갈수록 내 마음의 우울증은 사라진다.'라고 20번 이상 말하고 잠자리에 듭니다.

당신은 반드시 아침에 일어나면 '날이 가면 갈수록 내 마음의 우울증은 사라진다.'라고 20번 이상 말하고 하루 일과를 시작합니다.

당신은 이제 잠재의식으로부터 빠져나오게 됩니다.

깨어나면 당신은 자리에서 일어설 수가 없습니다.

자리에서 일어설 수 없습니다.

내가 일어서라고 말하기 전에는 절대로 일어설 수가 없습니다.

일어날 수가 없습니다.

지금 당신에게 한 말은 모두 잊어버리게 됩니다.

잊어버리게 됩니다."

(각성단계)

"이제 내가 숫자 다섯을 세면 당신의 내면에서 깨어납니다.

하나, 의식 세계로 올라옵니다.

둘, 흐릿하던 의식이 확실해지고 몸이 매우 가뿐합니다.

셋, 기분은 매우 상쾌하고, 눈이 시원합니다.

넷, 몸과 마음이 조화를 이루고 머리가 아주 맑아집니다.

(강한 목소리로) 다섯, 눈을 뜨시고 팔을 접었다 펴고 크게 기지개를 켜십시오!"

(후최면암시 확인) 지금까지의 느낌, 기분, 생각을 듣고, 상담카드에 기록을 남긴다.

최면 시작 전 강의 내용 숙지

컴퓨터에서 입력된 정보만 출력 되듯이, 우리의 잠재의식에도 일생의 입력된 정보가 출력된다. 입력된 정보에는 좋은 것이든 나쁜 기억이든 정보로 입력되었다가 코드가 맞으면 출력을 한다. 출력되는 과정에서 바이러스를 입게 되면 본인이 원치 않는 결과를 출력해 내는 것이 잘못된 사고이고, 이 잘못된 사고는 우리 몸에 질병이나 심인성의 심각한 장애를 가져온다. 심리 치료는 마음의 바이러스를 치료하는 것이다. 예를 들면, 살찌기 싫은 사람이 말로는 '살찌기 싫다.'라고 하지만, 실제로는 살찌는 음식만 먹게 된다.

(4) 심화기법 3차

이 원리는 계속 몸에 정보를 새겨주어서, 몸에 배게 하는 데에 있다.

"몸을 편안하게 자세를 취하십시오.

자, 깊은 심호흡을 통해서 몸의 긴장을 풀겠습니다.

눈을 감아 주십시오.

몸의 힘을 쭉 빼 봅니다.

몸이 축 늘어졌다고 상상하십시오.

아주 좋습니다.

호흡에만 정신을 집중한 채, 코로 숨을 들여 마신 다음 입으로 내쉬기를 4~5
회 반복합니다.

숨을 들여 마실 때는 깨끗한 산소를 마음껏 들여 마신다고 생각합니다.

숨을 내쉴 때는 폐부에 있는 독소를 다 내보낸다고 생각합니다(호흡 상태를
확인하면서).

마음이 아주 평안합니다.

마음이 아주 평안합니다.

마음이 아주 평안합니다.

예수님이 최후의 만찬에서 제자들의 발 씻기심을 생각해보세요(이미지로 떠
올려 봅니다).

떠올릴 수 있습니다.

당신도 예수님께 발 씻기심을 맡기겠습니다.

자, 신발을 벗으세요.

양말도 벗고, 시원한 물에 두 발을 담가 보십시오.

시원하고 기분 좋은 느낌을 느껴 보십시오.

시원한 기분을 느껴 보십시오.

양쪽 발이 시원합니다.

양쪽 발이 시원합니다.

양쪽 발이 매우 시원합니다.

예수님이 당신의 발을 씻기심을 떠 올리세요.

물의 기운이 양쪽 발의 근육을 풀어줍니다.

양쪽 발의 근육이 풀립니다.

양쪽 발의 근육이 완전히 풀립니다.

양쪽 발이 축 처집니다.

양쪽 발의 근육이 풀리면서, 양쪽 발이 무겁게 느껴집니다.

양쪽 발이 매우 무겁습니다.

양쪽 발이 묵직해졌습니다.

양쪽 발이 매우 묵직합니다.

무거운 감각은 양쪽 발을 타고 무릎으로, 무릎에서 허벅지까지 올라갑니다.

양쪽 다리의 근육이 풀리고 묵직해졌습니다.

양쪽 다리의 근육이 풀리고 묵직해졌습니다.

마음이 아주 평안합니다.

마음이 아주 평안합니다.

마음이 아주 평안합니다.

이제는 이마에 정신을 집중합니다.

이마가 시원하고 이마의 근육이 풀립니다.

이마의 근육이 풀립니다.

더욱 풀립니다.

더욱 풀립니다.

이마 전체의 근육이 축 처졌습니다.

이마 전체의 근육이 축 처졌습니다.

눈 주변의 근육이 풀립니다.

더욱 풀립니다.

더욱 풀립니다.

눈꺼풀이 축 늘어집니다.

눈꺼풀이 축 늘어집니다.

눈꺼풀이 축 늘어집니다.

눈썹과 눈썹 사이 미간의 근육이 풀립니다.

더욱 풀립니다.

더욱 풀립니다.

양 볼의 근육이 풀립니다.

양 볼이 축 처집니다.

양 볼이 축 처집니다.

턱의 근육이 풀립니다.

턱이 축 늘어집니다.

턱이 축 늘어집니다.

안면 전체의 근육이 더욱 풀려갑니다.

안면 전체의 근육이 더욱 풀려갑니다.

근육이 풀린 느낌은 양 어깨까지 전해져서 어깨의 근육이 풀립니다.

어깨의 근육이 풀립니다.

더욱 풀립니다.

어깨의 근육이 완전히 풀립니다.

어깨가 축 늘어집니다.

어깨가 축 늘어집니다.

어깨가 축 늘어집니다.

어깨의 근육이 축 풀어진 느낌은 양팔로 전해져서 양팔의 근육이 풀립니다.

양 팔의 근육이 풀립니다.

양 팔의 근육이 풀립니다.

양 팔의 근육이 풀립니다.

양 팔의 근육이 풀려서 매우 무겁습니다.

양 팔이 매우 무겁습니다.

양 팔이 매우 묵직해졌습니다.

양 팔이 아주 묵직해졌습니다.

양 팔이 축 처집니다.

마음이 아주 평온합니다.

마음이 아주 평온합니다.

마음이 아주 평안합니다.

이제, 전신이 편안해졌습니다.

전신이 더욱 편안해졌습니다.

몸이 의자 밑으로 푹 들어갑니다.

몸이 의자 밑으로 깊숙이 가라앉습니다.

더 밑으로 더 깊숙이 가라앉습니다.

더 아래로 더 밑으로 더욱더 깊숙이 가라앉습니다.

이제, 열에서 하나까지 거꾸로 숫자를 세면, 숫자가 내려갈수록 더 깊은 내면으로 들어갑니다.

열. 이제 내면으로 내려가기 시작합니다.

아홉, 여덟, 일곱. 상당히 깊어졌습니다. 상당히 깊어졌습니다.

여섯, 다섯, 넷. 그 깊이를 더해갑니다. 그 깊이를 더해갑니다.

셋, 둘. 더욱 깊어졌습니다. 더욱 깊어졌습니다. 더욱 깊어졌습니다.

하나. 아주 깊어졌습니다. 아주 깊어졌습니다. 아주 깊어졌습니다.

내가 손을 머리에 대면 머릿속이 텅 빕니다.

마음은 고요하고 아주 편안해졌습니다.

내가 손으로 어깨를 가볍게 두드리면 두드리는 대로 더욱더 의식의 깊은 데로 내려갑니다."

(촉각지배시술을 통해서 불안을 치료한다.)

"자, 이제 당신의 오른팔에 주의를 집중합니다(손을 펴서 허벅지 위에 있도록 한다).

오른팔이 굳어집니다.

점점 더 굳어집니다.

내가 팔을 만지면 더욱 굳어집니다.

오른팔이 나무토막같이 딱딱하게 굳어집니다(반응을 살펴서 깊이를 측정한다. 장갑을 낀 것 같은 무감각한 손바닥이 되도록).

내가 머리에 손을 대면 머릿속은 아주 텅 비고 아무 생각도 나지 않습니다.

머릿속은 텅 비고 독특한 잠속으로 들어갑니다.

내가 이마에 손을 얹으면 이마는 시원해집니다.

아무 소리도 들리지 않습니다.

주변의 소리는 하나도 들리지 않습니다.

오로지 내 말소리만 들립니다.

더욱더 깊은 휴식 속으로 들어갑니다.

육신도 쉬고 있고, 정신도 깊은 휴식을 취하고 있습니다.

그러나 의식의 일부는 깨어나 내 말을 귀담아 듣고 또 알아듣게 됩니다.

너무나 평온해져서 지금까지는 느끼지 못했던 평온함과 안락함을 느낍니다.

자, 이제 내가 어깨를 쓰다듬으면 당신의 마음은 더욱 더 편안해집니다.

자, 이제 내가 어깨를 쓰다듬으면 더욱 더 깊은 내면으로 들어갑니다.

자, 이제 내가 어깨를 쓰다듬으면 더욱 더 깊은 내면으로 들어갑니다."

(5) 후최면 암시문 3차

"당신은 반드시 불안을 정복합니다.

불안은 털어버려야 할 무익한 것입니다.

당신의 마음은 점점 회복되어 갑니다.

당신의 마음은 점점 회복되어 갑니다.

반드시 치료됩니다.

반드시 치료됩니다.

반드시 치료됩니다.

당신은 잡다한 일로 스트레스를 받지 않습니다.

스트레스를 받지 않습니다.

자, 이제 내가 어깨를 쓰다듬으면 당신의 마음은 더욱 더 편안해집니다.

자, 이제 내가 어깨를 쓰다듬으면 더욱더 깊은 내면으로 들어갑니다.

자, 이제 내가 어깨를 쓰다듬으면 더욱 더 깊은 내면으로 들어갑니다.

당신은 반드시 잠자리에 들기 전에 '날이 가면 갈수록 모든 면에서 더욱 좋아지고 있다.'라고 20번 이상 말하고 잠자리에 듭니다.

당신은 반드시 아침에 일어나면 '날이 가면 갈수록 모든 면에서 더욱 좋아지고 있다.'라고 20번 이상 말하고 하루 일과를 시작합니다."

(각성 단계)

"당신은 이제 잠재의식으로부터 빠져나오게 됩니다.

이제 내가 숫자 다섯을 세면 당신의 내면에서 깨어납니다.

하나, 의식 세계로 올라옵니다.

둘, 흐릿하던 의식이 확실해지고 몸이 매우 가뿐합니다.

셋, 기분은 매우 상쾌하고, 눈이 시원합니다.

넷, 몸과 마음이 조화를 이루고 머리가 아주 맑아집니다.

(강한 목소리로) 눈을 뜨시고 팔을 접었다 펴시고 크게 기지개를 켜십시오."

지금까지의 느낌, 기분, 생각을 듣고, 상담카드에 기록을 남긴다.

(6) 심화기법 4차 : 우울 이완치료요법

이 원리는 계속 몸에 정보를 새겨주어서, 몸에 배게 하는 방법이다.

유도법: 부위별 긴장해소 유도법을 통해서 온몸의 긴장을 풀어준다. 내담자를 편안한 의자에 가장 편안하게 앉도록 하고, 양팔을 좌우로 축 내려뜨리도록 한다. 그리고 깊은 심호흡을 3~4회 하도록 한다.

"늘어뜨린 양팔이 무거워지고 있습니다.

늘어뜨린 양팔이 무거워지고 있습니다.

양팔이 무겁습니다.

매우 무겁습니다.

양 어깨가 매우 무거워졌습니다.

양 어깨가 매우 무겁습니다.

허리가 무겁습니다.

허리가 무겁습니다.

허리가 매우 무거워졌습니다.

허벅지가 무거워집니다.

무릎도 무거워집니다.

발가락 끝까지 무겁습니다.

온 다리가 매우 무거워졌습니다.

온몸이 매우 무거워졌습니다.

마음이 아주 평온합니다.

마음이 아주 평온합니다.

마음이 아주 평안합니다.

이마가 무거워집니다.

눈꺼풀이 무거워집니다.

양쪽 귀가 무거워집니다.

양쪽 뺨이 무거워집니다.

코가 무거워집니다.

입술이 무겁습니다.

온 얼굴의 근육이 풀리고 매우 무겁습니다.

온몸의 근육이 풀리고 매우 무겁습니다.

의자 밑으로 몸이 쑥 내려갑니다.

내가 이제 오른 엄지손가락을 들어서 흔들다가 허벅지에 떨어지는 순간에 당신은 더 깊은 내면으로 들어가게 됩니다(오른손 엄지를 붙들고 흔들어 놓는다.

왼손도 같은 방법으로 한다. 손바닥은 허벅지 위에 펴 놓도록 한다).

마음이 아주 평온합니다.

마음이 아주 평온합니다.

마음이 아주 평안합니다.

자, 이제 당신의 마음에 우울증에 탁월한 치료약을 드리도록 하겠습니다.

자, 이제 감정에서 그리고 마음에서 당신의 모든 신체에서 우울증은 사라지

고 있음을 보시기 바랍니다.

손가락 끝에서 나쁜 기운이 빠져나가고 있습니다.

당신의 감정이 매우 행복해지고 있음을 느껴 봅니다.

(잠시 침묵한다.)

아주 기쁘고 매우 행복해졌습니다.

얼굴이 환해졌네요.

마음이 기뻐집니다.

지금 매우 행복해졌습니다.

행복해졌습니다.

손가락 끝에서부터 손바닥이 시원해집니다.

손바닥이 시원해집니다.

양팔이 시원해집니다.

양팔이 시원해집니다.

양팔이 시원해집니다.

양 어깨가 시원해집니다.

양 어깨가 시원해집니다.

양 어깨가 시원해졌습니다.

이마가 시원해집니다.

이마가 시원해졌습니다.

이마가 매우 시원해졌습니다.

눈이 시원해졌습니다.

눈꺼풀이 시원해졌습니다.

양쪽 귀가 시원해졌습니다.

양쪽 뺨이 시원해졌습니다.

얼굴이 시원해졌습니다.

얼굴이 시원해졌습니다.

허리와 복부가 시원합니다.

허리와 복부가 시원합니다.

허리와 복부가 시원합니다.

심장이 아주 힘차게 박동하고 있습니다.

심장이 아주 힘차게 박동하고 있습니다.

온몸 구석구석으로 맑고 깨끗한 혈액이 순환되고 있습니다.

생활 속에서 스트레스로 인하여 생긴 우울증이 당신의 온몸 구석구석에서 빠져나가고 있습니다.

폐가 아주 힘차게 작동하고 있습니다.

폐가 아주 힘차게 작동하고 있습니다.

그렇게 온몸 구석구석으로 깨끗한 산소가 공급됨으로써 우울증이 치료되고 있습니다.

긍정적인 생각의 부족함으로 생겼던 우울증은 이제 충분한 기쁨과 행복의 에너지 공급으로 치료되고 있습니다.

복부를 자세히 관찰합니다.

복부의 장기들이 힘차게 작동하고 있습니다.

복부의 장기들이 힘차게 작동함으로써 이곳저곳에 생겼던 우울증은 깨끗이 사라집니다.

복부 뒤쪽의 태양신경총이 따뜻합니다.

복부 뒤쪽의 태양신경총이 매우 따뜻합니다.

복부 전체가 안정되고 평안합니다.

복부 전체가 안정되고 평안합니다.

자, 이제 이마에 주의를 집중합니다.

이마가 시원함을 느껴보십시오.

이마가 시원해졌습니다.

이마가 매우 시원해졌습니다.

이제 온 마음과 감정의 우울증이 치료되어 행복해졌음을 보고 즐거워합니다.

당신의 마음은 깨끗이 정화되었습니다.

당신은 이제 깊은 잠을 자게 됩니다.

당신은 이제 깊은 잠을 자게 됩니다.

꿈을 꾸게 됩니다.

당신의 우울증이 치료되고, 아주 행복한 모습으로 휴양림에서 편히 여유를 즐기는 꿈을 꾸게 됩니다.

이제 내가 숫자를 하나에서 셋까지 세면 깊은 잠을 자게 되며 꿈을 꾸게 됩니다.

하나, 둘, 셋.

꿈을 꿉니다.

5분 동안 신나는 꿈을 꾸게 됩니다.

5분 후에 네가 당신을 깨워 드릴 겁니다.

깨어나게 되면 당신은 온몸의 피로가 풀리고, 정신은 맑아지고 심신에 평안이 옵니다.”

(5분 후에)

“자, 이제 당신은 잠에서 깨어납니다.

내가 숫자 다섯을 세면서 당신을 깨워 드리겠습니다.

깨어나면 기분이 매우 상쾌하고 온몸에 생기가 넘치고 정신은 맑아집니다.

하나, 자 이제 깨어나기 시작합니다.

둘, 몸과 정신이 조화를 이룹니다.

셋, 몸에 생기가 넘칩니다.

넷, 정신이 맑고 머리가 상쾌합니다.

다섯, 활짝 깨어납니다. 기지개를 켜시고 팔을 위로 쫙 펴서 올리십시오.”

기분이 어떤지 물어본다. 유도하는 대로 잘 되었는지 알아본다. 꿈을 꾸었는지 알아본다.

(7) 심화기법 5차

이 원리는 계속 몸에 정보를 새겨주어서, 몸에 배게 하는 기법이다.

“몸이 편안한 자세를 취하십시오.

자, 깊은 심호흡을 통해서 몸의 긴장을 풀겠습니다.

눈을 감아 주십시오.

몸의 힘을 쭉 빼 봅니다.

몸이 축 늘어졌다고 상상하십시오.

아주 좋습니다.

호흡에만 정신을 집중한 채, 코로 숨을 들여 마신 다음 입으로 내쉬기를 4~5회 반복합니다.

숨을 들여 마실 때는 깨끗한 산소를 마음껏 들여 마신다고 생각합니다.

입으로 내쉴 때는 폐부에 있는 독소를 다 내보낸다고 생각합니다(호흡 상태를 확인하면서).

마음이 아주 평안합니다.

마음이 아주 평안합니다.

마음이 아주 평안합니다.

양 발가락에 주의를 집중합니다.

발가락의 힘을 뺍니다.

발가락의 힘을 모두 뺍니다.

발등의 근육이 풀립니다.

발등의 근육이 풀립니다.

발등의 근육이 완전히 풀립니다.

양 발의 근육이 풀리면서, 양 발이 무겁게 느껴집니다.

양 발이 축 처집니다.

양 발이 매우 무겁습니다.

양 발이 묵직해졌습니다.

양발이 매우 묵직합니다.

그 무거운 감각은 양 발을 타고 무릎으로, 무릎에서 허벅지까지 올라갑니다.

양 다리의 근육이 풀리고 묵직해졌습니다.
양 다리의 근육이 풀리고 묵직해졌습니다.
양 다리의 근육이 풀리고 묵직해졌습니다.
마음이 아주 평안합니다.
마음이 아주 평안합니다.
마음이 아주 평안합니다.

이제는 이마에 정신을 집중합니다.
이마가 시원하고 이마의 근육이 풀립니다.
이마의 근육이 풀립니다.
더욱 풀립니다.
더욱 풀립니다.
이마 전체의 근육이 축 처졌습니다.
이마 전체의 근육이 축 처졌습니다.
눈 주변의 근육이 풀립니다.
더욱 풀립니다.
더욱 풀립니다.
눈꺼풀이 무겁습니다.
눈꺼풀이 무겁습니다.
눈꺼풀이 축 늘어집니다.
눈꺼풀이 축 늘어집니다.
눈꺼풀이 딱 달라붙습니다.
눈꺼풀이 딱 달라붙었습니다.
눈썹과 눈썹 사이 미간의 근육이 풀립니다.

더욱 풀립니다.

더욱 풀립니다.

양 볼의 근육이 풀립니다.

양 볼이 축 처집니다.

양 볼이 축 처집니다.

턱의 근육이 풀립니다.

턱이 축 늘어집니다.

턱이 축 늘어집니다.

안면 전체의 근육이 더욱 풀려갑니다.

안면 전체의 근육이 더욱 풀려갑니다.

마음이 아주 평안합니다.

마음이 아주 평안합니다.

마음이 아주 평안합니다.

근육이 풀린 느낌은 양 어깨까지 전해져서 어깨의 근육이 풀립니다.

어깨의 근육이 풀립니다.

더욱 풀립니다.

어깨의 근육이 완전히 풀립니다.

어깨가 축 늘어집니다.

어깨가 축 늘어집니다.

어깨가 축 늘어집니다.

어깨의 근육이 축 풀어진 느낌은 양팔로 전해져서 양팔의 근육이 풀립니다.

양 팔의 근육이 풀립니다.

양 팔의 근육이 풀립니다.

양 팔의 근육이 풀립니다.

양 팔의 근육이 풀려서 매우 무겁습니다.

양 팔이 매우 무겁습니다.

양 팔이 매우 묵직해졌습니다.

양 팔이 아주 묵직해졌습니다.

양 팔이 축 처집니다.

마음이 아주 평온합니다.

마음이 아주 평온합니다.

마음이 아주 평안합니다.

이제, 전신이 편안해졌습니다.

전신이 더욱 편안해졌습니다.

몸이 의자 밑으로 푹 들어갑니다.

몸이 의자 밑으로 깊숙이 가라앉습니다.

더 밑으로 더 깊숙이 가라앉습니다.

더 아래로 더 밑으로 더욱 깊숙이 가라앉습니다.

이제, 열에서 하나까지 숫자를 세어 가면 숫자가 내려갈수록 더 깊은 내면으로 들어갑니다.

열, 이제 내면으로 내려가기 시작합니다.

아홉, 여덟, 일곱, 상당히 깊어졌습니다. 상당히 깊어졌습니다.

여섯, 다섯, 넷, 그 깊이를 더해 갑니다. 그 깊이를 더해 갑니다.

셋, 둘, 더욱 깊어졌습니다. 더욱 깊어졌습니다. 더욱 깊어졌습니다.

하나, 아주 깊어졌습니다. 아주 깊어졌습니다. 아주 깊어졌습니다.

내가 손을 머리에 대면 머릿속이 텅 빕니다.

마음은 편안하고 아주 편안해졌습니다.

내가 손으로 어깨를 가볍게 두드리면 두드리는 대로 더욱 더 의식의 깊은 데로 내려갑니다."

(촉각지배시술을 통해서 우울증을 치료한다).

"자, 이제 당신의 양손에 집중합니다.

양손이 점점 무감각해집니다.

양손이 무감각해집니다.

점점 더 무감각해집니다.

이제 완전히 무감각해졌습니다(반응을 살펴서 깊이를 측정한다).

당신의 손은 이제 근육이 풀리고 감각이 정상으로 돌아갑니다.

기분이 좋아집니다.

내가 머리에 손을 대면 머릿속은 아주 텅 비고 아무 생각도 나지 않습니다.

머릿속은 텅 비고 독특한 잠속으로 들어갑니다.

내가 이마에 손을 얹으면 이마는 시원해집니다.

아무 소리도 들리지 않습니다.

주변의 소리는 하나도 들리지 않습니다.

오로지 내 말소리만 들립니다.

더욱더 깊은 휴식 속으로 들어갑니다.

육신도 쉬고 있고, 정신도 깊은 휴식을 취하고 있습니다.

그러나 의식의 일부는 깨어나 내 말을 귀담아 듣고 또 알아듣게 됩니다.

너무나 평온해져서 지금까지는 느끼지 못했던 평온함과 안락함을 느낍니다.

자, 이제 내가 어깨를 쓰다듬으면 당신의 마음은 더욱 더 편안해집니다.

이제 내가 어깨를 쓰다듬으면 더욱 더 깊은 내면으로 들어갑니다.

자, 이제 내가 어깨를 쓰다듬으면 더욱 더 깊은 내면으로 들어갑니다.

자, 이제 당신의 우울증에 탁월한 치료제를 드리도록 하겠습니다(상상의 치료제).

자, 이제 우울증이 당신의 감정과 인지왜곡에서 사라지고 있음을 보시기 바랍니다.

손가락 끝에서 나쁜 기운이 빠져나가고 있습니다.

감정이 행복해지고 황홀합니다.

아주 행복해졌습니다.

당신의 감정을 느껴보십시오.

기쁘지요?

행복해졌습니다.

손가락 끝에서부터 손바닥이 시원해집니다.

손바닥이 시원해집니다.

양팔이 시원해집니다.

양팔이 시원해집니다.

양팔이 시원해집니다.

양 어깨가 시원해집니다.

양 어깨가 시원해집니다.

양 어깨가 시원해졌습니다.

이마가 시원해집니다.

이마가 시원해졌습니다.

이마가 매우 시원해졌습니다.

눈이 시원해졌습니다.

눈꺼풀이 시원해졌습니다.

양쪽 귀가 시원해졌습니다.

양 뺨이 시원해졌습니다.

얼굴이 시원해졌습니다.

얼굴이 시원해졌습니다.

허리와 복부가 시원합니다.

허리와 복부가 시원합니다.

허리와 복부가 시원합니다.

심장이 아주 힘차게 박동하고 있습니다.

심장이 아주 힘차게 박동하고 있습니다.

온몸 구석구석으로 맑고 깨끗한 혈액이 순환되고 있습니다.

부정적 생각 때문에 생긴 우울증은 깨끗한 혈액의 순환으로 빠져나가고 있습니다.

폐가 아주 힘차게 작동하고 있습니다.

폐가 아주 힘차게 작동하고 있습니다.

그렇게 온몸 구석구석으로 깨끗한 산소가 공급됨으로써 우울증이 치료되고 있습니다. 긍정적 에너지가 부족하여 마음에 감기를 앓았던 우울증은 치료되고 있습니다.

복부를 자세히 관찰합니다.

복부의 장기들이 힘차게 작동하고 있습니다.

복부의 장기들이 힘차게 작동함으로써 이곳저곳에 생겼던 우울증은 깨끗이 사라집니다.

복부 뒤쪽의 태양신경총이 따뜻합니다.

복부 뒤쪽의 태양신경총이 매우 따뜻합니다.

복부 전체가 안정되고 평안합니다.

복부 전체가 안정되고 평안합니다.

이제 마음의 우울증이 치료되어 행복해졌음을 보시고 즐거워합니다.

당신의 마음은 깨끗이 정화되었습니다.”

(8) 후최면 암시문 5차

“당신은 잡다한 일로 스트레스를 받지 않습니다.

스트레스를 받지 않습니다.

혹시 스트레스를 받거나 마음에 불안정한 상태가 되었을 때는 그 상황을 이길 수 있는 메시지를 드리겠습니다.

그 메시지는 평화로 정하겠습니다.

언제든지 심신을 평정 상태로 유지하고 싶을 때는 심호흡을 깊이 한 다음, 조용히 자신에게 ‘평화, 평화, 평화’라고 말하면 언제나 지금처럼 마음에 평정을 가지게 됩니다.

이 메시지가 언제든지 즉시 발휘될 수 있도록 좀 더 다지도록 하겠습니다.

내가 먼저 말하면 마음속으로 따라 해 주십시오.

평화, 평화, 평화.

그렇습니다.

이제 당신은 언제나 마음이 불안정할 때는 평화라는 메시지를 통해서 마음의 평정을 즉시 얻게 됩니다.

당신은 반드시 잠자리에 들기 전에 ‘날이 가면 갈수록 내 마음의 우울증은 사라진다.'라고 20번 이상 말하고 잠자리에 듭니다.

당신은 반드시 아침에 일어나면 '날이 가면 갈수록 내 마음의 우울증은 사라

진다.'라고 20번 이상 말하고 하루 일과를 시작합니다."

(각성 단계)

"당신은 이제 잠재의식으로부터 빠져나오게 됩니다.

이제 내가 숫자 다섯을 세면 당신의 내면에서 깨어납니다.

하나, 의식 세계로 올라옵니다.

둘, 흐릿하던 의식이 확실해지고, 몸이 매우 가뿐합니다.

셋, 기분은 매우 상쾌하고, 눈이 시원합니다.

넷, 몸과 마음이 조화를 이루고, 머리가 아주 맑아집니다.

(강한 목소리로) 다섯, 눈을 뜨시고 팔을 접었다 펴고 크게 기지개를 켜십시오."

지금까지의 느낌, 기분, 생각을 듣고, 상담카드에 기록을 남긴다.

행복한 감정을 느끼게 하는 방법

후최면 암시

우울한 감정을 극복하기 위한 방법으로 행복한 감정을 느끼게 하는 방
법이 있다.

"행복했던 순간을 떠올리세요.

눈을 감고 아주 자세히 상상해보세요. 그 순간의 이미지를 선명하게 바라보고, 소리를 분명히 들어보고, 그 감정이 당시에 어땠는지 기억해보고, 자신의 몸 어느 부위가 연결되는지 느껴보세요.

그 기억 속으로 들어가 그 순간이 지금 일어나고 있는 것처럼 상상하세요. 그때 보았던 것을 보고, 들었던 것을 듣고, 그 당시의 좋은 감정을 느끼세요. 그때의 이미지를 더 생생하고 밝게 만들어 보세요. 그리고 그때 호흡했던 방식으로 숨을 쉬어 보세요.

몸속의 행복한 감정에 집중하세요. 그러면 그 감정이 어디서 시작하는지, 어디로 가는지 어느 방향으로 들어가고 있는지 느낄 수 있게 될 겁니다.

그 감정을 통제하면서 더 빠르고 더 강하게 몸 안에서 회전시키는 상상을 하세요. 그러는 동안에 당신의 좋은 감정은 더욱 강화될 것입니다.

좋은 감정을 느끼고 싶은 미래의 한 순간을 생각해 보세요. 미래를 생각하는 동안 혹은 앞으로 할 일을 생각하는 동안 이 감정을 온 몸에 회전시켜 보세요. 나중에 아무런 이유 없이 좋은 기분이 올라와서 웃음이 나더라도 놀라지 마세요.

당신은 매우 행복한 감정에 싸여 있습니다."

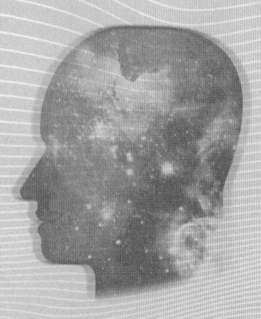

4
PART

불안장애

불안장애 범주에는 극도의 공포, 불안 및 관련된 행동장애의 특징을 지닌 질환들이 포함된다(DSM-5, 2015).

공포증이란
무엇인가?

세상에는 여러 가지 무서운 장소와 사건이 있다. 길에서 눈을 부릅뜨고 물어뜯을 듯이 짖어대며 공격하려는 개나, 미친 듯이 흉기를 함부로 휘두르며 달려드는 깡패를 만나기라도 하면, 누구라도 공포를 일으켜 그 자리를 도망치려고 할 것이다. 으슥한 밤길을 갈 때, 거친 바다를 건널 때, 심산유곡에 이르렀을 때도 공포는 엄습해 올 것이다. 지진, 뇌성, 암흑일 때도, 격앙된 개인의 난동 때도, 그때의 상태에 따라 공포를 느끼게 될 것이다.

그러나 이런 것은 그대로 공포증인 것은 아니다. 오히려 이것들은 일반적인 정서 반응이자, 생명 존재의 위험이나 자아의식 손상의 예감에 대한 자아의 자연적인 반응인 것이다.

a. 공포는 매우 강렬해서 행위를 마비시키거나, 소극적 방향으로 가게 하는 동기가 된다.
b. 공포가 생기는 자극 또는 상황은 타당한 보통 공포의 대상의 단계를 넘고 있다. 관념화, 상징화를 이루고 있다.
c. 개인은 적어도 자기 스스로 그 공포를 정당화하려고 하면서도, 더욱 그것이 어리석은 부당한 감정이라고 생각하고 있다.

d. 공포에 대해 지배할 힘이 없고, 지배하더라도 그 효과는 적다.

e. 공포증은 무엇인가, 어떤 대상을 지향하고 거기에 대한 정서적인 반응을 주된 징후로 한다는 점에서 협의의 강박관념 및 강박행위와 징후적으로 구별된다.

공포증을 그 현상의 분류로 하면 매우 다양하며, 너무 많아서 일일이 셀 수가 없다. 사람에 따라, 대상에 따라, 경우에 따라 천차만별하다고 해도 좋을 것이다. 열거해 보자면 다음과 같은 것이 있다.

어떤 장소에 임했을 때 느끼는 임장공포, 즉 고소공포, 연단공포, 교량공포, 시험장공포 등이 그것이다.

불결공포, 접촉공포, 군집공포, 절도공포, 방화공포, 폐실공포, 적면공포, 대인공포, 부인공포, 동물공포(동물의 종류는 사람에 따라 다르다), 질병공포, 졸도공포, 붕괴공포, 낙하공포, 화재공포, 지진공포, 벼락공포, 선단공포, 암흑공포 등 열거하자면 끝이 없다. 또한 종교적 강박관념, 자살적 강박관념, 미신적 강박관념 등을 들 수 있다. 단 이들 분류도 역시 현상적 분류에 지나지 않고, 그저 항목으로 통괄한 것이다. 그리고 협의의 강박관념이나 강박행위도 함께 취급되고 있다.

개입방법

1) 1단계 : 오리엔테이션

오리엔테이션 단계에서 얼마나 자세하게 설명할 것인가는 내담자에 따라서 결정한다. 이 단계에서 벌써 가능한 저항에 대비해야 한다. 내담자 자신이 치료의 전 과정을 통제할 수 있고(의식적이든지 무의식적이든지 간에), 필요한 경우에는 언제든지 중단할 수 있다는 것을 알게 해 주어야 한다. 또한 내담자에게 무슨 일이 일어나는지, 어떤 변화가 생기는지를 내담자 자신이 세밀하게 관찰해야 한다고 말해 준다(중요한 대목에서는 약간 목소리를 달리해서 강조한다).

일반적인 지시(앉는 자세, 시선 등)를 한 후에 내담자의 주의를 초점화하고 (외부에서 내면으로), 차츰차츰 최면유도로 물 흐르듯이 옮겨간다. 내담자들이 흔히 지나친 긴장감과 불안정감을 느끼므로, 충분한 시간을 가지고 상황에 맞추어 가면서 진행해야 한다. 예를 들면 다음과 같다.

"당신이 지금 약간 불안해하는 것은 아주 정상입니다.
가슴이 두근거리거나 약간 긴장되는 것도 아주 자연스러운 일입니다.

금방 가라앉지는 않으니 천천히 시간을 가지고 가라앉게 하십시오.

불안한 마음이 바로 침착해지지는 않습니다.

그러기 위해서는 다소간에 시간이 필요하지요.

지금 있는 그대로 불안한 마음을 받아들여서 느끼다 보면, 차츰 작은 변화가 생기는 것을 알 수 있습니다.

당신이 조금씩 마음이 가라앉는 아주 작은 변화를, 이런 작은 변화를 놓치지 않고 느끼는 것이 아주 중요합니다.

당신의 몸(무의식이)이 하는 일을 당신은 의식적으로는 알 수가 없습니다.

불안한 마음이 없어질 때 당신은 가만히 보고만 있을 뿐, 의식적으로는 아무 것도 할 수가 없습니다.

당신은 그저 당신의 몸을 믿을 수 있다는 것과 그래서 정말로 안전하게 느끼게 되는 것을 기뻐하게 됩니다.”

필요하면 이런 작업을 여러 번 반복한다. 내담자에게 반응이 일어나는데 필요한 충분한 시간과, 내담자가 최면현상을 관찰할 수 있는 충분한 시간을 가질 수 있도록 여유 있는 휴식시간을 가지고 천천히 강조하는 목소리로 말해야 한다.

첫 번째 최면현상이 일어나면(경직의 시작, 눈꺼풀이 닫힘, 눈을 뜨지 못함), 손이나 팔이 올라가도록 유도한다. 이런 유도를 가장 간단히 성공하는 방법은 치료목표와 결부시키는 것이다. 예를 들면 다음과 같다.

“이제 내가 당신에게 아주 간단한 질문을 하겠습니다.

당신도 아주 간단하게 대답해 주십시오.

나는 당신의 무의식이 대답하도록 할 것이므로, 당신은 그 대답을 모르고 나도 모릅니다.

하지만 당신은 당신의 무의식이 아주 간단하게 대답할 수 있는 기회를 줄 수 있습니다.

당신은 허벅지(걸상 팔걸이) 위에 있는 당신의 두 손이 어떻게 놓여 있는지 느낄 수 있고, 당신의 손과 팔에 일어나는 변화도 정확하게 느낄 수 있을 것입니다.

그렇지 않습니까?

(대답을 기다린다.)

이제 물어보겠습니다.

당신의 무의식은 당신이 공포를 극복하려고 하는 것을 전적으로 도와주려고 합니까?

'네.'라는 대답이면 두 손이 천천히 위로 올라갈 것입니다(이데오모터 신호).

이제 천천히 기다려 봅시다.

당신의 무의식이 무엇이라고 대답하는지."

충분한 반응시간을 주기 위해서 이 과정도 경우에 따라서는 여러 번 반복해야 한다. 반응이 없이 머뭇거리거나, 손이 무거워지거나, 아래로 내려가면서 허벅지를 누르거나 하면, '네.'라는 대답 대신에 '아니오.'라는 대답에 두 손이 위로 올라간다고 바꾸어서 말해야 한다. '아니오.'라는 대답에 손이 올라가면 무의식이 의식적인 사고에 영향을 받지 않고 견제하고 있다고 보고(협력하지 않으려는 상당한 이유가 있기 때문에), 이런 견제의 배경을 찾아내도록 힘써야 한다. 지금까지 질문에 전혀('네.'와 '아니오.'에 모두) 아무런 반응을 하지 않는 경우는 아주 드물었다. 전혀 반응을 하지 않는 내담자는 대개 반응을 아주 조금밖에 보이지 않는 내담자들로서, 이 때문에 최면을 시술하기도 어려운 내담자들이었다. 반응이 아주 더딘 내담자에게는 약간의 도움을 줄 수도 있다. 손이 저절로 올라가는 경험을 하지 않은 내담자는 가벼운 경직상태에서 손을 들어올리기가 쉽지 않다. 대부분의 경우, 손 아래쪽을 가볍게 건드리는 것만으로도 충분하다(미리 양해를 구한 후에).

손이 올라가는 것을 트랜스의 유도와 심화에 활용한다. 예를 들면 다음과 같다.

"한순간 신체의 일부분이 통제를 벗어나 있는 것이 얼마나 편안한지 당신은 느끼셨을 것입니다.
전혀 움직이지 않고 아주 조용히 있는 이런 상태가 점점 심화되어, 이제는 당신의 손이 저절로 올라가는 것을 여기에 가만히 앉아서 바라보고만 있는 것이 아주 편하고 좋지 않습니까?"

이런 상태를 모든 감각에 앵커링 할 수 있다. 예를 들면 "높게."라고 말할 때 목소리를 약간 다르게 한다거나, 필요할 때에 내담자가 들어갈 수 있는 '조용한 장소'를 마음속에 마련하는 것 등이다. 조용한 장소의 앵커링이나 분리체험 능력의 조성은 후최면암시로서 강화할 수 있다. 예를 들면 다음과 같다.

"당신이 이제 체험한 바와 같이 당신은 전보다 훨씬 많은 능력에 접속하고 있습니다. 다음번에 당신이 여기에 오실 때에도 당신은 이런 체험을 확실하게 기억할 것입니다. 이처럼 편안하고 긴장이 풀어져서, 당신이 필요할 때는 언제나 당신이 기억하려고 애쓰지 않아도 당신의 몸이 기억하고 있습니다."

이로써 다음 단계로 진행할 기본 준비를 마쳤다.

2) 2단계 : '증상'과 친숙해지기

자신이 공포증이 있다고 터놓고 이야기하는 사람을 포함해서 거의 모든 공포증 환자들은 곧잘 이런 태도를 보이곤 한다. 자기가 이런 어리석은 두려움을 가지고 있다는 사실에 자신을 비하하고, 이 때문에 행동 태도에 제약을 받는 것을 몹시 고통스러워한다. 공포 증상의 의미와 역할에 대해서 내담자와 의논할 수 있는 효과적인 방법은, 먼저 내담자가 증상에 접속하게 하고 증상을 인정하고 존중하는 태도를 가지게 하는 것이다. 이렇게 해서 다음 작업의 토대를 마련할 수 있는데, 출발점은 앞에서도 서술한 마음이 가라앉은 상태이다. 예를 들면 다음과 같다.

"이제 당신이 여기에 조용히 앉아 있으면서 점점 더 자신에게 중심을 두기 시작하면, 얼마 후에는 당신이 최근에 어떻게 두려움을 느꼈는지 생각해 낼 수 있을 것입니다.

(심리적인 반응 또는 확인을 기다린다).

좋습니다.
이제 당신은 어느 정도 떨어져서도 뚜렷하게 느낄 수가 있지요.
그렇지 않습니까?"

(확인을 기다린다).

반응이 너무 심하게 나타나면 다음과 같이 분리체험을 하게 해야 한다.

"당신이 지금 조용히 앉아서 이처럼 뚜렷하게 느낄 수 있다는 것이 신기하지 않습니까?
신체 어느 부분에 이런 느낌이 오는지 말해 주실 수 있습니까?
좋습니다.
이제 당신이 불러온 이런 반응을 약간 떨어져서 바라보겠습니다.
그렇게 직접 당신에게 있는 것이 아니고 약간 앞이나 옆에 떨어져 있는… 되었습니까?"
(모든 질문에는 확인을 기다린다.)

내담자가 증상 반응을 분리체험하기 시작하면, 증상과 접속할 수 있게 다음과 같이 진행한다.

"이제 당신이 조금 편하게 숨을 쉴 수 있다면 몇 가지 중요한 일을 해야 합니다.
우선 이런 긴장감과 불안감을 인정하셔야 합니다.
긴장과 불안은 당신이 모든 에너지를 한곳에 모아서 어려운 상황을 극복할 수 있게 하려고 당신을 일종의 초고압상태로 몰아넣습니다.
그렇지 않습니까?
문제는 지금 당신에게 이런 에너지가 필요 없다는 것입니다.
평상시에는 이렇게 많은 에너지를 모을 필요가 없습니다.
아마도 당신은 과거 어느 순간에 모든 에너지를 한곳에 모아서 어려운 상황을 극복해야만 했던 때가 있었을 것입니다.

지금 이 순간, 자세히는 모르지만 당신의 불안 에너지가 당신의 의식사고에 협력하려고 합니다.

어떻습니까?

지금 이 순간에 당신은 오른쪽에 불안을 더 느낍니까, 아니면 왼쪽에 더 느낍니까?(반응이나 대답을 기다린 후에)

좋습니다.

이제 내면적인 준비자세가 되면, 무의식적인 반응이 따라올 것입니다.

당신이 이미 알다시피 그쪽(불안을 더 느끼는 쪽) 손이 저절로 올라갈 것입니다.

잠시 동안만 가만히 기다리고 계십시오.

(손이 올라가면) 좋습니다.

지금까지 당신이 아주 어렵게 생각하던 이런 공포증상이 당신과 동참해서 협력한다는 것이 얼마나 좋은 일입니까?

이런 공포증상을 어떤 형상으로 만들어 보는 것이 혹시 가능한가요?

어떤 형상입니까?

어떻게 되어 가는지 가만히 기다려 보십시오.

(확인 후에) 좋습니다.

어떻습니까?

이제 당신이 이 형상에게 말을 걸어 볼 수 있겠습니까?

당신의 신경을 왜 그렇게 압박하는지 물어보십시오. 반응이 있습니까?"

이런 접속이 성공하면 내면적인 혼란이 약간 완화되는데, 그것은 공포증상의 평가에 대한 재구성이 이루어지기 때문이다. 이제부터는 공포증상에 대한 작업이 가능하게 된다. 가끔씩 내담자는 벌써 공포증상을 형상화하는 이 단계에서 은유적이고 상징화된 많은 착안점을 얻게 되고 이것이 문제를 해결한다.

3) 3단계 : 공포증상과의 계약

이 단계는 특히 공포증상 때문에 행동이 심하게 제한되는 내담자에게 큰 의미가 있다. 공포증상이 내용적인 면으로 전파되기 전에 재빨리 변화를 주어야 하기 때문이다. 예를 들면, 내담자가 아침에 차를 운전하고 출근하다가 공포증상이 심해져서 더 이상 직장에 다닐 수가 없게 되었는데, 공포증상과의 접속을 통해서 스트레스를 완화하고 다음 주에 별 어려움이 없이 출근할 수 있게 된 사례가 있다.

이 단계는 원칙적으로 앞에서 서술한 공포증상의 형상화작업을 계속하는 것인데, 공포증상을 투쟁의 대상으로 하지 않고 그 속에 들어있는 정보와 정신자원을 활용하는 것이다. 내면적인 혼란을 완화하기 위해서 이미 습득한 분리체험의 능력을 활용한다.

"당신에게 한 가지 제안을 하겠습니다.

지금까지 당신은 공포증상을 싸워서 이기려고 하였지만, 아무 소용이 없었고 오히려 점점 더 심해진 것을 당신은 잘 알고 있습니다.

가끔 당신이 두려움을 없애려고 하면 할수록 더욱 격렬해지지 않았습니까?

그래서 싸우는 것은 아무 소득이 없지 않습니까?

그렇죠?

그래서 당신에게 공포증상과 계약을 맺어보기를 제안합니다.

당신은 쓸모없는 싸움을 그만 두고 당신의 공포증상이 당신에게 어떤 특정한 의미가 있고 (있었고), 이 의미를 깨닫기 위해서 여기에서 (최면자의 도움을 받아서) 모든 필요한 노력을 하겠다고 (해야 할 일을 모두 하겠다고) 약속하는 것입니다.

(의사를 확인한 후에)

그 대신에 공포증상에 책임이 있는 당신의 의식은 당신에게 '그래 그렇다면 나도 당신을 편안하게 해 주겠다.'라고 하는 신호를 보내는 것입니다.

당신의 의식이 여기에 동의한다면 당신의 손이 올라갈 것입니다."

2단계 '증상과 친숙해지기'를 충실히 이행하였다면, 거의 모든 경우에 이런 동의가 금방 이루어지고 그 결과로서 현저한 증상완화가 생긴다. 이로써 내담자의 치료동기도 강화되고 치료에 대한 협조자세도 좋아진다.

4) 4단계 : 탐색

이 단계가 치료내용의 핵심이다. 이미 습득한 반응을 토대로, 내담자가 공포증상의 내면관계(역할과 의미)를 찾아내도록 도와준다. 여기에는 저항을 염두에 두어야 한다. 왜냐하면 내담자는 지금까지 바로 이런 일을 피해왔기 때문이다. 그러므로 저항의 정당성을 확실하게 인정하고, (필요하면) 내담자 자신이 이 과정을 언제든지 중단할 수 있다는 것을 인식시켜 주는 것이 좋다. 특히 주저하거나 양가감정(한 가지 일에 대한 서로 모순되는 두 가지 감정)을 가진 내담자에게는 이것이 약간의 조급한 마음이 생기도록 유발하고('드디어 시작하는구나.' 하는 수용자세), 암시적인 유도목표가 될 수도 있다. 이런 준비를 세심하게 하면 할수록 본격적인 치료를 하기가 더욱 쉬워진다.

문제의 탐색에 대한 무의식적인 동의를 얻어내는 것부터 시작한다.

"당신의 두려움이 정확하게 무엇 때문인지를 당신의 무의식이 알아보려고
한다면, 당신의 손이 저절로 올라갈 것입니다."

어려운 문제일 때에는 이런 질문을 상담시간에 걸쳐서 여러 번 물어보
아야만 동의를 얻어낼 수 있는 경우도 있다. 이처럼 주저하는 태도는 존중
해 주어야 할 뿐만 아니라, 의미 있는 무의식의 보호반응으로 후원해주어
야 한다(무의식은 언제 그것을 정확하게 알기를 원하는지 가장 잘 알고 있다). 그리 어
려운 문제가 아닌 경우에도 주저하는 것은 의식적으로 싫어하는 것이라기
보다는 양가감정의 무의식적인 표현이거나 내담자가 최면자 또는 치료상
황을 시험해 보는 것으로 이해해야 한다. 긍정적인 반응이 나타나면, 이것
을 놓치지 말고 지원하여 분리체험반응이 일어나도록 유도해야 한다.

"이제 당신이 당신의 마음속 결심을 느꼈다면, 천천히 시간을 가지고 당신이
알아보고자 하는 대상을 내면에서부터 거리를 두고 바로 세워야 합니다.
당신은 당신의 팔이 계속해서 올라가는 동안에 마음이 안정되고 차분해지는
것을 느낄 수 있을 것입니다.
아주 좋습니다.
점점 안정되고, 차분해지고, 모든 것에서부터 거리가 멀어지지만 어쩐지 정확
하게 바로 가고 있습니다."

눈동자의 움직임이 보이면(눈을 감고 있어도 대개는 볼 수 있음) 내면의 그림
이 생기는 것을 짐작할 수 있는데, 내담자 자신은 아직 그림을 보지 못할 수
있다. 왜냐하면 신체적인 반응이 감정적이거나 인지적인 반응을 앞서가기
때문이다. 내담자가 참을성 있게 내면 탐색작업을 하고, 또한 정확한 탐색
을 하도록 지원해 주어야 한다.

> "이제 아주 조심스럽게 그리고 자세히 보십시오.
> 당신에게 어떤 의미가 있는지.
> 당신이 보고, 듣고, 생각하고, 느끼는 것을 잘 관찰하십시오."(반응에 따라서
> 내담자가 정보를 탐색하기 시작할 때까지 여러 가지 다른 표현으로 반복한다.)

찾아낸 자료는 바로 원래의 공포증상과 연결 지어 보아야 하는데, 흔히
탐색작업에서 아무런 연관성이 없는 정보가 나오기도 하기 때문이다.

> "자, 당신이 지금 눈앞에 똑똑히 보고 있는 이것이 당신의 두려움과 무슨 관
> 계가 있습니까? 이것이 바로 그것입니까?"

관련이 있는 자료가 나타나면, 내담자는 금방 확신을 가지고 알게 된다.
그렇지 않으면 탐색을 계속해야 한다.

5) 5단계 : 해결방법

거의 언제나 탐색과정 직후에 해결과정이 연결된다. 흔히 내담자가 자신

의 두려움이 근본적으로 어디에서 오는지를 깨닫는 순간에 공포증상에 대한 새로운 인지를 하고(재구성), 내면체계에 공포증상을 놓아둘 수 있는 적당한 장소를 마련하여 증상으로부터 해방되기도 한다. 하지만 대부분의 경우에는 문제가 순간적으로 해결되지 않고, 내담자는 자신의 문제를 극복하기 위해 도움을 받아야 한다. 나의 경험으로 가장 좋은 (그리고 많이 사용하는) 치료전략을 소개하겠다.

여기에 소개하는 해결방법은 서로 다른 부류에 속하는 것이 아니고, 내용 면에서나 구조적인 면에서 서로 교차하고 있다. 이 방법들은 실용적인 면에서 각각 다른 방안에 중심점을 두고 있다고 이해하면 된다.

① 죄책감 문제

해결하지 못한 죄책감이 많은 공포증상에 (그 외의 다른 장애증상에도) 커다란 역할을 하고 있다. 대부분은 내담자가 감정적인 부담이 극도로 고조된 상황에서(예 : 가족의 죽음) 일어난 일을 전혀 또는 완전하게 이해하지 못하고 소화하지 못한 경우이다. 소화하지 못한 나머지 부분이 얼마 지난 후에 증상으로 나타나는데, 가끔은 오랫동안 아무런 역할도 하지 않아서 까맣게 잊어버리고 있다가 구조적으로 비슷한 상황이 되면 한꺼번에 나타나는 일도 있다. 내담자가 자신의 실패나 과도한 스트레스를 용서하지 못하고 몇 년 후에도 자신이 그런 약점을 보였다는 것을 심판하는(대개는 무의식중에) 경우에도 죄책감이 공포증상에 커다란 역할을 한다.

이런 문제가 있을 때에는 도덕적인 문제를 다루는 심판보다는 '양심에 직접' 호소해야 한다. 양심의 협조는 이데오모터 신호로 얻을 수 있다. 한 여성 내담자의 치료내용을 소개하고자 한다. 이 내담자는 보호자의 자격으로 어머니의 수술동의서에 서명을 하였는데, 수술 도중에 어머니가 돌아가시자 커다란 죄책감을 가지고 있었다. 내담자는 처음에는 죄책감을 별로 깨닫지 못하고 있다가, 차츰 심한 공포증상으로 나타나기 시작하였으며 이런 사실을 탐색작업으로 알게 되었다.

"자, 당신의 양심이 협조하겠다고 동의하였습니다.

나는 당신이 어떤 결정을 내리기 전에 모든 상황을 다시 한 번 자세하게 관찰하시기 바랍니다.

지난 일을 돌이켜 보면서 당신의 양심이 전반적인 평가를 하게 될 것입니다.

당신이 어머니가 돌아가신 것을 알고 나서, 여기까지는 이해가 되는데…, 무언가 석연치가 않습니다.

당신은 어머니가 돌아가신 것을 알고 놀라서 몸이 꼿꼿하게 굳어졌습니다.

당신은 실제로 당신이 어머니를 돌아가시게 했다고 믿고 있었습니다.

그것이 당신의 이성은 아니라는 것을 잘 알고 있지만, 당신의 양심은 이 문제에 대해 확신합니다.

당신의 이성은 당신의 양심을 따라잡지 못하고 있습니다.

지금 당신이 해야 할 일은 당신의 양심으로 하여금 한번 생각해 보게 하는 것입니다. 당신이 실제로 예전에 달리 결정할 수 있었던 어떤 가능성이나 진지한 기회가 있었는지, 당신이 손을 들고 있는 동안 당신의 양심이 생각해 보고 있다는 것을 나는 알고 있습니다."

이 사례에서 나는 약 10분에서 15분이 걸린 양심의 생각을 통해 내담자를 죄책감에서 해방시킬 수 있었다. 물론 언제나 이렇게 금방 성공하는 것은 아니다. 문제를 해결하기 위해서 내담자는 더 많은 도움을 받아야 하기도 한다. 다만 도덕적인 문제에 관해서는 성인도 어린아이처럼 분별없이 판단하기도 하며, 이로 인해서 새로운 평가가 어려워질 수 있다는 점에 주목해야 한다. 이럴 때에는 다음과 같이 말할 수 있다.

"아마도 이 문제에 대해서는 당신의 양심이 아주 엄격한 태도를 가지고 있어서 다른 가능성을 허용하지 않는 것 같습니다.

하지만 당신의 이성은 전혀 다르게 판단하고 있습니다.

우리들의 양심은 우리가 아주 어리고 경험이 없을 때에 생깁니다.

그래서 단순하게 생각합니다.

맞거나 틀리거나, 희거나 검거나 둘 중에 하나이며 그 중간이 없습니다.

어린아이의 세계에는 이것이 맞습니다.

하지만 당신도 잘 아시다시피 많은 일에는 훨씬 복잡하고 많은 중간 단계가 있으며, 어떤 판단을 내리기 위해서는 먼저 자세하게 관찰해야만 합니다.

당신이 학교에서 곱셈을 배우다가 나눗셈을 배워야 할 때처럼, 당신의 양심도 이 문제에 대해 이제 판단의 영역을 확장해야만 합니다.

당신이 지금 알고 있는 지식과 지금까지의 모든 경험을 가지고 참으로 합당한 판단을 내려야만 할 것입니다."

세심하게 생각을 한 후에도, 내담자가 스스로 심한 과오를 저질렀다고 판단하는 경우도 물론 있을 수 있다. 이런 경우에는 그 동안에 그 일을 용서해 줄 수 없었느냐고 물어보아야 한다. 이 질문도 양심에게 직접 물어보아야 한다. 대답이 부정적이면 용서를 받으려면 내담자가 어떤 일(사죄, 속죄 등)을 해야 하는지 또는 어떻게 하는 것이 합당한지를 물어본다.

도덕적인 문제가 아무리 어려워 보일지라도 이런 탐색작업이 시작되면 해결할 수 있는 길이 있다는 것을 확신해도 된다.

② 과거의 청산

과거청산의 문제도 공포증 환자에게 자주 나타난다. 이 문제의 특징은 환자가 과거 공포반응의 원인이 된 상황을 극복하고 '잊어버리기는' 하였지만, 그때 일어났던 일을 완전히 소화하지 못하였기 때문에 공포증상이 계속해서 남아 있는 것이다(예 : 교통사고 후에 남아 있는 스트레스 반응 또는 사물을 너무 어린아이의 관점에서 보는 것).

사례 1

이 사례는 어린 시절인 12세~15세 사이에 여러 번 수술을 받음으로써 거의 병실에서만 지내야 했던 여자환자가 이런 상황을 '지독한 공포'로 받아들이게 된 경우이다. 그녀는 한 달이 넘도록 병실에 있으면서 담당 간호사의 가학적이고 굴욕적인 대우에 속절없이 시달려야만 했다. 치료내용의 일부 구절들을 소개한다.

"당신이 아주 몸서리쳐지는 시절의 기억을 어느 정도 거리를 두고서 다시 한 번 바라본다면, 당신의 이성은 당신에게 그것은 몇 년 전에 이미 다 지나간 일이라고 말하고 있지만, 당신의 감정적이고 신체적인 반응은 지금도 생생하게 느끼고 있을 것입니다. 당신이 그 당시에 아주 어린 아이였기 때문입니다.
그 나이 또래의 어린아이는 시간을 아주 다르게 받아들입니다.
일주일이 아주 오랜 시간이고, 한 달은 가늠하기도 힘들 만큼 긴 시간입니다.
그런데 당신은 몇 개월 동안이나 병실에 있었고, 늘 다시 입원해야 했으니 당신에게는 끝이 없는 영원한 시간으로 느껴졌을 것입니다.

당신은 이런 악몽이 끝없이 계속 된다고 믿고 있었지요. 그렇지 않습니까?

그리고 당신이 퇴원한 후에도 안심할 수가 없었고, 그런 악몽은 언제나 다시 반복될 수 있었으며 당신은 아무 힘없이 당하기만 해야 하는 처지였지요.

하지만 지금은 아닙니다.

오늘 당신은 그것이 실제로 완전히 그리고 영원히 끝났다는 것을 알고 있습니다.

이제 당신은 당신이 지금 눈앞에서 보고 있는 그 어린 소녀에게 그 악몽이 완전히 끝났다는 사실을 말해 주십시오.

'다 지나간 일이다. 완전히 그리고 영원히 그런 일은 다시는 일어나지 않는다.'

이런 확신이 작용하기 시작하면, 당신의 팔이 천천히 올라가기 시작할 것입니다."

③ 혼합된 것을 풀어내기

정상적이거나 별로 부담이 되지 않는 상황에 해소되지 못한 다른 사연이 투명한 필름처럼 겹쳐져서 혼합되면, 심한 부담으로 진전되어 공포반응을 나타내는 경우가 있다.

사례 2

여성 내담자가 그녀의 아들이 2살이 되던 해에 심한 공포증상을 나타낸 경우이다. 그녀가 치료를 받으러 왔을 때에는 벌써 몇 년 동안 공포증상이 경감되지 않은 채 계속되고 있었다. 문제를 탐색한 결과, 그녀는 자신의 어린 시절과(그녀는 2살 때에 부모 곁을 떠나서 조부모와 함께 살아야 했었다.) 자기 아들에

대한 근심을 혼합하고 있었다. 그녀에게 자신의 사연을 자기만의 일로 확인하게 하였더니, 그녀의 공포증상이 빠르게 극복되었다.

"당신이 어린 시절에 겪었던 모든 나쁜 감정과 기억들을 액자에 넣어서 한쪽 편에 세워 두십시오. 되었습니까?

그러면 이제 다른 쪽 편에 서 있는 당신의 아들을 보십시오. 되었습니까?

이제 당신은 둘 사이에 아무런 연관성이 없다는 것을 알고 완전히 따로 떼어 놓을 수 있을 것입니다. 그렇지 않습니까?

물론 어린아이에게 어떤 일이 생길지는 아무도 모르는 일이므로, 당신이 당신의 아들에 대해서 걱정을 하는 것은 자연스러운 일입니다.

하지만 그것 때문에 당신이 두려움을 느낄 필요는 없습니다.

다음에 이런 두려운 마음이 생기면, 오늘 있었던 일을 기억하시고 둘 사이를 완전히 떼어놓으십시오."

6) 6단계 : 후최면 암시와 후최면 망각

후최면 암시는 물론 치료의 전 과정에 걸쳐서 작용하고 있다. 여기서 말하고자 하는 것은, 상담시간이 끝날 무렵에 후최면 암시를 통하여 이미 시작한 치료 프로세스가 여러 면으로 전파되도록 하는 것이다.

"당신의 무의식(양심)이 이제 수용자세를 보여주었다고 하더라도, 아직까지는 모든 세부사항이나 지엽적인 사항까지 통찰하고 검토할 수 없다는 것은 명백한 사실입니다.

당신은 무의식이 계속해서 이 과제를 수행하게 할 수 있습니다.

어쩌면 밤에 당신이 꿈을 꾸고 있을 때, 그리고 낮에 당신이 생각에서 벗어나서 방금 무슨 생각을 했었는지 잘 모르지만 무언가 움직이고 있다는 느낌을 받았을 때에도."

이런 표현에는 벌써 암시적인 망각유도가 포함되어 있다. 시간적으로 너무 빠르거나 또는 너무 심한 의식작용이 문제의 해결에 방해가 되는 경우에는 이런 망각유도가 도움이 된다. 이 밖에도 상담시간의 끝 무렵에 어려운 자료가 탐색되었으나, 상담을 끝내야 하는 경우에도 망각유도가 필요하다. 망각유도는 직접암시와 간접암시를 섞어서 할 수 있다.

"당신이 되돌아보며 정리하기 시작한다면, 아직 해소되지 않은 모든 일들을 잘 싸서 바로 여기 이 장소에 내려놓을 수 있습니다.

당신은 안심하고 다음에도 이 장소에서 다시 그것들을 찾아서 작업을 계속할 수 있습니다.

당신이 지금 그것들을 머리에 떠올리면 떠올릴수록 더욱더 밑으로 가라앉을 것입니다.

희미하게 하십시오.

마치 꿈에서 깨어났을 때처럼 아주 자연스럽게 희미하게 하십시오.

그리고 잊어버리십시오.

우리 모두가 어떻게 해야 잊어버리는지 잘 모르고 있긴 하지만, 사실 우리는 계속해서 잊어버리고 있지요.

당신에게 아주 중요한 일들은 사실 잊히지 않는다는 것을 믿고 안심해도 좋습니다. 그래서 나는 당신이 다음에 어떤 것을 기억해 내실지 궁금해지는군요.

지금까지 당신을 잘 보호해 주고 있는 당신의 무의식에게 당신이 이번 과제
도 맡기는 것이 옳다고 생각합니다.
편안한 마음으로 당신의 무의식이 당신을 위해서 계속 일하게 하십시오."

7) 7단계 : 생태학적인 확인

구체적인 해결방법을 찾아내었다면 이 단계로 넘어간다. 이 단계는 '미
래적응'의 한 변화된 형태이다.

"이제 당신이 당신의 어려움을 극복할 수 있는 좋은 해결방법을 찾아내었으
니, 그 해결방법이 이제는 어떻게 당신의 신체에 작용하는지 뚜렷하게 느낄
수 있을 것입니다. 그렇지 않습니까?
(변화된 것을 말하게 한다.)

당신이 지금 느끼고 있는 것과 같이 느끼면서 상상 속의 X-상황으로 들어가
서 조심스레 주의를 기울여 보십시오.
무엇을 지각하는지, 무엇을 보는지(주변상황, 사람 등), 무엇을 듣는지(내면적인
혼잣말과 생각까지도 포함해서) 그리고 무슨 감정이 생기고 어떤 느낌을 받는지
등."

내담자에게는 있을 수 있는 긴장과 불화에 대해 계속해서 유념하고 있
으라고 말한다. 심리적인 반응과 행동적인 반응 및 감정적인 반응이 긍정
적으로 유지되고 있다면, 공포장애를 극복하였을 가능성이 아주 높다.

여성 내담자가 '두려움과 우울증의 장애가 혼합되어 있다.'는 진단과 함께 심리치료를 받도록 위탁되었다. 치료를 시작할 당시에 그녀는 29세로 정신 병동의 야간근무 간호사로 일하고 있었다. 그녀의 말에 의하면 약 2~3년 전부터 좁은 공간(승강기, 자동차, 지하주차장, 좁은 계단실 등)에 들어가면 공포증상이 생긴다고 하였다. 그래서 그동안에 승강기 타는 것을 피해왔고, 비행기도 아예 타지 않았다고 하였다. 공포증상의 배경에 대해 물었을 때, 그녀는 전혀 아무것도 떠오르지 않는다고 하였다. 그녀는 왜 그런 증상이 생기는지 전혀 이해할 수 없었고, 이런 불합리한 행동이 부끄러워서 다른 사람들 앞에서는 감추려고 노력하고 있었다.

첫 번째 상담시간에 병 이력의 조사와 함께 최면기법의 적용에 대해서 의논하였다. 내담자는 최면기법의 사용을 적극적으로 원하였으나, 자기가 잘 해낼 수 있을지 걱정하고 있었다.

두 번째 상담시간에 최면유도를 하였는데 내담자는 별 어려움이 없이 중간 정도의 트랜스 깊이에 도달하였으며, 팔이 올라가는 현상으로 '무의식'과의 의사소통이 가능하였다.

세 번째와 네 번째 상담시간에는 내담자가 기억하고 있는 최초의 공포증상에 대해 탐색하였다. 내담자는 공포증상이 직장근무와 연관이 있을 것이라고 말하였는데, 내담자의 첫 번째 심한 공포증상이 야간근무 도중에 있었고, 그 때문에 내담자가 혼자서 집으로 갈 수가 없어서 동료들이 집으로 바래주었다고 말하였다. 이때의 상황을 자세하게 탐색하였으나, 특별한 상관관계를 찾아낼 수가 없었다. 그래서 다음번 상담시간에 탐색 범위를 더욱 확장하였다. 내담자에게 과거에 두려움과 관련된 모든 기억을 되살려내라고 하였다. 내담자는 갑자기 격렬한 감정과 함께 강한 심리적인 반응을 보였다. 내담자는 10년 전에 '일생의 연인'과 헤어졌는데 그것은 아주 큰 실수였으며, 벌써 몇 년째 다른 남자와 사귀고 있는데도 그 사람을 잊지 못한다고 말하였다. 상담 도중에 이런 배경과 공포증상 사이의 관계가 뚜렷해졌다. 공포증상이 상징적으로 내담자의 절망감을 나타내고 있었지만 내담자는 이것을 의식할 수 없었거나 의식하려고 하지 않았던 것이다. 아주 명백한 관계를 알아채지 못하는 현상은 흔히 공포증상에서 많이 관찰할 수 있는데, 감정적인 부담이 심하고 일시적으로 매우 고통스럽기 때문이다.

문제의 해결에는 두 가지 측면이 커다란 역할을 하고 있었는데,
a) 과거의 일을 청산하는 것과(과거청산)
b) 예전에 잘못 판단한 자기 자신을 용서하는 것이었다(죄책감 문제).
트랜스 상태에서 두 가지 측면을 모두 제시하였다.

b)의 측면은 비교적 쉽게 내담자가 극복할 수 있었다. a)의 측면은 두 단계가 필요하였다. 첫 번째 단계에서는 내담자에게 증상과 관련된 측면을 돌이켜 보고 해소하지 못한 부분을 어떻게 극복할 것인지를 재검토해 보라고 하였다. 특히 옛날의 연인관계를 다시 되살려낼 수 있는 현실적인 가능성이 있는지 검토해 보라고 하였다. 트랜스에서 깨어난 후에 내담자는 옛날 애인과 한 번 만나서 이야기해 봐야겠다고 하였다.
두 번째 단계는 최면자가 적극적으로 지원해 주는 단계인데도 내담자는 아주 힘들어 하였다. 그녀는 여러 번 방황한 후에 그녀의 의도를 실현하기까지 몇 주일을 소비하였다. 내담자가 옛날 애인과 만나서 이야기를 나눈 후에 그녀는 매우 실망하고 있었다. 옛날 애인은 다른 여자와 새로운 관계를 맺고

결혼식 준비를 하고 있었다. 하지만 내담자는 마침내 헛된 꿈과 환상에서 벗어나서 가벼운 마음으로 해방될 수 있었다. 한 2주 후에 내담자는 현저한 증상의 경감을 보였다. 반년 후에 있었던 면담에서는 공포증상이 완전히 없어졌다. 치료기간은 5개월이었으며 13번 상담을 하였다.

여기에 소개한 방법으로 대부분의 공포증상을 비교적 빠른 시일 내에 효과적으로 치료할 수 있다. 하지만 오해가 생기지 않도록 말해 두는데, 비교적 적은 상담횟수 내에 치료효과가 나타나는 내담자들도 지속적인 변화에 도달하기까지는 많은 시간이 필요하다. 대부분의 경우에 뚜렷한 개선효과가 나타나기까지 4~6개월이 소요되며, 상담 횟수는 변화가 많아서 7번에서 15번까지 아주 다양하다.

해결단계에 도달하면 상담 후에 다음번 상담까지의 기간을 길게 잡는 것이 좋은데, 이렇게 함으로써 해결방법을 시험해 보거나 새로운 해결 가능성을 모색할 수 있는 충분한 시간을 가질 수 있기 때문이다(필요에 따라서 2-4주). 현저한 효과가 나타나면 상담 간격을 한 번 더 연장할 수 있는데, 상담시간에는 지금까지 얻은 효과를 점검하는 일이 대부분을 차지하게 된다.

상담 초기에는 가끔 '퇴행현상'이 나타나지만, 시술하고 있던 치료방법을 다시 적용하면 비교적 쉽고 빠르게 극복할 수 있다. 치료효과가 안정적인 상태에 도달한 후에도 점검을 하기 위해서 또는 내담자 자신이 안전하다고 느낄 때까지(필요에 따라서) 몇 회기의 상담시간이 더 요구된다.

사례에
적용하기

1) 광장공포증과 사회공포증에 대한 최면기법

사례 1 : 광장공포증

병력 : 지중해 연안 출신의 외국인 P부인. 가정의의 권고에 따라 연락이 왔다. 그녀는 일은 할 수 있지만 가족이 동행하지 않으면 집 밖으로 나오는 것을 두려워하였다. 그녀와 그녀의 남편과 함께 상담한 내용은 다음과 같다.

14년 전, 딸이 태어난 다음날 그녀는 병원 화장실에서 잠시 혼절하였다. 그녀는 비상벨을 울리지 않고 스스로 일어났는데, 의사와 간호사는 그녀를 심하게 나무랐다. 그녀가 자기 딸을 둔 채 사망할 수도 있었기 때문이다. 그녀에게 침대에서 안정을 취하라는 처방과 함께 절대로 혼자서 일어나서는 안 된다는 지시가 주어졌다. 이날 이후로 그녀는 혼자 있을 때에는 자기 딸을 품에 안을 수가 없었다. 그녀는 자기가 쓰러지면서 딸을 다치게 하지나 않을까 겁내고 있었다. 그녀는 혼자서는 딸과 함께 산책을 나가지도 못했다. 그녀는 욕실에 들어가면 두려운 마음이 생겼다. 그 전까지 그녀는 딸보다 5살 많은 아들을 잘 키우고 있었다.

그녀의 딸이 6살이 되어 학교에 다니기 시작하자 그녀의 공포증상은 조금 나아졌다. 2년 전에 그녀는 딸과 시내에서 만나기로 하였는데, 딸이 늦게 와서 만나지 못하였다. P부인은 내버려진 느낌을 받았고, 그때부터 공포증상이 악화되기 시작하였다. 약물투여방법은 아무런 효과가 없었다. 그녀는 7년 전부터 공무원으로 근무하고 있는데, 가끔 버스를 타고 출근하기도 한다. 남편과 함께 영화관에 가기도 하지만, 출입구 근처 자리에 앉아야만 한다. 동행자와 함께 식당에 가서 갑자기 공포를 느끼는 일도 있다. 하지만 집안에서는 아무런 문제가 없었다. 그녀는 전적으로 가족에게 의존해야만 한다. 남편이나 아이들, 특히 딸이 없으면 그녀는 아무 일도 하지 못한다. 그녀는 자립하고 싶어 한다.

사례의 P부인의 경우 부부관계는 안정되어 있다. 공포증상의 근원이 되는 숨겨진 갈등에 대한 착안점은 아직 없다. 정신외상에 의한 스트레스 증상인 반복되는 꿈이나, 과거환상재현flash-back 또는 무의미한 감정 등이 없다. 옛날의 심리적인 장애가 없기 때문에 독립적인 공포증세로 볼 수 있다.

치료계획을 세우기 위해 공포증상을 네 가지 면으로 정리한다.

a. **상호작용적인 면** : 공포가 사회적인 접촉에 어떻게 작용하는가?(가족, 친구, 직장)

b. **행동태도적인 면** : 공포가 일상생활의 행동태도에 어떻게 작용하는가?(회피하는 행동, 상황에서 도망가려는 행동)

c. **심리적인 면** : 공포를 육체적으로 어떻게 체험하는가?

d. 주관적이고 인지적인 면 : 공포가 생각과 의견, 자기 판단과 감정에 어떻게 작용하는가? 인생의 의미부여가 어떻게 달라졌나?

치료계획에 4면이 모두 포함되도록 한다. 일차적인 목표는 상호작용적인 면과 행동태도적인 면 및 심리적인 면에서 다른 가능성으로 확장하는 것이다. 주관적인 면에서는 인생의 의미에 대한 질문을 피할 수 없다. '하필이면 왜 나에게 이런 일이 생겼나?' '이렇게 사는 것이 무슨 의미가 있나?' 이런 면은 감정이입과 인간적인 면에서 접근할 수밖에 없다. 이런 일은 치료기법과는 별로 상관이 없다. 최면은 행동태도적인 면과 심리적인 면 및 주관적이고 인지적인 면에 활용할 수 있다.

(1) 상호작용적인 면의 치료 작업

상호작용적인 면에서는 반려자가 옆에 있으면 변화를 가져오는 성공확률이 높다. 두 사람(부부)에게 다음 상담시간까지 3주 동안 공포증상을 자세하게 관찰하여 적어 오라고 말하였다. 언제 증상이 생겼는지, 얼마나 오랜 동안 지속 되었는지, 서로 말하지 말고 각자 적어오라고 하였다. 여기에 추가해서 다음과 같은 질문을 하였다.

"오늘 밤에 요정이 당신을 공포증상에서 해방시킨다고 가상해 봅시다. 그리고 화성인이 당신을 몇 년 전부터 관찰하고 있어서 당신에 대해서 잘 알고 있다고 가상해 봅시다. 하지만 화성인은 요정을 모릅니다. 화성인은 당신이 어떻게 느끼고 있는지도 알지 못하고 단지 당신을 관찰하기만 하는데, 이제 당신의 공포증상이 없어진 것을 어떻게 알 수가 있을까요? P.부인, 당신의 행동태도 중에서 어떤 부분이 변화할까요? 다른 가족들이나 직장동료들은 어떻게 알까요? 다음 시간까지 화성인이 관찰하게 될 열 가지 당신의 행동태도 변화를 적어 오십시오."

다음 상담시간에 부부는 숙제 일람표를 적어 왔다. 그동안 남편은 부인에게서 아무런 공포증상도 관찰하지 못하였다. P.부인도 아무런 문제가 없었고 어려움을 피해갈 수 있었다. 하지만 그녀는 더 이상 피해가려고 하지 않았는데, 피한다는 것이 그녀를 속박하고 그녀에게 자유스럽지 못한 느낌을 주었기 때문이다. 우리는 공포증상이 가져오는 사회생활의 변화에 대해서 이야기 하였다.

우리는 공포증상에 이름을 지어 주기로 하였다(증상을 외부화하는 의미에서). P.부인은 익명성이라고 하였다. 그녀는 공포장애가 생길 때에 버림받은 것 같고, 아무도 자기를 알아주지 않는다는 느낌을 받았다. 남편은 장애물이라고 하였다. 전 가족이 이 장애물과 씨름을 해야 한다고 하였다. 앞으로는 P.부인 혼자서 치료받으러 오도록 합의하였다. 그 외에도 P.부인은 혼자서 시장에 가고 미장원에 가기로 동의하였다. 치료의 목표를 확실하게 말해 주었는데, 무엇이 이런 '익명성'이나 '장애물'을 강화하거나 약화하는지를 알아내고 그것을 활용하는 것이었다.

(2) 치료 실무작업 : 정면대결과 최면을 통한 행동태도적인 면의 변화

P.부인에게 다음 상담시간까지 혼자서 미장원과 병원과 시장에 각각 한 번씩 가라는 숙제가 주어졌다. 그때마다 그녀에게 언제, 무엇을 하였는지 기록하고, 다음의 세 가지 면에서 관찰하라고 하였다.

① **운동적인 면** : 그녀가 육체적으로 무엇을 느꼈는지

② **시각적(청각적)인 면** : 내면에서 무엇을 보고 어떤 그림이(또는 소리가) 나타났는지

③ **인지적인 면** : 무엇을 생각하고 무슨 말을(짧은 문장) 했는지

이런 과제의 목적은 정보수집이다. 다음 상담시간부터는 그녀가 적어온 것을 읽으면서 상담을 시작한다. 이런 지시를 하는 본래의 치료적인 목표는, 내담자가 공포증상을 관찰하게 하려는 것이다. 관찰자로서 느끼는 감정은 아주 다르기 때문이다. 사람은 어떤 일을 관찰하면서 동시에 그 일에 몰입하지는 않는다.

다음 시간에 3단계로 나누어 최면 트랜스를 유도하였다.

* 1단계 - 일반적인 신체이완의 학습 : 신체로 느낄 수 있는 이완은 집에서 자기최면으로 학습할 수 있다. 처음 유도하는 부분은 아주 구조적으로 구성되어 있다. 예를 들면 다음과 같이 트랜스를 유도할 수 있다.

"이 의자에 편안한 자세로 앉으십시오.

그리고 당신이 앉은 자세가 편안한지 확인해 보십시오.

건너편 벽에서 당신의 눈높이에 한 점을 정하고 그 점에 당신의 주의를 집중하십시오.

그리고 당신의 모든 주의가 어떻게 이 한 점에 모여 있는지를 관찰해 보십시오.

시간이 지나가면서 당신은 이 점이 변하기 시작하는 것을 알게 될 것입니다.

이 점이 더욱 뚜렷해지거나 희미해지거나, 아니면 점 주위가 번져서 경계선이

흐릿해지거나 그 밖에 무슨 일이 생길 수도 있습니다.

무슨 일이 생겨도 상관없습니다.

중요한 것은 당신이 이 점에 당신의 주의를 집중하고 있는 것입니다.

그러면서 아마도 당신은 머릿속에서 생각을 하고 있겠지요.

어쩌면 이렇게 앉아있는 것이 어색하기도 하고 우습기도 하겠지요.

이런 모든 것을 느껴보십시오.

일어나고 있는 일을 모두 다 관찰하십시오.

그것이 중요합니다.

이 모든 일이 당신을 위해서 일어나고 있고, 당신에게 좋은 일이라는 것을 당신이 알고 있다고 나는 확신합니다.

당신이 그 점에 시선을 고정시키고 뚫어지게 바라보고 있는 동안에 당신의 눈시울이 점점 뜨거워지는 것을 느낄 것입니다.

이것은 아주 자연스러운 현상으로 당신의 눈망울이 건조해지기 때문입니다.

그래서 당신은 자주 눈을 깜박거려야 할 것입니다.

모든 일이 스스로 일어나며 당신을 편안하게 해 줍니다.

당신은 아무 일이나 아무런 노력도 하지 않아도 되고, 그저 조용히 앉아서 무슨 일이 일어나는지 보고만 있으면 됩니다.

시간이 지나면서 당신은 눈을 뜨고 있기가 힘들어지는 것을 느끼게 될 것입니다.

눈은 점점 피곤해지고 눈꺼풀이 아래로 내려옵니다.

하지만 아직은 눈을 뜨고 있으십시오.

당신이 눈을 감았으면 좋겠다는 마음과 느낌이 강하게 생길 때에 눈을 감으십시오.

이런 느낌이 점점 더 강해지면 그것을 받아들이세요.

어느 순간에 이런 느낌이 아주 강해져서 눈꺼풀이 저절로 감기게 됩니다.

하지만 일부러 감으려고 하지는 마십시오.

눈을 뜨고 있으면서 트랜스 상태로 들어가는 사람도 있고, 눈을 감고 트랜스 상태로 들어가는 사람도 있습니다.

어느 편이든 아무런 상관이 없습니다.

무의식의 작용만이 중요합니다.

좋습니다.

이제 당신의 주의를 당신의 호흡에 두십시오.

좋습니다.

그렇게 있는 그대로 두십시오.

당신은 당신의 호흡 리듬에 당신을 맞출 수가 있을 것입니다.

숨을 내쉴 때마다 차츰 리듬을 따라가십시오.

당신이 앉아 있는 의자가 당신을 받쳐 줄 것입니다.

당신이 이렇게 하고 있는 동안에도 당신은 의식적인 생각을 하고 있을 것입니다.

하지만 당신의 무의식도 당신의 혈압과 호흡을 조절하면서 당신이 점점 더 이완하도록 당신을 도와주고 있습니다.

어쩌면 그 반대인지도 모릅니다.

당신의 무의식이 다른 일들 때문에 바쁘게 일하는 사이에, 당신은 당신의 호흡을 지각하면서 의식적으로 이완하고 있을지도 모릅니다.

아주 좋습니다.

이제 신체 각 부분으로 여행을 떠나봅시다.

당신의 주의를 신체에 집중하십시오.

먼저 발에 집중하십시오.

바닥과 접촉하고 있는 발바닥의 느낌을 느껴 보십시오.

발 앞부분과 뒤꿈치 사이에 옴폭 들어간 곳을 느낄 수 있을 것입니다.

왼발과 오른발 사이에 어떤 차이가 있습니까?

좋습니다.

발에서부터 차츰 종아리와 무릎으로 올라갑니다.

다리와 허벅지의 체온을 느껴보십시오.

허벅지가 의자에 닿은 감촉을 느낄 수 있습니까?

허벅지의 어느 부분에 체중이 가장 많이 실려 있습니까?

왼쪽 허벅지와 오른쪽 허벅지에 차이가 있습니까?

당신이 지금 지각하고 있는 모든 신체 부분을 당신의 무의식이 당신이 필요한 만큼 많이 또는 적게 이완시키고 있습니다.

지금 일어나고 있는 모든 일이 당신 자신과 당신의 무의식으로부터 생긴다는 것을 당신이 느끼고 있음을 나는 확신합니다.

계속해서 위로 올라갑시다.

아랫배와 배, 그리고 등, 엉덩이에서 어깨뼈까지 어느 부분이 의자 등받이에 닿아 있습니까?

목 뒷덜미를 지나서 뒷머리로 다시 이마로, 당신의 얼굴 피부가 아주 부드럽고 당신의 턱이 약간 아래로 처지는 것을 상상해 볼 수 있겠습니까?

계속해서 팔 윗부분으로, 팔꿈치는 의자 팔걸이에 닿아 있고, 팔 아랫부분은 팔걸이 위에 편안하게 놓여있고, 손이 허벅지 위에 놓여있는 것을 느끼실 수 있습니까?

아주 좋습니다.

그렇게 있으면 됩니다.

아무것도 하지 마시고 바라보고만 있으세요."

* 2단계 – 안전한 장소의 탐색 : 내담자는 어린 시절의 한 장면을 찾아내었다. 그것은 그녀가 둥근 식탁에 오빠와 함께 앉아있는 장면이었다.

* 3단계 – 정면대결 연습 : 내담자가 걸어 다니는 길을 눈으로 보듯이 떠올릴 수 있도록 도와주었다. 두려운 감정이 심해지면 분리체험을 강화하였다. 이 부분의 치료목적은, 우선 부드러운 가상의 대결을 해서 실제상황을 보다 쉽게 극복하게 하려는 것이다. 연습이 끝나면 내담자를 안전한 장소로 인도하고, 현재의 시간과 장소를 확인시킨 후에 트랜스에서 깨어나게 하였다.

"스크린에 영상이 비쳐지고 있다고 생각해 보십시오.

당신이 집을 나와서 물건을 사러 가고 있는 것을 보고 있습니다.

당신이 두려운 마음을 약간만 가지시기를 바랍니다.

그저 느낄 수 있을 만큼만, 그리고 견딜 수 있을 만큼만.

당신은 화면에서 더 떨어져 있을 수도 있고, 화상을 흑백으로 바꿀 수도 있고, 소리가 나지 않게 할 수도 있습니다.

당신이 무엇을 보고 있는지 나에게 말해 주십시오."

(3) 심리적인 치료작업

신체적인 지각의 확인과 변화 : 다음 상담시간에 최면을 시술하여 내담자가 더 어려운 상황에서 정면대결을 하게 하였다. 치료목표는 신체 증상을 찾아내어서 변화시키는 것이었다. 이 부분은 다음에 '사회공포증'의 사례에서 자세하게 서술하겠다.

* 주관적, 인지적인 면의 치료작업 : 정동가교와 퇴행

이 기법에 대해서 세 가지 일반적인 사항을 언급하고자 한다. 내담자들은 말을 하지 않지만 다음의 세 가지 기대를 가지고 치료자를 찾아온다.

- 내담자들은 다른 사람과의 의사소통을 개선하거나 변화하고자 한다(관계적인 면).
- 내담자들은 무의미하고, 비합리적이고 미친 짓을 이해해주고 인정해주기를 바란다(비합리적인 면).
- 내담자들은 자신을 이해하고 싶어 한다. 다시 말하면, 내담자들은 원인을 알고 싶어 한다(합리적인 면).

심리상담자나 심리치료자는 이런 세 가지 면을 모두 융합할 수 있는 전문적인 능력을 가지고 있는 사람이다. 여기에 기본이 되는 사고방식은 체계적이고 상호작용하는 조정시스템으로 정립되어 있다. 내담자가 원인을 알고자 하는 요구를 무시할 수는 없지만, 문제는 원인을 병리 중심으로 규명하지 않고 문제해결 중심으로 규명해야 한다는 것이다. 이런 점에서 퇴행과 후최면 암시를 의미의 변화에만 활용하고, 카타르시스 치료에는 활용하지 않는 Fourie(1995)를 따르고 있다.

(4) 정동가교

상담시간이 시작되면 내담자가 그동안 무엇을 관찰하였고 어떤 대응을

하였는지 잠깐 동안 이야기하였다. 그녀는 "나는 두려움이 앞섰지만 그것을 해냈어요. 내가 생각해도 자랑스러워요."라고 말하였다. 이런 표현은 근본적인 의미변화가 일어나고 있다는 의미이다. 이제는 공포증상이 더 이상 수치스러운 일이 아니고, 극복하면 자랑스러울 수도 있는 대상이 되었다. 자신이 적은 노트를 읽고 있는 동안에 그녀는 (자기가 집을 나서려고 하면) 공포가 자신에게 매우 심각한 일이 되어 있는 것을 깨닫게 되었다. 무엇이 그녀가 집을 나서는 것을 그렇게 고통스럽게 하는지, 트랜스 상태에서 알아보기로 그녀와 합의하였다.

공포가 처음 생긴 자초지종을 찾아내서 그 특별한 상황에서 공포가 어떤 의미를 가지고 있었는지 찾아내려고 하였다. 이런 최초의 공포는 그 후에 생기는 이해되지 않는 무의미한 공포와는 구별해야 한다. 이 연습은 공포증상에 대한 고정관념을 확정 지을 수 있는 위험이 있다. 예상하고 있던 것을 사실로서 찾아내게 되어 상황이 더욱 절망적으로 되는 것이다.

트랜스를 유도한 후에 내담자에게 외출하기 전에 느끼는 두려운 상태로 들어갈 수 있느냐고 말하였다. 그리고는 과거로 여행하라고 하였다. 그녀에게 반년 전, 일 년 전에 있었던 일을 떠올리라고 하였다. 그녀는 눈물을 흘리면서 눈을 뜨고 말하기 시작하였다. "일 년 전에 아버지가 돌아가셨어요." 그리고 그녀는 미국에 살고 있는 가족에 대한 죄책감을 말하기 시작하였다. 그녀가 17세가 되던 해에 한국으로 오면서 그녀는 부모를 버렸다는 죄책감을 가지게 되었던 것이다. 아버지가 돌아가시자 이런 죄책감은 더욱 강해졌다. 그녀는 한국에 살고 있는 남편과 아이들이 전부라고 생각하면서도 부모를 생각하면 나 혼자뿐이라는 심한 외로움을 느꼈다. 하지만 그녀는 아이들에 대한 죄책감 때문에 미국으로 돌아갈 수가 없었다. 이 정동가교가 부모와의 결속감과 유기감에 대해 상담하고 치료할 수 있는 가능성을 열어 주었다. 다음 상담시간에는 그녀가 살아온 일생과 관련하여 보호감정과 소외감정에 대해서 이야기하였다(의미부여). 보호감정을 앵커링하고 공포증상의 발생상황으로 연령퇴행 하였다.

(5) 연령퇴행

공포증상은 딸이 태어나면서 생겼다. 연령퇴행으로 그 시점의 상황을 다시 체험하게 했다. 최면 전에 연령퇴행의 시작 시점과 종료 시점을 미리 정해 두었다. 내담자는 시작 시점을 그녀가 쓰러지던 날 아침으로 선택하였는데, 침대에 누워있는 그녀에게 간호사가 "당신이 딸을 고아로 만들 뻔 했어요."라고 말하면서 딸을 안겨주었다. 종결 시점은 그녀가 유아 보호실에서 딸을 열심히 돌보고 있는 장면이었다. 트랜스 상태에서 모든 상황을 체험하게 하였다. 그다음 그녀에게 무엇이 달라졌으면 좋겠느냐고 물었다. 한참 후에 내담자는 간호사가 딸을 안겨 주면서 그런 말을 하지 않았으면 좋았을 것이라고 말하였다. 트랜스 상태에서 새로운(내담자가 원하는) 모든 상황을 체험하게 하였다. 그 다음 다시 고쳐야 할 것이 없느냐고 물었다. 고쳐야 할 것이 없으면, 이 최종상황을 몇 번 반복해서 체험하게 한다. 끝으로 다음과 같은 암시를 하였다.

"당신은 당신의 딸을 보고 가까이 하면서 마치 당신이 당신의 어머니 가까이에서 느꼈던 것과 같은 감정을 느낄 수 있습니다. 그러면서 어머니가 당신에게 주신 것에 대해서 감사하다는 생각이 들게 됩니다."

마지막에 내담자는 울기 시작하였다. 내담자는 치료 도중에 자주 울었다. 그녀가 묻기를 "왜 나는 치료 도중에 자주 울게 됩니까? 밖에서는 전혀 울지 않거든요." 그래서 "연약하다고 느끼는 사람은 자기 스스로 바위같이 굳세어야 한다고 생각합니다."라고 대답하였다. 이 말이 내담자에게 깊은 인상을 주었다. 그녀는 치료실에서만 약점을 마음 놓고 내보일 수 있었다는 것을 스스로 확인하였다.

10개월 동안 16회의 상담을 한 후에 P.부인은 혼자서 모임에 나갈 수가 있었고, 그 가족들도 처음으로 외할머니 집이 아닌 다른 곳으로 휴가여행을 다녀올 수 있었다. 자기이완훈련도 P.부인에게 큰 도움이 되었다. 하지만 아직도 혼자서 집을 떠나 일을 처리하는 것을 약간 힘들어 했다. 그런데도 두려움이 뚜렷하게 경감되어 그녀는 치료를 중단하겠다고 하였다.

사례 2 : 사회공포증

병력 : 2살 된 딸의 아버지이자 30세인 이지훈씨가 주치의의 권유로 심리치료를 받으러 왔다. 내담자는 10년 된 신경쇠약 증상을 불안완화제anxiolytika와 알코올로 다스려 왔다. 지훈씨는 밖에서 자기가 관찰되는 것을 참을 수가 없었다. 그는 열등감이 생기고 부끄러워하였다. 일 년 전에는 우울증 때문에 입원을 하였는데, 그때부터 일을 할 수 없었다. 여러 번 치료프로그램에도 참가하고 정신건강의학병원에 입원도 하였으나, 도움이 되지 않았다.

첫 번째 상담시간에 그의 부인이 같이 왔다. 두 사람은 그가 말짱한 정신으로 집에 있든지 아니면 일하러 나가서 술에 취하든지 둘 중에 하나를 선택해야 한다고 말하였다. 지훈씨의 부인은 자기가 남편 때문에 일 년 전부터 집에 갇혀 살고 있다고 느끼고 있었다. 남편이 집에 있는 동안에 그녀는 일하러 가지만, 직장에서도 다른 사람과 접촉하는 일은 거의 없었다.

부인의 적극적인 도움이 없이는 아무런 치료 효과도 기대할 수 없었다. 두 번째 상담시간에는 이 점을 강조하는 데에 중점을 두었다. 그녀는 남편이 집에 있는 것이 그리 나쁜 일은 아니라고 말하였다. 집에 있기만 하면 치료할 필요가 없기 때문이다. 그가 "나는 사람들을 만나고 싶지만 너무 신경이 쓰인다."라고 말하는 대신에 "나는 두렵기는 하지만, 사람들을 만나고 싶다."라고 말한다면 내가 도와줄 수 있다고 하였다.

장애증상의 주된 요소는 사회적인 상황에서 생기는 두려움과 불안이다. 앞에서 서술한 사례 1의 여성 내담자와는 달리, 이 내담자는 자기 자신에 대한 두려움(죽는다거나 불행해진다는)은 없다. 다만 내담자는 누가 자기를 관찰한다는 것을 참을 수 없고, 열등감이 생기며 부끄러워하는 것이다. 이 점이 광장공포증과 사회공포증을 구별하는 전형적인 판단기준이 된다. 내담자와 내담자의 부인은 개방적이었고, 정신자원도 있었다. 내담자가 아직 미성년이었을 때에 내담자의 아버지가 돌아가시고 내담자는 의붓아버지와 사귀는 데에 어려움을 겪었다는 사실이 가능한 원인으로 보였다. 지훈씨는 '순수한' 사회공포장애를 가지고 있었다. 이번 사례에서는 내담자가 자기의 과거사에 큰 의미를 두고 있었기 때문에 이것이 치료에도 상당한 영향을 미치게 되었다.

① **치료계획** : 먼저 내담자의 치료하고자 하는 동기를 강화하여, 공포와의 정면대결을 보다 쉽게 하려고 하였다. 그 다음, 위에 있던 치료계획에서 서술한 4개 항목을 고려하였는데, 먼저 행동태도 면과 심리적인

면부터 시작하였다. 상호작용 면은 내담자의 상태가 어느 정도 호전된 후에 부부 공동상담의 주제로 하였다. 주관적-인지적인 면은 치료의 전 과정에 걸쳐 고려하였다. 흔히 있는 일이지만 이번 치료계획도 나중에 되돌아보니 처음의 계획이 변경된 부분이 많이 있었다.

② **치료실무작업** : 치료는 복합적이었다. 앞에서 서술한 치료기법들을 모두 적용하였지만, 여기에서는 무엇보다도 심리적인 면의 치료에 대해서 서술하겠다.

트랜스 상태에서 내담자에게 공포증상이 생기는 상황으로 유도한 다음, 신체적인 지각을 확인하게 하고 변화시키도록 하였다.

최면자 : 지금 어떤 느낌이 드십니까?

내담자 : 나쁜 느낌입니다.

최면자 : 신체의 어느 부분에 그런 느낌이 듭니까?

내담자 : 잘 모르겠습니다. 뱃속인지….

최면자 : 어떻게 느껴집니까?

내담자 : 압박감이 느껴집니다.

최면자 : 압박감이 얼마나 강합니까? 어떻게 생겼습니까?

내담자 : 둥근 모양입니다.

최면자 : 물건이라면 어떤 물건이지요?

내담자 : 곡식자루 같아요. 아니 곡식자루 두 개가 뱃속 양쪽에 달려 있어요.

최면자 : 자루가 움직입니까?

내담자 : 아니요. 하지만 공기가 꽉 차 있어서 단단해요.

최면자 : 좋습니다. 또 무엇을 느끼십니까?

내담자 : 얼굴에 이상한 느낌이 듭니다.

최면자 : 어디지요?

내담자 : 얼굴 옆 부분 뺨에요. 마치 내 뺨이 부풀어 오른 것 같아서 다른 사람이 보면 부끄러워요.

최면자 : 따뜻합니까, 아니면 차갑습니까?

내담자 : 따뜻한 편입니다.

최면자 : 좋습니다. 또 무엇이 있나요?

내담자 : 가슴에 무엇이 느껴집니다.

최면자 : 어떤 모양이지요?

내담자 : 길쭉한 파이프 같이 생겼습니다.

최면자 : 무슨 재료로 만들어진 파이프지요? 금속입니까? 나무 또는 고무입니까?

내담자 : 단단한 재료입니다. 플라스틱 같은. 이제 느낄 수 있군요. 뱃속의 자루에서 나온 압박감이 파이프로 이어져서 입과 뺨까지 연결되어 있어요.

최면자 : 좋습니다. 자루에서 파이프를 통해 뺨까지 올라온 압박감을 느껴보도록 하십시오. 뺨의 압박감을 약하게 할 수 있는 어떤 가능성이 있습니까?

내담자 : 나는 잘 모르겠습니다.

최면자 : 이 시스템의 색이나 모양이나 재료를 변화시키도록 노력하십시오. 그리고 무슨 일이 일어나는지 가만히 지켜보십시오.

내담자 : 뱃속에 있는 두개의 자루를 가지고 뱃속 한가운데에 한 개의 자루로 만들었어요. 파란색이고 부드러워졌어요. 숨을 쉴 때마다 움직여요.

최면자 : 뺨에는 무슨 변화가 생겼나요?

내담자 : 압박감이 달라졌어요. 그렇게 강하지도 않고 일정하지 않아요.

최면자 : 좋습니다. 한동안 이렇게 있으면서 무슨 일이 일어나는지 지켜보십시오. 당신이 앞으로 더 나아갈 준비가 되면, 나에게 머리를 끄덕여서 신호를 보내 주십시오.(신호를 보낸다.)

좋습니다. 이제 당신이 18살 때 친구들과 같이 있는 장면으로 가 봅시다. 준비가 되시면 신호를 보내 주십시오.(신호를 보낸다.)

좋습니다. 이제 다시 뺨에 유의하고 압박감을 느껴 보십시오. 좋습니다. 이제 나는 18세 된 무기력한 이지훈씨를 도와주고 힘을 보태주려고 합니다. 오늘날 성인이 되신 이지훈씨께서 지금까지의 모든 경험에 비추어서 어린 지훈이가 무슨 일을 할 수 있는지, 어린 지훈에게 말해 주십시오. 예를 들면, 어린 지훈이도 조금 전에 당신이 한 것처럼 자루와 파이프와 뺨의 시스템을 느끼고 자루를 변화시킬 수 있는지, 천천히 충분한 시간을 가지고 어린 지훈에게 힘이 되어주십시오. 오늘날까지 당신이 쌓으신 많은 경험과 지식을 가지고요.

내담자에게 다음 상담시간까지 각 시스템을 그림으로 그려오라고 하였다. 지훈씨는 다음 상담시간에 그림을 그려 왔다. 이제는 막연한 두려움은 없어졌지만, 아직도 '파이프' 시스템에 문제가 있다고 하였다. 지훈씨에게 레스토랑에 가서 각 상황에 따라 '파이프'가 어떻게 변화하는지 지켜보라는 과제를 주었다. 그리고 그것을 약하게 할 수 있도록 변화시켜보라고 하였다. 나중에 지훈씨는 자기의 꿈 이야기를 하였는데, 꿈 이야기를 하면서 어떤 자신감과 창의성을 만들어내는 느낌을 받았다고 하였다. 꿈에 대한 작업이 가끔 상담의 주제를 확장시킨다. 꿈의 의미가 중요한 것이 아니고, 내면적인 체험과 외부세계를 연결하는 강화된 느낌이 중요한 것이다. 우리를 현실에 정착 시킬 수 있는 경계선 공간, 즉 여유 공간이 생기는 것이다.

치료의 진전 상황에 대해 부인의 확인을 받으려는 목적으로 그 사이에 부부상담도 하였다. 지훈씨는 천천히 무기력한 상태에서 벗어나고 있었다. 그에게는 최면작업과 함께 많은 시간과 인내가 필요하였다.

10개월 후에 그는 다시 직장에 나가기로 결심하였다. 그에게 둘째딸이 태어났다. 이것이 그의 결심을 도왔는데, 자상하지만 아무 쓸모없는 불구의 아버지로 있기보다는 건강하고 책임감 있는 아버지가 되기를 원했기 때문이다.

지훈씨는 4년 동안 상담하였는데, 그 과정을 여러 단계로 나누어 볼 수 있다. 기본적인 치료와 변화의 단계는 약 1년이 소요되었다. 10개월 후에 내담자는 다시 일을 할 수 있었으나 가끔 술을 마셨다. 기본 치료단계 뒤에 후유증 치료단계가 이어졌다. 마지막 해의 상담 간격은 한 달에 한 번이었다. 내담자의 상태가 점점 좋아지자 부부 사이가 나빠졌다. 그 전에는 숨겨져 있던 처갓집 문제가 나타난 것이다. 부부상담에서 이 문제가 집중적으로 다루어졌다. 치료의 중요한 진전은 내담자가 가지고 있던 자기귀인속성 self-attribution을 바꾸는 데 있었다("나는 패배자이다." "나는 한 번도 사랑받지 못했다.").

앞에서 서술한 최면기법들은 모든 종류의 공포증상에 복합적으로 활용할 수 있다. 우선적인 것은(공포증의 치료에도) 내담자의 갈망이다. P.부인에게 있어서는 이것이 넓은 의미에서의 자립인데, 내담자의 친정가족과도 관련되어 있었다. 지훈씨의 경우에는 사회에 복귀하는 것이었다. 그는 조기연금 수령자가 될 위험에 처해 있었다. 증상이 호전되자 그는 자신의 주변 상황과의 관계를 재정립해야만 했다.

사례들은 최면이 어떻게 심리치료에 효과적으로 협력할 수가 있는지를 보여준다. 여기서 모든 것이 단순하며 기계적으로 해결된다는 인상을 조심해야 한다. 치료는 복합적이고 창의적이어야 하기 때문이다.

2) 특수공포증

최면치료는 여러 전문가가 다소간에 표준화한 방법으로 적용하였다. 신경언어학프로그래밍 방법(NLP, Neuroloinguistic Progaming)은 행동태도 치료와 유사한 구조를 가진 특정 분리작업과 친화작업으로 구성되어 있다. NLP 방법은 공포증 치료에도 사용할 수 있다. 이 장에서는 공포증 치료에 대한 NLP 방법의 시술과정과 적응증 및 임상결과에 대해서 서술하고자 한다.

(1) 영화기법(스크린 기법)

1단계 : 단순분리

내담자에게 영화관에 왔다고 상상하게 한다. 영화관에는 일반 영화관과 같이 스크린과 관람석이 있고 영사실이 있다. 내담자는 관람석에 앉아서 의자의 푹신한 감촉을 즐기면서 스크린을 바라보고 과거의 즐거웠던 한 장면을 영사해서 본다. 이때 내담자는 단순분리체험을 하게 되는데, 자신의 즐거웠던 장면을 스크린에서 보면서 푹신한 의자에 앉아 있는 신체감각을 느끼는 것이다. 두 번째 화면에서는 내담자에게 과거 장면의 그림만 보게 하는 것이 아니라, 그 당시 상황의 소리도 들어보게 한다.

2단계 : 이중분리

1단계가 끝나면 내담자에게 관람석을 떠나서 영사실로 들어가라고 한다. 영사실에 있는 내담자에게 관람석에 앉아 있는 자기 자신을 바라보게 한다. 영사실의 내담자와 관람석의 내담자는 함께 스크린에 비춰지는 자신이 과거에 즐거웠던 한 장면을 바라보면서 그 당시 상황의 소리도 듣게 된다. 이렇게 해서 내담자는 이중분리체험을 하게 된다. 경험에 의하면 대부분의 내담자가 기분이 좋아지는 것에 약간 놀라워한다. 최면자의 과제는 내담자가 분리상태로 머물러 있게 하는 것인데, 내담자가 의자 팔걸이를 꼭 잡고 있게 하거나 함께 온 동반자의 손을 꼭 잡고 있게 하면 도움이 된다.

3단계 : 정동가교

내담자에게 우선 공포상황의 감정을 느껴보게 한다. 최면자는 다음과 같이 말한다.

> "앞에 있는 스크린에 당신이 공포를 느낄 때와 유사한 상황을 영사하고자 합니다. 당신이 한 상황을 생각해 냈다면 흑백 정지화면으로 영사해 보십시오."

대부분의 내담자들이 공포감정과 연관된 상황을 찾아내기를 어려워한다. 이때 기억력을 증진하는 가벼운 트랜스의 유도가 도움이 된다. 많은 경우에 내담자는 스스로 공포의 원인이라고 단정하고 있는 상황을 보게 된다(초기 체험). 내담자가 공포와는 전혀 상관이 없다고 생각하는 상황이 떠오르기도 한다. 하지만 내담자가 기억해낸 모든 상황을 여기에서 서술하는 기법으로(4단계와 5단계) 치료할 수 있는데, 이로써 치료의 가능성이 많아지고 적어도 공포상황을 경감시킬 수 있게 된다.

4단계 : 공포상황의 재연

내담자에게 이미 학습한 이중분리체험의 상태로 들어가서 흑백정지화면에서부터 시작하여, 문제가 되는 상황을 전부 분리체험으로 경험하게 한다. 최면자는 분리체험이 잘 유지되고 있는지 관찰하고 있어야 한다. 내담자는 소리도 들을 수 있다. 내담자가 스크린에 비춰지는 상황을 보거나 소리를 들으면서(분리체험에도 불구하고) 괴로운 기분이 들면, 해당 장면을 간단히 건너뛰게 한다.

5단계 : 역순기법

내담자는 다시 단순분리체험으로 되돌아가서 영화관의 편안한 관람석에 앉는다. 이번에는 문제의 상황을 처음과는 반대 순서(마지막 장면이 시작장면이 되고 시작장면이 마지막 장면이 되게)로 스크린에 영사해 본다. 이런 역순 영사는 최대 3~4초 이내로 빠르게 하며, 3번에서 7번까지 반복한다. 최면자는 내담자에게 좀 우스꽝스러워도 참고 모두 느껴 보아야 한다고 말한다. 내담자는 소리도 반대순서로 재생해서 들어야 한다. 영화를 거꾸로 보는 것보다는 소리를 반대순서로 재생해서 듣는 것을 내담자들은 더욱 어려워한다.

6단계 : 유용화

정신외상환자의 경우에는 '정신상처'의 위험이 있기 때문에 이 단계는 생략한다. 내담자는 무대 위로 올라가서 영화 안에 들어가 문제의 상황을 다시 한 번 체험해 본다. 그 후에 내담자는 영화관에서 나와서 다시 상담실로 돌아온다. 내담자에게 다음에 문제의 공포상황에 직면한다면 얼마나 무서울 것 같으냐고 물어본다. 대개는 잘 모르겠다고 대답하고 직면해 보아야 알 것이라고 말한다.

(2) 앵커링 방법

증상을 극복하는 매커니즘을 활성화시키는 방법으로 다음과 같이 진행한다.

1단계 : 내담자는 문제의 상황을 모든 감각(시각, 청각, 촉각-운동감각, 후각, 미각)으로 이미지화한다. 최면자는 각 감각에 대하여 다음과 같이 자세하게 묻는다.

- 시각 : 당신이 지금 보고 있는 그림이 천연색입니까? 아니면 흑백입니까?
- 청각 : 당신이 듣고 있는 소리가 큽니까? 작습니까?
- 촉각 : 당신이 느끼고 있는 것이 한 점과 같습니까? 아니면 넓게 퍼져있습니까?
- 후각 : 당신이 맡고 있는 냄새가 기분 좋은 것입니까? 아니면 역겨운 것입니까?
- 미각 : 당신이 맛보고 있는 것이 기분 좋은 것입니까? 아니면 역겨운 것입니까?

문제 상황에서 내담자가 느끼는 각 감각에 대하여 질문을 한 후에 최면자는 미리 약속해둔 내담자의 신체 부분(예를 들면 왼쪽 손등)을 약 15초 동안 접촉하여 이 감각을 앵커링한다.

2단계 : 최면자는 이런 상황에서 도움을 줄 수 있는 것이 무엇인지 내담자에게 물어본다. 다음과 같이 요정을 개입시킬 수 있다.

"만약 착한 요정이 당신을 찾아와서 당신이 문제 상황을 해결하는데 필요한 것을 주겠다고 한다면, 당신은 이 착한 요정에게 무엇을 달라고 하시겠습니까?"

임상경험에 의하면 이와 같은 요정의 개입은 많은 도움이 되는데, 내담자들이 문제 상황에만 초점을 맞추고 있어서 정신자원을 잘 기억해 내지 못하기 때문이다. 뒤에 소개하는 사례에서는 '안전하게 보호받고 있는 느낌'이 정신자원이었다.

3단계 : 최면자는 내담자에게 자신의 일생 중에서 좋은 정신자원이 될 수 있는 체험을 기억해 내게 한다. 참고 기다리며 받아들이는 자세로 질문하는 것이 이런 정신자원을 찾아내는 데에 도움이 된다. 정신자원을 체험할 수 있는 상황을 여러 다른 맥락에서 열거해 보는 것도 도움이 된다. 예를 들면, 취미생활을 혼자서 하는 경우와 다른 친한 친구와 같이 하는 것 등이다.

4단계 : 최면자는 내담자에게 정신자원을 체험한 상황을 기억하게 한다. 각 감각을 자세하게 묻는 것이 내담자가 상황에 몰입하는 것을 도와준다. 뒤에 소개하는 사례에서는 내담자가 '좋아하는 안락의자에 앉아 쉬는 것'을 정신자원의 체험으로 찾아내었고, 이것을 왼쪽 어깨에 앵커링하였다.

5단계 : 최면자는 내담자의 왼쪽 손등에 앵커링한 신호를 사용하여 내담자를 다시 한 번 문제 상황으로 들어가게 한 다음, 바로 이어서 내담자의 정신자원 체험을 앵커링한 신호를 보낸다. 이때 내담자의 표정이나 호흡 또는 자세가 달라지는 것을 임상경험에서 많이 관찰할 수 있다(예 : 내담자가 똑바른 자세로 앉는다.).

사례

8세 때부터 고소공포증이 있던 33세 된 부인이 일반적인 사회생활에도 지장을 받고 있었다. 심지어 백화점에서 에스컬레이터를 타고 내려오면서 아래층 바닥을 보아도 공포를 느꼈다. 진단결과 특수공포증의 특징들이 모두 나타났다.

치료는 4회기의 상담으로 끝이 났는데, 1회기 상담에서는 진단을 하였고 2회기 상담에서는 앞에서 서술한 분리체험방법으로 에스컬레이터 상황을 치료하였다. 3회기 상담에서는 앵커링 기법을 추가로 시술하였는데, 트랜스 상태에서 문제 상황을 정신자원체험과 연합하였다. 내담자는 좋아하는 안락의자에 앉아 쉬는 것을 정신자원체험으로 찾아내었는데, 이것이 그녀에게 안전하게 보호받고 있는 느낌을 가져다주었다. 마지막 4회기 상담에서는 내담자의 비합리적인 사고에 대한 작업을 하였다. 이런 비합리적인 사고 중에 하나는 "나는 높은 곳에서 내려다 볼 수가 없다."라고 하는 확신이었다.

6개월 후 주치의 보고서에 의하면, 내담자의 고소공포증상은 안정적으로 경감되어 있었다. 15개월 후에 내담자는 비만증 때문에 최면치료를 받고 있었는데, 고소공포증이 크게 감소되었다고 말하였다. 내담자가 추정한 고소

공포증상의 정도는 치료 전에는 80이었고, 치료종료 1개월~3개월 후에는 10이었고, 6개월 후에는 20이었다. 주목할 점은 2회기 상담에서 벌써 치료효과가 나타났다는 것이다.

(3) 적응증과 금기증

분리체험방법과 앵커링방법은 특수공포증과 사회공포증 및 정신외상후유증에 적합하다. 전제조건으로는 내담자가 이중분리체험을 할 수 있고, 공포상황을 거리를 두고 바라볼 수 있어야 한다. 여기에는 예를 들면 "당신이 지금 보고 있는 이 장면은 단순히 필름일 뿐이며 사실이 아닙니다."라고 하는 최면자의 말이나, 필름과의 거리를 더욱 멀리하는 것이 도움이 된다.

이 방법은 내담자가 자신의 공포와 관련된 구체적인 상황을 알고 있는 경우에는 광장공포증에도 적합한 치료방법이다. 분리체험은 공황장애의 치료에도 유용한데, 내담자가 맨 첫 번째 있었던 공황상황을 스크린에 영사해 보고 정신자원을 이용하여 이 상황을 약화시키는 것이다.

상대적인 금기증으로는 내담자가 여러 번 시도하여도 이미지를 상상해 내지 못하는 경우이다. 또한 막연하게 일반화된 공포증상에도 이 방법이 별로 효과가 없는데, 이 방법에서는 공포의 대상을 비교적 정확하게 이미지화하는 것이 필요하기 때문이다. 공포장애에서 절대적으로 이 방법을 사용해서는 안 되는 금기증은 없다. 슬픔이 결정적인 의미를 가지는 상황에서는 분리체험방법을 금기해야 하는 경우도 있는데, 슬픔은 상실경험과 연합되어 있기 때문이다.

(4) 다른 치료방법과의 통합

특수공포증을 최면치료로 치유할 수 있는 또 하나의 가능성은 공포감을 유발하는 과거의 경험을 치유하는 것이다.

행동태도치료를 하는 경우에도 이 방법을 사용할 수 있다. 특히 내담자가 공포상황에 노출되고 싶어 하지 않을 경우에 그렇다. 실제 상황의 대면에 대한 준비작업으로 공포상황을 상상하게 한다(감각적인 대면). 내담자가 공포상황을 상상할 수 없어서 체계적인 탈감작 작업에 반응을 보이지 않을 때에도 이런 준비작업이 효과가 있다.

공포의 원인을 찾아내고자 한다면, 정동가교가 내담자에게 공포의 원인을 인지하게 하는 데에 도움이 될 수 있다.

Faist(1987)는 비공개 연구에서 Bandler와 Grinder의 분리체험 개입방법을 검토 하였다. 이 방법은 여기에 서술한 방법과 일치하지는 않는다. 11명의 공포증 환자를 치료하였는데, 그 중 8명이 특수공포증 환자였다. 치료 전과 치료 후의 공포 정도와 4주 후의 주치의 보고서를 비교 검토하였다. 공포 정도는 환자에게 설문서를 주고 감각적인 대면과 실제상황의 대면에서 환자가 느끼는 공포 감정을 스스로 적어내게 하였다. 11명의 환자 중에서 8명이 치료 후에 감각적인 대면과 실제상황의 대면에서 모두 뚜렷한 공포의 경감이 있었다. 환자의 숫자가 너무 적었기 때문에 Faist는 이 연구를 일종의 실험적인 연구로 보았다. Faist는 이 방법이 다음과 같은 경우에 효력이 없다고 지적하였다. 환자가 시각적인 이미지 능력이 없거나, 치료자의 지시를 잘 이해할 수 없거나, 환자와 치료자 간의 라포가 부족하거나, 환자가 '필름'을 떠올리면서 상황에 대해 전혀 새로운 이해를 찾아내지 못하는 경우이다.

Allen(1982)은 36명의 뱀 공포증 환자(여자 32명, 남자 4명)를 대상으로 단순분리체험(25분 동안)과 강도 높은 탈감작desensitization의 효과를 비교 연구하였다. 치료 후에 단순분리체험을 한 그룹과 탈감작 치료를 한 그룹이 모두 현저한 공포증상의 경감을 보였다. 치료 후에 공포증이 치유된 느낌을 받았다는 환자들은 탈감작 치료를 받은 환자들보다 단순분리체험을 한 환자들이 더 많았으나, 실제상황에 대면(30초 동안 뱀을 손에 쥐고 있는)에서는 공포증상의 경감이 두 그룹 사이에 별다른 차이가 없었다.

Reckert(1997)도 NLP 기법과 탈감작 기법을 비교 연구하였으나, 특별한 차이를 발견할 수 없었다. 심장의 박동도 별다른 차이가 없었다. Erickson의 최면치료기법에서 시작하여 NLP기법으로 표준화된 분리체험방법과 앵커링방법은 특수공포증상에 매우 유용하게 활용되고 있다. 아직까지는 그리 많은 임상자료가 없지만, 치료기간도 행동태도치료의 노출기법과 같은 정도로 짧다. 행동태도치료의 실제상황 대면에 비하면, 여기에 서술한 감각적인 대면은 내담자에게 혐오감을 적게 주어서 쉽게 받아들이게 한다. 이 방법은 트랜스 상태에서 이미지화를 강하게 할 수 있다는 점과 분리체험을 활용할 수 있다는 점에서 고전적인 탈감작 방법보다 더 효과적일 가능성이 높다.

(5) 특수공포증 분리체험-친화체험의 복합방법(DA방법)

DA(Dissociation-Association)방법은 전통적인 공포증 치료방법에 비하면 아주 뛰어나다. 부담스러운 체험을 재현시키고 정화catharsis시키는 전통적인 공포증 치료방법에서는 부정적인 체험을 재현시키면서, 공포, 분노, 비탄, 의존, 혼란, 절망과 같은 감정들을 불러낸다. 이런 정화방법의 목표는 지금까지 금기시하던 감정들을 허용함으로써 개인의 자기수용 self acceptance 과 융합 integration을 이루고자 하는 것이다. 이런 치료방법은 물론 매우 부담스럽고 흔하게 저항을 불러일으킨다. 또한 치료자의 감정에 의존하게 되는 위험이 있고, 가족이 관계된 경우에 서로 관계를 단절하는 일도 있을 수 있으며, 과거의 일을 잘못 재현하여 억울한 누명을 씌우게 될 수도 있다(잘못된 기억 신드롬).

DA방법에서는 올바른 감정적인 체험과 인식변화에 노력하면서, 과거보다는 현재와 장래의 체험에 더 중점을 두고 있다. 순응하는 극복전략이 낡은 저항체계를 대체하고 있다. 내담자는 공포상황의 극복에 필요한 모든 정신자원을 활용할 수 있는 상태로 유도된다. 이로써 내담자는 지금까지 해오던 억압된 반응방식을 의식의 뒷면으로 밀어내게 된다. 치료 후에 내담자는 자신의 창의적인 능력을 제한 없이 발휘하게 되고, 치료 이전의 상태에 반사적으로 빠져들지 않게 된다.

공포증상에 공통적으로 적용되는 기법

여기에 소개하는 치료방법은 모든 공포증상을 전부 치료할 수 있는 것은 아니다. 또한 개인적인 상실에 의한 비감이나 학습결여에 대한 보상 또는 사회변화에 적응하는 동기부여와 같이 회복치료가 필요한 경우는 고려하지 않았다. 그보다는 공포반응과 관련하여 흔히 관찰되는 개인적인 성장의 제한에 중점을 두었다. 특히 정신외상의 발생 시기가 오래되지 않아서 아직 신경정신적인 생활습관이 형성되지 아니한 경우에는 여기에 소개하는 분리-친화-체험의 치료방법이 치유의 근간이 될 수 있으며, 생활습관이 이미 형성된 경우에는 다른 치료방법을 보완하는 역할을 할 수 있을 것이다.

1) 개입방법

내담자의 서로 다른 면, 젊은 시절과 연장자 시절 및 미래의 자신 사이에 상징적인 대화를 통해서 무의식중에 정보의 변화가 새롭게 이루어진다고 가정하였다. 대부분의 내담자는 이미 내면의 자신과 대화를 하는 데에 익숙해져 있다. 이런 대화는 우리가 우리의 내면에 있는 가족과 친숙해져

있는 사실과도 연관이 있다(예 : "나는 어머니가… 라고 말씀하시는 것을 들을 수 있
다."). 이것은 일종의 분리체험으로 개인이 특정한 측면에서 자신의 체험을
분리하는 것이다. 이와 같이 개인의 어느 부분이 분리되고 나면 분리된 각
부분 사이에 대화를 통해서 어느 한 부분에 없었던 정서적이고 인지적이
며 미래지향적인 정신자원을 다른 부분에서 가져와서 친화시키는 것이 쉽
게 이루어진다. 다시 말하면, 젊은 자기 자신과 연장자인 자기 자신 사이의
은유적인 대화를 통해서 서로 다른 정신자원을 교환하는 것이 가능하게 된
다. 예를 들면, 젊은 자기의 창의력을 연장자인 자기에게 그리고 연장자인
자기의 극복력을 젊은 자기에게 넘겨줄 수 있는 것이다.

(1) 진행방법

1단계, 여건 : 신체적 심리적으로 치료에 안전한 여건을 만든다.

2단계, 정신자원 : 필요한 정신자원을 내담자로부터 찾아낸다.

3단계, 단순분리 : 내담자로 하여금 경험이 많은 연장자인 자기 자신(S*)을
떠올리게 한다(눈앞에 보이게 한다.).
- S : 현재의 내담자 자신
- S* : 경험이 많은 연장자인 S. S*는 문제가 모두 해결된 시점의 S이며,
  그 시점은 몇 년 후가 될 수도 있고 몇 시간 후가 될 수도 있다. S*는 S
  가 알고 있는 것을 모두 알고 있다.
- S는 S*와 마주 앉아 서로 의사를 소통한다. 의사소통은 말로 할 수도 있
  고, 말 없이 다른 방법으로 할 수도 있다.

- 내담자는 신호(예를 들면 고개를 끄떡여서)로 S와 S*가 서로 의사소통을 할 수 있게 된 것을 최면자에게 알려주어야 한다.

4단계, 이중분리 : 내담자에게 연장자인 S*로 하여금 정신외상을 경험한 당시의 자기 자신인 S**를 분리하게 한다. S**는 S*가 이미지화하게 하는데, S는 S**를 볼 수 없고 S**를 알지 못할 수도 있다. 하지만 내담자는 S*와 의사소통할 수 있고, S는 S**와 의사소통할 수 있다. S**는 어린 시절의 정신자원을 가지고 있지만, 이것을 S가 반드시 알고 있는 것은 아니다. S*와 S**는 S의 기억을 무효화하여 S가 그 기억을 용납할 수 있게 하는 임무를 가지고 있다.

5단계, 재현 : 내담자(S)는 S*를 시켜서 S**로 하여금 공포증상과 관련이 있는 부정적인 경험을 다시 재현하고 설명하게 한다.
- S가 S*를 통해서만 S**가 경험한 것을 알 수 있다고 암시해야 한다.
- S*는 S**의 경험 중에서 공포발작의 위험이 없는 부분만을 S에게 전달하도록 해야 한다. S는 S*로부터 비언어 신호를 받게 한다.
- 적어도 S**는 공포증상을 일으키는 경험을 가지고 있어야 한다. S가 그런 경험을 기억해 내지 못하는 것은 문제가 되지 않는다. S**는 억압된 내용을 잠재의식의 수준에서 기억하고 처리한다.

6단계, 분리대화 : S는 S*로 하여금 S**와 의사소통하게 한다.
- S에게 S*를 시켜서 S**의 경험을 단어 또는 몸짓으로만 S에게 전달하게 하여 내담자가 안전한 거리를 유지하고 있게 한다.
- S에게 S*가 단순한 분리-친화 작업을 하게 한다. S*는 이 과정에서 관

찰한 내용을 빠르게, 느리게 또는 반대 방향으로 변화시킬 수 있다.

7단계, 재친화 : 중간에 삽입하였던 S*와 S**를 제거한다.

- S가 간접적으로 체험하였던 공포상황의 재현에서 안전하게 느꼈다면, S*와 S**가 자기 자신임을 확인하고 동일시한다.
- S가 공포상황을 확실하게 견딜 수 있고 필요한 정신자원을 가질 때까지, 5단계와 6단계는 필요하면 반복한다.
- S*와 S**를 다시 융합하는 과정은 단순 분리-친화 과정이 된다.
- 최종적으로는 S가 S**의 경험을 체험하게 된다.

8단계, 재조정 : 찾아낸 극복의 체험과 정신자원을 앞으로 활용할 수 있도록 친화시키는 후최면암시를 한다.

사례 (설명과 라포를 위한 상담 부분은 생략하였음)

내담자 김미리씨는 31세인 여성이다.

최면자 : 당신이 상담에서 무엇을 얻고자 하는지를 말해 주십시오.

미리 : 저는 다리 위를 건너가면 가슴이 뛰고 아주 괴롭습니다. 그래도 건너가긴 하지만 숨을 들여 마신 채로 눈을 감고 싶어집니다. 눈을 감지는 않지만요.

최면자 : 눈을 감으신다면 다리 가장자리로 가는 것도 알 수가 없겠지요. 언제부터 이런 문제가 생겼습니까?

미리 : 무서움이 없이 다리를 건너간 기억이 없습니다. 하지만 16세나 18세 때

쯤부터 나에게 이런 문제가 있다는 것을 알게 되었습니다. 그 당시 내가 살았던 곳에는 아주 긴 다리가 있었어요. 그래서 다리를 건너가는 오랜 시간 동안 숨을 참고 있기가 아주 힘이 들었어요.

(미래의 자기 자신을 정신자원으로 활용한다.)

최면자 : 힘들었겠어요. 지금 사시는 곳에도 다리가 있습니까?

미리 : 작은 다리가 있습니다. 말씀드렸듯이 나는 일부러 다리를 피해가지는 않습니다. 하지만 다리를 지나가는 것이 불안하기 때문에 태연하게 다리를 지나갈 수 있게 되기를 원합니다.

(2) 단순분리체험

최면자 : 그렇다면 이 상담이 끝날 무렵에 당신이 무서움을 적게 느끼신다면 성과가 있었다고 하겠습니다. 눈을 감고 이 상담이 끝난 무렵을 상상해 보십시오. 상담이 끝난 시점의 당신 자신을 볼 수 있습니까?

(여기에서는 환자가 얼마 지나지 않아서 더 좋게 느끼게 된다는 것을 전제로 하고 이런 가상의 자기 자신을 정신자원으로 활용한다.)

미리 : 네, 볼 수 있습니다.

최면자 : 당신이 안도의 한숨을 내쉬면서 상담실을 나가는 모습을 볼 수 있습니까?

미리 : 네.

최면자 : 그 광경을 얼마 동안 보고 계십시오. 이때의 당신을 무어라고 부를까요? 당신이 자신에게 말을 걸 때에는 자신을 무어라고 부릅니까?

미리 : '아가씨'라고 합니다.

최면자 : 미리씨, '아가씨'에게 계속할 것인지 차라리 여기서 그만둘 것인지 물어보세요.

미리 : (그만두지 않겠다는 뜻으로 머리를 흔든다.)

최면자 : 당신은 지금 자신의 내면을 보고 있습니까? 상담이 끝났을 때 그 '아가씨' 즉 미리가 무슨 생각을 하고 있습니까?

미리 : 나는 다리를 머리에 떠올리지 않고 다리를 지나가는 것을 생각하고 있습니다. 나 자신에게 더 많이 주의를 기울이면서 약간 불안한 마음도 생기지만 기분이 좋아지기도 하는데, 내가 다리를 지나갈 수 있다는 것을 나 자신이 잘 알고 있기 때문 입니다.

최면자 : 당신이 '아가씨'라고 부르는 당신의 분신과 함께 작업을 하기로 합시다. 미 리씨가 하는 말이나 행동에 동의하면 '아가씨'는 미리를 보고 고개를 끄덕입니다. '아가씨'에게 지금보다 더 독자적으로 행동하게 해도 좋은지 물어보고 그 대답을 나에게 알려 주십시오.

미리 : 네, 그렇게 하겠습니다.

(이제 내담자는 자신의 미래 분신인 '아가씨'를 만들어 내었다. '아가씨'는 현재의 미리씨보다 더 안정되어 있고, 관찰자의 역할을 하므로 신체적인 느낌을 분리체험 한다.)

최면자 : 최면으로 유도하지 않아도 당신은 차츰 내면적인 체험에 흡인되어 가는 것을 느끼게 될 것입니다. 당신은 긴장이 풀어지고, 평안해지며, 안전감과 기쁨까지도 느끼게 됩니다. 나에게 주목하지 마십시오. 내가 하는 말들은

당신이 붙잡고 가는 손잡이 역할을 할 뿐입니다.

(분리체험을 바로 트랜스의 심화에 활용한다.)

(3) 이중분리

최면자 : 이제 당신은 치료가 끝난 미리 즉 '아가씨'를 눈앞에 떠올리고 '아가씨'로 하여금 10세에서 14세 정도가 된 어린 미리가 울산시에 있는 다리를 지나가고 있는 것을 바라보게 하십시오. 당신은 어린 미리를 볼 수 없고 어린 미리를 바라보고 있는 '아가씨'만 볼 수 있습니다.

여기에 이중분리체험이 도입된다. 내담자는 안정된 상태에서 문제의 광경을 바라보게 된다. 내담자는 자기자극에 감응하는 면(S**)에서나 시각적인 면(S*)에서도 분리되어 있다.

최면자 : '아가씨'에게 안전한 거리에서 어린 미리를 바라보라고 하고 어린 미리가 보이면 고개를 끄덕여서 당신(미리)에게 알려달라고 하십시오.
(잠시 침묵한다.)

최면자 : 당신에게 무서움이 없다는 것을 "'아가씨'를 시켜 다리 위에서 무서워하고 있는 어린 미리에게 말해 주도록 하십시오. 그리고 당신이 어린 미리가 무서움이 없이 다리를 지나갈 수 있도록 도와주겠다고 말해 주라고 하십시오. 당신은 '아가씨'와만 의사소통을 하면 됩니다. "아가씨"에게 어린 미리가 동의하면 고개를 끄덕여서 당신(미리)에게 알려 달라고 하십시오. '아가씨'

에게 지난 몇 년 동안에 성숙한 여자로서 알게 된 성공이나 방황, 자신감이나 자부심과 같은 일들을 말해보라고 하 십시오. 그리고 '아가씨'를 통해서 어린 미리에게 몇 년 후에는 이런 모든 것을 스스로 경험하게 된다고 말해 주게 하십시오. '아가씨'에게 이 모든 것이 매우 중요하다는 것을 어린 미리에게 말해 주게 하십시오. 어린 시절의 미리는 다리를 지나가는 자동차에 타고 있었던 승객이었지만, 지금은 그 자동차를 운전하고 있다는 사실이 아주 의미 있는 일입니다.

여기에서 미래의 미리(아가씨)가 예상하는 정신자원으로 어머니처럼 도와주는 자세를 암시하였다. 일종의 새로운 모녀관계이다.

(4) 삼중분리

최면자 : '아가씨'로 하여금 어린 미리에게 그녀(아가씨)가 몇 년이 지나가면 무서움이 없어진다는 확신을 가지고, 이제는 안전하다는 생각을 가지게 되었다는 것을 말해 주게 하십시오. 어린 미리가 안전감을 가지게 되어 고개를 끄덕이면 '아가씨'도 고개를 끄덕여서 당신에게 알려주게 하고, 당신 또한 고개를 끄덕여서 나(최면자)에게 알려주시기 바랍니다. 어린 미리에게는 어떻게 해서 안전감이 생기게 되었는지를 알려고 할 필요가 없다고 말해 주십시오.
(잠시 침묵한다.)

최면자 : 당신은 '아가씨'를 시켜서 어린 미리에게, 그리고 '아가씨'는 어린 미리를 시켜서 그보다도 더 어린 시절의 미리에게, 더 어린 시절의 미리가 혹시 가지고 있을 수도 있는(당신과 아가씨는 벌써 잊어버리고 있는) 다리에 대한 공

포에 대해서 방금 느끼게 된 안전감을 전해주라고 하십시오.

(잠시 침묵한다.)

여기에서는 무의식이(있을 수도 있는) 더 깊은 뿌리의 공포를 찾아내어 둔감하게 하도록 하려는 것이다.

(5) 주제에 대한 은유적인 작업

최면자 : 당신이 방금 느끼신 안전감을 확실하게 하십시오. 자각심과 자부심은 긴장이 있어도 내면으로 스며들어갈 수 있습니다. 마치 물이 시멘트 바닥에 스며들어 가듯이, 안전감이 온전히 확실해지면 어떤 윤곽을 남기게 됩니다. 약간 틈이 생기는 것은 별문제가 되지 않습니다. 콘크리트에도 약간의 균열이 생기게 마련이지요. 마치 물이 스며들어가는 것처럼, 긴장이 아주 강해도 자신감이 스며들어갈 수 있습니다. 미리의 생애 중에 긴장된 기간이 길면 길수록, 자부심이 스며들어 갈 수 있는 틈은 더 많이 있게 마련입니다. 미리가 아주 어린 시절에 어디에 흠집이 있었고, 어디에 자부심이 스며들어갈 수가 있는지 '아가씨'로 하여금 어린 미리에게 물어보라고 하십시오.

여기에서는 안전감과 자신감을 여러 번 반복해서 암시함으로써 긴장을 긍정적으로 시사하게 하는 은유를 도입하고 있다.

최면자 : 젖은 시멘트 바닥 위를 밟고 가는 것도 아주 기분 좋은 일이 될 수 있습니다. 무더운 여름날 뜨거운 콘크리트 바닥을 맨발로 걸어가다가 수영장의 가장자리같이 젖어있는 부분을 밟고 지나가면 한결 마음이 가벼워집니다.

14세 된 어린 미리나 더 어린 시절의 미리가 물속에서 수영을 하고, 젖은 콘크리트 바닥을 밟아 본 경험이 있는지 나는 잘 모르겠습니다. 하지만 '아가씨'는 이런 경험이 기분 좋은 일이라는 것을 어린 미리에게 이야기해 줄 수가 있겠지요?(내담자가 고개를 끄덕인다).

고인 물에 발을 담그는 것이 기분 좋다는 것을 어린 시절의 미리는 14세 된 미리에게, 14세 된 미리는 다시 '아가씨'에게 말해 줄 수 있겠지요. 수영장의 물웅덩이뿐만 아니라, 길거리의 고인 물에서 장난하는 것도 재미가 있지요(내담자가 웃는다).

여기서는 은유를 도입하여 콘크리트와 물의 상반되는 성질을 다리와 강물에 상징적으로 비유하였다.

최면자 : 자동차를 타고 갈 때에는 안전벨트를 매고 안전하게 갑니다. 나는 가끔 나의 정원에 있는 안락의자에도 안전벨트가 있었으면 하고 생각합니다. 그러면 나는 전화벨이 울려도 뛰어가지 않아도 되겠지요. 그러면 나는 이렇게 말할 수 있습니다.

"비행기가 착륙하고 안전벨트를 매라는 신호등이 꺼지기 전까지 나는 자리에서 꼼짝할 수가 없어. 나는 자리에 그냥 앉아 있어야 하고 다른 일은 할 수가 없어."

나는 수영장에 앉아서 햇빛이 물에 반사되는 광경을 즐기고 있겠지요. 아마 '아가씨'가 자동차를 운전하면서 이와 비슷한 감정을 느낄 것입니다. 어쩌면 '아가씨'가 어린 미리에게 말해 주고 싶은 다른 무엇이 있을 것입니다. 자신의 체험에 대해서 그리고 이 상담의자에 앉아서 얻은 감정이 나중에 다리를 지나갈 때 기분 좋게 느끼게 한 무엇에 대해서. 어쩌면 '아가씨'는 예전에 힘들었던 일을 벌써 잊어버렸는지도 모릅니다.

여기에서는 자동차를 타고 (안전벨트를 매고) 다리를 지나가는 것이 일상의
의무에서 벗어나는 기분 좋은 방법이며, 동시에 안전하다는 점에 주의를
기울이게 한다.

(6) 재친화

최면자 : '아가씨'로 하여금 어린 미리에게 그리고 어린 미리는 더 어린 미리에
게 "나는 네가 다리를 예전처럼 무서워하며 지나가지 않고 안전하게 느끼게
되어 기쁘다."라고 말해 주게 하십시오. 안전하게 지나갈 수 있는 다리는 수
없이 많이 있습니다. 사람과의 사이에 놓인 관계의 다리나 재정적인 다리, 그
밖의 움직임도 벨트를 매면 훨씬 안전해집니다. 이런 모든 새로운 분야의 일
들도 '아가씨' 미리가 경험한 것과 연관이 있습니다.

(7) 후최면암시

최면자 : 최근에 나는 내 딸과 함께 놀이공원에서 청룡열차를 탔는데 내 손을
꼭 잡고 있는 것이 그 아이에게 매우 도움이 되었습니다. 아이들은 그렇게 하
면서 어른들과는 다른 기쁨을 느낄 수 있습니다. 미래의 미리를 현재의 미리
와 합치고, 어린 미리를 한순간 잊어버리는 것이 좋은 생각이 될지 누가 알겠
습니까? 미래의 미리는 언제나 현재의 미리 곁에 있으면서 도와줄 것입니다.
당신은 이제 한걸음 더 나아간 미래의 미리가 되었습니다.

(8) 현실 상황으로의 복귀

현재 상담실에서 최면자와 상담하고 있다는 사실을 알려주고 각성시킨다. 상담 후에 내담자는 아주 기분이 좋아지고, 인생의 여러 다른 면에도 긍정적으로 생각하게 되었다. 그녀는 어린 시절의 기억에서 현재의 자신이 강하다는 느낌을 받았다. 치료를 끝내면서 최면자는 그녀에게 앞으로 다가올 상황에서도 기분 좋은 느낌을 기억하고, 다리를 지나갈 때에 지금처럼 느껴보라고 말하였다. 최면자는 사회적인 접촉과 직업상의 자신감 및 주체성에 대해 계속해서 치료를 받아 보는 것이 어떠냐고 제안하였다. 경험에 의하면 이런 문제들이 공포증상과 연관되어 있으며, 치료를 하면 창의력과 자신감이 생기게 된다. 내담자의 저항은 아주 드물게 일어나며, 거부하는 자세는 치료 도중에 수용하는 자세로 바뀌게 된다.

DA방법은 정신외상으로 발생한 공포반응과 정신외상 후의 스트레스 반응에 적합한데, 정신외상사건을 기억하지 못하거나 부분적으로만 기억하는 경우에도 치료가 가능한 방법이다. 특히 내담자가 부정적인 영향이나 방해 때문에 충분한 극복경험을 하지 못하여, 자신감이 결여되어 있는 경우에도 이 방법이 적합하다. 이런 내담자들은 문제의 상황을(공개석상의 발언, 높은 곳, 교량, 타인과의 접촉 등) 피하지는 않지만, 그때마다 어쩐지 언짢은 느낌을 받게 된다.

또한 어린 시절에 계속 제한을 받았거나, 청소년기 초기에 생긴 발달장애와 같은 오래되고 심각한 문제에도 여기에 서술한 DA방법이 적합하다. 이런 오래되고 심각한 문제의 경우에는 내담자가 특정 분야의 행동을 완전히 피하고, 이와 같이 피하는 행동을 정당화하기 위해서 내면 깊은 곳에 편향되고 부정적인 저항체계가 형성되어 있다. 여기에 DA방법이 동기를 유발하는 기반을 조성할 수 있는데, 그 기반 위에서 다른 치료방법을 적용할수가 있다. 정신외상이 아주 심각하여 자기 정체성이 완전히 분열된 조현병의 경우에는 DA방법만으로는 충분하지 못하다.

DA방법은 그 진행이 아주 복잡하기 때문에 내담자는 확고한 자아의 개념이 있어야 하고, 어느 정도의 집중력을 가지고 있어야 한다. 조현병 환자와 경계선 환자 및 심한 우울증 환자는 일반적으로 이런 전제조건을 충족하지 못한다.

공포증의
소실

공포가 생긴 이유를 전혀 알지 못하고 특수한 사물을 두려워했는데, 어떤 기회에 그 최초의 사건을 의식함에 따라 갑자기 그 공포증이 사라진 사례가 있다.

사례

은정씨는 7세부터 흐르는 물, 흩날리는 물에 심한 공포증을 갖고 있었다. 그녀의 공포는 심각해서 이 공포증상이 나타나기 시작할 무렵에 그녀를 목욕시키려면, 가족 세 명 정도가 협력해야 할 정도였다. 어느 날 은정씨는 학교에서 사이다병을 따다가 '칙' 하는 소리를 듣고 기절하였다. 또 기차를 타고 강물 위를 건너갈 때는 강물의 흐름을 보지 않으려고 창문의 커튼을 드리워야 했다. 이 특수한 공포에 대해 그녀 자신도 설명할 수가 없었다.

그녀가 7살 때 생긴 일이 이 공포증의 원인이었다. 그녀가 어머니, 이모와 함께 피크닉을 간 적이 있다. 피크닉을 즐긴 후, 어머니가 집에 먼저 돌아가자고 했다. 그러나 은정씨는 이모와 좀 더 있기로 했다. 어머니가 이모 말을 잘 들으라고 하고는 귀가했다. 이후 두 사람은 숲속으로 산책하러 갔다. 그러나 은정씨는 이모 말을 잘 듣겠다는 약속을 어기고 혼자 숲에 들어가 버렸다. 은정씨가 없어진 것을 알고 이모는 깜짝 놀랐다. 이리저리 찾고 있던 중 이모는 물에 홀딱 젖은 채 작은 개울 바위틈에 서 있는 은정씨를 발견했다. 은정씨는 공포에 질려 있었다. 이모를 만나긴 했지만, 어머니가 말을 듣지 않았다고 벌을 주지나 않을까 하고 불안해했다. 그래서 그녀는 이모에게 이 사실을 어머니에게 비밀로 해줄 것을 당부하고 집으로 돌아갔다. 그 후 그녀에게 그와 같은 공포증이 나타나기 시작했다. 나중에 이모는 그녀로부터 공포증에 대한 이야기를 듣고 옛날 그 사건을 이야기해주었다. 은정씨가 그 사건을 다시 생각해 내자 공포증은 소멸되었다.

이경규씨는 어릴 적부터 뒤에서 누가 붙잡아 갈 것 같은 심한 공포 때문에 애를 먹고 있었다. 길을 걷다가 누군가 자신을 미행하고 있나 하고 어깨 너머로 뒤돌아보지 않으면 안 될 정도였다. 극장 같은 다수의 사람이 모이는 곳에는 가지 못했다. 그러나 공포의 원인을 도저히 알 수 없었다.

경규씨는 55세가 되면서 소년 시절을 보낸 곳을 방문했다. 그런데 소년 시절의 친구 중 한 사람이 여전히 길모퉁이에서 식료품점을 하고 있었다. 서로 추억에 잠기면서 이야기를 나누던 중 그 친구가 말했다. "자네는 이 가게 앞에 지날 때마다 땅콩을 한줌씩 훔치는 습관이 있었어. 그래서 어느 날 자네가 오는 것을 보고 숨어 있다가 땅콩 통에 손을 넣자마자 뛰어나와 자네를 붙잡았지. 그러자 자네가 크게 소리치다가 길가에서 기절한 적이 있었어." 비로소 경규씨도 그 사건을 생각해 낼 수 있었다. 그 후에 경규씨의 공포증은 약간의 재조정기를 거쳐 소실되었다.

위의 두 가지 예는 복잡하고 병태적인 성질을 갖는 것이고, 소위 공포증으로서의 전형을 나타내는 것이라고 할 수 있다. 다음과 같이 분석할 수 있다.

a. 이 공포증은 어떤 무서웠던 경험을 통하여 일어나거나 혹은 그 결과로서 생기는 것이 틀림없다.
b. 자극이 생기면 새롭게 느낄 수 있다고 하는 뜻에서 공포는 의식적으로 남아 있고, 또 공포를 발생하는 자극이나 상황은 같지만 최초 경험의 추억이 없다.
c. 공포를 지배하거나 자기가 공포를 지울 수 없다. 이것이 단지 '조건 지어진 공포Conditioned Fear'와 다른 점이다.
d. 최초 경험의 망각은 보통의 망각의 기제와도 다르다.
e. 이 종류의 공포증의 발전에는 억압Repression 의 기제가 작용하고 있다.
f. 공포뿐 아니라 죄에 대한 느낌, 자기 비난의 감각이 최초의 경험에 포함되어 있다.

이와 같은 분석에 있어서 공포가 발생하는 의욕의 역동적 구조에서 보면, 그와 같은 단순한 구체적 공포증은 자기 부인 반응의 특수한 형태라고 한다. 처음엔 제한이 없는 자유로운 이기적인 욕구동기가 있지만, 그것이 공포의 경험에 의해 저해되고 억제된다. 이러한 자기 거절, 부인이 죄의식을 만든다. 그러나 개인의 자아 의욕은 또다시 자기를 주장함으로써 죄의식을 끊을 수 없게 되며, 억압 기제가 생겨서 죄를 부정하게 된다. 이 결과, 경험의 망각 및 죄의 콤플렉스가 결합을 형성해서 억압작용이 부분적으로 성공하며, 그래서 공포와 죄의 콤플렉스가 자기의 이기적 욕구를 부인하고 굳게 형성되는 것이다. 이와 같은 의식의 역동적 구조를 공포증이 갖고 있는 것이다.

1) 공포증의 빠른 치료법 : 스크린기법

다해가 11살 때 말벌 집에 넘어지는 바람에 수백 군데나 쏘였다. 몸이 너무 부어올라서 반지를 잘라내야 할 정도였다. 옷도 맞지 않아서 며칠 동안은 아버지의 잠옷을 입고 지내야 했다. 훗날 그녀는 "벌이 집안으로 들어오면 밖으로 나갔다.", "벌이 차안에 들어오면 달리던 차를 세우고 창을 열어 놓은 채 벌이 나갈 때까지 기다렸다."라고 했다. 그녀는 화단 근처에도 가지 않았다. 그곳에 벌이 있을 가능성이 많기 때문이다. 공포증 치료에 참가했던 한 사람이 그녀에게 자기 문제를 제시해 보지 않겠느냐고 했다.

최면자 : 다해씨, 우리가 전에 대화한 일이 없지요?

다해 : 예, 그래요.

최면자 : 유지태씨하고는 이야기한 일이 있지요?

다해 : 예.

최면자 : 그 사람이 얼마나 그럴듯한 엉터리 약속을 했는지 모르겠군(웃음을 띠면서).

다해 : (웃으면서) 그가 어떤 약속을 했는지 말하지 않겠어요.

최면자 : 하여간 당신은 공포증이 있지요. 그것이 무엇에 대해서인지는 (청중에게) 말하지 않을게요. 좋지요?

다해 : 좋아요.

최면자 : 그리고 그것은 매우 특별한 것이지요. 그렇지 않아요?

다해 : 예.

최면자 : 그것은 어느 한 가지 대상에만 한정된 것인가요. 아니면, 어느 한 가지 종류의 것에 대한 것인가요?

다해 : 한 가지에 대해서요.

최면자 : 한 가지라도 좋아요. 음, 한 가지 부탁하고 싶은데… 지금 생각해 봐요. 그것 중의 하나가 지금 이곳에 날아다니고 있다고 생각해 봐요.

다해 : 아아. (그녀는 고개를 가로 젓는다. 긴장된 웃음을 띠면서).

지금은 치료기법을 적용하기 전에 그녀가 공포상태로부터 빠져나오게 할 필요가 있다. 이를 위해서 나는 지시도 하고 혼란스럽게도 하며 확신을 가지게도 하고, 그녀의 남자 친구인 유지태에 대해서도 물었다. 이것이 '사전검사'이다. "좋아요. 이제 빠져 나와요."(다해는 아직도 긴장된 웃음을 띠고 있다). "여기 앉아있는 사람들을 보세요. 나를 보아요. 내 손을 잡아요." 등의 말을 해준다.

다해 : 고마워요. 됐어요.

최면자 : 이제 그런 것은 하지 않을 거예요. 좋지요? 됐지요?

다해 : 좋아요. 휴우.

최면자 : 이제 여기 있는 사람들을 보세요. 이렇게 사람들 앞에 있는 기분이 어때요? (다해는 사람들을 바라본다) 약간 긴장을 느끼게 되지요? (다해는 크게 숨을 내쉰다). 그러나 그리 심하지는 않아요."

다해 : 네.

최면자 : 그런대로 괜찮지요?

다해 : 예, 좋아요.

최면자 : 좋아요. 그리고 저쪽에 당신의 좋은 친구가 있지요. 그렇지요?

다해 : 예.

최면자 : 그는 아주 즐겁게 웃고 있네요.

다해 : 그렇군요. 그는 아주 좋은 친구예요.

최면자 : 좋은 사람같이 보여요.

이제 다해는 정상상태로 돌아왔다. 그러므로 나는 기법을 적용하기 시작한다.

최면자 : 좋아요. 그런데 이제부터 우리가 하려는 것은 아주 간단한 거예요. 당신이 기분 나쁘거나 긴장을 느끼거나 하는 일은 전혀 없을 거예요. 그러니까 마음을 아주 편안하게 하세요. 다만 우리가 준비할 것 몇 가지가 있어요. 한 가지 먼저 부탁할 것은, 당신이 지금 영화관에 있다고 상상해 주세요.

다해 : 좋아요.

최면자 : 아마 눈을 살짝 감으면 그렇게 하기가 더 쉬울 거예요.

다해 : 알겠습니다(그녀는 눈을 감는다).

최면자 : 그리고 스크린에 비치는 그림을 보도록 해요. 당신 자신의 그림을 보는 거예요. 그것은 흑백의 스냅사진입니다. 당신이 지금 앉아 있는 모습도 좋고, 집에서나 직장에서 무엇을 하고 있는 모습도 좋아요. 흑백의 스냅사진이니까 정지된 것이지요. 지금 당신의 그림을 볼 수 있나요? (다해는 고개를 끄덕이며 "음"하고 말한다). 그건 그리 어렵지 않지요?

다해 : 예.

최면자 : 아주 좋아요. 이제는 스크린에 있는 흑백사진에서 눈을 떼세요. 그리고 이번에는 여기 의자에서 당신의 몸을 붕 떠올려서 이 영화관의 기계실로

들어가 보도록 해요. 여기 앉아 있으면서도 집에서 TV를 보고 있는 모습을 상상할 수 있지요? 그런 식으로 말이에요. 그렇게 할 수 있지요? 천천히 해도 좋아요.

다해 : 알았어요. 됐어요.

최면자 : 좋아요. 지금부터 당신은 영사실에 머물러 있는 거예요. 창 너머로 관중석에 있는 사람들을 볼 수 있지요? (다해는 가벼운 웃음을 띠면서 "예" 한다). 그리고 당신은 이곳에서 스크린에 비치는 흑백사진을 보는 거예요. 그렇게 할 수 있지요?

다해 : 예.

최면자 : 됐어요. 그런데 그 사진은 당신 자신의 사진인가요?

다해 : 예.

최면자 : 아주 재미있지요? (다해는 웃음을 띠면서 "좋은데요."라고 한다.) 당신이 이 영사실에 앉아서 저 밑에 있는 관중들을 보는 거예요. 그중에는 당신 자신도 있지요. 그러면서 동시에 스크린에 비치는 당신 자신의 흑백사진을 보는 거예요.

다해 : 흠흠, 알았어요.

최면자 : 지금 그렇게 하고 있어요? 당신 자신이 보여요?

다해 : 예.

최면자 : 됐어요. 그리고 당신은 내가 다른 것을 지시할 때까지는 이 영사실에 머물러 있는 거예요.

다해 : 알았어요.

최면자 : 그러니까 당신은 유리를 통해서 볼 수 있고, 저쪽에 조그마한 구멍이 있으니 영화의 소리도 들을 수 있는 거예요. 조금 있다가 영화를 보여줄 거예요. 내가 부탁하고 싶은 것은, 당신 자신의 영화를 상영하는 거예요. 당신이

무엇인가 보기만 해도 기분 나쁜 것이 있지 않나요? 그것이 또 나타나서 기분이 아주 나쁜 경험을 했을 때의 한 가지를 상영하는 거예요. 그것을 경험했을 때의 처음부터 끝까지를 모두 상영하는 거예요. 그리고 유리에 손을 대고 유리가 있다는 것을 확인해 보아도 좋아요.

꼭 부탁할 것은, 그때의 경험을 처음부터 끝까지 돌리는 거예요. 실제로 그런 상황이 일어났을 때 당신이 당황해서 어쩔 줄 모르는 모습을 보는 거예요. 그래요, 천천히 해도 좋아요. 서두를 필요 없어요. 다만 끝까지 돌렸을 때 나에게 말해주면 돼요.

나는 다해를 주의 깊게 관찰하고 있다. 그녀가 공포반응을 일으키는 비언어적인 몸짓을 보일 수도 있으니까. 그러나 그녀는 조용히 앉아 있었다.

다해 : 끝까지 가기가 매우 어려운데요.

최면자 : 무엇이 그것을 어렵게 만들고 있을까요?

다해 : 그것이 그냥 멈춰요. 그리고 또 계속해서 반복되어요(그녀는 오른손을 둥글게 돌리면서). 그때 있었던 일이 몇 번이고 반복해서 계속되면서 끝이 날 것 같지 않아요. 내 생각에는 끝이 난 것 같은데요.

최면자 : 알았어요. 그것이 계속해서 되풀이되고 또 되풀이된다는 말이지요?

다해 : 예.

최면자 : 됐어요. 이번에는 영화를 더 빨리 돌려보세요. 그리고 끝날 때까지 몇 번이나 반복되는지 생각해 봐요.

다해 : 다섯, 여섯 번….

최면자 : 그래요. 그러면 대여섯 번은 빨리 돌려요. 그러면 멈출 거예요. 그리고 내가 "정지." 하고 말할 텐데, 그것은 당신에게 모든 것이 끝나고 다시 당

신이 정상으로 돌아왔다는 것을 뜻하는 거예요.

다해 : 알겠습니다.

최면자 : 자, 정지.

다해 : 으흠, 예.

다해에게서 공포반응의 징후를 보지 못했지만, 그것을 확인하고 싶었다.

최면자 : 지금 마음이 상당히 편했나요? 그림을 보고 있을 때 말이에요.

다해 : 약간은 불안했지만, 그리 심하지는 않았어요.

최면자 : 약간은 불안했지만, 그리 심하지는 않았다고요? 실제로 그것을 당했을 때처럼 불안하지는 않았다는 말이지요?

다해 : 예. 그렇지는 않았어요.

최면자 : 좋아요. 이제 내가 다른 것 또 한 가지 부탁할게요. 내가 그렇게 하라고 할 때까지는 내 말을 잘 듣기만 하세요. 내가 부탁할 것은, 이번에는 이 기계실에서 나가서 저 밑에 있는 관중석에 가서 앉아요. 그리고는 그곳에서 조금 전에 보았던 영화 즉, 당신이 들어있는 영화를 끝까지 보도록 해요. 마음이 더욱 편안해질 때까지요. 그리고 마음이 편안해지거든, 이번에는 그 영화를 끝에서 앞으로 거꾸로 돌려보는 거예요. 대여섯 번 그렇게 해요. 학교에서나 또는 다른 곳에서 영화를 거꾸로 본 일이 있나요?

다해 : 예.

최면자 : 지금 그렇게 끝에서부터 돌려 보아요. 이번에는 총천연색으로 보도록 해요. 그리고 영화를 아주 빨리 돌려서 1초 내지 2초 내에 한 번을 돌리도록 하는 겁니다. 그러니까 '훅' 하는 식이지요.

다해 : 알았어요.

최면자 : 그러면 지금 곧 그렇게 해보세요(다해는 숨을 깊이 쉬고 약간 몸을 떤다. 그리고는 '훅' 하고 말한다).

최면자 : 됐어요. (영화의) 다른 끝(쪽)으로 잘 빠져 나왔나요?

다해 : 예(웃는다).

최면자 : 그렇게 하는 동안 약간은 두렵기도 했지요? 안 그랬어요?

다해 : (고개를 저으면서 계속 웃는다).

최면자 : 됐어요. 그리고 두어 번 그것을 더 해주었으면 좋겠어요. 아주 빠르게 말이에요. 처음부터 끝까지 해요. 전체를 그렇게 해보세요.

많은 사람의 경우, 영화를 반대로 돌리는 것은 한 번만 해도 된다. 그러나 다해는 순간적으로 불쾌감을 느꼈으므로, 5-6회 반복하는 것이 도움이 될 것으로 생각하였다. 그 결과 다해의 반응은 많이 약해졌고, 끝에 가서는 약간의 한숨을 쉬었다.

최면자 : 이번에는 아주 빠른 속도로 한 번만 더해요.

다해 : 알았어요.

최면자 : 이번에는 아까보다 더 쉬었나요?

다해 : 음… 흠.

최면자 : 이제 다 했어요. 그만하세요.

다해는 눈을 뜨고 믿어지지 않는 것같이 보였다. 두 손으로 의자를 잡고 큰 소리로 웃었다.

최면자 : 잘 됐어요. 우리는 가끔 농담을 즐기지요. 농담은 골치 아픈 것들을

잠깐이나마 잊어버리게 하는 좋은 방법 중 한 가지죠. 누군가가 유머가 듬뿍 담긴 농담을 하면 웃음이 터져 나오지 않나요? 유머가 있는 농담은 신경이 쓰이는 것들을 잊어버리는 아주 좋은 방법이에요. 그래서 사람들은 그것을 즐기지요(내담자의 긴장을 풀어주기 위한 은유임). 다해씨, 이제 어떤 조그마한 생명체가 접근해 오는 것을 상상해 보겠어요? (손가락 하나로 벌 같은 것이 다해를 향해서 날라 오는 것 같은 제스처를 하면서).

다해는 잠시 숨을 멈춘다. 한순간 걱정스러운 것 같아 보이기도 한다. 그리고 생각에 잠기는 것 같다. 그러나 대화를 시작하기 전에 보였던 것과 같은 공포반응은 없었다.

다해 : 네.
최면자 : 어떻게 느껴지나요?
다해 : 음, 무어라 할까요(잠시 말을 중단했다가 웃음을 띠면서). 음….
최면자 : 아직도 그렇게 느껴요?
다해 : (밑을 보면서 약간은 놀란 듯) 아니요! (그녀는 웃으면서 손을 가슴에 댄다).

이것은 좋은 반응이다. 그녀는 의식적으로 자기가 오랫동안 고통을 받았던 반응(공포감)을 기대하고 있는 것이다.

최면자 : 그런지가 얼마나 되었지요?
다해 : 20년.

그녀는 20년이란 긴 세월 동안 공포반응으로 고통을 받아왔다. 이 반응은 불쾌하고 그녀를 압도하는 것이었다. 지금도 의식적으로는 강하게 그 반응을 기대하고 있는 것이다. 그리고 실제로 그녀가 느낀 것도 그것에 대한 의식적인 기대였다.

최면자 : 아… 그것은 끔찍하겠네요? 어때요?

다해 : (웃음을 띠면서) 그래요

최면자 : 이번에 진짜로 그런 것을 한번 경험해 봅시다. 한 마리가 날아와서 당신의 손이나 몸의 어떤 곳을 앉게 해 봐요(다해는 자신의 손을 내려다본다). 그런 광경을 상상할 수 있겠어요?

다해 : 흠흠… (그녀는 믿을 수 없다는 듯 고개를 가로젓는다).

최면자 : 어떻게 느껴지지요?

다해 : 음… (별다른 표정 없이 어깨를 으쓱한다). 마치 한 마리가 내 손에 앉아 있는 것 같아요.

최면자 : 그것 참 이상하지 않아요?

다해 : 예, 그래요! 왜 그런가 하면, 그 일이 있은 후 한 1년이 지났을 무렵 실제로 또 그런 일이 있었거든요. 한 마리가 날아와서 내 손에 앉았어요. 휴우!

최면자 : 그런데 이제는 다르지요. 안 그래요?

다해 : 예!(자기의 손을 다시 내려다보면서).

다해의 벌에 대한 비언어적 반응은 이 세션을 시작할 때에 비해서 끝날 무렵에는 크게 달라졌다. 다음 여름 동안 우리는 수차례에 걸쳐 그녀에게 벌을 보았느냐고 물어보았다. 실제 상황에서의 그녀의 반응이 어떠했는지를 알아보기 위해서였다.

그때마다 벌을 본 일이 없다는 것이 그녀의 답이었다. 우리는 유리단지에 벌을 10여 마리 넣어서 그녀의 집에 가져갔다. 비디오로 찍은 그때의 면담광경을 조사해 본 결과, 그녀는 벌이 들어있는 유리단지를 아무렇지도 않게 들고 벌들을 자세히 살펴보는 것이었다. 우리가 벌을 몇 마리 꺼내어 놓았을 때에도 그녀는 벌들이 날아가서 거실의 창에 붙어 기어오르는 것을 아무런 반응도 없이 바라보고 있었다. 벌과 같이 그녀가 집안에 있는데도 불구하고, 그로부터 5년 이상이 지난 지금도 다해는 벌을 본 일이 없다고 말한다. '벌은 확실히 내 주변에 있었을 것'이란 것을 그녀도 인정하면서.

이 방법은 한 개인이 즉각적으로 특별한 반응을 일으키는 어떠한 종류의 공포증에도 일관되게 효과가 있다. 곤충, 높은 장소, 어류, 뱀, 밀폐장소, 엘리베이터 등 넓은 장소 공포증에도 효과가 있긴 하였으나, 일반적으로 추천하는 방법은 아니다.

공포증이란 일반적으로 특정의 상황 또는 자극에 대해서 즉각적으로 일어나는 반응을 뜻한다. 그 외의 공포반응 예를 들어 불안anxiety 같은 것은 몇 분 또는 몇 시간에 걸쳐 서서히 일어난다는 점에서 공포증과 다르다. 이 방법은 불안 반응에는 효과가 적다.

이 방법은 공포증 외에도 공포증이라고 말할 수 없으나 불쾌한 기억에 대한 빠른 반응을 일으키는 다른 많은 문제에도 효과적으로 적용할 수 있다. 이 범주에 속하는 것으로는 과거의 사고, 확대, 극심했던 질병, 약물 중독, 전생경험 등의 넓은 외상적 반응을 들 수 있다.

2) 벌레 공포증

상수씨는 20대 초반의 남성인데 벌레공포증을 호소했다. 어렸을 적엔 벌레를 곧잘 만지곤 하다가 어느 때부터 거의 공포에 가까울 정도로 벌레를 무서워하게 되었는데, 그 시기는 본인도 전혀 모르는 경우였다. 상수씨는 남자인 자신이 벌레를 무서워하는 것이 창피하다고 했다. 원인은 모른다고 했다.

깊은 최면 테스트를 행한 후에 깊은 최면이 확인되어(확실한 이름망각), 실제 벌레가 자신의 앞에 있다고 심상화시킨 후에 벌레에 대한 공포심을 상승 시키고 나서 진행한다.

처음 나온 장면은 연관이 있는 시기의 장면이기는 하나, 직접적으로 연결이 되진 않아서 다시 좀 더 이전의 시기로 퇴행을 했다. 마침내 초등학교 5~6학년 즈음 곤충채집을 하던 장면으로 갔다. 최면 세션 후에 본인은 평소에 해당 사건을 떠올렸던 적이 전혀 없었다고 했다. 그때까지만 해도 벌레에 대한 공포는 전혀 없었는데, 문제는 당시 곤충채집 중에 잠자리를 잡았는데 그만 호되게 물려버리고 만 것이었다. 어린 마음에 많이 놀라서 집에까지 울면서 갔는데, 어머니에게 상처 치료를 받으면서도 계속 울먹였다고 했다. 그 정도로 당시에는 큰 충격이었던 것 같다.

상수씨에게 해당 충격을 완화시켜 준 후에, 그때의 충격이 그 이후에 벌레에 대한 두려움(물릴 것이라는)으로 발전되면서, 나중에는 벌레 자체를 굉장히 두려워하고 징그러워하는 데까지 진행하게 되었다는 것을 같이 분석하고 이해시켜 주었다.

다시 그 사건 이전 전혀 벌레를 두려워하지 않았던 시기로 퇴행시켰다. 해당 장면에서 할머니께서 메뚜기를 잡아 오셨는데, 그것을 가지고 한참 놀다가 결국 그 메뚜기를 구워서 먹기까지 했다. 그리고 손가락 앵커링을 사용해서 당시에 전혀 곤충을 무서워하지 않던 때의 감정과 기분을 걸어주고, 후에 다시 벌레를 두려워하게 된 시기로 옮겨서 해당 앵커링을 사용하면서 강력하게 연결을 시켜 주었다. 실제 해당 장면에서 본인이 전혀 벌레를 무서워하지 않는다는 것을 확인했다.

퇴행 초기에 행했던 벌레 연상 장면에서는 심상화 장면인데도 얼굴과 몸짓에서 벌레를 무서워하던 것이 여실히 드러났었는데, 최면분석 후에는 전혀 그렇지 않은 것을 확인했다. 그리고 본인 스스로 더 이상 벌레를 무서워할 필요가 없다는 것을 이해하고 말하게 했다. 표정과 어감에서 달라진 것을 확연히 느낄 수 있었다. 최면 각성 후에 다시 확인을 했다.

1주일 후에 그동안 본인이 벌레와 관련하여 어떤 변화된 경험을 하게 되었는지 확인해야 하고 이후에도 계속 확인을 해야 하지만, 일단 세션 자체만으로는 성공적으로 최면분석을 통한 원인 해결이 이루어진 사례라 하겠다. 만약 필요하면 1회기 정도만 더 세션을 진행하면 완벽히 치료가 될 수 있을 것이다. 현재로서는 1회의 세션으로 충분하다고 여겨진다.

3) 급성 불안발작

무엇인가 막연히 두려운 생각이 들고, 가슴이 두근거리며 가슴이 답답한 느낌이 주된 증세로 나타난다. 급성 불안발작은 일반적으로 밤에 많이 일어나며 5~10분 정도 계속된다. 그때 환자는 마치 죽을 것 같다고 느끼며, 이어서 호흡 곤란, 심계항진, 질식감, 떨림, 발한, 현기증, 입술 및 손가락의 지각 이상이 나타나기도 한다. 붐비는 인파 속이나 밀폐된 작은방 혹은 집에 혼자 있을 경우에 일어나기 쉽다. 이 증상의 소거를 위해서는 자율훈련법이 가장 좋다.

불안신경증은 자율기능의 부조화와 히스테리 사이에 밀접한 관계가 있다. 따라서 심신이완을 시키는 것이 불안, 긴장, 초조, 불만족, 욕구불만, 불안 심리, 생리적 악순환을 지지하는데 큰 역할을 한다. 임상효과의 메커니즘을 통해 확인되었다. 그것은 피질, 피질하 시상하부의 상호관계에 있어서 어떤 종류의 변화와 자율기능의 정상화가 일어나는 것으로 생각되고 있다.

실제로 훈련을 할 때, 최초의 무거운 느낌 연습 중에 수족의 근육이 언뜻 움직인다거나 통증과 비슷한 감각이 느껴지기도 한다. 이러한 현상은 연습에 있어 중추 신경 충동을 촉진하기 위한 것이라고 할 수 있다. 훈련을 계속하면 2~4주 안으로 현저하게 긴장이 가벼워져서 평온한 느낌을 가지게 되며, 증상이 대체로 호전된다.

표준훈련 후의 특수 암시로는 다음과 같은 것이 좋다.

"언제 어디서나 이완하고 있다. 어떤 것도 마음에 걸리지 않는다."
"이완에서 깨면 힘이 솟아 평화롭고 자유로운 상태에서 잠이 든다."
"경쾌한 기분으로 일에 몰두할 수 있게 된다."
"일이 재미있고 즐거워진다."

사례 1

39세의 기술자인 김씨는 기폐공포, 이차적 강박증상, 심리적 반응을 동반한 대단히 심한 불안신경증에 시달리고 있었다. 훈련을 시작하기 4년 전부터 불안이 더욱 심해져서, 사타구니 주변에 압박감을 느끼며 심장 부위에 통증을 느꼈다. 그 때문에 일을 계속할 수 없게 되자 사직까지 고려하였다. 그러나 생리적·심리적 검사로는 아무런 이상도 발견할 수 없었다. 10일쯤 지나서 5회의 면접을 하고 자율훈련법을 실시하였다.

그 결과 온감을 느끼게 하는 연습 때부터는 불안증상이 가벼워지기 시작하였다. 연습이 진행됨에 따라 폐소공포, 병적 반응이나 불안 징후가 없어졌고, 일도 활동적으로 할 수 있게 되었다. 여행도 혼자서 갈 수 있게 되었으며, 점차 안정되고 차분한 태도로 변해갔다. 대인관계도 좋아지고, 공연히 화를 내는 일도 없어졌으며, 진정제도 사용하지 않게 되었다.

사례 2

40대 초반의 직장생활을 하는 주부가 상담소를 찾아왔다. 그녀는 과거에도 많은 두려움을 가지고 있었지만, 최근 들어 알 수 없는 불안감에 심장이 두근거리고 인간관계가 더욱 힘들어지고 두려워진다고 하였다.

최면 전 상담에서 그녀는 그 원인이 과거 어린 시절 아빠가 술을 자주 드시고 가끔 폭력을 행사하였는데, 당시의 상처가 지금의 불안증의 원인일 것이라고 여겼다고 했다. 그동안 신경정신과 치료로 많이 호전되었는데, 최근의 갑작스런 불안의 원인을 도저히 알 수 없다고 하였다.

최면 세션에 들면서 깊은 이완과 트랜스 상태를 유도했을 때, 테스트 과정에서 경직은 통과하였으나 무통 테스트에서 아프다면서 최면에서 깨어났다. 그것도 좋은 반응이라고 안심시킨 후에 거기서부터 바로 다시 심화과정으로 들어갔다. 몸과 마음의 깊은 이완이 이루어지고, 심화를 더욱 깊이 하여 에스컬레이터 기법으로 최면 코마 상태에 들어갔다.

리그레션(퇴행) 과정에서 과거 두려움의 원인을 찾아 들어갔다. 6살 때 하늘이 청명한 어느 날, 그녀는 동생, 이웃집 친구와 함께 시골의 마당에서 공기놀이를 재미있게 하고 있었다. 부모님이 안 계신 터라 마음 놓고 마루에 있는 곡식을 짓밟는 등 집을 난장판으로 만들었다. 그런데 갑자기 검은 구두를 신은 건장한 남자들이 집에 들이닥쳤다. 그들은 아빠에게 빚을 받으러 온 사람들이었다. 졸지에 당한 일이라 그 두려움과 친구들 앞에서의 부끄러움은 어린 그녀를 절망의 상태로 몰아넣었다. 트랜스 상태에서 지금 어른의 모습으로 당시의 어린 자신을 바라보게 했을 때, 두려움에 주눅 들어있는 자신의 모습에 안타까움의 눈물을 흘렸다.

이 모든 과정을 새롭게 인식하면서 그녀는 그동안 남자들이 무리 지어 있는 곳에 가기를 싫어했던 자신의 삶을 이해하게 되었고, 어린 자신의 상처를 감싸 안아주면서 가슴에서 알 수 없는 불안과 두려움이 녹아내리는 것을 느꼈다.

4) 불안장애와 빙의 연관성

불안장애를 가진 분들 중에 유난히 동물령 빙의가 많다. 동물령 빙의는 인간령과 달리 인격적이지 않기 때문에 최면 세션 중에 말을 거의 안 한다. 그래서 최면으로 빙의 천도를 하려다 실패하는 경우가 많다. 빙의에 대해 정보가 풍부한 사람이라면 다룰 수 있다. 게다가 이런 경우 빙의령들이 거의 세션을 원치 않기 때문에, 의지가 아주 강한 경우를 제외하고 한번의 세션 후에 다시 잘 나타나지 않는다. 불안과 빙의령에 계속 지배를 받기 때문이다.

불안의 원인 때문에 빙의가 되기도 하고, 빙의 후에 불안이 생기기도 하는 등 이런 경우 서로 상보적 관계가 참 많다. 치유 역시 동물령을 제령해야 불안의 원인을 찾아 해결할 수 있고, 또한 불안의 원인을 다루어야 빙의령이 떨어져 나간다. 동시에 조금씩 함께 진행시켜야 한다. 이런 경우는 세션 전 상담 중에도 상담자에게 동물령이 옮겨 오는데, 어떤 경우는 너무 엄청 나서 세션 후에 상담자가 하루 종일 그 영만 정화하기도 한다. 어떤 경우에는 일이나 다른 세션을 못하는 경우도 많다.

동물령은 몸에서 아주 빠르게 옮겨 다니고, 여러 마리가 동시에 움직이는 경우가 많다. 때문에 인간령과 쉽게 구별할 수 있다. 인간령에 비해 크게 심리적인 영향을 주지는 않는 것 같다. 투시를 하면 동물로 보인다. 동물 여러 마리가 매우 빠르게 움직여 다닌다. 이런 경우 불안장애의 특성상, 내담자에게 빙의란 말을 하지 않는다. 최면자가 혼자 정화한다. 왜냐하면 빙의란 말 자체에 내담자가 공포와 불안을 크게 느끼기 때문이다.

불안이 모두 빙의령을 동반하는 것은 아니기 때문에, 이 글을 읽고 조금 불안을 느낀다 하여 스스로 동물령이 빙의됐다고 진단하거나 판단하면 안 된다. 빙의령을 동반하는 환자들은 아주 오랫동안 남몰래 자신을 억눌러온 그늘과 싸워온 흔적이 있다.

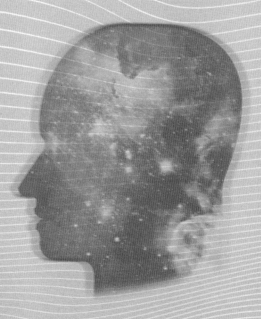

PART
5

강박장애

강박증이란

강박증은 일상생활에서 상당한 불편을 초래하고 시간을 소모하게 하는 반복되는 강박사고와 강박행동을 포함하는 불안장애이다. '난 강박관념이 좀 있어.' '저 사람 정말 결벽증이 있는 것 같아.' '강박적으로 일 처리한다.' 에서부터 '저 사람 지나치게 완벽주의자라니까.' '지나치게 결벽증세를 보인다.' '정리 안 된 것은 참지 못한다.'는 등의 일상적인 것까지, 강박증상은 우리들의 생활 속에서 흔히 접할 수 있다. 떨쳐버리고 싶지만, 시도 때도 없이 내 마음속에서 떠오르는 생각, 성가시지만 어찌할 도리가 없어 그 생각을 떨쳐내기 위해 뭔가 나름대로의 대책 세우기를 반복하게 되는 것, 그것이 생각일 때도 있고 행동일 때도 있다.

강박사고는 이렇게 침투적인 생각, 충동, 혹은 심상으로 오염에 대한 과도한 걱정이나, 공격적인 내용의 생각이 반복적으로 떠오르는 것이다. 한창 사춘기에 있는 남학생들이 성적인 상상 때문에 괴로워하는 경우가 있다. 그 정도가 심하면 학업을 지속하기 어려울 정도가 되기도 한다. 숫자 4는 죽음을 의미하는 숫자이기 때문에 숫자 4를 보거나 듣기만 해도 죽을 것 같은 공포를 느끼는 40대의 사업가가 있었다. 그는 숫자 4를 접하면 행운의 숫자 7을 7번 반복해서 중얼거려야 하고, 그에 따라 행동도 7번 반복해야 했다.

강박행동은 강박사고에 대한 반응으로서 일련의 공포스러운 사건들을 중화시키거나 방지하기 위해 반복하는 행동들이다. 일반적으로 강박행동은 오염에 대한 공포를 중화시키기 위한 과도한 씻기 행동, 잠재적인 위험 상황의 발생에 대비하기 위한 확인 및 점검행동 등이 있다. 그밖에도 위해를 피하기 위해 반복적인 행동을 한다거나, 균형을 맞추기 위해 정리를 한다거나, 생각으로 어떠한 의례적 행위를 하는 등 여러 가지 양상을 보인다. 티끌이라도 묻어 빨래가 더럽혀지면 큰 병에 걸릴지도 모른다는 걱정에 사로잡힌 주부는 여러 번 빨래를 해야 한다. 더러운 것이 묻을까봐 남이 만진 문고리도 만지지 못하는 여학생은 절대로 공중화장실을 사용하지 못한다. 정리되지 않은 책상에서는 집중이 되지 않는다는 고시생은 책상을 정리하느라 정작 공부를 할 시간이 부족하다.

이렇게 강박증상들은 내 의사와는 관계없이, 내 의식을 사로잡고 떠나가지 않는 불편한 생각과 그에 대한 반응적인 행동들을 말한다. 여기서 중요한 것은 이러한 생각이나 행동들이 즐거움이나 유쾌함을 유발시킨다면 이것은 강박증이 아니다. 강박증은 내가 떨쳐낼 수 없는 생각과 행동, 그로 인한 불편감과 고통을 느끼는 상태이다.

최면치료 기법 :
손톱 물어뜯기 증상을
중심으로

손톱 물어뜯기는 심각한 발달장애나 성격장애 또는 환상, 강박행동에 기인하는 것이 아니라면, 심한 코 후비기, 손가락 빨기나 머리카락 쥐어뜯기 등과 같이 대부분의 사람들이 성장과정에서 보여주는 습관이다.

소아과 연보 〈Pediatric Annals(1991)〉에 실린 내용을 보면, 6세 아동의 21%가 손가락을 빨고 있고, 1%가 머리카락을 쥐어뜯고 있으며, 10세 아동의 60%가 손톱을 물어뜯고 있는데 대개는 자라면서 이런 습관이 없어진다.

이런 행동은 일반적으로 정서적인 부담으로 인한 긴장을 감소시키고, 위안을 가져다주며, 가끔 집중력을 촉진하기도 한다. 이런 습관은 가족이나 다른 사람이 하는 행동을 따라 하면서 생기기도 한다. 다른 행동이나 태도와 마찬가지로 이런 습관도 자동적인 자극-반응의 순서로 진행되는데, 대부분의 경우 나이가 들면서 문화적인 표현방법이나 극복방법으로 대체되면서 없어지게 된다. Kohen(1991)은 아이가 걷기 시작하면서 기어가는 습관이 없어지는 것을 좋은 예로 들었다.

1) 증상

손톱 물어뜯기 등의 습관이 그 발생빈도나 사회심리적인 문제와의 연관성으로 보아서 강박장애가 아니라면, '아동과 청소년의 행동장애 및 정서장애'로 규정할 수 있다. 더 심하다고 해도 신경정신적인 증세에서 기인하는 것이 아니라면, '충동통제의 장애와 이상습관'으로 진단할 수 있다. 이런 습관이 오랫동안 지속되고 강도 높은 심리-신체적인 자극에 기인한다면 중독성이 있을 수 있다. 많은 사람들은 언제부터 자기에게 중독성이 생겼는지 전혀 모른다. 그리고 흔히 심한 자기비하를 하게 된다.

손톱에 만성적인 염증이 생기거나, 턱 모양이 비뚤어지거나, 머리에 염증이나 흉터가 생기기 시작하면, 이런 고질적인 습관을 치료해야 하겠다고 생각하게 된다. 성인이나 청소년은 신체적인 증상보다도 사회적인 이유(당혹감, 수치, 추한 모습)가 더 크게 작용하며, 어린아이는 대부분 부모가 치료해 주려고 한다. 처벌, 경고성 엄포, 충고 또는 민간요법 등은 아무런 도움이 되지 않았다. 치료가 시작되는 시점에 환자는 이미 상당한 긴장과 부담을 느끼고 있다. 환자의 자제하려는 노력이 이상한 극적인 행동(손을 감추거나, 남이 보는 데서는 글씨를 쓰지 않는)으로 발전하는 경우도 많이 있다.

사례 1

한 젊은 여자가 머리를 자주 쥐어뜯어서 생긴 흉터 때문에, 수영도 하지 않고 가발이 드러날 수 있는 모든 상황을 피했다. 그녀는 흉터가 드러나는 것이 두려워서 점점 더 혼자 있게 되었으며, 그래서 생긴 고독감이 다시금 머리를 더

많이 쥐어뜯게 하였다. 병이 진전된 상태에 따라서 치료의 범위도 확장해야 할 필요가 있다.

2) 치료적인 개입

(1) 라포(정신적인 유대감)

앞에서 서술한 거의 모든 행동은, 통제되지 않는 무의지적인 반응으로 트랜스 상상(증상 트랜스)에서 일어나고 있다. 이런 관점에서 다음과 같이 말할 수 있다.

    a. 이런 행동이 트랜스 상태에서 일어나고 있기 때문에, 최면으로 치료하는 것이 효과적이다.

    b. 이런 행동을 의지로 통제할 수 있게 하여 치료한다(통제암시).

    c. 동기부여와 정신자원 촉진 및 관점변화 등으로 성장과 관계되고 자신감을 강화하는 치료가 적합하다("나는 이제 다 자랐기 때문에 다른 방법이 있어.").

어린아이들에게는 성장과 관계되고 자신감을 강화하는 치료가 특별한 의미가 있다. Kohen(1991)은 언제나 어린아이와의 정신적인 유대를 강조하였는데, 그는 어린아이가 증상을 느끼고 설명하고 예상하는 것에 커다란 관심을 보임으로써, 어린아이와의 정신적인 유대를 만들어 내었다. 이로써 어린아이는 자기가 중요한 사람이고, 자기 말이 진지하게 받아들여지며, 어느 면에서는 자기가 이 방면에 '전문가'라는 생각을 가지게 된다. 이렇게 하여, 습관교정의 작업을 누가 실행해야 하는지를 명확하게 알려주는 치료의 첫걸음을 내딛게 된다. 흔히 환자들은 이런 습관이 자신이 아니라 '외부에서 조종'하는 것 같다는 체험을 가지고 있다.

(2) 습관형성에 대한 정보

내담자가 병에 대한 개인적인 이야기를 마치면, 내담자에게 병에 대한 설명과 자율신경의 조종에 대한 정보를 알려준다. 경험에 의하면 이런 정보가 내담자의 부담을 덜어주고 치료동기를 촉진하는 효과가 있다. 여기에는 병의 발생빈도와 발생원인, 그리고 구체적인 심리-신체 작용과 정신신경 프로세스에 관해서도 설명한다(예 : 자극-반응 구조와 자율조정의 조건화 프로세스 등). 아동에게는 아동의 수준에 맞는 방법으로 설명해야 한다. 예를 들면, 신경을 그림으로 보여주거나 아동이 흥미를 가질만한 질문을 하고 대답하게 하는 것 등이다.

치료자 : 경원아, 누가 너의 근육을 움직이는지 나에게 말해 주겠니?
아동 : 음, 내 머리인가요?
치료자 : 좀 더 자세하게.
아동 : 내 뇌입니다.
치료자 : 그러면 경원아, 네 뇌의 주인은 누구지?
아동 : 그건 저지요.
치료자 : 그래 맞았어. 경원아, 네가 바로 네 뇌의 주인이란다.

이런 대화 속에 자존감을 고양시키는 암시를 분산삽입 할 수 있다(예 :

"경원아, 너도 알다시피 너는 주인이야!"). 이렇게 함으로써 아동의 흥미를 돋우고 우쭐해지는 체험을 하게하며, 습관을 스스로 통제하고자 하는 암시를 간접적으로 전달한다. 여기에서 장애행동이 어떤 특정한 상황에서는(예 : 긴장을 풀어버리거나 내면성찰을 할 때) 도움이 될 수도 있다고 말해 줄 수 있는데, 이것은 이미 의식의 재구성reframing을 위한 새로운 의미를 도입하는 것이다.

(3) 치료동기의 명료화

"한번 생각해볼 수 있다."에서부터 "자신을 변화시키고 싶다."에 이르기까지 등급을 정하여(예 : 1~10까지), 내담자의 희망과 치료동기 사이의 불일치를 찾아낸다. 대부분의 불일치는 성공에 대한 부정적인 생각에서 비롯된다(Araoz 1993). 결과에 따라서 치료동기의 촉진, 긍정적인 비전과 자신감, 성장과 독립심에 대한 관심이 필요하게 된다. 변화에 영향을 미치는 무의식적인 면이 있다고 판단되면, 이데오모터법과 같은 손가락 신호로서 주저하는 일이나 절망 또는 동의를 나타내게 할 수 있다.

아동을 치료하는 경우에는 대부분 아동의 행동이 눈에 거슬려서 부모가 데리고 오기 때문에, 최면치료를 시작하기 전에 가족관계와 아동의 퇴행성향을 알아야 한다. 아동의 나쁜 습관이 부모에 대한 반항행동이거나 가족관계에서 생긴 다른 요인 때문일 가능성이 있기 때문이다. 이런 경우에는 물론 치료방법도 다르게 해야 하는데 아동 자신의 치료동기를 찾아내고, 아동의 독립심을 길러주며, 동시에 가족관계에 대한 체계적인 작업도 해야 한다.

불순종, 망각, 약속을 지키지 않거나 연습을 하지 않는 것 등은 나쁜 습관이 강화되는 표시이므로 이에 대한 작업을 해야 한다.

사례 2

11세 된 여자아이가 갑작스레 세종시로 이사 오면서 가족들과 헤어지고, 엄마와 둘이서만 살게 되었다. 얼마 후, 아이가 갑자기 속눈썹을 쥐어뜯기 시작하자, 엄마는 아이를 못마땅하게 생각했다. 자신의 나쁜 버릇을 없애고 싶다는 소망에 아이는 10점을 주었지만, 없앨 수 있을 것이라는 희망에는 1점을 주었다. 이런 결과는, 아이의 모든 생활(학교, 음악과외, 친구관계 등)을 엄마가 결정함으로써 아이의 감정은 고려되지 않고 있는 점과 일치하였다.

아이의 한 부분을 5년 전으로 퇴행하였더니, 지금과는 아주 다른 감정을 가지고 있었다. 엄마와 함께 있는 자리에서 아이는 처음으로 이사 온 것에 대해서 엄마에게 화를 내었고, 엄마는 자책하면서도 지금 세종시에서 사는 것도 잘된 일이라고 설명하였다. 그 후의 치료는 증상에 대한 치료와 병행하였는데, 아이의 한 부분을 5년 전으로 퇴행시켜서, 자기 의견의 독자적인 실현, 자기 의사의 관철, 갈등의 소화 그리고 사회성에 관한 치료를 중점적으로 다루었다.

Kohen은 나쁜 습관을 강화하는 관계, 예를 들면 가족관계가 심각하면 이것을 먼저 치료하라고 권유하였으며, 너무 어린 아동이나 심리적인 부담이 심한 이혼이나 사망이 있었던 직후에는 직접적인 증상치료를 뒤로 미루라고 권유하였다. 별다른 일이 없으면, 아동의 소망에 따라서 성장, 독립심, 우월감 등을 도입한다. 나쁜 습관을 극복하면 성숙하였고 자랑할 만하며

다 자랐다고 칭찬해 주고 자기 확인을 암시한다.

(4) 자기관찰

앞에서 서술한 습관장애와 주변 환경조건과의 연관관계를 보면 통제력 상실과 자책이 어떻게 악순환을 조장하고 '증상 트랜스'를 유발시키는 지 알 수 있다. Gilligan(1991)은 증상 트랜스와 일반 트랜스를 다음과 같이 구분하였다.

"증상 트랜스는 리듬이 급격하고, 흐트러지며, 딱딱하고, 반복적이다. 증상 트랜스에는 체험을 부정하려고 하거나 통제하고자 하는 욕구만이 심하게 작용할 뿐 전반적인 통합이 없다. 증상 트랜스는 분리 체험된다. '저절로 그렇게 됩니다.' 또는 '내 손이 혼자서 그렇게 움직여요.'라는 말이 이것을 명확하게 보여준다. 자기관찰과 자기관찰을 통해서 은연중에 얻게 되는 자기통제의 진전은, 정보-동기-변화의 순서로 진행되는 치료의 첫걸음이 된다. 이로써 환자는 원하지 않는 자기행동에 대한 책임도 자기 자신이 지게 되는 것이다."

사례 3

28세 된 라디오 아나운서가 자기 손톱을 심하게 물어뜯고 있었다. 그녀는 동료들이나 인터뷰 상대자가 자기의 망가진 손톱을 보지 못하게 감추느라고 무진 애를 쓰고 있었는데, 그 때문에 도움을 청하려고 찾아왔다. 처음에 그

녀는 자기관찰을 한 노트를 자주 잃어버리거나 그 내용을 기억하지 못했다. '증상 트랜스'에 대해 설명해 주자, 그녀는 이 치료방법의 중요성을 깨닫게 되었다. 행동치료 방법에서 자주 서술하듯이 자기관찰은 이미 증상을 뚜렷하게 개선시킨다.

자기관찰이란 발생하는 증상을 철저하게 기록하는 것과 경우에 따라서는 그 심한 정도, 기간과 중단 전략(언제 충분하다고 생각하였고 언제 포기하였는지)을 구분해서 기록하는 것을 말한다. 이렇게 해서 서로 다르게 느껴지는 증상의 차이와 증상을 유발하는 스트레스에 대해서 알 수 있고, 이런 정보를 후최면 암시나 행동치료에 활용할 수 있다. 여기에서 긍정적인 변화에 많은 관심을 보여야 한다. 감탄과 피드백은 중요한 치료요소들이다. 자기관찰의 묵시적인 효용원리를 요약하면 다음과 같다.

- 행동의 수용과 책임의 인수
- 자기효력, 자기통제
- 자각과 자기 판단의 구별
- 스트레스 요인과 신호자극을 알아내는 것

최면이 신비롭다는 생각을 버리게 하고, 치료방법의 하나임을 인식시키는 것도 의미 있는 일이다.

(5) 최면개입

치료목표가 달성된 후의 모습(머리가 자랐다거나 손톱이 깨끗해진 미래의 모습)

을 미리 상상해보는 것은, 앞으로 있을 모든 치료과정에 도움이 된다. 최면으로 내담자의 마음을 평안하게 하고, 기분 좋은 장소나 작업으로 유도한 후에 내담자에게 치유된 자신의 모습을 떠올리게 한다. 치유된 자신의 모습이 떠오르면, 어떤 모습인지 자세히 바라보면서 마음속에 어떤 느낌이 있는지 느껴보게 한다. 구체적인 감각에 대해서 물어 보는 것(예 : "이 순간에 당신의 손은 무엇을 하고 있습니까?")이 체험을 더욱 실감 나게 한다. 또한 새로운 행동에 감각을 결부시킨다(예 : "어떤 색이나 음악이 여기에 알맞지?" "이 행동에 어떤 느낌이 들지?" 등). 그리고 새로운 모습에 대한 주변 사람들의 반응도 최면으로 개입시킨다(예 : "주변 사람들이 뭐라고들 하지?" "너의 새로운 모습이 다른 사람들에게는 어떻게 보이지?" "어떤 작용을 하지?" "새로운 너의 인생은 어떻게 변했지?"). 그리고 최면으로 자신감의 확인과 자기 통제력과 성숙함을 강조한다.

(6) 고정행동방식 깨트리기

시술하기 쉬우면서도 강력한 효과가 있는 방법으로 '느린 동작기법'이 있다(Kochen 1991). 느린 동작기법은 다음의 단계로 진행된다.

a. 무의식적인 동작을 의식적으로 실행하게 하는 것

b. 동작의 의식적인 조작

c. 변화된 행동의 재통합

d. 자기최면 연습

a. 내담자에게 무의식중에 습관적으로 하고 있던 동작(예 : 손이 입이나 머리로 올라가는 것)을 의식적으로 해보라고 한다(예 : "네가 어떻게 하는지 한번

보여 줄래?" "어떤 느낌이 있는지 살펴봐.").

b. 손이 입이나 머리에 닿기 직전에 동작을 정지시키고 처음부터 천천히 느린 동작으로 다시 하게 한다. 이번에도 손이 입이나 머리에 닿기 직전에 정지시키고, 주의를 집중하기 위해 내담자의 눈을 감게 한 후에 정지된 자세에서 천천히 손을 다시 내리게 한다. 임상경험에 의하면, 내담자에게 스스로 정지할 순간을 결정하게 하는 것이 효과가 있었다.

c. 이로써 트랜스 상태에서 무의식적으로 손이 부상하는 것과 비슷한 상황이 되어서, 정지한 손으로 다른 물건을 잡게 하거나, 두 손을 맞잡게 하거나, 손가락을 튕기게 하는 행동으로 유도할 수 있다.

d. "너의 손이 이 위치에 도달하면 너는 손가락을 튕기면서 깨어날 수 있다. 그리고 '나는 다른 일을 할 수 있어.'라고 말한다. 그러면 치유된 너의 모습이 나타나면서 만족스러운 기분을 느끼게 될 것이다."

사례 4

책을 읽을 때마다 머리를 쥐어뜯던 12세 된 소녀가 느린 동작연습을 며칠 동안 적용한 후에 벌써 그 효과가 나타나기 시작했다. 손이 머리로 올라갈 때마다 강력한 자기력이 작용해서 손을 멈추게 하였다. 이런 아이디어는 소녀가 손을 멈추는 동작을 배울 때 생각해 내었던 것인데, 증상치료에 매우 도움이 되었다.

이와 같이 고정행동방식을 깨트리는 것은 다음과 같은 이유에서이다.

- 팔의 카타랩시가 일어난다(마치 전기가 나간 것처럼 갑작스런 정지).
- 자명종 소리나 호루라기 소리와 같은 청각적인 요소의 도움이 익숙해진 고정행동방식을 깨트린다. 근본적으로 내담자의 아이디어와 직관적인 발상을 활용한다.
- 머리 가려움증을 방지하기 위해서 혈액순환을 좋게 하거나, 차갑다는 암시를 한다.
- 행동하려는 순간에 치유된 모습(머리가 자라나 있는 모습이나 깔끔한 손의 모습 등)을 떠올린다. 이 방법은 NLP의 SWISH 기법인데 가끔 놀랄 만큼 빠른 효과를 나타낸다. NLP에서는 부정적인 이미지를 긍정적인 이미지로 덮어 버린다.

(7) 자기치유자원의 활용

가족관계나 내담자의 과거에 강한 역동적인 내용이 있으면(사례 2. 속눈썹 쥐어뜯기 참조), 재구성작업Reframing이나 간접적인 최면치료방법을 우선해서 사용해야 한다.

어린이나 성인에게 모두 적용할 수 있는 '분리작업'이 있는데, 내담자의 증상을 대표하는 한 부분과 성장과 변화 및 성공을 바라는 다른 한 부분으로 분리하는 작업이다(예를 들면 왼손과 오른손). 세부적인 개입은 다음과 같이 한다.

① 행동모델

먼저 긍정적인 의도로 '증상부분'에게 임무를 물어본 후에(예 : "너는 왜 거기에 있니?"), 이 임무를 받아들이고 '정신자원 부분'과 타협해서 새로운 것을 만들어 낸다. 예를 들면 강한 부분이 약한 부분에 힘을 보태어 도와주는 것이다. 이데오모터의 손가락 신호를 통해서, 또는 두 손으로 나타내는 인형들 사이의 대화를 통해서, 다음과 같은 암시로 한 부분이 다른 부분을 도와주게 할 수 있다.

"네가 충동을 느끼게 되면 언제나 도와주는 손이 나서서 올라가려는 손을 다시 내리고 편안하게 한다. 올라가던 손은 금방 기억해내고 '아프게 하지 마.'라고 말한다."

사례 5

사례 2 소녀의 경우 (쥐어뜯는) 왼손이 현재를, 오른손이 좋았던 과거를 나타내게 하였다. 왼손은 현재를, 오른손은 과거를 말하면서 서로 어려운 타협을 한 결과, 트랜스 상태에서 좋았던 과거 부분(오른손)이 섬광을 통해서 현재의 부분(왼손)에게 "예전의 N.이 필요로 했었던(오늘의 N.은 이미 알고 있는) 모든 지식을 전달해 준다."라고 암시하였다. 아이는 증상이 있는 손(왼손)이 매우 뜨거워지면서 무언가 달라졌다고 느꼈다. 그 후로는 증상이 아주 드물게 나타났다.

② 재구성Reframing

의미의 재구성과 맥락의 재구성으로 구분되는 활용 프로세스를 적용한다. 먼저 자발적인 행동태도 요소를 확인하고, 그 속에 내포되어 있는 능력 내지 자원을 찾아낸다. 이어서 이 능력으로 표현할 수 있는 많은 다른 가능성을 찾아낸다(의미의 재구성). 그 다음에 이런 표현을 다른 새로운 맥락에 도입한다(맥락의 재구성).

29세 된 여성 내담자가 10년 전부터 스트레스가 심하면 머리카락을 쥐어뜯고 있었는데, 증상에는 비하감과 거부감이 함께 연관되어 있었다. 트랜스 상태에서 정확한 행동태도 요소와 체험요소를 찾아본 결과, 증상의 의미 중에 자기분리 능력과 자기과시 능력이 있음을 알게 되었다. 내담자가 뽑혀진 머리카락의 뿌리를 보고 있으면, 마치 곡식을 수확한 것과 같은 만족감과 자부심을 느끼는 것이었다. 이런 만족감과 자부심을 그녀는 자기가 그린 그림과 대학 입학 수능성적 그리고 거실 꾸미기에서도 느끼고 있었다(다른 표현 가능성). 자신을 분리하는 능력도 다른 맥락에서 도입할 수 있었는데, 치과에서 치료받을 때 방어기재로 사용하였다.

③ Time-line 작업

Time-line 작업에는 분리, 관점변화와 정신자원 전달이 포함된다. Time-line 작업은 연령퇴행과 미래진행을 뜻하는데, 예를 들어 미래로 가서 해결방법을 탐색한다거나 과거에서 찾아내는 것이다(예 : "아직 이런 습관이 없었던 과거의 한 시점으로 가라." "지금 어디에 있니? 너는 무엇을 하고 있지? 네가 어떻게 한 거니?" "머리를 쥐어뜯고 싶을 때 너는 무엇을 하였니?"). Time-line은 상상 속의 장소에서나 상담실 안에서도 시간을 연결하고 있는 끈으로서 이미지화할 수 있다.

다음은 미래진행에 대한 유도문이다.

"너의 이런 습관이 모두 치유되어서 까맣게 잊어버렸거나 아주 가끔씩만 머리를 쥐어뜯는 미래의 한 시점으로 가거라.

기분이 좋지?

이런 좋은 기분을 마음껏 즐겨라.

너의 마음 깊은 곳에서는 어떻게 치유할 수가 있었는지를 알 수 있다.

이런 습관을 버릴 수 있었던 정확한 시점을 알 수 있고, 무슨 일이 있었으며, 어떻게 네가 성공할 수 있었는지를 나는 잘 모르지만 너는 알 수 있다.

어렴풋이 잘 생각나지 않더라도, 너의 마음 깊은 곳에 있는 너의 한 부분은 알고 있다."

미래진행 속에 내담자가 선호하는 미래상을 섞어 넣는다.

"내가 나에게 스스로 물어보지만, 네가 습관을 버린 것이 분노가 치밀어서가 아니니?

아니면 낡은 것을 버리고 싶었거나, 성숙해지고 독립하고 싶었던 것이 아니니?

그것도 아니면 단순히 긴 머리카락을 가진 소녀가 되어 즐기고 싶었거나, '나는 여자 아이니까.' 하는 생각이 들었니?"

④ 인지적인 콘셉트의 강화

지성에 호소하는 방법이다.

"예전에는 네가 가려울 때 너의 신체와 두뇌가 바르게 행동한 것을 이해하고, 이제 이런 나쁜 습관이 아무런 소용이 없다는 것을 안다면…."

나쁜 습관과는 의식이나 상징적인 행동을 통해서, 또는 Jettison기법으로 결별하게 한다. Jettison기법은 가렵거나 벌레가 기어가는 것 같은 느낌을 한 손바닥에 돌아다니게 하다가, 주먹을 움켜쥐고 1, 2, 3 하고 세다가 3에서 손을 활짝 펼치고 그 느낌을 우주 공간으로 날려 보내는 것이다.

은유 : 앞에서 서술한 치료방법들과 병행하여 아동 내담자(증상에 대해 양가감정을 가지고 있는)와 성인 내담자에게 성장은유를 활용할 수 있다. 성장은유는 꽃이나 채소를 심거나 씨를 뿌리는 이야기에 다음과 같이 분산, 삽입하는 방법으로 할 수 있다.

"마치 손톱이…
머리카락이 자라나는 듯이…
꽃이 흙 속에 뿌리를 내리고 굳건히 서 있는 것을 배우면서…
점점 더 피어나고 강해지며…
특히 꽃들이 촘촘히 심어져 있고…
건강하면 정원사에게 기쁨과 자랑을 안겨 줄 것이다."

성장은유에 사용하는 식물은 잘 자라는 것이어야 하고, 심는 장소도 아동이 쉽게 접근해서 돌보아 줄 수 있는 곳을 선택해야 한다. 성장은유 외에도 다른 내담자들이 성공한 사례나 이야기를 들려줄 수 있다.

사례 7

13세 된 소녀가 텔레비전을 보고 있거나 잠이 들기 전에 심하게 머리카락을 쥐어뜯었는데, 소녀도 이런 자기 자신에게 몹시 화를 내고 있었다. 소녀에게 중국의 풍습처럼, 자기가 뽑은 머리카락 한 개마다 한 가지 소원을 생각해 내라는 과제를 주고, 앞으로 이 소원들이 어떻게 되는지 살펴보라고 하였다. 이것이 가족의 갈등과 학습 성과에 적중했다. 치료 중에 가족들이 공동보조를 맞추는 작업을 하였다. 개선된 자각의식과 통제할 수 있다는 느낌이 스트레스 감소로 이어지면서 유발자극을 현저하게 감소시켰다.

Erickson은 손가락을 빠는 아이에게 공정성을 강조하면서, 모든 손가락을 같은 시간 동안 빨게 하여 치료한 사례도 있다(Watzlawick 1982). 다른 사례에서 Erickson은 아이의 부모에게 손톱이 어느 정도 자라면, 아이가 물어뜯을 시점이 되었다는 것을 알려 주어서 치료하였다(O'Hanlon 1994). 또 다른 사례에서 Erickson은 부스럼 딱지를 긁는 소년에게 소년이 정원 일을 해야 하는 시간에 특정한 문장을 반복해서 쓰게 하여 치료하였다. 정원 일은 소년 대신에 그의 아버지가 하였다(O'Hanlon 1994).

3) 적응증과 기피증

앞에서 서술한 치료방법이 내담자에게 해가 된 경우는 아주 드물었다. 증상이 환상의 일부이거나, 정신병자나 성격장애자 또는 정신외상 후유장애자가 가지고 있는 강한 자기파괴적 요소의 일부인 경우는 여기서 제외된다. 치료의 성공은 적합한 치료 시기를 선택하는 것과 (강한 치료동기, 방해요인의 발생 가능성, 성공할 것이라는 생각 등을 감안하여) 증상의 의미 또는 유발요인에 크게 좌우된다.

앞에서 서술한 대부분의 치료방법들은 행동치료법에 가깝다. 최면치료 요소를 어떻게 다른 치료기법과 통합할 수 있는지를 HRT(Habit Reversal Training) 기법을 예로 들어 설명하고자 한다. HRT 기법에서 (나쁜 습관으로 인한 손해와 긍정적인 변화를 노출하는) 자기관찰 단계가 지나면 치료동기를 강화하는 것이 중요한데, 여기에 최면의 미래진행과 긍정적인 미래상을 접합시킬 수 있다.

Competing Response Training 기법에도 최면이 좋은 보완역할을 할 수 있다. 예를 들면, 내담자에게 손톱을 물어뜯는 대신에 전혀 다른 동작을 하게 한다. 몇 분 동안 주먹을 쥐고 있다든가, 손을 곱게 치장한다든가, 물건을 잡고 있거나 누르고 있게 한다. 아동들은 놀이를 하면 별도의 최면유도가 없어도 트랜스 상태로 들어가기 때문에, 놀이치료를 하면서 최면치료를 할 수 있다. 놀이를 하면서 어린이에게 치료동기를 조성해 주고, 자주 아이디어를 생각해 내게 하며(예를 들면, 아동과 같은 문제를 가진 놀이 속의 주인공이 아동으로부터 조언을 구한다거나 하는 방법으로), 행동의 변화와 통제에 대한 직접적인 암시를 줄 수 있다.

4) 임상증명

손톱 물어뜯기와 머리카락 쥐어뜯기 같은 습관의 최면치료 효과에 대해서는 Kohen과 Ollness(1996)가 조사하였다. RMI(Relaxation through Mental Imagination) 콘셉트에 따른 자기최면으로 내담자의 82%가 현저한 증상의 호전을 보였고, 48%는 완치되었다.

앞에서 서술한 최면치료 방법들은 아동과 성인의 손톱 물어뜯기와 머리카락 쥐어뜯기 등의 습관을 없애는데 효과가 있다. 이 방법들은 다른 치료 방법들과 통합해서 치료하는 데에 사용할 수 있으며, 이로써 내담자에게 가장 적합한 치료방법을 찾아낼 수 있을 것이다. 가끔 치유가 놀라울 정도로 빨리 진전되어, 치료과정이 모두 끝나기도 전에 완치되는 경우도 있었다. 특히 자기 스스로 습관통제 아이디어를 생각해 내는 아동에게 이런 빠른 치유가 나타났다. 성인에게는 은유적인 이야기와 상징을 통하여 치료한 내담자들에게 가끔 이런 빠른 치유가 나타났다.

우리들의 경험에 의하면 치료 시작 시점이 치유에 큰 영향을 미치는데, 내담자가 치료를 시작하게 된 동기와 계기가 치료에 결정적인 역할을 하게 된다. 내담자가 일상생활에서 받고 있는 정신적인 부담이나 나쁜 습관이 대체행동으로서 내담자에게 도움이 되고 있는지에 대해서도 알아보아야 하며, 내담자의 신경정신적인 이상여부에 대해서도 검사해야 한다. 특히 내담자의 신경정신적인 이상여부에 대한 검사는 소홀히 하기가 쉽다.

최면자는 내담자의 이견이나 고통 또는 유발자극과의 관계 등을 간과하여, 내담자에게 실패나 헛수고 또는 영향력 부족과 같은 경험을 다시 불러일으키지 않도록 최대한으로 노력해야 한다.

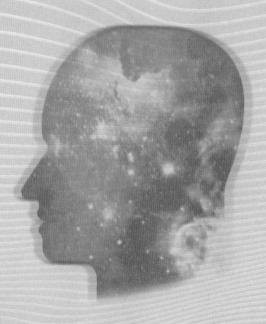

6
PART

외상 후
스트레스 장애

장애증상

1) 급성스트레스 증후군

스트레스를 유발하는 상황에 직면하게 되면 신체는 특별한 대비 에너지를 가지고 반응시스템으로 들어가는데, 의식이나 무의식은 도망을 가거나 (상황을 피하거나) 또는 문제에 대응하여 해결하려고 한다. 생리적으로는 뇌하수체 활동, 부신피질 활동, 부신수질 활동과 이에 상응하는 부수적-자동적인 생리 프로세스가 현저하게 증가한다. 여기에 속하는 것으로 맥박수, 근육긴장, 혈압이 있다. 맥박과 호흡이 가속화되고 아드레날린과 다른 활성 호르몬이 분비된다. 스트레스 속에 있는 사람은 땀이 많이 나고, 혈액순환 장애와 위장 장애, 두통과 불면을 호소한다. 이런 현상들을 부정적으로 평가하게 되면, 근심과 흥분이 많아지고 이로써 정보처리작업에 불리한 영향을 주게 된다.

2) 만성스트레스 증후군

계속되는 스트레스와 일상화된 부담은 우울증이나 신경쇠약과 같은 과부하 증상을 보이거나, 신체적 또는 정신적인 질병을 악화시키거나 치유를 어렵게 한다. 스트레스가 계속되면 과도기와 휴지기에도 몇 가지의 호르몬 반응과 자율반응이 달라진다. 면역억제와 심인성 신체장애(궤양, 고혈압, 두통, 위점막염)와 일련의 다른(대부분 계속되는 부신피질호르몬Corticosteroid에 기인하는) 장기손상이 생기게 된다. 소극적으로 대응하게 되면, 주로 창자 시스템과 면역 시스템에 손상(예 : 십이지장염과 천식)이 생긴다. 계속해서 별 효과도 없는 적극적인 극복시도를 하게 되면, 주로 심장혈관 시스템과 근육 및 평형감각 기관에 손상이 생긴다.

2 치료개입

1) 문제분석

문제분석에는 증상의 파악과 스트레스와 결부된 스트레스 부하와 스트레스 작업요인 간의 관계(스트레스 유발인자)에 대한 파악, 그리고 개인적인 요인(높은 요구, 완벽주의, 실패에 대한 두려움)에 대한 파악이 포함된다. 체험의 여러 다른 면에서 스트레스 반응(증상)이 어떻게 보이는지, 이때 정확하게 어떤 체험(두려움, 절망, 외로움, 슬픔)을 하는지, 증상이 바로 느껴지는지 아니면 나중에 오는지, 스트레스 결과가 급성인지 만성인지, 스트레스를 예고하는 경고신호를 알 수 있는지, 현실적인 치료목표는 어떤 것인지, 극복에 불리한 전제조건이 되는 결핍행위(예 : 사회적인 능력결핍, 결핍된 학습기법)가 있는지 등을 먼저 알아내야 한다. 여기에 트랜스 연습을 활용할 수 있고 또한 이런 사실들에 맞추어서 트랜스 연습을 해야 한다.

2) 일반자원의 활용

스트레스 상황 전이나 도중에 하는 트랜스 체험 자체가 필요한 내면 자유와 안정과 거리감을 유발하며, 상황의 의미를 상대화하고, 해결을 쉽게 한다. 이로써 신체-감정적인 과잉작용을 방지하고, 긍정적인 자존감(일반적인 능력과 자기효용감에 대한)과 긍정적인 예상을 고무시킨다.

내담자를 유도하여 내담자가 쉽게 기분 좋은 경험을 할 수 있는 상황으로 간다. 예를 들면, 특정한 사람과 함께 해변을 산책하거나, 등산을 하거나, 조용한 호숫가에서 쉬거나 하여 동화의 세계로 들어가는 것이다. 이런 체험을 하면서 어떤 느낌이 있는지 물어본다(기분 좋은 느낌을 포함해서 모든 감각에 대한 느낌을 물어본다). 의식적으로 적합한 상황과 경험을 찾아내거나, 적합한 상황의 선택을 보다 무의식적으로 하게 놓아둔다.

내담자가 이미지 속에서 자신의 자원을 활성화하도록 인도한다(아래 '일반자원에 대한 연습' 참조).

연습 : 일반자원

평안 유도 : "편안한 자세를 취하십시오. 그리고…"

자원이 되는 장소를 이미지화한다(모든 감각으로 즐긴다).

"다시 되돌아가보고 싶은 기분 좋은 기억이나, 단순하게 모든 것을 놓아 버리는 이미지는 아무나 가지고 있는 것은 아닙니다.

아마 이 장소(미리 정한 특정한 장소)에서는 가능하겠지요. 이런 이미지가 벌써 시작되었을 수 있습니다.

기분 좋은 느낌이 온몸에 번져 나가고, 그곳에 있는 것이 이미지화 됩니다.

주변을 둘러보면 갖가지 소리들, 어쩌면 사람의 목소리도 들을 수 있습니다.

냄새가 나거나, 피부의 온도와 자신이 움직이는 것을 느끼거나(위에서 말한 감각들) 아니면 그냥 편안하게 있습니다."

심신이완에 대한 암시로 경험을 심화시킨다.

"이런 편안하거나 안온한 느낌이 온몸으로 퍼져 나갑니다. 어쩌면 뱃속으로, 손으로, 어쩌면 눈 가장자리로, 뺨으로, 얼굴에서 목덜미로, 어깨로, 아래로 내려가서, 상체에서 더 아래로 내려가서 하체에까지….."

이런 기분 좋은 경험이 어떤 느낌을 가져다주는지 물어본다(예 : 평안, 벗어난 느낌). 그리고 이런 느낌을 계속 번져 나가게 한다. 그러면서 경험을 심화시킨다.

"이렇게 보고 듣고 느끼면서 당신이 어디에 와 있는지 알 수 있습니다. 지금 당신은 어디에 와 있습니까?"

(내담자의) 자원경험을 앵커링 할 수 있다. 예를 들면, 심화된 경험을 하고 있으면서 엄지와 둘째손가락을 서로 붙이는 동작으로 앵커링 한다. 앵커링을 심화시키기 위해서 손가락을 두세 번 붙였다 떼었다 한다. 무의식이 이런 경험을 일상생활에서 활용할 수 있게 암시해 준다.

"이런 편안하고 모든 것을 벗어 던진 경험을 무의식 속에 가지고 계십시오. 당신의 무의식이 이런 경험을 일상생활 속에서도 가지고 있으면, 아마도 무엇인가 달라지는 아이디어가 벌써 생겼을 것입니다.
무의식이 일상생활 속에서도 가지고 있으면….."

각성 : 내담자는 이 트랜스에서 무엇을 얻었나?

"당신이 천천히 깨어나는 동안에 당신의 무의식은 이 경험을 일상생활 속에서 어디에 접목할 수 있을 것인지, 그래서 짧은 여행으로 휴식과 신선함을 느낄 수 있을 것인지를 생각해 봅니다. 이 시간, 당신이 이제 크게 심호흡을 하면서 팔을 내 뻗으면 당신은 깨어나게 됩니다."

3) 긍정적인 자기암시의 개발

스트레스와 직면해서 생기는 생각들은 상황과 자신의 태도에 대한 견해를 보여준다. 이런 생각들은 스트레스를 촉진하거나 약화시키기도 한다.

"무엇이 당신에게 그 상황을 그렇게 중요시하게 합니까?
그 상황에서 당신이 심하게, 아니면 약간 덜 심하게 시달리는 시간(순간)이 있습니까?
어떤 생각이 당신의 흥분과 결부되어 있습니까?
내면적으로 어떻게 하면, 당신의 스트레스가 더 심해지게 됩니까?
당신이 자신을 더 많이 믿을 수 있다면, 그 상황을 달리 우회해 갈 수가 있습니까?
상상을 하기 위해서 당신은 어떤 생각을 해야 합니까?"

스트레스를 심화시키는 혼잣말은 보통 "나는 더 이상 견딜 수 없어" "나는 결코 해낼 수 없어." 등이다. 치료목표는 근원이 되는 역기능적인 생각

(예 : "나는 완벽해야 한다.")의 배경을 물어보고, 긍정적으로 발전시켜야 한다(예 : "실수는 누구나 한다." "나는 내가 할 수 있는 것만 한다."). 가능한 대로 많은(현실적이면서 부담이 적은) 대체 자기설명과 생각을 개발해 내어야 한다. 어디까지 도전할 수 있고, 후속체험을 할 수 있는지 시험해 보는 것이 좋다.

연습 : 재구성

a. 내담자를 트랜스에 들어가게 하고, 조용한 휴식장소로 유도한다.
b. 이미지를 변화시킨다. 내담자가 모든 감각을 통해서 스트레스 상황을 체험하게 한다. 가능한 한 상황이 많이 진행되게 한다. 결정적인 순간에 생기는 감정에 유의한다(예 : 분노, 지루함, 짜증, 절망 등).

"마치 TV 채널을 바꾸듯이 당신은 장면을 바꿀 수가 있습니다.
앞으로 다가올 스트레스 상황으로 바꾸십시오.
그리고 불안을 보고, 듣고, 느끼십시오.
그리고 이런 불안을 불러오는 당신의 생각에 유의하십시오.
당신은 이런 불안의 배후에 숨어있는 생각과 이미지를 지각할 수 있습니다."
(이 때 트랜스 상태에서 그 생각과 이미지에 대해 물어본다).

c. 내담자가 스트레스 상황의 생각과 이미지(치료자가 미리 말해 준)를, 도움이 되는 대체생각과 느낌과 행동자세로 긍정적으로 바꾸는 체험을 하게 한다. 대화가 가능하면 치료개입의 성공에 대해서 물어보고, 경우에 따라서는 수정한다.

"당신은 이제 스트레스 상황에서 있었던 이런 생각들이 점점 사라지고, 도움이 되는 다른 생각들이 떠오르는 것을 느끼게 됩니다. 어쩌면 기분 좋은 목소리를 기억해내는 듯이(여기에서 긍정적인 생각을 말해준다), 무엇이 달라졌는지 한번 확인해 보십시오.

d. 내담자를 조용한 휴식 장소에 인도하여 얼마 동안 머물게 한다.
e. 트랜스를 끝낸다. 내담자가 체험한 것에 대해서 이야기를 나눈다.

4) 특정자원의 활용

긍정적이고 성공적인 체험에 대한 기억을 현재의 어려움을 극복하기 위해 사용할 수 있다. 이런 기억들에는 동기, 호기심, 확고부동, 후속체험 그리고 다른 많은 것에 관한 기억들이 포함될 수 있다. 당면한 스트레스 극복을 위한 이런 능력과 숙련의 인지도식에 접근하는 데에, 최면이 그 목적에 적합하게 사용될 수 있다. 여기에서는 당면한 상황에 대한 기대실력을 향상시키고자 노력한다. 내담자와 함께 상황을 분석하고, 내담자가 문제 상황을 극복하기 위해서는 어떤 능력과 실력이 있어야 하는지를 알아낸다.

"이 문제를 만족스럽게 극복하기 위해서 당신은 어떤 능력이나 솜씨가 필요합니까?
이런 상상을 한번 해 보세요.
밤사이에 요정이 찾아와서, 당신이 상황을 극복할 수 있게 당신을 변화시킨다고 상상해 보세요.

요정이 당신에게 어떤 능력을 줄까요?

안전감입니까?

쾌활함입니까?

느긋함입니까?

아니면 자제력입니까?"

내담자의 대답(예 : "불안이 적어지는 것")을 현실적이고 긍정적인 방향의 목표설정(더 많은 자신감, 수용 등)으로 수정한다.

"당신은 일생 중에서 언제 이런 자신감을 경험하였습니까?"

"이런 경험에는 어떤 것이 포함되어 있습니까?"(하위감각을 말하게 한다).

내담자가 정신자원을 이미지화하도록 인도한다.

연습 : 특정자원

평안 유도 : "편안한 자세를 취하십시오."

유사한 극복경험을 활성화한다(모든 하위감각으로).

"당신은 이런 경험을 알고 있습니다(위에서 서술한 특정한 실력).

당신은 이제 이런 경험을 마음속에서 다시 한 번 활성화하고 지각할 수 있습니다."

여기에서 모든 하위감각을 통해서 지각하게 한다. 정신자원을 가능한 대로 청각적이고 촉각적으로 앵커링한다. 최면자는 자신의 머리를 내담자가 촉각적으로 앵커링하는 쪽으로 돌리면서 말한다. '일반자원 연습' 때와 같이 한다.

"이제 이미지를 바꾸십시오.

스트레스 상황을 모든 하위감각으로 체험해 보십시오.

전체 진행상황을 가능한 한 여러 면으로 살펴보십시오.

스위치를 눌러서 장면을 확 바꾸십시오(최면자는 고개를 반대쪽으로 돌리면서 청각적인 앵커링을 사용한다).

그리고 스트레스 상황으로 들어가십시오.

당신은 이런 체험을 하실 수 있을 것입니다(상황설명)."

문제 상황을 다른 손의 엄지와 집게손가락으로 앵커링 한다.

"다시 정신자원 경험으로 '스위치를 되돌려서' 극복체험을 하시고(고개 돌림), 이 체험을 문제 상황 속으로 가지고 가십시오.

이제 스위치를 눌러서 기분 좋은 장면으로 확 바꾸십시오(최면자는 고개를 반대쪽으로 돌려서 청각 앵커링을 사용한다. 극복경험을 서술한다)."

이 경험을 스트레스 상황 속으로 가지고 가면서(고개를 돌려 청각 앵커링을 사용), 당신은 체험 중에 무엇이 변하였는지를 확인하게 됩니다."(고개를 좌우로 번갈아 가면서 돌린다. 정신자원을 앵커링한 엄지손가락을 문제 상황을 앵커링한 엄지손가락으로 밀고 간다.

각성 : "여기 이 상담실로 다시 돌아오십시오."

문제 상황을 상상 속에서 극복하면서 정신자원의 기분 좋은 분위기를
얼마간 전달할 수 있으면, 이 연습은 성공한 것이다. 그렇지 않은 경우에는
문제 상황을 제시함이 없이 정신자원경험을 여러 번 반복하거나 다른 새로
운 정신자원으로 연습을 다시 한다.

5) 방해되는 과거의 경험을 작업하기 위한 연령퇴행

앞에서 서술한 긍정적인 극복경험은 치료를 도와준다. 위협에 대한 개인
의 주관적인 감정에는, 유사한 상황에 대한 과거의 경험이 결정적인 영향
을 미치게 된다. 부정적인 과거의 경험이 거의 최면과 비슷한 영향을 미치
고 있는 경우에는 다음 연습으로 작업할 수 있다.

연습 : 과거경험의 극복
평안 유도 : "편안한 자세를 취하십시오. 그리고…"(정신자원의 장소를 모든
하위감각으로 이미지화한다.)

"당신은 지금 긴장을 모두 풀어 버린 채, 편안한 영화관 의자에 앉아서 지금
까지 당신이 살아온 일생을 영화로 보고 있습니다.
당신은 안전하게 느끼고 있으면서 위태로운 장면을 상영하게 하고 있습니다.
모든 면에서 기분 좋게 느낄 수 있도록 상황을 바꾸어서 이 장면을 다시 한
번 상영하고 감상하십시오.

예를 들면, 소리를 나지막하게 하거나, 영상의 선명함이나 밝기를 바꾸거나, 천연색 영화를 흑백영화로 만들거나, 상영 속도를 2배로 빠르게 하거나, 영화장면들이 거꾸로 돌아가게 상영하거나, 결정적인 순간을 정지화면으로 만들어서 앨범 속에 보관하고 색이 바래게 하거나 크기가 작아지게 하는 것 등입니다.

영화 속으로 들어가서 자신의 역할을 맡아서 하십시오.
장면 속에서 음향의 크기, 색채, 진행속도, 명암과 다른 체험요소들이 달라진 것들을 찾아내고, 그래서 이 상황을 느긋하게 견디어 낼 수 있다는 것을 알아내십시오.

한 번 더 그 장면 속으로 들어가서, 어린 시절의 자기 자신 앞에 오늘날의 당신이 서 있습니다.
보이지 않는 좋은 영혼처럼, 오늘날의 당신이 어린 시절의 당신에게 도움이 되는 말을 해 줍니다.
예를 들면 격려, 위로, 유머와 오늘날의 관점에서 보는 판단 등입니다.

편안한 휴식의 장소로 가십시오.
그리고 휴식을 즐기십시오."

각성 : "여기 이 상담실로 다시 돌아오십시오."

6) 긍정적인 극복을 촉진하기 위한 미래투사

극복환상으로 목표 달성에 필요한 정신자원을 마련하고, 목표에 도달하는 길을 이미지화할 수 있다. 미래에 다가올 경험을 미리 경험함으로써, 마음속에서 그 길을 갈 수 있다. 최면자는 내담자가 이상적으로 행동하는 이미지를 만들어내게 인도한다.

"당신이 목표에 도달해서 원하던 방식대로 행동한다고 생각해 보십시오.
당신의 자세는 어떤가요?
상황을 대하는 마음가짐은 어떻습니까?
무엇을 느끼려고 할까요?
장애물을 어떻게 돌아서 갈까요?"
내담자는 이 해결환상을 심화한다.

연습 : 미래진행
평안 유도 : "편안한 자세를 취하십시오. 그리고…"

"당신은 지금 긴장을 모두 풀어버리고, 영화관 의자에 앉아서 지금까지 당신이 살아온 일생을 영화로 보고 있습니다.
당신은 매우 안전하게 느끼고 있습니다.
이제 당신은 어떤 유능한 사람이 당신이 하고자하는 행동을 성공적으로 하고 있는 것을 보고 있습니다.
모든 상세한 부분까지 자세히 보십시오.
그 사람의 움직임과 몸의 자세, 자기설명과 상황까지. 이제 그 사람 속으로 들어가십시오.

마치 배우가 하듯이 그 사람의 역할을 느껴 보십시오.

이런 이미지를 문제 증상이 생기기 전의 시점에서부터 시작하십시오.

가능한 멀리까지, 먼 훗날의 미래에까지, 당신이 목표에 도달하기 위해 필요한 것보다 조금 더 멀리까지, 그리고 별로 중요하지 않은 자세한 사항들까지 포함해서 이미지화하십시오.

이때 생기는 느낌에 유의하십시오.

특히 위기 순간의 느낌(좌절감, 지루함, 짜증, 절망감 등)을 느껴보십시오.

더 나아가서 당신이 어려움을 극복하고 나면, 이런 느낌들이 어떻게 변화하는지 체험해 보십시오.

이제 여기 이 상담실로 돌아오십시오.

이제 당신은 앞으로 미래가 어떻게 진행될 것인지를 알고 있습니다.

이것을 일상생활에 적용해서 그대로 성공적으로 진행되어 나가게 하십시오."

내담자가 일반적으로 극복하지 못하고 포기하는 시점을 지나서 더 먼 미래로 이미지화하는 것이 중요하다.

7) 다양한 해결책을 탐색하기 위한 은유와 이야기

최면치료적인 방법은 과도의도Hyper-intention(정한 사물을 특정한 방법으로 이루고자 하는 의도)를 지양하게 하고, 은유의 사용은 다양하고 유연한 해결전략의 탐색을 자극한다. 내담자 개인에 적합하게 만들어낸 은유나 표준화되어 있는 은유 중에서 특정 은유를 사용할 수 있다. 내담자의 문제연상과 해결 연상을 의도적으로 분산 삽입하는 것이 개별적인 의미를 강화한다.

이런 은유 중에 하나로서 예를 들면, 술탄이 훌륭한 신하를 구하기 위해 전국에서 학식 있는 사람들을 불러 복잡한 금고를 열어보게 하는 이야기가 있다. 가까이에서 자세히 들여다보고 멀리서 가늠해보았지만, 신하들 중 아무도 금고를 열 엄두를 내지 못했다. 마침내 어릿광대가 금고문을 확 잡아 당기자 금고는 저절로 열렸다.

8) 과제 : 후최면암시, 자기최면

자기최면과 트랜스 경험을 활용하기 위한 후최면암시를 다음과 같이 할 수 있다.

"일상생활 중에서도 당신이 원하신다면, 당신은 언제나 이런 기분 좋은 상태로 물러나서 무의식이 이런 경험을 일상생활 중에도 가지고 오며, (마치 짧은 휴가처럼) 자신을 회복하고 신선하게 하거나 이런 특별한 방법으로 생각에 잠기게 할 수 있습니다."

트랜스를 반복하면서 트랜스 상태를 시각적, 청각적, 감각적인 자극으로 앵커링 하여 원할 때에는 언제나 트랜스 상태에 들어가는 신호로 삼는다. 여기에 추가해서 이런 상태에 이름을 지어 준다. '평안'이나 '해결' 또는 개인적으로 이 상태에 적합하다고 여기는 어떤 단어를 사용하여 이름을 지어준다.

트랜스가 어느 수준까지 심화되면 이 이름을 여러 번 반복해서 말한다.

트랜스 도중에 체험한 것을 자기최면의 일부분으로서 집에서 연습하게 한다. 트랜스 경험과 정신자원 경험을 정신자원 신호에 앵커링 하도록 권유한다. 이 신호는 정신자원 경험의 기억교량으로서, 정신자원을 쉽게 다시 불러올 수 있다. 재생 가능한 녹음기(치료시간에 녹음한 것이나 표준 녹음)를 집에 가지고 가게하면 치료기간을 단축할 수 있다. 역기능적인 과잉기대는 다음과 같은 모순된 서술로 대처한다.

"당신이 내면적으로는 이미 상당히 달라진 것을 느낄지라도, 외부에는 아직 나타나지 않게 해보십시오."

사례

영재씨는 과로로 인한 갑작스런 청력저하(심인성 이명) 때문에 찾아 왔다. 그가 근무하고 있는 엔지니어 사무실에서 그는 동업관계에서 모든 일을 자기가 맡아서 해야만 하는 것에 실망을 하고 짜증을 내고 있었다. 그는 자기 집을 짓고 있었는데 시공자와 기능공들의 무능함을 참을 수가 없었다. 처음에는 자주 신체적인 병이 나서 일을 할 수 없었다. 나중에는 과부하로 인한 청각저하와 이명이 생겼다.

1회기 상담 세션에서 그는 트랜스에 대한 예비연습으로 긴장을 풀어버리는 경험부터 하게 되었다. 그는 긴장을 풀어버릴 수 있었지만, 오른쪽 다리가 자꾸 당겨서 짜증을 냈다. 다음 시간에 그에게 자기최면 방법을 가르쳐 주었다. 그는 휴가 중에 호숫가에서 반짝이던 물빛을 일반자원으로 삼았다. 여기에서 그는 내면적인 거리를 체험하였다. '다리 당김'은 초기에는 그냥 남아 있으면서 장애의 전형적인 반응이 되었다. 하지만 트랜스 현상(분리감, 무감각)이 지속되면서, 다리 당김이 편안한 경험에 별로 방해가 되지 않았다. 1회기 상담시간에 해결 중심의 대화와 함께 문제해결에 관련된 긍정적인 견해를 촉진하였다.

특정자원으로 그에게 스노보드 경험을 제안하였다. 여기에서는 출발 시의 긴장감과 의구심 대신에 어려운 고비를 재치 있게 내려오는 즐거움을 도입하였다. 그는 자신의 완벽하고자 하는 성격을 생각해 보는 도중에, 미혼모로서 자기를 키워야 했던 어머니를 떠올리게 되었다. 어릴 적에 같은 또래의 동네 아이들은 그를 가까이하지 않았고, 이류인간으로 취급하였었다. 연령퇴행으로 그는 옛날에 살던 마을로 가서 어린아이인 그 자신에게 예전에는 가지지 못했던 내면적인 지지를 해주었다. 그가 어린아이인 자기 자신을 품에 안았을 때, 그는 눈물을 흘리고 있었다. 치료 중에 정신자원 활성화와 함께 목표를 달성하는 미래투사도 같이 하였다. 여기서 그는 자기가 짓고 있는 집에 대해서 만족하게 되었는데, 미장도 정원도 만족스러워하면서 바라보고 있었다.

영재씨는 점심시간에 자기최면을 규칙적으로 하고 있었다. 차차 그의 신체적인 증상이 사라지기 시작했다. 청각저하와 이명은 전반적으로 매우 호전되어 어떤 때는 일부러 찾아보아야만 느낄 수가 있었다. 집을 다 지을 때까지 몇 번의 짜증스러운 일이 더 있었지만, 그것 때문에 영재씨의 증상이 악화되는 일은 현저하게 드물어졌다. 부인과의 관계도 좋아지고, 4개월 후에 후속상담을 위해서 찾아 왔을 때에는 직업상으로도 태도를 바꾸어 새로

운 도전을 하려고 하였다. 이명은 계속 있었지만, 주관적으로는 현저하게
감소되어 방해가 되지 않았다.

적응증과
금기증

다른 정신장애(예를 들면 심한 정신병)가 없다면, 이 치료방법의 금기증은 없다. 이 진행방법을 최면치료 대신에 행동치료에 적용할 수도 있다.

최면과 자기최면의 효과는 정신적인 스트레스와 신체적인 스트레스 그리고 개인치료와 집단치료에서 증명되었다(Pekalla 1988, 1989). 순수 최면치료에 대한 임상효과와 행동치료와 연계한 최면치료에 대한 임상효과가 증명되어 있다. 여기에 서술한 방법을 수험생의 시험불안 스트레스에 적용하였더니, 불안이 적어지고 공부 능률과 시험성적이 오르는 효과가 생기는 것이 증명되었다. 일부분의 학생들에게는 개별적으로 녹음한 치료 카세트를 상담치료와 함께 사용하게 하였더니, 치료기간이 단축되었다.

합리적인 사고방식을 내면화하기 위해서 행동치료에 흔히 최면을 사용한다(Ellis 1987, Revenstorf 1991). Albert Ellis는 먼저 내담자를 트랜스 상태에 들어가게 한 후에 직접적인 지시나 암시를 통하여 잘 작동하는 사고방식을 주입하였다. 적절한 극복을 방해하는 구체적인 행동결함이 전면에 나타나면, 여기에서 서술한 치료방법에다 행동치료 훈련을 보완한다.

급성 스트레스는 자기최면으로 치유하는데, 이런 자기최면은 오랜 기간 동안 사용해도 변함없는 성과를 나타내거나 성과가 더 좋아지기도 한다.

순수한 행동치료 방법과 비교해 보면, 트랜스 상태에서는 더 적은 연습으로 급성 스트레스 반응을 감소시킬 수가 있다. 긍정적인 자기암시도 트랜스를 통해서 더 쉽게 내면화할 수 있다.

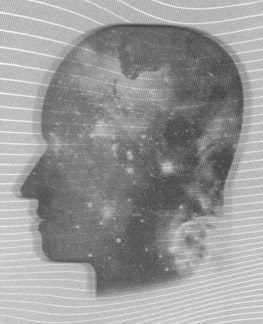

PART

7

해리장애
(의식분열장애)

정신외상이란 정상적인 생리기관의 극복능력을 넘어서는 체험을 말하고(van der Kolk와 van der Hart 1989), 개인의 의지를 유린하며(Spiegel 1988), 극단적인 공포와 무력감을 느끼게 하는 현상을 말한다. 의식분열은 분열된 체험을 말하고(van der Kolk 1996), 지각의 분열을 뜻한다. 분열된 체험의 각 부분들은 완전한 하나로 통합되지 못하고, 조각난 파편으로 기억 속에 저장된다(van der Hart 2000). 최면은 특수한 생리상태로서 비정상적인 정신 프로세스가 가능한 상태이다(Bliss 1986). 최면의 특성들은 주의의 재분배와 심화, 초점화된 정신집중, 높아진 흡수력, 비판력이 제거되어 높아진 피암시성, 달라진 지각, 주위를 알아보는 상태의 변화, 인지영역의 변화, 기분의 변화, 기억력의 변화 등이다(Frankel 1990, van der Hart 1995). 임상 실무에서는 이 세 가지 콘셉트가 긴밀하게 결합되어 있다고 판단된다.

시간왜곡, 시각적 청각적 환각, 다른 감각적인 변화와 기억상실과 같은 의식분열경험은 전형적인 최면현상과 동일하다(Kihlstrom 1994, Loewenstein 1993, Spiegel 1988). 임상관찰에 의하면 최면과 의식분열은 의식에 거의 비슷한 변화를 가져오며, 또한 최면을 통제되고 구조화된 의식분열의 한 가지 예로 이해할 수 있다(Spiegel과 Cardena 1991). 최면과 의식분열이 실제로 같은 프로세스에 의한 같은 현상인지에 대해서는 한번 의문을 제기해 보아야 한다. Frankel(1990)은 임상 실무와 서적에서 피최면성 구조와 의식분열 구조를 서로 치환하는 것에 대해 경고하였다. 이 두 가지 구조는 서로 다른 구조에 대해서 알지 못하면 이해하기가 어려운 것은 사실이지만, 많은 현상들이 서로 완전히 동일하지는 않다.

19세기 말에 압도된 감정의 경험과 최면의 경험이 매우 비슷하다는 것이 임상 의사들에 의해 확인되었다(Breuer와 Freud 1893, Janet 1894). 의사들은 환자들이 압도적이며 견딜 수 없는 감정이나, 정신외상 체험에 순발적으로 최면상태에 들어가서 저항하는 것을 관찰하였다. 오늘날의 여러 저자들도 정신외상이 심한 생리적 감정적인 흥분을 유발하고, 이런 흥분이 최면으로 들어가게 한다고 보고 있다. 동시에 (최면에서도 관찰되는) 의식의 양극화현상 (흡수와 분열)이 생긴다. 특징적인 것은, 흡수가 정신외상체험의 세 가지 기본 특성 중에 하나인 것이다. 주의의 흡수 또는 협착은 의식의 변두리에서 체험의 분리에 의해 더욱 심화 되는데, 이것이 최면경험의 또 하나의 구성요소가 된다(Spiegel 1993). Frankel(1990)에 의하면 최면의 세 번째 구성요소는 피암시성인데, 뚜렷하게 변화한 의식상태에서는 현저한 역할을 하지 않는다. 정신외상 후유장애와 의식분열성 정체감장애를 가진 환자들의 피최면성이 높다는 것은 명확한 근거가 있다(Bliss 1986, Spiegel 1988). 그래서 많은 사람들이 정신외상경험 도중에, 의식분열과 최면현상의 특성으로 볼 수 있는 정보작업을 하는 것으로 보인다(Spiegel과 Cardena 1991).

1 장애증상

1) 의식분열장애

DSM-IV에는 의식분열장애를 '평상시에는 통합되어 있는 의식이나 기억, 정체감 또는 주위에 대한 지각이 붕괴되는 것'이라고 서술하고 있다. 이때에 몇 가지 신체 기능도 분리될 수 있는데, 예를 들면 심인성 신체마비나 가성간질 발작으로 나타날 수 있다.

DSM-IV에는 다음과 같은 의식분열장애가 열거되어 있다. 의식분열성 기억상실, 의식분열성 몽롱상태, 의식분열성 정체감장애(DIS), 이인성 장애, 다른 곳에서 지정하지 아니한 의식분열 장애(DDNOS) 등이다. DSM-V에서는 해리성 정체성장애, 해리성 기억상실, 이인성/비현실감 장애, 달리 명시된 해리장애 등으로 구분하고 있다.

2) 의식분열성 정체감 장애의 병인Etiology에서 최면의 역할

의식분열성 정체감 장애의 발생은 여러 다른 특별한 의식상태의 진전으로 설명할 수 있는데, 부지중에 자기최면을 사용하는 것이 현저한 역할을 한다(Bliss 1986, Boon과 van der Hart 1996). 이런 사실(의식분열성 정체감 장애 환자들의 피최면성이 높다는)은 임상경험으로 확인되었다. 많은 의식분열성 정체감 장애 환자들이 어린 시절부터 성적, 신체적인 폭행과 같은 정신외상에 대한 방어반응을 함으로써 순간적으로 최면에 들어갔었던 것으로 보인다. 높은 피최면 능력은 성인보다는 어린아이들에게 더욱 일반적이다. 단순한 최면상태로의 전환을 통해서도 아동은 내면적으로 거리를 두면서, 압도하는 경험을 이미지적인 놀이친구로 만들게 된다. 이것이 다른 병적인 소질들과 함께 의식분열성 정신병리 그리고 의식분열성 정체감 장애로 발전할 수 있다(Bliss 1986, Kluft 1990). 대부분의 정신외상 치료자들이 의식분열성 장애와 예전에 있었던 폭행과 정신외상 사이를 연결시켜서, 어린 시절의 가혹행위가 의식분열성 장애의 발생에 정확하게 어떤 역할을 하고 있는지 규명하려고 한다. 하지만 사실 이것은 앞으로 연구해야 하는 복합적인 연구분야의 과제이다(Coe 1995, Mullen 1993, Nash 1993).

최근에는 발달심리학과 관계연구에서도 아동들에게서 트랜스와 비슷한 상태를 관찰하였다(Bowlby 1988, Cicchetti 1990, Main과 Hesse 1990). 일차적인 가해자가 없이 겁에 질려서 예측할 수 없고 공포에 휩싸인 행동을 하는 아동은, 경직, 혼수, 실어증, 무감정, 현기증, 접근과 기피의 빠른 전환 그리고 변화된 의식상태 등의 행동태도를 보인다. 관찰자들은 이런 아동은 감정이 없고, 로봇 같으며, 반응이 없고, 낮에 꿈을 꾸고, 마치 그 자리에 없는 것 같으며, 멍하니 허공을 쳐다보고 있다고 한다(Perry 1995). 이런 자기최면적이고 의식분열적인 반응은 무엇보다 해체적이거나 혼란스러운 결합관계에서 관찰된다. 이런 결합관계는 모순과 견딜 수 없는 감정으로 점철되어 있고, 도망칠 수 없는 관계를 우회하는 극복전략으로 평가되고 있다(Coe 1995,

Liotti 1992). 아동에 대한 가혹행위는 흔히 이런 해제적이거나 혼란스러운 결합관계로 이어지게 된다(Ciccetti 1990). Liotti(1993)는 자기최면의 유도를 사람 간의 위협적인 관계를 견딜 수 있게 해주는 한 가지 가능성으로 보았다. 그의 가설은 해체적이거나 혼란스러운 관계설정 형식이 성인의 의식분열성 정신병리가 될 수 있다는 것이다. Coe와 공동연구자들은(1995) 그들의 연구에서 성인의 관계설정 형식과 (심각한) 의식분열성 경험 사이에 특정한 콘셉트 상의 연관성이 있음을 발견하였다.

치료개입

　　정신외상적인 만성 DIS(의식분열성 정체감 장애)와 DDNOS(의식분열성 기타 장애)의 중요한 치료목표는, 환자의 과거와 분열체험으로 인해 생긴 고통과 압박을 가볍게 해 주는 데에 있다. 정신외상이나 분열된 의식상태를 해명하고 작업하는 일은 언제나 가능하지는 않다. 환자가 치료목표를 양가감정을 가지고 바라보고만 있거나, 약한 자아 때문에 인격분열의 위험에 처할수도 있고, 다른 우선적인 치료 목표가 있거나 가혹행위가 계속되고 있을수도 있으며, 환자가 나이 또는 지능이 부족해서 치료적인 관계를 맺을 수없는 경우도 있을 수 있다. 전반적인 치료목표를 세운 후에 정신외상 작용의 경중에 따라서, 그리고 심한 감정을 견디어 낼 수 있는 환자의 능력에 따라서, 적합한 속도로 치료를 진행시켜 나가야 한다(van der Kolk 1996). 올바른 '반영pacing(보조 맞추기)'에 대한 보증으로서, 그리고 적합한 치료시점을 알기 위해서, 정신외상 작업을 대개는 Pierre Janet의 의식분열성 정신병리의 치료에 준하는 현상단계 위주의 치료모델에 따라서 수행한다. 이런 단계는 치료진행 도중에 흔히 새로운 평가를 해야 하기도 한다.

1) 1단계-정지, 안정화, 증상감소

이 단계에서는 내담자가 상대적으로 안전하다는 느낌과 신뢰할 수 있다는 느낌을 갖도록 치료환경을 조성하고 유지하는 목표가 가장 우선이다. 사람들 사이에서 있었던 정신외상은 예측할 수 없는 조건 하에서 불분명한 규칙으로 이루어지고, 흔히 무관심과 무책임과 결부되어 있기 때문에, 한계와 지속성, 예측가능성과 상호책임성에 주의를 기울여야 한다(Herman 1992, Huber 1995, van der Hart 1993, van der Kolk 1996). 사람들 사이의 만성적인 정신외상작용이 심한 무력감과 통제력 상실로 느껴질 수 있기 때문에, 내담자에게 어떻게 하면 압도적인 감정과 계속 상기되는 기억과 병리적인 저항행동인 의식분열현상을 통제할 수 있는지를 가르쳐 주어야 한다. 여기에는 인지적인 영역을 개발하고 내담자를 도와서 내담자가 자기의 증상을 이해하고, 자기의 감정을 알고 (감정에) 이름을 붙일 수 있으며, 반응 유발 인자를 확인하고 관계를 만들고 제거하거나 중성화하고, 정기적으로 이완연습을 하고, 더 많은 기반을 얻게 하며, 적당한 향정신성 약품에 의한 투약치료를 받게 한다(Boon과 van der Hart 1996, van der Hart 1993, van der Kolk 1996). DIS(의식분열성 정체감 장애)와 같은 만성적인 다중 정신외상 후유증인 경우에는 첫 번째 단계가 몇 개월 또는 몇 년이 걸릴 수도 있다. 내담자가 극복할수 있고, 안정을 찾았으며, 통제할 수 있다는 주관적인 느낌을 가지게 되면이 단계를 끝낸다. 일부 내담자들은 자기 경험의 이런 정신외상과 분열 부분을 작업하고 통합하고자 하는 욕구를 가지고 있는데, 자기의 느낌을 완전하게 통제하고 개인적인 과거사를 견딜 수 있게 하려는 것이다. 이런 내담자들은 정신외상과 의식분열성 정체감 증상과 침투성 체험에 더 잘 대응할 수 있다(Brown 1990).

2) 2단계-정신외상의 확인과 해명 및 변경

의식분열성 정체감장애 내담자들은 정신외상 체험을 그들의 과거사에 통합하는 능력이 없다. 분열된 의식의 정신외상 부분을 다시 소유하기 위해서는, 이런 기억을 단순히 불러오는 것만으로는 충분하지 못하다. 안전한 치료환경 속에서 가장 위험이 적은 부분부터 단계적으로 재작업해야 한다. 다시 말하면, 현실감을 주고 개인적으로 의미 있는 과거사에 통합해야 한다. 이렇게 하면 이 부분이 순간적으로 다시 활성화되는 힘을 잃게 된다. 내담자는 정신외상 체험의 정서적, 인지적, 신체적인 부분들을 서로 결합시키고 이것에 압도당하지 않으면서, 이것을 내담자의 과거사 안에서 적합한 장소에 배정하는 방법을 배우게 된다(van der Hart 2000, van der Kolk 1969).

3) 3단계-개성의 재통합과 재회복

정신외상 경험을 총체적으로 말로써 표현할 수 있고, 내담자의 과거사에 통합할 수 있게 되면, 계속해서 개성의 기능에 미치는 작용과 자기체험 및 결합과의 관계에 주목해야 한다. 내담자에게는 정신외상이 자기에게 닥쳐왔다는 것을 완전히 인식해야 하는 어려운 과제가 주어진다. 이로 인해서 흔히 생존적인 위기를 불러오고 깊은 슬픔의 단계가 시작되어, 새로운 안전, 희망, 신뢰, 통제와 가치평가의 관계를 발전시켜야만 하게 된다. 이런 생존적인 과제는 사람들 사이에서 하는 경험과 밀착되어 있다. 내담자는 공포를 유발하는 과거의 관계에서 자기 자신이고자 하는 정당한 요구를 너무 자주 거절당하였다. 그 결과로 생겨난 자기 자신과 다른 것에 대한 개념은 흔히 정신외상에 의해 확정되고, 이로써 신뢰와 접근에 대한 능력부재로 이어지게 된다. 사람들과의 사이에서 충족감을 느끼는 것과 자기 자신을 보살피고 존중하며 안전한 사회적 결합을 하는 능력을 치료적인 관계 안에서 다시 찾아야 한다(Huber 1995, van der Hart와 Nijenhuis 1995, van der Kolk 1996).

3

의식분열성
정체감장애 치료에서의 최면

　　Fromm(1987)은 최면을 '무의식으로 가는 왕도'라고 하였다. 우리는 '의식의 분열된 부분으로 가는 왕도'라고 말할 수 있을 것이다. 의식분열성 증상은 통제되지 않는 최면상태와 관련성이 있다. 임상적인 최면 유도에 의식분열상태 자체가 도움이 된다는 사실이, 최면으로 의식분열 상태를 더 많이 통제할 수 있는 첫 단계가 된다(van der Hart와 Spiegel 1993). 통제되지 않는 자기최면에서도 정신외상 경험이 분열된 파편들로서 시간에 상관없이 체험되는데, 이런 체험은 끝낼 수도 없고 냉정하게 사실적으로 바라보는 것도 불가능하다(van der Kolk 1996).

　　순발적인 의식분열 상태와는 달리, 임상최면 상태는 최면자와 내담자에 의해서 통제되고 조정된다. 임상최면의 도움으로 내담자는 자아-수용과 자아-작용의 정보작업 사이를 왕래하며 바꾸는 것을 배울 수 있다. Fromm의 자아방향설정 이론(1992)이 이런 프로세스에 대한 이해를 도와준다. Fromm은 제안하기를, 자아-능동과 자아-수동을 지속적인 것으로 보고, 최면경험이 이런 지속성을 따라가면서 이들(능동과 수동)의 서로 다른 점을 나타내는 것으로 보자고 하였다. 숙련된 최면치료자는 능동상태 또는 수동상태로의 전환을 잘 조정하고, 서서히 진행되게 하며 의식분열의 정도도 조절한다. 자아-능동상태 내지 문제해결 상태에서 내담자는 밝혀지는 체험에 형상을 부여하고, 통제의 의의와 가능성의 선택에 도달하게 된다(Brown과 Fromm 1986, Brown 1990). 이렇게 해서 의식분열성으로 반작용하는 정신외상경험을 다룰 수 있게 되고, 시간적으로 제한된 것으로 바라볼 수도 있다.

임상최면에서는 안정화에 더 주력하여, 정신외상에 대한 해명보다는 내담자가 통제와 지지를 되찾게 하기 위해 힘쓴다(Kluft 1995). 최면을 사용하여 정신외상 경험을 밝혀내는 데에는 상당한 숙련과 조심성이 필요하다. 최면을 '진실을 밝혀내는 약'으로 생각해서는 안 되며(Nagy 1995), 자아-능력이 한정되어 있거나, 자기통제력이 제한되어 있거나, 기진맥진한 상태에서는 최면을 사용하지 않아야 한다. 최면을 사용한다면 언제나 다른 전반적인 치료방법들과 함께 사용해야 한다(van der Hart 1990). 정신외상 경험의 해명에 최면을 사용한다면, 내담자가 정신외상경험을 강하게 느끼게 하는 것보다는 내담자의 부담을 덜어주고 정신외상 경험을 처리할 수 있게 하는 일에 사용해야 한다(Kluft 1995). 정신외상 경험이 너무 압도적이면, 이런 경험을 통제하고 기억상실의 장치를 설치할 수 있는 다양한 최면개입 가능성이 있다. 분리체험이 너무 일찍 해제되어 심한 위기와 자기 상해 행동으로 이어질 가능성이 있으면, 이런 개입방법으로 미리 예방할 수 있다(Kluft 1995, van der Hart 1990).

1) 단계적인 모델에서의 최면개입

1단계- 정지, 안정화 및 증상감소

첫 번째 단계에서는 내면적인 안전과 통제의 느낌을 얻기 위하여 최면 기법을 정서변화에 사용할 수 있다. 이완과 자아강화 암시로써 내담자의 자주성과 자기신뢰를 강화한다. 안전과 평안 및 보호와 같은 주제를 시각화한 시나리오로 탐색한다. 적당한 안정화가 이루어지기 전에는 정신외상 경험이 떠오르지 않게 한다(Brown 1990, Herman 1992, Huber 1995, van der Hart 2000). 최면자는 내담자에게 정신외상 경험이 떠오르면, 어떻게 이것을 안전한 상태의 시각적인 장면으로 바꿀 수 있는지를 가르쳐 준다. 이런 방법으로 내담자는 의식분열성 전이를 통제하는 방법을 배우게 된다. 내담자는 스스로 지각하면서 조성한 안전한 정신상태 안에서 자동적으로 의식이 분열되지 않으면서 침투해 들어오는 기억과 그로 인한 감정적인 반응에 도달할 수 있다(van der Kolk 1996). 더욱 굳건히 하기 위하여 내담자가 최면 도중에 정신외상기억을 다시 체험하게 되면, 특정 신호에 따라서 안전하게 각성하는 훈련을 받게 한다. 여기에 더해서 몇 가지 정신외상적이며 강도 높은 공포에 휩싸인 자아-상태에 대비한 분리체험의 보호막을 최면을 통하여 일시적으로 강화한다(Boon과 van der Hart 1996).

2단계- 정신외상의 확인과 해명 및 변경

이 단계에서는 내담자를 자기의 의식 분열된 부분으로 되돌아가게 하는 데에 최면을 사용한다. 이 작업은 침투하고 방해되는 작용을 없애기 위해서 말로써 표현하고, 변화시키고, 통합시켜야 한다. 내담자를 깊은 정신집중상태로 유도한다. 정신외상 기억을 불러오는 방법으로는 연령퇴행과 이데오모터 신호를 사용할 수 있다(Huber 1995, van der Hart 1990). 임상최면으로 재현시킨 기억이 진실하고 정확한 사실만을 포함하고 있다는 증거는 없다(Bloom 1994, Kihlstrom 1994). 그래서 구체적인 작업을 시작하기 전에 우선 내담자에게 재현된 기억을 한번 조심스럽게 바라보도록 권해야 한다(Kluft 1994, van der Hart와 Nijenhuis 1995). 기억을 불러오는 최면기법은 내담자가 통제권을 가지고 있는 광범위한 치료방법에 함께 사용할 수 있다(Herman 1992, van der Hart 1990). 최면으로 의식 분열된 기억을 다시 불러오는 것은 매우 적절한 방법인데, 이것은 최면만이 이런 자료를 다시 의식 속에서 통합하는 것이 가능하며, 최면이 아니면 이런 자료들은 정신병 증세로만 나타나기 때문이다(van der Hart 2000).

내담자가 트랜스에서 깨어났을 때 정신외상 경험이 여전히 압도적이라고 생각되면, 정지 신호를 주는 최면기법이 도움이 된다. 정신외상에 대한 해명이 끝난 후에 최면자가 내담자에게 기억상실을 허용하는 방식으로 암시하거나, 내담자 자신이 이미지 속에서 결별의식을 통해서 지울 수가 있다. 예를 들면, 안전한 장소나 위치 또는 금고 안에 정신외상 이미지를 보관하는 것이다. 작업 도중에 내담자가 커다란 공포를 느낄 염려가 있으면, 안전하고 중립적인 장소로 되돌아갈 수 있는 가능성을 마련해 두어야 한다. 내담자는 상담시간과 상담시간 사이의 기간 동안에 자기가 가지고 있기 어려운 기억과 이미지를 선별해 내어서 금고에 보관시켜야 한다.

이런 기법의 다른 양상 중에 한 가지는 최면상태에서 내담자에게 TV 화면을 보게 하는 것이다. 내담자는 정신외상경험 채널과 안전한 장면의 채널 사이를 교대로 변경하면서 TV를 볼 수 있다. 처음에는 언제나 안전한 채널을 먼저 보고 정신외상 채널에서 작업을 하고 있다가도 안전한 채널로 되돌아오곤 한다. 말하자면 최면휴식이다. 내담자가 충분한 복사-전략을 개발하였으면, 내담자가 트랜스를 고통스런 상황과의 직면을 기피하는 데에 사용하지 않게 내담자를 지도한다(Brown과 Fromm 1986, Huber 1995, van der Hart 1993).

동반적으로 그리고 정신외상기억 작업의 적합한 시기에 최면 은유와 투사기법을 사용할 수 있다. 은유적인 이미지에는 정신외상기억을 우선 상징적인 면에서 위장하여 작업한다. 그래서 나중에 정신외상기억에 직면하는 치료 작업을 더 쉬워지게 한다. 투사기법은 정신적으로 거리를 둘 수 있게 하는데, 예를 들면 내담자가 스크린을 바라보고 있거나, 비디오를 보면서 화면을 정지시키거나, 뒤로 돌리거나, 빨리 돌리거나 늦게 돌릴 수 있게 한다. 내담자는 음향의 크기와 명암을 조절하여 자기 느낌의 강약을 통제할 수 있다. 다른 개입방법으로는 내담자가 저항할 수 있다는 것을 내담자에게 보여주어, 내담자가 감정의 어느 부분을 자기가 체험하고자 하는지 선택할 수 있게 하는 것이다. 동반기법이 내담자로 하여금 고통스러운 소재를 소량으로 그리고 쉬어 가면서 작업하게 도와준다. 예를 들면 '누설기법'은 내담자가 아주 천천히 그리고 아주 조금씩 정신외상 기억의 느낌과 인상을 흘려 내보내게 한다. 정신외상을 통합된 하나의 경험으로 바라보기 전에, 우선 정신외상의 여러 다른 측면들과 서로 다른 의식상태들과 체험 부분들을 각각 따로 바라보게 한다. 다른 자아상태(예를 들면, 어린아이-자아가 거기에 속해 있는)들은 부분적인 작업 도중에는 안전한 이미지 장소에서 쉬고 있다. 이런 방법으로 내담자가 고통 받지 않으면서 정신외상경험을 둔감화할 수 있다. 최종적으로 정신외상 기억을 각 개성의 부분에 전달하고, 각성 상태에서 말로 표현하고 적합한 시간에 불러낸다. 이런 작업은 정신외상 사건을 10부분으로 나누어서 순서에 따라 최면자가 내담자와 함께 작업한다(Huber 1995, Kluft 1995, Somer 1994, van der Hart 1990).

3단계- 개성의 통합과 회복

모든 분열되었던 개성의 부분들에게 정신외상 경험이 전달되고 나면, 많은 개성부분들이 순발적으로 온전한 하나로 통합된다. 이런 치료단계에서 최면자는 극복과 통합의 긍정적인 느낌을 암시해 줄 수 있다. 많은 내담자들이 개성의 통합을 쉽게 이루기 위해서 치유 이미지와 온전한 하나가 되는 이미지와 같은 최면의 개입을 필요로 할 것이다(Huber 1995, van der Hart 1993). 필요한 재구성 작업이 되어 있지 않으면, 최면에 의한 통합의식도 아무런 효력이 없다(Kluft 1995).

사례

29세 된 주부 미연씨는 공포증 때문에 찾아왔다. 과거사를 이야기하던 중에 그녀는 같은 집에 살았던 삼촌의 강압에 의한 근친상간의 경험을 말하였다. 그녀가 13세가 되던 해에 근처에 있는 공원에서 강간을 당했다. 치료를 하는 도중에 미연씨는 차츰 정신외상 경험을 부분적으로만 기억할 수 있다는 것을 뚜렷하게 알게 되었다. 그녀가 최면자와 함께 조각난 기억을 말할 때에는 움츠리고 앉아서 허공을 바라보고 있었다. 잠시 후에 그녀는 완전히 달라진 억양과 몸짓으로 "당신은 그녀가 정말로 그것을 알았다고 생각하십니까? 그녀는 이 모든 것을 몰랐습니다. 그(삼촌)가 그녀를 때리고 그녀 속으로 들어갈 때에 나는 거기에 있었습니다."라고 말하였다.

여기에서 말하는 "그녀"는 지연이라고 하였다. 미연은 4살 때부터 지연이는 미연이 속에 함께 살고 있었다고 말하였다. 지연이는 미연이가 신체적인 가혹행위를 당할 때 미연을 대신하고 있어서 미연은 아무런 느낌이 없었다. 미연은 의식분열성 정체감장애를 가지고 있었던 것이다.

앞에서 공포에 휩싸이고 해체적인 결합 안에서 자기최면적이고 의식분열적인 반응이 생기는 것에 대하여 서술하였다. 내담자는 중요한 관계에 있는 사람에 대해 마음을 놓을 수 없거나, 예측할 수 없거나, 공포를 느끼는 체험을 하였다. 치료를 시작하면 내담자는 다시 관계와 결합을 맺게 된다. 흔히 최면자가 적어도 일시적으로는 중요한 관계의 사람이 된다. 이따금 내담자는 치료 도중에 최면자에게 (예전의 중요한 관계의 사람에게서 체험한 것과 같이) 마음 놓지 못하고 공포를 느끼게 되며, 이로써 정신외상적인 대인관계의 전이방식이 활성화된다. 이런 치료적인 관계에서는 불신, 배반, 경계선의 상실, 위험성과 의존성 등이 트랜스 현상에 연관되어 나타난다. 트랜스 상태에서와 같이 인지(트랜스 논리)들이 개발되어서, 내담자가 가지고 있는 (예전의 공포에 휩싸였던 결합과 정신외상에서 생긴) 대인 콘셉트의 변화시도에 끈질기게 저항하고, 동일한 대인 콘셉트가 새로운 관계에도 자동적으로 나타나게 한다. 결정적인 것은 최면자가 말하거나 행동하는 모든 것을 내담자는 공포를 일으키는 것으로 받아들인다는 것을 최면자가 알아야 하는데, 이것은 내담자가 자라난 '세계'에는 불신과 착취가 예사로운 일이었기 때문이다.

최면자는 이런 전이현상을 내담자에게 말해주고, 내담자가 무의식적으로 자기최면이나 의식분열 상태로 도피함이 없이 지각한 위협을 작업할 수 있게 내담자를 도와주어야 한다. 치료관계에서의 명료함과 예측 가능함, 그리고 내면적인 화합과 협력이 이런 역기능적인 대인관계의 치료에 효험이 있다(Bliss 1986, Farber 1995, Liotti 1995, Loewenstein 1993, van der Hart 1993, van der Kolk 1996). 내담자가 위협적인 대인관계를 의식분열로 도피하지 않고 언어로 표현할 수 있는 능력이 생기게 되면, 정신외상 기억을 찾아내어서 작업할 수 있는 필요한 조건이 충족된 것이다.

내담자와 최면자 사이에 신뢰관계가 성립하면, 내담자는 정신외상 기억의 재생체험 도중에도 최면자와 접속을 하고 있을 수 있다. 작업을 다시 할 때에는 최면자가 거기 있다는 것이 안전 신호로 작용한다. 최면자와의 이런 결속이 지나친 흥분을 감소시키고, 이로써 내담자의 의식 정도가 높아지게 된다. 내담자는 적어도 부분적으로는 현재 재생되고 있는 체험을 의식하게 되고, 서서히 분열되었던 정신외상 기억을 의식적으로 작업할 수 있게 된다. 치료적인 관계 안에서 내담자가 정신외상사건을 현실화하고 말로써 표현하면서, 자폐적인 재생체험에서 연관된 동참으로 옮겨가게 된다 (van der Hart 1990.)

치료 도중에 '건강한 사랑을 받고 싶어 하는' 내담자의 소망이 엄청나게 커져서 생각지도 않게 여러 자아상태를 통해서 표현된다. 내담자는 최면자의 이해와 치료관계의 안전한 경계선의 도움으로 (최면자는 내담자가 원하는 '완벽한' 관계를 제공할 수는 없다는) 현실을 수용하도록 해야 한다. 지지와 지원을 해주는 치료환경 안에서 내담자는 한 단계 한 단계씩 자신이 개발한 극복전략과 자기 안정 방법을 신뢰하고, 사람들과의 사이를 가까이하고 멀리하는 균형을 찾아내어야 한다.

2) 해리성장애 최면유도기법

최면기법은 해리, 빙의, 조현병, 이중인격, 다중인격, 히스테리 등에 적용할 수 있다. 평소에 내담자의 무의식 속에 억제되어 있던 인격의 한 부분, 혹은 여러 부분이 하나 혹은 그 이상의 독립된 모습을 띠고 겉으로 드러나는 현상으로, 신체적, 정신적, 증상을 만들어내는 현상을 말한다.

최면치료(상담)는 일방적인 최면유도기법으로 진행하는 것이 아니라, 최면전문가와 내담자 간의 충분한 커뮤니케이션을 바탕으로 일반상담기법과 정신분석 등 여러 가지 상담기법들을 종합적으로 적용해 가는 과정이 최면치료이다. 최면전문가의 의도와 암시의 내용에 따라 유사기억을 떠올리게 되므로, 최면전문가의 세심한 분석과 관찰이 필요하다.

최면전문가로서 많은 내담자들을 만난 경험에 비추어 볼 때, 최면(치료)상담가로서 중요하게 생각하는 것이 있다. 최면을 유도할 때에 첫째로 내담자의 최면감수성 보다는 라포(신뢰)형성이 중요한데, 그 일을 위해서는 충분한 커뮤니케이션이 필요하다. 둘째는 충분한 신뢰를 바탕으로 내담자와의 동맹관계 형성이 무엇보다 우선 되어야 한다.

치료과정에서는 내담자의 정신적, 신체적, 합리적 사고와 지혜가 삶에서 어떠한 부적응성으로 나타나는지에 따라서 치료의 기법이 선택되며, 특히 증상과 특징에 따라서 후최면암시를 통해 지지와 격려로 내면자아의 자존감을 높이는 암시가 매우 중요하다.

사례

37세 남성 내담자는 매우 폭력적이며 집안에 귀신이 있다면서 칼을 들고 설치는 바람에 정신과에서 조현병 진단을 받았고, 약물치료과정에서 밤에 밖으로 나가서 싸우고 들어오는 바람에 정신병동에 입원을 시키는 일이 반복되었다. 목사님, 스님, 무속인에게 데리고 다녔지만, 만족할 만한 치료가 이루어지지 않아서 절박한 심정으로 최면치료상담소를 찾게 되었다.

연령퇴행최면으로 현재의 상황을 일으킨 자극 감정을 찾아보니, 폭력적인 아버지 밑에서 자신의 감정을 억압받고 가정폭력에 휘둘린 것이 원인이었으며, 군에 입대하여 상관의 폭력이 현재의 상황을 일으키게 하는 촉발감정이 되었다. 의병 전역 후에는 사회생활 적응도 힘들어졌고, 대인기피증, 불안장애로 인한 심한 스트레스는 회피성 돌출구가 될 만한 대상을 만들어내어 그것을 귀신으로 표현하였다.

최면 유도문

"온몸의 긴장을 풉니다.

가볍게 심호흡을 합니다.

숨을 들이마시고, 내뱉고. 들이마시고, 내뱉고.

그렇게 호흡을 통해 몸의 긴장을 풀어줍니다.

눈을 감습니다.

자, 이제는 숨을 깊이 들이마십니다.

천천히 숨을 내쉽니다.

당신은 주위의 일상적인 소리를 인식할 수 있습니다.

그렇지만 중요한 소리들이 아니기 때문에 무시합니다.

오직 내 목소리에만 집중합니다.

주위의 소리는 위급한 상황이 아니라면 모두 무시하셔도 좋습니다.

숨을 깊이 들이마십니다.

천천히 숨을 내쉽니다.

다시 한 번 숨을 깊이 들이마십니다.

천천히 숨을 내쉽니다.

이제는 당신의 보통 호흡으로 돌아옵니다.

호흡에 정신을 집중합니다.

가만히 당신의 호흡의 리듬감을 느껴 봅니다.

잠시 동안 당신의 호흡이 어떻게 들어오고 어떻게 나가는지 가만히 느껴 보도록 합니다.

(잠시 침묵한다.)

당신이 숨을 내뱉을 때, 몸의 긴장들이 같이 빠져나간다고 생각해 봅니다.

당신을 감싸고 있는 잡스러운 생각들과 긴장 그리고 모든 스트레스가 같이 빠져나간다고 생각합니다.

그렇게 생각하고 가만히 숨소리에 귀를 기울여 봅니다.

(잠시 침묵한다.)

당신이 숨을 들이마실 때는 좋은 느낌이 호흡을 통해 들어온다고 생각해 봅니다.

자연의 상쾌한 느낌, 부드러운 느낌 그리고 따뜻한 느낌이 호흡을 통해 들어온다고 생각합니다.

그렇게 생각하고 당신의 호흡에 온 정신을 집중해 봅니다.

(잠시 침묵한다.)

당신은 최면 도중에 잠들지 않고, 오직 내 말에만 집중합니다.

다른 잡념들은 모두 사라지고, 또렷한 하나의 정신만이 깨어 내 말에 집중하게 됩니다.

가만히 당신의 오른쪽 다리에 정신을 집중합니다.

오른쪽 발에 정신을 집중합니다.

당신의 오른쪽 발의 긴장이 날아간다고 상상해 봅니다.

오른쪽 발에 있는 모든 긴장이 사라지고 있습니다.

당신의 오른쪽 발이 아주 편안해졌습니다.

오른쪽 발의 편안한 기분을 느껴 보십시오.

(잠시 침묵한다.)

부드럽고 편안한 기분이 천천히 다리 위로 올라오고 있습니다.

숨을 쉴 때마다 정강이를 따라 무릎까지 부드럽고 편안한 기분이 올라옵니다.

천천히 기운이 올라오고 있습니다.

오른쪽 다리가 점점 편해집니다.

숨을 쉴 때마다 오른쪽 다리의 모든 긴장들이 날아갑니다.

부드럽고 따뜻한 기운은 점점 올라와 오른쪽 엉덩이까지 왔습니다.

당신의 오른쪽 다리는 더할 나위 없이 편안합니다.

오른쪽 다리의 모든 긴장들이 사라지고, 따뜻하고 부드러운 기운만 넘쳐납니다.

(잠시 침묵한다.)

왼쪽 발에 정신을 집중합니다.

왼쪽 발에 정신을 집중합니다.

오른쪽 발에서 느꼈던 따뜻하고 부드러운 기분이 느껴집니다.

숨을 쉴 때마다 왼쪽 발의 긴장들이 사라집니다.

태어나 느껴본 적이 없는 아주 편안한 기분이 왼쪽 발에서 느껴집니다.

편안한 기운이 점점 왼쪽 다리 위로 올라오고 있습니다.

숨을 쉴 때마다 이 따뜻하고 편안한 기운은 왼쪽 다리 위로 올라옵니다.

정강이를 지나고 무릎을 지납니다.

숨을 쉴 때마다 왼쪽 다리의 긴장들은 사라지고, 따뜻하고 부드러운 기운이 점점 오른쪽 다리 위로 올라옵니다.

오른쪽 다리는 점점 이완되고 편안해집니다.

숨을 쉴 때마다 오른쪽 다리의 허벅지와 엉덩이는 따뜻하고 편안한 기운이 가득 차게 됩니다.

왼쪽 다리의 편안함과 오른쪽 다리의 편안함은 점차 몸 위로 올라옵니다.

숨을 쉴 때마다 몸의 긴장은 점점 사라지고, 기운이 점점 올라옵니다.

천천히 오른쪽 다리에서 올라온 기운과 왼쪽 다리에서 올라온 두 기운은 단전에서 모입니다.

숨을 쉴 때마다 부드럽고 따뜻한 기운은 당신의 단전에 가득 차게 됩니다.

(잠시 침묵한다.)

숨을 내쉴 때마다 당신은 당신의 긴장이 온몸에서 빠져나가는 것을 느낍니다.

숨을 들이마실 때마다 당신의 단전에 따뜻하고 신비한 기운이 가득 차는 것을 느낍니다.

가만히, 당신의 호흡에 귀 기울여 봅니다.

(잠시 침묵한다.)

당신의 단전에 가득 찬 기운들은 이제 당신의 온몸으로 퍼져나갑니다.

숨을 쉴 때마다 당신의 단전에 차 있던 따뜻하고 부드러운 기운들이 점차 온몸으로 퍼져 나가는 것을 느낍니다.

당신의 배를 지나 가슴으로 올라옵니다.

그리고 그 기운들은 당신의 어깨를 지나 당신의 양팔로 퍼져나갑니다.

당신의 양 팔로 퍼져나갑니다.

당신의 양팔로 퍼져나갑니다.

숨을 쉴 때마다 따뜻한 기운들은 점차 퍼져나가 온몸의 긴장을 날려버립니다.

온몸엔 따뜻하고 편한 기운만이 가득하게 됩니다.

당신의 양팔로 퍼져나간 기운들은 다시 손가락 끝까지 퍼져나갑니다.

손가락 끝까지 퍼져나간 기운은 온몸의 긴장을 날려버립니다.

당신의 온몸은 더할 나위 없는 편안한 기운에 가득 차 있습니다.

온몸의 긴장들은 완전히 사라져, 당신의 온몸은 완벽하게 이완되어 있습니다.

(잠시 침묵한다.)

당신의 몸을 둘러싼 따뜻하고 편안한 기운은 목으로 올라옵니다.

목구멍 속까지 따뜻함이 전해지고 느껴집니다.

당신의 목에 들어있던 긴장들이 완전히 사라졌습니다.

점점 따뜻한 기운이 얼굴로 올라옵니다.

숨을 쉴 때마다 편안한 기운이 얼굴의 긴장된 근육들을 풀어줍니다.

따뜻하고 편안한 기운이 턱으로 올라와 당신의 긴장된 턱의 기운을 날려버립니다.

턱의 근육들은 완전히 풀어져 버립니다.

턱은 완전히 이완되고 아주 부드러운 기운에 가득 찼습니다.

당신의 입으로 따뜻한 기운이 올라옵니다.

입 주위에 있던 모든 긴장들이 사라집니다.

당신의 입은 자연스레 벌어지며, 더할 나위 없는 아주 편안한 기분을 느끼게 됩니다. 따뜻하고 신비한 기운은 당신의 코를 지납니다.

그리고 당신 코의 근육들이 완전히 이완됩니다.

그리고 당신의 숨소리가 느껴집니다.

숨을 쉴 때마다 얼굴에 따뜻하고 편안한 기운이 가득 차는 것을 느낍니다.

이 기운은 얼굴 전체로 퍼져 갑니다.

당신 얼굴의 모든 근육이 풀어집니다.

당신 얼굴의 모든 긴장이 날아가 버렸습니다.

(잠시 침묵한다.)

숨을 쉴 때마다 이 따뜻하고 신비한 기운이 당신 귀와 눈을 덮어 버리는 것을 느끼게 됩니다.

하루 종일 피곤했던 눈은 이제 마사지를 받고난 것처럼 아주 편해졌습니다.

당신의 귀는 부드럽고 정신은 몽롱해졌습니다.

숨을 쉴 때마다 눈과 귀를 덮은 이 기운이 당신의 머리 전체를 덮어 싸게 됩니다.

따뜻하고 편안한 기운들은 당신 머리에 남아 있는 모든 긴장들을 날려버립니다.

당신 머리는 아주 편안해졌습니다.

따뜻한 기운으로 가득 차 있습니다.

숨을 쉴 때마다 당신은 조금씩 점점 더 편안해져 갑니다.

당신의 온몸의 긴장들은 눈 녹듯이 사라져 버립니다.

당신의 온몸은 행복한 기운에 덮여 있습니다.

당신의 온몸은 완전히 이완되어 있습니다.

당신은 오직 내 목소리에만 집중합니다.

당신은 오직 내 목소리에만 집중합니다.

당신 머릿속의 다른 생각들은 완전히 사라지고, 오직 내 목소리만 듣고 있습니다.

당신의 머릿속의 모든 긴장들은 사라졌습니다.

(잠시 침묵한다.)

이제 내 말에 따라 당신은 한 빌딩의 엘리베이터 앞에 서 있다고 상상합니다.

이 빌딩은 지하 10층으로 되어 있고, 당신은 1층 엘리베이터 앞에 서 있습니다.

지하 10층에는 당신이 그토록 가보고 싶었던 아름다운 정원이 펼쳐져 있습니다.

자연의 냄새가 가득하고, 아름다운 꽃들이 활짝 피어 있는 아름다운 정원이 있습니다. 당신은 그곳에 가기 위해 그 자리에 서 있습니다.

그곳엔 당신이 그토록 그리던 지상낙원이 펼쳐져 있습니다.

(잠시 침묵한다.)

지하 10층에 가게 되면 당신은 완전한 최면에 빠져들게 됩니다.

엘리베이터가 내려가게 되면 당신은 완전한 최면상태로 내려가게 됩니다.

엘리베이터가 점점 내려갈 때마다 당신은 지금보다 더 온몸과 마음은 편안해지게 됩니다.

10에서 1까지 숫자를 세어 내려갈 때마다 엘리베이터는 1층씩 내려가며, 그때마다 당신의 온몸은 완전히 이완되게 됩니다.

(잠시 침묵한다.)

당신은 아래로 내려가는 버튼을 눌렀습니다.

당신은 엘리베이터 안으로 들어갑니다.

당신 눈앞에는 층수를 뜻하는 빨간색 숫자판이 있습니다.

그 숫자판은 지금 10을 가리키고 있습니다.

엘리베이터가 아래로 내려갈수록 숫자판은 9. 8. 7. 6. 5. 4. 3. 2. 1로 내려갑니다.

숫자가 내려갈수록 당신은 더 깊은 최면에 빠져들게 됩니다.

지하 10층에 도달하면 당신은 완전한 최면에 빠지게 됩니다.

(잠시 침묵한다.)

지하 10층 버튼을 누릅니다.

엘리베이터가 움직이기 시작합니다.

10. 엘리베이터가 내려갑니다. 당신은 엘리베이터가 아래로 내려가고 있는 것을 느끼고 있습니다.

9. 엘리베이터 소리를 듣고 있습니다. 당신은 점점 온몸에 편안한 기운이 가득 차는 것을 느끼고 있습니다.

8. 당신 눈앞 계기판의 숫자가 변하는 것이 보입니다. 당신의 온몸은 천천히 이완됩니다.

7. 아주 편안합니다. 엘리베이터가 움직일수록 더할 나위 없는 행복감이 밀려옵니다.

6. 당신의 온몸과 마음은 아주 깊은 안락함을 느끼고 있습니다.

5. 엘리베이터가 아래로 내려가면서 당신의 몸과 마음의 긴장은 완전히 사라져 버립니다.

4. 당신은 아주 깊게 이완되고 있습니다.

3. 당신의 온몸은 아주 편안합니다. 깊은 최면에 빠져들고 있습니다.

2. 엘리베이터가 점점 목적지에 도달하고 있습니다. 당신의 온몸과 마음은 완전히 이완되었습니다.

1. 지하 10층에 도착했습니다. 당신은 완전한 최면에 빠졌습니다. 이제 당신은 엘리베이터 문을 열고 밖으로 나옵니다.

(잠시 침묵한다.)

그곳에는 당신을 위해 준비된 아름다운 정원이 있습니다.

새가 지저귀고 향긋한 풀냄새가 가득한 곳입니다.

주위는 아주 조용합니다.

그곳에는 따뜻한 햇살이 주위를 아주 환하게 비추고 있습니다.

따뜻하고 포근한 기운이 느껴집니다.

당신은 아주 행복합니다.

당신의 행복을 가만히 느껴 보십시오.

(잠시 침묵한다.)

풀냄새가 스치는 부드러운 봄바람을 온몸으로 느껴보십시오.

당신은 아름다운 정원에 놓인 커다란 침대가 있는 것을 봅니다.

가까이 다가갑니다.

당신은 아름다운 정원에 놓인 커다란 침대에 눕습니다.

부드러운 순모로 만들어진 이불과 아주 푹신한 매트리스 위에 눕습니다.

당신은 침대 위에서 가장 편안한 자세를 취합니다.

당신을 향해 따뜻한 햇살과 싱그러운 봄바람이 스쳐갑니다.

당신의 온몸은 아주 편안합니다.

그리고 당신은 아주 깊은 최면에 빠져 있습니다.

부드러운 순모로 만들어진 이불과 아주 푹신한 매트리스 위에 누워있습니다.

편안하고 안전합니다.

(잠시 침묵한다.)

최면자 : 이제 어린 시절 가장 공포스럽고 힘들었던 사건 현장으로 가 보세요.

하나, 둘, 셋.

내담자 : (몸을 부르르 떨며 숨이 넘어갈 듯이 괴로워한다.)

최면자 : 내가 하나, 둘, 셋 하면 현재로 돌아옵니다. 하나, 둘, 셋 돌아오세요.

내담자 : (숨을 내쉬며 안정을 찾아간다.)

최면자 : 편안해집니다. 안정이 됩니다. 어떠한 상황이었나요?

내담자 : 아빠가 야구방망이로 때리는데 죽을 것 같았어요.

최면자 : 저런, 얼마나 힘들고 무서웠으면 죽을 것 같았겠어요. 마음을 안정시키고 내 말에 집중합니다. 편안해집니다. 호흡도 편안해집니다.

(잠시 침묵한다.)

이제 당신이 혼자서 숲속을 걷는다고 상상해 보세요.

전에 가본 곳도 좋고, 떠오르는 어느 곳이라도 좋습니다.

떠올랐으면, 이제 당신은 편안한 상태로 숲속을 걷고 있다고 생각합니다.

숲의 풀 향기를 맡아 보세요.

코끝으로 전해지는 풀 향기는 당신의 마음을 아주 편안하게 합니다.

마음이 평안해지고 긴장이 완전히 풀어져서 기분이 매우 상쾌합니다.

(1분 정도 침묵한다.)

하늘을 보세요.

갑자기 하늘에 먹구름이 밀려옵니다.

곧 소나기가 쏟아질 것처럼 하늘이 캄캄해집니다.

갑자기 소나기가 내리기 시작합니다.

비를 피할 곳을 찾아봅니다.

우르릉! 쾅! 쾅! 하며 천둥이 치고 하늘을 가르는 번개가 번쩍이고 하늘이 캄캄해집니다.

(잠시 침묵한다.)

당신은 빨리 비를 피할 곳을 찾아봅니다.

앞쪽에 작은 동굴이 보입니다.

동굴을 향해 뛰기 시작합니다.

용기를 내어 동굴 안으로 들어갑니다(자신의 내면을 탐색하도록 하려는 의도가 있다).

동굴바닥에는 이끼가 잔뜩 끼어 있어서 미끄럽지만, 조심조심 안쪽으로 들어갑니다.

안쪽으로 들어갈수록 주위가 넓어지고 마음은 편안해집니다.

안정감이 밀려옵니다.

안쪽으로 더 들어가자 따뜻한 기운과 함께 자욱한 안개 속에서 따뜻한 온천이 동굴 중앙에 있는 것이 보입니다.

중앙으로 걸어 들어갑니다.

(잠시 침묵한다.)

당신은 온천물에 발을 담그고 심신의 피로를 풀어 봅니다.

기분이 매우 좋아집니다.

발끝으로부터 전해지는 따스함과 황홀함은 당신을 온천 속으로 빨려들게 합니다.

당신은 이미 온천 안에서 온몸으로부터 전해지는 평안과 휴식을 느낍니다.

온천의 따스함은 온몸의 피로를 풀어주고, 몸의 근육들이 이완되게 합니다.

당신은 정신과 육체가 완전히 이완되어 있습니다.

따라하세요.

따라하시면 지금보다 배나 깊은 이완이 진행됩니다.

평화, 평화, 평화, 평화, 평화…

당신은 이제 매우 편안한 안도감과 정신적으로 깊은 휴식 속으로 들어가 있습니다.

충분한 휴식이 당신을 매우 건강하게 하고 있습니다.

그리고 동굴 안에 갖가지의 꽃들이 어울려 피어 있는 것이 눈에 들어옵니다.

주위를 둘러보세요.

빨강, 노랑, 파랑, 색색의 꽃들에서 나는 꽃향기가 동굴 안에 진동하고, 당신은 기분 좋은 황홀함에 빠집니다.

당신은 이제 정신적으로 육체적으로 매우 건강해졌습니다.

(잠시 침묵한다.)

이제는 온천에서 나오십시오.

당신 옆에는 가운이 걸려 있습니다.

가운은 당신의 것입니다.

입어보세요.

그리고 옆에는 당신을 위한 아주 푹신한 양모로 만든 침대가 있습니다.

이 침대는 하늘의 천사들의 침대입니다.

그 침대에 누우면 구름 위에 누운 것과 같이, 몸이 하늘로 붕 떠서 기분이 황홀해집니다.

자, 이제 침대에 누워보세요.

당신의 몸은 깊은 수면 상태로 들어가게 되지만, 정신은 내 말을 집중하여 듣게 되는 신비한 잠을 자게 됩니다.

당신의 몸과 마음은 잠이 들게 되지만, 당신의 정신은 오히려 깨어서 내 말에 집중하게 됩니다.

내가 잠에서 깨워주기 전에는 당신은 절대로 잠에서 깨어날 수가 없습니다.

이제 내가 숫자 열을 거꾸로 세면서 내려가겠습니다.

숫자가 아래로 내려갈수록 당신은 아주 신비한 잠을 자게 됩니다.

(20초 정도 침묵한다).

자, 시작합니다.

당신은 이미 깊은 잠이 들기 시작했습니다.

열, 편안해집니다. 아주 편안해집니다.

아홉, 여덟, 일곱, 여섯, 아주 편안해졌습니다.

다섯, 깊은 잠이 듭니다.

넷, 아주 깊이 잠이 듭니다.

셋, 당신의 몸은 깊은 잠이 들어도, 정신은 깨어있어서 내 말에 집중합니다.

둘, 깊은 잠이 들었습니다. 당신의 육체는 완벽하게 이완되어 있습니다.

하나, 아주 편안하고 편안해졌습니다. 당신은 깊은 잠에 들어 있습니다. 깊은 잠에 들었습니다."

최면자 : 당신은 잠이 들었습니다. 꿈을 꾸게 됩니다. 꿈이니까 아무리 공포스

런 장면이라도 통제할 수 있고, 바로 깨어날 수 있습니다. 이제 다시 한 번 매 맞는 장면을 떠올려 바라보게 됩니다. 하나, 둘, 셋. 어떤 상황이 떠올려졌나요, 아니면 생각이 나나요?

내담자 : 엎드린 채 엉덩이를 맞고 있어요.

최면자 : 몇 살 때인가요?

내담자 : 10살 때요(눈물을 흘리며 흐느낀다).

최면자 : 지금은 어떤 상황인가요?

피최면자 : 이불을 뒤집어쓰고 울고 있어요. 밤이에요, 캄캄해요.

최면자 : 엄마는 어디에 있니?

내담자 : 아빠한테 맞고 집을 나갔어요.

최면자 : 아빠는 어디 있니?

내담자 : 거실에서 술에 취해 자고 있어요. 가서 목을 눌러서 죽이고 싶어요. 그런데 힘이 없어요.

최면자 : 너무 슬프고 무섭구나?

내담자 : 귀신이에요.

최면자 : 누가?

내담자 : 아빠가 귀신으로 변했어요. 나를 죽이려 해요.

최면자 : 당신은 지금 꿈을 꾸고 있습니다. 그 상황은 꿈입니다. 자 이제 당신을 깨워 드리도록 하겠습니다. 자, 꿈에서 깨어납니다. 지금의 모든 상황은 악몽이었습니다. 하나, 둘, 셋, 악몽에서 깨어나세요."

충격적인 공포에서 빠져나오도록 처음부터 악몽을 꾼 것으로 감정을 희석하고, 아빠에게 있는 내면의 감정이 사실이 아니라 꿈이었다고, 현실 왜곡을 위한 작업의 의도로 최면을 유도했다. 그래서 꿈이라고 단정 짓고, 꿈에서 깨도록 하고, 최면분석을 통해서 아버지와의 화해를 가능하게 하였다. 아버지를 대하는 현실을 심상최면법을 통해서 아버지로부터 용서를 받았고, 자신의 내면 자아는 긍정적이고 자존감을 높여주어 어떤 상황에서도 해결할 수 있는 사람으로 치료했다.

암시문

"당신은 당신이 원하는 모든 것을 얻었습니다.

당신은 이제 새로운 생각, 마음, 육체를 가지고 깨어나게 됩니다.

당신이 깨어날 현실은 완전히 변한 새로운 세상입니다.

당신은 깨어나게 되면, 깨어나는 동시에 느끼게 됩니다.

반드시 느끼게 됩니다.

새로운 당신을 느끼게 됩니다.

당신은 깨어나도 완전히 깨어나는 것은 아닙니다.

자, 이제 침대에서 일어나십시오.

그리고 입고 있던 가운을 벗고, 당신의 원래 옷으로 갈아입으세요.

이제 저쪽에서 비추는 빛을 보면서 당신은 동굴 밖으로 나가게 됩니다.

빛을 따라서 계속 밖으로 나갑니다.

당신은 동굴 밖으로 나왔습니다.

소나기는 그쳤고, 상큼한 풀 내음이 코끝을 진동합니다.

새들의 노랫소리가 들려오고, 신선한 안개는 마치 천국에 있는 것 같습니다.

지금까지 경험해 보지 못한 평화와 기쁨이 가슴으로 밀려옵니다.

잠시 아주 깊이 느껴보세요.

당신의 온몸으로 스며드는 기분을 느끼세요,

당신의 날들은 지금처럼 행복한 나날이 계속됩니다.

날마다 행복하고 기쁨이 넘치는 삶이 계속됩니다.

당신이 충분히 누려야 할 당신의 특권입니다.

당신의 아버지가 미소를 지으며 두 팔을 벌리고 당신을 바라봅니다.

어떻게 하시겠어요?

아버지에게 달려가 품에 안기세요.

아버지의 품을 편안하게 느낍니다.

아주 편안하게 잠이 듭니다.

아버지의 품에서 잠이 듭니다.

당신은 매우 행복한 사람입니다.

당신에게 있었던 지난 몇 년은 꿈이었습니다.

마음속 응어리는 풀어졌습니다.

당신의 생애에 놀라운 일이 생깁니다.

온 가족이 행복한 날만 가득합니다.

자, 이제 당신을 깨워 드리겠습니다.

다섯을 세면 깨어납니다.

하나, 당신은 행복한 마음을 안고 깨어나게 됩니다.

둘, 깨어나게 되면, 기분이 매우 상쾌하고 좋습니다.

셋, 머리가 맑아지고, 당신은 변화된 삶을 느낍니다.

넷, 얼굴이 환해지고, 눈이 매우 시원해집니다.

다섯, 눈을 뜨며 깨어납니다. 머리가 아주 맑아졌습니다.

따라해 보세요.

나는 날마다 행복할 것이다.

나는 날마다 기쁨과 평안이 넘친다.

나는 반드시 그렇게 된다."

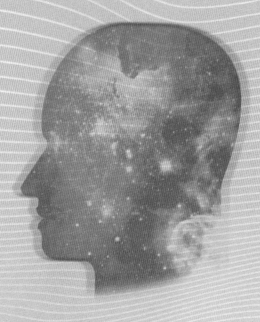

8
PART

신체증상 및
관련장애

만성통증

최면으로 만성통증을 치유할 수 있는데, 통증 자체를 치유하거나 통증과 연관된 다른 신체적인 문제를 치유한다. 통증과 연관된 다른 신체적인 문제라 함은, 통증이 숨겨져 있는 다른 문제를 알려주는 일종의 경고신호 역할을 하고 있다는 뜻이다. 이 두 가지 경우에 모두 최면치료가 좋은 효과를 나타낸다.

급성통증이 신체조직의 순간적인 손상으로 심하게 아프다가 일정한 시간이 지나면 치유되는 것에 비교하면, 만성통증은 심하게 아프지는 않으나 오랜 시간이 지나도 치유되지 않고 계속 아프거나, 아프다가 아프지 않다가를 반복한다. 일반적으로 통증이 6개월 이상 지속되면 만성통증으로 구분한다.

1) 치료 시 유의사항

- 다른 심리적인 장애나 문제는 없는지?
- 무엇이 일차적인 요인이고, 무엇이 이차적인 요인인지?

- 통증지속에 참여하고 있는 것에는 어떤 것이 있는지?

- 무엇을 먼저 치료해야 하나?

- 증상위주로 치료해야 할지, 문제위주로 치료해야 할지?

흔히 내담자는 자신의 병을 어떤 심리적인 모델에 맞추어 놓고 있다. 내담자가 생각하고 있는 모델이 반드시 옳은 것은 아니지만, 일단 여기에 접근해서 보조를 맞추어 주고 잘못된 것은 조심스럽게 고쳐나가야 한다.

최면 도중에 내담자에게 갑자기 부정적인 생각이나 감정이 생기는 일이 있다. 예를 들면, 증상위주의 치료를 하고 있던 중에 통증을 어떤 형상으로 만들었는데, 갑자기 이 형상이 성난 내담자의 부인으로 변하는 것이다. 이런 경우에도 조심스럽게 탐색해 보아야 한다. 필연적인 관련이 있을 것이라고 단정하는 것은 너무 성급하다.

최면 중에 내담자의 통증이 더 심해지는 일도 흔히 있다(예 : 연령퇴행 중에). 이런 경우에도 어떤 관련이 있는지 조심스럽게 탐색해 보아야 한다. 의사가 아무런 신체적인 결함이 없다는 진단을 했다고 해서, 무조건 심리적인 요인 때문이라고 판단하는 것도 성급한 일이다. 심리치료를 해도 별 진전이 없으면, 다른 의사에게 다시 한 번 신체적인 진단을 받아보도록 권해야 한다. 또한 내담자가 통증으로 얻는 다른 반대급부가 없는지도 살펴보아야 한다(가족의 보살핌, 장애연금).

2) 준비작업

(1) 정신자원의 탐색 : 내담자의 과거경험 중에서 통증을 완화시킬 수 있는

정신자원이 있는지 찾아본다. 통증을 견디어 내었던 경험이나, 이명과 같은 다른 자극을 무시하고 지낼 수 있었던 경험 또는 언짢은 일을 꾹 참을 수 있었던 경험이나 능력이 정신자원이 될 수 있다. 이런 정신자원은 나중에 증상위주의 치료를 하면서 연령퇴행이나 일화를 통하여 다시 불러올 수 있다.

(2) 기대에 대한 설명 : 내담자가 최면에 대하여 어떻게 생각하고 있고 어떤 기대를 하고 있는지를 물어보고, 필요하면 설명을 하여 수정해 준다.

(3) 피최면성 테스트 : 사람마다 피최면성이 다르다는 것을 말해주고, 내담자의 피최면성을 테스트해 본다. 증상위주의 치료에서는 감각적이고 인지적인 면이, 문제위주의 치료에서는 인지적이고 감성적인 면이 중요하다. 최면을 유도한 후에 손 개폐, 손 부상, 팔의 경직과 연령퇴행 같은 것을 시험해 본다. 암시를 할 때에는 간접적인 방법을 사용한다. 이렇게 하면 실패하는 경우에도 부담이 적어진다. 피최면성이 낮은 내담자에게는 근육이완훈련을 추가로 실시하고, 아주 낮은 내담자는 최면이 아닌 다른 치료방법을 강구해야 한다.

(4) 갑작스레 일어나는 일에 대한 준비 : 피최면성을 테스트하기 위한 최면에서 일찌감치 통증이 상당히 호전되는 일도 흔히 있으며, 예상하지 못하였던 일이 갑자기 일어나기도 한다. 최면자는 언제든지 이런 일에 대비하는 마음의 준비를 하고 있어야 한다.

3) 증상위주의 치료

먼저 통증의 양상과 특징을 알아보고, 거기에 적합한 치료기법을 선택한다. "내장 속에 주먹만한 것이 들어있다." 또는 "갑자기 콕 찌른다."는 등의 표현을 사용할 수 있다. 테스트 최면에서 내담자가 느끼는 감정에 많은 변화를 보이면 감각적인 치료기법을 선택하고, 내담자가 이미지를 잘 떠올리면 인지적인 치료기법을 선택한다.

다음에 서술하는 치료기법 중에서 1번에서 4번까지는 감각적인 치료기법이라 할 수 있고, 5번에서 7번까지는 인지적인 치료기법이라 할 수 있다.

(1) 진통

- 통증을 대신할 다른 감각을 선정하고 이 감각을 느껴보게 한다.

"통증이 있는 신체부분이 따뜻하다고(차갑다고, 가볍다고, 무겁다고, 멍하다고) 하면 어떤 느낌이 들까요?"

- 다른 감각(온감)을 통증이 없는 신체부분(예를 들면, 손)에 느껴보게 한 다음, 최면 중에 일어나는 손의 부상에 따라서 그 느낌이 달라지게 암시한다.

"손이 위로 올라갈수록 손은 더욱 따뜻해집니다."

- 통증과 다른 감각 사이의 중간감각을 느껴보게 한다(예를 들면, 간지러운 느낌).

- 손이 아래로 내려가면서 손의 따뜻함이 통증이 있는 신체 부분으로 흘러 들어간다고 암시한다.

"이제 차츰 손이 아래로 내려오면서 손의 따뜻함이 통증이 있는 곳으로 흘러 들어가서 손이 의자 팔걸이에 이르면, 통증은 완전히 없어지고 그 자리에 따뜻한 느낌만이 남게 됩니다."

- 내담자의 무의식이 결과에 만족하는지 물어보고 이데오모터로 대답하게 한다.

"당신의 무의식이 결과에 만족한다면, 당신의 엄지손가락이 위로 세워질 것입니다."

(2) 전이

- 내담자와 의논하여 통증을 전이시킬 신체 부분을 정한다.

"당신의 왼쪽 뺨에 있는 통증을 오른쪽 뺨으로 한번 옮겨 보겠습니다."

- 내담자로 하여금 통증이 어떻게 옮겨 가는지(속도와 방식) 느껴보게 한다(흘러가는지, 뛰어 넘어 가는지). 이 과정을 손의 부상과 연관시킨다.
- 통증이 옮겨 갔는지 확인한다.
- 옮겨간 통증을 다시 또 다른 신체부분으로 옮긴다.

(3) 감각변화

트랜스 하에서 통증을 차츰 다른 감각으로 느껴보게 한다. 통증을 둔한 통증으로→ 둔하고 묵직한 감각으로→ 묵직하고 피곤한 감각으로→ 납덩이처럼 피곤한 감각으로→ 그 부분의 신체가 잠자는 듯이 아무 감각이 없는 것으로 변화시킨다. 따끔한 통증을 따뜻한 감각으로, 쿡쿡 쑤시는 통증을 메뚜기가 뛰는 감각으로 바꿀 수 있다.

(4) 부분분리 체험

통증이 있는 신체 부분이 내 것이 아닌 것처럼 느껴보는 방법이다. 트랜스 하에서 먼저 손이 내 손이 아닌 것처럼 느껴보고, 이런 감각이 통증이 있는 신체 부분으로 흘러들어가게 한다. 1번 진통에서와 같은 방법으로 한다.

(5) 전신분리 체험

트랜스 하에서 기분 좋은 일에 정신을 집중하여(예 ; 축구 경기를 보는 것), 마치 영혼이 신체에서 빠져나가 축구장에 가 있는 것처럼 느껴보는 것이다. 연령퇴행으로 과거의 기분 좋았던 일로 되돌아가는 것과 같은 이치이다.

(6) 통증 이미지

- 내담자로 하여금 통증을 어떤 물체로 이미지화하게 한다. 그 물체의 모양과 색채, 온도와 목소리 등을 느껴보게 한다.

- 물체의 모양과 색채, 온도와 목소리 등을 기분 좋게 바꾼다. 예를 들면, 딱딱하고 차가운 덩어리를 손에 들고 차츰 따뜻하고 말랑말랑한 반죽 같이 만드는 것이다. 개미가 기어오르는 것 같은 통증을 개미 떼로 이 미지화한 후에 살충제로 섬멸해 버릴 수 있다.

(7) 이야기

이야기를 해주면서 통증을 완화시킬 수도 있다. 예를 들면, 페인트칠을 하는 직공이 차츰 페인트 냄새를 맡지 못하게 된다든지, 영화를 보면서 오줌이 마려운 것을 잊어버리고 있었다는 이야기를 해준다.

(8) 통증을 더욱 심하게 느껴보기

통증을 더욱 심하게 느껴보는 것은 통증을 가볍게 느끼는 것보다 훨씬 쉽게 할 수 있다. 이 방법은 내담자로 하여금 통증을 더욱 심하게 느껴보게 함으로써, 마음먹기에 따라서 통증의 강도가 조절된다는 것을 체험하게 한다. 이런 확신이 있으면, 통증을 가볍게 느끼는 것이 더욱 쉬워진다.

4) 문제위주의 치료

이 방법은 통증과 연관된 심리적인 문제를 알고 있을 때에 사용한다. 부정적인 체험의 재현과 재구성은 심리적인 문제를 탐색하는 데에도 도움이 된다.

(1) 부정적인 체험의 재현

- 통증과 연관이 있다고 생각되는 체험이나 정신외상경험을 트랜스 하
  에서 재현한다.
- 체험 중에서 부정적인 면은 분리체험하고, 긍정적인 면은 연합체험하
  여 체험을 변화시킨다. 분리체험의 방법에는 관찰자의 시각으로 바라
  보는 것과 아무런 감정이 없이 냉철하게 바라보는 방법이 있다. 연합체
  험의 방법은 행동을 통한 감정체험과 문제해결을 이미지화해 보는 방
  법이 있다.
- 통증과 연관이 있다고 생각되는 또 다른 체험에 대해서도 이와 같이
  한다.

(2) 문제와 관련이 있는 이야기

심리적인 문제가 무엇인지 알고 있으면, 문제와 관련이 있는 이야기와
은유를 사용하여 해결할 수 있다.

(3) 재구성

- 통증을 일종의 신호로서 의미 있는 긍정적인 기능으로 평가한다.
- 내담자로 하여금 '내면적인 요구'에 접속하여, 어떤 필요욕구가 그런
  신호를 보내는지 알아보게 한다. 내면적인 요구를 이미지화하거나 이
  데오모터 방법으로 물어보면서 접속한다.
- 내담자로 하여금 내면적인 요구와 대화하면서 문제의 해결책을 찾아

보게 한다. 여기에도 이미지 또는 이데오모터 방법을 사용한다.

치료 도중에는 통증이 완화되었으나, 집에 가면 다시 심해지는 일이 많이 있다. 통증완화의 효과를 오래 지속하게 하기 위해서는 다음의 조치를 취한다.

- 완화된 통증의 느낌을 집으로 가지고 가라고 암시한다.
- 자기최면을 배워서 집에서 하게 한다.

사례

53세 내담자가 지난 10년 동안 점점 심해지는 척추통증으로 고생하고 있었다. 그는 한 번 척추수술을 받은 일도 있었다. 그는 기계제작 기술자였는데 통증 때문에 그 일을 하지 못하고, 최근에는 건물 경비 업무를 했는데, 3개월 전부터는 병가휴직 상태이다. 그래서 조기은퇴를 해야 할 형편에 이르렀지만 그는 계속 일을 하고 싶어 했다. 그는 자신의 처지를 매우 비관하고 있었고, 통증 때문에 잠도 잘 자지 못하고 있었다. 그는 의학적인 조치는 모두 다 해보았다고 하였다. 병의 내력을 이야기해 보라고 하였더니, 단지 자세가 좋지 않아서 통증이 생겼다고만 말했다. 전에 있었던 문제들은 모두 해결되었으며, 자기를 치료해 준 여의사가 이 문제들을 다시 건드리지 말라고 하였다면서 더 이상 아무 말도 하지 않으려고 했다. 그래서 최면자가 내담자를 치료하지 않겠다고 하였으나, 그가 하도 간청하는 바람에 치료를 시작하였다.
그는 피최면성이 아주 높았다. 손의 부상도 잘되고, 연령퇴행과 눈의 카타랩

시도 잘 되었으며, 후최면 암시에 따라 각성 후에 손가락 세 개가 뻣뻣해지기도 하였다. 내담자가 자신의 문제를 말하지 않으려고 하고 또한 내담자의 피최면성이 높았기 때문에 증상위주의 치료를 하기로 하였다.

두 번째 상담시간에 내담자는 허리에 '묵직한 통증'이 있다고 하였다. 나는 그것이 '묵직한 감각'일 뿐이라고 말하고, 이 '묵직한 감각'을 '묵직하고 피곤한 감각'으로 느껴보라고 하였다. 내담자가 그렇게 느낀다고 말하자, 다시 '묵직하고 피곤한 감각'을 허리를 감싸고 있는 '납덩이처럼 피곤한 감각'으로 느껴보고, 그래서 허리가 너무 피곤해서 잠들고 싶어 한다고 암시하였다. 몇 분 후에 내담자의 허리는 마치 잠든 것처럼 아무런 감각도 느끼지 못하였다. 지금 어떤 기분이냐고 물었더니, 내담자는 자기가 신체가 없는 영혼으로 떠돌아다니고 있다고 대답하였다. 하지만 내면적인 이미지는 떠오르지 않고, 머리가 텅 빈 것 같다고 하였다. 최면에서 깨어나자 천천히 통증이 다시 생겼고, 집에 가서는 더욱 심해졌다.

다음 상담시간에는 인지적인 기법을 사용하여 같은 치료효과가 생기게 하였다. 트랜스 하에서 내담자를 자기의 손자와 함께 놀게 하였다(전신분리 체험 기법). 내담자는 장난을 하는 어린아이가 되었다(연령퇴행). 내담자에게 자신의 통증을 물체로 만들어 보게 하니, 시커먼 덩어리로 만들었다. 이 덩어리를 차츰 작게 만들어 나중에는 커튼 뒤쪽으로 사라져 없어지게 하였다. 통증이 없어졌지만, 그 효과는 오래 지속되지 않았다. 그래서 후최면암시로 각성 후에도 계속 허리 부분에 최면을 남겨두고, 최면 중에 받았던 느낌을 집으로 가지고 가라고 하였다. 또한 자기최면을 가르쳐주고, 필요할 때마다 자기최면으로 장난을 하는 어린아이가 되어 보라고 하였다. 내담자는 차츰 통증이 없는 시간이 길어진다고 하였다. 나중에 내담자는 통증이 심할 때 약 45분간의 자기최면으로 통증을 조절할 수 있게 되었다. 이제 심한 통증은 아주 드물어졌다.

다음 단계로 문제위주의 치료를 시작하였다. 트랜스 하에서 내담자에게 과거에 고통스러웠거나 슬펐던 때의 일을 탐색해서, 그때의 감정을 생생하게 느껴보라고 하였다. 내담자는 어린 시절의 여러 가지 일들을 생각해 내었으며, 그때마다 일시적으로 통증이 더욱 심해졌다. 그런데 내담자는 이 단계에서 계속해서 치료하는 것을 원하지 않았다. 이 정도면 견딜만하며, 다시 기계 제작 기술자로 일할 수 있게 되었다는 것이 치료를 그만두려는 이유였다. 아쉽지만 10번의 상담으로 치료를 중단하였다. 그 후 6개월 후와 12개월 후에 전화로 물어보았더니, 견딜만하며 직장에도 잘 다니고 있다고 하였다.

5) 임상증명

만성통증에 대한 최면치료의 효과는 많은 임상연구에서 확인되었다. 치료대상 통증은 두통이 가장 많았고, 그 밖에 여러 가지 통증들이 있었다. 최면치료를 하였을 때와 하지 않았을 때, 또는 위약치료를 하였을 때와 비교하면 통증의 강도나 투약량 또는 내담자의 인내 태도 등 여러 면에서 현저하게 좋은 효과가 있었다. 치료의 효과는 대부분 오랫동안 지속되었다 (Hoppe 1986, Revenstorf 1988, Peter 1996).

독일에서 실시한 임상연구(Hoppe 1983, 1984, 1985, 1986; Winderl 1986; Hoppe와 Winderl 1986)에 의하면, 이야기 중에 분산 삽입하여 (암시를 말할 때에는 약간 목소리를 높여서) 말하는 암시가 단순한 암시 보다 더욱 효과가 있었다. 통증과 관련된 이야기만 해주는 것도 단순한 암시보다 효과가 더 좋았으나, 통증과 관련이 없는 이야기는 아무런 효과도 없었다.

증상위주치료와 문제위주치료를 비교해 보면, 문제위주치료를 하였을 때에는 치료기간도 약간 더 오래 걸리고, 치료 후의 효과도 더 오랫동안 지속되었다.

문제위주의 치료에서는 내담자가 문제상황을 생생하게 재현하여 체험하고 좋은 이미지로 부정적인 감정을 경감하는 것이 중요하였다. 문제위주의 치료는 신체적으로 아무런 결함이 없는 내담자들에게 가장 효과가 있었다. 증상위주의 치료에서는 (암시에 의거하거나 내담자 스스로) 통증에 대한 어떤 긍정적인 이미지가 순간적으로 떠오르는 것이 중요하였다. 그러기 위해서는 내면적인 이미지와 접속할 수 있어야 하는데, 피최면성이 높은 사람일수록 더욱 잘 할 수 있다. 결론적으로 피최면성이 높으면 증상위주의 치료에 유리하다. 하지만 피최면성이 높다고 해서 치료의 효과가 더 오래 지속되지는 않았다. 치료의 효과는 치료의 내용에 좌우된다.

만성통증에 대한 치료는 단순한 이완이나 통증이 없어진다는 암시만으로 되는 것이 아니다. 어떤 통증이라도 신체이완으로 어느 정도까지는 경감시킬 수 있고, 감각적, 인지적, 감정적인 치료기법의 사전 준비작업으로 신체이완이 필수적이기는 하지만, 신체이완만으로 통증이 없어지는 경우는 드물다.

내담자가 통증이 시작된 계기를 확실하게 알고 있거나 통증이 상황에 따라서 자주 변하는 경우에는, 통증이 어떤 심리적인 문제를 알려주고 있는 신호일 가능성이 높으며 문제위주의 치료방법이 적합하다. 피최면성이 높은 내담자에게는 증상위주의 치료방법이 적합한데, 자기최면으로 신체에 느껴지는 감각(무거운 느낌, 따뜻한 느낌)의 변화를 느껴보게 하면 통증도 스스로 조절할 수 있겠다는 자신을 가지게 된다.

통증에 대한
최면치료적인 개입

우리들의 뇌가 신체적인 통증을 감소시키거나 없앨 수 있다는 것은 잘 알려진 사실이다. 교통사고가 났을 때 아무런 아픔을 느끼지 못하다가, 다친 자녀를 안전하게 병원으로 옮기고 난 후에야 자기 몸에 난 상처의 아픔을 느끼는 경우는 흔히 있는 일이다. 통증에 대한 최면치료적인 개입은 다음의 네 가지 방법으로 한다.

1) 통증의 감각을 변화시키는 방법

(1) 통증의 감각을 직접적으로 변화시키는 방법

쑤시고 찌르는 것 같은 통증의 느낌을 따끔따끔하거나, 꽉 조이거나, 간질간질한 느낌으로 바꾸어 주는 것이다. 최면자는 먼저 내담자에게 통증의 느낌이 어떤지 표현해 보라고 한다. 그중에서 어떤 느낌이 견딜 수 없고, 어떤 느낌이 견딜만한지 말해 보게 한다. 그다음에 내담자를 트랜스로 유도하고, 통증과 아무 상관이 없는 신체적인 느낌(무거운 느낌, 따뜻한 느낌)을 느껴보게 한다. 왼팔과 오른팔의 느낌이 서로 다른 것을 체험하게 하고, 암시에 의해서 느낌이 달라진다는 것을 알게 한다. 이 과정에서 중요한 것은, 최면을 여러 번에 나누어서 하면서 가끔씩 내담자를 깨워서 암시한 느낌을 내담자가 실제로 체험하고 있는지를 물어보는 것이다. 내담자가 암시하는 느낌을 실제로 체험하고 있으면, 내담자의 주의는 통증으로 옮겨간다. 쑤시고 찌르는 것 같은 느낌을 차츰 따끔하고 꽉 조이는 느낌으로 바꾸고, 다시 간질간질한 느낌으로 바꾸어 주는 것이다.

(2) 통증이 있는 신체 부위의 감각을 변화시키는 방법

통증의 감각을 직접 변화시키는 대신에 통증이 있는 신체 부위의 감각을 변화시키는 방법이다. 최면자는 통증이 있는 신체 부위가 차갑다거나, 따뜻하다거나, 무겁다거나, 가볍다거나, 단단하다거나, 둔하다고 암시한다. 암시는 직접적으로 할 수도 있고(예 : "오른쪽 뺨의 감각이 둔해져서 아무런 느낌이 없습니다."), 이미지를 통한 간접암시로 할 수도 있다. 예를 들면 마취주사를 맞았다거나, 얼음주머니를 대고 있다거나, 팔이 없는 것 같다는 이미지를 사용한다. 휴양지에서 편안하게 온천욕을 하고 있다는 이미지를 사용할 수도 있다. 트랜스 하에서 체험하였던 신체적인 감각을 통증완화에 활용하기도 한다.

- 오른팔의 무거운 느낌이 통증을 내려 누른다.
- 등의 따뜻한 느낌이 차갑게 쑤시는 통증을 녹여버린다.
- 가슴 속이 확 트인 느낌이 꽉 조이는 통증을 풀어준다.

고전적인 최면에서 많이 사용하였던 '손장갑 마취' 방법을 소개하고자 한다. 이 방법은 먼저 직접암시로 한 손에 감각을 느낄 수 없게 한 다음에, 이 손으로 통증이 있는 부분을 만져서 역시 감각(통증)이 없어지게 하는 것이다. 이때 감각을 없게 하는 손이 있는 쪽의 옷을 벗어서 팔이 맨살로 들어나게 한다. 이렇게 하면 양쪽 팔이 느끼는 온도의 차이가 분명해져서 감각이 쉽게 없어진다.

손장갑 마취 유도문

"일반적으로 우리는 신체를 한 몸으로 느끼고 있지만, 때에 따라서는 신체의 한 부분이 다른 부분과 다르게 느껴지기도 합니다.

예를 들면, 당신이 잠깐 잊고 있는 사이에 당신의 오른손 감각이 둔해져서 왼손과는 전혀 다르게 느껴질 수 있습니다.

이런 현상을 우리는 스스로 만들어낼 수도 있습니다.

당신의 오른손을 겨울철 차가운 개울물에 담그고, 개울물이 흘러가는 속도를 가늠해 보고 있다고 생각해 보십시오.

약 일분 후, 호주머니 속에 들어있는 왼손과 차가운 개울물 속에 있는 오른손에 느껴지는 온도의 차이가 얼마나 될까요?

오른손은 점점 더 차가워지면서, 감각도 차츰 없어질 것입니다.

당신이 지금 벌써 왼손과 오른손 사이의 온도 차이를 느끼고 있는지 나는 알 수 없습니다.

얼음 같이 차가운 물 속에 손가락을 집어넣고, 손을 집어넣고, 팔을 집어넣고,

얼마나 차가운지 느껴 보십시오.

피부에서 시작해서 차츰 뼛속까지 차가운 냉기를 느끼면서 차츰 감각도 없어집니다. 오른팔 팔꿈치 아랫부분이 차가워지면서 차츰 감각이 없어지고, 마치 혈관이 얼어붙어 피가 흐르지 않는 것 같은 느낌이 듭니다.

오른팔 팔꿈치 아랫부분이 얼어붙어 차갑고 아무런 감각이 없어졌습니다.

(최면자는 내담자의 손을 약간 들어 올려서 팔꿈치 아래가 공중에 떠있게 한다.)

팔꿈치 아랫부분이 가볍게 위로 올라가는 것을 느낄 수가 있습니까?

숨을 쉴 때마다 팔이 조금씩 위로 움직입니다.

당신이 숨을 쉴 때마다 팔의 감각이 더욱 없어지고. 그러면서 조금씩 위로 움직입니다.

이제 손과 팔이 차츰 굳어지면서 천천히 위로 올라갑니다.

점점 더 위로 올라갑니다.

위로 올라가면서 감각은 더욱 더 없어집니다.

손과 팔이 굳어지고, 차가워지고, 감각이 없어집니다.

굳어지고 차가워져서 감각이 없어진 것을 확실하게 느낄 수 있습니다.

손과 팔이 단단히 얼어붙었습니다.

얼어붙어서 아무런 감각이 없습니다.

그러면서 손은 차츰 입 가까이로 가고 있습니다.

입 가까이로 가면 갈수록 손의 감각은 더욱 없어집니다.

(손이 입으로 갈 때까지 유도암시를 계속한다).

손이 입에 닿으면서 손이 닿은 입 주위도 감각이 없어지기 시작합니다.

(최면자는 내담자의 손으로 입 주위 통증이 있는 부분을 부드럽게 쓰다듬는다).

손에서 퍼져 나온 뻣뻣하고 무감각한 느낌이 입 주위에 번져나갑니다.

점점 더 넓게 퍼지고 입안까지 파고 들어가더니 이제 잇몸에까지 퍼져 들어갔습니다.

당신은 잇몸이 마비되고 아무 감각이 없어진 것을 느낍니다.

마치 입 안 전체와 잇몸이 손과 연결된 것처럼 차가운 기운이 흘러 들어가고, 마취제가 손에서 입 안으로 흘러 들어가는 것 같습니다.

입안 전체가 아무 감각이 없고 피곤해지면서 어떻게 되든지 아무 상관이 없어집니다.

당신은 모든 일이 귀찮아서 되는 대로 내버려둡니다.

입과 잇몸 그리고 뺨에 아무 감각이 느껴지지 않고, 모든 일이 귀찮고 피곤해서 될 대로 되라는 식으로 놓아둡니다.

마치 마취제 주사를 맞았을 때와 같은 기분입니다.

(여기에서 이완유도를 계속할 수도 있다.)

입과 뺨의 감각이 점점 더 둔해지는 사이에 당신은 여기를 벗어나서 모래사장을 산책하실 수 있습니다.

작년 휴가 때에 갔던 동해안의 시원한 바닷가 모래사장으로 가 보시겠습니까?”

‘손장갑 마취’라는 이름은 예전부터 내려오던 이름일 뿐, 사실 손장갑과는 아무런 연관성이 없다. 가죽장갑으로 손을 다치지 않게 한다거나, 특별한 장갑을 상상하여 손에 감각이 없어지게 한다는 기법도 사용된 일이 있기는 하지만(Hargadon, Bowers &Woody, 1995), 그보다는 장갑을 끼면 손의 감각이 둔해지는 데서 유래한 것 같다.

(3) 통증을 다른 신체 부분으로 옮기는 방법

내담자가 가지고 있는 심리적인 갈등이 무의식중에 표현되어 나타나는 통증이나, 심리역학적psycho-dynamic인 과정에서 상징화되어 이차적으로 나타나는 통증은 다른 신체부분으로 옮길 수 있다. 예를 들면 손에 통증이 있어서 글씨를 쓰지 못하는 내담자에게 어깨나 목덜미로 통증을 옮기는 것이다. 이 과정에서 통증을 경감시킬 수 있다. 이런 통증들은 어떤 면에서 내담자가 필요로 하는 통증으로, 통증이 없어지면 다른 부작용이 생기기도 한다.

2) 현실에서 벗어나는 방법

그림형제의 동화로 유명한 Jakob Grimm은 그의 어린 시절인 1794년에 종기수술을 받았었는데, 옆에서 읽어주는 동화를 들으면서 아무런 통증도 느끼지 않았다고 한다. 이처럼 다른 일에 몰두해서 통증을 느끼지 않게 하는 방법이 현실에서 벗어나게 하는 방법이다. 예를 들면, 뺨에 통증이 있는 사람에게 예전에 사랑하는 사람과 서로 뺨을 맞대고 있었던 체험을 하게 한다. 이때 내담자 자신의 감촉보다는 상대방의 뺨이 와 닿는 감촉을 느끼게 하는 것이 더욱 효과적이다. 미래진행의 방법도 사용할 수 있다. 통증은 시간이 지나감에 따라서 차츰 줄어들게 되고, 언젠가는 없어질 것인데 이것을 차례로 느껴보게 하는 것이다.

3) 통증을 분리체험하는 방법

이 방법은 통증이 있는 신체 부분이 내담자의 신체가 아니라, 돌이나 나무와 같다고 암시하여 분리시키는 방법이다. 통증을 짐승으로 상징화하여 그 짐승과 싸우게 하는 방법도 있다. 아주 드문 경우이기는 하지만, 통증을 불쌍하게 여겨서 보듬어주고 보살펴주게 하는 방법도 있다.

4) 통증의 감정적인 근원을 치유하는 방법

앞에서 서술한 통증들은 대개 일시적으로 생기는 참기 어려운 통증들을 말한다. 예를 들면, 수술을 한 후에 마취가 풀릴 때라든가, 치통이라든가 화상을 입었을 때 붕대를 풀고 치료할 때와 같이 일시적으로 생기는 통증으로서, 잠깐 동안 참으면 되는 경우이다. 심리적인 원인에서 생기는 만성적인 통증에도 앞에서 서술한 치료방법들을 활용할 수는 있지만, 최면에서 깨어난 후에 얼마간의 시간이 지나면 그 효과가 없어지고 다시 통증이 생기게 된다. 이런 경우에는 통증을 통해서 내담자가 바라고 있는 것이 무엇인지 통증이 담당하고 있는 역할을 먼저 파악한 후에 통증의 감정적인 근원을 치유해야 한다.

사례

하반신에 통증을 느끼고 있던 한 여성 내담자가 트랜스 하에서 치료를 받고

통증이 없어졌다. 그런데 내담자는 통증이 없어진 것을 기뻐하지 않았고 "금방 또 통증이 있을 거예요."라며 마치 통증을 기다리는 것 같이 보였다. 최면자는 내담자의 통증이 어떤 심리적인 역할을 하고 있다는 것을 알아차리고 탐색을 하기 시작하였다. 내담자에게는 세 아들이 있었는데, 그중에 한 아들이 장애를 가지고 있었다. 내담자는 이 아들에게 특별한 연민을 가지고 지극하게 보살펴주고 있었다. 그런데 이 아들이 18세가 되자, 내담자의 남편이 아들을 집에서 내쫓아버렸다. 내담자는 남편에게 대들지 못하였고, 이때부터 하반신에 통증이 생기기 시작하였다. 통증은 두 가지 역할을 하고 있었다. 하나는 내담자가 내놓고 말하지 못하고 있는 정신적인 고통을 통증이 대신하고 있었다. 다른 하나는 하반신에 통증이 있어서 부부생활을 하지 않아도 되는 구실을 만들어 줌으로써, 남편에게 복수를 할 수가 있었던 것이다. 최면자는 남편과 상담을 하고, 아들이 집에 들어와서 살지는 않더라도 내담자가 아들을 보살필 수 있도록 하게 하였다. 그 후 내담자의 통증은 현저하게 경감되었다.

심인성
신체장애

심인성신체장애를 가진 내담자들은 명백한 심리장애를 가진 내담자들과는 달리, 대부분이 신체장애가 심리적인 원인에 의해 생겼다는 것을 인정하려고 하지 않는다. 내담자 주변에 있는 사람들도 내담자의 고통이 심리적인 원인에 있다고 생각하지 않는 경우가 흔하다. 내담자의 유대감(라포)을 얻고자 한다면, 먼저 이런 선입견을 충분히 고려해야 한다. 이런 내담자들이 원하는 것은 증상을 위주로 치료해주는 것이다. 여기에 소개하는 치료방법도 이와 같은 내담자의 기대에 부응하여, 먼저 증상위주의 치료를 하다가 차츰차츰 심리적인 치료로 옮겨간다.

임상적으로는 심인성신체장애를 좁은 의미의 심인성신체장애, 신체심리장애 Somato-psychical disorder 그리고 신체형장애 Somato-form disorder의 세 가지로 구분한다.

좁은 의미의 심인성신체장애는 심리적인 요인이 의학적인 증상에 영향을 미치고 있는 신체장애를 말한다. 주로 천식, 궤양성위장염, 두드러기, 궤양성대장염, 점막염, 피부염, 습진 등의 질병이 있다.

신체형장애는 건강검진에서 아무런 이상을 발견할 수 없는데도 불구하고 신체기능의 일부가 정상이 아닌 신체장애를 말한다. 이 장애의 특징은 여러 번의 조사에서 아무런 신체적인 결함을 발견하지 못하고 의사가 아무런 이상이 없다고 하는 데도, 내담자는 계속해서 다시 조사해줄 것을 요구하는 것이다. 적어도 2년 이상 이런 증상이 나타나야만 신체형장애로 판정한다.

신체심리장애는 심근경색이나 암진단 등의 신체적인 질병으로 겪는 공포감이나 우울증 같은 심리적인 반응을 말한다. 이 장애는 내담자마다 서로 다른 개인의 민감성에 많이 좌우된다. 일반적으로 심리적인 부담이 없었다면 이 장애가 생기지 않았을 것이라고 보고 있으며, 일종의 적응장애로 취급한다. 이 장애에 대한 치료방법은 앞에서 서술한 다른 두 가지 심인성신체장애와는 다르기 때문에, 여기에서 서술하는 치료방법은 '좁은 의미의 심인성신체장애'와 '신체형장애'에만 해당된다.

1) 치료 진행과정

(1) 1단계-치료의 중심 잡기

최면자는 먼저 의학적인 전문지식에 따라서 증상을 제거하는 데에 전념해야 할지, 아니면 내담자와 내담자의 증상에 대해 좀 더 열린 자세로 접근을 해봐야 할지를 결정해야 한다. 내담자의 증상은 내담자가 필요로 하고 있는 어떤 역할을 감당하고 있을 수도 있다.

(2) 2단계-라포의 형성

최면자와 내담자 사이에 형성되어 있는 라포의 정도에 따라서, 직접암시를 할 것인지 간접암시를 할 것인지를 결정하게 된다. 내담자로 하여금 생각이나 이미지만으로도 신체감각에 변화를 가지고 올 수 있다는 체험을 하게 하면 라포 형성에 도움이 된다. 자율훈련 Autogenes Training, 손개폐운동, 진자실험 등이 도움을 줄 수 있다.

(3) 3단계-개별적인 진단

증상에 대한 진단은 내담자마다 모두 다르다. 먼저 의사의 신체에 대한 세밀한 진단이 선행되어야 한다. 최면자는 신체에 대한 진단내용을 참조하여, 내담자에게 적합한 이미지나 은유를 활용한다.

개별적인 진단은 다음과 같은 내용으로 진행한다.

① 증상의 서술

진단은 내담자의 증상을 자세히 알아보는 것으로 시작한다. 여기에는 어떤 조건에서 증상이 생기며, 어떻게 진행되고, 끝이 나는지를 알아본다. 하루 중에는 어떤 시간에, 일 년 중에는 어느 계절에 자주 증상이 생기는지 그리고 어떤 다른 문제와 연관이 있거나 원인이 될 만한 일은 없는지 물어본다. 증상을 설명하는 내담자의 말을 잘 들어보면 증상이 내면적으로 무엇을 대변하고 있으며, 내담자가 증상을 어떻게 대하며 어떻게 체험하고 있는지를 알 수 있다. 간혹 내담자의 설명에 은유가 포함되어 있기도 해서 치료에 활용할 수도 있다(예 : "내 피부가 마치 긁어대는 옷 같이 느껴져요." "좀 떨어져 있었으면 해요."). 지금까지 시도해본 (효과가 있었거나, 효과가 없었던) 치료방법들을 물어본다. 이로써 어떤 방법을 피하고 어떤 방법을 선호해야 할지를 알 수 있으며, 동시에 내담자가 문제를 해결하는 기본생활 태도를 알 수 있다. 최면자는 증상과 시간 또는 은유와의 연관성에 유념해야 하지만, 이런 연관성이 더욱 심해지지 않도록 조심해야 한다.

② 최면자를 찾아오게 된 경위

최면자를 찾아오게 된 경위를 물어본다.

"어떻게 나를 찾아오게 되었나요? 누가 당신을 나에게로 보냈나요?"

의사가 보낸 경우에는 내담자를 심리치료자에게 떠넘기려 한다고 생각하지 않게 배려한다. 심리치료와 일반의학의 신체치료는 서로 상반되지 않고 상호보완적임을 설명해 준다. 명상훈련을 하면 운동선수들의 기록이 좋아진다는 사실을 말해주면 도움이 된다.

③ 내담자의 이력

내담자의 현재 생활상황과 직장생활, 그리고 내담자의 가정환경 등이 포함된다. 가정의 가치관과 생활습관 및 신앙생활은 특별한 의미를 가진다(예 : "우리 집에서는 언제나 열심히 일해야 했어요."). 증상이 처음으로 생겼을 때의 생활환경도 매우 중요하다. 이런 것들을 물어볼 때에는 조심스럽고 예의 바르게 해야 한다.

"당신을 더 잘 이해하기 위해서 과거의 일들에 대해 몇 가지 물어보려고 합니다."

내담자가 보아서 명백하게 증상의 원인이 된다고 생각되는 갈등이 있어도 아직은 거론하지 않고 보류해 둔다. 이런 갈등에 대해서 내담자가 먼저 말을 꺼낼지라도 일단은 다음 기회로 미루어 둔다. 이 과정은 매우 중요하다. 내담자는 아직은 신체적인 증상을 치료해주기를 원할 뿐이며, 증상을 갈등과 관련시키고 싶지는 않기 때문이다. 최면자는 갈등에 대한 내담자의 이런 상반된 감정을 존중하여, 내담자가 천천히 차분하게 이 문제에 접근할 수 있는 시간을 주어야 한다. 대부분의 내담자들이 이 시점에서는 아직 갈등에 대해서 말하고 싶어 하지 않는데, 내담자도 되도록 갈등에 대한 말을 삼가한다. 이것이 내담자에게 맞추는 pacing으로 작용하여 라포 형성에 도움이 된다. 흔히 최면자가 내담자와 매우 가까워졌다고 생각하고, 치료의 강도를 높이기 위해 너무 일찍 갈등을 거론하는 경우가 있다. 이럴 때 내담자는 오히려 최면자가 더욱 가까이 다가오는 것에 두려움을 느끼고 물러서게 된다. 그러므로 언제나 내담자보다 한 걸음 뒤로 물러서서 내담자가 원할 때에 조금씩 다가가야 한다.

④ 최면치료적인 진단

에릭슨의 최면치료에서는 내담자의 개인적인 특성과 사고방식을 활용한다. 이와 관련하여 Jeffrey Zeig는 최면치료적인 진단에 도움이 되는 여러 가지 개인특성을 분류하였다. 최면치료적인 진단의 목표는 가능한대로 이런 개인특성에 적합한 은유와 암시 및 재구성을 찾아내는 것이다.

항 목	내담자의 반응
대화가능성	직접표현과 간접표현 중에 어느 것을 선호하나?
주의집중력	내면적/외면적, 초점적/산만
관계형성	내향적/외향적, 주는 사람/받는 사람, 책임을 맡는다/책임을 맡긴다
정보처리	직선적/조합적, 확대/축소

저항	무엇에 대해서 어떤 방법으로 저항하나?
동기	무엇에 대해서 스스로 어떻게 동기를 유발하나? 불안정성에 대해서도 서술한다.
통제조정	내담자는 대인관계를 어떻게 통제, 조정하나? 내담자는 어떤 방식의 통제, 조정을 받아들이나? 최면자에 대하여 어떤 기대를 하고 있나?
외부로 나타나는 시스템	문제의 영역에서/정신자원의 영역에서
비언어적인 행동태도	문제의 영역에서/정신자원의 영역에서
유머	즐거운, 냉소적인, 좌절적인
강점	어떤 강점이 있나? 어떤 약점이 강점으로 될 수 있나?
상징적인 언어	어떤 상징이미지 또는 은유를 사용하나?
문제유지의 역학관계	어떤 역학관계 또는 전략이 문제를 유지하고 있나?
최면현상	내담자에게 어떤 최면현상이 잘 일어나나?
정보부재	내담자는 어떤 상세사항 또는 모두가 알고 있는 중요한 정보를 모르고 있나?
상담시간목표/ 치료목표	이번 상담시간에 내담자에게 무엇을 해줄 것인가? 치료목표로 가는 가장 작은 변화는 무엇인가?
순종	내담자는 무엇으로 어떻게 협력하고 있나?
문제의 상징화	은유 또는 최면현상으로 내담자의 문제를 어떻게 상징 화할 수 있나?

내담자에게 물어볼 때에는 그 내용뿐만 아니라 말하는 태도와 속도도 내담자에게 맞추어야 한다. 내담자가 말할 때에는 그 행동태도도 함께 관찰한다. 내담자의 개인적인 특성을 잘 살펴보면 그중에서 치료에 활용할 수 있는 것을 찾아낼 수 있고, 앞으로 어떻게 치료해야 하는지도 알 수 있게 된다. 예를 들어, 내담자의 주의집중이 내면적인 데에 쏠려 있다면, 최면자는 내담자의 내면체험에서 정신자원을 찾아야 하고, 치료의 목표를 외부체험을 촉진하는 방향으로 잡아야 한다. 내담자가 '받는 사람'이라기보다는 '주는 사람'이라면 다른 사람을 위해 봉사함으로써 얻을 수 있는 좋은 점을 강조하고(예 : 어린이의 모범이 되는), '자신을 중요하게 생각하는' 방향으로 인도한다.

내담자가 열심히 일하는 것을 높이 평가하고 있으면, 이것을 활용하여 "일생 중에 한번쯤은 혼신의 힘을 다하여 일하는 것이 중요합니다."라고 말하면서 내담자에게 동조한다. 이 말에는 은연중에 '한번쯤 열심히 일하는 것은 중요하지만, 다른 때에는 여유 있게 살 수도 있다는 뜻을 담고 있다. 내담자가 용인할 수 있는 간접암시 또는 은유는 내담자의 사고방식을 변화시키고 재구성하는 데에 결정적인 역할을 할 수 있다.

문제나 정신자원이 외부로 나타나는 시스템에 대해서 아는 것도 매우 중요하다. 심인성신체장애 환자는 흔히 문제가 신체운동감각으로 나타난다. 그래서 치료도 신체운동감각으로부터 출발하며, 차츰 시각적-청각적인 증상으로 옮겨가는 것이다.

내담자가 말하는 말 한 마디나 이미지 또는 은유를 치료에 활용할 수 있는 경우도 있다. 예를 들어 "최근에 나는 모든 것을 삼키고 있어야만 했어요."라는 말을 활용하여, 위장에 무언가 뭉쳐있는 느낌과 결부시키고 내면 프로세스를 촉진할 수 있다.

문제유지의 역학관계를 아는 것도 치료에 많은 도움이 된다. 내담자가 무슨 이유로 문제를 계속 가지고 있으며, 어떤 생각을 하고 내면적으로 어떻게 느끼고 있는지를 알게 되면, 문제의 내용이나 진행과정을 변화시켜서 새로운 좋은 결과로 끝이 나게 할 수 있다. 이와 병행해서 주변에서 증상을 일으키는 유발 인자를 찾아내고, 증상이 감당하고 있는 심리적인 역할에 대해서도 생각해보아야 한다.

심인성신체장애 내담자들은 신체감각과 관련된 최면현상을 쉽게 체험한다. 하지만 시각적인 환상은 그리 쉽게 체험하지 못한다. 최면현상 중에 어떤 것이 증상유발과 관련이 있는지 알아볼 수 있다. 문제의 상황을 재현하면서 갑자기 연령퇴행을 하는 내담자도 있다. 이런 내담자는 다른 조건 하에서도 연령퇴행을 쉽게 한다.

(4) 4단계-치료목표의 설정과 정신자원의 탐색

치료 초기에는 치료목표를 증상의 유발원인과 직접 연관하여 설정할 필요는 없다. 스트레스가 있으면 증상이 더 심해지고 증상이 심해지면 이로 인해서 다시 스트레스가 생기기 때문에, 치료 초기에는 스트레스를 감소시키는 것을 치료의 첫 번째 목표로 한다. 내담자에게 자기최면을 배우게 하여, 무겁고, 따뜻하고, 차분하고, 느슨한 감각을 신체에 느껴보게 한다. 이완유도로 좋은 경치를 이미지화하거나 트랜스 하에서 과거의 기분 좋았던 일들을 다시 체험하는 것도 많은 도움이 되는데, 이로써 스트레스가 감소될 뿐만 아니라 (증상을 제거하기보다는) 정신자원을 추가하여 장애를 치료한다는 개념을 내담자가 이해하게 된다.

내담자가 자기최면으로 신체감각을 잘 느끼게 되면, 신체 전반에 대한 느낌을 연습하게 한다.

"뱃속이 편안하다. 심장이 조용히 규칙적으로 뛰고 있다. 온몸에 혈액순환이 잘 되고 있다."

은유 이야기를 해주면 더욱 효과가 좋지만, 은유 이야기를 만들기 위해서는 증상의 원인을 어느 정도 확실하게 알아야 하고, 이야기 속에서 증상을 어떻게 다루어야 하는지를 간접적으로 말해 주어야 하기 때문에 만들기가 쉽지 않다(Krause와 Revenstorf (1997), Ertle과 Fahle (1996), Harvey (1989), Horton-Hausknect와 Mitzdorf (1997), Schmidt (1992), Weber (1991), Whorwell (1984)).

스트레스를 감소시키는 방법은 많은 도움이 되지만 완전한 치료는 아니다.

(5) 5단계-증상이미지 만들기

a. 정신외상과 관련이 있는 증상 : 정신외상으로 인해서 생긴 증상은 과거의 정신외상 체험에 대한 작업을 하여 이를 극복하게 해야 한다. 다음의 순서로 치료하는 것이 효과가 있었다.

① 연령퇴행으로 정신외상체험을 재현한다.
② 과거의 체험을 변화시킨다.
③ 체험에서 배운 것을 찾아낸다.
④ 미래진행을 한다.

온몸에 가려운 발진이 생긴 여성 내담자가 연령퇴행으로 비슷한 증상이 있던 과거의 상황을 체험하였다. 그녀가 7살 때 엄마가 껄끄러운 옷을 그녀에게 강제로 입혔다. 그녀는 화가 났지만 당하고 있을 수밖에 없었다. 최면자는 먼저 그녀에게 어린 시절의 자기 자신을 위로하고 보호해 주라고 하였다. 그 다음에 그녀의 엄마가 그녀를 돌보아 주었던 기억들을 찾아내어 느껴보게 하였다. 그녀는 차츰 엄마가 일부러 그런 옷을 입힌 것이 아니라는 것을 이해하게 되었고, 그런 옷을 입힐 수밖에 없었던(어린 시절에는 몰랐던) 엄마의 사정을 이해하게 되었다. 오랜 시간이 걸리기는 했지만, 그녀의 증상은 차츰 호전되었다.

b. 정신외상과 관련이 없는 증상 : 증상에 대한 서술을 듣고 이와 비슷한 감각을 나타내는 시각적인 이미지(드물게)나 청각적인 이미지를 만들어 낸다. 심인성신체장애의 증상이 대부분 신체감각으로 나타나기 때문에 그 실체가 매우 모호하다. 그래서 증상을 구체적으로 나타내어 줄 수 있는 시각적인 실체를 만들어내면 더 많은 정신자원을 찾아낼 수 있다. 시각적인 실체를 만드는 방법으로는, 증상에 대한 감각을 하위감각sub-modality까지 자세하게 물어본 다음에, 서로 가장 가까운 감각에서부터 시각적인 감각과 겹치게 한다.

c. 신체감각의 하위감각
- 감각이 생기는 위치와 확산여부
– 질 : 긴장된다. 이완된다. 간지럽다. 부드럽다. 단단하다.

– 움직임 : 조용하다. 계속된다. 퍼져나간다. 균일하다. 리듬이 있다.

– 온도 : 차갑다. 서늘하다. 따뜻하다. 미지근하다. 뜨겁다.

– 감각형상 : 둥글다. 모나다. 달걀 같다. 대칭이다. 비대칭이다.

– 감각표면의 느낌 : 매끄럽다. 까칠하다.

d. 시각의 하위감각

– 색깔 : 검다. 희다. 화려하다. 단색이다.

– 밝기 : 밝다. 어둡다.

– 색의 상태 : 일정하다. 변화한다. 요동친다.

– 형상과 크기 : 주사위 모양. 둥글다. 모나다.

– 움직임 : 빠르다. 느리다. 리듬이 있다. 활발하다.

– 경계 : 경계가 있다. 경계가 없다. 흐물흐물하다.

– 개수 : 한 개. 여러 개. 필름처럼 연속적이다.

자율훈련이나 이완유도로 내담자의 스트레스가 풀리고 나면, 먼저 내담자에게 문제의 신체증상감각을 체험해보게 한다. 내담자가 신체증상감각을 곧바로 체험하지 못하면, 문제의 신체증상감각이 생겼던 과거의 상황을 재현해서 체험하게 한다. 내담자가 신체증상감각을 체험하면, 최면자는 하위감각을 대답하기 쉬운 항목부터 물어본다(감각장소, 확산여부, 움직임, 압력, 온도 등). 내담자는 말을 하면서 대답할 수도 있고, 말을 하지 않고 마음속으로만 대답을 해도 된다. 최면자는 차츰 시각의 하위감각과 겹쳐지는 신체증상감각으로 옮겨간다(감각형상, 감각표면의 느낌). 신체감각의 표현이 시각적인 표현과 가까워졌다고 생각되면 최면자는 다음과 같이 묻는다.

"그것의 색깔이 있다면 어떤 색일까요? 밝은 색입니까 아니면 어두운 색입니까? 반짝반짝 빛이 납니까? 계속 같은 색입니까, 아니면 색이 자주 변하나요? 주변은 어떻게 보이나요?"

증상을 대신하는 이미지가 구체적인 실체를 보일 때까지 이 작업을 계속한다. 하지만 너무 강한 인상을 주어서 내담자가 부담을 느끼고 중단하는 일이 없도록 조심해야 한다. 어느 정도 구체적인 이미지가 만들어지면, 내담자로 하여금 신호를 보내게 해서 다음 단계로 넘어간다.

(6) 6단계-증상이미지의 외형화

내담자의 마음속에서 증상이미지가 어느 정도 구체적인 실체로 만들어지면, 최면자는 이것을 밖으로 끄집어내야 한다. 이렇게 해야만 증상을 다른 각도에서 바라볼 수 있는데, 이런 분리작업이 의미 있는 인지적인 발전을 가지고 온다. 다음과 같이 물어본다.

"그 이미지가 지금 이 방에 있다면 어디에 놓아두겠습니까? 당신으로부터 얼마나 떨어진 곳에 놓아두겠습니까? 이미지의 크기는 얼마만 합니까? 이미지가 그림입니까, 사진입니까? 아니면 필름입니까? 그림이라면 틀이 있습니까?"

이런 질문이 이미지를 더욱 구체적이고 확실하게 한다. 일반적으로 내담자들은 이미지를 외형화하는 작업을 편안한 마음으로 받아들인다. 이 시점에서 치료를 잠시 중단하고 다음 상담시간으로 미루는 것도 한 가지 좋은 방법이다. 이미지를 그림으로 만들어서 좋은 틀에 넣고 상담실 안의 적합한 장소에서 다음 상담시간까지 보관하는 것이다. 내담자가 원하면 집으로 가지고 가서 가끔씩 볼 수도 있다. 중요한 것은 보관하는 장소가 내담자의 마음에 들어야 하고, 내담자에게 나쁜 느낌을 주지 않아야 한다. 왜냐하면 이제 내담자의 한 부분을 다루고 있기 때문이다. 최면자는 직접적으로나 간접적으로나 내담자가 나쁘게 평가되지 않도록 조심해야 한다.

(7) 7단계-증상이미지의 활용

이 단계는 '화해작업'이라고 할 수 있다. 이 단계의 치료목표는 '증상과 싸우는 관계'를 '증상과 협력하는 관계'로 바꾸는 것이다. 그러기 위해서는 증상이미지를 새로운 각도에서 바라보고, 지금까지 모르고 있었던 증상의 긍정적인 의미를 찾아내며 증상을 동반자로서 인정해 주어야 한다. 여기에는 여러 가지 방법이 있다.

a. 증상이미지를 명상의 이미지로 활용하는 방법 : 트랜스 하에서 내담자는 증상이미지를 바라보고, 무언가 달라지는 것이 없는지 찾아본다. 달라지게 만들어 내려고 하지 않고, 그냥 바라보고 있기만 한다. 차분하게 바라보고 있으면, 이미지가 차츰 편안하게 느껴지게 된다. 이럴 때에 이미지를 그림틀에 넣고 좋은 장소에 보관하면서 하루에 몇 번씩 바라본다. 그림이 스스로 변하면 이것을 기록한다. 하지만 그림이 달라지게 하려고 노력하지는 않는다.

사례

다른 장애 때문에 최면자를 찾아왔던 한 여성 내담자가 원인을 알 수 없는 치통 때문에 치아를 세 개나 뽑았는데, 네 번째 치아가 또 아프기 시작했다고 말하였다. 그녀는 치아를 또 뽑기 전에 심리치료를 한번 받아보기를 원했다. 최면자는 치통에서 명상이미지를 만들었다. 그녀는 이 이미지 그림을 좋은 장소에 보관하고 아침저녁으로 바라보았다. 이 이미지 그림의 배경이 처음에는 황량한 사막이었다가, 차츰 생기가 넘치는 푸른 초원이 되더니, 나중에는 해변에서 내담자가 즐기고 있는 그림으로 변하였다. 일 년 후에는 내담자의 치통이 없어졌다. 이 치료에서는 인지적인 탐색은 하지 않았다.

b. **증상이미지의 특성을 활용하는 방법** : 이 방법은 상당한 인지적인 소양이 필요하다. 내담자는 증상이미지에서 느끼는 어떤 특성을 말한다. 예를 들면 연탄을 두고 "단단하다." 또는 "뭉쳐진 에너지"라든가 "대기 중인 열량"이라든가 하는 특성을 말하는 것이다. 내담자에게 특성을 제안하면서 물어볼 수도 있다. 중요한 것은 최면자가 내담자의 비언어적인 반응을 자세하게 관찰하면서, 내담자가 동의하지 않는 제안을 모두 버려야 한다는 것이다. 일반적으로 부정적인 특성을 내담자가 긍정적으로 표현하는 일도 흔히 있다. 사후면담에서 내담자가 말한 특성이 과거에 도움이 된 일이 있는지 물어본다. 이런 특성을 정신자원으로 과거의 일을 재구성할 수 있고, 미래진행에도 활용할 수 있다.

c. **증상이미지를 의사교환 파트너로 활용하는 방법** : 증상이미지를 더욱 발전시켜서 의사교환 파트너로 활용할 수 있다. 증상이미지 안에 어떤 사람이 포함되어 있으면 그 사람이 말을 하게 한다. 증상이미지가 움직이거나 변화하면 이것을 이데오센서의 신호로 활용할 수 있다.
"증상이미지가 당신과 접속하고자 한다면 '네.'라는 신호를 어떻게 당신에게 보낼 수 있을까요? 증상이미지에게 '네.'라는 신호를 보내주도록 부탁하고 무슨 일이 생기는지 관찰해 보십시오."

같은 방법으로 '아니오'라는 이데오센서의 신호도 정할 수 있다. 목표는 증상이미지와 상호 의사교환을 하는 데에 있다. 그래서 증상이 무엇 때문에 생기고, 어떤 역할을 감당하고 있는지를 알아내는 것이다. 최면자의 역할은 내담자가 증상이미지와 의사교환을 하면서 하나씩 하나씩 정보를 알아내고, 그 내용을 수용하고 도움이 될 수 있게 활용하게 하는 것이다.

직접적으로는 증상에 대한 보다 나은 이해와 증상이 내담자에게 필요하다는 것에 대한 정보를 얻는다. 간접적으로는 증상과 상호 공존관계를 돈독하게 하는 것이 매우 중요하다. 상호 공존관계의 성공여부가 치료의 성패를 결정한다. 여기에는 이따금 오랜 타협이 필요하다. 이런 과정을 거친 후에 미래진행을 하게 된다.

(8) 8단계-미래진행

미래진행에서는 지금까지의 모든 치료결과가 미래에 어떻게 작용하는지를 시험해 본다. 트랜스 하에서 내담자에게 미래의 한 상황을 체험하게 하고, 지금까지의 치료결과를 적용해보게 한다. 내담자가 말이나 몸짓으로 거부반응을 보이면 미래진행을 중단하고, 7단계로 돌아가서 거부반응에 대한 작업을 다시 한다.

(9) 9단계-증상이미지의 재통합

마지막으로 내담자로부터 끄집어내었던 증상이미지를 다시 내담자에게 되돌려 넣어서 재통합하게 한다. 치료를 하면서 증상이미지는 변하였다. 거부당하던 부분이 아직 얼마 동안은 유용하게 사용할 수 있는 동반자로 변한 것이다. 증상이미지를 내담자가 편안하게 느낄 수 있는 내담자의 신체 어느 장소에 잘 보관해 둔다. 증상이미지가 어떤 사람이 되었다면, 성대한 이별파티를 마련하여 보내주고 필요하다면 훗날 다시 만날 약속을 한다.

심인성신체장애의 치료과정에서는 흔히 여러 가지 다른 장애들이 함께 나타나서, 여기에 대한 치료도 병행해야 하는 일이 많이 생긴다. 여기에 서술한 치료방법은 이런 모든 경우를 전부 감안한 것은 아니다. 이 치료방법은 가능한 한 증상에 가까이 머물면서, 체계적인 방법과 은유적인 방법을 통합한 방법이다. 이 치료방법은 단기간의 치료로 개발되었다. 하지만 각 치료단계에 소요되는 시간은 라포와 맥락의 조건에 따라서 더 길어질 수 있다.

심인성신체장애의
최면치료 방법

이 장에서는 트랜스 하에서 내담자가 무의식 속에서만 알고 있는 정보를 찾아내어, 심인성신체장애를 치료할 수 있는 방법을 서술하고자 한다. 이 방법은 다른 심리장애에도 사용할 수 있다. 치료개입은 다음과 같다.

- **관찰자의 시각으로 바라본다** : 만나기만 하면 다투는 두 사람은 서로가 상대방에게 어떻게 하고 있는지 알지 못한다. 그런데 서로 다투는 모습을 비디오에 담아서 재생해 보면 이것이 확연하게 드러난다. 이처럼 상황을 정확하고 공정하게 파악할 수 있는 것은, 바로 외부에서 관찰자의 시각으로 바라보고 있기 때문이다. 풍자극은 이런 효과를 활용하여, 관객들에게 과장되고 초점화된 방식으로 일상생활에서 일어나고 있는 일들을 보여준다. 관찰자의 시각으로 보면 상황을 더욱 객관적인 입장에서 보게 되고, 자신의 감정에서 벗어나서 자신의 행동을 마치 다른 사람이 행동하고 있는 것 같이 볼 수 있다. 그래서 전에는 알 수 없었던 사실을 깨닫게 되고 새로운 관점에서 상황을 판단하게 된다.
- 관찰자 시각의 최면치료적인 활용 : 트랜스 하에서 내담자에게 자기와 꼭 같은 장애를 가진 다른 사람을 이미지화하게 하고, 그 사람의 형편과

생활습관도 내담자와 꼭 같게 한다. 일반적으로 내담자는 어렵지 않게 이 사람에게 무엇이 잘못되었는지를 알아낸다.

사례 : 변비증

한 젊은 여대생이 만성적인 변비를 호소하였다. 오랜 동안 약으로 치료했지만 아무런 성과가 없어서 치료자를 찾아온 것이다. 현재의 생활에 대해서 물어보니, 그녀는 수년 동안 휴가여행을 가지 않았으며 사귀는 남자친구도 없었다. 그녀는 이런 것들이 모두 쓸데없는 일들이며, 공부 같은 다른 일들이 더 중요하다고 말하였다. 조심스럽게 다시 물어보아도 이런 생각에는 변함이 없었다.

트랜스를 유도하고 그녀의 생활 형편에 맞는 이미지에 대해서 물어보았다.
최면자 : 당신의 지금 생활에 가장 알맞은 경치를 이미지화한다면 어떤 경치가 보일 것 같습니까? 마음속에 저절로 떠오르는 경치가 있으신지 궁금하군요.
내담자 : 콘크리트 건물로 가득 차 있는 벌판이 보여요.
최면자 : 거기에 사람이 살고 있다면 어떤 사람인지 한번 자세히 보세요.
내담자 : 스케치북에 나오는 사람 같아요. 아주 야위어서 뼈만 남았어요. 그리고 무척 긴장하고 있습니다. 혼자서 집들 사이로 달려가고 있어요. 다른 사람은 아무도 없어요.
최면자 : 이 사람이 느끼고 있는 감정을 느껴 본다면 어떤 감정일까요?
내담자 : 아무것도 느끼지 않아요. 아무 감정이 없어요. 긴장하고만 있어요. 어

디로도 나갈 길이 없어서 참고 기다리고 있어요(어떤 마음에 안 드는 일을 꼭 참고 견뎌야 하는 상황에서 변비가 생긴다는 것에 주목할 필요가 있다).

최면자 : 이 사람이 인내심을 잃게 되면 어떻게 될까요? 어떤 감정을 느끼게 될까요?

내담자 : 눈앞이 캄캄하고 절망할 것 같아요.

내담자에게 이런 감정과 변비가 전혀 생길 수 없다고 생각하는 사람을 이미지화해 보라고 하였다. 내담자는 푸른 풀밭을 뛰어다니는 젊은 여인을 이미지화하였다. 젊은이들이 그녀의 주변에 모여들어 함께 피크닉을 즐기고 있었다. 그녀는 화려하고 풍족한 삶을 살고 있었고, 취미생활을 즐길 수 있는 충분한 시간과 여유가 있었다. 그녀는 자신을 활동적이라고 느꼈고, 신체에서 느껴지는 이런 느낌이 그녀에게 기쁨을 주었다. 그녀는 혼자서도 잘 지냈으며, 혼자 있으면서도 자연과 다른 사람들과도 연결되어 있다고 느꼈다.

1) 치료의 진행방법

관찰자 시각으로 바라보는 방법은, 거의 모든 심인성신체장애가 있는 내담자에게 신체장애와 자신의 생활여건 및 생활습관과의 상관관계를 확연하게 깨닫게 해주었다. 이 방법이 특히 효과가 좋은 것은 치료자의 해석을 듣고 깨닫는 것이 아니라, 내담자가 스스로 깨닫게 되기 때문이다. 신체장애가 전혀 생길 수 없는 사람을 이미지화하면서 내담자는 문제를 해결하는 방안을 찾아낸다. 이 치료방법의 진행은 다음과 같은 순서로 한다.

(1) 1단계-트랜스 유도

각성상태에서의 내담자의 반응과 트랜스 상태에서의 내담자의 반응은 아주 다르다. 각성상태에서 내담자에게 같은 장애를 가진 사람을 이미지화해 보라고 하면, 모르겠다고 대답하거나(예 : "내가 그걸 어떻게 알아요?"), 미리 생각해 둔 사람을 말한다.

트랜스 하에서는 무의식중에 어떤 이미지나 환상이 저절로, 다시 말하면 이데오 역동적으로 떠오른다. 마치 꿈에서처럼 저절로 떠오르는 이미지에 우리는 약간 놀라워한다. 어떤 내담자는 이미지가 너무 생생해서 놀란다(예 : "이상하네, 아무도 없는 황량한 자갈밭이네."). 저절로 생생하게 떠오르는 것이 트랜스 하에서 떠오르는 이미지의 특성이다(Peter 1994). 대부분의 내담자는 가벼운 트랜스만으로도 충분하다.

(2) 2단계-관찰자의 시각

첫 번째 : 내담자에게 같은 장애를 가진 사람을 이미지화하게 한다.
"좀 이상하게 들릴지 모르지만, 당신과 꼭 같은 증상을 가지고 있는 사람을 한번 이미지화해 볼 수 있겠습니까? 어떤 사람이 떠오를지 궁금하시지요?"
처음에는 내담자에게 이 사람이 어떻게 생겼고, 어떤 몸짓을 하며, 어떻게 움직이는지만 말하게 한다.
"이 사람이 어떻게 생겼으며, 가만히 서 있는지 걸어가고 있는지 말해 주십시오."
이렇게 처음에 신체적인 움직임만 말하게 하는 것은 내담자가 충분한 시간을 가지고 관찰자의 시각으로 바라보는 연습을 하게하고, 너무 조급하게 내면적인 문제에 접근하는 것을 방지하고자 하는 것이다.

　두 번째 : 이 사람이 느끼는 감정과 처해 있는 상황에 대해 물어본다.
"이 사람이 어떤 심정이며, 무슨 일이 있는지 말해 주십시오. 이 사람이 사는 형편은 어떠하며, 다른 사람들과는 어떻게 지내고 있습니까? 자기 자신과 삶에 대해서는 어떻게 생각하고 있습니까?"
여기에서는 내담자가 이미지화한 사람과 자기를 동일시하는 작업이 이루어진다. 이미지화한 사람이 내담자와 같은 느낌을 가진 사람이기 때문에, 새로운 느낌이 있을 수 없을 것이라고 생각하기 쉽다. 그런데 내담자는 이 과정에서 지금까지 느껴보지 못하였던 감정을 느끼게 된다. 놀라운 것은, 느끼는 감정과 이에 연관된 생활상황을 아주 상세하게 서술한다는 것이다.

　세 번째 : 이 사람에게 지금 없는 것은 무엇이며, 더 나아지기 위해서는 무엇이 필요하다고 생각하는지 물어본다. 이 질문에도 대부분의 내담자들이 자세한 대답을 한다. 내담자는 은연중에 자기가 지금 무엇을 잘못하고 있으며, 장애를 극복하기 위해서는 어떻게 달라져야 하는지를 말하게 된다. 이처럼 내담자 자신이 감정으로 느껴보고 스스로 말하기 때문에, 최면자가 분석해서 들려주는 것보다 훨씬 더 좋은 효과를 가지고 온다. 최면자의 생각이 아니라 자기 자신의 생각이며, 이성이 아니라 감성으로 받아들이기 때문이다.

(3) 3단계-'같은 신체장애가 전혀 생기지 않을 사람'의 이미지

내담자에게 자기와 같은 신체장애가 전혀 생기지 않을 사람을 이미지화 하게 한다. 이렇게 하면 내담자는 무엇이 달라져야 하는지를 더욱 뚜렷하게 알게 된다. 다음의 순서에 따라 진행한다.

첫 번째 : 내담자에게 자기와 같은 신체장애가 전혀 생기지 않고, 신체장애와는 전혀 어울리지 않는 사람을 이미지화하게 한다.

"당신이 가지고 있는 신체장애와 전혀 어울리지 않는 사람을 한번 생각해 보십시오. 이런 신체장애가 전혀 생기지 않을 것으로 보이는 사람은 어떤 모습일까요? 이 사람을 바라보면서 그 생김새를 말해 주십시오. 그리고 당신이 이 사람으로부터 어떤 느낌을 받았는지를 말해 주십시오."

두 번째 : 이 사람의 성품과 가치관, 대인관계를 물어본다.

"이 사람은 어떤 사람입니까? 어떤 성품을 가지고 있으며, 무엇을 소중하게 생각합니까? 어떻게 살고 있습니까? 다른 사람들과는 어떻게 지내고 있습니까?"

세 번째 : 내담자로 하여금 이 사람과 동일시하게 한다.

"이 사람처럼 살면 기분이 어떨 것 같습니까? 이런 기분을 신체의 어느 부분에, 어떻게 느낄 수 있나요? 살아가면서 전반적으로 느끼는 감정은 어떤가요? 살아가는 데에 무엇이 달라지나요? 정확하게 무엇이 다른가요?"

이 사람과 동일시하는 과정에서 두 가지 반응이 나타난다. 어떤 내담자는(마치 미래진행에서와 같이) 자기가 장애를 극복한 후의 상황을 미리 느껴

보고 상태가 한결 호전된다. 반대로 어떤 내담자는 이 사람의 생활방식에 이의를 제기한다(예 : "무분별하군. 저렇게 살고 싶지는 않아."). 이런 내담자에게서는 내담자가 자기 자신에게 부담을 지우고 있는 제약과 가치관, 견해에 대한 중요한 정보를 얻을 수 있다.

(4) 4단계-'같은 신체장애가 전혀 생기지 않을 사람'을 정신자원으로 활용

장애가 없는 사람이 장애를 가진 사람에게 무엇을 고쳐야 하는지 말해주게 한다. 내담자에게 장애가 없는 사람의 눈으로 장애를 가진 사람을 바라보게 한다. 이렇게 하면 결함과 제약도 보게 되지만, 숨겨진 잠재력과 능력과 대안도 보게 된다.

"이제 신체장애가 전혀 생기기 않을 이 사람의 눈으로 신체장애를 가지고 있는 사람을 바라보시기 바랍니다. 무엇이 보이나요? 어떤 생각이 드십니까? 어떻게 하면 좋을까요? 충고를 해 줄 수 있습니까?"

사례 1 : 다한증

교육과정 중에 한 여자교육생이 시범치료를 받아보고 싶다고 자원하였다. 그녀는 땀을 많이 흘리는 증상이 있었는데, 어떤 때에는 감당할 수 없이 많은 땀을 흘려서 난처한 일도 있었다고 한다. 그녀는 40대 후반이었는데, 호르몬 조절불순이 원인이 아닌가 생각하고 있었다. 그녀에게 같은 장애를 가진 사람을 이미지화해 보라고 하였다.

자원자 : 한 여자가 보입니다.

최면자 : 어떤 여자인지 말해보세요.

자원자 : 나이는 약 50세쯤 되었고, 금발머리에 가슴이 풍만해요. 밝은색 블라우스를 입고 있는데, 그 속에 까만 브래지어를 하고 있어요(그녀는 갈색머리에 보통 몸매였다. 증상을 조금 과장해서 이미지화하라고 하였더니 몸매도 과장되어 나타났다).

최면자 : 속에 있는 브래지어가 블라우스 밖으로 비쳐 보인다는 말이지요?

자원자 : 네, 그래요.

최면자 : 이런 옷차림으로 있으면 어떤 느낌을 느끼나요?

자원자 : 그녀는 다른 사람의 관심을 끌고 싶어 해요. 그런데 그것이 마음이 편하지가 않아요(지원자는 나이로 보아 한편으로는 성적인 접촉을 바라고 있으면 다른 한편으로는 자신과 자기의 나이에 대한 문제를 가지고 있다).

최면자 : 그녀가 더 나아지려면 무엇이 필요하지요?

자원자 : 마음의 안정과 자신감이 필요하고, 자기가 무엇을 원하는지를 알아야 해요(최면자는 그녀에게 이런 장애가 전혀 생기지 않을 사람을 이미지화해 보라고 하였다).

자원자 : 그녀는 빛나는 눈을 가지고 있고, 사람을 똑바로 쳐다봅니다. 꼿꼿한 자세로 걸어가고, 얼굴표정이 밝아요. 몸과 마음이 모두 편안해요.

최면자 : 지금 이 여자의 눈으로 아까 그 땀을 많이 흘리는 여자를 바라보면 어떤 느낌이 드나요? 어떤 충고를 해주고 싶으세요?

자원자 : 다른 사람을 너무 많이 의식하고 있어요. 남들이 어떻게 생각하는지 상관하지 말고, 자기 자신을 있는 그대로 지키라고 말하고 싶어요. "자기가 하고 싶은 일을 하고 있는 여자라는 것을 잊지 말라."고 말하고 싶어요.

자신의 아버지 상점에서 일하고 있는 한 젊은이가 수년 전부터 만성적인 긴
장감으로 목덜미와 어깨가 아프다고 하였다. 같은 증상에 시달리고 있는 사
람을 이미지화해 보라고 하였더니, 다른 사람이 등에 묶어놓은 무거운 십자
가를 짊어지고 있어서 고개를 좌우로 돌릴 수 없는 사람을 떠 올렸다.

장애가 전혀 생길 수 없을 사람으로는, 독립해서 살면서 하고 싶은 일을 하고
있는 사람을 이미지화하였다. 장애가 없는 사람의 눈으로 십자가를 짊어지
고 있는 사람을 보고는 "이 사람은 다른 사람이 자기에게 걸고 있는 기대를
너무 지나치게 의식하고 있어요. 자신이 원하는 삶보다 다른 사람이 자기에
게 기대하고 있는 삶을 살고 있어요. 이 사람은 이렇게 살고 싶지가 않아요."
라고 말하였다. 내담자는 자신을 돌아보면서 뒤에 아버지가 있는 것을 알았
다. 아버지가 직장에서나 사생활에서 자기를 일일이 간섭하고, 모든 결정을
대신 내려주고 있는 것이 자기를 짓누르고 있다는 것을 알게 되었다.

2) 저항이 있는 내담자에 대한 대응방법

많은 내담자들이 문제의 이면을 들여다보기를 꺼려한다. 여기에는 여러
가지 이유가 있다. 부담스러운 진실과 직면해야 하거나, 생활의 많은 부분
을 바꾸어야 하는 내담자들 중에는 많은 내담자들이 이것을 원하지 않는
다. 신체장애가 내면적인 균형에 도움이 되거나(예 : "이런 통증이라도 없었다면
나는 더욱 외로웠을 거야"), 신체장애를 가지고 있으면서 다른 사람의 보살핌을
받고 싶어 하는 내담자들도 있다. 또 다른 내담자들은 자기가 하고 싶어 하

는 일과 현실생활 사이의 갈등을 감당하기 어려워, 일찌감치 자신의 의사와 욕구를 포기하고 차단해 버린다. 이런 내담자들은 아무런 이미지도 볼 수 없거나, 보아도 말하지 않는다.

내담자의 저항도 하나의 의사소통으로 보아야 한다. 내담자는 저항을 통해서 최면자의 치료방법이 자기에게 적합하지 않다는 것을 말해주고 있는 것이다. 일반적으로 저항이 심하면 심할수록 더욱 간접적인 방법을 사용해야 한다. 간접적인 방법으로 내담자가 거리를 유지하면서 분리체험을 할 수 있게 한다. 같은 장애를 가진 사람을 이미지화하지 못하면, 같은 장애를 가진 생물을 이미지화하게 한다. 이것도 안 되면 같은 장애에 알맞은 경치를 이미지화하게 한다. 내담자가 경치를 떠올리면 거기에 어떤 생물이 살고 있는지 물어본다. 생물이 어떻게 움직이고, 어떻게 살아가고 있는지를 물어본 다음에 사람이 있는지 찾아보라고 한다.

사례 1 : 만성적인 두통

26세 된 여성 내담자가 몇 년 전부터 점점 심해지는 긴장감과 두통 때문에 찾아왔다. 그녀는 친구나 아는 사람들을 만나지 않았고, 낡은 가구들이 놓인 작은 방에서 엄격하고 절제된 생활을 하고 있었다. 그녀는 자신을 돌보지 않고, 경제적인 여유가 있는데도 자신을 위해 즐기거나 돈을 쓰지 않았다. 그녀는 직장에서 성과를 내고 승진하는 데에만 온 힘을 다하였다.

자신의 생활에 알맞은 경치를 이미지화해 보라고 하자, 춥고 바람 부는 높은 바위산을 떠올렸다. 거기에 살고 있는 생물에 대하여 물어보니, 아무것도 없고 '제티(Yeti-전설 속의 설인)'만 있다고 하였다. 이런 곳에 강제로 사람을 살게 한다면 그 사람이 어떻게 느낄 것이라고 생각하느냐는 질문에, 그녀는 울음을 터뜨리며 "지긋지긋해요."라고 말하였다.

어떤 이유에서든지 내담자가 문제를 직면하는 것이 무리라고 생각되면, 상징적인 차원에서 문제를 서술하고 해결하게 맡겨 둔다.

사례 2 : 설사

35세 된 여자 레지던트 의사가 만성적인 설사 때문에 도움을 청하였다. 그녀는 조건이 매우 나쁜 한 병원에서 만성환자들을 돌보고 있었다. 설사는 몇 년 동안 지속되고 심해져서 이제는 직장생활에 방해가 될 지경에 이르렀다. 가끔은 과장의사의 병실 순회진료 도중에도 화장실로 달려가야 하였는데, 과장의사에게는 자기의 설사에 대해 아무 말도 하지 못하고 있었다. 그녀는 신경정신과 의사를 찾아갔었는데, 그 의사는 그녀가 과장의사의 책상에 똥을 내갈겨 주고 싶어 한다고 분석하였다. 하지만 이런 분석에도 증상이 호전되지 않았다.

트랜스 하에서 그녀에게 하체부와 거기에 느껴지는 느낌에 주의를 집중하게 하였다. 그녀가 느낌을 말하고 난 다음에 질문하였다.

최면자 : 지금 느낀 느낌에 가장 알맞은 동물이 있다면 어떤 동물일까요, 저절로 떠오르는 동물이 있으세요?

내담자 : 이상하네요. 아기공룡이 떠오르는데요.

최면자 : 아기공룡이 어떻게 지내고 있습니까? 무엇을 느끼고 있나요?

내담자 : 좋지 않아요. 아기공룡은 혼자 있으면서 죽을까봐 무서워하고 있어

요. 살아남을 가망이 전혀 없어요(공룡은 멸종된 동물이다. 이런 환상이 그녀에게 자신이 바라는 일이 이루어질 수 없을 것이라는 불안을 무의식중에 나타내고 있다.).

최면자 : 당신이 아기공룡에게 어떻게 하면 기분이 좋아질 것인지 물어보십시오. 그리고 당신이 아기공룡을 자유롭게 풀어주고, 하고 싶은 일을 모두 할 수 있게 해서 좋아하게 할 수 있지 않습니까? 아기공룡이 무어라고 대답하는지 한번 물어보십시오.

내담자 : 아기공룡은 내가 일을 너무 많이 한다고 대답하네요. 선우가 나를 2년 동안 돌보아 줄 수도 있을 텐데 라고도 말해요. 흠, 이상하네요.

선우는 그녀가 사귀고 있는 남자친구였다. 그녀는 아기를 원하고 있었다. 그런데 전문의 과정이 힘들고 병원 일이 많아서 지금은 도저히 결혼이나 아기를 생각할 수 없다는 것을 잘 알고 있었다. 어쩌면 이러다가 아기를 가질 수 없게 될지도 모른다는 불안이 설사로 나타난 것이다.

3) 은유와 상징의 활용

신체적인 느낌을 말할 때에도 우리는 흔히 은유와 상징을 사용한다. 불에 덴 것같이 아프다거나, 칼에 찔리거나 벤 것같이 아프다고 말하기도 하고, 돌덩이가 뱃속에 들어 있는 것 같다거나, 가슴을 짓누르고 있는 것 같다고 말하기도 한다. 내담자들이 말하는 이런 은유와 상징을 치료에 활용할 수 있다. 내담자가 신체증상을 느끼면서 그 느낌에 무엇이 연상되어 떠오르는지 물어본다. 처음에는 대부분 무생물이 떠오른다고 말한다(예 : "가슴에 어떤 띠가 둘러쳐져서 조이는 것 같아요." "머리에 쇠로 만든 테가 씌워진 것 같아요." "칼이 등에 꽂힌 것 같아요."). 가치 있는 정보를 얻기 위해서는 이 무생물에서 살아 있는 생물을 연상해 보도록 유도한다(예 : "이 물건과 아주 잘 어울리는 생물이 있거나 이 물건이 살아 있다면, 어떤 모양을 하고 있을까요 ?").

사례 1 : 생리불순

생리불순이 있는 한 여성 내담자가 자기의 증상을 자루에 담겨있는 무거운 돌덩이로 연상하였다. 그녀는 이 돌덩이들에서 다시 똬리를 틀고 있는 뱀들을 연상해 내었다(그녀의 성적인 억압을 상징한다). 자루 속이 너무 비좁아서 뱀들은 갑갑해 하지만, 풀어 놓기에는 너무 위험하다고 하였다. 조금 넓은 공간에 울타리를 만들고 뱀들을 그 안에 풀어놓게 하였더니, 더 이상 위험하지는 않다고 하였다. 그녀는 뱀들이 오래되어 딱딱해진 나무 위(성을 억압하는 가톨릭식 교육을 상징한다.)에 있는데 편안하게 느끼지는 않는다고 하였다.

최면자 : 뱀들이 자기들이 원하는 편안한 장소를 찾아갈 수 있도록 허락해 주면 어떨까요? 그냥 놓아두고 편안한 마음으로 지켜보십시오.
내담자 : 이상해요. 뱀들이 모두 어디로 가고 없어요.
최면자 : 어디로 갔나요?
내담자 : 나도 모르겠어요.
최면자 : 지금 있는 곳에서 뱀들은 어떻게 느끼고 있나요?
내담자 : 아주 좋아해요(내담자는 하체가 따뜻해진다고 말했다.).

만성적인 두통에 시달리는 여성 내담자가 이렇게 말했다. "아마 우리 남편이 2년 전에 페인트칠을 한 저 문짝에 독성물질이 있어서 그런가 봐요." 그녀는 실제로 환경기사를 불러서 문짝에 독성물질이 없는지 확인까지 하였다. 그녀가 친정집에 가 있을 때에는 두통이 생기지 않았기 때문이다. 트랜스 하에서 그녀는 무언가가 머리를 위에서 내려 누른다고 하였다. 좀 더 자세하게 말해 달라고 하니 어떤 손이 내려 누르고 있다고 하였다.

최면자 : 남자 손입니까, 여자 손입니까?

내담자 : 남자 손이에요.

최면자 : 손에는 팔이 달려 있겠죠.

내담자 : 흠….

최면자 : 그 팔 주인이 있겠죠. 팔 주인이 누구인지 궁금하지 않으세요? 가만히 기다려보세요. 누가 보이는지.

내담자 : 이상하네요. 우리 남편인데요.

내담자의 남편은 장애인이었다. 그는 아내가 자기보다 더 잘되는 것을 원하지 않았기 때문에, 아내의 계획에 모두 반대하고 있었다. 결혼 후에 아내는 친구들과의 관계를 모두 끊어야만 했고, 마음대로 나가 다니지도 못했으며, 남편이 없는 자리에는 참석하지도 못했다. 두 사람은 몇 년 전부터 주말마다 캠핑카를 타고 바닷가로 나갔다. 상담 후에 내담자는 화가 잔뜩 나서 집으로 갔다. 집에서 남편과 한바탕 다투고 나서 앞으로 6개월 동안 캠핑카를 타지 않겠다고 말하였다. 그녀가 다시 친구들과 사귀기 시작하자 두통이 없어졌다.

4) 상징화와 역지사지

자연스레 떠오르는 상징물, 특히 생물은 입장을 바꾸어서 생각해보는 데에 활용할 수 있다. 내담자로 하여금 상징물의 입장에서 자신을 바라보게 한다.

사례 1 : 생리불순

생리불순에 시달리고 있는 여성 내담자가 자신의 하체를 정나미 떨어지는 물개로 연상하였다. 그녀에게 물개가 되어 내담자를 바라보라고 하였다.

내담자 : 정나미가 떨어져서 고개를 돌리는 여자가 보이네요. 그런데 그 뒤에 두 사람이 서 있어요. 더 나빠요.
최면자 : 그게 누군데요?
내담자 : 우리 어머니와 할머니예요.

내담자는 어린 시절 보수적인 생각을 갖고 있는 할머니와 어머니가 성적인 이성교제에 대하여 지나치게 억압적인 교육을 하였다. 내담자는 자신도 모르는 사이에 성적인 행위에 대하여 경멸하는 사고가 자리잡게 되어 자신의 성기까지 부정적으로 바라보게 되었다.

한 여성 내담자가 자기의 편두통을 자라로 연상하였다. 자라는 위험을 느끼거나 편안히 쉬고 싶으면 내담자의 머릿속으로 파고 들어간다. 내담자에게 자라가 되어 내담자를 바라보라고 하였다.

내담자 : 나는 내 마음에 들지 않는 일이 생기면 고개를 움츠리고 그녀의 머릿속으로 파고 들어갈 수 있는데 그녀는 그렇게 할 수가 없어요. 그래서 그녀는 언제나 편두통을 핑계로 내세운답니다.

5) 연령퇴행

관찰자의 시각으로 바라보면서 순간적으로 연령퇴행이 되는 경우가 흔히 있다. 내담자가 어린아이인 자기 자신을 보기도 하고, 다른 아이를 보기도 하며, 어머니나 아버지를 보기도 한다.

한 여성 내담자가 어린 시절부터 자주 오줌이 마려운 증상이 있었다. 그녀는 화장실에 다녀오고 나서도 금방 또 오줌이 마려웠다. 그녀의 아들이 오줌이 나오게 한번 그냥 두어보라고 하였을 때에 얼마 동안 증상이 호전되었으나, 오래가지 않고 다시 오줌이 마렵기 시작하였다. 같은 증상이 있는 사람을 이미지화해 보라고 하였더니, 놀랍게도 배가 불룩한 그녀의 어머니가 떠올랐다.

내담자 : 배가 불룩한 것이 임신하신 것 같아 보여요. 배를 찔러서 그 안에 있는 물을 모두 빼내어야 할 것 같은 느낌이 듭니다. 이렇게 불룩한 배는 정상이 아니거든요. 무언가 불안해요.

내담자는 그녀의 어머니가 결혼을 하지 않았다는 것을 기억하고 있었다. 그래서 두 번째 아이를 임신한 것은 무언가 잘못된 일이었다. 내담자는 자신도 원해서 낳은 아이가 아니라는 것을 들어서 알고 있었다. 내담자를 임신했을 당시 내담자의 외삼촌이 강제로 낙태시키려고 했었다는 말을 들은 적이 있었다. 외삼촌은 내담자가 태어났을 때에도 "원 세상에 오줌싸개 여자애잖아."라고 하였다는 말도 들었었다.

최면자 : 외삼촌은 이왕이면 당신이 사내아이였으면 했다는 것이군요.
내담자 : 그래요. 이왕이면 사내아이가 좋았겠지요.
최면자 : 외삼촌이 사내아이를 여자아이보다 더 낫다고 생각하고 있군요. 그런데 세상에 여자아이가 없으면 사내아이도 있을 수가 없지요. 남자는 아이를 낳지 못하니까요. 여자아이는 태어나지 않고 남자아이만 태어난다면 인류는 멸종되고 말 것입니다.

이 말을 듣자 내담자는 순간적으로 자기의 어린 아들이 "엄마가 있어서 좋아. 그래서 내가 태어날 수 있었으니까." 하면서 뛰어다니는 모습을 연상하였다. 같은 증상이 전혀 생기지 않을 사람으로 내담자는 자기 아들을 떠올렸다. 아들은 방안을 이리저리 휘젓고 다니면서 마음껏 놀고 있었다. 아들의 눈으로 자기 자신을 바라보라고 하였더니, '엄마가 왜 그렇게 복잡하게 생각하는지 모르겠다.' '모든 일이 잘 되고 있지 않느냐?'라고 하였다.

6) 증상에 초점을 맞추고 정동가교를 활용하는 방법

이 방법은 내담자가 자기의 증상에 주의를 초점화하고 있으면서 서서히 생기는 감정을 느껴보고 신체에 기억되어 있는 정보를 찾아보는 방법이다.

심장이 심하게 뛰는 증상이 있는 여성 내담자에게 심장박동에 주의를 초점화하게 하였더니 공포감과 절망감을 느꼈다. 지금 몇 살쯤으로 느껴지느냐고 물었더니, "네 살이요."라고 말하면서 순간적으로 네 살 때에 엄마를 잃어버리지 않을까 두려워하던 광경을 떠올렸다.

천식과 신경성 피부증상이 있는 내담자가 무슨 일이든 속절없이 당하고만 있어야 하거나 강요당하는 상황에서는 증상이 더욱 심해졌다. 첫 번째 상담시간에 그는 코끝이 간질거리는 느낌을 받았는데 이런 느낌이 입 언저리에까지 번져갔다. 다음번 상담시간에 이 느낌을 불러와서 거기에 주의를 초점화하게 하였더니, 순간적으로 두 살 때에 유아용변기에 앉아 있는 광경을 떠올렸다. 가정부가 내담자에게 죽을 먹이려고 하고 있는데 내담자는 이 죽이 먹기 싫었다. 가정부는 내담자의 코를 쥐고 내담자가 숨을 쉬기 위해 입을 벌릴 때까지 기다리다가, 입을 벌리면 얼른 죽을 떠 넣었다. 치료는 최면치료 앞에 서술한 방법을 응용한다. 대부분의 경우에는 증상이 완치되고, 완치가 안 되는 경우에도 증상이 훨씬 호전된다.

7) 상징을 통하여 연령퇴행을 한 사례

한 여성 작가에게 온몸에 피부가 벗겨지는 증상이 있었다. 트랜스 하에서 그녀는 자신의 증상을 악어로 상징화하였다. 악어의 눈으로 그녀를 바라보라고 하였더니 어린 소녀인 그녀 옆에 그녀의 고모가 함께 있었다. 그녀는 너무 살이 쪄서 체중을 줄이려고 칼로리가 적은 마가린을 빵에 발라 먹고 있었다. 그런데 옆에서 고모가 너는 살이 너무 많이 쪄서 그 정도로는 아무 효과가 없으니 그냥 버터를 발라 먹으라고 비아냥거렸다. 이 말이 그녀의 피부에 와 닿았다.

최면자는 그 자리에 없었던 그녀의 어머니를 불러왔다. 어머니는 그녀에게 아무 생각도 없이 말하는 심술궂은 고모의 말을 듣지 말라고 하였다. 증상은 바로 호전되었고 나중에는 완치되었다. 일 년 후에 그녀는 다시 치료를 받으러 찾아왔다. 그녀가 방송국의 상급자에게서 잦은 지적을 당하면서부터 증상이 가볍게나마 재발하였기 때문이다.

이 방법은 내담자가 증상의 원인에 대해서 전혀 생각나는 것이 없는 경우에도 사용할 수 있다는 장점이 있다. 이 방법은 심인성신체장애가 아닌, 다른 심리장애에도 사용할 수 있다.

5 심인성통증

사람에게는 자기 마음대로 할 수 있는 부분과 마음대로 할 수 없는 부분이 있는데, 이것을 편의상 나와 나의 신체라고 부르기로 하자. 심인성 통증은 환자와 환자의 신체 사이에서 의사소통이 잘못되어 생기는 장애이다.

ICD-10에서는 심인성 통증을 신체형장애somatoform disorder(F45), 신경시스템의 이상으로 인한 두통과 편두통(G43, G44)으로 분류하고 있다.

심리적인 장애라는 말에 환자는 매우 민감한 반응을 보이는데, 환자는 통증을 확연하게 느끼고 있을 뿐만 아니라, 심리적인 문제가 어떻게 통증으로 변하는지를 전혀 알지 못하고 느낄 수도 없기 때문이다. 더 나아가서 심리적인 장애라는 진단을 인정하게 되면, 환자가 없는 통증을 만들어 내는 것이 되어 모든 책임이 자기에게로 돌아오게 될까봐 염려한다.

1) 최면치료적인 개입방법

내담자가 원하는 치료목표는 당연히 통증을 없애주는 것이다. 그러기 위해서는 먼저 내담자에게 통증이 왜 생기는지에 대해서 이해시킬 필요가 있다. 통증은 내담자의 신체가 내담자에게 무언가를 말하려고 신호를 보내고 있는 것인데, 내담자나 최면자가 아직은 이것이 무엇인지 알지 못하고 있다. 내담자의 신체는 무언가 균형이 맞지 않는다고 말하고 있는데, 우리는 그것이 무엇인지 찾아내어 균형을 맞추어 줌으로써 신체가 더 이상 신호를 보내지 않아도 되게 해야 한다. 대부분의 심인성통증이 있는 내담자들은 통증이 신체가 보내는 신호라는 것을 이해하지 못한다. 치료는 여기에서부터 시작해야 한다.

(1) 이미지 언어

최면자는 이미지 언어를 사용하여 내담자가 '나와 나의 신체'에 대해서 생각하고, 신체의 불만족에 대해서 관심을 가지고 보살피게 해야 한다.

"통증은 아파서 울어대는 어린아이와 같습니다. 당신은 어린아이가 아파서 울고 있으면 어떻게 하나요? 아이(신체)는 당신이 다가오기를 기다리고 있습니다."

(2) 통증 바라보기

통증 바라보기는 신체의 어느 한 부분에 생기는 통증에 사용한다. 어디가 아픈지 알 수 없게 온몸이 아픈 경우나, 내담자가 막연하고 이해되지 않는 말로 표현하는 통증에는 사용할 수 없다. 통증 바라보기를 하면서 내담자는 통증에게 말을 걸고, 물어보고, 가만히 그 대답을 기다리는 방법을 배우게 된다.

통증 바라보기는 내담자의 신체를 잠깐 동안 이완시킨 후에, 내담자로 하여금 마음속의 눈으로 통증이 있는 신체 부분으로 가서 가만히 통증을 바라보고 있게 한다. 그 다음에 최면자는 몇 가지 간단한 질문을 한다.

"통증이 큽니까? 아니면 작습니까? 얼마나 큰가요? 통증이 둥급니까? 아니면 편편합니까? 뭉쳐 있나요? 아니면 퍼져 있나요? 밝은가요? 아니면 어두운가요?"

내담자가 대답하면, 최면자는 내담자가 사용하는 단어를 그대로 사용하면서 어떤 형상을 만들어 낸다. 그 다음 최면자는 이 형상에서 어떤 움직임을 찾아보라고 하고 형상을 변화시킬 수 있는지 물어본다.

"이 형상을 어떻게 변화시키면 기분이 좋아질까요? 기분이 좋아지도록 이 형상을 변화시켜 보십시오."

형상의 변화는 조심스럽게 그리고 참을성이 있게 진행해야 한다. 그래서 내담자가 원하는 대로 자연스럽게 변화한다는 인상을 받도록 해야 한다. 내담자는 변화된 형상을 집으로 가지고 가서 자기최면에 사용한다. 내담자로 하여금 변화된 형상을 그림으로 그려보게 할 수 있다.

(3) 통증과 파트너로서 소통하기

내담자가 통증이 신체가 요구하는 것이나 바라는 것을 대변하고 있다는 인식을 한 다음에는, 내담자로 하여금 자신의 신체가 얼마나 감수성이 예민하고 총명하며 현명한지에 대해서 감탄하고 칭찬하게 한다.

"신체는 당신이 어떤 기분인지를 느낄 수 있습니다. 신체는 당신이 행복한지, 슬픈지를 당신보다 먼저 느끼고 있습니다. 그래서 신체는 간절히 당신에게 무언가를 말하고자 합니다. 당신의 일이 잘되고 있어서 방해하지 않아야 한다고 여겨지면 신체는 가만히 있습니다."

여기에서 파트너십에 관한 여러 가지 은유를 활용할 수 있다. 그리스 신화의 친절한 노부부 Philemon과 그의 처 Bauci의 이야기가 좋은 예이다. 이 부부는 서로 의좋게 살면서 아무 말을 하지 않아도 서로를 이해할 수 있었다. 이와 같은 다양한 의사소통을 통해서 내담자는 쉽게 트랜스에 들어가게 된다. 내담자는 좋은 파트너십이 어떤 것이며, 어떻게 서로가 자신의 희생을 감수하면서 만족할 수 있는지를 상상해 보게 된다. 그 다음에 최면자는 내담자를 잠시 트랜스에서 깨우고 통증에 대해서 물어본다.

"어떤 때, 어떤 상황에서 통증이 없어지거나 경감되나요? 통증이 당신에게 무엇을 하라거나 하지 말라고 말하고 있다고 생각하나요?"(예를 들면 긴장성 두통은 운동을, 편두통은 휴식을 요구한다).

내담자가 말하는 통증이 없어지거나 경감되는 조건들, 예를 들면 휴가여행이나 운동, 긴장을 풀어버리거나 아무 걱정 없이 지내는 시간 등은 바로 이런 것이 내담자에게 부족하였고, 앞으로 더욱 많이 필요하다는 것을 말해 준다. 내담자가 아무것도 생각이 나지 않는다고 하면, 과제를 내주고 언제, 어떤 조건에서 통증이 경감되었는지를 매일 적어두었다가 가지고 오게 한다.

(4) 이완연습

Jacobson 근육이완 연습은 많은 통증환자들에게 효과가 있었다. 아우토겐 트레이닝(자율훈련)은 여기에서 서술하는 통증에는 그다지 도움이 되지 않는데, 그 이유는 오른팔이 무거워지고 따뜻해지도록 요구하기 때문이다. 통증환자들은 자신의 신체와 자기 자신에게 언제나 무언가를 요구하고 있다. 아우토겐 트레이닝을 하면서 자신의 신체에게 하고 싶은 대로 하게 내버려 둔다면 아마 도움이 될 것이다.

Jacobson 근육이완 연습을 할 때에도 최면자는 내담자에게 요구하는 듯이(예를 들면 주먹을 힘껏 쥐라거나 하는 식으로) 말해서는 안 된다. 내담자는 자기에게 편한 방법으로 기분 좋을 정도로만 근육을 긴장시켰다가 다시 풀어준다. 이 근육이완 방법은 기분 좋게 긴장하고, 기분 좋게 이완하면서 긴장과 이완의 자연스러운 순환 리듬을 되찾아 준다. 중요한 점은, 내담자가 자신이 원하는 대로 할 수 있는 분위기를 만들어 주는 것이다. 그러기 위해서는 불복종의 원칙을 미리 말해 주는 것이 좋다.

(5) 불복종의 원칙

최면자는 이완연습을 시작하기 전에 내담자에게 최면자의 말이 마음에 들지 않으면 따르지 않아도 좋다고 말해 주어야 한다.

"당신이 나와 함께, 또는 녹음테이프를 들으면서 근육이완 연습을 할 때에 지시하는 내용이 마음에 들지 않으면 무시해 버리고 따라하지 않아도 됩니다. 간지러우면 긁으시고 기침이 나면 기침도 하시고, 잠이 오면 주무십시오. 내 말이 듣기 싫으면 그냥 흘려들으십시오. 그러다가 마음에 드는 말이 있으면 그때에 들으시면 됩니다. 나중에 내가 깨울 때까지 마음 놓고 어디로든 산보하십시오. 중요한 것은 당신의 신체가 편안해지는 것입니다."

이렇게 해서 내담자는 단순히 이완만 하는 것이 아니라, 가장 편안하게 이완하는 방법을 찾아가게 된다. 또한 방해가 되는 모든 것을 차단하게 된다.

집단이완 연습에 참가했던 한 내담자는 나중에 나에게 "당신의 목소리가 아주 거슬렸어요."라고 말하였다. 내가 "그런데 어떻게 참고 견디셨어요."라고 묻자, 그 내담자는 "아무 문제가 없었어요. 목소리는 듣지 않고 내용만 들었으니까요."라고 하였다.

(6) 분류

근육이완 연습을 한 후에는 충분한 시간을 가지고 내담자의 소감을 들어본다. 그리고 다음과 같이 말해 준다.

"이완연습으로 당신에게 도움이 되는 것이 있었나요? 도움이 되는 것은 모두 가져가시고, 다른 것들은 모두 저기 한쪽 구석에 놓아두십시오."

편두통 환자들은 이완상태에서도 특정한 자극(냄새, 음악)에 민감하게 반응하여 두통이 없어지지 않는다. 이럴 때에 "나는 이것이 필요 없어."라고 하면서 분류해서 내버릴 수가 있다. 앞에서 말했듯이, 이완연습을 하면서 내담자는 가장 편안하게 이완하는 방법을 찾아간다. 그러기 위해서는 다음 사항들에 유의해야 한다.

- 근육긴장 : 기분 좋은 긴장은 어느 정도인가? 어느 부분은 긴장을 시키지 않아야 하나?
- 이완 : 얼마나 오래 동안 이완해야 다시 활기가 넘치나? 가만히 앉아서 이완하는 것이 좋은가? 운동을 하면서 이완하는 것이 좋은가?(산보, 댄스, 요가)

- 신체 주의 집중 : 마음속의 눈으로 바라보나? 감각으로 집중하나? 어느 부분에 어떤 느낌이 있나? 어디가 아픈가? 달라지는 것은?
- 분리체험 : 내가 신체 밖으로 나가면 어디에 있는 것이 편안한가? 이미지 속에? 어떤 장소에? 아무 데도 없나?
- 호흡 : 호흡을 어디로 보낼 수 있을까? 호흡이 액체로, 빛으로, 따뜻함으로 변할 수 있을까? 저절로 들어왔다 나갔다 하는 호흡은 어떤 리듬을 가지고 있을까?
- 허락 : 신체에게 스스로 편안한 길을 찾아가라고 허락하고 내버려둔 채 가만히 있어도 될까? 다른 사람이 나에게 말하는 대로 하지 않고, 내가 하고 싶은 대로 할 수 있나?

(7) 소원 트랜스

이 연습은 개별적으로 할 수도 있고, 집단으로도 할 수 있다. 여기에서는 집단연습에 대해서 서술하겠다.

참가자들은 작은 그룹을 이루고 '무엇이 나에게 좋았는지'에 대해서 서로 이야기 한다. 그리고 생각나는 것을 종이에 적는다. 비밀로 하고 싶은 것은 xxx로 표기한다. 그 다음에 빙 둘러 앉아서 각자 자기가 적은 종이를 바닥에 펴 놓고 바라보면서, 현 시점에서 할 수 있는 가장 좋은 일이 무엇인지 생각해 본다. 그 다음에 가벼운 트랜스를 유도하고, 각자가 가장 좋은 일을 할 수 있는 장소로 가서 가장 좋은 방법으로 일을 계속 진행시켜 나간다. 일이 어떻게 진행되든지 간에 이것이 현시점에서 가장 필요한 일인 것이다.

연습 후에 많은 참가자들이 전에 생각했던 곳과는 전혀 다른 곳에 갔었다고 말한다. 하지만 실망하기보다는 오히려 기뻐하는 편이었다. 참가자들에게 소감을 말할 수 있는 충분한 시간을 주어야 한다.

(8) 소원

내담자에게 소원이 무엇인지 물어보면서, 내담자에게 무엇이 필요한지 알아낼 수 있다.

"당신이 해서는 안 되는 일 중에서 당신이 바라는 소원이 있다면 한번 말씀해 보시지요. 물론 해서는 안 되는 일이지만 그래도 해도 좋다고 한다면, 무엇이 가장 하고 싶으십니까?"

오토바이를 타고 달리고 싶다는 소원은 자유를 갈망하는 욕구를 나타낸다. 다른 사람들과 사귀고 싶다는 소원은 질투심 많은 여자친구와 헤어지고 싶은 것일 수 있다. 좁은 의자가 갑갑하다는 느낌은 생활 속의 다른 부분에서 속박을 받고 있는 것일 수 있다.

사례

등허리 통증으로 오랫동안 재활훈련을 하던 43세의 내담자가 찾아왔다. "당신이 할 수만 있다면 무엇을 하겠습니까?"는 질문에, 그는 당장 짐을 싸서 여기를 떠나고 싶다고 하였다. 옆에 있던 아내는 "아이들을 모두 나한테 떠맡기고 떠나면 좋기도 하겠어요."라고 하였다. 실제로 그는 건강 때문에도 여행을 할 수 없었다.

그가 예전에는 자기가 매우 활동적이었다고 말했기 때문에 그때로 연령퇴행을 해보자고 하였다. "어느 시기로 가는 것이 좋겠습니까?"라고 물었더니,

'17세쯤에 아주 활동적이었다.'고 하였다. 그런데 실제로 연령퇴행을 하였더니 12세일 때 살았던 어느 시골이었다. 자신을 두고 대화를 하던 중 그의 아버지가 그의 어머니에게 "그 애를 좀 놔주라고. 그 애는 방랑자의 기질이 있지 않아!"라는 말을 하고 있었다.

내가 그에게 아버지의 말이 맞느냐고 물었더니 "맞아요. 그리고 아버지도 방랑자 기질이 있었는데, 어머니는 언제나 아버지가 어디에 있는지 확인하곤 했어요."라고 말하였다. 내담자의 아내도 내담자가 어디에 있는지 확인하곤 했었다. 그의 방랑자 기질은 어떻게 되어 버린 걸까?

치료의 방향은 정해졌다. 사정이 허락하는 범위 안에서 방랑자의 기질을 되살려주는 것이었다. 등허리의 통증은 현저하게 호전되었다. 그런데 아침에 신체가 뻣뻣해지는 증상은 호전되지 않고 오래동안 지속되고 있었다. 이 증상은 나중에 스트레칭과 자전거 타기를 하면서 호전되었다.

(9) 연령퇴행

통증의 원인이 과거의 사실에 있다고 생각되면, 연령퇴행으로 과거의 일을 다시 불러와서 수정작업을 해야 한다.

정신외상에 기인하는 연상형 통증은, 연령퇴행으로 과거의 상황을 생생하게 재현한 후에 부정적인 면을 긍정적으로 바꾸어 준다. 통증이 아주 오래 전 어린아이일 때에 있었던 일 때문이라면, 어른이 된 지금의 내가 어린아이인 그때의 나를 도와주는 방법이 더 좋은 효과를 가지고 온다. 속수무책인 어린아이에게 지금의 내가 가지고 있는 정보와 능력으로 그때의 일을 잘 설명해 주고, 해결할 수 있는 길을 일러주는 것이다. 이 방법이 과거의 일이 잘 생각나지 않는 경우에도 유용하게 사용될 수 있다고 생각한다.

Freud 이래 모든 심리학자들은 먼저 과거의 일을 알아야만 병을 고칠 수 있다고 믿고 있다. 과거의 속수무책이었던 어린아이가 이제는 어른이 된 나의 도움을 받아서 과거의 일을 해결할 수 있을 것이라는 자신이 생기면, 두려워하는 마음이 없어지면서 심리적인 저항(자기보호장치)도 완화되어 과거의 일이 더 잘 떠오른다고 볼 수 있다.

우연한 기회에 과거의 일이 생각나는 일도 있다. 한 여성 내담자가 치과 수술을 받는 것을 도와주기 위해서 함께 병원을 방문한 일이 있다. 이 내담자는 이때 자기 부모들이 자기가 수술을 받을 때에 함께 가지 않았으며, 그때부터 말을 더듬는 버릇이 생겼다는 것을 기억해 내었다.

2) 증상위주의 치료방법

(1) 자극차단방법

자극차단의 한 방법으로 우산기법이 있다. 내담자에게 너무 많은 외부자극(시각적, 청각적)이나 감당하기 힘든 문제가 밀려오면 내담자는 마음속으로 가만히 커다란 우산을 펼쳐든다. 이 우산이 모든 것을 막아 주어서 내담자는 그 안에서 편안히 쉴 수 있는 것이다.

두통환자들은 흔히 다른 사람과의 거리조정문제로 고민한다. 그래서 그들은 다른 사람의 접근을 거절하는 방법을 배우려고 하지만, 이것이 또 다른 스트레스를 유발한다. 이런 경우에는 외투기법이 도움이 된다.

"누구나 혼자서 아무 거리낌이 없이 옷을 모두 벗어버리고 편안히 쉴 수 있는 자신만의 장소를 가질 수가 있습니다. 대개는 자기 집이나 자기 방이겠지요. 하지만 밖으로 나갈 때에는 옷을 입고 필요하면 외투를 걸치는 것이 좋습니다. 무슨 일이 생길지 모르니까요."

내담자로 하여금 하루 동안 언제, 어디서, 누구와 만날 때에 외투의 단추를 목까지 채우고, 누구와 만날 때에는 외투를 벗어버릴 것인지 시험해 보게 한다. 내담자는 외투 속에 자신을 숨길 수도 있다. 남자들이 많이 모이는 곳에서는 외투만으로는 부족할 수도 있다. 이럴 때는 갑옷을 입거나 방패를 가지게 한다. 하지만 갑옷도 자신이 원하면 언제나 벗어버릴 수 있어야 한다.

(2) 통증에 도움이 되는 이미지

- 일정하게 계속 흘러가는 물(개울 물) : 혈액순환에 도움이 된다.
- 머리는 차게, 손은 따뜻하게 하는 이미지
- 통증이 가라앉는 연고를 바르는 이미지
- 통증을 찌릿찌릿하거나 멍해지는 감각으로 바꾸어 이미지화하는 것
- 정신자원을 이용하여 통증을 새롭게 평가하는 것

분리체험기법도 증상위주의 통증치료에 자주 사용된다. 이 기법은 통증이 있는 신체의 부분을 자신의 것이 아닌 것으로 분리하여 이미지화하는 방법이다. 더 나아가서 신체에서 빠져나와, 통증이 없는 과거나 미래의 장소에서 머무를 수도 있다.

증상위주의 통증치료방법은 일시적으로는 많은 도움이 되지만, 근본적인 해결책은 되지 못한다. 신체가 호소하고 있는 문제가 해결되어야만, 통증이 근본적으로 없어지는 것이다.

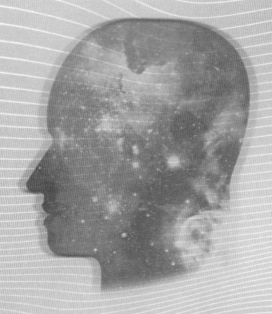

PART
9

섭식장애

섭식장애 진단기준은 이식증, 되새김장애, 회피적/제한적 음식물섭식장애, 신경성 식용부진증, 신경성폭식증, 폭식장애에 제공된다. 이 장에서는 현대사회에서 가장 문제시하고 있는 비만과 관련된 폭식증에 대하여 다루기로 한다.

폭식증을 위한
자기최면

자기최면은 체중을 성공적으로 조절하는 방법으로 이용되기도 한다. 자기암시를 통해 평생토록 버리지 않을 분별 있는 식사 버릇을 몸에 붙일 수 있다. 예를 들면, 다음과 같은 자기암시를 준다.

"나의 비만이 내 수명을 줄이며, 심각한 건강 문제라는 사실을 잘 기억하고 있다.

심신의 이완 상태는 내가 긴장과 과식을 없애려는 데 도움이 된다.

과식은 내가 스스로 만든 습관에 지나지 않으므로, 나는 이 습관을 자기암시의 힘으로 깨뜨릴 수 있다.

나는 내 식사 버릇을 고치고자 한다.

식사의 양을 줄이고, 간식은 피한다."

자기최면을 이용하여 다음과 같은 체중을 줄이기를 원하는 이유나 동기를 자기암시로써 부여한다.

"체중이 줄면, 외모가 좋아진다.

체중이 줄면, 건강에 좋고 장수할 수 있다.

체중이 줄면, 둔하던 몸이 가뿐해질 것이다.

체중이 줄면, 다른 문제도 자기최면으로 극복할 자신이 생길 것이다."

과식과 감정문제 사이에는 확실한 관계가 있다. 그러므로 긴장 때문에 과식할 수 있다. 그러나 자기최면으로 심신을 이완시키면, 욕구 불만에 의한 과식을 하지 않게 될 것이다.

과식은 감정이 미숙한 결과일 수도 있다. 예를 들면 아내와 싸움을 한 남편이 불행한 기분에서 해방되기 위해 과음, 과식을 하기 쉽다. 또 남편의 사랑을 받지 못한 아내가 과식으로 자신에게 과잉 보상을 하려 할 수도 있다.

물론 자기최면이 성공하려면 마음속에 체중을 줄일 수 있다는 사실에 대한 의심이 추호도 없어야 한다. 올바른 마음의 태도는 좋은 출발을 하도록 도와준다. 마음의 힘은 성공에 대한 의지에 기초를 두고 있다. 어떤 것이든 습관을 고치기 위해서는 끈기와 인내심과 결의가 필요하다.

체중이 과중하다면, 우선 의사를 찾아가 완전한 건강진단을 받는다. 의사의 지시를 따르면, 잘못을 범하지는 않을 것이다. 그렇게 함으로써 당신은 당신이 주의를 요하는 건강 문제를 소홀히 하지 않는다는 신념을 가지게 된다.

당신의 식사 버릇을 분석하여, "나는 얼마나 자주 먹는가? 어떤 음식을 먹는가? 얼마나 많이 먹는가?"라며 자문을 해본다. 그리고 당신이 과식을 하고, 나쁜 음식을 먹고, 간식을 먹는 이유를 찾아본다.

최면상태에서 자기 분석을 할 때 다음과 같은 질문들을 던져 본다.

"나는 어떤 욕구불만 때문에 과식을 하는가?"

"나는 행복한가?"

"나는 사랑에 주려 있는가?"

"나는 감정 때문에 배가 고픈가?"

"나는 음식을 어떤 다른 것의 대용품으로 하고 있지 않는가?"

"나는 불행한 부부 생활 때문에 체중이 느는 게 아닌가?"

규정식을 성공적으로 실행하기 위해서는, 당신이 먹을 수 있는 음식과 먹을 수 없는 음식의 리스트를 작성해 본다. 그리고 그것들을 기억한다. 또 각 음식의 칼로리를 알아둔다. 매일 밤 잠자리에 들 때, 그날 하루에 필요한 칼로리를 초과하여 식사를 하지 않았는가를 따져본다. 자기최면의 도움과 자기암시를 이용하여 당신은 몸에 나쁜 음식은 먹을 필요가 없으며, 식사(음식의 종류와 양)는 하나의 습관이고, 또 습관은 자기최면을 통한 암시로 통제할 수도 있다는 사실을 당신의 마음속에 납득시키도록 한다.

식사 전에 본인이 먹으려고 하는 음식을 미리 결정한다. 매일 체중을 달아본다. 체중을 어디까지 줄이겠다는 목표를 마음속에서 잊어버리지 않도록 한다. 체중에 대한 의식을 항상 갖는다. 매주 얼마 정도 줄었는지 조사한다. 체중이 상당히 줄어들었으면, 작은 치수의 새 옷을 사 입어 자신의 노력을 치하한다. 체중이 줄어든 자신의 외모에 자랑을 느낀다. 정말 모습이 변했고, 날씬해졌다고 친구들이 놀라워할 때쯤에는, 자신의 자아가 있을 자리에 있게 된 것을 당신은 발견하게 된 것이다.

이상적인 체중을 유지할 수 있으며, 유지하겠다는 것과 분별 있는 새로운 식사 버릇을 가지게 되었으면, 이제 음식의 유혹에 지지 않겠다는 것, 그리고 자신의 마음을 언제나 통제할 수 있고, 그러면서도 건강에 좋은 음식

을 먹고 과음 과식을 삼가고 옛날 체중으로는 되돌아가지 않겠다는 것을
매일 되풀이해서 암시한다.

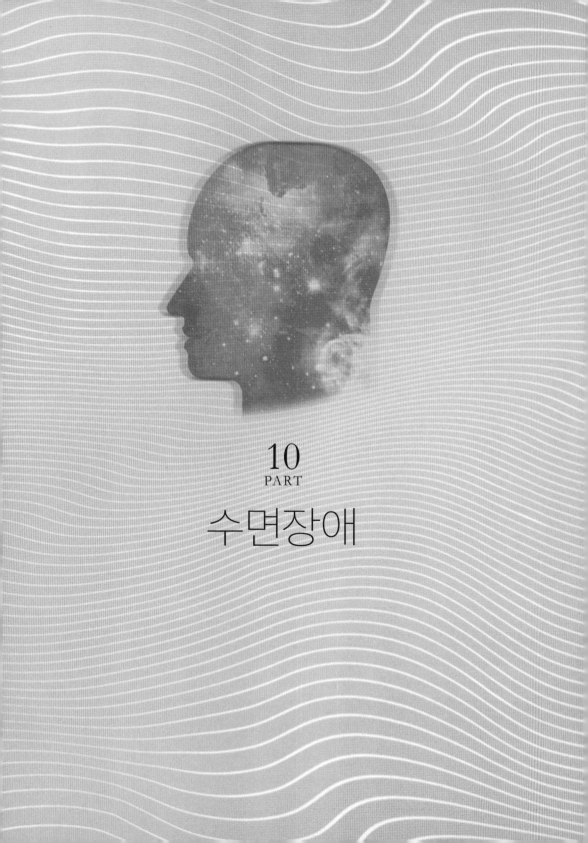

PART
10

수면장애

수면은 비안구운동non-rapid eye movement, NREM 수면과 급속 안구운동 rapid eye movement, REM 수면으로 구성된다. NREM 수면은 다시 1~4단계로 구성되어 있으며, 각성상태와 비교할 때 대부분의 생리적 기능이 현저히 저하된다. 반면 REM 수면은 각성상태와 유사하게 매우 활동적인 뇌기능과 생리적 기능을 보이는 수면이다. 각 수면단계는 규칙적인 주기로 반복되는데, REM 기간은 매 90분 내지 100분마다 나타난다. 보통 평균적으로 성인들은 7~8시간의 수면을 필요로 한다. 그런데 어떤 사람은 밤에 6시간 이하의 잠을 자고도 적절히 기능할 수 있는가 하면, 어떤 사람은 9시간 이상 잠을 자야 잘 기능할 수가 있다. 따라서 적절한 수면 양은 단순한 수면 시간이 아니라 졸리지 않고, 집중력 저하 없이 낮 동안 기능을 할 수 있는 수면 양을 말한다.

성인의 약 1/3 정도가 일생동안 어떤 형태이든 수면장애를 경험한다고 한다. 이 중에서 불면증이 가장 흔하다. 불면증은 보통 여자, 노인들에게서 흔하고, 낮은 사회경제수준, 낮은 교육수준과 관련이 있다고 알려져 있다. 불면증은 개인들이 부담하는 경제적 비용뿐만 아니라 사회적 손실도 크다. 1995년에 미국에서 치료에 직접 사용된 직접비용만도 139억 달러에 달하며, 불면증으로 인한 사고율과 사망률 때문에 감소된 생산성인 간접비용을 더하면 엄청날 것이다.

불면증 극복을 위한
암시문

의사인 40대 남성의 불면증을 치료한 최면사례이다.

"머릿속이 텅 비고, 심신이 평안해졌습니다.

선생님은 이제 불면증을 극복하고 수면유도제를 버릴 수 있는 마음에 이르게 되었습니다.

자기 혁신과 자신의 능력을 일깨우기 위하여 선생님의 무의식은 모든 암시를 받아들이게 됩니다.

언제나 자기 자신을 신뢰하게 됩니다.

자신을 믿고 지지를 보냅니다.

무엇이든 할 수 있다는 굳은 의지를 다집니다.

선생님은 무한한 능력을 가진 자기 자신을 발견하게 됩니다.

자기 자신을 신뢰합니다.

이제부터 하는 암시는 선생님의 마음 구석구석과 신체의 미세한 세포에 이르기까지 전달되어 반드시 해결하려는 의지로 불태우게 됩니다.

자신의 무의식 속에 암시가 강력히 스며들도록, 제가 선창하는 암시를 제 말이 끝나면 마음속으로 나를 따라서 합니다.

수면유도제가 없어도 나는 깊은 숙면을 취할 수 있다(3번 반복).

나는 스스로 수면유도제를 통제할 수 있다(3번 반복).

나는 수면유도제를 끊어도 깊은 숙면을 취할 수 있다(3번 반복).

나는 수면유도제 대신에 자기최면을 훈련합니다(3번 반복).

사람들은 수면유도제를 끊은 나를 좋아합니다(3번 반복).

잠자리에 누우면 'sleep, sleep, sleep, sleep, sleep.'이라고 다섯 번 말하면 긴장이 풀리고 편안한 잠을 자게 됩니다.

선생님이 암호암시를 행할 때마다 더욱 확고해지기 위하여 다시 한 번 강화 암시를 하도록 하겠습니다.

나는 언제나 'sleep, sleep, sleep, sleep, sleep.' 이라고 말하면, 긴장이 풀리고 편안한 잠을 자게 된다(3번 반복).

지금부터 선생님은 반드시 그렇게 됩니다.

잠자리에 누우면 긴장이 풀리고, 마음이 편안해지고, 기분 좋게 잠이 듭니다.

나는 서서히 깊고 편안한 잠을 자게 됩니다(3번 반복).

깊고 편안한 잠은 나를 건강하게 해줍니다(3번 반복).

깊고 편안한 잠은 나를 행복하게 해줍니다(3번 반복).

나는 자기최면을 통해서 원하는 시간에 잠들 수 있고, 원하는 시간에 잠에서 언제나 깨어날 수 있습니다(3번 반복).

편안하고 깊은 잠을 자고, 상쾌하게 일어납니다(3번 반복).

아침에 일어나면 머리가 맑아지고, 기분이 매우 상쾌합니다(3번 반복).

아침에 눈을 뜨면 기분이 상쾌하고, 머리가 맑아집니다(3번 반복).

그렇습니다.

선생님은 언제나 자신이 원하는 것은 반듯이 이루어내는 능력을 지니고 있습니다.

다시 한 번 다섯에서 하나까지 숫자를 거꾸로 세어 내려가면 선생님은 더욱 깊은 최면상태가 되어 무의식이 활짝 열리고, 내가 하는 암시를 선생님의 마음 구석구석과 신체의 미세한 세포에 이르기까지 전달되어 반드시 해결하려는 의지로 불태우게 됩니다.

다섯, 넷(더욱 깊어집니다).

셋, 둘(아주 깊어집니다).

자 마지막 하나, 선생님의 몸속에는 새로운 에너지로 가득 차 있습니다.

젊음은 마음먹기에 달렸습니다.

가장 활기차고 건강하고 숙면을 취하셨던 시절로 가 보겠습니다.

내가 하나에서 셋을 세면 그 시절로 갑니다.

하나, 둘, 셋.

선생님의 몸속에서 솟아오르는 힘찬 파워를 느껴 봅니다.

지금 떠오른 이미지나 생각을 말씀해 주세요.

말을 하면 할수록 최면이 더욱 깊어지며, 말씀하시는 내용과 감정들이 선생님의 온 몸속으로 과거가 아닌 현재로 스며들어, 가장 활기차고 힘찬 삶을 다시 살게 되며 숙면 또한 취하게 됩니다.

저는 잠시 옆에서 조용히 지켜보겠습니다.

(잠시 침묵한다.)

좋습니다. 선생님은 이제 건강으로 가득 찬 이미지를 선택했습니다.

그 이미지는 선생님의 현실이 되었습니다.

저는 언젠가 동물원에 간 적이 있습니다.

살아있는 생명체에 대해서 잘 배울 수 있는 멋진 곳이지요.

동물원에 대해서 생각해 보세요.

동물원은 엄청나게 다양한 생명이 있는 곳입니다.

그처럼 다양한 생명들, 모두가 나름대로 독특한 창조물이지요.

모든 면에서 그들은 각자에게 필요한 다양한 특성을 가지고 있습니다.

엄청나게 큰 몸집을 가진 것도 있고, 작은 몸집을 가졌기 때문에 번성한 것도 있지요.

밤중에 먹이를 먹기 때문에 밤에는 잠을 자지 않고도 성공한 짐승도 있고, 낮에 그런 것도 있으며, 어떤 것은 너무 유순해서 쉽게 깜짝깜짝 놀라기도 하고, 어떤 것은 공격적이어서 저보다 몸집이 몇 배나 큰 동물에게 달려들기도 합니다.

어떤 것은 주변과 조화를 이루기 위해서 자신의 색을 변화시키기도 하고, 어떤 것은 땅속에 굴을 파기도 하며, 또 다른 놈은 날아다니기도 하지요.

더 신비로운 것도 얼마든지 있어요.

자연으로부터의 학습은 굉장한 것입니다.

하지만 지구상에서 가장 잘 적응하는 동물은 물론 인간입니다.

인간은 열대지방에서부터 극지방까지 지구 위 모든 곳에 적응하면서 살지요.

선생님도 온도에 따라서 적응할 수 있습니다.

지역에 따라 변화될 수도 있고요.

선생님은 특별한 장소에 적응할 수도 있습니다.

시간이 흘러감에 따라서 적응하기 위한 능력을 키워 가지요.

선생님이 신경안정제를 드시게 된 것은 병리적인 문제가 아니라, 선생님의 삶의 체계에서 요구되는 변화에 적응하려는 신체적, 정신적 반응입니다.

그러므로 상황이나 환경에 따라서 적응하는 것처럼, 현재의 정신적, 신체적

변화에 적응해야 합니다.

학습한다는 것은 꽤나 괜찮은 일이기도 합니다.

그렇게 함으로써 선생님은 적응할 수 있지요.

적응할 것인가, 사라져버릴 것인가?

그것은 선생님이 선택해야 할 문제입니다.

하지만 어느 것도 숨길 수는 없습니다.

성공적으로 적응하는 것은 가치 있는 일입니다.

그렇게 함으로써 가능해지는, 모든 것을 즐길 수 있는 권리가 선생님께 주어

지게 됩니다.

자, 이제 잠시 선생님의 침실로 가보겠습니다.

내가 하나에서 셋을 세면 선생님이 잠자는 방으로 갑니다.

하나, 둘, 셋.

선생님의 방 안에 있는 자신을 떠올려 보세요.

주위를 살펴봅니다.

평상시처럼 잠자리에 들어가기 전의 일들을 준비합니다.

준비가 다 되셨으면 신경안정제가 있는 곳으로 갑니다.

신경안정제를 손에 듭니다.

그리고 나를 따라서 하십시오.

"오늘 밤은 신경안정제를 먹지 않고 깊은 잠을 자게 된다(3번 반복)."

자, 이제 신경안정제를 손에서 내려 놓습니다.

자, 이제 잠자리로 들어갑니다.

누우셨으면 호흡을 편안히 깊이 3번 정도 하십시오.

'Sleep, sleep, sleep, sleep, sleep.'을 다섯 번 하십시오.

다시 한 번 따라서 합니다.

따라서 하는 동안 실제로 깊은 잠이 들면 따라할 수 없게 됩니다.

따라서 하는 동안 실제로 깊은 잠에 빠지게 되고, 따라할 수 없게 됩니다.

Sleep, 나는 깊이 잠이 든다.

Sleep, 나는 깊이 잠이 든다.

Sleep, 나는 이제 잠이 들었다.

Sleep, 나는 깊이 잠이 들었다.

Sleep, 나는 매우 깊은 잠이 들었다.

선생님은 아주 편안한 잠이 들어 깊은 잠을 자고 있습니다.

(잠시 침묵한다.)

자신의 무의식 속에 암시가 강력히 스며들도록 제가 선창하는 암시를 제 말
이 끝나면 마음속으로 나를 따라서 합니다.

내 눈은 좋아지고 있다(3번 반복).

내 시력은 회복되고 좋아지고 있다(3번 반복).

나는 더욱 잘 볼 수가 있다(3번 반복).

나는 초점을 잘 맞출 수가 있게 되었다(3번 반복).

내 눈은 아주 건강하게 되었다(3번 반복).

나는 안경을 덜 의존하게 되었다(3번 반복).

지금까지의 암시들은 선생님의 몸속과 마음에 구석구석 전달되어, 그대로
이루고자 하는 의지가 넘쳐나게 됩니다.

무의식에서는 무한한 에너지로 선생님의 의지를 반듯이 이루도록 협력하게
됩니다.

자, 이제 깨워드리도록 하겠습니다.

하나에서 다섯까지 숫자를 세면, 에너지가 넘치고, 머리는 맑아지고, 기분은 매우 상쾌하게 깨어납니다(기분이 매우 상쾌하고, 머리가 맑아집니다).

자, 이제 깨워 드리겠습니다.

아침입니다.

잠자리에서 일어납니다.

매우 기분이 상쾌하고, 머리가 맑아졌습니다.

잠시 온몸에 건강한 에너지가 넘치는 자신을 느껴 보십시오.

이제 제가 깨워 드리겠습니다.

하나에서 다섯을 세면 깨어납니다.

깨어나면 머리가 맑아지고, 기분은 매우 상쾌합니다.

하나, 현실로 돌아옵니다.

둘, 온몸에 힘이 솟고 에너지가 넘칩니다.

셋, 기분이 매우 상쾌합니다.

넷, 머리가 매우 맑아지고, 기분이 상쾌합니다.

다섯, 눈을 뜨고 활짝 깨어납니다."

2) 이완 기법(심신의 긴장 이완의 단계) 불면증 암시

"편안하게 눈을 감고 심호흡을 하세요.

숨을 깊이 들이마시고 천천히 내 뿜으세요.

숨을 들이마실 때에는 평화스럽고 여유가 느껴집니다.

충분한 여유와 평화를 느껴보세요.

숨을 들이마실 때마다 신비스러운 기운이 깊숙이 폐부까지 스며드는 것을 느껴보세요.

내쉴 때에는 몸과 마음속에 있는 긴장과 불안을 모두 내뿜는다고 생각을 하고, 심호흡을 계속하세요(3~4회 정도의 심호흡).

이제 모든 의식을 머리 꼭대기에 집중하세요.

좋습니다.

머리의 힘을 빼세요.

이마의 힘도 빼고, 눈꺼풀과 눈동자의 힘도 빼세요.

눈꺼풀이 무거워집니다.

눈꺼풀이 무겁고 나른해졌습니다.

눈을 뜨려고 해도 눈을 뜰 수 없을 정도로 눈꺼풀이 완전히 붙어 버렸습니다.

완전히 붙어 버렸습니다.

너무너무 힘이 빠집니다.

코의 힘도 모두 뺍니다.

볼의 힘도 모두 빠지고, 근육이 풀어집니다.

호흡이 편안해집니다.

마음이 편안해집니다.

마음이 편안해집니다.

입과 입 주변의 힘도 모두 뺍니다.

턱의 힘도 빼고, 목의 힘도 빼세요.

양어깨의 힘도 빼고, 팔꿈치와 손목의 힘도 빼세요.

양손의 힘도 빼세요.

가슴의 힘도 빼고, 아랫배의 힘도 빼세요.

허벅지의 힘도 빼고, 무릎의 힘도 빼세요.

종아리의 힘도 빼고, 발등과 발목의 힘도 빼세요.

그리고 발가락과 발바닥의 힘도 모두 빼세요.

마음은 한층 더 편안해졌습니다.

몸 전체가 무겁고 나른해지며 몸이 휴식을 취합니다.

몸 전체에 신비스러운 기운으로 감싸는 것을 느껴보세요(잠시 여유).

이제 당신은 머리 꼭대기에서 발바닥까지 온몸의 힘이 모두 빠지고, 근육이 느슨하게 늘어졌습니다.

몸이 아래로 착 가라앉는 것처럼 느껴지며. 몸과 마음이 아주 편안합니다.

그런 느낌을 느껴 보십시오(잠시 여유).

더욱 더 여유 있는 평화스러움이 밀려오고 있습니다.

이제 내가 열에서 하나까지 숫자를 거꾸로 세어 내려갈 겁니다.

숫자가 내려가면 갈수록 더욱 깊은 휴식 속으로 들어가게 됩니다.

숫자 하나에 이르면, 당신은 지금보다 더욱 더 평안한 안식으로 들어갑니다.

열, 이제 내면으로 내려가기 시작합니다.

아홉, 여덟, 일곱. 깊어졌습니다. 상당히 깊어졌습니다.

여섯, 다섯, 넷. 깊이를 더해갑니다. 그 깊이를 더해갑니다.

셋, 둘. 깊어졌습니다. 깊어졌습니다. 더욱 깊어졌습니다.

하나. 아주 깊어졌습니다. 아주 깊어졌습니다. 아주 깊어졌습니다.

당신은 이제 아주 깊은 휴식 가운데 이르게 되었습니다.

내가 손을 머리에 대면 머릿속이 텅 빕니다.

마음은 편안하고 아주 편안해졌습니다.

내가 손으로 어깨를 가볍게 두드리면 두드리는 대로 더욱 더 의식의 깊은 데로 내려갑니다.

지금부터 내 말을 들으면 들을수록 당신의 정신은 이완되고, 의식은 뒤로 물러가고, 당신의 무의식이 더욱 깊이 열려지게 됩니다.

머릿속이 텅 비고, 심신이 평안해졌습니다.

선생님은 이제 불면증을 극복하고 수면유도제를 버릴 수 있는 마음에 이르게 되었습니다.

자기 혁신과 자신의 능력을 일깨우기 위하여 선생님의 무의식은 모든 암시를 받아들이게 됩니다.

언제나 자기 자신을 신뢰하게 됩니다.

자신을 믿고 지지를 보냅니다.

무엇이든 할 수 있다는 굳은 의지를 다집니다.

선생님은 무한한 능력을 가진 자기 자신을 발견하게 됩니다.

자기 자신을 신뢰합니다.

이제부터 하는 암시는 선생님의 마음 구석구석과 신체의 미세한 세포에 이르기까지 전달되어, 반드시 해결하려는 의지로 불태우게 됩니다.

자신의 무의식 속에 암시가 강력히 스며들도록 제가 선창하는 암시를 제 말이 끝나면 마음속으로 나를 따라서 합니다.

수면유도제가 없어도 나는 깊은 숙면을 취할 수 있다(3번 반복).

나는 스스로 수면유도제를 통제할 수 있다(3번 반복).

나는 수면유도제를 끊어도 깊은 숙면을 취할 수 있다(3번 반복).

나는 수면유도제 대신에 자기최면을 훈련합니다(3번 반복).

사람들은 수면유도제를 끊은 나를 좋아합니다(3번 반복).

잠자리에 누워 'Sleep, sleep, sleep, sleep, sleep.'라고 다섯 번 말하면, 긴장이 풀리고 편안한 잠을 자게 됩니다.

선생님이 암호암시를 행할 때마다 더욱 확고해지기 위하여 다시 한 번 강화

암시를 하도록 하겠습니다.

나는 언제나 'Sleep, sleep, sleep, sleep, sleep.'라고 말하면, 긴장이 풀리고 편안한 잠을 자게 된다(3번 반복).

지금부터 선생님은 반드시 그렇게 됩니다.

잠자리에 누우면 긴장이 풀리고, 마음이 편안해지고, 기분 좋게 잠이 듭니다.

나는 서서히 깊고 편안한 잠을 자게 됩니다(3번 반복).

깊고 편안한 잠은 나를 건강하게 해 줍니다(3번 반복).

깊고 편안한 잠은 나를 행복하게 해줍니다(3번 반복).

나는 자기최면을 통해서 원하는 시간에 잠들 수 있고, 원하는 시간에 잠에서 언제나 깨어날 수 있습니다(3번 반복).

편안하고 깊은 잠을 자고, 상쾌하게 일어납니다(3번 반복).

아침에 일어나면 머리가 맑아지고, 기분이 매우 상쾌합니다(3번 반복).

아침에 눈을 뜨면 기분이 상쾌하고, 머리가 맑아집니다(3번 반복).

그렇습니다, 선생님은 언제나 자신이 원하는 것은 반드시 이루어내는 능력을 지니고 있습니다.

내가 어깨를 가볍게 두드리며 셋을 세면, 하늘로부터 파란 광채가 선생님의 몸으로 비치고, 심장이 있는 왼쪽 가슴을 집중적으로 비추면서 치료가 이루어집니다.

이제 선생님의 심장 심근이 규칙적으로 수축과 확장을 반복하고 있는 것은, 선생님의 심장 속에 동결절이라 일컫는 페이스메이커가 존재하며 여기서 발생하는 전기적인 자극이 자극전도계라는 경로를 통하여 심장근육에 끊임없이 그리고 규칙적으로 전달되기 때문입니다.

이제 선생님의 내면의 눈으로 선생님의 심장을 바라봅니다.

그리고 느낍니다.

자극전도계에서 나오는 강력한 전기 자극은 우심방을 자극합니다.

좌심방을 자극합니다.

우심실을 자극합니다.

좌심실을 강력하게 자극합니다.

좌심실에 모여 있던 맑고 깨끗한 혈액이 대동맥을 통해서 온몸의 혈관을 돌기 시작합니다.

온몸에 퍼져 있는 혈관은 아주 미세한 모세혈관으로 나뉘면서 온몸 구석구석까지 혈액을 공급합니다.

관상동맥의 혈관은 더욱 깨끗하고, 혈류의 통로가 아주 정상적으로 건강해졌습니다.

하늘로부터 비추는 치료의 광선은 모든 혈관들을 깨끗하게 청소하고, 확장시켜 주고 있습니다.

몸 어느 부위의 혈관도 막히거나 혈전이 생기지 않습니다.

관상동맥의 혈관은 더욱 잘 치료되고 있습니다.

잠시 당신의 온몸을 감싸고 있는 신비한 빛을 느껴 봅니다(잠시 휴지).

다시 한 번 다섯에서 하나까지 숫자를 거꾸로 세어 내려가면, 선생님은 더욱 깊은 최면 상태가 되어 무의식이 활짝 열리고, 내가 하는 암시를 선생님의 마음 구석구석과 신체의 미세한 세포에 이르기까지 전달되어 반드시 해결하려는 의지로 불태우게 됩니다.

다섯, 넷. 더욱 깊어집니다.

셋, 둘. 아주 깊어집니다.

자, 마지막 하나.

선생님의 몸속에는 새로운 에너지로 가득 차 있습니다.

젊음은 마음먹기에 달렸습니다.

내가 하나에서 셋을 세면 갑니다.

가장 활기차고 건강하고 최고로 숙면을 취하셨던 시절로 가 보겠습니다.

하나, 둘, 셋.

선생님의 몸속에서 솟아오르는 힘찬 파워를 느껴 봅니다.

지금 떠오른 이미지나 생각을 말씀해 주세요.

말을 하면 할수록 최면이 더욱 깊어지며, 말씀하시는 내용과 감정들이 선생님의 온 몸속으로 과거가 아닌 현재로 스며들어, 가장 활기차고 힘찬 삶을 다시 살게 되며, 숙면 또한 취하게 됩니다(말을 하는 동안 감각을 살려서 느끼게 한다).

좋습니다.

선생님은 이제 건강으로 가득 찬 이미지를 선택했습니다.

그 이미지는 선생님의 현실이 되었습니다.

자신의 무의식 속에 암시가 강력히 스며들도록, 제가 선창하는 암시를 제 말이 끝나면 마음속으로 나를 따라서 합니다.

내 눈은 좋아지고 있다(3번 반복).

내 시력은 회복되고 좋아지고 있다(3번 반복).

나는 더욱 잘 볼 수 있다(3번 반복).

나는 초점을 잘 맞출 수 있게 되었다(3번 반복).

내 눈은 아주 건강하게 되었다(3번 반복).

나는 안경에 덜 의존하게 되었다(3번 반복).

지금까지의 암시들은 선생님의 몸속과 마음에 구석구석 전달되어, 그대로 이루고자 하는 의지가 넘쳐나게 됩니다.

무의식에서는 무한한 에너지로 선생님의 의지를 반드시 이루도록 협력하게

됩니다."

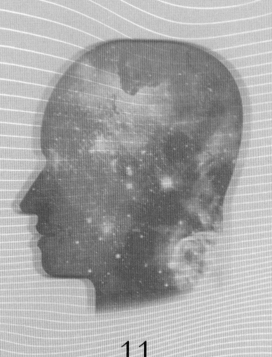

11
PART

성기능장애

임포텐스

척추 질환, 당뇨병 등 기질적 질환에 기인한 것이 아닌, 심리적인 요인으로 일어난 것은 치유가 가능하다.

    a. 환경으로 인한 불안으로 오는 것은, 환경 조건을 조정함과 동시에 이완이나 직접암시 보증 등의 지시적인 방법으로 효과를 얻는 수가 많다.

    b. 과거 성 접촉에서 어쩌다가 발기불능이 되어 남자의 자존심이 무너지는 충격을 받게 되면, 그 실패의 이미지가 마음속 깊숙이 각인 되어 임포텐스의 원인이 되는 경우가 적지 않다. 이런 경우에는 실패 이미지를 소거하고, 과거의 성공 이미지를 활성화시켜 치유할 수 있다.

    c. 정신 신경증적 불안에 의한 심적 갈등이 있고, 공포증적인 메커니즘이 작용하고 있는 경우에는 최면분석이 필요하다. 재교육적인 방법으로 잘 되는 수도 있다.

    d. 아내에 대한 적의에 의한 것은 완전히 현실적인 이유에 의한 것일 경우 지도에 의해서 교정되지만, 여성 전반에 대한 억압된 적의와 같은 신경증적인 반응이 나타나는 경우에는 정화요법이나 최면 분석적인 방법이 필요하다.

노출증

노출증이란 자기의 성기를 이성에게 보임으로써, 성적 쾌감을 느끼는 이상성욕의 일종이다.

한 청년은 여성 앞에서 성기를 노출시키고 만지작거리다가 몰매를 맞은 일이 있지만, 그는 그렇게 함으로써 최고의 쾌감을 느낀다고 한다. 또 어떤 사람은 이성 앞에서 음담패설을 늘어놓음으로써 성적 쾌감을 느끼는 경우도 있는데, 이것도 노출증의 한 형태이다.

H씨의 경우를 예로 들면, 그는 음경노출행위를 자주 하여 동네에서 말썽이 되어 결국 이사를 하게 되었지만, 언제 또 그런 일이 발생할지 몰라 불안해하고 있었다. 그의 경우 보통 성기노출은 장소와 대상을 보아 가면서 하는데, 여자가 혼자이고 주변에 아무도 없을 때, 노출 시간은 상황에 따라 짧게는 수분, 길게는 5분 정도라고 말했다. 그리고 성적 만족을 적절히 취하지 않아 성적 욕구가 억압되었을 때 그런 행위를 할 장소를 물색하게 되며, 적당한 장소가 발견되면 성기를 노출시킨다고 한다. 이럴 때 자신은 순간적으로 강한 성적 충동이 일어나게 되는데, 노출 억제가 불가능하다는 것이다. 그는 평소 성생활이 원만하게 이루어지던 시절에는 성기노출 행위가 없었고, 또 노출 충동과 행위는 스트레스가 쌓여 심신이 불안정할 때 많

이 일어난다고 말했다.

원인요법에 앞서 최면 릴랙스와 자율훈련을 습득하고 나서, 2개월이 지난 후에까지 노출충동은 한 번도 없었다고 한다. 그러나 원인을 찾아 소거하지 않으면, 재발의 소지가 있으므로 리프레밍 기법을 채택하였다. 6단계로 구성된 이 방법은 의식은 중지하고 싶지만 중지할 수 없는 노출행위를 하는 잠재의식의 의도가 무엇인가를 찾아내어, 그렇게 된 동기부터 본래의 의도를 충족시킬 새로운 방법을 얻어 내어 치료하는 획기적인 새 요법이다.

3

조루증

성교할 때 비정상적으로 빨리 사정이 되는 증상이다. 가장 극단적인 것으로는, 여성의 몸에 자기의 몸이 닿기만 해도 사정이 된다는 사람도 있다. 조루증의 많은 경우는, 여성의 성기에 자신의 성기를 대기만 하는 것으로, 또는 삽입한 것만으로, 혹은 교접 후 곧장 정액이 사정되는 증상을 나타낸다.

일반적으로 성욕이 왕성한 젊었을 때 특히 성교 미경험자에게 흔히 있는 일이므로, 이런 경우는 정상적인 것으로 볼 수 있다. 그러나 결혼하여 상당 기간이 지나도 개선되지 않을 경우는 문제가 된다. 조루의 원인 중에는 어떠한 기회에 조루를 경험하면, 그것이 예측불안을 불러일으켜서 성기능의 이상에 공포를 느낌으로써 조루가 오는 경우가 많다.

사정은 단순한 반사가 아니고 대뇌피질로부터의 영향을 받는 것이므로, 감정적으로 흥분하면 사정을 다루는 반사기구의 상태가 흐트러진다. 따라서 그것에 사로잡혀 불안해하면 할수록 더욱 더 조루증세가 빈번해진다. 이 때문에 유독 섹스를 기피하고 남모르게 은밀히 테스트를 해보게 되는데, 그것에 실패하면 완전히 자신을 잃어버리게 되는 수도 있다. 조루는 이러한 원리를 잘 이해하고 자연에 맡기고 있으면 반드시 개선될 수 있는 것이다. 혼자의 노력으로 개선할 수 없을 때는 최면요법으로 벗어날 수 있다.

4

월경이상

Abnormal
Mentality
and
Hypnosis

　　무월경, 과소 월경, 과다 월경, 요통, 월경 곤란 등도 심리적인 요인이 강한 경우가 많다. 과소 월경의 35%는 정신적 쇼크에 의한 것이라 한다. 전쟁 월경으로서 전쟁에 대한 불안, 공포가 영향을 주거나, 월경 곤란의 배후에 억압된 양심의 가책이나 외상적 체험 등이 작용하고 있는 경우도 있다.

　　이외 부정 자궁 출혈, 대하 등의 증상도 심신증으로 생각할 수도 있다.

불감증

기질적 장애, 성적 무지, 이상 성행위, 수술이나 사고 후에 나타나는 증상은 심신증으로 발전할 위험성이 있지만, 일단 제거할 수 있다고 생각하는 것이 좋다.

a. 통증의 공포에 의한 것은 이완과 보증을 중심으로 행한다.
b. 임신 공포에 의한 것은 보증이나 직접암시를 이용하지만, 무의식적인 영성으로서의 분만의 역할을 거부하는 것과 관련된 신경증적인 공포에 의한 경우에는 분석적인 방법이 필요하다.
c. 성을 죄악시, 불결시하는 부모의 말에 기인해서 생기는 경우에는 보증이나 재교육으로 치료될 수도 있다.
d. 남편에 대한 불만 때문에 생기는 것, 표면적으로 남편에 대한 불신이나 혐오에 의한 경우에는 지도나 환경 조정으로 해결할 수 있지만, 부친 고착에 의한 유아적인 갈등에 기인한 경우에는 최면분석적인 방법이 필요하다.
e. 그 외 남성에 대한 공격적인 성격에 의한 것, 동성애로 인한 것, 자기애적인 것 등은 깊은 최면분석적인 방법이 필요하다.

냉감증 치료는 내담자의 성격의 성숙도에 영향을 받는 동시에, 남편이 어느 정도 협조를 해주느냐에 따라 작용한다. 이 점에 관하여 남편과의 면담, 성생활의 지도를 병행하지 않으면 암시만으로는 힘든 경우가 많다.

이상자궁출혈

　심리적 이유에 의한 것은 잘 알려져 있다. 예를 들어, 결혼 초야에 급히 시작되는 출혈 월경은 성교, 임신, 기타의 공포에 대한 방어적 의미를 갖고 있다. 그리고 남성으로부터 성적 접근을 받는 기회에 또는 받으려고 할 때 (예 : 남편 출장, 귀가 등), 예기치 않았던 출혈 월경이 시작되는 것도 많은 연구자들에 의하여 지적되고 있다.

　Karl A. Menninger는 이것을 성교를 하지 않고 넘기려는 방어라고 지적하는 한편, 여성적인 역할의 거부이며 남성에 대한 공격, 국소적 자기 처벌이라고 말하고 있다. Heymen은 부정 출혈은 부모의 죽음, 어머니와 아들의 입원, 애인의 죽음 등 사랑의 대상을 잃은 슬픔이나 억울함이 신체적 표현으로 나타나는 것이라고 말하고 있다. 치크는 심인성 이상 출혈의 경우, 환자 자신이 정서적이어서 출혈을 일으키는 원인을 자각하면 출혈이 멎고, 근본적 원인은 고쳐지지 않더라도 자신이 더 생겼을 때 정상의 월경 주기로 되돌아간다고 하고 있다.

　그로가는 내분비요법이나 약물요법과 아울러 최면요법을 행하고 있다. 표면적 정신요법으로 그릇된 성적 태도, 가정적, 사회적 부적응을 개선할 수 있고, 불안을 일으키는 긴장에 대해서는 암시요법에 의해 개선을 가져온다고 말하고 있다. 뿌리 깊은 갈등과 연관된 것은 당연히 분석적, 통찰적 최면요법을 필요로 하게 된다. 치크는 부인과나 산과에서 대출혈로부터 구출된 환자에 대하여 최면연령퇴행을 이용하여 면밀히 조사한 결과, 전원이 겁이 나면 출혈이 증가한다는 사실을 알아냈다. 그는 환자들이 주위 사람들이나 의사의 근심스런 태도 때문에 공포를 느낀다고 보고 있다. 그리고 다량의 출혈일 경우 출혈에 대한 공포심이 더 많은 출혈의 원인이 되고, 최면에 의한 이완은 혈액의 응고 기제를 촉진하는 효과가 있는 것으로 말하고 있다.

대하(냉)

그로가는 대하가 심리적 갈등에 의해 변화를 일으키며 기분전환에 영향을 받을 뿐만 아니라, 불면증과 결부되는 경우가 많으며 해소되지 않은 성적 흥분에 관계되는 것 같다고 말하고 있다. 하세가와는 소위 '정신 대하'라고 불리는 것은 분비의 양보다 대하감이 더욱 문제가 되며, 의사가 대하라고 말할 정도는 아니라고 지적해도 환자 측에서는 그 존재를 강조하며 불쾌감을 호소한다고 말하고 있다. 정신과 영역으로 소위 환취 환자 중 대하취를 항상 말하는 환자가 그 극단의 예일 것이다.

부렌만은 12년간 부인과적 치료로는 아무리 하여도 치유되지 않은 사례에 최면암시를 행하여 완치시킨 경우를 보고하였다. 그녀는 그 후 1년간은 상태가 좋았으나, 성적으로 흥분한 후 재발하였다. 그러나 또 한 번의 최면암시에 잘 반응하여 완치되었다.

텍기는 심인성 대하 17건에 최면요법을 1~5회 행하여 15건이 완치되었다고 한다. 그 중 6건은 최면 하에 대하의 생리적 설명, 이완, 단순한 증상 소실암시를 준 것이며, 2건은 연령퇴행, 꿈 제반응, 자기 이완의 연습을 가해 준 것이다.

외음부 가려움증

    단바는 가려움증과 성 감각에는 대단히 밀접한 관계가 있다고 말하고 있다. 속설에는 성 감각을 간지럽다든지 가렵다는 것으로 표현하고 있다. 이것은 외음부가 가렵다는 은어가 있는 것과 같이 세계적인 기관언어인 것이다. 외음부 소양증에 있어 성적 긴장은 긁음으로써 출구를 찾는 것으로 보고 있다. 기혼자에게는 불감증이 중요한 역할을 하고 있다.

    또 그로가는 성에 대한 죄의식과 어머니에 대한 적의나 갈등을 가진 사례 그리고 남편의 사후에 수음을 행한 데 대한 죄책감으로 인해 발생한 사례를 말하고 있다.

    로젠은 성적 억압자였던 어머니와의 갈등으로 인해 발생한 가려움증 환자에 대한 상세한 최면분석 치료과정을 보고하고 있다.

불임증

불임증은 상당수가 심리적 원인으로 일어난다고 알려져 있다. 이 경우는 약물요법만으로는 해결되지 않는다. 심리적 요인을 밝혀내고 이에 적절한 심리요법을 행함으로써 임신의 꿈을 실현할 수 있다.

불임에 대한 그 원인과 대책을 들어보면, 테일러(의학자)는 불임을 호소하는 외래 환자의 30%가 아무런 이유 없이, 단지 아기를 가질 수 없다는 두려움 때문에 불임이 된다고 진술하고 있다. 샌드러. B는 심인성 불임은 정동장애의 하나일 수 있다고 말하고, 그 치료는 '긴장의 해소' 즉 이완시키는 것으로 가능하다는 것을 시사하고 있다. 또 그는 불임 때문에 입양한 직후에 임신한 예가 많다는 보고를 하고 있는데, 그것은 입양이 정동장애를 경감시키는 것을 암시한다는 것이다.

그로거는 심인성 불임에는 많은 원인이 있고, 그 하나로서 심리적 요인을 말하고 있다. 즉 임신하고 싶다는 표면적인 욕망의 내면에는 어머니가 되는 것에 대한 공포나, 부적응의 감정으로 임신하고 싶지 않은 욕망이 억압되어 있다는 것이다. 일본의 의학자 하세가와는 자신이 여자라는 것에 대한 심리적인 거부가 불임, 불감증, 월경 곤란 등의 신체적인 증상으로 나타난 사례를 보고하고 있다.

위의 설명에 의해서, 불임에서 벗어나기 위하여 지나친 치료를 행해서는 안 된다는 것이 많은 연구자들의 주장이다. 치크는 프랑스의 심리학자 에밀 쿠에가 말한 '노력의 역효과 법칙'을 불임증 환자에게 설명하고 있다. 즉 '무엇이든 성공을 할 수 있겠는가?' 하는 의심을 갖게 되면, 아무리 노력해도 안 된다는 결론을 내리고 있다. 불임이 된 것은 지금까지 노력이 부족한 것이 아니고, 실제로는 '지나친 노력' 때문이라고 할 수 있겠다.

예를 들면, 배란 일자를 계산하여 당일의 성교와 기초 체온을 측정하는 일을 중지시킨 부인의 27가지 사례 중 6가지 사례가 조기에 임신했다고 보고하는 한편, 달력에 따른 성행위Sex by the calendar의 부자연스러움을 강조하고 있다.

불임증과 불감증의 관계에 대하여 치크는 오르가즘 없이도 임신이 되기는 하지만 부인의 성적 반응만 개선된다면, 생리학적으로 불임에 효과적이라고 진술하고 있다. 또한 케더가에 의하면 오르가즘을 경험하지 못한 여성 복부의 영관에 울체를 가져와 수태를 방해한다고 말하고 있다.

그로거에 의하면, 불임증의 요법으로 이완을 얻도록 하는 것이 제일 중요하며, 몽유상태로 유도하여 사전의 암시나 자기만족을 통하여 이완을 시키고, 다시 성교 후 후최면암시로 이완시키는 것이 좋다고 말하고 있다. 그리고 임신에 너무 집착하다 보면, 임신의 기회를 놓치게 된다고 강조하고 있다. 릴랙스는 "마음을 평안하게 가지는 것만으로 된다."라고 말하고 있다. 텍키는 기질적 원인이 없는 불임증 환자 8명에게 이 요법을 적용하여, 7명이 1년 이내에 임신하였다고 보고했다.

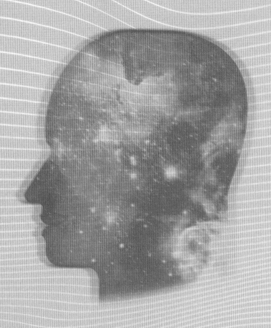

12
PART

물질관련 장애 및
중독장애

이 장에서는 흡연으로 인한 니코틴 중독을 다루기로 한다.

많은 흡연자들이 금연을 시도하지만 성공확률이 떨어지는 이유는, 의지가 약하기 때문이기도 하지만 흡연 시에 느끼게 되는 심리적인 요인이 크기 때문이다. 그런 심리적인 요인을 무엇인가로 대체시켜 줄 때 좀 더 빠른 금연효과를 볼 수 있다.

흡연의 일반적인 장애로는 니코틴 중독을 들 수 있다. 하지만 흡연에는 니코틴 중독 외에도 습관적으로 흡연하는 심리적인 장애가 있을 수 있다. 니코틴 중독의 정도는 설문지를 통해 알아볼 수 있다.

여기서는 다음과 같은 흡연자를 중점적으로 다루고자 한다.

- 매일 담배를 피우며 피우는 개수가 일정하지 않은 사람(비정상적으로 심한 경우는 제외)
- 담배를 피우는 것이 습관화 된 사람
- 스스로 흡연자라고 말하는 사람

니코틴 의존도가 극히 높은 환자는 일시적인 니코틴 대체공급(니코틴 반창고)을 고려해야 한다. 또한 건강상의 위험요소와 다중 중독을 찾아내어 치료에 고려해야 한다. 일반적으로 흡연을 중독 또는 중독성 습관으로 보아야 한다.

치료방법

최면에 대한 긍정적인 기대감과 확신을 가지고 있는 일부분의 내담자들에게는 최면에 의한 금연이 아주 효과가 있다. 하지만 이런 효과가 얼마나 안정적으로 지속하느냐 하는 것은 다른 문제이다. 단 한 번의 최면시술에 의한 치료 효과의 지속비율은, 다른 치료방법에 의한 지속비율의 평균치보다 높지 않다. 이처럼 '최소한'의 최면시술이 최면에 의한 치료 가능성을 낮게 평가하게 되고, 효과 높은 기법이라는 명성을 위태롭게 한다.

흡연 습관은 개인적인 이유에서 시작되고, 개인적인 이유로 계속 유지된다. 그러므로 내담자에게도 개인적으로 자신에게 적합한 해결방법을 찾을 수 있게 해야 한다. 내담자는 자신의 것이라고 생각하는 해결방법을 더 잘 받아들인다. 내담자는 그 방법을 향해서 나아가게 된다. 개인에게 맞춘 최면치료는 독자적일 수밖에 없다. '결정적인 것이 내담자 자신으로부터 나온다.'는 사실에 초점을 맞추면, 오래된 습관이 새로운 것(최면자, 초자연의 힘 또는 마술 같은 무의식에서 나오는)으로 대체되지 않는다는 사실도 명확해진다. 체험이 실제로(확인할 수 있게) 저절로(의지에 상관없이) 일어난다는 기본적인 최면작동 원리가 금연 최면치료에서도 그대로 작용한다.

금연 최면치료에는 최면의식이 큰 비중을 차지하지만, 개인적인 자원

Resource을 활용하여, 필요한 진전이 있게 하는 다른 방법들도 사용된다.

1) 대증요법과 최면현상의 활용

최면이 중독성 문제해결에 적합한 이유 중에 하나는, 중독증상이 의지와 상관없이 강박에 의한 행동이라는 것이 최면의 근본구조와 같다는 점이다. 강박감에서 담배에 불을 붙이며, 내담자는 "이것은 내가 하는 것이 아니고, 나의 중독성이 나로 하여금 이렇게 하도록 강압한다."라고 말한다. 그리고 최면자는 역시 의지와 상관없이 일어나는 트랜스 현상을 확인하거나 암시하면서, "당신이 하는 것이 아니고 당신의 무의식이 독자적인 방식으로 하는 것입니다."라고 말한다. 이런 분리체험이 흡연증상과 최면현상의 공통된 특색이다. 이 두 가지가 구조적으로 서로 맞아떨어지기 때문에 병리학적인 모순을 최면치료적인 모순으로 대치할 수 있다.

이로 인해서 소위 모순된 개입이 정당성과 힘을 얻게 된다. 예를 들면, 증상처방으로 새로운 강박을 투입하는 것이다. Erickson이 이런 '고된 체험 ordeal'으로 금연치료를 한 것과 같은 사례들을 Rosen(1982)과 Rossi(1997) 그리고 Zeig(1980)도 보여주고 있다.

중독증상에 최면치료가 적합한 또 한 가지 사실은, 흡연자가(비흡연자보다 더욱 강하게) 자신의 삶을 자기 밖에 있는 외부의 힘이 결정한다고 생각하고 있다는 점이다. 거의 모든 흡연자들이 보여주는 높은 외향성 경향과 외부 조종성이 외부 요인에 대한 강한 의존도를 말해 준다.

짧은 시간에 흡연습관을 단절하려면, 이런 외부조종의 관점을 끌어들여서 활용해야 한다. 바로 이것이 최면 중에서 의식하는 '나'의 외부에 존재하고 있는 무의식과의 접촉으로 가능하다.

2) '제3의 협력자'로서 무의식의 도입

'나'의 입장에서 본다면, 무의식은 대부분의 사람들에게 외부적인 것으로 느껴진다. 트랜스 상태에서는 이런 분리감정이 없어지고, '자아'가 확장되어 무의식이 다시 내면화 된다. 무의식은 호의적이고, 폭넓은 지식과 변화의 가능성을 가지고 있다. 이런 장점이 현명한 협력자를 문제해결에 참여시키거나, 옛날 습관을 지우고 새로운 것으로 대체하는 활력을 찾아내는 데에 도움이 된다. 어쩌면 흡연자가 담배를 끊게 되는 날짜에 대한 시사를 받게 될지도 모른다. 여기에는 무의식을 '제3의 협력자'로서 도입하고, 무의식으로 하여금 방향설정과 결단의 임무를 맡게 하는 것이 도움이 된다.

"지금 이 순간에는 나도 당신도 당신이 언제 담배를 끊게 될지 알 수가 없지만, 당신의 두 손이 좀 더 가까워지기 시작하면서, 당신의 무의식이 우리에게 어떤 시사를 해 줄 수가 있을 것입니다."

이런 필요한 접촉을 설득력 있는 방법으로 하기 위해서는 이데오모터법이나 이데오센스법을 사용해야 한다. 흡연자가 지성적인 통제를 받지 아니하는 이런 방법으로 금연 날짜를 알게 되면, 흡연자는 어떻게 금연이 실현될 것인지에 대해서는 의식 속에 아직 의문이 남아 있지만, 그 날짜에 금연을 한다는 사실은 확연해진다. 이런 날짜는 암시지시기법(Erickson 1978)을 통하여 무의식과 합의할 수 있다. 이런 날짜가 트랜스 상태에서 암시에 의한 탐색 도중에 순간적으로 떠오르거나, 후최면암시의 반응으로 꿈속이나 자기최면 도중에 떠오른 경우에도 좋은 전조로서 체험하게 된다. 무의식적인 손가락의 경직이 금연을 도와주는 것이 Ulrich Frund(1995)의 비디오에 잘 나타나 있는데, 여자 흡연자가 금연의 확증에 대한 이데오모터 신호로서 손가락의 경직을 체험하고, 자신이 담배로부터 해방되었다는 확신을 가지게 되었다.

3) 재구성 Reframing

사고의 전환과 함께 복합적인 재구성도 흔히 사용된다. 여기에서 처음에는 의식하지 못하고 있던 '담배를 피우게 하는' 성향의 한 부분과 접속하게 된다. 흡연으로 개인의 기본 기능을 충족시키려고 하는 근본적으로는 좋은 의도를 찾아내어 작업한다. 성향의 이 부분이 지금까지 흡연을 통하여 이루고자 하거나 안정을 얻고자 한 것들(자기보상, 고립감 퇴치, 쉬운 접촉, 원하지 않는 감정 퇴치)을 다른 건전한 행동으로 대체하는 것이다. Bandler와 Grinder(1984)의 6단계 재구성 방법이 도움이 될 것이다.

4) 내담자의 직선적인 해결시도 차단

흡연자는 흡연에 대한 욕구와 싸우려 하지 말고, 금연을 하는 시점까지 의식적으로 흡연을 계속해야 한다. 흡연을 의지로써 중단하려고 하거나, 흡연 양을 줄이려고 하는 사람에게는 이 점이 특히 중요하다. 포기는 마지막 남은 담배의 가치를 높여주고, 흡연욕구를 더욱 예민하게 만든다. 이런 현상은 얼마동안 금연을 한 경우에도 마찬가지이다. 그러므로 의지로 문제를 해결하려고 하는 내담자의 시도는 차단해야 한다. 이런 시도는 문제를 더욱 명료하게 할 뿐이다.

5) 회의적인 부분의 인수

최면자는 내면으로는 낙관하지만, 외면으로는 회의적이어야 한다. 내담자가 너무 급속한 진전을 보이면, 못 믿겠다는 듯이 캐물어야한다. 이로써 내담자는 더 이상 그런 척할 수가 없고, 실제로 이룬 진전을 방어하기 위해 더욱 적극적으로 노력하게 된다.

6) 연관된 변화로부터 의식적인 주의를 전환시키기

주의를 다른 데로 쏠리게 하려는 것은, 시작된 변화가 아무런 방해를 받지 않고 계속 발전되게 하려는 것이다. 초점을 흡연 중단에 두지 말고, 활달함과 조화로움, 스스로 결정한 활동과 건강 등에 쏠리게 한다. 내담자는 담배 대신에 인생의 중요한 일들에 집중하는 것을 배우게 된다.

첫 번째 상담시간에는 너무 큰 기대를 하지 않게 하는 것이 필요하다. 처음에 "최면은 상담시간 끝 무렵에 시술할 것입니다."라고 말해두면, 암시나 은유와 같이 트랜스를 쉽게 유도할 수 있는 대화의 여유를 가질 수 있게 된다. 이렇게 해서 아이디어를 심어주고 적합한 반응을 준비하게 된다.

32세 된 남자가 담배를 피우지 않게 해달라고 찾아왔다. 내담자는 그 당시 일주일에 두 번씩 심리치료를 받고 있었다. 2년 전에 심리치료를 시작할 때만 해도 내담자는 담배 두 갑을 가지고 다녔다. 그런데 지금 내담자는 담배가 떨어지면 어쩌나 하는 불안감에 싸여 6갑씩이나 가지고 다닌다. 최면자는 내담자에게 "나는 당신이 담배를 피우지 않게 해줄 수가 없습니다."라고 말하였다. 그러자 내담자는 자기 자신에 대해서 반복해서 이야기하기 시작하였다. 그러면서 내담자는 트랜스 상태에 들어갔다. 최면자는 트랜스 상태에서 내담자에게 담배를 끊기 위해서 무엇이 필요한지 자세히 말하라고 하였다. 2년 후에 내담자의 소식을 다시 들을 수 있었다. 내담자는 그날 최면 후에 바로 담배를 끊었으며, 그 후로는 다시 담배를 피우지 않았다.

7) 간접암시와 후최면암시 및 은유

Zeig(1990)는 흡연자에게 사용할 수 있는 많은 간접 암시문을 서술하였다. Hoogduin(1985)는 다음과 같은 암시문을 서술하고 있다.

"사람들은 최면이 보여주는 놀라운 효과에 대해서 언제나 다시 한 번 놀라게 됩니다. 예를 들면, 흡연자가 담배를 완전히 끊어버리겠다고 한순간에 갑자기 결심하는 것입니다. 그것도 1~2분 이내에!"

무의식 속에서 이미 오랜 흡연습관에 대한 강한 혐오감이 있던 것으로 보인다. (간접 암시를 강하게 표시한다).

적합한 간접암시를 여러 가지 방법으로 삽입할 수가 있는데, 대화 중이나 트랜스 상황에서 또는 질문 서식이나 정보 내용에 삽입해 넣을 수 있다.

최면 트랜스 상태에서 받은 암시는 그 효과가 생생한 이미지로 계속 전개되어 갈 수 있다. 이런 사실은 후최면암시에서 깜짝 놀랄만한 효과를 나타낸다. 이것은 단어 자체보다는, 내면에서 형성되어 작용하고 있는 일들을 단어가 어떻게 도와주고 있는가 하는 데에 있다. 이런 체험 이미지는 의식적인 결단과는 달리, 저장 효과가 강하고 행동태도를 일정하게 지속적으로 결정짓는다. 잘 알아들을 수 있는 은유와 비유적인 이야기도 후최면암시와 같은 기능과 효과가 있다.

금연만을 목적으로 찾아오는 사람은, 자기 자신에 대해서 많은 이야기를 할 이유가 없다고 생각한다. 하지만 비슷한 상황에 있었던 다른 사람들의 이야기를 듣는 것은 좋아한다. 다른 사람들이 어떻게 금연에 성공했고, 또한 금연을 위해서 어떤 일을 해야 하는지에 대해 설명해 줄 수 있다. 짧은 시간에 관련 지식을 일깨우고 정보를 전달해 주어야 하는 상황에서는 치료적인 은유가 유용하다. 또한 치료적인 은유는 무의식 속에서 라포를 형성하는 매우 경제적인 방법이다.

8) 연령퇴행

과거의 체험에서 담배를 끊는 것과 어려운 상황을 쉽게 넘기는 경험을 찾아낼 수 있다. 어린 시절에는 담배가 없어도 많은 위협과 끝이 안 보이는 시간들을 몇 날, 몇 주일씩 견디어 내었다. 정신자원을 찾아내기 위해 내담자를 기분 좋은 어린 시절로 돌아가게 한다. 어떻게 느끼고, 움직이고, 보고, 냄새 맡는지(담배가 전혀 없이) 재현한다. 최근에 금연을 시도한 경험을 기억해 내고 평가하며, 다른 방면에서 이루어낸 성공도 평가한다.

9) 목표지향

내담자가 계속 금연으로 인해 생길 수 있는 불이익과 심각한 금단현상에 대해서 생각하고 있으면, 이것이 오히려 담배를 계속 피우는 원인이 된다. 이런 걱정은 어느 정도까지는 담배를 계속 피우려고 만들어서 하는 걱정이다. 내담자가 금연에 성공하느냐의 여부는 내담자가 어떤 미래상을 가지고 있느냐에 결정적으로 좌우된다. 내담자의 미래상, 즉 미래 상황의 생생한 이미지는 좋은 정신자원이 된다. 미래상이 현시점에서 미래를 향한 행동태도의 원인이 되는 것이다. 목표가 구체화 되고 상세사항이 정해지면, 모든 감각을 동원하여 이것을 생생하게 이미지화한다. 이때 목표를 감각적으로 재평가하고 확고하게 하여 정신자원으로 앵커링한다. 이 시점에서부터 계속 진행할 수 있는 두 가지 단계가 있는데 미래투사와 swish기법이 그것이다.

10) 미래투사

미래투사는 치료목표의 성과를 감각적으로 확인할 수 있고 매력 있게 할 뿐만 아니라, 내담자로 하여금 금연 후의 기분 좋은 상태에 머물러 있게 할 수 있다. 이로써 내담자는 현재 시점에서 벌써 금연 후의 체험을 할 수 있다. 내담자가 이런 기분 좋은 상태를 즐기고 있으면, 다시 흡연상태로 되돌아가기가 싫어진다. 내담자는 시간과 공간이 확실하게 지정된 미래의 장소에서 자신을 매력 있는 사람으로 이미지화하면서 보고 듣고 느끼게 된다. 내담자는 여기까지 잘 와서 한동안 머물러 있었다고 느끼며, 깊은 만족감과 감사와 충만함으로 다시 얻은 자유를 즐기게 된다. 내담자는 건강함을 감각으로 체험하며, 건전한 생활과 더 나은 장래를 생생하게 느끼게 된다.

11) Swish기법

밝고 깨끗하고 총천연색으로 된 내담자의 미래투사 초상을 일종의 표준초상으로 만들어서 앵커링 할 수 있다. 그 안에는 더 나은 건강과 용모와 체험, 행동이 암시되어 있다. 앵커링 한 표준초상을 흡연상황에 덮어씌우거나 투사해서 흡연상황이 사라지게 한다. 이런 학습에는 정확한 타이밍이 중요한데, 정확한 타이밍이 조건화작업을 최적화한다. 이런 swish기법은 1분도 걸리지 않으며, 5차례 반복해서 시행한다. 이 기법은 짧은 트랜스유도 후에 바로 시행하고 바로 각성하기 때문에 연속된 여러 단계의 트랜스유도효과가 있다. 자기최면으로 이 과정을 계속 연습하면 그때마다 효과가 강화되며, 신경심리적인 변화가 차츰 자동화된다. 이 기법을 연습한 내담자의 말에 의하면, 흡연을 생각만 해도 자기의 미래초상이 순간적으로 나타난다고 하였다.

12) 변화의 최고 기능 단계로서의 정체성

미래투사와 swish기법의 효과는 치료목표 지향적인 측면에서뿐만 아니라, 개인 정체성의 계속 발전과 연관하여 볼 수 있다. 내담자가 "흡연자가 아닌 나는 과연 누구인가?"라는 질문에 답을 구한다면, 자기 정체성은 흡연으로부터 해방되는 것에 큰 의미가 있게 된다. 자기 정체성이 허약한 사춘기에 담배를 피우기 시작하는 것이 '누군가가 되기 위한' 욕망과 결부되어 있었다. 이제 내담자가 담배를 끊으려고 하는 것은 개인 발전의 새로운 단계에 진입하는 것이다. 이런 단계를 넘어서는 데에는 유연한 자기정의 self-definition가 도움이 된다. 기능적인 면에서 이런 변화가 일어나는 면을 순서대로 5수준으로 구분해 볼 수 있다.

a. 환경/외부요인
b. 행동태도방식
c. 능력
d. 가치/확신/의미
e. 개인 정체성

높은 수준에서 일어나는 변화는 전체 시스템에 더 광범위하고 커다란 영향을 미친다(사장의 변화는 사원의 변화보다 회사에 더 큰 영향을 미친다). 인지적인 자율조직 내에서는 정체성이 우리들의 태도와 경험에 가장 큰 영향을 미친다. 강한 정체성은 목표지향적이고 유연한 태도를 용이하게 해준다. 외부요인을 제한으로 받아들이기 보다는 도전으로 활용한다.

개인 정체성이 흡연자의 개념으로 채워져 있으면, 이것은 유감스러운 가

치저하를 의미한다. 그 밖의 다른 정의들도 "나는 누구인가?"라는 질문에 만족할 만한 대답이 되지 않는다. '비흡연자'라는 개념도 마찬가지이다. 흡연자가 아니라는 사실만으로는 강한 정체성을 암시하지 못한다. 오히려 그 반대이다. 그러므로 우리는 아무 생각 없이 비흡연자가 되는 것을 치료목표로 말해서는 안 된다. 내담자가 흡연자와 흡연자라는 낙인에서 해방되기 위해서는, 자발적이며 감각에 근거하는 자기정의가 필요하다. 여기에 미래투사와 swish기법이 도움이 된다. 자신의 모습을 긍정적으로 개발하는 다른 가능성은, 트랜스 도중에 하는 암시와 적합한 인물과의 동일시가 있다. 사회적으로 매력이 있는 사람과의 원만한 접촉에서 생기는 복합적인 자아강화 효과는 매우 큰 의미가 있다. 이 점은 특히 최면 라포에 적용된다. 이해를 받고 있다고 느끼는 것은 혼자가 아니고, 합류하여 거기에 속해 있다는 것을 의미한다. 흡연자에게는 치료적인 라포가 다음과 같은 암시를 줄 수 있다.

"내가 담배를 끊으면 나는 더 이상 혼자가 아니며, 이런 존경받는 사람들과 (최면자와 같은) 교제할 수 있을 것이다. 이 사람들은 나에게 잘 해주고, 능력이 있고, 인생과 직업에 기쁨을 가지고 일하고 있다."

13) 퇴보에 대해 반사적으로 우회하기

지속적인 금연이 처음부터 성공하기는 어렵다는 사실을 알고 약간 우회하는 방법을 사용하지 않으면, 한 번의 실패(흡연)가 급속하게 계속 흡연하게 되는 계기가 될 수 있다. 금연 도중에 흡연하는 것을 퇴보(실패)로 단정하지 않고, 새로운 사건으로 보는 것이다. 내담자에게는 이런 가능성에 대해서 미리 말해 주어야 한다. 장기적으로 금연하고 있는 내담자들의 말을 들어보면, 한 번 실수한 후에는 금방 다시 일어서서 구체적인 학습을 새로 한다고 한다. 그들은 이때 치료자를 생각하지만 전화할 필요는 없었다. 그들은 스스로 정신자원 경험과 앵커링을 다시 하고 해결책을 찾아내었다. 단한 번의 권위적인 최면으로 흡연습관을 버리게 된 내담자가 도중에 실패(흡연)하는 경우, 스스로 해결책을 찾아내지 못하였다.

14) 의식

병리증상의 행동태도는 구조적으로 제한되어 있어서(과장되고, 경직되고, 강제적인), 의식행사 시의 행동태도와 유사하다. 의식에는 무의식적인 요소가 내포되어 있어, 의식의 실행은 바로 이런 무의식적인 의미를 함께 가지고 있다. 예를 들면, 담배를 피우는 것이 내담자에게 자기 자신과 다른 흡연자 및 비흡연자들과의 관계를 확인시켜 주는 의미가 있다. 이것이 정체성을 만들고, 담배를 피울 때마다 정체성이 강화된다. 또한 담뱃불을 붙이고 첫 한 모금을 들여 마시는 것은 의식적인 면을 가지고 있으며 휴식으로도 볼 수도 있는데, 회복하거나 보상받기 위해서 또는 앞으로 다가올 과제에 대한 동기부여를 위한 것이다. 이렇게 해서 스스로 어떤 행동을 함으로써 일상생활과 위협적인 상황에 대비하는 것이다. 다른 사람과의 관계에서는 흡연이 사회적인 욕구를 충족시켜 준다.

치료방법으로는 흡연의식을 다른 의식, 즉 최면과 자기최면으로 대체한다. 이와 관련해서 화해의식과 결별의식을 치러야 한다. 심호흡과 같은 아주 단순한 행동도 의식의 형태로 활용할 수 있다. 내쉬는 숨에 초점을 모으고 풀어버리듯이 깊게 숨을 내쉬거나, 들이마시는 숨에 초점을 모으고 활성화 하듯이 숨을 들이마시고 멈추는 것을 연습한다. 이렇게 하면 Hatha-Yoga처럼 짧은 시간 안에 이완하거나 활성화할 수 있는 방법을 배울 수 있다. 이로써 의식적인 호흡이 지금까지 흡연의식이 해오던 다음과 같은 역할을 넘겨받게 된다. 일상의 중단, 자기확인(예 : "이 순간에는 내가 결정하고 있다."), 자기보상(예 : "나는 지금 나를 위한 일을 하고 있다."), 접촉(예 : "나 자신으로 돌아와서 사물을 바라보자."), 자기 활성화(예 : "내 폐 속에 있는 이런 신선한 기운으로 새로운 것을 느낀다."), 자발적인 동기(예 : "그래, 이제부터 시작한다.").

의식은 정착과 안전한 방향설정을 도와준다. 내담자가 금연서약서에 서명하는 것은 의식적인 결속의 의미가 있는데, 특히 다른 사람이 함께 서명하여 서약서의 내용을 공증하는 경우에 더욱 효과가 있다. 옛날부터 인생의 새로운 단계로 넘어갈 때마다 의식이 행해졌는데, 이런 의식이 앞으로의 행로에 긍정적인 영향을 주리라고 믿었기 때문이다. 금연의 문턱에서 흡연자는 불안해한다. 지금까지 오랜 기간 자신과 함께 했던 담배를 정중하고 효과적인 방법으로 결별하는 것이 흡연자의 마음을 안정시켜 준다. 금연의식이 인생의 이 부분을 인정하고 깨끗하게 정리하는 안정감을 가져다준다.

내담자는 자기최면 방법을 수련하여 스스로 트랜스에 들어갈 수 있다. 자기최면 방법을 터득한 내담자는 가끔 담배를 피우게 되더라도, 훨씬 느긋하게 대처할 수 있게 된다. 자기최면은 내담자가 적극적으로 치료에 참여하는 것을 도와준다.

15) 정보제공

필요에 따라서 흡연에 대한 신체적인 정보와 심리적인 정보를 제공한다. 금연 첫 주에는 특히 영양섭취에 대한 정보가 중요하다. 대인관계에 대한 정신자원의 정보는 트랜스 도중에 쉽게 효과적으로 전달할 수 있다.

사례 2

41세 주부가(흡연기간 25년, 최근에 하루 36개비 흡연) 산부인과 의사와 금연한 남동생의 권유로 문의해 왔다. 먼저 통화하여 인사한 후에, 그녀의 금연동기와 기대수준을 알아보기 위해서 상당 분량의 정보자료와 질문서를 송부해 주었다.

첫 번째 상담시간에 다음 사항들을 확인하였다. 내담자 스스로 금연하려고 결심했는지 아니면 다른 사람 때문에 억지로 하는지? 그녀의 금연 결심은 내면의 확고한 결단인지 아니면 단순히 남에게 보여주기 위한 것인지? 의학적인 진단에 의해서 무언가 하지 않으면 안 되겠다는 느낌을 받았는지? 이와 함께 그녀의 흡연과 관련된 사회적인 연관관계도 알아보았다. 그녀는 금연에 성공하고 난 후에 남편에게 이 사실을 알리고 싶다고 말하였다. 치료자는 먼저 남편에게 금연 결심을 말하고 도움을 청한 후에 두 번째 상담시간을 정하자고 말하였다.

"도대체 왜 금연을 하려고 하십니까?"라는 도전적인 질문으로 내담자 나름대로의 흡연에 반대하는 논리를 유도하였다. 또한 지금까지의 금연시도를 설명하게 하고, 금연 시도가 긍정적이라고 하였다. 어떤 상황에서는 흡연이 욕구를 충족시켜주는 면이 있다는 것을 말해 주고, 담배의 주요 기능을 설명해 주었다.

나의 설명을 들은 후에 그녀는 미래투사의 도움으로 1년 후 매력 있는 자기 자신을 이미지화할 수 있었다. 그녀는 금연에 성공한 자신을 볼 수 있었다. 이런 아주 매력 있는 이미지를 "환영합니다."라는 문구로 앵커링 하였다.

상담시간 후반부는 최면에 대해서 말하였다. 최면에 대한 일반적인 질문에 대답해 주고, 치료적인 최면의 특성과 자기최면에 대해서 설명해 주었다. 그러는 사이에 유도된 트랜스를 최면 테스트로 심화하였다. 내담자는 관념운동의 반응을 체험하였다. 이 트랜스를 자기최면 훈련에 활용하였다. 최면의 증거로서 손의 카타랩시와 시간지연의 느낌을 체험하게 하였다. 2주일 후 다음 번 상담시간까지의 숙제와 기록해 올 정보지 및 최면자의 목소리가 담긴 CD를(체험의 심화와 라포를 위해서) 건네주었다.

두 번째 상담시간에서는 집중적으로 이미지 강화를 위한 자기최면 훈련을 하였다. 먼저 흡연상황에서 매력적인(금연) 상황으로 옮겨간다. 옮겨가는 방법으로 의식적인 신체반응(예를 들면 심호흡을 하는 것)을 사용하거나, 좋은 기분 또는 인생의 즐거움을 생각해서 인지하는 방법을 사용하였다. 이때 독특한 본래의 자기 자신(흡연자도 비흡연자도 아닌)이 나타난다.

다음에 암묵적인 지시기법으로 이데오모터와 이데오센스의 트랜스현상을 금연과 결부시켰다. 금연사례를 이야기해 주면서 무의식이 그녀가 금연하게 되는 날짜를 알려준다고 분산 삽입하여 암시하였다. 이미지 훈련 도중에 그녀는 두 개의 숫자와 세 개의 문자를 떠올렸는데, 트랜스에서 각성한 후에 종이에 써서 집에 가져가게 하고 일단은 '이것을 잠재우게' 하였다.

흡연이 재발하는 경우에 대해서도 말하였는데, 이것을 재발이라고 생각하지 말고 사건이라고 생각하게 인식을 재구성했다. 또 무엇이 부족하고, 무엇을 더 배워야 이런 사건이 생기지 않을 것인지를 면밀하게 생각해보도록 하였다. 체중조절에 필요한 자료도 주었는데, 그녀는 매우 안도하는 듯했다. 신진대사에서 니코틴이 하는 기능에 대한 자료와 금연 시의 영양에 대한 자료도 주었다. 또한 그녀가 금연하는 날에 해야 하는 일에 대한 안내서와 서명해야 하는 금연계약서를 주었는데, 금연계약서에는 그녀의 남편이 확인자로서 함께 서명하도록 하였다.

세 번째 상담시간에는 금연 날짜를 정하였다. 그녀가 그동안 생각해온 날짜를 트랜스 도중에 이데오센스 방법으로 확정하였다. 그다음에 담배를 피우게 되는 세 가지 전형적인 상황을 트랜스 상태에서 체험하게 하였다. 각 상황마다 담배의 역할이 서로 다른데, 무의식으로 하여금 그녀의 과거 흡연경험 중에서 찾아내게 하여 학습상황으로 체험하게 하였다. 이런 미래적응future-pacing 에는 후최면 암시를 동시에 하였다.

네 번째 상담시간에는 지금까지 배운 것을 정리하였다. 오늘 그녀는 정중한 예의로 담배를 떠나보내려고 한다. 그녀는 이별의 행사장으로 공항을 선택하였다. 그녀는 담배를 미국으로 떠나보내기 위해 일등석 항공권을 준비하였다. 출국탑승장 G에서 그녀는 그동안 많은 어려운 상황에서 그녀를 도와주었던 담배에게 감사의 작별인사를 하게 될 것이다.

트랜스를 유도한 후에 그녀에게 예전에 담배를 피웠던 전형적인 세 가지 상황을 떠올리게 하였다. 그녀는 이제 아주 만족스럽게 이런 체험을 할 수 있었다. 앞으로 얼마동안 하게 될 자기최면에 대한 후최면암시를 하였다. '내면시도자'에게 말을 걸고 '재구성reframing'하였다. 무의식이 도와줄 것인가의 여부를 이데오모터 방법과 이데오센스 방법으로 확인하였다. 그리고 흡연과는 공존할 수 없는 쾌감들을 상상하게 하였다. 그 다음에 앞에서 서술한 것과 같은 담배와의 마지막 작별행사를 하였다. 작별행사가 끝난 후에 나는 그녀에게 축하한다고 말해 주고, 그녀의 무의식에게도 훌륭한 협동 작업에 감사한다고 말하였다.

약속한 대로 그녀는 5주 후에 전화를 걸어왔다. 그녀는 모든 일이 생각했던 것보다는 쉽게 진행되고 있다고 말하였다. 1년 후에도 그녀는 담배를 피우지 않았다. 그녀는 나에게 "작년에 나는 담배를 끊기 위해서 시작하였는데, 지금 보면 훨씬 더 많은 것을 얻은 것 같아요."라고 말하였다.

16) 적응증

금연이 오래 지속되는 데에는 내담자의 협력과 금연동기가 결정적인 역할을 한다. 그러나 어떤 금연동기와 협력이 효과적인지는 깊이 연구되지 않았다. 많은 경우에 내담자가 재활원이나 휴양소에 들어가 있는 것이 금연지도 계획에 참가하는 계기가 되고 있다. 명확하지 않지만, 여러 가지로 다른 초기조건이 성공확률의 극단적인 차이(4%~88%)로 나타난다.

금연치료에 최면을 도입하느냐의 여부는, 내담자가 최면에 대해서 얼마나 알고 있고 어떤 기대를 하고 있느냐에 달려 있다. 대부분의 사람들은 최면이 가진 힘으로 즉각적인 효과가 나타날 것으로 기대하고 있다. 자신의 의지로 금연을 시도했다가 실패한 사람들은 자신의 능력을 믿지 못한다. 단 한 번의 상담으로 금연에 성공하는 경우는 아주 드물다. 금연은 의지만으로 되지는 않고, 이런저런 변화를 감당해 내어야 가능하다. 금연자는 여러 가지 행동태도와 사고방식과 생활환경을 어느 수준까지 긍정적으로 변화시킬 수 있어야 한다. 일반적으로 중독자는 어느 기간 동안은 자신의 행동태도와 중독물질을 급속하게 단절하지 말아야 한다.

Hueber(1997)의 연구 결과에 의하면, 금연에 성공한 사람들의 평균 나이는 46세였으며 실패한 사람들의 평균 나이는 36세였다. 흥미로운 사실은, 담배를 피우기 시작한 나이가 늦을수록 성공할 확률이 높고, 흡연기간은 큰 영향을 미치지 않는다는 것이다.

많은 흡연자들은 사회적, 경제적으로 안정된 지위를 가지고 있고, 많은 경험과 독자적인 결정력이 있어서 예전에 시작된 의존상황을 끝내고자 한다. 그들은 담배를 피우게 되면서 자기통제력과 삶의 질이 상당히 제한받고 있다는 것을 잘 알고 있다. 이 사람들의 금연 결심은 단순히 유행을 따라가는 것이 아니며(이 사람들은 유행을 따라야 할 이유가 없다), 내과의사의 위협적인 권유를 받아들인 것도 아니다. 이 사람들은 마음속에 금연에 대한 욕구가 있기 때문이다. 금연이 일종의 자기책임감과 연결된 행동인 것이다. 이 사람들이 우선적으로 선택하는 가치가 예전에 담배를 피우기 시작할 때와는 달라졌기 때문이다.

이런 내담자들은 몇 번의 상담만으로도 금연에 성공한다. 드물기는 하지만, 단 한 번의 상담으로 성공하는 예도 있다. 임상경험에 의하면, 4~5회의 상담이 바람직하다. 금연을 정당화하고 확인하기 위해서 유별난 사건이 필요한 사람에게는 짧은 상담도 매우 효과가 있으며, 최면 트랜스는 이런 유별난 사건으로 매우 적합하다.

17) 기피증

내담자가 어떤 이유에서든지 위에서 서술한 금연에 대한 자발적인 욕구가 없으면, 장기적으로 금연을 하기는 어렵다. 치료자는 도움을 청하는 내담자에게 자신이 본 내담자의 금연욕구에 대해서 말해 주고, 이에 따라서 금연치료를 할 것인지와 어떻게 치료할 것인지를 함께 결정해야 한다. 담배에 대한 의존성이 금연치료의 동기가 되기는 했으나, 금연치료의 이유가 되지는 않은 경우가 허다하다. 이런 내담자들에게는 심리치료에 대한 설명을 해주는데, 내담자들의 상태가 약간 호전되기만 해도 금연의도가 확고해진다.

많은 내담자들에게는 신체적이거나 심리적인 정상화를 위해서, 또는 사회적인 관계를 유지하기 위해서(예를 들면, 파트너와의 분쟁을 해소하기 위해서) 갑자기 금연을 하게 되는 자원resouce이 되기도 한다. 하지만 임상자료에 의하면, 금연을 하고자 하는 골초 흡연자의 60%가 심한 우울증 내담자들이다. 그래서 갑작스런 금연이 오히려 내담자를 불안정하게 하여 짧은 시간에 내담자가 다시 옛날의 상태로 후퇴하지 않을지 면밀히 검토하여야 한다.

나이가 많으면 금연에 성공하는 확률이 높은 것은 사실이지만, 그만큼 여생도 짧아지기 때문에 변화가 반드시 유익하다고만 할 수는 없다. 이런 견해에서 보면, 양로원의 금연 프로그램이 반드시 긍정적인 것은 아니다.

매우 수동적이고 수용적인 내담자들이나 완벽성, 명예욕이 강한 내담자들에게는 치료를 권유하지 말아야 한다. 내담자가 치료를 해달라고 강요하면, 실패할 확률이 높다는 것을 미리 말해 주어야 한다. 치료에 대한 책임은 언제나 치료자에게 있고, 누구를 어떻게 치료할 것인가도 치료자가 결정해야 한다.

18) 성공확률과 연관된 요인

상담 회기가 많고 개별 암시 횟수가 많을수록 성공확률이 높다. 내담자
의 금연 동기와 결단도 상당한 요인으로 작용한다. 어려운 과도기를 견뎌
내는 데에는 전화상담이 매우 도움이 된다. 최근의 연구에 의하면, 내담자
와 밀접한 관계가 있는 비흡연자의 지지가 강조되고 있다. 임상 측면에서
최면이라는 말을 피하려고 하는 것이 오히려 불리한 결과를 초래하였다.
최면과 결부된 기대효과가 없어지기 때문이었다.

19) 효과가 있는 요인들

- 최면 개념의 명시적인 사용
- 내담자의 합리적인 금연 동기
- 여러 차례의 상담(3~5회)
- 개별적인 자아강화암시
- 후최면암시
- 자기최면의 활용
- 전화통화에 의한 지원
- 밀접한 관계의 사람들(가족, 친구)이 흡연하지 않는 것
- 임상증명

2

임상증명

Abnormal
Mentality
and
Hypnosis

1) 비판적인 사전설명

최면은 금연에 매우 효과적으로 작용할 수 있다. 하지만 아직까지 어떤 변수가 결정적인지는 밝혀지지 않았다. 통계적인 효과연구만으로는, 성공 확률과 연관되는 주관적인 체험과 학습과정에 대해서 알 수 있는 것이 너무 적다. 통계적인 효과연구에는 내담자가 확실하게 트랜스를 체험하였는지조차도 명확하게 알려주지 않는다.

흔히 연구 보고서에는 최면이 어떤 방식으로 적용되었는지도 서술되어 있지 않다. 그래서 치료적으로 부적합한 일반 최면방식의 암시가 주어졌을 가능성이 있고, 그 결과가 통계에 부정적으로 반영되어 최면치료 전반에 대한 부정적인 인상을 심어 줄 수 있다. 최면 시술자의 전문적인 자격에 대해서도 서술되는 일이 거의 없다. 의과 대학생 중에서 최면을 배우기 시작한 학생이 시술하였다면, 아무런 효과도 기대할 수가 없을 것이다.

대부분의 연구에는 동일한 표준기법이 적용된다. 모든 참가자는 동일한 지시 개입을 받게 되는 것이다. 이런 지시개입은 복합적인 재구성의 변화를 위한 학습과정을 유발하기에는 부족하다. 직접 지시에 대한 피암시성의 정도에 상관없이, 대부분의 사람들이 비지시적인 간접 개입에 더 효과적으로 반응하고 있다. 최근에는 최면이 개인의 차이에 알맞은 치료방법을 선택함으로써 금연의 성공확률을 높이고 있다.

2) 성공확률

금연에 미치는 최면의 효과는 일반적으로 상당히 높다. 하지만 최면 이외에는 다른 치료를 병행하지 않고 담배로부터 완전히 해방되는 경우만을 따진다면, 성공확률이 약 25%로서 다른 전문적인 중독치료방법의 평균치와 같다. 단 한 번의 상담 후에 그룹지도에 참가하여 표준화된 암시를 받은 사람들의 경우에는 성공확률이 더 낮은데, 615명의 참가자 중에서 6개월 후에 연락을 한 사람은 약 44%였다. 그리고 이 중에서 담배를 피우지 않는 사람은 44%였다. 연락을 하지 않은 사람들은 대부분 금연에 실패한 경우이므로, 전체 참가자로 보면 6개월 후에 약 20%가 금연에 성공하고 있었다.

사후조사의 시점은 일정하지 않다. 어떤 치료자는 3개월 후의 조사에 만족하고, 1년이나 2년 후에 조사하는 것보다 높은 성공확률을 보고하고 있다. 대부분의 재발이 4개월 이전에 생기지만, 사후조사의 시점으로는 1년 후 정도가 적합하다고 생각한다. 사후 조사의 방법도 치료자마다 다른데, 전화로 문의하는 방법을 많이 사용한다. 내담자가 내쉬는 호흡의 탄산가스 함량을 측정하여 금연 성공 여부를 확인하는 치료자도 있다.

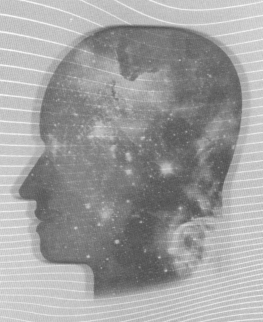

PART
13

기타 정신질환

1

과다체중

체중감량에 대한 노력은 운동선수들이 기록갱신을 위해 노력하는 것에 비견할만하다. 지속적으로 매일 단련하고 엄격한 규율을 지키는 것과 그 성과를 측정해 볼 수 있는 기쁨이 모두 비슷하다. 그래서 운동선수들의 단련방법이 과다체중 조절에 도움이 되는지 알아보는 것도 좋을 것이다. 지금까지의 경험에 의하면, 운동선수들의 단련방법이 체중조절에 도움이 된다. 운동선수들이 달성하고자 하는 기록을 정하는 것과 같이 체중조절자가 달성하고자 하는 체중을 정하는 것부터가 도움이 된다.

음식의 과다섭취에 의한 과다체중은 부담이 적은 감정적인 긴장에도 불구하고, 습관적으로 음식을 과다 섭취하는 것이다. 일상적인 감정의 긴장상태에서 음식을 과다섭취하고 적당히 그치지 못하는 것이다(다식증, 지방과다증 및 의약품 부작용에 의한 과다체중은 여기에서 제외한다).

1) 최면기법을 이용한 치료개입

(1) 치료 의뢰사항을 명확하고 정밀하게 확정

막연하게 "체중을 감소하고 싶은데요."라고 말하는 것은 치료에 도움이 되지 않는다. 첫 번째 상담시간에서 다음 사항들을 확실하게 해야 한다.

- 정확한 희망 체중, 구체적으로 몇 kg이라고 확정하는 것이 중요하다.

특정한 사람보다 몇 kg 적었으면 좋겠다는 식의 표현은 도움이 되지 않는다. 희망 체중이 현실적으로 불가능해 보이는 경우에, 현실성이 있는 일차목표 체중을 제시하고 단계적으로 성공을 맛보게 한다.

- 체중감소를 위하여 지금까지 어떤 시도를 하였는지?(침구, 다이어트, 체중 감소 클럽참가 등).

무엇이 도움이 되었고, 무엇이 도움이 안 되었는지? 극단적인 방법에 의한 일시적인 체중감소에 대해서는 가끔 아주 실망하는 것을 볼 수 있다(활용방법 : 신체는 이런 극한상황에 대비하고, 작은 빵조각도 활용하게 된다는 것을 알려준다).

- 내담자가 원하는 것이 구체적으로 무엇인지?

적게 먹거나 다른 음식을 먹으려 하는 의도를 가능한 한 고통이 없이 기분 좋게 할 수 있도록 도와주는 것인지? 특정한 다이어트 계획에 대한 결심을 도와주는 것인지? 암시로써 배고픈 느낌을 없애주는 것인지? 욕구불만을 음식 먹기보다 좀 더 나은 다른 것으로 대체할 수 있게 도와주는 것인지? 긴장을 풀 수 있는 다른 방법을 배우려는 것인지? 특정한 식사습관을 버리거나 또는 배우려는 것인지?(예를 들면, 오후 6시 이후에는 아무것도 먹지 않는다든지, 채소와 생선을 더 많이 먹도록 한다 등).

- 무엇이 과식하게 하며 무엇이 소식을 하게하는지에 대한 질문은, 과식과 소식의 습관에 대한 동기를 알려줄 뿐만 아니라, 과다체중에 대한 심리적인 요인도 알 수 있게 해준다.

임상경험에 의하면, 흔히 말하는 슬픔 때문에 살이 찌는 경우는 많지 않다. 슬퍼서 살이 찌는 것이라면, 슬픔이 감소되어 가면서 다시 살이 빠져야 할 것이다. 우울증과는 달리 슬픈 감정을 가진 사람은 자존심을 일정하게 유지하고 있다. 우울증과 가벼운 우울성 신경장애로 인하여 너무 많이 먹는 경우에는 여기에서 소개하는(각성상태 또는 트랜스 상태에서 암시하는) 자아지지 방법이 효과가 있다(예 : "사람은 누구나 존재하고 있다는 사실만으로도 가치가 있고 사랑받을 권리가 있다." "사람마다 지문이 모두 다른 것이 바로 그 사람만이 가지고 있는 유일한 가치를 말해준다.")

(2) 체계적으로 정보를 수집하고 활용

- 무엇 때문에 체중감소를 하려하는지만 묻지 말고, 어떤 관점과 가치가 내담자의 행동태도를 결정하는지 그리고 내담자의 세계관이 어떤지도 물어 보아야 한다.
- 내담자가 어떤 성격구조에 가까운지 알아야 한다(예 : 강박형, 히스테리형, 정신분열형, 우울증형, 자기애형)
- 어떤 감각에 잘 반응하는지 알아야 한다(예 : 시각, 청각, 운동감각, 후각, 미각).
- 내담자가 가지고 있는 최면에 대한 기대와 환상을 알아야 한다.
- 내담자의 자아구조 수준을 알아야 한다. 최면자는 최면을 시술하기 전에 내담자가 심리적으로 건강한지부터 먼저 알아본다. 정신장애자와

경계성 정신장애자에게는 최면을 시술하지 않는다.

(3) 동기

체중감소를 하려는 동기에 대해서는 직접 물어볼 수 있다. 동기를 말하는 동안에 내담자의 관점과 가치관에 대한 것도 자연스럽게 알아볼 수 있다(반영으로 활용할 수 있는 문장을 괄호 안에 기술하였다).

- 성과를 중시하는 사람들 : "나는 해내고자 합니다. 이번에 해내지 못하면 내가 무능하다는 느낌이 들 것입니다."("그리고 당신이 얼마나 잘 해내었는지 스스로 놀라게 될 것입니다.")
- 비슷한 경우지만 경쟁심이 원동력이 되는 일도 있다. "내 여동생은 해내지 못했어요. 어머니도 결국 실패하셨습니다. 하지만 나는 반드시 해내고 말 것입니다."("그리고 당신은 여동생 보다 훨씬 더 잘하고 있습니다. 이제 모두에게 그것을 보여줄 수 있습니다.")
- 건강의 관점에서 : "내가 혈압이 높고 관절도 아파요. 계단을 올라갈 때면 숨이 차요. 내가 너무 뚱뚱해서 의사도 수술하기를 꺼려요."("당신이 당신의 몸을 잘 관리 해주면 당신의 몸이 당신에게 감사하다고 할 것입니다.")
- 친환경의 관점에서 : "우리는 너무 건전한 생활을 하지 못하고, 자연과 등지고 살고 있어요. 비만은 일종의 문명병이며 무언가가 잘못되어 있는 것이지요."("당신의 신체가 스스로 조절할 수 있게 한 번 기회를 주어보십시오.")
- 기계적인 사고방식에서 : "내 머릿속에 스위치를 하나 넣어서 조절할 수 있었으면…."("그 스위치가 어떤 모양일까요? 스위치를 어떻게 체중감소로 돌릴 수 있을지 상상해보세요.")

- 뚜렷한 책임감에서 : "나는 아직 오랫동안 내 아이들을 돌보아야 합니다."("당신의 신체에 대해서도 당신이 책임져야합니다. 신체가 필요로 하는 것만 주도록 하십시오.")
- 나이 많은 사람들 중에는 음식을 남기거나 버리는 것이 죄악이며, 음식이 있을 때 충분히 먹어 두어야 한다고 생각하는 사람들이 있다.("이제부터는 음식을 신체 밖에 저장하고, 부담스럽게 몸속에 넣어가지고 다닐 필요가 없습니다.")
- 음식을 즐기는 사람 : "좋은 음식을 먹는 것이 즐겁고 마음이 흐뭇해집니다. 이런 기분을 포기하기 싫어 언제나 먹게 됩니다."("그런데 당신이 원하는 적당한 체중을 가지는 기분은 어떻겠습니까? 날씬한 몸매를 포기하고 싶은 것은 아니지요? 이 기분도 아주 좋습니다.")

(4) 동기의 활용

음식을 너무 많이 먹는 습관에 대해서 내담자와 함께 같은 효과가 있으며, 신체에 해가 되지 않는 다른 대체방법이 있는지 알아본다(이완, 즐거움, 좋은 일을 하는 것, 휴식에 대한 알리바이 등). 내담자의 선호도에 따라서 자기최면, 예쁜 찻잔에 차를 따라 마시는 것, 음악 감상, 사우나, 마사지, 꽃 가꾸기 등을 선택한다.

비만이 일종의 '방어수단'으로 사용되는 경우에는 내담자의 필요에 따라 심리치료를 하거나, 단순히 다른 방향으로 유도하기도 한다(예를 들면 가상의 두꺼운 곰 가죽이나 정신적인 울타리).

비만이 자기에게 맞지 않는다고 생각하는 사람에게는("거울을 보고 있으면 이건 내가 아니야, 이렇게 뚱뚱하다니") 약간만 도와주면 바로 '본래의 자기자신'

으로 돌아간다.

체중감소의 동기는 구체화해야하고 필요하면 확장해야 한다. '건강'은 체중감소의 좋은 동기가 되지만, 체중감소로 어느 기관, 어느 신체 부분을 보호하고자 하는지 명확히 한다(예를 들면, 심장 또는 관절).

생활품격이 체중감소의 동기인 사람에게는 구체적으로 무엇을 원하는지 물어본다. 예를 들면 여름에 다시 수영하러 갈 수 있게 되는 것인지, 명품 옷을 다시 입을 수 있게 되는 것인지, 하이힐을 다시 신을 수 있게 되는 것인지. 옛날에 입었던 옷을 다시 입고 싶다면 어느 옷이 가장 마음에 드는지, 색상은 무엇이며 옷감은 무엇인지, 입으면 촉감은 어떤지, 한번 꺼내어서 입어보면 어떤지 등 모든 것을 구체적으로 묻는다. 구체적일수록 더욱 도움이 된다.

다시 이성에게 눈길을 받고자 하는 것이 체중감소의 동기인 사람에게는, 이미지 훈련으로 이성을 사귀는 기쁨을 맛보게 한다. 예를 들면 사람들이 관심을 가지고 쳐다보면서 접근하려고 하는 것을 느끼게 하고, 예쁜 여자가 질투하는 눈길로 바라보는 것을 느끼게 한다.

아버지나 어머니, 사귀는 사람이나 직장상사가 보고 있으면 많이 먹는 것을 자제하는 사람도 있다. 이런 사람에게는 음식을 많이 먹고 싶을 때 아버지나 어머니, 사귀는 사람이나 직장상사가 보고 있다고 생각하는 것이 도움이 된다. 예전에 치료한 여성 환자는, 음식재료를 살 때에도 아버지가 보고 있다고 생각하니 많이 살 수가 없었다고 말한 일이 있다.

(5) 관계설정의 관점

내담자와의 관계를 동등한 파트너로 하거나 부모 또는 선생처럼 하거나에 상관없이, 습관을 바꾸고 체중을 감소하는 책임은 항상 내담자에게 있어야 하고 내담자도 이것을 알고 있어야 한다. 가끔 내담자가 최면에 대해 가지고 있는 기대와 희망을 수정해야한다. 내담자가 최면에 대해 가지고 있는 기대와 희망 또는 불안을 알아보려면 다음과 같이 질문한다.

"당신에게 최면은 무엇을 의미합니까? 최면에 대한 당신의 생각은 우리들의 작업에 아주 중요합니다."

(6) 성격구조의 활용

내담자의 성격구조를 활용하는 것은 라포 형성과 암시의 전달에 중요하다. 다음의 문구들은 트랜스유도 시에 각 성격구조를 활용한 예문 들이다.

- 히스테리 성격은 속박되고 자유를 잃게 된다는 불안을 가지고 있다.
"당신 마음에 드는 대로 천천히 또는 빨리 기분 좋은 트랜스에 들어가는 자유를 만끽 하십시오."

- 우울한 성격은 보호받고 화목하기를 원한다.
"점점 더 온몸에 번져 나가는 보호받고 조화로운 기분을 즐기십시오."

- 분열성 성격은 가깝고 먼 것을 스스로 결정하려고 한다.
"지금 얼마나 긴장을 풀어버릴 것인지 스스로 결정하십시오."

- 강박성 성격은 정확성을 좋아해서 20에서 1까지 세면서 차츰 트랜스에 빠져든다.

"지금 당신은 A 수준의 이완상태에 이르렀습니다. 당신이 지금의 두 배 정도로 이완되면 고개를 끄덕이십시오. 그러면 B 수준입니다."

- 자기애성 성격은 자기가 특별한 것이 되고자 하면서도 아무런 가치도 없을까봐 불안해한다.

"놀랍습니다. 지금까지 이렇게 빨리, 이렇게 깊이, 이렇게 잘 트랜스에 들어간 사람은 아주 드뭅니다. 아주 예외적입니다."

자기암시에서 아무런 효과가 없거나 오히려 퇴보하여 좌절감을 느끼는 사람에게는 걸음마를 배우는 은유를 이야기하면 효과가 있다.

"걸음마를 배우는 어린아이를 보신 적이 있으시지요? 얼마나 끈기 있게 다시 일어나서 걸으려고 하는지요. 어떤 때는 넘어져서 멍이 드는 데도 말입니다. 당신에게도 이런 힘이 있습니다. 그렇지 않다면 당신은 어릴 적에 걸음마를 배우지 못했겠지요."

(7) 동물의 행동을 추가 자원으로 활용하는 것에 관하여

야생동물에게는 과다체중이 없다. 이런 사실을 활용하면서 내담자가 좋아하는 야생동물(표범, 늑대, 코끼리 등)과 싫어하는 애완동물(강아지, 불독 등)을 물어보고 트랜스 작업에 이런 정보를 활용한다.

활용방법은 단순해서 내담자에게 지금부터 표범처럼 영리하게 신체가 필요로 하는 만큼만 음식을 먹으라고 말한다.

"야생동물들, 특히 표범은 얼마나 영리한지요. 신체에 필요한 만큼 충분히 먹었으면 그들은(당신은) 더 이상 먹지 않습니다. 그래서 그들의(당신의)

몸매는 날씬하고 아름답습니다. 몸놀림도 우아하고 그래서 스스로 기쁨을 즐기게 됩니다."

싫어하는 동물도 활용한다.

"그런데 뚱뚱하게 살이 찐 불독을 보면, 종일 바구니 안에 웅크리고 앉아서 마구 먹어 댑니다. 몸에 해로운 케이크나 비계, 소시지 같은 것도 가리지 않고 마구 먹습니다. 그렇게 미련하고 어리석습니다. 몸이 무거워서 더 이상 움직이지도 못하면서 계속 먹어대지요. 그래서 바구니 안에만 있어야 합니다. 당신은 이제부터 이 미련한 불독 같은 행동을 그만두고, 아름답고 날씬하고 건강한 표범처럼 행동하시게 됩니다."

내담자가 싫어하는 동물이 없으면, 살을 찌우려고 음식을 억지로 먹이는 거위를 활용한다.

"당신은 아마도 거위에게 억지로 음식을 먹이는 것을 알고 있을 겁니다. 그래서 거위는 살이 찌고 지방이 많아지며 비정상적으로 간이 커지게 됩니다. 예전에는 거위를 무릎 사이에 끼우고 막대로 입에 음식을 쑤셔 넣었지요. 얼마 전에 텔레비전에서 보니까 요즈음에는 아예 기계로 음식을 넣더군요. 이 불쌍한 거위의 목에서 위장까지 파이프를 집어넣어서 음식을 가득히 넣더군요. 거위는 저항할 수 없지만, 당신은 저항할 수 있습니다. 당신은 이 불쌍한 거위처럼 먹는 것을 거부하고, 표범처럼 당신의 몸에 필요한 만큼만 먹을 수 있습니다. 그러면 당신의 몸은 당신에게 감사하게 생각하고 당신을 잘 돌보아줄 것입니다. (해당되는 경우에) 그리고 당신은 당신의 무릎관절로부터 감사의 편지를 받게 될 것입니다."

거위의 비유는 비교적 성과가 좋았다. 하지만 한번 실패한 적이 있는데,

트랜스가 끝난 후에 내담자가 "거위 비유는 잘 되지 않았어요. 저는 거위를 아주 즐겨 먹거든요."라고 말하였다.

2) 트랜스 작업 1-미래진행

내담자의 피암시 수준을 알아내고 내담자가 트랜스에 익숙해지도록 하기 위해, 첫 회기 상담시간에 암시가 없는 조용한 최면을 시술한다. 최면이 끝나면 내담자에게 무엇을 체험했는지 말하게 하는데, 앞으로 내담자를 더 잘 도와줄 수 있는 정보를 얻기 위해서이다. 습득한 정보는, 최면에 대한 기대나 환상까지도 모두 트랜스의 유도에 활용한다. 내담자가 트랜스를 어떻게 체험하고 어떤 느낌을 받았으며, 암시의 어떤 부분이 좋았고 어떤 부분이 방해가 되었는지를 모두 기록하고 다음 상담에 활용한다.

사례 1

한번은 필자가 체중이 140kg이나 되는 거대한 몸집의 여자 내담자에게 트랜스에 들어 간 것을 어떻게 아느냐고 물었다. 그녀는 "정육점에서 팔고 있는 소세지빵이 눈에 확 들어오지 않는 것을 보고, 트랜스에 들어간 것을 알았지요."라고 말하였다.
첫 회기 상담시간에 시간 여유가 조금 있으면(내담자가 자신의 체중감소 동기를 빠르고 정확하게 써내는 경우에는 시간 여유가 있다), 두 번째 최면을 시술하고 미래진행을 한다.

"이제 스스로 당신이 체중을 70kg으로 줄이고 원하던 목표를 이루어낸 미래의 어느 한 장소를 상상해 보십시오(트랜스를 촉진하기 위해 미래의 어느 한 '시점'이라고 말하지 않는다).

당신이 앞이나 옆을 둘러보거나 거울 속에서 막연하게 또는 어떤 식으로든지 미래의 장소를 확인할 수 있으면 고개를 끄덕이거나, 어떻게든 상상할 수 있으면 나에게 말해 주십시오."

사람들이 트랜스의 체험이 없이도 아주 자연스럽게 이런 상상을 할 수 있다는 사실은 매우 놀랍다.

2회기 상담시간에는 상상한 이미지를 모든 감각으로 구체화하고, 이미지와 자신을 일체화하는 작업을 주로 하게 된다.

"이제부터 당신이 미래의 한 장소에서 상상해냈던 건강한 사람과 당신이 일체가 되게 하십시오.

간단하게 당신이 그 사람 속으로 녹아 들어가시든지, 피부 속으로 스며들어 가시든지, 그 사람 위에 올라타시든지 간에 어떤 방법으로든지 하나가 되도록 하십시오. 하나가 되셨으면 나에게 말해 주시거나 머리를 끄덕여 주십시오.

네, 좋습니다.

이제 당신은 70kg의 체중으로 아주 기분 좋게 느낄 것입니다.

피부의 감촉도 좋고 허리를 마음껏 굽힐 수 있는 것도 얼마나 좋은지요.

초록색 원피스를 입을 수도 있겠지요.

앞으로 나와 보세요.

날씬한 몸매와 갸름한 얼굴을 보십시오(미리 알아둔 체중감소 동기에 맞추어 말한다)."

많은 사람들이 이때 스포츠를 할 때처럼 움직이는 이미지를 상상한다. 내담자가 각성한 후에 이것을 활용하여, 내담자의 무의식이 운동을 통하여 체중 감소에 도움을 줄 수 있는 시사를 한다고 말한다. 가능하다면 내담자는 모든 감각으로 느껴야 한다. 여기에서 상담 중에 미리 알아낸 대체이완방법을 익히도록 한다.

"아주 기분이 좋아지셨지요?
당신이 긴장을 풀어버리고 이런 기분 좋은 상태가 되려고 한다면, 음식을 먹는 것 외에도 여러 가지 다른 방법이 있습니다.
자기최면을 하거나 음악을 듣거나 고양이와 장난하거나…."

이어서 동물의 행동을 활용하는 암시를 할 수 있다.

3) 트랜스 작업 2 - 미래진행에서 되돌아보기

"이제 당신이 70kg의 체중으로 아주 기분 좋았던 시점에서 현재의 시간, 바로 오늘의 지금 이 시각으로 되돌아와서 당신의 체험이 당신이 원하는 목표를 이루는데 어떤 도움이 되었는지 한번 되돌아보십시오. 무엇이 많은 도움이 되었고, 무엇이 힘이 되어 주었으며, 무엇이 약간이라도 도와주었는지를."
여기에서는 모든 가능성을 포괄해야 한다.
"그것이 그림으로, 생각으로, 냄새로, 소리로, 입맛으로, 느낌으로, 신체 감각으로 또는 다른 어떤 것으로 나타나기도 하며, 빨리 또는 늦게, 집에 가는 길에, 잠들기 전에, 꿈속에서 언젠가 나타날 수 있습니다. 당신이 각성한 후에 체중감소에 도움을 주는 그것이 나타나면, 당신은 바로 그것을 느낄 수가 있으며 바로 활용할 수가 있습니다. 정확하고 올바르게."

여기에서 사람의 창의력을 함께 체험할 수 있는 것은 기분 좋은 일이다.

4) 풀밭 길과 녹음기

사람이 풀밭을 걸어가면, 누운 풀은 금방 다시 일어선다. 하지만 여러 번 계속해서 걸어가면 거기에 길이 나게 된다(알프스를 넘어가는 길도 이렇게 해서 생겼다고 한다).

체중감소의 성과가 적고 시간이 오래 걸리는 경우에는 풀밭 길의 은유가 도움이 된다. 물론 다음과 같은 암시도 줄 수 있다.

"당신의 행동이 달라지고 체중이 감소되는 것은 당신의 머릿속에서부터 시작됩니다. 생각하는 관점이 달라지면 체중계도 따라갑니다. 나는 이미 여러 번 이런 사실을 경험하였지요."

체중감소가 느린 내담자에게는 다음과 같이 말한다.

"체중감소가 천천히 진행되는 것은 그만큼 안정적이라는 것을 의미합니다. 체중이 빨리 줄어들면 줄어든 체중을 계속 유지하기가 그만큼 어렵지요. 체중이 다시 늘어나는 경험은 당신도 이미 하셨을 줄 압니다. 체중이 천천히 줄어드는 것이야말로 전과는 달리 이번에는 원하는 체중을 유지할 수 있다는 것을 말해 줍니다."

풀밭 길과 함께 녹음기를 사용한다. 내담자에 대한 충분한 정보를 알게 되면, 2회기나 3회기 상담시간부터 녹음을 시작한다. 녹음할 테이프는 내담자가 가지고 오도록 말하는데, 내담자가 잊어버리고 테이프를 가지고 오지 않으면 (테이프를 빌려주지 않고) 녹음을 다음 상담시간으로 연기한다. 이것은 작은 일 같아 보이지만 내담자로 하여금 자기 일을 스스로 하게하고, 최면자가 대신해주지 않는다는 것을 확실하게 해주기 위해서이다. 최면은 내담자가 하는 일을 도와줄 뿐이다. 대부분의 내담자는 녹음하는 것을 좋아하고, 필요할 때 집에서 듣는 것도 좋아한다. 얼마나 자주 그리고 언제 녹음할 것인가는 내담자가 결정한다. 하지만 안정적인 효과를 확보하기 위하여, 예외적으로 녹음할 시간과 횟수를 정확하게 지정해 주는 경우도 있다.

지금까지 서술한 공동작업만으로도 식사습관이 달라지고 체중이 감소되는 경우가 많으며, 이것은 다시 체중을 줄이겠다는 결심을 더욱 강하게 한다.

이런 결심과 녹음기를 이용한 자기수련을 통해서 감소된 체중을 안정적으로 유지할 수 있다. 상담시간에는 내담자가 보고하는 내용에 따라서, 각성상태에서나 트랜스 상태에서 다음과 같이 말해 줄 수 있다.

"당신은 이제 당신의 목표를 이루기 위한 올바른 길을 가고 있습니다. 어제도 당신은 아주 잘 하셨습니다. 자부심을 갖는 것은 당연합니다. 이제 무언가가 움직이기 시작하였지요? kg들도 움직이기 시작합니다. 그래서 당신의 몸에서 빠져 나갑니다. 사실 당신의 몸엔 이런 무거운 짐이 필요 없지요."

여기에 더 나아가서 아낌없이 칭찬을 해준다. 생각하는 관점이 달라졌거나, 식료품을 사거나 식사하는 습관이 조금이라도 달라졌거나, 약간이라도 체중이 감소했거나 또는 치마나 바지가 입기 편해졌다면, "이 시점에서 벌써 이런 성과를 이룰 수 있다니 놀랍습니다."라고 칭찬해 준다. 가끔씩 아주 작은 체중감소(1kg)에도 척추 부위의 아픔이 현저하게 완화되며, 이것이 다시 계속해서 체중감소를 하게하는 동기가 된다.

식사습관의 변화와 함께 신체적인 활동이 체중감소의 근간이 된다. 좋은 분위기 안에서 규칙적으로 활동하는 것이 매우 중요하다. 그러면서 좋은 담소를 나누고 말할 수 있어야 한다. 이로써 서로 좋은 담소를 나누고 즐겁게 지내는 것에 대한 간접 암시를 함께 주고 있다. 신체적인 활동에는 수영과 운동기구들을 많이 사용한다. 운동기구들은 음악을 들으면서 또는 텔레비전을 보면서 사용하기도 한다.

5) 추가적인 조치

위에서 서술한 방법으로 체중감소에 아무런 성과가 없으면, 다음과 같은 추가적인 조치를 한다.

- 생각하는 관점의 변화 : 생각하는 관점의 중요성을 강조하고, 체중감소는 그 후에 저절로 따라온다고 말한다. 일시적인 즐거움과 장기적인 삶의 질 중에서 어느 것을 더 중요하게 생각하는지에 달려있는 것이다. 내담자에게 당신이 초콜릿 하나를 먹고 싶어서 안달할 때, 당신이 몇 살쯤으로 느껴지느냐고 물어본다. 대부분은 유아나 초등학생, 3~10살이라는 대답을 한다. 이 어린아이에게 과식의 결과를 자상하게 설명하면

서 타이르면, 대부분의 아이들이 그런 것처럼 잘 받아들인다. 이 방법으로 먹고 싶어 하는 충동을 나중으로 미루거나 다른 일을 하는 것으로 주의를 돌릴 수 있다. 많은 사람들에게는 아마도 이것이 처음으로 자기 내면에 있는 어린아이와 자상하게 이야기하면서 이 아이를 받아들이는 경험이 될 것이다. 이 방법의 장점은 자책감을 느끼지 않는 것인데, 어린아이는 아직 아무것도 몰라서 책임질 일도 없기 때문이다.

– **함정 제거** : 과식을 유혹하는 많은 함정들을 암시를 주어 제거한다. 예를 들면 밤중에 다른 사람들이 모르게 냉장고에서 마구잡이로 꺼내어 먹는 사람에게는, 냉장고와 그 안에 있는 음식들이 아무런 색이 없고 창백하게 보이도록 암시한다. 설탕이 첨가된 음료수는 설탕이 보이도록 암시한다. 여기에 덧붙여서 이런 음료수의 약 1/3이 설탕이라는 말을 해준다.

– **공동협력** : 목표를 달성하기 위해서는 모든 부분이 공동협력해야 한다. 이성적인 판단, 감정, 허영심, 책임감, 더 나은 삶에 대한 소망 등을 모두 협력하게 한다. 다음과 같은 유도문에 벌써 신체적인 변화가 생기는 경우도 많았다.

"어쩌면 당신의 신체는 당신이 너무 많이 먹고 잔뜩 우겨넣는 것을 지켜워할 것입니다. 당신의 신체는 당신이 체중을 70kg으로 내리는 것을 도와줄 것입니다. 어떻게 도와줄지 궁금해지네요. 목에 무언가 걸린 것 같은 느낌으로 '그만!' 이라고 말한다든지, 배가 더부룩하고 거북한 느낌으로 더 이상 먹지 못한다든지, 아니면 어떤 아주 다른 느낌으로 도와줄 수도 있습니다."

– **혐오치료** : 혐오치료 방법은 추천하고 싶지는 않다. 다른 모든 방법이 아무런 효과가 없거나 내담자가 여러 번 요청할 때에만 혐오치료 방법을 사용한다. 이 방법은 과식을 유혹하는 모든 음식물을 볼 때마다 내담자가 싫어하는 물건이 보이게 하는 것이다. 예를 들면 소시지를 보면 돼지비계가 연상되거나, 생크림케이크를 보면 올리브기름이 연상되는 것 등이다.

사례 2

체중이 73kg이고 52세인 부인이 수개월 동안 생각하고, 몇 주일이나 기다리게 하더니 마침내 상담실에 찾아왔다. 하도 주저해서 다른 상담자를 소개해 주겠다고 하였으나, 그러지 말아 달라고 하였다. 부인은 처음 전화를 할 때부터 목표를 이룰 수 있을 것이라는 어린아이 같은 신뢰를 보여 주었으며, 치료의 전 과정을 통하여 이런 신뢰에 감동을 받았다. 부인은 이제야말로 자신이 체중을 감량해야 할 시기가 되었다고 말하였다. 부인은 텔레비전에서 최면의 도움으로 체중을 감소할 수 있다는 프로그램을 보고 결심하게 되었다고 하였다. 그녀는 약간 비만이었다. 옷차림으로 뱃살을 재치 있게 감추고 있었으나, 얼굴 살은 감출 수가 없어서 턱 아래에 축 처진 비계 주름이 생기기 시작하고 있었다.

그녀는 상업고교를 졸업하고 판매사원으로 일하다가 결혼 후에 낳은 아이가 신체장애를 가지고 있어서 직장을 그만 두었다. 그녀의 남편은 가족을 잘 돌보고 부부 사이도 좋았지만, 장애아 자녀에 대한 모든 일은 부인이 혼자서 감당해야만 하였다. 그녀는 모든 일을 다 감당해내었고, 이제는 체중을

73kg에서 65kg으로 줄이려는 오랜 소망을 이루고자 하고 있었다.

대화 중에 느낄 수 있었던 부인의 우울한 정서도 함께 치료해서 자기존중감을 높이고, 인생에 대한 기쁨을 맛보게 할 수가 있을 것이다. 부인은 심리적으로 건전하고, 부담을 견뎌낼 수 있으며, 유머가 있어 보였다. 부인이 어떻게 현실을 극복하고 장애아와의 일상생활을 견디어 내었는지는 체중감소와 아무런 상관이 없었지만, 이런 사실들로 최면자는 부인을 존경할 만하다고 칭찬하였다. 최면자와 부인 사이에는 라포가 형성되었고 치료를 시작할 수 있었다.

지금까지 부인은 여러 가지 체중감소 프로그램에 참여하였으나, 프로그램이 끝나고 나면 다시 체중이 늘어났다. 이제 부인은 더 이상 계산하거나 무게를 재는 것이 싫어졌다. 음식을 만들어도 아무 재미가 없고, 텔레비전이나 보면서 초콜릿과 단것들을 집어먹게 된다. 나는 그녀에게 초콜릿에는 기분을 상승시키는 성분이 들어 있으니 단것을 먹으려면 초콜릿만 먹도록 하라고 권유했고, 부인은 바로 이 권유를 받아들였다. 사실 부인이 긴장을 풀기 위해서는 음식보다 DVD나 남편이 더 도움이 될 것이었다.

무엇 때문에 체중을 줄이려고 할까? 그녀는 다시 매력 있게 보이고 싶었다. 남편에게 매력 있게 보이고, 기분 좋게 느끼고, 여름에 수영복을 입을 수도 있고, 당당하게 나설 수 있기를 원했다. 체중이 줄면 옷장 속에 박혀있는 날씬하고 화려한 여름옷을 다시 입을 수 있을 것이다.

최면에 대해서 어떻게 생각하느냐고 물었더니, '당신이 나에게 마술을 거는 것'이라고 대답하였다. 최면에 대해서 자세하게 설명해 주었으나, 이 생각과 소망은 별로 바뀌지 않아서 트랜스 상태에서 활용하기로 하였다. 트랜스 상태에서 그녀에게 여러 번 "당신이 얼마나 쉽게 당신의 목표를 이룰 수 있었는지 스스로도 놀라실 것입니다. 그리고 식품을 사거나 식사하는 습관 또는 운동하는 습관이 모두 저절로 변화되었지요."라고 말하였다. 자기 자신과의 대화에서 변화를 모색하고 걱정을 털어버리는 것이 또한 중요하다. 그래서 자기 자신에게 상냥하고 긍정적인 방법으로 말을 걸어야 한다.

짧은 휴식시간에도 예비적인 암시를 하였다.

"자신의 능력을 전부 정확하게 알고 있는 사람은 없습니다. 자기가 전혀 모르고 있거나 부분적으로만 알고 있는 능력이 누구에게나 있습니다. 시간이 지나가면서 어느 순간에 이런 능력을 알아차리게 되면 아주 기분이 좋지요."

그녀는 충분히 긴장을 풀 수 있었고, 기분 좋은 중감을 느낄 수 있었다고 말하였다. 시간이 조금 남아서 두 번째 최면을 시술하고, 체중이 65kg인 그녀와 일체가 되는 이미지를 떠올리게 하였다. 그녀의 체중감소 동기를 여기에 섞어 넣었다. 그녀는 매력이 있으며, 남편도 그녀를 매력 있게 보고 있으니 그래서 기분이 아주 좋다는 암시를 하였다. 덧붙여서 그녀가 자기 자신을 좋아하기 시작한 시기가 아주 적합하다고 암시하였다. 각성한 후에 그녀는 자기가 완전히 차단되지 않았던 것 같다고 말하였다. 그녀에게 지금이 그녀가 체중을 줄이는데 가장 적합한 시기이고, 자기 자신을 위해서 무언가를 해야 한다는 것을 상기시키자 고개를 끄덕였다. 1회기 상담은 여기에서 끝났다. 그녀가 약간 실망한 것을 알 수 있었다. 아마도 그녀는 좀 더 기적적인 일을 기대하고 있었던 것 같다.

2회기 상담은 11일 후에 진행하였다. 그녀는 환한 표정으로 "당신이 나에게 똑똑한 사람을 붙여 주었어요."라고 말하였다. 그녀는 기분이 좋았고 그사이에 3kg이나 체중이 줄어들었다. 1회기 상담 후에 그녀는 아무것도 느낄 수가 없을 것이라고 여겼고, 느낀다면 오히려 놀랄 일이라고 생각했었다. 그런데 그녀는 정말 놀라고 말았다. 힘들이지 않아도 그녀는 적게 먹었고, 단것은 초콜릿만 먹었다. 어느새 그녀는 주방에 있는 보행기 위에서 걷고 있었고, 걷는 것이 재미가 있었다. 아마 체내의 수분 감소가 체중 감소의 상당 부분을 차지한다고 여겨지지만, 이런 생각을 말하지는 않았다. 그녀가 무릎이 조금 아프다고 해서, 의사를 찾아가서 보행운동이 그녀에게 좋은지 알아보아야 한다고 권고했다.

최면상태에서 그녀에게 미래진행체험과 체중이 감소된 자기 자신과 일체가 되는 체험을 다시 한 번 하게 하였다. 그녀에게 미래에서부터 현재까지 되돌아보게 하였는데, 이것이 도움이 되었다. 여기에 추가해서 그녀가 원하는 대로 밤 9시 이후에는 아무것도 먹지 않는다는 암시를 하였고, 동물에 대한 은유를 하였다.

"날렵한 야생마는 꼭 필요한 만큼만 먹지만, 살찐 돼지는 죽통이 바닥이 날 때까지 마구 먹어댑니다. 당신은 야생마처럼 하고 있습니다. 그리고 그렇게 하는 것이 얼마나 좋은지 이미 경험하셨습니다."

동물은유는 그녀에게 잘 맞았다. 그녀는 자기 안에 있는 야생마를 힘차게 뛰어다니게 했다. 손의 부상을 체험하고 나서 그녀는 지금까지 알지 못하던 능력이 그녀에게 있다는 것을 확신하게 되었다.

6일 후에 3회기 상담이 있었다. 그녀는 그 사이에 1kg이 조금 넘게 체중이 줄었으며, 잘 지내고 있었다. 의사가 그녀에게 보행기 운동의 바른 자세를 가르쳐주었는지 그 후로는 무릎의 통증도 사라졌다. 그녀는 적당히 먹는 것이 별로 힘들지 않았다. "똑똑한 사람이 도와주고 있어서 일부러 노력하지 않아도 모든 것이 저절로 되고 있어요."고 하였다. 최면상태에서 지금까지 이루어낸 것을 환기시키고 더욱 심화하였다. 3회기 상담부터는 녹음을 하였다. 마지막인 4회기 상담은 약 3주 후에 진행하였다.

4회기 상담을 진행할 때, 그동안 총 6.5kg의 체중이 줄어 그녀의 체중은 66.5kg이 되었다. 이제 1.5kg만 더 줄이면 그녀가 원했던 65kg이 될 것이고, 이 정도면 최면자의 도움이 없어도 그녀 혼자서 할 수 있을 것이다. 그녀의 보행기는 고장이 났지만, 이제 봄이 되어 야외로 산책을 나갈 수 있었기 때문에 아무 지장이 없었다. 체중이 줄어서 매력 있게 변한 부인은, 자신이 이루어낸 성과에 대해서 아주 기뻐하고 있었다. 그녀는 최면자가 도움을 준 것에 대해서도 언급하였다. 자존감에 대한 암시는 이제 그녀가 혼자서도 할 수 있었다. 마지막 최면을 시술하면서 최면자는 줄어든 지금의 체중을 계속해서 유지하는 것과 연관하여 다음과 같이 자존감에 대한 암시를 하였다. "당신이 생각했던 것보다 훨씬 더 많은 일을 당신이 해낼 수 있다는 사실(당신이 이미 체험으로 알고 있듯이)과 지금 당신이 시작한 일을 당신이 앞으로도 좋아하게 되리라는 확신이 마치 마른 땅에 내리는 빗물처럼 고이게 될 것입니다. 마른 땅에 그토록 필요한 빗물이 땅속 깊숙이 스며들 듯이, 당신에게 아주 중요한 이런 확신도 당신 내면 깊은 곳에 깊이 스며들어서 뿌리를 내리게 됩니다."

3개월 후에 경과를 말해 줄 수 있겠느냐는 말에, 그녀는 기뻐하며 그렇게 하겠다고 하였다.

6) 정리

(1) 전이와 역전이

최면치료는 대부분 긍정적인 전이가 바탕에 깔려있다. 내담자는 어머니나 트레이너 또는 마음씨 좋은 선생님이나 현명한 여자를 찾아낸다. 긍정적인 전이에 의한 치료는, 내담자가 최면자의 기대와 신뢰를 저버리지 않고 실망시키지 않으려고 자신의 식사습관을 바꾼다든지 단것을 먹지 않는 데서 비롯된다(예 : "그러면 당신 생각이 나면서 견디어 낼 수가 있었습니다."). 나중에 체중감소 효과가 나타나고 목표달성에 가까워지면 내담자는 자신의 본래 동기로 옮겨간다. 최면자는 부정적인 전이에 대해서도 물어보는데, 부정적인 전이가 치료를 힘들게 하고 방해할 수도 있기 때문이다. 최면자는 다음과 같이 물어본다.

"제가 누구처럼 느껴집니까? 당신에게 저는 누구입니까? 당신의 이런 느낌이나 이런 반응을 다른 상황에서 경험하신 일이 있습니까?"

부정적인 전이의 내용을 알아야만 이에 대한 작업을 할 수 있다.

(2) 적응증과 기피증

체중감소 방법은 식사습관을 통제할 필요가 있고, 통제하려는 의사가 있으면 누구에게나 적용할 수 있다. 물론 심리적인 안정과 함께 내담자의 자발적인 참여 동기가 있어야 한다.

과다체중을 유발하는 식사습관이 심리적인 질환, 예를 들면 공포증이나 우울증에 기인한다면 이런 질환을 먼저 치료하여야 한다. 이런 경우에는 이 장에서 서술한 치료방법을 직접 적용하는 것은 바람직하지 못하며, 공포증이나 우울증을 치료하면서 보완하는 방식으로 사용할 수는 있다. 과다체중이 신체 기능상의 문제인 경우에도 여기에서 서술한 치료방법을 사용하지 말아야 한다. 병적인 다식증Bulimie과 이상식사증에도 이 방법이 적합하지 않다. 이런 증상에는 정신병을 치료하는 다른 최면기법들이 더욱 적합하다.

최면이 과체중 치료에 도움이 된다는 기록은 많이 있다. Cochrane(1992)은 최면치료의 방식에 많은 결함이 있다고 하면서도 Friesen과 함께 (Chochrane & Friesen 1986) 최면치료의 효과를 통제집단과 비교하여 보여주었다.

Vanderlinden과 Vandereycken(1994)도 과다체중을 치료하는 최면의 효과에 대한 여러 가지 결과와 의견을 제시하였다. 이들은 다차원적인 치료를 권유하였는데, 이완과 자기통제, 신체적인 활동, 자존감과 신체구조의 변화, 동기의 강화와 변화에 대한 양가감정의 작업 등을 강조하였다. Coman과 Evans(1996)는 과다체중과 이상식사습관에 최면을 다른 치료에 추가적으로 사용할 것을 권유하고 있다. Faway와 동료들도(1983) 최면치료를 다른 치료방법들, 예를 들면 행동치료, 가족치료, 약물치료와 심리상담 치료 등과 병행해서 복합적으로 할 것을 주장하고 있다.

Johnson과 Karkut(1996)는 과다체중의 여성 내담자에게 최면과 이미지, 다이어트, 녹음기 및 행동조절을 효과적으로 적용하여 치료하였다. 흡연자와 비흡연자를 비교한 결과(Johnson 1997), 흡연은 체중감소에 아무런 영향을 미치지 못하였다. Kirsch와 동료들이(1995) 18개의 연구결과를 분석하였는데, 그중 6개의 연구가 과다체중과 연관된 것이었다. 이 분석에서는 단독 인지행동치료와 최면을 개입시킨 인지행동치료를 비교하였다. 분석결과 최면을 개입시킨 인지행동치료가 훨씬 더 좋은 효과를 보여주었으며, 특히 체중감소와 관련하여서는 그 효과가 더욱 뛰어났다. 최면을 개입시켜서 치료한 내담자들은 치료가 끝난 후에도 계속해서 체중이 감소되었다.

1년 후에 이 분석결과는 심한 비판(특히 체중감소에 관하여)을 받았다(Allison & Faith 1996). 비판자들은 최면의 효과가 훨씬 적다고 주장하였다. Kirsch

는 2가지 연구를 더 포함시켜서, 단독인지행동치료와 최면을 개입시킨 인지행동치료를 한 번 더 비교 분석하였다. 분석결과, 최면을 개입시킨 경우가 약 2배 정도 더 많은 체중감소를 나타내었다(최면이 없는 경우 평균 2.74kg 감소, 최면을 개입시킨 경우 평균 5.37kg 감소). 그 후에 주치의들이 보고한 바에 의하면, 최면의 효과가 더욱 두드러졌다. 이와 유사한 연구결과가 영국에서도 발표되었다(Stradling 1998). 단독 다이어트 상담 내담자들과 최면을 개입한 다이어트 상담 내담자들 60명은 3개월 후에 모두 약 2~3%의 체중감소를 보였다. 그런데 18개월 후에는 최면을 개입시킨 다이어트 상담 내담자들만이 눈에 띄는 체중감소를 계속해서 보이고 있었다(스트레스 감소를 중심으로).

이런 연구결과들을 종합해 보면, 다른 치료계획에 최면을 추가적으로 개입시키면 효과가 더욱 좋아지고 특히 장기적인 효과가 좋다는 것을 알 수 있다. Bolocofsky(1985)는 행동치료로 과다체중 내담자들을 치료하였다. 그 결과 치료 종료 후 9주까지는 추가로 최면을 개입시킨 그룹과 개입시키지 아니한 그룹의 체중감소에 아무런 차이가 없었으나, 8개월 후와 2년 후에는 최면을 개입시킨 내담자들의 체중감소가 훨씬 더 많았다.

과민성대장증후군
Irritable Bowel Syndrome

　과민성대장증후군은 심리치료의 효과가 매우 좋은 질병에 속한다. 최면치료는 심층심리치료와 동일한 치료효과가 있고, 인지행동치료보다는 더 나은 치료효과가 있다(Loew 1998).

　과민성대장증후군의 증상은 대장에 염증이나 종양이 생기지 않았는데도, 배가 아프면서 대변이 불규칙하고 배에 가스가 차는 것이다. 위장병학에서는 위장기능장애로 분류하고 있다. 증상은 대장에만 국한되는 것이 아니라, 소장이나 위에도 생길 수 있다. 예를 들면, 소장이나 위에 아무런 손상이 없는데도 먹은 음식이 치밀어 오른다거나 속 쓰림이나 구토가 생기는 것 등이다.

1) 개입방법

　Whorwell이 개발한 일반적인 최면치료 방법은 암시의 초점을 위장기관에 맞추고, 불안감이나 스트레스 같은 심리적인 요인은 고려하지 않았다.

무의식적인 갈등은 치료과정에서 완전히 배제되어 있다. 치료를 시작할 때에 내담자에게 과민성대장증후군에 대해서 설명해 주고, 위장기관에 생기는 운동기능의 장애와 통감예민성과 장 근육의 생리에 대해서 이야기해 준다. 매번의 상담시간은 그동안에 있었던 증상에 대한 이야기로 시작하고, 진전이 있으면 격려해 주며 내담자의 질문에 대답해 준다. 내담자에게 약 3주 동안 연습을 한 후에야 증상에 차도가 생긴다는 것을 미리 말해 준다. 치료에는 약 3개월이 소요되며 30분~60분간의 상담시간을 7번 이상(최대 12번) 가져야 한다. 상담 간격은 초기에는 짧게 하고 나중에는 길게 한다.

(1) 1~2회기 상담시간

고정응시법으로 트랜스를 유도하고, 근육이완으로 트랜스를 심화시킨다. 손의 부상으로 트랜스상태를 확인한다.

다음과 같은 이미지로 자아강화암시를 한다.

내담자로 하여금 자신이 버드나무라고 이미지화하게 한다. 버드나무는 땅속에 깊이 뿌리를 내리고 있으면서, 휘청거리는 가지들은 세찬 바람에도 꺾이지 않는다고 말해 준다. 내담자의 내면에 있는 강한 힘을 버드나무와 연결 짓는다. 그 다음, 내담자의 능력을 발견하는 암시나 편안해지는 암시 또는 건강해지는 암시들을 한다. 이런 암시들은 트랜스에서 깨어난 후에도 작용하도록 후최면암시로 한다.

(2) 3회기 이후의 상담시간

트랜스의 유도와 심화 및 확인은 지난번과 같이 한다. 다음과 같은 이미지를 암시한다(내담자의 약 80%가 이런 이미지를 떠 올릴 수 있었다).

내담자로 하여금 조용히 흘러가고 있는 개울물을 이미지화하게 한다. 그리고 이런 조용한 개울물의 흐름을, 자신의 부드럽고 리듬이 있는 장내의 흐름과 연관시키게 한다. 설사를 많이 하는 내담자에게는 장이 빠르게 흘러가는 개울물이라고 이미지화하게 한 다음에 개울물의 발원지를 찾아서 올라가게 한다. 발원지 근처에서 개울물이 아무 소용돌이도 없이 조용히 흐르고 있는 것을 보고 나면, 내담자의 장을 이 조용한 개울물로 바꾸어 이미지화하게 한다. 변비가 있는 내담자에게는 세차게 흘러가는 개울물을 암시한다.

운동감각이 발달한 내담자와 시각적인 이미지화를 잘하지 못하는 내담자에게는, 손을 배 위 가장 아픈 곳에 얹어놓게 한다. 그리고 그 손이 점점 따뜻해진다고 암시한 후에 손의 따뜻함이 배 안으로 스며들어 간다고 암시한다. 손과 배가 따뜻해지면 아픈 것이 사라진다고 암시한다. 이런 암시를 다시 후최면암시로 한다.

"언제든지 당신이 다시 손을 배 위에 얹어놓으면, 지금처럼 기분 좋은 따뜻함이 스며들면서 배가 편안해지고 아픈 것이 사라지게 됩니다."

규칙적으로 자아강화 암시와 편안하다는 암시를 해주고, 기분 좋고 긍정적인 느낌을 후최면암시로 해준다.

3회기 상담시간이 끝나면 내담자에게 상담시간 중에 녹음한 녹음테이프를 건네주고, 집에서 하루에 2번씩 10분 동안 자기최면을 연습하게 한다. 그리고 이때부터 증상일지를 쓰게 한다(배가 아픈 정도와 지속시간, 대변을 보는 횟수, 자기최면 횟수, 심리상태와 특별한 일 등).

위에서 서술한 치료방법은 5~7명이 참가한 그룹지도치료에서도 개별치료와 같은 성과를 나타내었다(Harvey 1989).

(3) 다른 접근의 치료방법

위에서 서술한 치료방법에 약간의 변화를 줄 수 있다. 우선 직접암시 대신에 간접암시를 한다(특히 피암시성이 낮은 내담자에게). 내담자가 간접암시에 반응을 보이면, 최면자가 만든 녹음테이프를 건네주고 매일 듣게 한다. 최면치료의 준비작업으로 트랜스가 안전하고 심신을 회복할 수 있는 시간과 장소이며, 무의식이 치료하는 방식이라는 것을 분산 삽입으로 암시한다. 트랜스의 유도에는 고정응시법과 함께 숨을 쉴 때에 배가 올라가고 내려가는 리듬을 활용하며, 다른 여러 가지 방법들도 활용한다.

치료과정에서는 숨을 들이마실 때에 황금빛 광선을 마시고, 그 에너지와 안정감이 온몸(위와 장을 포함하여)에 흘러 들어가게 한다. 그리고 숨을 내쉴 때에는 마음속의 긴장감을 모두 씻어내게 한다. 현명한 무의식이 배와 위장의 근육을 최선의 방법으로 긴장시키거나 이완시키고 있다는 것을 반복해서 말해준다.

끝으로 이야기를 해주면서, 마치 어린아이가 그네타기를 배우듯이 트랜스 하에서 자신의 신체와 친해지고 신체를 믿을 수 있으며, 기분 좋은 느낌이 모든 소화기관 (입을 포함해서)에 퍼져 나가게 된다고 한다.

일상생활 속에서도 언제나 손을 배 위에 얹기만 하면, 이런 기분 좋은 느낌이 되살아난다는 후최면암시를 한다.

사례

30세 된 대학 사회학과 여자 조교가 가정의의 권유로 복부 통증과 설사를 치

료하고자 찾아왔다. 그녀는 소녀시절부터 스트레스가 심하면, 배가 아프고 설사가 나며 구역질이 났었다. 하지만 지금까지는 이런 증상이 가끔씩 아주 잠깐 동안만 있었기 때문에 별다른 치료를 하지 않았다. 그런데 지난 4개월 사이에 배가 점점 더 자주 심하게 아프면서 설사와 변비를 번갈아가며 하고, 구역질이 나고 음식이 보기 싫어져서 체중이 4kg이나 줄었다. 최근에는 하루에도 여러 번 30분에서 최대 3시간까지 배가 아팠다. 이 때문에 그녀는 3주 전부터 병가를 내고 침대에 누워서 지냈다. 의학적인 검사에서는 아무 이상이 없었으며, 의사가 처방해 준 여러 가지 약들도 아무런 효과가 없었다. 배를 따뜻하게 하면 아픈 것이 줄어들었고, 직장에서 스트레스를 받으면 더 심하게 아팠다. 지난달부터 직장에서 한 남자 동료와의 경쟁관계가 시작되었는데, 이때부터 증상이 더욱 심해졌다.

그녀는 자기의 병이 단지 심리적인 원인 때문이라는 말을 이해할 수가 없다고 하였다. 자기는 합리적으로 생각하는 지성인인데, 아무리 생각해봐도 직장 동료와의 갈등과 같은 일상생활의 심리적인 부담이 이렇게 심한 통증을 일으킬 수는 없다고 하였다. 그녀는 자신이 아직까지 알려지지 않은 어떤 병에 걸려있을지도 모른다고 두려워하고 있었다.

최면자는 그녀에게 지금까지의 진찰결과와 병의 증상으로 미루어보아, 기능성위장장애일 가능성이 매우 높다고 하였다. 최면자가 더 자세하게 물어보자 그녀는 지난 몇 개월 동안에 가끔 두통이 있었고, 불안한 마음과 수면 장애가 있었다고 말하였다. 계속해서 알려지지 않은 병에 걸려 있을지도 모른다는 두려움에 대해서 이야기하였다. 그녀의 두려움이 심리적으로는 '부담을 감당할 수 있는 능력이 낮은' 데에 기인할 것이라는 이야기를 하였다.

직장생활에 대해서 이야기하다가, 그녀가 부전공으로 심리학을 공부하였고 기능성장애에 대해서도 들어본 적이 있는 것을 알게 되었다. 최면자는 그녀에게 기능성장애에 대해서 조금 더 알아볼 생각이 있느냐고 물었다 (긍정적인 태도의 유도). 그녀가 좋다고 해서 최면자는 위장관련 책을 보여주면서, 중앙신경시스템과 소화기계통의 상호작용에 관하여 설명해 주었다(내담자의 학문적인 관심을 활용). 설명을 하면서 지나가는 듯이, 최면치료가 장의 운동기능과 민감성에 측정 가능한 변화를 일으킨다는 것을 이야기 하였다. 그녀에게 과민성대장증후군에 대해서도 알아보고, 증상이 과민성대장증후군이라는 믿음이 생기면 치료를 계속하자고 제안하였다(자유의사의 존중). 그녀는 최면과 과민성대장증후군에 관한 학술서적들을 빌려갔다.

14일 후에 그녀는 2회기 상담시간을 예약하고 싶다고 하였다. 그녀는 자신의 병이 과민성대장증후군에 속하는 것 같다고 하면서, 더 이상 의학적인 검사를 고집하지 않고 최면치료를 받아 보겠다고 하였다. 그녀는 트랜스에 대해서 호기심을 보이면서도 한편으로는 깊은 트랜스에 들어갈 수는 없을 것이라고 하였다. 그녀는 트랜스 하에서 말하고 싶지 않은 말을 하게 될까봐 걱정하고 있었다. 치료에는 깊은 트랜스까지 들어갈 필요가 없으며, 자기최면으로 증상에 대한 이미지화하는 것이 중요하다고 말해 주었다. 그녀에게 여러 가지 사물을 이미지화하게 하고, 이미지가 떠오르는 정도를 0~10 사이의 숫자로 말하게 하였다. 그녀의 이미지화 능력은 매우 좋았다. 맨 나중에 그녀에게 조용히 흘러가는 개울물을 이미지화하게 하였다.

그 다음에 그녀에게 자율훈련으로 피부의 온도가 올라가는 것을 측정해서 보여주는 비디오를 보여 주었다. 그녀에게 생각만으로 신체의 특정 부분에 혈액순환이 증가하고 온도가 올라가게 하는 것이 가능하다고 믿느냐고 물어보았다. 그리고 그것을 한번 확인해 보지 않겠느냐고 물었다. 그녀가 좋다고 해서 피부온도측정기를 사용해서 자율훈련 도중에 그녀의 피부

온도가 올라가는 것을 그녀에게 보여 주었다. "오른손이 따뜻하다."는 문구에 그녀의 피부 온도는 약 0.5도가 올라갔다. 그녀가 긴장을 풀어버리고 바닷가의 해변에서 따뜻한 햇볕을 즐기고 있는 이미지화 하자, 그녀의 피부 온도가 다시 0.3도가 더 올라갔다.

그 다음, 그녀에게 트랜스 하에서 이완과 이미지로 장의 운동기능과 민감성이 변화하는 것을 측정한 기록표를 보여 주었다.

그러고는 그녀에게 자율훈련으로 오른손을 따뜻하게 한 후에 그 손을 평상시 배가 가장 아팠던 부분에 올려놓으라고 하였다. 이때까지는 그녀의 배가 아프지 않았었다. 그런데 그녀가 오른손을 배 위에 올려놓자 배가 심하게 아프기 시작했다. 얼굴이 창백해지고 땀이 났으며 숨이 가빠졌다. 얼른 그녀에게 손을 떼어놓게 한 후에 장소와 시간에 대한 분리암시를 하면서, 이런 증상과 감정으로부터 벗어날 수 있게 도와주었다. 그녀가 안정을 되찾기까지 약 5분이 걸렸다. 그녀가 지금 경험한 것이 이미지가 신체에 영향을 미칠 수 있다는 확실한 증거라고 말하였다.

그녀에게 오른손을 배 위에 올려놓았을 때에 도대체 무슨 일이 있었느냐고 물었으나, 그녀는 얼굴을 붉히면서 아무 말도 하고 싶지 않다고 하였다. 말하고 싶지 않은 데에는 이유가 있을 것이므로, 그녀의 결정을 존중하여 다시 묻지 않아야 한다. 그녀에게 집에서 매일 3번 5분 동안 기분 좋은 해변을 이미지화하라고 하였다. 그리고 그녀가 안전하다고 느끼면, 다시 오른손을 배 위에 올려놓고 어떤 이미지나 생각 또는 감정이 떠오르는지 기록해보라고 하였다. 기록한 것은 혼자서 가지고 있다가 그 일을 견뎌낼 자신이 있고, 최면자를 믿을 수 있을 때 보여 달라고 하였다. 그녀에게 증상일지를 쓰게 하였다.

14일 후 3회기 상담시간에 그녀는, 증상일지를 쓰면서 내면적인 긴장과 증상 사이의 상관관계를 알 수 있었다고 하였다. 해변의 정경을 이미지화하면서 통증의 횟수와 강도를 어느 정도 줄일 수가 있다고도 하였다. 그녀는 지난 번 상담시간에 있었던 일에 대해서도 말하였는데, 배 위에 손을 올려놓자 갑자기 16세 때에 강간을 당했던 일이 떠올랐다고 하였다. 새로 온 직장동료가 그때의 범인과 많이 닮았기 때문에 지난달에도 그 기억이 자주 떠올랐었다고 하였다.

그 후 6개월 동안에 있었던 10번의 상담시간에는 조용히 흘러가는 개울물을 이미지화와 자기최면과 함께 정신외상에 대한 치료를 병행하였는데, 최면치료 외에 다른 심리치료도 함께 하였다.

다음의 경우에 심리치료를 생각해 볼 수 있다.

a. 심리적인 요인이 과민성대장증후군의 발병과 진행 및 강도에 영향을 미치고 있는 경우

b. 지금까지의 내과치료가 별다른 효과가 없는 경우

c. 증상이 여러 해 동안 지속될 때

- 가벼운 증상에는 특별한 치료 없이 스트레스를 줄이고, 증상이 생기는 음식이나 기호품을 멀리하라는 권유만 한다.

- 중간 정도의 증상에는 증상 위주의 인지행동치료나 최면치료를 한다.

- 심한 증상에는 거의가 다른 심리장애가 함께 있는 공존이환comorbidity의 경향이 있는데, 전문적인 최면치료가 필요하다.

- 내담자에게 완치된다는 약속을 해서는 안 되며, 호전된다고 말해야 한다.

- 최면에 대한 일반적인 기피증 이외에는 특별한 기피증은 없다.

- 중간 정도의 증상과 심한 증상에는 음식조절과 증상을 완화시키는 약

물치료를 심리치료와 함께 해야 한다. 증상위주의 최면치료에는 인지행동치료를 함께 할 수 있다(Jacobson의 근육이완훈련, 스트레스 극복훈련, 인지적인 재구성). 인지행동치료를 주로 하는 경우에도 자기최면에 의한 통증감소 방법을 함께 사용할 수 있다.

(4) 임상증명

Whorwell(1984)은 의학적인 치료에서 아무런 진전이 없던 15명의 과민성대장증후군 환자들에게 3개월간의 최면치료를 한 결과, 모든 환자에게서 증상이 없어졌다. 치료의 효과는 18개월(14개월~21개월)이 지난 후에도 유지되고 있었다. 단 2명의 환자만이 증상이 재발하여 다시 최면치료를 받았다(Whorwell 1987).

Harvey(1989)는 Whorwell과 같은 방법으로 의학적으로는 치료가 안 되던 33명의 환자를 최면으로 치료하였는데, 그 중에서 22명이 호전되었다. 호전된 22명 중에서 11명은 증상이 완전히 없어졌다. 집단치료에서도 개별치료와 동일한 성과가 있었다. 그 후 Whorwell(1991)은 250명의 환자를 치료하여, 그 중 80%의 환자가 호전되었다고 보고하였다.

응급상황에서의
최면

  응급상황에서 환자는 자기 자신을 통제하지도 못하고, 주변에서 일어나는 일에 대처하지도 못한다. 환자는 심리적으로 극단상황에 처해 있다. 환자는 긴장하고 몸이 경직되어 울기도 하고, 소리를 지르기도 한다. 어떤 환자는 완전히 자폐증상에 빠지기도 한다. 환자의 혈압이 올라가고, 심장박동이 빨라지며, 작은 통증에도 매우 민감해진다. 이런 상황에서 대부분의 환자는 질문에 제대로 대답하지 못하고 설명을 해주어도 제대로 알아듣지 못한다. 좀 나은 경우라 해도 환자는 "조치 좀 해주세요."라고 말하면서, 어떤 책임 있는 일이나 협조는 하지 않으려고 한다. 응급조치를 해야 하는 치료자(의사)는 시간에 쫓기고 있다. 이런 상황에서 일반적인 표준최면유도를 한다는 것은 거의 불가능한 일이다. 그러기에는 시간, 장소, 환자의 협조를 기대할 수 없다.

  이런 상황에서 최면을 유도하기 위해서는 환자가 스스로 제공하는 정신 자원을 활용해야 한다. 환자의 긴장과 울부짖음, 환자의 고통까지도 활용해야 한다. 이런 'Pacing'기법이 환자에게 다가갈 수 있는 좋은 방법이다. 어쩌면 유일한 방법일지도 모른다(Erickson 1958).

  환자가 부정적인 트랜스에 깊이 들어가 있으면, 순간적으로 연령퇴행을 하는 경우도 있다는 것을 잊어서는 안 된다. 따라서 최면자는 매우 명확하고 직접적이며, 어느 면에서는 권위적인 태도를 보여야 한다. 깜짝 놀라는 순간이 매우 중요하다. 환자는 최면자가 다른 의료진들처럼 계속해서 정신 차리라고 말하고, 이제 그만 울음을 그치라고 말할 것으로 기대하고 있다. 환자는 최면자가 질문을 하고, 요구를 하고, 주사 같은 것을 놓아줄 것이라고 생각한다. 그런데 최면자는 전혀 엉뚱한 일을 하는 것이다. 이것이 혼란기법의 여건을 만들어 준다(Erickson 1964).

1) 개입방법

다음에 소개하는 개입방법은 응급현장에서 매우 효과가 있었다. 세 가지 경우에 모두 환자의 행동태도를 체계적으로 활용하여(Pacing), 환자의 지각에 변화가 생기게 한다(Leading).

환자는 절박한 상처를 입고 완전히 경직되어 주위와 단절되어 있었으며 거의 아무런 대화를 할 수가 없었다. 환자가 하는 대답은 "나는 모른다." 또는 "나는 할 수 없다."라는 말뿐이었다.

이럴 때 최면자는 권위적인 태도로 말한다. "손을 오므려요." "주먹을 쥐어요." "주먹이 돌처럼 단단해졌어요." "더 단단하게 쥐어요."

환자는 최면자의 말에 순종하고 주먹을 쥐었다. 그는 다음 말에도 순종하였다. "당신의 주먹이 돌처럼 단단해졌어요. 더욱 단단하게 당신의 온 힘을 다해서 주먹을 쥐어요."

이렇게 약 30초~60초를 유지했다. 최면자는 갑자기 목소리를 아주 부드럽게 하면서 말하였다.

"이제 주먹을 놓아도 됩니다. 완전히 풀어 놓으십시오. 온몸을 풀어 놓으십시오. 모든 근육을 풀어 놓으십시오. 얼마나 좋은지 느낄 수 있으세요!"

이마에 손을 대면 대개는 눈을 감는다.

"눈을 감으셔도 됩니다. 얼마나 좋은지 느껴 보십시오. 온몸이 풀어지는 것을 느끼십시오."

보통 3~4분 내에 환자는 긴장이 풀어진다. 혈압과 맥박이 정상으로 돌아오고, 질문에 대답할 수 있게 된다. 예를 들면, 지금 어떤 약을 복용하고 있는지, 알레르기나 다른 질환은 없는지 등을 알아볼 수 있다. 환자에게 앞으로 있을 조치에 대해서 말해 줄 수 있고, 환자의 협조도 얻을 수 있다.

2) 날뛰는 어린아이

어린아이가 병원에서 울부짖고 날뛰며 의료조치에 저항하고 있었다. 아이와 의견교환을 하는 일은 거의 불가능하였다. 이런 상황에서는 아이가 어떤 일을 할지 알 수 없었다. 생명이 위태로울 지경이 아니라면, 힘으로 아이를 제압하는 것은 좋은 방법이 아니다. 이런 경우에도 현재 일어나고 있는 상황에 맞추어서 활용하여야 한다.

"이게 전부야? 더 크게 소리 지를 수는 없는 거니? 더 크게 더 크게. 네가 할 수 있는 만큼 더 크게 어디 한번 질러줘 봐."

이때에도 큰소리로 명령하는 식으로 말하는 것이 중요하다. 그러면 어리둥절해서 입을 벌리고 최면자를 쳐다보지 않는 아이를 한 번도 본 일이 없다. 아이는 무슨 영문인지도 모르고, 소리 지르는 것을 잊어버린다. 그도 그럴 것이, 지금까지는 모두 그만 그치라고 하거나 좀 조용히 하라고 말하였던 것이다.

이때부터 부드러운 목소리로 마술장갑이나 날아가는 양탄자 또는 다른 은유 이야기를 지나가는 듯이 이야기한다. 목적은 아이의 주의를 끌기 위한 것이다. 아이가 어리둥절해 있는 순간을 최대로 활용하는 것이다. 아이가 이야기를 듣기 시작하면, 차츰 아이와 대화를 할 수 있게 된다.

3) 극심한 통증

내담자가 극심한 통증을 느끼고 있어서 말을 걸 수가 없다. 내담자가 할 수 있는 말은 "나는 할 수 없다."는 것뿐이다. 이런 내담자에게 자신의 통증을 자세히 바라보라고 한다. 그렇지 않아도 내담자는 통증에서 주의를 뗄 수가 없기 때문에, 통증을 바라보는 것에 동의한다.

"통증을 자세히 바라보십시오. 어떻습니까? 언제 가장 아프게 느끼십니까? 아픈 것을 변화시킬 수 있나요? 숨을 들이마실 때는 어떻습니까? 내쉴 때는요? 숨을 들여 쉴 때와 내쉴 때에 아픈 것에 차이가 있나요? 어떤 차이가 있나요?"

내담자는 숨을 내쉴 때에만 말을 한다(Pacing). 대부분 내담자는 시간이 얼마 지나면 숨을 내쉴 때에 약간 덜 아프게 느낀다. 천천히 'Leading'으로 넘어간다.

"숨을 내쉬십시오. 천천히 차분하게 내쉬십시오. 내쉬는 숨이 계단과 같습니다. 숨을 내쉬면 당신은 더욱 긴장이 풀어집니다. 좋습니다. 이것은 당신을 위하는 일입니다. 숨을 내쉬면서 풀어버리십시오."

여기에서 '안전한 장소'를 만들 수도 있고, 분리체험 방법을 사용할 수도 있고, 다른 최면 통증치료나 약물 통증치료를 할 수도 있다.

통증환자에게는 자기최면을 배우는 것이 매우 중요한데, 자기최면을 통해서 자주성을 다시 찾을 수 있기 때문이다. 그래서 내담자의 긴장이 풀어지고 난 후에 자기최면에 대한 암시를 한다.

"언제든지 당신이 이런 기분 좋은 상태에 들어가고자 원하면, 당신이 내쉬는 숨에 주의를 두고 이런 기분 좋고 긴장이 풀리는 상태로 들어갈 수가 있습니다.

내쉬는 숨에 주의를 두면서 당신은 더 깊이 들어갈 수가 있습니다.

그리고 당신은 얼마나 당신이 잘 할 수 있으며, 이것이 당신에게 얼마나 도움이 되는지 느끼시게 됩니다.

매일 5분 동안 기분 좋은 상태에 들어가는 연습을 하시기 바랍니다.

내쉬는 숨에 주의를 두세요.

내쉬는 숨은 계단이고, 계단을 내려가면 긴장이 풀어집니다.

당신은 당신만의 특별한 장소를 찾아갈 수 있습니다.

그곳에서 완전히 숨어서 자신을 느껴보십시오.

안전하게 숨어서, 힘이 나고 평안이 있는 곳에서…."

(1) 적응증과 금기증

앞에서 서술한 최면유도방법은 갑자기 일어난 예기치 못한 일로, '부정적인 트랜스'에 들어가 있거나, 순간적인 연령퇴행을 하거나, 거부태도를 보이는 내담자에게 사용할 수 있다. 이런 내담자들은 급히 응급조치를 해야 하는 데도 불구하고, 의사가 꼭 알아야하는 알레르기나 지병 또는 복용하고 있는 약에 대한 정보를 말해 주지 못한다. 응급처치가 너무 급해서 몇 분의 시간도 아까운 경우를 제외하면, 언제나 상기한 최면유도가 도움이 된다.

경계선 성격장애 내담자는 최면으로 더욱 혼란스러운 상태에 빠진다는 보고가 많이 있다. 응급상황의 경우에는 이런 견해가 맞지 않는다고 생각한다. 응급상황의 경우에는 최면으로 심리상태가 더욱 좋아질 뿐, 나빠지지는 않는다. 최면암시로 응급상황에 있는 내담자를 진정시킬 수가 있고, 내담자가 자신을 통제할 수 있게 도와줄 수 있다. 최면암시가 응급상황의 내담자에게 피해를 준 일은 지금까지 한 번도 없었다.

(2) 다른 치료방법과의 융합

최면암시 대신에 진정제로 내담자를 진정시킬 수 있다. 하지만 진정제를 복용한 내담자가 표현을 하지는 못하지만, 엄청난 두려움에 휩싸여 있는 것을 많이 경험할 수 있다. 진정제 때문에 내담자는 조용히 있기는 하지만, 두려움에 의한 심리적인 후유증은 엄청나게 크다. 최면암시를 하면 진정제의 투여량을 줄일 수 있고, 내담자와 대화하면서 내담자의 두려움을 없앨 수 있다.

최면암시와 함께 신체접촉도 매우 중요하다. 갑자기 변을 당한 내담자는 자신이 속절없이 내팽개쳐진 느낌이 드는데, 이럴 때에 예의 바른 신체접촉은 내담자에게 보호해주고 함께 있어준다는 느낌을 전해준다. 손을 잡고 맥박을 재는 것이 여기에 아주 적합한 신체접촉이다. 내담자가 원하면 손을 어깨에 얹거나 팔 아래에 넣어서 부축해 준다. 어린 내담자는 안아주거나 무릎 위에 올려놓을 수 있다.

다양한 질병에 대한 최면치료

1) 기관지 천식

　최면은 초기에 발작이 없는 비교적 안정되어 있는 시기를 선택해서 진행하는 것이 좋다. 심신의 이완암시 반응을 중심으로 진행해도 상당한 효과가 있고, 거기에 자기암시를 첨가하면 더욱 효과적이다.

　"조용히 안정해 있습니다. 나른해서 기분이 좋습니다. 무엇이고 걱정이 안 됩니다."라든지 "편안하게 호흡을 하고 있습니다." "숙면할 수 있습니다." "약이 없어도 원기 왕성합니다.", "이젠 무섭지 않습니다." 같은 암시만으로 불충분하다고 생각되는 경우나 그 효과를 더욱 강화하려는 목적으로 심리적 탈감작을 시키는 일도 있다. 때로는 카타르시스와 재교육이 효과적일 때도 있다. 숨쉬기 어려운 경우에 노래를 부르는 행동으로 이동시켜서 성공했다는 보고도 있다.

　연령퇴행으로 과거의 외상적인 문제를 치료하거나 인공적으로 증상을 유발시켜 조작하는 방법도 유효하다. 발작이 일어나는 것을 즉시 자기최면이나 자기암시로 중지시킬 수도 있는데, 그러기 위해서는 언제든지 최면에 잘 들어갈 수 있도록 충분한 수련을 해 두는 것이 필요하다. 자기최면은 발작의 전구증상 단계를 이용하여 불안을 제거하고, 이행을 방해하지 않도록 하는데 매우 효과적인 방법이다.

(1) 기관지천식 위한 최면치료

- 이완을 통해서 온몸의 긴장을 풀어준다(심장이 조용하고 안정적으로 박동하고 있다고 함께 암시하며 이완하는 것이 효과적이다).
- 특히 팔의 무게감과 다리의 무게감을 통해서 온몸을 무겁게 하여 모든 스트레스를 풀어주어야 한다.
- 팔을 따뜻하게(따뜻한 물수건 암시) 하는 암시를 하여, 온몸의 구석구석을 따뜻하게 함으로써 몸 전체의 혈액이 모세혈관 끝까지 원활하게 순환하도록 해야 한다.
- 호흡 기관지를 아주 따뜻하게 하여 부어오른 기관지를 정상으로 돌아오게 한다. 호흡 기관지가 회복되니, 공기가 정상으로 순환하고 있다고 암시한다(호흡이 편하다는 암시를 중간 중간 계속해야 한다).
- 내담자가 가장 건강하고 가장 행복했던 시절로 연령퇴행을 실시하여, 그때처럼 지금도 심장이 아주 힘차고 활기차게 박동하고 있다고 암시한다.
- 호흡이 편하다는 암시와 함께 몸의 혈관에 깨끗한 산소가 원활하게 공급되고 있음을 강조하는 암시를 한다.
- 강력하게 떨어지는 폭포를 이미지화하여 그 상황을 말하게 한 다음, 내담자의 호흡도 폭포수처럼 힘차게 작동하여 막히거나 좁아진 기도를 뚫고 넓히면서 공기가 힘차게 온몸 전체에 순환되고 있다고 강하게 암시한다.

- 호흡을 5번 정도 연습시키면서, 맑고 깨끗한 공기가 온몸으로 힘차게 흘러들어가는 것을 상상하게 한다.
- 내담자의 온몸은 정상으로 돌아와서 이제는 부어올랐던 기관지가 정상으로 가라앉았고, 기도를 가로막았던 끈끈한 점액이 모두 사라져서 폐로 가는 기관지와 폐로부터 나오는 기관지를 통해서 공기가 아주 힘차게 순환하고 있다고 암시한다.

이제 내담자의 천식은 완전히 사라졌다. 더 이상 천식은 내담자와 무관하다.

(2) 천식치료(1회기)

"편안하게 눈을 감고 심호흡을 하세요.
숨을 깊이 들이마시고 천천히 내뿜으세요.
숨을 들이마실 때에는 평화스럽고 여유가 느껴집니다.
충분한 여유와 평화를 느껴보세요.
숨을 들이마실 때마다 신비스러운 기운이 깊숙이 패부까지 스며드는 것을 느껴보세요.
내쉴 때에는 몸과 마음속에 있는 긴장과 불안을 모두 내뿜는다고 생각을 하고 심호흡을 계속하세요(3~4회 정도의 심호흡).
이제 모든 의식을 머리 꼭대기에 집중하세요(좋습니다).
머리의 힘을 빼세요.
이마의 힘도 빼고, 눈까풀과 눈동자의 힘도 빼세요.
눈꺼풀이 무거워집니다.

눈꺼풀이 무겁고 나른해졌습니다.

코의 힘도 모두 뺍니다.

볼의 힘도 모두 빠지고 근육이 풀어집니다.

호흡이 편안해집니다.

마음이 편안해집니다.

마음이 편안해집니다.

입과 입 주변의 힘도 모두 뺍니다.

턱의 힘도 빼고, 목의 힘도 빼세요.

양어깨의 힘을 쑥 빼세요.

양팔의 힘도 쑥 빼세요.

팔의 힘이 쑥 빠집니다.

힘이 쑥 빠집니다.

팔의 힘이 쑥 빠지고, 팔이 무거워집니다.

팔이 무거워집니다.

팔의 힘이 쑥 빠지고, 팔이 무거워집니다.

팔이 무거워집니다.

팔이 무거워졌습니다.

팔이 무거워졌습니다.

아주 무거워졌습니다.

가슴의 힘도 쑥 빼보세요.

그리고 아랫배의 힘도 빼세요.

이제 허벅지의 힘도 쑥 빼봅니다.

무릎의 힘도 빼보세요.

종아리의 힘도 빼고, 발등과 발목의 힘도 빼세요.

그리고 발가락과 발바닥의 힘도 모두 빼세요.

마음은 한층 더 편안해졌습니다.

양다리가 무거워집니다.

양다리가 무거워집니다.

아주 무거워졌습니다.

몸 전체가 무겁고 나른해지며, 몸이 휴식을 취합니다.

몸 전체에 신비스러운 기운으로 감싸는 것을 느껴보세요(잠시 여유).

이제 당신은 머리 꼭대기에서 발바닥까지 온몸의 힘이 모두 빠지고 근육이
느슨하게 늘어졌습니다.

몸이 아래로 착 가라앉는 듯 느껴지며 몸과 마음이 아주 편안합니다.

그런 느낌을 느껴 보십시오.

(잠시 여유)

더욱 더 여유 있는 평화스러움이 밀려오고 있습니다.

양팔에 따뜻한 물수건을 올려놓았다고 상상해보세요.

아주 따뜻한 물수건을 팔에 올려놓았습니다.

팔이 따뜻합니다.

팔이 따뜻합니다.

팔이 아주 따뜻해졌습니다.

이제 내가 열에서 하나까지 숫자를 거꾸로 세어 내려갈 겁니다.

숫자가 내려가면 갈수록 더욱 깊은 휴식 속으로 내려가게 됩니다.

숫자 하나에 이르면, 당신은 지금보다 더욱더 평안한 안식으로 들어갑니다.

열. 이제 내면으로 내려가기 시작합니다.

아홉, 여덟, 일곱. 깊어졌습니다. 상당히 깊어졌습니다.

여섯, 다섯, 넷. 깊이를 더해갑니다. 그 깊이를 더해갑니다.

셋, 둘. 깊어졌습니다. 깊어졌습니다. 더욱 깊어졌습니다.

하나, 아주 깊어졌습니다. 아주 깊어졌습니다. 아주 깊어졌습니다. 당신은 이제 아주 깊은 휴식 가운데 이르게 되었습니다.

내가 손을 머리에 대면 머릿속이 텅 빕니다.

마음은 편안하고 아주 편안해졌습니다.

내가 손으로 어깨를 가볍게 누르면, 더욱더 의식의 깊은 데로 내려갑니다.

지금부터 내 말을 들으면 들을수록 당신의 정신은 이완되고, 의식은 뒤로 물러가고, 당신의 무의식이 더욱 깊이 열리게 됩니다.

이제 내가 하나에서 셋을 세면 당신은 특별한 온천에 가 있게 됩니다.

하나, 둘, 셋.

당신의 기관지 천식을 치료하는 특별한 온천에 와 있습니다.

이제 당신은 따뜻한 온천욕을 즐기고 있습니다.

기관지가 아주 따뜻합니다.

호흡할 때마다 기관지가 따뜻하고, 공기가 정상으로 돌아오고, 기관지가 회복되었습니다.

그래서 부어오른 기관지는 정상으로 돌아왔습니다.

기관지가 회복되고 공기가 정상으로 순환하고 있습니다.

내가 손으로 어깨를 가볍게 누르면, 더욱 더 의식의 깊은 데로 내려갑니다.

심장이 조용히 박동하고, 호흡이 편안해졌습니다.

혈관에는 깨끗한 산소가 공급되고, 혈액이 힘차게 흐르고 있습니다.

다시 한 번 내가 하나에서 셋을 세면, 당신이 가장 건강하고 활기차고 행복했던 시절로 갑니다.

하나, 둘, 셋!

지금 당신에게 떠오른 시절에 대해 말을 하면 할수록 더욱 건강하고 뚜렷하며, 지금 당신의 현실이 됩니다.

(잠시 내담자의 그 시절 이야기를 듣는다.)

(어깨를 가볍게 누르며) 내가 셋을 세면 하늘로부터 파란 광채가 당신의 몸으로 비치고, 그 중에서도 심장이 있는 왼쪽 가슴을 집중적으로 비추면서 치료가 이루어집니다.

이제 당신 심장의 심근이 규칙적으로 수축과 확장을 반복하고 있습니다.

당신의 심장 속에 동결절이라 일컫는 페이스메이커가 존재하며, 여기서 발생하는 전기적인 자극이 자극전도계라는 경로를 통하여 심장근육에 끊임없이, 규칙적으로 전달되기 때문입니다.

이제 당신은 내면의 눈으로 당신의 심장을 바라봅니다.

그리고 느낍니다.

자극전도계에서 나오는 강력한 전기 자극은 우심방을 자극합니다.

좌심방을 자극합니다.

우심실을 자극합니다.

좌심실을 강력하게 자극합니다.

좌심실에 모여 있던 맑고 깨끗한 혈액이 대동맥을 통해서 온몸의 혈관을 돌기 시작합니다.

온몸에 퍼져 있는 혈관은 아주 미세한 모세혈관으로 나뉘면서, 온몸 구석구석까지 혈액을 공급합니다.

관상동맥의 혈관은 더욱 깨끗하고, 혈류의 통로가 아주 정상적으로 건강해졌습니다.

하늘로부터 비추는 치료의 광선은 모든 혈관들을 깨끗하게 청소하고, 확장시켜 주고 있습니다.

몸 어느 부위의 혈관도 막히거나 혈전이 생기지 않습니다.

관상동맥의 혈관은 더욱 더 잘 치료되고 있습니다.

잠시 당신의 온몸을 감싸고 있는 신비한 빛을 느껴 봅니다.

(잠시 휴지)

지금까지 내가 한 모든 말은 그대로 받아들여지고, 건강에 대한 확신으로 가득 채워지게 됩니다.

당신은 당신에게 밀려오는 건강에 대한 거대한 자신감의 물결을 느낍니다.

이제 내가 당신을 깨워 드리겠습니다."

(각성단계)

"당신은 이제 잠재의식으로부터 빠져 나오게 됩니다.

이제 내가 숫자 다섯을 세면 당신의 내면에서 깨어납니다.

하나. 의식세계로 올라옵니다.

둘. 흐릿하던 의식이 확실해지고 몸이 매우 가뿐합니다.

셋. 기분은 매우 상쾌하고, 눈이 시원하고 밝아집니다.

넷. 몸과 마음이 조화를 이루고 머리가 아주 맑아집니다. 머리가 맑아집니다.

(강한 목소리로) 다섯. 눈을 뜨시고 팔을 접었다 펴고 크게 기지개를 켜십시오."

(3) 천식치료(2회기)

"편안하게 눈을 감고 심호흡을 하세요.

숨을 깊이 들이마시고 천천히 내뿜으세요.

숨을 들이마실 때에는 평화스럽고 여유가 느껴집니다.

충분한 여유와 평화를 느껴보세요.

숨을 들이마실 때마다 신비스러운 기운이 깊숙이 폐부까지 스며드는 것을 느껴보세요.

내쉴 때에는 몸과 마음속에 있는 긴장과 불안을 모두 내뿜는다고 생각을 하고 심호흡을 계속하세요(3~4회 정도의 심호흡).

이제 모든 의식을 머리 꼭대기에 집중하세요.

좋습니다.

머리의 힘을 빼세요.

이마의 힘도 빼고, 눈꺼풀과 눈동자의 힘도 빼세요.

눈꺼풀이 무거워집니다.

눈꺼풀이 무겁고 나른해졌습니다.

코의 힘도 모두 뺍니다.

볼의 힘도 모두 빠지고 근육이 풀어집니다.

호흡이 편안해집니다.

마음이 편안해집니다.

마음이 편안해집니다.

입과 입 주변의 힘도 모두 뺍니다.

턱의 힘도 빼고 목의 힘도 빼세요.

양어깨의 힘을 쑥 빼세요.

양팔의 힘도 쑥 빼세요.

팔의 힘이 쑥 빠집니다.

힘이 쑥 빠집니다.

팔의 힘이 쑥 빠지고, 팔이 무거워집니다.

팔이 무거워집니다.

팔의 힘이 쑥 빠지고, 팔이 무거워집니다.

팔이 무거워집니다.

팔이 무거워졌습니다.

팔이 무거워졌습니다.

아주 무거워졌습니다.

가슴의 힘도 쑥 빼보세요.

그리고 아랫배의 힘도 빼세요.

이제 허벅지의 힘도 쑥 빼봅니다.

무릎의 힘도 빼보세요.

종아리의 힘도 빼고 발등과 발목의 힘도 빼세요.

그리고 발가락과 발바닥의 힘도 모두 빼세요.

마음은 한층 더 편안해졌습니다.

양다리가 무거워집니다.

양다리가 무거워집니다.

아주 무거워졌습니다.

몸 전체가 무겁고 나른해지며 몸이 휴식을 취합니다.

몸 전체에 신비스러운 기운으로 감싸는 것을 느껴보세요.

(잠시 여유)

이제 당신은 머리 꼭대기에서 발바닥까지 온몸의 힘이 모두 빠지고, 근육이 느슨하게 늘어졌습니다.

몸이 아래로 착 가라앉는 듯 느껴지며, 몸과 마음이 아주 편안합니다.

그런 느낌을 느껴 보십시오.

(잠시 여유)

더욱 더 여유 있는 평화스러움이 밀려오고 있습니다.

양팔에 따뜻한 물수건을 올려놓았다고 상상해보세요.

아주 따뜻한 물수건을 팔에 올려놓았습니다.

팔이 따뜻합니다.

팔이 따뜻합니다.

팔이 아주 따뜻해졌습니다.

이제 내가 열에서 하나까지 숫자를 거꾸로 세어 내려 갈 겁니다.

숫자가 내려가면 갈수록 더욱 깊은 휴식 속으로 내려가게 됩니다.

숫자 하나에 이르면 당신은 지금보다 더욱 더 평안한 안식으로 들어갑니다.

열, 이제 내면으로 내려가기 시작합니다.

아홉, 여덟, 일곱. 깊어졌습니다. 상당히 깊어졌습니다.

여섯, 다섯, 넷. 깊이를 더해갑니다. 그 깊이를 더해갑니다.

셋, 둘. 깊어졌습니다. 깊어졌습니다. 더욱 깊어졌습니다.

하나. 아주 깊어졌습니다. 아주 깊어졌습니다. 아주 깊어졌습니다.

당신은 이제 아주 깊은 휴식 가운데 이르게 되었습니다.

내가 손을 머리에 대면 머릿속이 텅 빕니다.

마음은 편안하고 아주 편안해졌습니다.

내가 손으로 어깨를 가볍게 누르면, 더욱 더 의식의 깊은 데로 내려갑니다.

지금부터 내 말을 들으면 들을수록 당신의 정신은 이완되고, 의식은 뒤로 물러가고, 당신의 무의식이 더욱 깊이 열려지게 됩니다.

내가 하나에서 셋을 세면 힘차게 쏟아지는 폭포수 앞에 서 있게 됩니다.

전에 가본 곳도 좋고 아니면 매체에서 보신 것도 괜찮습니다.

하나, 둘, 셋!

지금 당신은 힘차게 쏟아지는 폭포수를 보고 있습니다.

아주 높은 곳에서 낮은 곳으로 힘차게 떨어지는 물결을 보고 있습니다.

폭포수의 힘을 보는 것처럼, 당신의 혈액이 또한 호흡이 그렇게 힘차게 작동을 해서 기관지에 끈끈하게 막혀 있던 점액들이 떨어져 나가고, 좁아진 기도와 기관지가 확장되어 매우 건강하고 힘 있는 기관지로 바뀌었습니다.

호흡이 편안해졌습니다.

기관지는 아주 건강해졌습니다.

당신은 지금까지 행한 최면치료를 통해서 당신의 몸은 정상이 되었고, 당신의 삶은 모든 영역에서 일을 잘 할 수 있는 아주 건강한 사람이 되었습니다.

이제부터 당신의 몸에 천식은 존재하지 않습니다.

이제 내가 하는 말을 따라해 봅니다.

'나는 이제 완전한 건강을 가졌다. 나는 건강하다. 나는 매우 건강하다.'

당신은 이제 건강에 대한 자신감이 더욱 더 커집니다.

확신이 커집니다.

당신은 이전에는 미처 사용하지 못했던 거대하고 강력한 능력을 사용하게 됩니다.

당신은 날이 가면 갈수록 더욱 더 분명해지고 확신이 넘치게 됩니다.

당신은 삶의 모든 부분에서 진정한 승리자가 됩니다.

다시 한 번 당신의 온몸에 신비한 에너지로 가득 차 있는 당신을 느껴봅니다.

심장으로부터 젊음의 뜨거운 피를 느껴보세요.

오른손을 불끈 쥐고 자신감과 용기를 느껴보세요.

마음으로 당신 자신이 당신에게 강력한 지지를 보내세요.

당신의 자신감이 커지면서 당신은 더욱 더 자기확신이 강해지고, 더욱 더 자신을 신뢰하게 됩니다.

지금까지 당신의 무의식에 심어준 모든 내용은 무의식의 구석구석과 몸과 마음의 구석구석에 새겨져서, 당신이 원하는 시간에 필요적절하게 능력을 발휘하게 됩니다.

지금까지 내가 한 모든 말은 그대로 받아들여지고, 건강에 대한 확신으로 가득 채워지게 됩니다.

당신은 당신에게 밀려오는 건강에 대한 거대한 자신감의 물결을 느낍니다.

이제 내가 당신을 깨워 드리겠습니다."

(각성단계)

"당신은 이제 잠재의식으로부터 빠져나오게 됩니다.

내가 숫자 다섯을 세면 당신의 내면에서 깨어납니다.

하나, 의식 세계로 올라옵니다.

둘, 흐릿하던 의식이 확실해지고, 몸이 매우 가뿐합니다.

셋, 기분은 매우 상쾌하고, 눈이 시원하고 밝아집니다.

넷, 몸과 마음이 조화를 이루고, 머리가 아주 맑아집니다. 머리가 맑아집니다.

(강한 목소리로) 다섯, 눈을 뜨시고 팔을 접었다 펴고, 크게 기지개를 켜십시오."

내담자는 한 살 때부터 감기에 걸리면 기침을 심하게 하고, 호흡곤란의 발작이 나타나고 있었다. 소아기에는 새벽에 발작이 한 달에 2~3회 정도 일어났었는데, 중학교에 진학하고 난 후에는 빈번하게 일어났다.

내담자는 본래 과민하고 내성적인 성격이었으며, 장남으로서 부모의 기대가 과도하여 지나치게 간섭을 받고 자랐다. 내담자는 공부가 싫었으나, 부모가 기대한 학교에 진학해야 한다는 강박관념이 있었다. 내담자가 다니는 학교에는 숙부가 교사로 근무하고 있었기 때문에 더욱 두려움을 갖고 있었다. 성적이 좋지 않아서 대학 진학에도 자신이 없는 상태였다. 내담자를 접하고 심리치료로써 최면에 의한 심신이완과 직접암시, 생활 지도, 모친을 중심으로 한 가족상담을 했다. 내담자의 경우 최면은 중등 정도의 깊이를 얻을 수 있었기 때문에 주 2~3회씩 행했다.

"밤에는 깊게 잠을 자고 기분 좋게 일어난다." "목은 항상 개운하다. 목이 막히는 느낌이 일어나도 천식은 생기지 않는다." "발작의 불안이 적어지고 차츰 자신이 붙게 된다."는 등의 암시를 했다.

약 1개월간의 치료 중 발작은 1회도 없었다. 그 후 내담자에게 자율훈련법을 지도해서 집에서 연습을 계속하도록 했는데, 2개월째에 1회 가벼운 발작이 나타났을 뿐, 현재는 활발하게 고교생활을 누리고 있다.

내담자는 14세 때 비를 흠뻑 맞고 감기에 걸린 후 천식이 시작되었다. 그 후

계절과 관계없이 월 2~3회 발작을 반복하고 있었다. 발작의 요인이 되는 것은 주로 한랭, 강풍, 자극과 심한 냄새, 연기, 술, 고등어, 우엉 등이다. 또 토란을 먹거나 출장으로 가정을 떠나 있을 때 발작이 일어났다. 그러나 이런 요인과 관계없이 정신적 쇼크나 정동의 변화 등 심리적인 요인에 의해서 일어나는 경우도 적지 않았다. 가족적인 알레르기성 유전은 없고, 혈액반응에서 고등어에 대한 양성반응이 나타났을 뿐이었다. 내담자는 형제 중 장남으로서 어머니에 대한 의존욕구가 대단히 강했다. 4세 때 동생이 출생하고 나서 어머니의 애정에 대한 갈등이 현저하게 나타났다. 어머니가 동생을 편애하는 태도를 취하면 천식 발작이 심하게 일어났다고 말한다. 25세 때 회사에 들어가서도 온화하게 대해주는 사장에 대해서 의존적이었다.

수년 전, 내담자는 뒷좌석에 사장을 태우고 운전하다가 교통사고를 일으켜 사장에게 1개월간의 부상을 입힌 적이 있었다. 그 후 매우 우울해하고 죄책감에 시달렸었는데, 그때 증상이 상당히 악화되어 지금까지 계속된다고 했다. 내담자는 피암시성이 높기 때문에 주로 최면을 이용해서 치료를 진행시켰다. 깊은 최면상태에서 연령퇴행을 진행시켜 발병 당시의 어머니에 대한 태도를 분석하거나, 각종 스트레스가 되는 환각을 주어서 증상의 부활을 시험해 보았다. 그리고 여러 번 반복해서 환각적인 스트레스를 주고 동시에 이완암시로 그것을 해소시키는 연습을 반복시켰더니, 그 후에는 강한 스트레스를 주어도 반응이 잘 일어나지 않았다.

한편 발작이 일어나려 할 때 오른손 끝을 반복해서 마찰시키면, 차츰 가슴이 편안해지는 증상 대리형성 방법을 내담자에게 자신감을 높여줄 목적으로 추가했다. 실제로 암시적인 발작을 유도해서 그것을 손가락 운동으로 바꾸는 방법을 반복해서 체험시켰다.

치료 중 일시적으로 복통, 어깨 통증 등의 증상이 나타나는 일도 있었지만,

결과적으로 발작은 일어나지 않게 되었다.

2) 심장신경증

발작성으로 심한 심계항진 등이 일어나고, 죽음에 대한 불안으로 부들부들 떠는 경우도 있지만, 임상적으로는 사소한 불안이나 긴장 등으로 곧 심계항진, 흉통 호흡곤란, 빈맥 등이 일어나기 때문에 자신을 얻을 수 없어서 불안상태로 빠지는 환자가 많다. 이러한 증상은 심장에 대한 불안에 기인한 악순환에 의해 나타나는 경우도 있고, 울적한 심적 에너지가 자율신경계를 자극하여 반응을 일으키는 경우도 있다. 심장 혈관계의 증상은 암시를 받기 쉽기 때문에 자기암시적인 작용으로 증상이 강화되는 일도 적지 않다. 치료법으로는 이완이나 암시요법 및 지지적 심리요법이 유효하다. 자율훈련법으로 잘 치유된 사례도 많이 보고되고 있다.

3) 본태성 고혈압

원인 불명의 고혈압을 본태성 고혈압이라고 부른다. 고혈압은 급·만성의 신염, 신결석증 같은 신장병에서 오는 것과 뇌의 외상과 종창으로 인한 혈압의 상승 또는 내분비 이상에 의한 갱년기의 고혈압 등이 있다. 이러한 증상들은 병인을 알고 있는 까닭에 본태성 고혈압이라고 하지 않는다.

정동적인 긴장과 불안으로 혈압이 변화되어 공포심을 유발시키는 최면 암시를 주면 혈압이 상승하는 예로 미루어보아, 반대의 적당한 암시로 저하시킬 수도 있다고 본다.

일반적으로 공격적인 흥분상태와 침착함을 잃거나 불만이 많을 때 흥분하기 쉬운 성격 등은 혈압에 나쁜 영향을 준다. 긴장이나 불안 등의 정신적인 스트레스에 의해서 혈압이 변화한다는 것은 잘 알려져 있는 사실이다. 과민한 내담자의 경우, 의사의 표정이나 태도에 영향을 받아 혈압이 10~20mmHg 정도 변동하는 일도 가끔 있다.

레이더는 공포를 일으키는 최면암시에 의해 최고 혈압 30mmHg 이상, 최저 혈압 20mmHg 이상으로 변화되는 실험을 보고하고 있다. 애리그젠은 억압된 증오의 충동이 고혈압과 관계하고 있다는 사실을 알아냈다. 빙거는 부모에 대한 의존심과 적의에 기인하는 갈등을 주목하고 있다.

내담자 중에는 일상에서 분주하고 스트레스가 많은 사람이 있는데, 최면이나 자기암시에 의해서 심신의 이완을 유도하는 것만으로 상당히 경쾌함을 느끼게 할 수 있다. 특히 자율훈련법에 의한 심신의 이완과 마음의 평정은, 혈압을 하강시키는 데 놀라운 효과를 준다. 때로는 카타르시스에 의해서 공격성 등의 정동을 발산시켜 주는 것도 유효하다. 미아스는 점토 세공을 이용하여 억압된 정동을 발산시켜 최고 혈압 270mmHg을 160mmHg으로, 최저 혈압은 130mmHg에서 100mmHg까지 저하시킨 결과를 보고하였다.

4) 편두통

편두통을 다스리는 약은 다만 증상을 치료할 뿐이지 원인을 치료하지는 않으며, 내담자는 억제된 감정이 어떻게 이 상태를 일으켰는지 체험할 필요가 있다. 그것은 최면상태에서 간단히 해볼 수 있으며, 내담자를 공격적일 때로 퇴행시킴으로써 이루어진다. 잠시 내담자에게 두통을 느끼게 했다가 사라지게 만든 후 다시 현재로 돌아오게 했다. 이런 경험을 통해 회의적인 내담자는 원인이 신체적이라기보다는 심리적이고 감정적이라는 것을 확신하게 되며, 두통이란 일어날 수 있을 뿐 아니라, 통제될 수도 있다는 것을 알게 된다.

두통의 원인이 기관적일 때에도 대부분의 두통은 용이하게 최면암시로 구제될 수 있다. 거의 예외 없이 두통은 충혈과 심리적인 것으로 일어난다. 잠재의식은 피의 순환을 통제할 수 있기 때문에, 암시로 충혈을 풀어서 두통을 해소하거나 감소시킬 수 있다.

만성적 두통의 최면치료는 잠재의식에 숨은 원인을 발견함으로써 이루어질 수 있다. 두통에 대한 최면치료는 기관적인 원인을 가지고 있지 않다는 의학진단이 나타났을 때에 비로소 계획해야 한다. 뇌종양 같은 질환에서 야기된 두통을 스스로 종결시키려는 것은 우스운 일이다.

두통의 원인 중에 가장 빈번한 것은 기관언어에서 발견할 수 있다. 즉 "골머리가 아프다."라는 말을 자주 했다면, 이 말은 진짜 두통을 일으키게 한다. 불유쾌한 경우나 경험, 혹은 관념은 이 생각을 촉진시키거나 두통 그 자체를 나타낼 수 있다. 또한 고통스러운 두통을 경험함으로써, 자기처벌을 하려는 동기도 숨어 있을 수 있다.

최면으로 이끈 뒤에 두통을 다루는 암시는 다음과 같다.

"머리에 충혈 된 피는 밑으로 쑥 내려간다. 머리가 아주 맑고 깨끗해진다."

암시는 2~3번 반복되어야 하며, 암시가 내려졌을 때 내담자의 생각을 다른 쪽으로 돌려 두통에 관해 생각하지 않도록 다른 일에 열중하도록 하는 것이 좋다.

5) 신경성 식욕결핍증(사춘기에 여위는 병)

일반적으로 젊은 여성에게 많다. 식욕결핍은 여러 가지 이유에 기인하고 있다. 비만에 대한 갈등, 위장병 등에 대한 공포심이나 신경증적인 식사공포증 때문에 음식을 혐오하거나 무서워하는 것, 그리고 신체적인 병이 원인이거나 수술 뒤에 오는 후유증도 있다. 무리하게 먹어도 토하고 식사를 제대로 못하기 때문에, 현저하게 야위게 된다. 또 가끔 무월경과 대장기능 이상 등을 수반하는 경우도 있고, 거식증이 나타나는 경우도 있다.

그 심리적 요인으로서 지배적인 부모(특히 모친)에 대한 의존욕구나 공격성, 중요한 인물과의 분리불안 등 유아적인 애정욕구를 갈망하는 갈등이 중심이 되는 일이 많다. 히스테리적인 성질의 증상은 치료하기 쉽지만, 강박적 성격이나 분열적 성격과 결부된 증상은 치료가 어렵다. 후자의 경우, 내담자는 증상에 대해서 무관심하거나 치료에 관해서 거부감을 보이는 경우가 많다. 이런 경우 특히 최면을 이용할 필요가 있다. 이때 처방 암시는 무리하게 적용하는 직접암시보다, 보호적이고 지지적인 태도로 라포를 강하게 하는 것에 중점을 두는 것이 좋다. 그리고 차차 재교육적인 방법을 첨가하여 나간다. 최면분석까지 진행하지 않으면, 치료할 수 없다는 사례도 있다.

6) 피부병

흔히 나타나는 급성피부병은 특정 알레르기에 의해 반응이 일어나는 경우가 많은 반면, 만성피부병은 심리적 요인을 중시하지 않으면 안 된다. 비록 알레르기성 요인이 있더라도 크든 작든 간에 심리적 요인의 작용이 나타나는 것이기 때문에, 암시로 치료를 진행하는 것이 유효하다. 이완을 중심으로 진행하는 것이 많지만, 직접암시로도 좋은 효과를 얻을 수 있다. 또 인공적으로 증상을 재생시켜서 심신 상관을 통찰시키거나, 탈감작적인 방향으로 진행하는 것도 유효하다.

7) 접촉성 피부염

사례 1 : 15세의 남자 고교생 접촉성 피부염(옻나무 염증)

내담자는 원래 옻을 잘 타는 사람이었다. 눈을 가리고 나서 오른팔에 옻나무 잎, 왼팔엔 밤나무 잎을 각각 암시하면서 문질렀다. 30분 후에 옻이라고 말하고 왼쪽 팔에 밤나무 잎을 문지른 결과, 발진이 나타나기 시작했다. 3시간 후에는 왼편 아래 팔 부위의 구진이 현저히 증가하고, 부종성 종창의 증상이 나타났다. 27시간 후에는 구진이 융합해서 뚜렷한 부종상태가 됐다.

옻나무에서 옻이 오른 경험이 있는 남자 고교생(15~18세) 13명에 대해서 같은 실험을 행한 결과, 양팔에 반응이 나타나는 사람과 반응이 애매한 사람을 제외한 69.2%가 같은 결과를 나타냄을 확인할 수 있었다.

이에 대한 치료로서 심리적 탈감작을 행했다. 우선 집단에게 심신 상관의 원리를 잘 설명하여, 자신의 증상에 대해 잘못된 생각을 지니고 있음을 이해시켰다. 이 치료시도에서 13명 중 9명은 자신감이 붙어, 문제의 잎을 피부에 접촉해도 발진이 나타나지 않게 되었다. 남은 2명(1명은 중지)에 대해서는 암시요법에 의한 심신이완을 3일간 연습시킨 후 "나무 밑을 지나가도…", "옻나무에 접촉해도…"라는 순서로 조금씩 심적으로 탈감작시켜, 7일째부터 실제로 옻나무 밑을 지나가고 옻나무에 접촉하는 훈련을 행했다. 10일째 옻나무에 함부로 접촉해도 반응은 나타나지 않았다.

사례 2 : 41세의 남성 일광성 피부염

어느 여름날, 내담자는 태양에 그을려 노출부에 피부염이 생겼다. 내담자는 자신의 피부염이 일광에 의한 것이라고 믿고 있었다. 내담자는 거의 최면에 걸리지 않았다. 그래서 여름에 옥상으로 데리고 올라가서 눈을 감게 하고, 가면 암시조작을 행하였다.

"지금 양팔에 직사 일광이 비치고 있다."

그렇게 암시를 하고 실제로는 한쪽 팔에만 일광이 비치도록 했다. 그리고 다른 한쪽에는 일광을 차단하고, 햇빛 온도(당시 40도)와 같은 온도의 라이트를 비치게 했다. 30분간의 실험 후 경과를 보았더니, 3시간 후에 양팔 모두 발진이 나타났다.

그 다음 눈을 가리고 "지금 양팔에 라이트를 비치고 있다."라고 암시하고, 실제로는 일광을 30분간 쏘였는데 피부에는 아무런 변화도 생기지 않았다. 역시 내담자 스스로 일광이 비치고 있다고 생각하는 경우에만 발진이 생기고, 그렇지 않을 경우에는 발진이 생기지 않았다.

실험을 마친 후 내담자에게 이 조작이 일종의 속임수였음을 설명했다. 그는 대단히 놀라면서 처음에는 그 설명을 믿지 않았지만, 촬영한 사진을 보고서야 인정했다. 본인의 증상에 대해 잘못 알고 있었다는 것을 알게 된 후, 자신감이 붙었다. 자택에서 심신의 이완을 1주일간 계속한 후, 조금씩 일광을 쪼이는 연습을 하는 동안 완전히 회복되었다.

8) 원형탈모증

최면요법은 이완과 직접암시를 병행하여 진행하면 좋다. "머리에 점점 새로운 머리카락이 나고 있다." "마음과 몸을 평온하게 하고 있으면, 피부의 혈액순환이 좋아지고 뇌의 영양도 좋아진다."라는 암시를 줌으로써 효과를 기대할 수 있다.

9) 식품 알레르기

치료법은 가면암시를 적용하여 특정 식품이 들어 있지 않는 음식을 취해 증상을 재현시키거나, 내담자가 마음을 심하게 쓰지 않도록 특정 식품을 주어서 증상이 나타나지 않는 것을 증명한다. 때로 이와 같은 조작을 반복하는 동안에 탈감작이 일어나 더 이상 증상이 일어나지 않는 경우도 있지만, 보통은 그 위에 심리적 탈감작이 첨가된다.

사례 1 : 20세의 여성 식품(고등어) 알레르기

내담자는 8년 전부터 고등어에 대하여 이상반응이 나타나는 것 같았다. 특히 4년 전부터는 더욱 심해져서 두드러기가 생기거나 오심, 구토, 가슴이 쓰

리는 것 같은 증상이 나타나게 되었다. 가족 중에는 언니가 같은 증상을 갖고 있고, 어머니에게도 알레르기 질환이 있었다.

치료로 매일 자율훈련과 최면암시를 병합해서 이용했는데 "고등어는 맛있는 것이고, 좋아하게 된다."라는 암시를 주어, 8회째에는 고등어를 먹어도 위장 증상이나 발진은 나타나지 않았다. 그 후 더욱 특수한 연습을 추가해서 강력하게 자율훈련을 진행시켰는데, 42일째에 현저한 효과를 나타내게 되었다.

10) 소화성 궤양

궤양에 대해서는 오늘날 심신 의학적으로 여러 가지가 논의되고 있는 단계이지만, 본체는 아직 밝혀지지 않았다. 그러나 심신의 이완이 유효하게 작용하는 것은 사실이고, 최면이나 자기암시에 의해서 "평안하다." "쉴 수 있다." "자신감이 붙는다." 등의 암시를 주는 것만으로도 상당히 좋은 효과를 얻을 수 있다. 이때 깊은 트랜스는 필요 없고, 자기암시 정도의 얕은 것으로도 좋은 결과가 나온다.

동통은 직접암시로 경감시킬 수 있지만, 주의하지 않으면 위험할 수도 있다. 궤양은 재발하는 경우가 많기 때문에 끈기 있게 계속해야 하고, 너무 급하게 국소에만 무리한 암시를 주지 않는 것이 중요하다.

11) 아토피 : 따뜻한 물을 이용한 최면심화기법

심리치료에 방해되는 요소를 먼저 제거한다(화장실, 긴장 해소).

"몸을 편안하게 자세를 취하십시오.

지금 당신은 아주 편안한 안락의자에 앉아있습니다.

눈을 감아주십시오.

몸의 긴장을 풀어주십시오.

몸의 힘을 쭉 빼 봅니다.

몸이 축 늘어졌다고 연상하십시오.

아주 좋습니다.

양발 앞에는 따뜻한 물이 담겨있는 대야가 하나 놓여 있습니다.

따뜻한 물이 담긴 대야의 모습을 연상하십시오.

따뜻한 물이 담긴 대야가 앞에 있습니다.

자, 양말을 벗고, 따뜻한 물에 두 발을 담가 보십시오.

따뜻한 기분을 느껴 보십시오.

따뜻한 기분을 느껴 보십시오.

양발이 매우 따뜻합니다.

따뜻합니다.

따뜻합니다.

따뜻한 물의 기운이 양발의 근육을 풀어줍니다.

양발의 근육이 풀립니다.

발의 근육이 더욱 더 풀립니다.

양발의 근육이 완전히 풀립니다.

양발이 축 처집니다.

양발의 근육이 풀리면서, 양발이 무겁게 느껴집니다.

양발이 매우 무겁습니다.

양발이 매우 무겁습니다.

양발이 매우 무겁습니다.

양발이 묵직해졌습니다.

양발이 매우 묵직합니다.

매우 무거워졌습니다.

그 무거운 감각은 양발을 타고 무릎으로, 무릎에서 허벅지까지 올라갑니다.

양다리의 근육이 풀리고 묵직해졌습니다.

양 다리의 근육이 풀리고 묵직해졌습니다.

근육이 풀린 느낌은 양 어깨까지 전해져서 어깨의 근육이 풀립니다.

어깨의 근육이 풀립니다.

더욱 풀립니다. 어깨의 근육이 완전히 풀립니다.

어깨가 축 늘어집니다.

어깨가 축 늘어집니다.

어깨가 축 늘어집니다.

양팔의 근육이 풀립니다.

양팔의 근육이 풀립니다.

양팔의 근육이 풀립니다.

양팔이 매우 무겁습니다.

양팔이 매우 무겁습니다.

양팔이 매우 묵직해졌습니다.

양팔이 아주 묵직해 졌습니다.

양팔이 축 처집니다.

양팔이 축 처집니다.

마음이 아주 평안합니다.

마음이 아주 평안합니다.

마음이 아주 평안합니다.

이제는 이마의 근육이 풀립니다.

풀립니다.

더욱 풀립니다.

더욱 풀립니다.

이마 전체의 근육이 풀립니다.

이마 전체의 근육이 풀립니다.

더욱 풀립니다.

이마 전체의 근육이 축 처졌습니다.

이마 전체의 근육이 축 처졌습니다.

눈 주변의 근육이 풀립니다.

더욱 풀립니다.

더욱 풀립니다.

눈꺼풀이 축 늘어집니다.

눈꺼풀이 축 늘어집니다.

눈꺼풀이 축 늘어집니다.

눈썹과 눈썹 사이 미간의 근육이 풀립니다.

더욱 풀립니다.

더욱 풀립니다.

양 볼의 근육이 풀립니다.

양 볼이 축 처집니다.

양 볼이 축 처집니다.

턱의 근육이 풀립니다.

턱이 축 늘어집니다.

턱이 축 늘어집니다.

안면 전체의 근육이 더욱 풀려갑니다.

안면 전체의 근육이 더욱 풀려갑니다.

마음이 아주 평안합니다.

마음이 아주 평안합니다.

마음이 아주 평안합니다.

평온한 마음은 안색을 더욱 밝게 해줍니다.

평온한 마음은 안색을 더욱 밝게 해줍니다.

이제, 전신이 편안해졌습니다.

전신이 더욱 편안해졌습니다.

몸이 의자 밑으로 쑥 들어갑니다.

몸이 의자 속으로 깊숙이 가라앉습니다.

더 밑으로 더 아래로 더 깊숙이 가라앉습니다.

더 아래로 더 밑으로 더욱더 깊숙이 가라앉습니다.

이제, 열에서 하나까지 숫자를 세어 가면, 숫자가 내려갈수록 더 깊은 내면으로 들어갑니다.

열, 이제 내면으로 내려가기 시작합니다.

아홉, 여덟, 일곱, 상당히 깊어졌습니다. 상당히 깊어졌습니다.

여섯, 다섯, 넷, 그 깊이를 더해갑니다. 그 깊이를 더해갑니다.

셋, 둘, 더욱 깊어졌습니다. 더욱 깊어졌습니다. 더욱 깊어졌습니다.

하나, 아주 깊어졌습니다. 아주 깊어졌습니다. 아주 깊어졌습니다.

머릿속이 텅 비었습니다.

마음은 지극히 편안하고 안락해졌습니다.

이제는 팔다리의 감각이 없어집니다.

양 팔다리의 감각이 없어집니다.

양 팔다리가 무감각해 집니다.

양 팔다리가 무감각해 집니다.

양 팔다리가 무감각해 졌습니다.

양 팔다리가 무감각해 졌습니다.

몸 전체가 무감각해져서, 몸은 허공에 떠 있는 듯 부유감을 느낍니다.

지극히 평온합니다.

지극히 평온합니다.

지극히 평온합니다.

머릿속은 아주 멍해지고, 아무 생각도 나지 않습니다.

아무 소리도 들리지 않습니다.

주변의 소리는 하나도 들리지 않습니다.

오로지 제 말소리만 들립니다.

더욱 더 깊은 휴식 속으로 들어갑니다.

육신도 쉬고 있고. 정신도 깊은 휴식을 취하고 있습니다.

그러나 의식의 일부는 깨어나 제 말을 귀 담아 듣고 또 알아듣게 됩니다.

너무나 평온해져서 지금까지는 느끼지 못했던 평온함과 안락함을 느낍니다.

자, 이제 제가 어깨를 쓰다듬으면, 당신의 마음은 더욱 더 편안해 집니다.

자, 이제 제가 어깨를 쓰다듬으면, 더욱 더 깊은 내면으로 들어갑니다.

자, 이제 제가 어깨를 쓰다듬으면, 더욱 더 깊은 내면으로 들어갑니다.

제가 머리에 손을 얹으면, 머릿속은 텅 비고 독특한 잠 속으로 들어갑니다.

제가 이마에 손을 얹으면, 이마는 시원해집니다.

이제 당신이 생각하면 가장 아름답고 행복한 곳으로 가 보도록 하겠습니다

(휴지).

내가 숫자 셋을 세면, 그곳으로 갑니다.

하나, 둘, (조금 강한 목소리로) 셋!

(잠시 휴지)

당신은 지금 어디입니까?

네, 좋습니다.

이제 내가 숫자 셋을 세면 지금까지의 영상을 모두 지웁니다.

하나, 둘, 셋.

당신은 지금 아토피 때문에 몹시 괴로워하고 있습니다.

당신은 진정으로 이 아토피를 치료받기를 원하십니까?

자, 그러시면 이제 내가 숫자 셋을 세면, 현재의 아토피를 일으키게 된 원인이

나 그때의 상황으로 가 보도록 하겠습니다.

하나, 둘, (강한 목소리로) 셋!

당신은 지금 몇 살입니까?

지금 무엇을 하고 있습니까?

지금의 기분은 어떻습니까?"

(이 상황에서 원인을 찾고 문제를 파악하고 그때의 상황에 따라서 앵커링 기법이나, 이

미지기법, 심리분석치료, 상황재해석 등의 기법으로 아토피 치료에 임한다.)

각성단계 : 후최면 암시문(1차)

"당신은 지금 아토피를 치료하고 있습니다.

당신의 몸은 아토피로부터 깨끗해집니다.

당신의 피부는 매끈하고, 방금 수영하다 금방 올라온 것 같은 깨끗한 피부를

보게 됩니다.

이제 내가 숫자 다섯을 세면, 당신의 내면에서 깨어납니다.

하나, 현실을 지각합니다.

둘, 몸이 매우 가뿐합니다.

셋, 머리는 매우 상쾌합니다.

둘, 몸과 마음이 조화를 이루고, 머리가 아주 맑아집니다.

(강한 목소리로) 하나, 눈을 뜨시고 팔을 쭉 펴고 크게 기지개를 켜십시오!"

지금까지의 느낌, 기분, 생각을 듣고 상담카드에 기록을 남긴다.

참고자료

권석만 (2010). 인생의 2막 대학생활, 학지사

권석만(2013). 〈현대이상심리학〉, 학지사

권석만(2016). 〈이상심리학 총론(이상심리학 시리즈 1)〉, 학지사

권석만 외(2000). 〈자기애성 성격장애〉, 학지사

김도훈, 김지우, 황선영, 김병수, 원승희(2014). "조현병 환자와 발병하지 않은 일차친족에서 신경인지의 결함", 대한생물정신의학회 생물정신의학 Vol.21 No.2 2014 pp.65-73

김종두(2007). 〈청소년 우울증에 대한 인지 치료적 접근과 목회 적용 가능성〉, 장로회신학대

나동석 외(2008), 〈정신건강론〉, 양서원

대한보완통합의학회(2012), 〈통합의학〉, 한미의학

배주미, 양윤란, 김은영(2009). 〈자살위기 청소년 상담개입 프로그램 개발〉, 한국청소년상담원

아원 사라손, 바바라 사라손 공저(2001). 〈이상심리학〉, 학지사

안민숙(2012). 〈스크린에서 만나는 이상심리〉, 파란마음

원호택, 이훈진(2000). 〈정신분열증〉, 학지사

유범희(1998). "대상관계이론의 발전과정. 정신분석", 9(1): 93-106

유시주(1996). 〈거꾸로 읽는 그리스 로마 신화〉, 푸른나무

윤성일, 안홍선(2012). "청소년 자살행동과 특성", 한국학술정보

이강일(2004). 〈최면의학 V, VI, VII〉, 최면의과대학 출판부

이무석(1997). "강박장애의 정신역동. 정신분석", 8(1):100-110

이소희 외(2005). 〈청소년복지론〉, 나남출판

이윤주(2008). 〈청소년 자살상담〉, 학지사

이재상(2003). 〈우울증과 자아 정체감이 청소년 자살생각에 미치는 영향〉, 명지대

이정균(1981). 〈정신의학〉, 일조각

이진석(2020). 〈NLP 심리치료 및 상담〉, 교육과학사

설기문(2009). 〈에릭슨최면과 심리치료〉, 학지사

송강면, 안민숙(2018). 〈최면바이블〉, 더로드출판

한국자살예방협회 청소년상담원(2009). 〈자살 예방 자원 및 서비스 실태 조사〉, 한국자살예방협회 청소년상담원

최병목, 홍익재(2002). 〈청소년자살예방론〉, 홍익제

Ann M Kring, Sheri L Johnson 외, 이봉건 역(2018). 〈이상심리학〉, 시그마프레스

APA, 권준수 역(2015). 〈정신질환의 진단 및 통계 편람(DSM-5)〉, 학지사

Gerald C, Davidson & John M.Neal Abnormal Psychology (4thed) - An Experimental Clinical Approach 이봉건 역, 〈최신임상정신의학〉, 성원사

Hugh Gunnison(2009). 설기문 역. 〈최면상담〉. 학지사

Jeffrey S Nevid, Spencer A Rathus 외, 신성만 역(2016). 〈이상심리학〉, 박학사

Michael D. Yapko, Ph.D. 최병무·이정태 공역(2001). 〈임상최면의학입문〉, 도서출판 하나의학사

Philip C. Kendall, 신현균 외 역(2010). 〈아동 청소년 심리치료〉, 학지사

Rita Wicks-Nelson, Allen C Israel. 정명숙 역(2015). 〈아동 청소년 이상심리학(8판)〉, 시그마프레스

Rick E. Ingram & Jeanne Miranda 공저(1998), 조선미 외 역. 〈우울증에 대한 인지적 취약성(Cognitive vulnerability to Depression)〉, 학지사

American Psychicatric Association Diagnostic and Statistical Manual of Mental Disorders (Rev.3rd ed.)(DSM-III-R)

Burns, D.(1980). The perfectionist's script for self-defeat. Psychology Today. 34-51

Children's Environmental Health, The Pediatric Clinics of North America, Oct. 2001, W.B. Saunders

Burstein, A.(1985). Post-traumatic flashbacks, dream disturbances and mental imagery. Journal of Clinical Psychiatry, 46, 374-378

Classen C, Koopman C, Hales R, Spiegel D. Acute Stress Disorder as a Predictor of Posttraumatic Stress Symptoms. Am J Psychiatry. May 1998;155(5):620-624

Crawford HJ, Gruzelier JH (1992): A midstream view of the neuropsychophysiology of hypnosis: recent research and future directions. In: Contemporary Hypnosis Research. Eds. E Fromm, MR Nash, pp.

227-66, Guilford Press, New York, New York

Dallam SJ, Ceeda-Benito A, Kraemer H, Gleaves D, Silberg JL, Spiegel D. The Effects of Child Sexual Abuse: Comment on Rind, Tromovitch, and Bauserman.(1998). Psychol Bull. 2001;127(6):715-733

Daniel P. Brown & Erika Fromm. Hypnotherapy and hypnoanalysis. Hillsdale, N.J.: L. Erlbaum Associates, 1986. ISBN 978-0-89859-783-7

DeBenedittis G, Sironi VA (1988): Arousal effects of electrical deep brain stimulation in hypnosis. Int J Clin Exp Hypn. 36(2): 96-106

Erickson MH & Rossi EL (1976b): Two level communication and microdynamics of trance and suggestion. Am J Clinical Hypnosis, 18(3): 153-71

Erickson MH, Rossi EL, Rossi SI (1976): Hypnotic Realities: The Induction of Clinical Hypnosis and Form of Indirect Suggestion. Irvington Pub., New York

Erickson MH, Erickson, EM (1941): Concerning the nature and character of post-hypnotic behavior. J Gen Psychol, 24; 95-133

Ernst Simmel 'Self-preservation and the death instinct'. Psychoanalytic Quarterly 13 (1944), 160-185

Gilligan, S.(2001). Therapeutic trances: The cooperation principle in Ericksonian hypnotherapy. New York: Brunner/Mazel

Facco, E. Rampazzo, M.E., Rampazzo, P., Tikhonoff, V., Saladini, M., Casiglia, G. Z., Casiglia, E., Spiegel, D. Top-down regulation of left temporal cortex by hypnotic amusia for rhtythm: A pilot study on mismatch negativity. The Intl Jnl of Clinical and Experimental Hypnosis 62 (2) 129-144 2014

Gaylord, Kristina (July 2011). "Karl Menninger". Kansapedia. Kansas Historical Society. Retrieved July 6, 2015. In 1925 Will Menninger joined his father and brother in the practice, which they renamed the Menninger Sanitarium, and relocated to a 20-acre site

Gottfried Schmalz; Dorthe Arenholt Bindslev (2008). Biocompatibility of Dental Materials. Springer.

Retrieved March 5, 2014

Hilgard, E. (1965). Hypnotic susceptibility. New York: Harcount. Brace & World Inc

Hilgard JR, LeBaron S (1984): Hypnotherapy of Pain in Children with Cancer. William Kaufmann, Inc. Los Altos, CA.

Hypnosis and the Treatment of Depressions: Strategies for Change at Google Books, New York: Brunner/Mazel, 1992

ICD-10, Dalgleish Carline. Cengage Learning, 2015.

Jean-Martin Charcot, French neurologist who tried to use hypnotism to cure hysteria (1825-1893) (Revenstorf, D. & Prudlo, U., 1994: Hypnose und Kognition)

Kernberg.O (1993): Borderline Conditions ans Pathological Narcissism New York, Aronson. 1975.

Lankton, S. (2001). A goal-directed Intervention for decisive of coping limitations resulting from moderate and severe trauma. In B. Geary & J. Zeig(Eds.), The handbook of Ericksonian psychotherapy(pp. 195-214). Phoenix, AZ: The Milton H. Frickson Foundation Press

Luborsky,L.(1984). Principles of psychoanalytic psychotherapy: A manual for supportive-expressive treatment. New York: Basic Books

Mann,J.(1973). Time-limited psychotherapy. Cambridge, Mass.: Harvard Univesity Press

Michael D. Yapko, Hypnosis and the Treatment of Depressions: Strategies for Change at Google Books, New York: Brunner/Mazel, 1992

Michael D. Yapko, Free Yourself from Depression at Google Books, Emmaus, PA: Rodale Press, 1992

Quaranta A, Aloisi A, De Benedittis G, Scaringi A. Intratympanic therapy for Ménière's disease. High-concentration gentamicin with round-window protection. Ann N Y Acad Sci 1999; 884:410

Shweiki, D., Itin, A., Soer, D., & Keshet, E.(1992). "Vascular Endothelial Growth Factor Induced by Hypoxia May Mediate Hypoxia-initiated Angiogenesis", Nature 359(6398), 843-845

Spiegel D. Neurophysiological Correlates of Hypnosis and Dissociation. J

Neuropsychiatry Clin Neurosci. Fall 1991;3(4):440-445

Spiegel D. None of Lazarus' Problems Make the Difficult into the Impossible. Advances. 1992;8(3):36-37

Spiegel, D., Fraser, G. Hypnotic Induction Profile. Advances in the Use of Hypnosis for Medicine, Dentistry and Pain Prevention Management. Edited by Donald Brown, M. D. Crown House Publishing. U.K. 2008

Spiegel, D. Coming Apart: Trauma and the Fragmentation of the Self. The Dana Foundation's Cerebrum Emerging Ideas in Brain Science 2009. Edited by Dan Gordon.Dana Press. New York. 2009

Staff and Wire Reports (31 May 2003). "Erika Fromm, 93; Psychologist, Expert in the Use of Hypnosis". Los Angeles Times. Retrieved 5 June 2017

Thedore Millon, ⟨Modern Psychopathology⟩, Philadephia : Saunders, 1969

Theodore Millon, S. Everly, Jr George, ⟨Personality and its disorders⟩, New York : Wiley, 1985

van der Kolk, B.A., Greenberg, M.S., Orr, S.P. & Pittman, R.K. (1989). Endogenous opioids and stress induced analgesia in post-traumatic stress disorder. Psychopharmacology Bulletin, 25, 108-112

van der Kolk, B.A., Perry, J.C. & Herman, J.L. (1991). Childhood origins of self-destructive behavior. American Journal of Psychiatry, 148, in press

van der Kolk, B.A. & van der Hart, O. (1989). Piere Janet and the breakdown of adaption in psychological trauma. American Journal of Psychiatry, 146, 1530-1540

Watkins, J.G., and Watkins, H.H. (1981). Ego-state therapy. In RJ. Corsini (Ed.), HANDBOOK OF INNOVATIVE PSYCHOTHERAPIES (pp 252-270. New York: John Wiley & Sons

Watkins, John G. (1988). "The Management of Malevolent Ego State s in Multiple Personality Disorder"

Watkins, J.G., and Watkins, H.H. (1980) I.Ego-states and hidden observers. II, The woman in black and the lady in white (cassette recording and transcript), New York: Jeffrey Norton

Wolberg, Lewis R. (1948). Medical hypnosis. by New York, Grune & Stratton, 1 online resource (2 volumes)

Wright, D. A., Sherman, W. M., & Dernbach, A. R. (1991). Carbohydrate feedings before, during, or in combination improve cycling endurance performance. Journal of Applied Physiology, 71(3), 1082-1088

Yapko, M. (2001). Treating depression with hypnosis: Integrating cognitive behavioral and strategic approaches. Philadelphia, PA: Brunner/Routledge

Yapko, M. (2003). Trancework: An introduction to the practice of clinical hypnosis (3rd ed). New York: Brunner/Routledge

www.mw.go.kr
www.mogef.go.kr
www.mykdi.co.kr
www.suicideprevention.or.kr
www.kostat.go.kr
www.hemilcenter.or.kr
www.hlclinic.org
www.braining.co.kr
www.cbt.or.kr
www.frontiertimes.co.kr
American Psychicatric Association
Diagnostic and Statistical Manual of Mental Disorders (Rev.3rd ed.)